TORÁ COMENTADA

Brian Kibuuka

TORÁ COMENTADA

Êxodo

שמות

edição bilíngue
Português-Hebraico

2ª edição revista e ampliada

ALTA BOOKS
GRUPO EDITORIAL

Torá comentada: Êxodo

Contra o Vento é uma empresa do Grupo Editorial Alta Books (STARLIN ALTA EDITORA E CONSULTORIA LTDA).

ISBN: 978-65-83604-76-7

Impresso no Brasil – 2ª Edição, 2025 – Edição revisada conforme o Acordo Ortográfico da Língua Portuguesa de 2009.

DADOS INTERNACIONAIS DE CATALOGAÇÃO NA PUBLICAÇÃO (CIP)
(BENITEZ Catalogação Ass. Editorial, MS, Brasil)

K46t
2. ed. Kibuuka, Brian
Torá comentada : Êxodo / Brian Kibuuka. – 2ª ed. rev. e ampl.
Rio de Janeiro: Contra o Vento, 2025.
534 p.

Inclui bibliografia.
ISBN 978-65-83604-76-7

1. Antigo Testamento – Pentateuco 2. Bíblia hebraica (Torá)
3. Bíblia – Estudos . I. Título.

05-2025 / 32 CDD 220.44

Índice para catálogo sistemático :
1. Bíblia hebraica : Estudos 220.44
Aline Graziele Benitez – Bibliotecária – CRB-1/3129

Produção Editorial: Grupo Editorial Alta Books
Diretor Editorial: Anderson Vieira
Editor da Obra: Eduardo de Proença
Vendas Governamentais: Cristiane Mutüs
Gerência Comercial: Claudio Lima

Gerência Marketing: Andréa Guatiello
Revisão: Cláudia Montico
Projeto Gráfico: Alessandra S. O. Proença
Diagramação: Giovanni Pieroni
Capa: Victoria Cristina Eduardo

ALTA BOOKS
GRUPO EDITORIAL

Rua Viúva Cláudio, 291 – Bairro Industrial do Jacaré
CEP: 20.970-031 – Rio de Janeiro (RJ)
Tels.: (21) 3278-8069 / 3278-8419
www.altabooks.com.br – altabooks@altabooks.com.br
Ouvidoria: ouvidoria@altabooks.com.br

Editora
afiliada à:

abdr

ASSOCIADO CBL Câmara Brasileira do Livro

Aos que caminham entre vozes e desertos:
Estêvão Queiroga, Antonio Brasileiro
e Roberval Pereyr.

Sumário

Apresentação à Segunda Edição Revista e Ampliada

Esta segunda edição da *Torá Comentada* nasce de um esforço consciente de aprofundamento, rigor e fidelidade à Escritura. Fruto de intensa dedicação intelectual e espiritual, ela não é simplesmente uma nova versão, mas uma refundação crítica da proposta anterior, agora ampliada em mais do que o dobro do volume original. Cada livro – *Berēʾšît* (*Gênesis*), *Šĕmôt* (*Êxodo*), *Wayyiqrāʾ* (*Levítico*), *Bĕmidbār* (*Números*) e *Dĕḇārîm* (*Deuteronômio*) – foi meticulosamente reescrito e enriquecido, versículo por versículo, a partir da transliteração precisa do texto da Bíblia Hebraica e da sua tradução direta, que realizo cuidadosamente em cada linha.

Esta edição se distingue não apenas pela extensão, mas sobretudo pela qualidade do trabalho exegético e teológico aqui empreendido. Enquanto a primeira edição já buscava a aproximação criteriosa ao texto hebraico, esta segunda aprofunda essa vocação até seus limites mais exigentes: os comentários agora acompanham praticamente todos os versículos, oferecendo leituras que dialogam com a tradição judaica antiga, com a crítica acadêmica contemporânea e com os horizontes éticos e espirituais de nossa época. Não se trata de repetir o que já foi dito; trata-se de escutar novamente – de cavar mais fundo no poço da Palavra, para encontrar águas mais puras e mais vivas.

O método que guia esta obra é simultaneamente filológico e espiritual. Cada versículo é abordado a partir da sua forma hebraica original – apresentada em transliteração rigorosa segundo o sistema da SBL (*Society of Biblical Literature*) – para depois ser traduzido em português com a preocupação de respeitar tanto a estrutura do texto quanto suas inflexões poéticas, narrativas e jurídicas. A tradução não é, aqui, um simples transvase, mas um gesto de interpretação consciente, que busca captar as pulsações internas da língua bíblica: suas ambiguidades ricas, suas tensões semânticas, suas pausas e acelerações. Os comentários desenvolvidos sobre o texto não se limitam a anotações laterais. Eles formam um tecido contínuo de reflexão, que ora ilumina aspectos linguísticos e exegéticos, ora abre perspectivas teológicas, ora reconstrói os contextos históricos e literários do mundo bíblico. Há, também, uma preocupação constante com a articulação entre o detalhe e a totalidade: cada palavra é lida no interior do seu versículo, cada versículo no interior da sua narrativa ou legislação, e cada narrativa ou legislação no interior do vasto drama da Torá como um todo.

Uma novidade central desta edição são as abundantes notas exegéticas, que aparecem ao longo dos livros como momentos de aprofundamento técnico. Nelas são discutidas variantes textuais, questões de tradução, possibilidades semânticas alternativas, paralelos intertextuais e dados de contexto arqueológico e histórico relevantes. Tais notas não se destinam apenas a especialistas: foram escritas de modo que o leitor ou a leitora interessados possam ampliar sua compreensão sem serem submersos por erudição desnecessária. Cada nota é uma janela aberta, não um muro erguido. Além disso, cada livro da Torá é precedido por uma introdução acadêmica. Essas introduções oferecem ao leitor as ferramentas necessárias para compreender a história redacional de cada livro, seu lugar na formação do Pentateuco, suas grandes linhas temáticas e a lógica interna de sua estrutura. Assim, antes de adentrar o comentário, o leitor é convidado a situar-se: a ver o horizonte em que cada palavra da Torá ressoa, e a reconhecer a densidade histórica e literária que sustenta a sua leitura. O resultado é um texto que, sem perder a exigência acadêmica, procura ser também vivo, palpitante. A Torá não é, aqui, um monumento arqueológico, mas um território vivo de encontro e de travessia. Cada comentário procura deixar-se atravessar pelas perguntas que o próprio texto levanta – perguntas sobre criação e responsabilidade, sobre justiça e misericórdia, sobre memória e promessa, sobre poder e vulnerabilidade, sobre Deus e a humanidade. Longe de uma leitura que fecha sentidos, esta *Torá Comentada* quer ser uma leitura marcada pelo respeito ao texto bíblico.

Gênesis recebeu comentários que acompanham desde os movimentos primordiais da criação até os dramas humanos da história patriarcal, reconstruindo a arquitetura simbólica que sustenta narrativas como a de Noé, Abraão, Jacó e José. Êxodo foi percorrido como livro de nascimentos: o nascimento de um povo, o nascimento de uma lei, o nascimento de uma liberdade que exige memória e responsabilidade. Levítico, frequentemente marginalizado por sua linguagem cultual, foi revelado como um centro silencioso de teologia, onde pureza, santidade e justiça social se entrelaçam na vida concreta do povo. Números, mais do que um relato de perambulações, foi lido como um ensaio doloroso sobre a fé e a dúvida, sobre liderança e rebeldia, sobre a complexa travessia que separa a promessa da posse. E Deuteronômio, o último livro, foi apresentado como uma convocação suprema: a Palavra que refunda o coração do povo, que renova a aliança não como imposição, mas como escolha amorosa e radical.

A estrutura dos comentários respeita a progressão interna de cada narrativa e legislação, fazendo questão de mostrar como os temas se constroem e se desdobram ao longo dos livros. A ênfase é sempre na organicidade: nenhum versículo é tratado isoladamente, mas sempre como parte de um todo vivo. Assim, por exemplo, o relato da criação em Gênesis 1 não é apenas analisado em si mesmo, mas também em sua tensão com Gênesis 2; a legislação da aliança em Êxodo 24 é lida em sua relação com o pecado do bezerro de ouro em Êxodo 32; os mandamentos sobre a terra em Levítico 25 são lidos à luz da promessa da terra em Números 13–14; a grande oração do *Shema* em Deuteronômio 6 é lida como coração palpitante que sustenta toda a ética deuteronomista. Este método exegético-reflexivo permite que o leitor não apenas compreenda melhor cada passagem, mas também perceba o movimento espiritual da Torá como um todo. Ler a Torá não é simplesmente acumular informações; é atravessar um processo de transformação, de escuta, de amadurecimento. É permitir que o texto – com suas genealogias e suas guerras, com seus rituais e suas leis, com seus cantos e suas denúncias – nos forme à sua imagem.

A profundidade teológica da Torá é constantemente destacada em meio aos detalhes técnicos. Por exemplo, não se discute apenas o que significa a palavra *ḥesed* (bondade, lealdade) em um contexto ou outro, mas o que a ideia de *ḥesed* revela sobre a concepção de Deus que a Torá propõe: um Deus que exige justiça, mas que é movido por compaixão; um Deus que estabelece limites, mas que acolhe a fragilidade humana; um Deus que chama à santidade, mas que caminha pacientemente com a dureza do coração humano. Assim, a filologia nunca se separa da teologia; a técnica nunca se desliga da espiritualidade.

Outra marca desta edição é o compromisso com a intertextualidade interna da Bíblia Hebraica. O leitor e a leitora verão, ao longo dos comentários, como a Torá continuamente dialoga consigo mesma: como as palavras do Êxodo ecoam em Deuteronômio; como as bênçãos de Gênesis ressurgem nos discursos de Moisés; como as narrativas de Números preparam as exortações da aliança. A Torá é um livro que escuta a si mesma, que reconta a si mesma, que debate consigo mesma. E esta edição tenta seguir esse movimento, não impondo uma leitura monolítica, mas respeitando e valorizando as vozes múltiplas que atravessam o texto. Em síntese: esta segunda edição da *Torá Comentada* é um gesto de reverência, de estudo e de amor. Reverência, porque reconhece que a Torá é um dom que nos ultrapassa, que nos precede e que nos excede. Estudo, porque acredita que o encontro com a Escritura exige rigor, paciência, método e humildade intelectual. Amor, porque sabe que todo o trabalho exegético só faz sentido se for, em última instância, uma resposta amorosa ao Deus que fala – ao Deus que chama – ao Deus que caminha conosco.

Que cada leitor e cada leitora que se aventure nesta jornada encontre, entre as letras e as margens deste livro, não apenas conhecimento, mas também eco de chamado, luz para o caminho e coragem para novas travessias.

Boa leitura!

Brian Kibuuka

Êxodo:
introdução

O livro de Êxodo recebeu, na tradição hebraica, o nome wəʼḗlle^{h} šəmôṯ [e estes são os nomes], que corresponde às primeiras palavras do texto hebraico. O nome *Êxodo*, proveniente da tradição grega da Septuaginta, tem relação com a saída do povo de Israel do Egito, que constitui o início da história de Israel como povo da aliança.

Êxodo é a continuação da história de Gênesis. O livro mostra como Yahweh libertou Israel da escravidão no Egito, estabeleceu com esse povo uma aliança, a aliança do Sinai, e ofereceu, por meio de Moisés, leis, decretos e instruções para que esse povo se tornasse uma nação santa. Israel. Êxodo também trata do compromisso de Yahweh de ser o único Deus verdadeiro e vivo, Pai providente e Juiz justo de Israel. A *missio Dei* diz respeito à observância, cumprimento e transmissão das promessas que Deus fez aos seus antepassados.

A vida de Israel como povo em aliança com Yahweh é um grande pressuposto do livro de Êxodo, que procura explicar como essa realidade surgiu. Êxodo continua a história de Gênesis e apresenta um relato paralelo das origens de Israel como uma comunidade sustentada por sua prática contínua de refletir teologicamente sobre sua história de libertação.

Gênesis e Êxodo referem-se um ao outro de várias maneiras. As histórias sobre Abraão (Gênesis 15.12-20) e José (Gênesis 50.24-26) prenunciam a libertação dos israelitas da escravidão no Egito. Por sua vez, o livro de Êxodo se refere frequentemente às histórias dos patriarcas e das matriarcas.

A estrutura e o conteúdo do livro do Êxodo

O livro do Êxodo é composto por três partes principais, que são marcadas por um movimento geográfico que serve como um de seus referenciais.

Êxodo 1 a 15 é uma longa seção narrativa que tem o Egito como pano de fundo. Mesmo quando Moisés mora em Midiã, o Egito não está longe. Uma seção que serve de ponte, presente em Êxodo 16 a 18, tem como pano de fundo o deserto. Tal seção antecipa grande parte do material de Números, e compartilha com esse livro a sensação de que nem tudo estava bem durante a estada de quarenta anos de Israel no deserto entre sua partida do Egito e sua chegada à Terra Prometida. No entanto, os motins completos do livro de Números não aparecem em Êxodo, em que as queixas de Israel são respostas compreensíveis à fome, sede e à inquietante incerteza sobre o caráter do Deus libertador, que parece capaz de destruição, mas cujas capacidades de liderança permanecem em questão.

Em todo caso, essa estrutura topográfica básica (Egito → Deserto → Montanha Sagrada) deriva-se do Cântico do Mar (Êxodo 15), e está profundamente enraizada na memória coletiva de Israel a respeito de seu passado. Todos os ingredientes do enredo da história aparecem nesse Cântico do Mar, mesmo que muitos elementos da narrativa de libertação do Êxodo tenham se acumulado em torno da história central. O Cântico do Mar não especifica onde a montanha está, nem cita Moisés, e o seu referente original pode ter sido a terra de Israel. A imprecisão de Êxodo 15 na identificação da localização da montanha permitiu que a imagem da "montanha de Deus" assumisse mais de uma associação (Sinai e Horebe).

Como qualquer boa história, Êxodo tem uma trama clara. O cenário geográfico cria o espaço (real e imaginado) para as ações das personagens. Os problemas vão sendo equacionados e a narrativa se encaminha para um desenlace. Tematicamente, as três partes de Êxodo podem ser elucidadas como segue:

A libertação do povo de Israel do Egito: revelação do poder de Deus (Êxodo 1.1-15.21)

A primeira parte de Êxodo relata a situação de opressão dos israelitas no Egito. A narrativa apresenta a situação em que os israelitas se encontravam (Êxodo 1.1-22), aborda o nascimento de Moisés, a sua formação na corte egípcia, a sua fuga para Midiã, a vocação e a missão por ele proveniente de Deus (Êxodo 2.1-7.7). Apenas então o livro passa a narrar os milagres realizados por Moisés e Arão, seguindo as ordens de Deus, a fim de vencer a resistência do Faraó a deixar os hebreus partirem (Êxodo 7.8-12.51). O último desses prodígios, a praga da morte do primogênito, constitui o contexto teológico-religioso no qual a Páscoa é instituída: os hebreus, preparados para partir, celebram a Páscoa na véspera da partida. Esta primeira parte conclui com a partida de Israel do Egito e a passagem do Mar Vermelho (13.17-15.21), eventos nos quais a intervenção providencial de Deus se manifesta de maneira grandiosa. Yahweh se revela como Deus verdadeiro e superior a todos os deuses dos egípcios. A fórmula do reconhecimento de Yahweh pelos egípcios é recorrente nessa parte do texto (Êxodo 7.5; 7.17, 8, 6.18, 9.14,29, 14.4,18 etc.).

A marcha do povo de Israel pelo deserto até o Sinai (Êxodo 15.22-18.27)

A segunda parte do livro constitui um anel de conjunção entre a libertação do Egito e a aliança do Sinai. As ações narrativas acontecem durante a peregrinação, e Yahweh se manifesta nessa parte como o soberano de Israel. Se a cidade de Ramsés, o lugar de permanência de Israel durante quatro ou cinco séculos, desde a época de José até Moisés (Êxodo 1.11), for considerada o ponto de partida, é possível concluir que a marcha foi realizada em 12 etapas, indicadas pela fórmula "eles montaram o acampamento de [nome do lugar], e vieram para [nome do lugar de chegada]". Israel é guiado por Yahweh através do fogo e da nuvem, símbolos de sua presença.

As três primeiras etapas ainda acontecem no Egito, antes da passagem do Mar Vermelho. Após deixar Ramsés, os passos de Israel foram: Sucot (Êxodo 12.37); Etã, na borda do deserto (Êxodo 13.20); Pi-Hairote, entre Migdol e o mar, diante de Baal-Zefom (Êxodo 14.2); a travessia milagrosa do Mar Vermelho (Êxodo 14.15-31); Mara, onde Moisés faz com que as águas amargas (que é o que significa o termo hebraico mārā́ṯāh) se tornem doces (Êxodo 15.22-26); o oásis de Elim, (Êxodo 15.27); o deserto de Sim, onde prodigiosamente Deus alimentou as pessoas com maná e as codornizes (Êxodo 16.1-36); Refidim, onde milagrosamente jorrou água da rocha e onde ocorreu a admirável vitória contra Amaleque (Êxodo 17.1-16); e, finalmente, o deserto do Sinai (Êxodo 19.1), em que Israel permanece e onde recebe a lei que o constitui como povo de Deus

A aliança do Sinai, seu conjunto de leis e as orientações para a construção do tabernáculo, também chamado de "tenda do encontro" (Êxodo 19.1-40.38)

A terceira parte é a maior do livro (Êxodo 19.1-40.38). Nela, é estabelecida a aliança do Sinai em meio a uma grande teofania (Êxodo 19.1-24,18). Após o estabelecimento da aliança, são dadas instruções por Deus para a construção do seu lugar de permanência, e em relação ao culto (Êxodo 25.1-31.18). Em seguida, a narrativa da quebra da aliança por causa do bezerro de ouro e a sua renovação (Êxodo 32.1-34.35) é seguida do cumprimento por Moisés das prescrições recebidas sobre a construção do Tabernáculo e a sua consagração (Êxodo 35.1-40.38).

Além da questão da aliança, tem grande relevância no Êxodo o santuário e o seu sacerdócio, de forma que o tema da vocação se torna um símbolo da parceria estabelecida entre Yahweh, o que garante a presença de Deus no meio de seu povo (Êxodo 29.43-46). Quando o Senhor desceu ao santuário, a glória divina o encheu. Yahweh passou a viver no meio de Israel, e assim afirmou a sua soberania. Por ser Israel o povo de Yahweh, a consagração do Tabernáculo se tornou a expressão externa da afirmação categórica do primeiro mandamento: "Eu, Yahweh, sou o teu Deus, que te tirou da terra do Egito, da casa da servidão. Não haverá outros deuses diante de mim" (Êxodo 20.2-3). Isso explica a construção do santuário, que não foi realizada até depois da renovação da aliança, severamente quebrada por Israel. A quebra da aliança colocava em risco a própria existência de Israel (Êxodo 32-34). Só depois que o poder do faraó e das divindades, simbolizados pelo bezerro de ouro, foram desmascarados e desbaratados, Yahweh pôde viver no meio de Israel. De sua morada, Yahweh guiou o seu povo.

Ainda que a divisão geral baseada no conteúdo do livro de Êxodo seja razoavelmente coerente, não há elementos literários suficientes no livro para estabelecer uma estrutura geral tão bem-definida como é possível fazer a partir da fórmula ṯôlḏôṯ do Livro de Gênesis.

Considerando a organização geral do livro, especialmente a nova situação de Israel – que passa da escravidão do Egito ao serviço, espontâneo e livre, a Yahweh.

Êxodo fala do momento constitutivo de Israel como um povo da aliança, e a sua religião, baseada em sua fé, toma forma. Com a partida do Egito, Israel adquire não apenas sua liberdade como nação, mas no Sinai Israel se torna um povo, o povo de Deus, e começa a sua trajetória como uma nação santa, dedicada à adoração de Deus. O Êxodo destaca a importância desse acontecimento desenvolvendo a narrativa no contexto de sua estrutura histórica (Êxodo 1.1-7), introduzindo dados genealógicos (Êxodo 6.14-26), situando cronologicamente os eventos (Êxodo 6.16,20; 7.7; 12.40; 16.1; 16.35; 19.1, 24.16 etc.) e por meio de referências toponômicas apropriadas.

Quadro histórico

Êxodo afirma que setenta pessoas aproximadamente desceram ao Egito com Jacó (Êxodo 1.5; compare com Gênesis 46.27, Deuteronômio 10.22). Depois de 4 gerações, essas setenta pessoas se tornaram uma grande multidão, o que condiz com a promessa de Deus aos patriarcas (Gênesis 12.2). A promessa de concessão da Terra Prometida ainda não havia sido realizada: os israelitas viviam no Egito, uma terra estrangeira.

Êxodo informa que desde o tempo de José, o quadro político do Egito mudou profundamente. No trono estava um faraó que nada sabia a respeito de José (Êxodo 1.8), adotando uma atitude desfavorável em relação aos hebreus. A razão, como o relato bíblico indica, foi o medo de seu enorme número e força (Êxodo 1.9-10).

O medo dos egípcios fez com que eles sujeitassem os hebreus a trabalhos forçados. A tentativa de identificar esses eventos entre a XVIII dinastia egípcia, durante o reinado de Tutmés IV, e a XIX dinastia, nos reinados de Seti I, Ramsés II e seu sucessor Merneptah, é inconclusiva e alvo de controvérsia. De fato, a libertação do povo de Israel do Egito não está documentada em nenhum texto antigo conhecido, o que dificulta a datação.

Análises literárias indicam que a segunda cronologia, chamada de breve, que localiza na XIX dinastia o êxodo, parece ser a fonte de alusões feitas no próprio texto. Em tal hipótese, o faraó que governa é Ramsés II (1290-1224 a.C.). Corrobora com tal hipótese a menção às cidades de Pitom e Ramsés em Êxodo 1.11, no delta oriental do Nilo (Wadi el-Tumelat). Tais cidades são mencionadas em textos egípcios do século XIII a.C. A expressão ᶜārê miskənôṯ [cidades-celeiros] com a qual são designadas essas localidades corresponde a uma terminologia militar. O termo alude a fortificações construídas provavelmente para enfrentar a ameaça hitita e proteger as fronteiras.

O antigo povo bíblico é chamado pela designação "israelitas". O termo "judeu" (e, por extensão, a designação "judaísmo") surge apenas nos últimos textos da Bíblia Hebraica e a sua aplicação para o período do êxodo é anacrônica. A designação é utilizada por estrangeiros para se referir aos israelitas em Êxodo é ᶜiḇrî (hebreu) para se referir genericamente aos israelitas. O termo 'hebreu', eventualmente utilizado por estrangeiros ao se referirem aos israelitas (Gênesis 14.13; 39.14,17; 41.12; Êxodo 12.11; 21.2), é análogo ao vocábulo *ḫabiru* das cartas de El-Amarna (escritas ideograficamente como sa.gaz), ao termo ugarítico *'prm* [*ḫapiru*] e ao termo egípcio *'pr(w)*. O termo egípcio, em especial, designa um tipo de trabalhador estrangeiro. Semelhante ao uso egípcio, o termo *ḫabiru*, que aparece em escritos na Babilônia, Mari, Nuzi e Alalakh, designa um grupo semiestabelecido ocupado em deveres trabalhistas e militares. Por isso, o termo hebraico ᶜiḇrî (hebreu) parece denotar primeiramente um grupo social, sendo usado apenas secundariamente para indicar o nome de uma nação. É designativo, portanto, de um grupo étnico fracamente conectado, que não pode ser simplesmente identificado com os israelitas, mas parece designar, inicialmente, o grupo mais amplo ao qual os israelitas pertenciam. Logo, parece haver em Êxodo alguma memória histórica que permite a consideração de diferenças étnicas e das condições sociais de eventuais israelitas no Egito. Ainda assim, cabe a análise da narrativa para aferir em que sentido as afirmações grandiloquentes do texto, que envolvem epifanias, pragas e o deslocamento de centenas de milhares de pessoas para o deserto, são históricas.

Vocação e missão de Moisés (Êxodo 2.1-4.31)

Cada fonte ou tradição do Pentateuco contribuiu, sem dúvida, com sua própria sensibilidade para a formação do retrato bíblico de Moisés, desenhando-o como uma figura de alta importância histórica e extraordinária personalidade. No entanto, pode-se afirmar que, em geral, o Antigo Testamento está menos interessado na pessoa de Moisés do que na obra que Yahweh realizou através dele em favor de Israel. Talvez por isso, o Êxodo comece não com Moisés, mas com o sofrimento do povo de Israel sob um novo soberano do Egito. Isso destaca desde o primeiro momento que o papel de Moisés, seu chamado e sua missão se dão em função do destino do povo e das divinas promessas de salvação.

A missão de Moisés

Moisés é descrito em Êxodo 6.20 como filho de Anrão e sua tia Joquebede – portanto, é filho de uma relação incestuosa. Tal dado é importante, uma vez que a interdição à relação entre tia e sobrinho é interditada em Levítico 18.14 e 20.20.

O nome de Moisés tem origem egípcia. O termo mōšeʰ parece ser uma forma abreviada do nome teofórico *ḥar-mose* [nascido de Hórus], um compósito formado pelos vocábulos *mes*, *mesu* [criança, filho]. Ainda que a origem do nome seja egípcia, a alusão ao nome de Moisés em Êxodo 2.10 relaciona o termo möšè ao vocábulo məšîṯíhû, qal particípio ativo masculino singular do verbo *māšah* [tirar ou salvar].

Morfologicamente, Êxodo 2.10 não é uma explanação precisa, como geralmente acontece com a onomástica do Antigo Testamento. Logo, ainda que o sentido do nome seja provavelmente egípcio, a etiologia relacionada ao nome fabrica um sentido novo por assonância.

Moisés é da tribo de Levi e, após o seu nascimento e proteção (ele é lançado nas águas em um cesto para ser resgatado por algum egípcio e, assim, ter sua vida preservada), ele foi adotado pela filha do faraó (Êxodo 2.5) e criado por sua própria mãe (Êxodo 2.9).

Êxodo passa a narrar sobre Moisés já adulto. Ele, observando os labores dos israelitas e vendo um egípcio espancando um hebreu, matou o egípcio e fugiu para evitar cair nas mãos de Faraó (Êxodo 2.11). Moisés fugiu para a Península do Sinai, e chegou à terra de Midiã, onde ele foi recebido por Jetro, sacerdote midianita (Êxodo 3.1; 18.1), também chamado de Reul (Êxodo 2.16-18). Moisés se casou com a sua filha Zípora (Êxodo 2.21), com os quais teve dois filhos, Gérson e Eliezer. De Jetro, Moisés sempre recebeu conselhos úteis (Êxodo 18.1-27).

Êxodo relata que Yahweh ouviu os gemidos dos israelitas e se lembrou da aliança firmada com Abraão, Isaque e Jacó (Êxodo 2.24). Em seguida, a ação divina utiliza um vocabulário específico, formado por verbos: Deus "ouviu" [šāmaᶜ], "lembrou" [zāḵar] e "olhou" [rāʾāʰ], verbos sensoriais que indicam a proximidade entre Yahweh e o seu povo (Êxodo 2.24-25). O que Deus fará em seguida por Israel é feito em função das promessas feitas aos patriarcas. As duas histórias, a de Abraão e a de Moisés, convergem em Êxodo para a realização do mesmo projeto salvífico divino. Deus se revelou a Moisés enquanto pastoreava o rebanho de Jetro (Êxodo 3.1-2). O lugar da Teofania é a "montanha de Deus" [har hāʾĕlōhîm], o Monte Horebe. Eventualmente, Êxodo substitui o nome Horebe pelo nome Sinai (Êxodo 19.18-23; 24.16; 31.18; 34), o que evidencia uma dupla tradição narrativa ao menos, cada uma delas vinculada a uma montanha. O anjo do Senhor apareceu a Moisés como uma chama de fogo no meio de uma sarça (Êxodo 3.2), sarça que queima sem ser consumida, representação visível da presença invisível de Deus. Deus chamou Moisés do meio da sarça, identificando-se como o Deus de Abraão, de Isaque e de Jacó (Êxodo 3.6). O "Deus dos Pais", que chamou e guiou os patriarcas em suas peregrinações, lembrou-se de suas promessas e quer libertar os descendentes desses patriarcas da escravidão.

A missão de Moisés é libertar o seu povo e levá-lo para a Terra Prometida (Êxodo 3.8). Yahweh também orienta como Moisés vai realizar a missão diante do faraó (Êxodo 3.10) e dos anciãos de Israel (Êxodo 3.16). As dificuldades para a missão de Moisés são grandes: o povo não reconhece a sua autoridade (Êxodo 3.11), é porta-voz de uma divindade desprovida de nome (Êxodo 3.13), a incredulidade dos próprios israelitas será um obstáculo (Êxodo 4.1), Moisés não é eloquente (Êxodo 4.10) e o próprio Moisés deseja que outro cumpra a tarefa a ele delegada (Êxodo 4.13).

A revelação do nome de Yahweh (Êxodo 3.15)

A revelação do nome 'Yahweh' é muito mais do que um gesto de condescendência divina para com Moisés: o nome específico permitirá aos israelitas saber quem é o Deus que apareceu no Monte Horebe. O próprio Deus ordenou que Moisés respondesse a quem perguntasse que ele foi enviado pelo ʾeˌhyeʰ ʾăšer ʾeˌhyeʰ [eu sou quem eu sou] (Êxodo 3.14). Deus continuou a dizer a Moisés:

> wayyōʾmer ʿôḏ ʾĕlōhîm ʾel-mōšeʰ kōʰˌ-ṯōʾmar ʾel-bənê yiśrāʾēl yhwh(ʾāḏōnāy) ʾĕlōhê ʾăḇōṯêḵem ʾĕlōhê ʾaḇrāhām ʾĕlōhê yiṣḥāq wēʾlōhê yaʿăqōḇ šəlāḥánî ʾălêḵem zeʰ-ššəmî ləʿōlām wəzeʰ zikrî ləḏōr dōr
>
> E disse Deus ainda mais a Moisés: Assim dirás aos filhos de Israel: Yahweh, o Deus de vossos pais, o Deus de Abraão, o Deus de Isaque e o Deus de Jacó, me enviou a vós outros; este é o meu nome eternamente, e assim serei lembrado de geração em geração (Êxodo 3.15).

A partir da revelação de seu nome, Yahweh, um novo nome, a herança religiosa e da fé do povo de Israel é atualizada, revitalizada. Alude-se a isso em Êxodo 6.2-3, que complementa a revelação de Êxodo 3.14-15. A originalidade da revelação a Moisés do nome 'Yahweh' mostra que as aparições desse nome em textos anteriores ao Êxodo se devem a motivos redacionais.

A análise filológica do nome Yahweh aponta para a raiz hebraica hāyā^{h} , provavelmente em sua forma arcaica hāwā^{h} , comum em aramaico e que aparece eventualmente em hebraico (Gênesis 27.29; Isaías 16.4; Neemias 6.6). Sendo assim, 'Yahweh' parece corresponder à 3ª pessoa do masculino singular imperfeito do verbo verbo hāwā^{h} conjugado em sua forma simples (qal), tendo assim o significado de "Ele é".

O nome de Yahweh também aponta para a transcendência, unidade, presença contínua e fidelidade perene. O nome revelado manifesta em si uma recusa de dar o nome divino para a manipulação. Sendo assim, ao falar que é, Yahweh afirma também que não quer dizer quem é. Parece que isso está explícito em Gênesis 23.30 e Juízes 13.18, em que a recusa por parte do anjo de Yahweh de revelar a sua identidade parece indicar que mesmo o nome divino não é capaz de expressar o mistério de Deus. Yahweh expressa, portanto, de alguma forma, o sentido da transcendência divina. O nome divino é misterioso, assim como Deus é misterioso; é um nome revelado e quase um nome rejeitado. Deus é, de fato, um *Deus Absconditus* (Isaías 45.15), o que expressa ser a realidade de Deus infinitamente acima do que se pode entender.

Outro aspecto importante é a ideia de que em hebraico o tempo imperfeito tem valor presente e futuro (presente contínuo). Portanto, Yahweh parece ser "eu sou/fui/serei", isto é: a revelação a Moisés aponta para uma ajuda divina que nunca faltará, dando sempre e continuamente tudo aquilo que é necessário para sua futura missão.

Yahweh também é a expressão da fidelidade perene de Deus. Porque o tempo imperfeito em hebraico indica uma ação contínua. Logo, ao se pronunciar o nome 'Yahweh', diz-se daquele que foi, é e sempre será – ou seja, aquele que sempre estará presente. Em tal sentido, Yahweh é o Deus que age continuamente em nome do seu povo Israel, e que está sempre disposto a intervir em sua defesa. Ao revelar o seu nome, Deus manifesta sua fidelidade, que é perene. O texto mostra isso, ao afirmar que o Deus de Abraão, de Isaque e de Jacó (Êxodo 3;6) também é o Deus que estará com Moisés (Êxodo 3.12). O Deus que se manifesta para Moisés está sempre presente com o seu povo para salvá-lo.

A libertação de Israel do Egito (Êxodo 5.1-13.22)

Entre os acontecimentos que levaram o povo de Israel da escravidão do Egito para a liberdade e o encontro com Deus no Horebe/ Sinai, as pragas do Egito, especialmente a última praga, ligada à instituição da Páscoa, são muito importantes.

As pragas do Egito: contexto e estrutura literária (Êxodo 7.8-12.30)

Êxodo 7 a 12 narra uma série de "golpes" (o termo hebraico, nəgāʿîm, significa "golpes") ou "pragas" (termo oferecido pela antiga tradução grega ou *Septuaginta* [LXX]), terríveis calamidades causam estragos na economia e na sociedade egípcia, destruindo sistematicamente os sistemas agrícolas e governamentais ao mesmo tempo em que isentam os israelitas do sofrimento. Os "golpes" figuravam na história do Êxodo mesmo nas tradições litúrgicas de Israel (Salmos 78.44-52; 105.26-36), mas nessa tradição, a ordem das pragas varia, pois tal sequência não era crucial para o história. É possível conectar as pragas individuais a divindades egípcias, e algumas dessas propostas fazem sentido no contexto de visões antigas de combate divino. Mas como a própria Bíblia não nomeia esses deuses, tal suposição deve ser vista com ressalvas.

A narração das dez pragas (Êxodo 7.14-12.32) apresenta uma estrutura literária que lembra a arquitetura artística de Gênesis 1, embora o estilo seja agora mais fluido e variado. Há oito elementos na narrativa: 1) a ordem de Deus a Moisés para ir a Faraó; 2) a ameaça da peste; 3) o surgimento da peste; 4) a tentativa dos magos egípcios de imitarem o prodígio; 5) um sinal de aparente conversão do Faraó; 6) a intercessão de Moisés; 7) a cessação da peste; e 8) a obstinação do faraó.

As dez pragas são:

- Primeira praga: As águas se transformam em sangue (Êxodo 7.14-25)
- Segunda praga: A morte das rãs (Êxodo 8.1-15)
- Terceira praga: Os piolhos (Êxodo 8.16-19)
- Quarta praga: As moscas (Êxodo 8.20-32)

- Quinta praga: A morte dos rebanhos (Êxodo 9.1-7)
- Sexta praga: As úlceras (Êxodo 9.8-12)
- Sétima praga: Chuva de granizo, trovões e raios (Êxodo 9.13-35)
- Oitava praga: Os gafanhotos (Êxodo 10.1-20)
- Nona praga: As trevas (Êxodo 10.21-29)
- Décima praga: A morte dos primogênitos (Êxodo 12.29-33)

Moisés e Arão anunciam as dez pragas uma a uma. Os magos imitam as duas primeiras, mas são forçados a reconhecer na terceira praga que as ações eram operadas pelo ᵓeṣbaᶜ ᵓĕlōhîm [dedo de Deus] (Êxodo 8.19). Na quarta praga, os israelitas são expressamente preservados do infortúnio. A última praga, que é também a maior manifestação do poder divino: ela acontece na noite da Páscoa, quando à meia-noite Yahweh feriu todos os primogênitos na terra do Egito, inclusive o primogênito do faraó (Êxodo 12.29). A sucessão das dez pragas representa a luta da vontade de Deus contra a vontade do faraó, e mostra a superioridade de Yahweh. A primeira missão de Moisés junto a Faraó para trazer o povo de Israel do Egito não teve sucesso, e a opressão contra os israelitas foi agravada (Êxodo 5.1-23). Por isso, Yahweh delibera tornar mais evidente o seu poder mediante a repetição da promessa e a intensificação de sua ação (Êxodo 6.6-8).

A noite de Páscoa

Os capítulos 11-13 de Êxodo, em cujo contexto se destaca a história da última praga e da páscoa, intercalam seções narrativas com seções legislativas. Êxodo 11 contém o anúncio da última praga, e serve de preâmbulo para enquadrar adequadamente o evento da Páscoa e as leis sobre a consagração do primogênito.

O capítulo 12 contém dois tipos diferentes de prescrições sobre como os israelitas deveriam celebrar a Páscoa: um relacionado ao rito de imolar e comer o cordeiro (Êxodo 12.1-14.21-27,43-49); o outro relacionado ao pão ázimo (pão sem fermento), que deveria ser consumido sete dias após o dia da Páscoa (Êxodo 12.15-20). Suplementa a narrativa um texto legislativo que se relaciona à consagração dos primogênitos (Êxodo 13.1-16).

Um aspecto fundamental da celebração da Páscoa é que ela está ligada à partida do Egito, e por isso ela adquire um significado religioso particular. A celebração da Páscoa deve permanecer para as gerações futuras como uma memória que atualiza a ação salvífica de Deus em favor de Israel (Êxodo 13.16). Desde então, o rito pascal se torna o memorial da libertação, uma reapresentação da obra salvadora de Deus, que continua a ser realizada para lembrar que a vontade de Deus é salvar o seu povo. Ao celebrar a Páscoa, o israelita passa a noite em vigília, preparado para viajar, e deve comer a vítima pascal como seus pais fizeram, com pressa, como se estivesse prestes a deixar o Egito. O uso de pão sem fermento é um sinal da pressa de partir para a liberdade prometida por Deus (Êxodo 12.11; Deuteronômio 16.3).

A partida do Egito (Êxodo 14.31-15.21)

A história da Páscoa de Êxodo dá lugar à reviravolta dramática na narrativa de Êxodo, a partida do Egito. Partindo, talvez através do *Wadi Tumilat*, ligando o Delta do Nilo com os lagos que estão ao longo do que é hoje o Canal de Suez, Israel se dirigiu para Canaã. Curiosamente, o livro de Êxodo conta a história duas vezes, uma como prosa (Êxodo 14.1-31) e depois como poesia (Êxodo 15.1-18). As características linguísticas das duas versões indicam que a poética é muito mais antiga, provavelmente remontando aos séculos XII ou XI a.C., e sendo, portanto, uma testemunha precoce das reflexões teológicas de Israel sobre sua própria história.

Curiosamente, a versão mais antiga da narrativa em Êxodo não menciona Moisés. Como em outros textos da Torá, a história é contada duas vezes para enfatizar a sua importância e manter as tradições narrativas. Essa mesma técnica de seguir a versão em prosa e uma versão poética mais antiga, possivelmente conhecida a partir de tradições orais de cantores que recitavam a história de Israel, também aparece em Juízes 4 e 5, Números 22 a 24 e 1 Samuel 31 a 2 Samuel 1. As duas versões da travessia do Mar Vermelho trabalham juntas para enfatizar a importância do evento e a importância de comemorá-lo. Êxodo chama o mar que os israelitas cruzaram de yam-sûp̄, geralmente traduzido como "mar de juncos" e associado

5) o anúncio do sábado como o selo da aliança; e 6) a renovação da aliança após sua ruptura.

O anúncio solene da aliança (Êxodo 19.4-6)

O povo de Israel chegou ao deserto do Sinai e aos pés do Monte Horebe três meses depois de deixar o Egito (Êxodo 19.1-2). Os israelitas viram os sinais realizados por Moisés no Egito, as dez pragas, e eles foram testemunhas da providência divina durante a peregrinação no deserto. As perspectivas futuras são as melhores. Por isso, antes de anunciar os termos da aliança, Yahweh lembra ao povo o que havia acontecido com os israelitas, e as maravilhas que tinham sido operadas (Êxodo 19.4).

A aliança firmada tinha um núcleo essencial, presente nas palavras de Êxodo 19.5-6. O povo de Israel precisava ser a propriedade pessoal de Yahweh entre todos os povos, porque ele é dono de todas as coisas. Mais ainda: Yahweh os convoca para serem mamléḵeṯ kōhănîm wəḡôy qāḏôš [reino de sacerdotes e nação santa] (Êxodo 19.6). A forma literária dos termos da aliança se enquadra na utilizada nos tratados de vassalagem, em que o soberano propõe as condições dos vassalos, estabelece ligações e fixa cláusulas.

Os verbos que indicam a atuação do povo de Israel diante dos termos da aliança são 'escutar' e 'guardar', ações necessárias diante dos preceitos e mandamentos de Deus (Deuteronômio 4.1; 5.1; 6.3-4; 9.1; 12.28). Israel é convidado a fazer uma escolha fundamental, uma opção radical: escolher o Senhor, tomá-lo como seu Deus, com total obediência e fidelidade a ele e a seus preceitos.

A promessa de Deus em favor de Israel é considerá-lo a sua propriedade pessoal, a coisa mais preciosa para ele, seu pecúlio. Ao indicar que o povo de Israel seria levado além do reino do profano para viver o ideal ético das cláusulas da aliança (Levítico 19.2), indica-se que a participação na aliança implica na elevação de sua condição moral.

Israel aceita o compromisso, respondendo que atenderá as exigências da aliança (Êxodo 19.8). Uma teofania sanciona a aliança e a voz de Deus se faz ouvir para que o povo de Israel entendesse a importância do que será pactuado e sentisse a responsabilidade pelo cumprimento da vontade divina. A exigência de três dias de purificação (Êxodo 19.10-14) e a culminância desses dias na teofania mostra a conexão entre a comunhão com Deus e a santificação do seu povo (Êxodo 19.18-19).

A lei mosaica e os códigos legais da Antiguidade

As compilações de leis no Antigo Oriente Próximo são significativamente anteriores à Bíblia. Os reis da Mesopotâmia começaram a providenciar legislações por volta de 2100 a.C., coleções de leis que não eram abrangentes e, por isso, não eram necessariamente 'códigos'. Essas legislações buscavam fornecer uma linha de base para a justiça, que o rei ou a autoridade político-administrativa tentou eventualmente estabelecer.

O elemento religioso dessas legislações pode ser notado desde a sua moldura narrativa. O prólogo do Código de Hamurabi ilustra essa questão:

> Foi então que Anu e Enlil ordenaram Hamurabi, um príncipe devoto que teme os deuses, que demonstrasse justiça dentro da terra, que destruísse o mal e a maldade, para impedir o poder de explorar os fracos.

A própria Torá contém sete coleções jurídicas distinguíveis, totalizando, de acordo com a contagem rabínica, 613 leis. Dentro do conjunto de textos legais da Torá, a lei mosaica contém material e espírito próprios, e tem alguns pontos em comum com os códigos legais do Antigo Oriente Próximo, especialmente com o código de Hamurabi e com os códigos assírios, babilônios e hititas. A legislação de Israel foi fortemente influenciada por fatores similares aos que condicionavam outros povos, sendo possível que a Lei mosaica fosse, em algum nível, a tentativa de solução para problemas específicos presentes nas leis de culturas antigas.

A distinção entre a lei mosaica e os outros códigos legais do Antigo Oriente Próximo são as características próprias da religiosidade, o que é indício de uma origem singular. Há, na Torá, o Decálogo (Êxodo 20.1-17; Deuteronômio 5.6-21), o Código da Aliança (Êxodo

20.22-23.19), o Código Ritual (Êxodo 34.14-26), as prescrições sobre os sacrifícios (Levítico 1-7), as leis da pureza (Levítico 11-16), o Código da Santidade (Levítico 19-25) e o Código Deuteronomista (Deuteronômio 12.2-26.15). Esses códigos devem ser interpretados como parte de um todo, no qual as seções narrativas que ocupam um espaço maior dão o significado preciso aos diferentes *corpora* jurídicos, sendo iluminadas por eles.

Quanto aos códigos do Antigo Oriente Próximo, as leis são agrupadas sob uma autoridade real, na medida em que a maioria deles recebem os nomes dos reis que ordenaram a sua composição: Ur-Nammu (2100 a.C.), Lipit-Ishtar (1930 a.C.), Eshnunna (1800 a.C.), Hamurabi (1750 a.C.), leis médio assírias (1300 a.C.) etc. Na legislação de Moisés, o papel de nenhum rei, nem de Judá nem de Israel, não figura, porque, na tradição bíblica, as leis são atribuídas diretamente a Deus através de Moisés. Esse dado é fundamental, pois confere um espírito próprio à legislação mosaica, sem que isso anule a existência de uma jurisprudência progressiva antes da codificação definitiva dos diferentes corpos bíblicos legislativos.

A legislação mosaica concede ao culto e aos lugares onde ele deveria ser feito um papel decisivo, algo sem paralelos nas legislações do Antigo Oriente Próximo. Isso sugere uma origem diferente para a legislação mosaica.

Por outro lado, do ponto de vista formal, a legislação de Israel, especialmente as leis casuísticas, em que a fórmula condicional 'se' é conciliada com a decisão legal, é mais circunstancial que as formulações apodícticas, incondicionadas, que têm no Decálogo um bom exemplo. As leis apodíticas são um fenômeno peculiar da legislação de Israel.

Há analogias possíveis entre a aliança do Sinai e os tratados de vassalagem dos hititas da segunda metade do segundo milênio a.C. (entre 1450 e 1200 a.C.). Porém, as diferenças eles impedem de falar sobre a existência de uma verdadeira dependência. Os diferentes textos da aliança do Sinai devem ser examinados em si e por si mesmos, uma vez que cada um tem sua própria forma, que com dificuldade é assimilada por outros modelos.

A revelação do Decálogo (Êxodo 20.1-21)

Após a revelação da presença divina na teofania, o que o povo deveria ouvir e guardar a lei, o padrão de vida para Israel. Tal padrão é evidenciado no Decálogo, as dez palavras entregues em duas tábuas de pedra, inscritas pela mão de Deus (Êxodo 31.18; 24.12; Deuteronômio 4.13). Dentro da revelação do Sinai, o Decálogo é, portanto, a Palavra de Deus por excelência, a mais alta expressão da ética e da religião mosaica.

O Decálogo indica em sua essencialidade o modo de vida que é pedido ao povo liberto da escravidão. Por meio do Decálogo, o povo evitará se colocar mais uma vez em condição escrava. O Decálogo preceitua um dia de descanso semanal, a preservação da família, dos direitos e da exclusividade de adoração a Yahweh. Em um contexto de escravidão sem folga, saber que o sábado é dia de descanso é libertação. Em um contexto de escravidão em que as mulheres são corpos disponíveis aos senhores, o interdito à cobiça da mulher do próximo é uma libertação. Em um contexto de adoração aos deuses dos senhores, adorar o Deus do êxodo é perpetuar a libertação. Por essa razão, o Decálogo também é chamado de ʿēḏûṯ [testemunho] (Êxodo 25.16). As palavras de abertura do Decálogo aludem ao Deus da libertação da escravidão (Êxodo 20.2).

A importância do Decálogo torna o objeto em que ele foi gravado, as duas tábuas, um objeto digno de ser guardado no lugar mais sagrado em Israel, a arca da aliança (Êxodo 25.16). O Decálogo será invocado novamente, com pequenas modificações, no grande discurso programático de Moisés de Deuteronômio (Deuteronômio 5.6-21).

Entre os preceitos incluídos no Decálogo, que se articula com a liberdade é a exclusividade devida diante da ação do Deus que a promove: o culto a um único Deus, o monoteísmo. O reconhecimento exclusivo e incondicional de Yahweh não admite a adoração de outros deuses, nem mesmo que se faça imagens para adorá-los (Êxodo 20.3-5).

Há, no Decálogo, bênçãos e maldições. As maldições são reservadas aos transgressores da lei. As bênçãos são dirigidas àqueles que observam os mandamentos (Êxodo 20.5b-6). A misericórdia divina, maior do que a sua disposição para amaldiçoar, pode ser traduzida na irradiação dos efeitos da desobediência em relação à obediência: a punição pode atingir a terceira e a quarta geração de quem desobedece Yahweh, mas a misericórdia vai até mil gerações de quem o obedece (Êxodo 20.5-6). Com o Decálogo, nasce o critério a partir do qual Deus julgará o povo de Israel. Além de surgir tal critério, a misericórdia é proclamada, atualizando a relação com o Deus que ouviu, lembrou e viu o povo que clamava na escravidão pelo Deus de Abraão, Isaque e Jacó.

O código da aliança (Êxodo 20.22-23.32)

O chamado Código da Aliança é um conjunto de leis que seguem a promulgação do Decálogo. O nome vem de Êxodo 24.7, onde é declarado que Moisés tomou o livro da aliança [sēp̄er habbərîṯ] em suas mãos para lê-lo em voz alta para todas as pessoas antes de estipular o pacto. Êxodo 24.7 parece se referir a todo o bloco literário de Êxodo 20.2-23.32, que também inclui o Decálogo, a lei fundamental do Sinai.

O Código da Aliança é a primeira aplicação do Decálogo à vida cotidiana de Israel em todos os seus aspectos religiosos, culturais, civis e legais. Os preceitos nele contidos podem ser divididos em normas 'apodíticas' e 'casuísticas'. As leis apodícticas são aquelas escritas geralmente no imperativo, presentes especialmente a partir de Êxodo 22.17. As leis casuísticas são condicionais, pois confrontam e julgam determinadas situações morais.

Há, no Código da Aliança, uma série de regras sobre os altares e lugares de culto, escravos, princípios de direito processual, legislações sobre o capital e uma série de leis apodícticas relativas a violações de caráter moral e religioso (magia, bestialidade, idolatria etc.), além de normas de natureza social e cultural. As leis civis são enquadradas em um quadro religioso que aumenta o seu valor e obtém desse quadro grande reforço. O código fecha com uma conclusão que atinge um tom solene (Êxodo 23.20-33), em que a promessa de ajuda divina, através de seu anjo, vem acompanhada de mandatos, proibições, ameaças e promessas, em um estilo semelhante ao do Deuteronômio. Por causa disso, o código adquire uma configuração marcadamente lógica, um verdadeiro tratado de aliança com Deus.

Ratificação da aliança (Êxodo 24.1-8)

Com a história do rito de sacrifício que sanciona a aliança, a narrativa que começou em Êxodo 19 chega ao seu termo prático. Moisés ordenou a construção de um altar ao pé da montanha, com doze estelas, uma para cada tribo de Israel. Ele também ordenou que os sacrifícios de holocausto e de comunhão fossem oferecidos. O sangue das vítimas sacrificadas é derramado por Moisés, metade no altar e metade no povo, símbolo da união criada por um vínculo sagrado entre os dois parceiros da aliança. Yahweh e Israel estão, a partir daí, unidos por um pacto de sangue. Antes de aspergir o sangue sobre o povo, toda a comunidade é chamada a proclamar que aceita livremente a aliança e que está disposta a cumprir tudo o que está escrito no livro do pacto, lido por Moisés em voz alta no contexto da celebração. Todo mundo responde que vai obedecer e fazer tudo o que o Senhor ordenou (Êxodo 24.7).

Sábado, sinal do pacto (Êxodo 20.8; 31.12-17)

O sábado foi o o dia estabelecido por Deus para ser sinal de seu pacto. A aliança perpétua envolvia descansar e dedicar ao Deus da libertação um dia na semana (Êxodo 31.13-16). Enquanto o povo for livre, ele estará sinalizando a aliança inviolável entre Yahweh e o seu povo (Êxodo 31.16). O sábado é um dia que precisa ser santificado (Êxodo 20.8), e o mandamento divino relembra que durante seis dias é possível trabalhar e fazer todas as obras. A libertação da perenidade do trabalho é tão significativa que a noção da dignidade do descanso é partilhada até mesmo com escravos, estrangeiros e animais dos israelitas (Êxodo 20.9-10).

Ruptura e renovação da aliança (Êxodo 32-34)

Êxodo 32 a 34 é o contraponto à narração de Êxodo 19 a 24, que se conclui com a ratificação da aliança. Essa narrativa permite vislumbrar qual será a história futura do povo eleito: fidelidade e misericórdia da parte de Deus, infidelidade e abandono da aliança por parte de Israel. Pouco depois de aceitar a aliança, quando Israel ainda estava nas imediações do Sinai, Israel rompeu o acordo contratado, violando o primeiro mandamento do Decálogo. Os israelitas constroem uma imagem de um bezerro de ouro para adorá-la, um pecado que irrita Yahweh (Êxodo 32.1-10). O gesto coloca a sua existência em grave perigo, porque a aliança está quebrada e o Senhor já não se sente vinculado a ela – e, por isso, ele está prestes a destruir a nação e fazer surgir um novo povo (Êxodo 32.9-10). Graças à intercessão de Moisés (Êxodo 32.11-14; 32.30-33.23), o Senhor desiste de seu propósito (Êxodo 33.14,17), mostrando-se como um Deus cheio de perdão e misericórdia (Êxodo 34.6-7).

A destruição das tábuas da lei (Êxodo 32.19) não parece ser interpretada simplesmente como uma atitude de indignação de Moisés antes do que aconteceu. Ela parece a manifestação de seu ardente zelo pela causa divina, uma vez que a partir do momento em que o povo quebrou o pacto, as tábuas da lei não têm mais nenhum significado.

Para reparar a ofensa causada, Moisés pune a idolatria, fazendo com que o povo seja purificado (Êxodo 32.20-35). A punição de Moisés também é explicada à luz da grave situação de infidelidade cometida, que colocava em risco a própria sobrevivência do povo escolhido. Deus aceita a oração de Moisés e a ação reparadora.

Êxodo 34 trata da renovação da aliança. Uma nova teofania no Sinai (Êxodo 24. 5-7) enquadra a nova proposta divina. Suas cláusulas essenciais são repropostas (Êxodo 34.12-27), são colocadas por escrito em um novo documento (Êxodo 34.28). Os preceitos do Decálogo são reafirmados com a promulgação do preceito fundamental de não se curvar a qualquer outro deus porque Yahweh é um Deus ciumento (Êxodo 34.14). A renovação da aliança do Sinai contém a promessa de que se realize grandes maravilhas (Êxodo 34.10), mas pede em troca plena fidelidade à obrigação de estabelecer parcerias com outros povos (Êxodo 34.11-16), a principal causa da idolatria. Essas alianças sempre implicaram em aceitação recíproca de deuses. Deus ordena a Moisés que escreva as palavras da aliança (Êxodo 34.27) e o próprio Deus confirma a sua vontade escrevendo nas tábuas as palavras do pacto, as dez palavras (Êxodo 34.28). À luz dessa experiência teofânica, a pele do rosto de Moisés tornou-se radiante (Êxodo 34.29), razão pela qual Moisés teve que cobrir o rosto diante dos israelitas. A narração destaca assim a transcendência divina à qual Moisés está associado.

O significado global de Êxodo

Os eventos relacionados ao Êxodo marcaram a vida do povo hebreu. A saída do Egito e a aliança que segue são, com efeito, eventos de Israel cujos frutos determinam em grande medida a vida futura, e são referências para muitas instituições, ritos e crenças.

É importante afirmar, porém, que as experiências de libertação, estabelecimento da aliança, ruptura da aliança e o seu restabelecimento funcionam melhor se compreendidas como memórias históricas resgatadas em um período de perda de liberdade, em que um novo êxodo seja necessário, juntamente com o reestabelecimento do culto, da legislação e de um pacto no interior da comunidade dos descendentes dos israelitas. Logo, o Deus do Êxodo, que se revelou pelo nome de Yahweh, é lembrado como aquele que tirou Israel do Egito (Josué 24.17; Amós 2.10; 3.1; Miqueias 6.4; Salmo 81,11) porque tal fé de Israel, revivida nas festas da Páscoa, Pentecostes e Tabernáculos, também se reatualizam na experiência de enfrentamento das ameaças estrangeiras, de exilamento e de reconstituição da comunidade cúltica.

Referências

Albertz, R.

Exodus 1-18. Zürich: Theologischer Verlag Zürich, 2012.

Exodus 19-40. Zbkat. Zürich: Theologischer Verlag Zürich, 2015. 389 S.

Alexander, T.

Desmond. *Exodus*. Nottingham: Spck, 2017.

Anati, E.

La riscoperta del Monte Sinai. Ritrovamenti archeologici alla luce del racconto dell'Esodo. Padova: Edizioni Messaggero, 2010.

Anderson, B. W.

Understanding the Old Testament. Englewood Cliffs: Prentice-Hall, 1986.

ANDIÑACH, P. R.

Introducción hermenéutica al Antiguo Testamento. Estella [Navarra]: Verbo Divino, 2012.

ARNOLD, B. T.

Introduction to the Old Testament. Cambridge: Cambridge University Press, 2014.

ASHBY, G.

Go Out and Meet God. A. Commentary on the Book of Exodus. Grand Rapids: Eerdmans, 1998.

BANDSTRA, B. L.

Reading the Old Testament: An Introduction to the Hebrew Bible. 4 ed. Belmont: Wadsworth Cengage, 2009.

BARSTAD, H. M.

A Brief Guide to the Hebrew Bible. Louisville: Westminster John Knox, 2010.

BARTON, J. (ed.)

The Hebrew Bible: A Critical Companion. Princeton: Princeton University Press, 2016.

BERGSMA, J.; PITRE, B.

A Catholic Introduction to the Bible: The Old Testament. San Francisco: Ignatius Press, 2018.

Bijbelcommentaar Genesis – Exodus. Hg. Mart-Jan PAUL / Gijs van den BRINK / J.C. (Hans) BETTE. Studiebijbel Oude Testament 1. Veenendaal: Centrum voor Bijbelonderzoek, 2004.

BILLON, G.

Introduction à l'Ancien Testament. Paris: Cerf, 2018.

BIRCH, B. C. *et al.*

A Theological Introduction to the Old Testament. 2 ed. Nashville: Abingdon, 2005.

BOADT, L. E.

Reading the Old Testament: An Introduction. 2 ed. Mahwah: Paulist, 2012.

BONFIGLIO, R. P. (ed.)

A Study Companion to Introduction to the Hebrew Bible. 2 ed. Minneapolis: Fortress, 2014.

BRÄUMER, H.

Das zweite Buch Mose. 2 vols. Wuppertal: R. Brockhaus, 1996/1999.

BRIEND, J. *et al.*

La Loi et les Prophètes. Introduction critique à l'Ancien Testament. Texte revu et Préface nouvelle. Paris: Téqui, 2000.

Bruckner, J. K.

Exodus. Peabody: Hendrickson, 2008.

Brueggemann, W.

An Introduction to the Old Testament: The Canon and Christian Imagination. Louisville: Westminster John Knox, 2003.

Brueggemann, W.; Linafelt, T.

An Introduction to the Old Testament: The Canon and Christian Imagination. 2 ed. Louisville: Westminster John Knox, 2012.

Cardellini, I.

"Esodo..! Quando? Come?". RivB 45, 1997, p. 129-142.

Carr, D. M.

An Introduction to the Old Testament: Sacred Texts and Imperial Contexts of the Hebrew Bible. Chichester, West Sussex & Malden: Wiley-Blackwell, 2010.

Carvalho, C. L.

Encountering Ancient Voices: A Guide to Reading the Old Testament. 2 ed. Winona: Anselm Academic, 2010.

Cassuto, U.

A Commentary on the Book of Exodus. Jerusalem: Magnes, 1967.

Cazelles, H.

À la recherche de Moïse. Études annexes de la Bible de Jérusalem, 7; Paris: Cerf, 1979.

Ceresko, A. R.

Introduction to the Old Testament: A Liberation Perspective. 2 ed. Maryknoll: Orbis Books, 2001.

Chapman, S. B.; Sweeney, M. A. (eds.)

The Cambridge Companion to the Hebrew Bible/Old Testament. Cambridge & New York: Cambridge University Press, 2016.

Childs, B. S.

Introduction to the Old Testament as Scripture. London: SCM; Philadelphia: Fortress Press, 1979.

The Book of Exodus. A Critical Theological Commentary. Louisville: Westminster, 1974.

Clifford, H. *et al.*

Companion to the Old Testament: Introduction, Interpretation, Application. London: SCM, 2016.

Coats, G. W.

Exodus 1-18. Grand Rapids: Eerdmans, 1999.

COGGINS, R. J.

Introducing the Old Testament. 2 ed. Oxford: Oxford University Press, 2001.

COLE, A.

Exodus. An Introduction and Commentary. Leicester, Downers Grove: InterVarsity, 1973.

COLLINS, J. J.

A Short Introduction to the Hebrew Bible. 3 ed. Minneapolis: Fortress, 2018.

Introduction to the Hebrew Bible and Deutero-Canonical Books: The Torah/Pentateuch. 3 ed. Minneapolis: Fortress, 2018.

CURRID, J. D.

Exodus. 2 vols. Darlington: Evangelical Press, 2000/2001.

DAY, J. (ed.)

In Search of Pre-Exilic Israel. Proceedings of the Oxford Old Testament Seminar. London: T & T Clark International, 2004.

DELL, K. J.

Opening the Old Testament. Oxford: Blackwell, 2008.

DICK, M. B.

Reading the Old Testament: An Inductive Introduction. Peabody: Hendrickson, 2008.

DIETRICH, W. *et al.*

Die Entstehung des Alten Testaments. Neuausgabe. Stuttgart: Kohlhammer, 2014.

DOHMEN, C.

Exodus 1-18. Freiburg, Basel, Wien: Herder, 2015.

Exodus 19-40. Freiburg, Basel, Wien: Herder, 2004.

DOZEMAN, T. B.

Exodus. Grand Rapids: Eerdmans, 2009.

DOZEMAN, T. B.; EVANS, C. A.; LOHR, J. N. (eds.)

The Book of Exodus: Composition, Reception, and Interpretation. Leiden: Brill, 2014.

DRANE, J.

Introducing the Old Testament. 3 ed. Oxford: Lion Hudson; Minneapolis: Fortress, 2011.

DURHAM, J. I.

Exodus. Waco: Word, 1987.

ENNS, P. E.

Exodus. Grand Rapids: Zondervan, 2000.

Exodus, Leviticus, Numbers, Deuteronomy. Hg. Joseph T. LIENHARD. Ancient

Christian Commentary on Scripture. Old Testament. 3 vols. Leicester: InterVarsity, 2000.

Fensham, F. C.

Exodus. Nijkerk: Callenbach, 1984.

Ferrari, P. L. (ed.)

Il libro dell'Esodo. Padova: Messaggero, 2012.

Finkelstein, I.; Mazar, A.

The Quest for the Historical Israel: Debating Archaeology and the History of Early Israel. In: Schmidt, B. B. (ed.). *Invited Lectures Delivered at the Sixth Biennial Colloquium of the International Institute for Secular Humanistic Judaism*, Detroit, October 2005. Atlanta: Society of Biblical Literature; Leiden: Brill, 2007, p. 41-55.

Finkelstein, I.; Silberman, N. A.

The Bible Unearthed: Archaeology's New Vision of Ancient Israel and the Origin of Its Sacred Texts. New York: The Free Press, 2001.

Fischer, G.; Markl, D.

Exodus. Stuttgart: Katholisches Bibelwerk, 2009.

Frerichs, E. S.; Lesko, L. H. (eds.)

Exodus: The Egyptian Evidence. Winona Lake: Eisenbrauns, 1997.

Fretheim, T. E.

Exodus. Interpretation. Louisville: Knox, 1991.

Frey, H.

Das Buch der Heimsuchung und des Exodus. Das Buch der Verbindung Gottes mit seiner Gemeinde. Das Buch der Gegenwart Gottes unter seiner Gemeinde. Stuttgart: Calwer, 1984/81/82.

Friedman, I.

"Amenhotep III and the Exodus: Echoes of the Biblical Narrative from Egypt's Golden Age". JBQ 45, 2017, p. 211-221.

Friedman, R. E.

The Exodus: How It Happened and Why It Matters. New York: HarperOne, 2017.

Gispen, W. H.

Exodus. Grand Rapids: Zondervan, 1982.

Het Boek Exodus. 2 vols. Kampen: Kok, 1985.

Goldingay, J. E.

An Introduction to the Old Testament: Exploring Text, Approaches & Issues. London: SPCK, 2015.

Görg, M.

Die Beziehungen zwischen dem Alten Israel und Ägypten: Von den Anfängen bis zum Exil. Darmstadt: Wissenschaftliche Buchgesellschaft, 1997.

Gottwald, N. K.

The Hebrew Bible: A Brief Socio-Literary Introduction. Minneapolis: Fortress, 2009.

Grabbe, L. L.

Ancient Israel: What Do We Know and How Do We Know It? London & New York: Bloomsbury T&T Clark, 2017.

Hagens, G.

"Exodus and Settlement: A Two Sojourn Hypothesis". *Studies in Religion / Sciences Religieuses* 36, 2007, p. 85-105.

Hamilton, V. P.

Exodus. An Exegetical Commentary. Grand Rapids: Eerdmans, 2011.

Heinisch, P.

Das Buch Exodus. Bonn, 1934.

Hirsch, S. R.

Der Pentateuch. Exodus. Frankfurt: Rosenzweig, 1994.

Hoffmeier, J. K.

"Egypt, Plagues in" ABD II, 1992, p. 374-378.

"Out of Egypt: The Archaeological Context of the Exodus". BAR 33/1, 2007, p. 30-41, 77.

"Rameses of the Exodus Narratives is the 13th century B.C. Royal Ramesside Residence". Trinity Journal 28, 2007, p. 281-289.

"What is the Biblical Date for the Exodus? A Response to Bryant Wood" JETS 50, 2007, p. 225-247.

Ancient Israel in Sinai: The Evidence for the Authenticity of the Wilderness Tradition. New York: Oxford University Press, 2005.

Israel in Egypt: The Evidence for the Authenticity of the Exodus Tradition. New York: Oxford University Press, 1997.

Hoffmeier, J. K.; Millard, A. R.; Rendsburg, G. A. (eds.)

"Did I Not Bring Israel Out of Egypt?": Biblical, Archaeological, and Egyptological Perspectives on the Exodus Narratives. Winona Lake: Eisenbrauns, 2016.

Houtman, C.

Das Bundesbuch. Ein Kommentar. Leiden, New York, Köln: Brill, 1997.

Exodus. 4 vols. Leuven: Peeters, 1993/1996/2000/2002.

Exodus. Een praktische bijbelverklaring. 2 vols. Kampen: Kok, 1988/1997.

HUBBARD JR., R. L.; DEARMAN, J. A.

Introducing the Old Testament. Grand Rapids: Eerdmans, 2018.

HYATT, J. P.

Exodus. Grand Rapids: Eerdmans, 1971.

JACOB, B.

Das Buch Exodus. Stuttgart: Calwer, 1997.

JANZEN, J. G.

Exodus. Louisville: Westminster John Knox, 1997.

JOHNSTONE, W.

Exodus. 2 Vols. Macon: Smyth & Helwys, 2014/2015.

KAISER, W. C., Jr.

"Exodus". Grand Rapids: Regency-Zondervan, 1990.

KITCHEN, K. A.

"Exodus, The". ABD II, 1992, p. 700-708.

"From The Brickfields of Egypt". TynBul 27, 1976, p. 137-147.

KREUZER, S.; LÜTHI, K. (eds.)

Zur Aktualität der Alten Testament. Frankfurt: Peter Lang, 1992.

LANGSTON, S.

Exodus Through the Centuries. Malden: Blackwell, 2006.

LAPERROUSAZ, E.-M. (ed.)

La protohistoire d'Israël: de l'exode à la monarchie. Paris: Cerf, 1990.

LEVY, T. E.; SCHNEIDER, T.; PROPP, W. H. C. (eds.)

Israel's Exodus in Transdisciplinary Perspective: Text, Archaeology, Culture, and Geoscience. Heidelberg: Springer, 2015.

LINAFELT, T.

The Hebrew Bible as Literature: A Very Short Introduction. New York: Oxford University Press, 2016.

LONGMAN, T.

Introducing the Old Testament: A Short Guide to Its History and Message. Grand Rapids: Zondervan, 2012.

MATTHEWS, V. H.; MOYER, J. C.

Old Testament: Text and Context. 2 ed. Peabody: Hendrickson, 2005.

MCKENZIE, S. L.; KALTNER, J.

The Old Testament: Its Background, Growth, and Content. Nashville: Abingdon, 2007.

MENDENHALL, G. E.

Ancient Israel's Faith and History: An Introduction to the Bible in Context. Louisville: Westminster John Knox, 2001.

MERLO, P. (ed.)

L'Antico Testamento: introduzione storico-letteraria. Roma: Carocci, 2008.

MILLARD, A. R.

"How Reliable Is Exodus?" BAR 26/4, 2000, p. 50-57.

MOMMER, P.

Einführung in das Alte Testament. Gütersloh: Gütersloher Verlagshaus, 2015.

MORGAN, D. F. (ed.)

Oxford Handbook of the Writings of the Hebrew Bible. New York & Oxford: Oxford University Press, 2019.

MOTYER, A.

The Message of Exodus. The Days of Our Pilgrimage. Leicester: InterVarsity, 2005.

NA'AMAN, N.

"The Exodus Story: Between Historical Memory and Historiographical Composition". JANER 11, 2011, p. 39-69.

NELSON, R. A.

The Old Testament: Canon, History, and Literature. Nashville: Abingdon, 2019.

NEUBER, C. (ed.)

Der immer neue Exodus: Aneignungen und Transformationen des Exodusmotivs. Stuttgart: Katholisches Bibelwerk, 2018.

NICKELSBURG, G. W.

Jewish Literature Between the Bible and the Mishnah: A Historical and Literary Introduction. 2 ed. Minneapolis: Fortress, 2005.

NOBILE, M.

Introduzione all'Antico Testamento: la letteratura veterotestamentaria. Nuova edizione riveduta e aumentata. Bologna: Edizioni Dehoniane, 2011.

NOLL, K. L.

"An Alternative Hypothesis for a Historical Exodus Event". SJOT 14, 2000, p. 260-274.

NOTH, M.

Das zweite Buch Mose. Exodus. Göttingen: Vandenhoeck & Ruprecht, 1988.

NOVICK, T.

An Introduction to the Scriptures of Israel: History and Theology. Grand Rapids: Eerdmans, 2018.

PEREVOLOTSKY, A.; FINKELSTEIN, I.

"The Southern Sinai Exodus Route in Ecological Perspective". BAR 11/4, 1985, p. 27-41.

PROPP, W. H.

Exodus 1-18. A New Translation with Introduction and Commentary. Garden City, New York: Doubleday, 1999.

Exodus 19-40. A New Translation with Introduction and Commentary. Garden City, New York: Doubleday, 2006.

RAINEY, A. F. (ed.)

Egypt, Israel, Sinai: Archaeological and Historical Relationships in the Biblical Period. Tel Aviv: Tel Aviv University Press, 1987.

REDFORD, D. B.

Egypt and Canaan in the New Kingdom. Beer-Sheva: Ben-Gurion University of the Negev Press, 1990.

RENDSBURG, G. A.

"The Date of the Exodus and the Conquest / Settlement: the case for the 1100s". VT 42, 1992, p. 510-527.

RÖMER, T.; MACCHI, J.-D.; Nihan, C. (eds.)

Introduction à l'Ancien Testament. Seconde édition entièrement révisée et substantiellement augmentée. Genève: Labor et Fides, 2009.

ROUTLEDGE, R.

Old Testament Introduction: Text, Interpretation, Structure, Themes. London: Apollos, 2016.

SARNA, N. M.

Exodus. Philadelphia, New York, Jerusalem: JPS, 1991.

SCHARBERT, J.

Exodus. Würzburg: Echter, 2000.

SCHMIDT, W. H.

Einführung in das Alte Testament. Berlin: de Gruyter, 1979.

Exodus, Sinai und Mose. Erwägungen zu Ex 1-19 und 24. Darmstadt: Wissenschaftliche Buchgesellschaft, 1983.

Exodus. 1. Teilband. *Exodus 1-6*. Neukirchen: Neukirchener, 1988.

Exodus. 2. Teilband. *Exodus 7,1-15,21*. Göttingen: Vandenhoeck & Ruprecht, 2019.

SCHMIDT, W. H.; THIEL, W.; HANHART, R.

Altes Testament. Stuttgart: Kohlhammer, 1989.

SCHMITT, H.-C.

Arbeitsbuch zum Alten Testament. Grundzüge der Geschichte Israels und der alttestamentlichen Schriften. Göttingen: Vandenhoeck & Ruprecht, 2005.

SICRE DÍAZ, J. L.

Introducción al Antiguo Testamento. Nueva edición corregida, actualizada y aumentada. Estella [Navarra]: Verbo Divino, 2011.

SIVERTSEN, B. J.

The Parting of the Sea: How Volcanoes, Earthquakes, and Plagues Shaped the Story of Exodus. Princeton: Princeton University Press, 2009.

SKA, J.-L.

Antico Testamento. Vol. 1: Introduzione. Vol. 2: Temi e letture. Bologna: Edizioni Dehoniane, 2015.

STIEBING, W. H.

Out of the Desert? Archaeology and the Exodus/Conquest Narratives. Buffalo: Prometheus, 1989.

STUART, D.

Exodus. Nashville: Broadman, 2006.

UTZSCHNEIDER, H.; OSWALD, W.

Exodus 1-15. Stuttgart: Kohlhammer, 2014.

VAN SETERS, J.

"The Plagues of Egypt: Ancient Tradition or Literary Invention?". ZAW 98, 1986, p. 31-38.

The Life of Moses. The Yahwist as Historian in Exodus–Numbers. Kampen: Kok Pharos; Louisville: Westminster John Knox, 1994.

VÁZQUEZ ALLEGUE, J.

Guía de la Biblia: introducción general a la Sagrada Escritura. Estella [Navarra]: Verbo Divino, 2019.

VRIEZEN, T. C.; VAN DER WOUDE, A. S.

Oud-Israëlitische en vroeg-joodse literatur. Kampen: Kok, 2000.

WEIMAR, P.; ZENGER, E.

Exodus, Geschichten und Geschichte der Befreiung Israels. Stuttgart: Katholisches Bibelwerk, 1975.

WILLI-PLEIN, I.

Das Buch vom Auszug. 2. Mose (Exodus). Neukirchen: Neukirchener, 1991.

WOOD, B. G.

"The Biblical Date for the Exodus is 1446 BC: A Response to James Hoffmeier". JETS 50, 2007, p. 249-258.

"The Rise and Fall of the 13th-Century Exodus-Conquest Theory". JETS 48, 2005, p. 475-489.

"Recent Research on the Date and Setting of the Exodus". Bible and Spade 21/4, 2008, p. 97-108.

ZENGER, E. *et al.*

Einleitung in das Alte Testament. Stuttgart: Kohlhammer, 2012.

ZUBER, B.

Vier Studien zu den Ursprüngen Israels. Die Sinaifrage und Probleme der Volks- und Traditionsbildung. Freiburg: Universitätsverlag; Göttingen: Vandenhoeck & Ruprecht, 1976.

Livro do Êxodo

SHEMOT

שמות

א וְאֵלֶּה שְׁמוֹת בְּנֵי יִשְׂרָאֵל הַבָּאִים מִצְרָיְמָה אֵת
יַעֲקֹב אִישׁ וּבֵיתוֹ בָּאוּ׃
ב רְאוּבֵן שִׁמְעוֹן לֵוִי וִיהוּדָה׃
ג יִשָּׂשכָר זְבוּלֻן וּבִנְיָמִן׃
ד דָּן וְנַפְתָּלִי גָּד וְאָשֵׁר׃
ה וַיְהִי כָּל־נֶפֶשׁ יֹצְאֵי יֶרֶךְ־יַעֲקֹב שִׁבְעִים נָפֶשׁ
וְיוֹסֵף הָיָה בְמִצְרָיִם׃
ו וַיָּמָת יוֹסֵף וְכָל־אֶחָיו וְכֹל הַדּוֹר הַהוּא׃
ז וּבְנֵי יִשְׂרָאֵל פָּרוּ וַיִּשְׁרְצוּ וַיִּרְבּוּ וַיַּעַצְמוּ בִּמְאֹד
מְאֹד וַתִּמָּלֵא הָאָרֶץ אֹתָם׃ פ

ח וַיָּקָם מֶלֶךְ־חָדָשׁ עַל־מִצְרָיִם אֲשֶׁר לֹא־יָדַע אֶת־יוֹסֵף׃
ט וַיֹּאמֶר אֶל־עַמּוֹ הִנֵּה עַם בְּנֵי יִשְׂרָאֵל רַב וְעָצוּם מִמֶּנּוּ׃
י הָבָה נִתְחַכְּמָה לוֹ פֶּן־יִרְבֶּה וְהָיָה כִּי־תִקְרֶאנָה מִלְחָמָה
וְנוֹסַף גַּם־הוּא עַל־שֹׂנְאֵינוּ וְנִלְחַם־בָּנוּ וְעָלָה מִן־הָאָרֶץ׃
יא וַיָּשִׂימוּ עָלָיו שָׂרֵי מִסִּים לְמַעַן עַנֹּתוֹ בְּסִבְלֹתָם וַיִּבֶן עָרֵי
מִסְכְּנוֹת לְפַרְעֹה אֶת־פִּתֹם וְאֶת־רַעַמְסֵס׃
יב וְכַאֲשֶׁר יְעַנּוּ אֹתוֹ כֵּן יִרְבֶּה וְכֵן יִפְרֹץ
וַיָּקֻצוּ מִפְּנֵי בְּנֵי יִשְׂרָאֵל׃
יג וַיַּעֲבִדוּ מִצְרַיִם אֶת־בְּנֵי יִשְׂרָאֵל בְּפָרֶךְ׃
יד וַיְמָרְרוּ אֶת־חַיֵּיהֶם בַּעֲבֹדָה קָשָׁה בְּחֹמֶר

Êxodo — Shemot

Os descendentes de Jacó no Egito

1 1 Ora, estes são os nomes dos filhos de Israel que entra-
ram no Egito; entraram com Jacó, cada um com a sua
família: 2 Rúben, Simeão, Levi e Judá, 3 Issacar, Zebulom
e Benjamim, 4 Dã e Naftali, Gade e Aser. 5 Todas as almas que
saíram da coxa de Jacó eram setenta. José, porém, já estava
no Egito. 6 Morreu José, e todos os seus irmãos, e toda aquela
geração. 7 Depois, os filhos de Israel frutificaram, aumenta-
ram muito, multiplicaram-se e fizeram-se fortes duma ma-
neira extraordinária; e a terra ficou cheia deles.

Os seus sofrimentos

8 Entretanto, se levantou sobre o Egito um novo rei que não
conhecia a José. 9 Ele disse ao seu povo: Eis que o povo dos filhos
de Israel é mais numeroso e mais forte que nós. 10 Vinde, usemos
de astúcia para com eles, para que não se multipliquem e para
que não aconteça que, havendo guerra, se unam com os nossos
inimigos, pelejem contra nós e se retirem da terra. 11 Portanto,
puseram sobre eles feitores para, com cargas, os afligirem. E os
israelitas edificaram para Faraó as cidades-armazéns, Pitom e
Ramessés. 12 Mas quanto mais os egípcios vexavam aos israelitas,
tanto mais estes se multiplicavam e se espalhavam. Os egípcios

וּבִלְבֵנִים וּבְכָל־עֲבֹדָה בַּשָּׂדֶה אֵת כָּל־עֲבֹדָתָם
אֲשֶׁר־עָבְדוּ בָהֶם בְּפָרֶךְ׃

טו וַיֹּאמֶר מֶלֶךְ מִצְרַיִם לַמְיַלְּדֹת הָעִבְרִיֹּת אֲשֶׁר שֵׁם
הָאַחַת שִׁפְרָה וְשֵׁם הַשֵּׁנִית פּוּעָה׃
טז וַיֹּאמֶר בְּיַלֶּדְכֶן אֶת־הָעִבְרִיּוֹת וּרְאִיתֶן עַל־הָאָבְנָיִם
אִם־בֵּן הוּא וַהֲמִתֶּן אֹתוֹ וְאִם־בַּת הִיא וָחָיָה׃
יז וַתִּירֶאןָ הַמְיַלְּדֹת אֶת־הָאֱלֹהִים וְלֹא עָשׂוּ כַּאֲשֶׁר דִּבֶּר
אֲלֵיהֶן מֶלֶךְ מִצְרָיִם וַתְּחַיֶּיןָ אֶת־הַיְלָדִים׃
יח וַיִּקְרָא מֶלֶךְ־מִצְרַיִם לַמְיַלְּדֹת וַיֹּאמֶר לָהֶן מַדּוּעַ
עֲשִׂיתֶן הַדָּבָר הַזֶּה וַתְּחַיֶּיןָ אֶת־הַיְלָדִים׃
יט וַתֹּאמַרְןָ הַמְיַלְּדֹת אֶל־פַּרְעֹה כִּי לֹא כַנָּשִׁים הַמִּצְרִיֹּת
הָעִבְרִיֹּת כִּי־חָיוֹת הֵנָּה בְּטֶרֶם תָּבוֹא אֲלֵהֶן הַמְיַלֶּדֶת וְיָלָדוּ׃
כ וַיֵּיטֶב אֱלֹהִים לַמְיַלְּדֹת וַיִּרֶב הָעָם וַיַּעַצְמוּ מְאֹד׃
כא וַיְהִי כִּי־יָרְאוּ הַמְיַלְּדֹת אֶת־הָאֱלֹהִים וַיַּעַשׂ לָהֶם בָּתִּים׃
כב וַיְצַו פַּרְעֹה לְכָל־עַמּוֹ לֵאמֹר כָּל־הַבֵּן הַיִּלּוֹד הַיְאֹרָה
תַּשְׁלִיכֻהוּ וְכָל־הַבַּת תְּחַיּוּן׃ ס

א וַיֵּלֶךְ אִישׁ מִבֵּית לֵוִי וַיִּקַּח אֶת־בַּת־לֵוִי׃
ב וַתַּהַר הָאִשָּׁה וַתֵּלֶד בֵּן וַתֵּרֶא אֹתוֹ כִּי־טוֹב
הוּא וַתִּצְפְּנֵהוּ שְׁלֹשָׁה יְרָחִים׃
ג וְלֹא־יָכְלָה עוֹד הַצְּפִינוֹ וַתִּקַּח־לוֹ תֵּבַת גֹּמֶא וַתַּחְמְרָה
בַחֵמָר וּבַזָּפֶת וַתָּשֶׂם בָּהּ אֶת־הַיֶּלֶד וַתָּשֶׂם בַּסּוּף עַל־שְׂפַת
הַיְאֹר׃ ד וַתֵּתַצַּב אֲחֹתוֹ מֵרָחֹק לְדֵעָה מַה־יֵּעָשֶׂה לוֹ׃
ה וַתֵּרֶד בַּת־פַּרְעֹה לִרְחֹץ עַל־הַיְאֹר וְנַעֲרֹתֶיהָ הֹלְכֹת
עַל־יַד הַיְאֹר וַתֵּרֶא אֶת־הַתֵּבָה בְּתוֹךְ הַסּוּף וַתִּשְׁלַח
אֶת־אֲמָתָהּ וַתִּקָּחֶהָ׃

aborreciam aos filhos de Israel 13 e os faziam servir com rigor;
14 amarguravam-lhes a vida com serviços penosos de barro e
de tijolos e de toda sorte de trabalhos nos campos, com todas
as suas tarefas, com que foram obrigados a servir com rigor.

As parteiras desobedecem ao rei

15 O rei do Egito falou às parteiras hebreias, das quais uma
se chamava Sifrá, e a outra, Puá; 16 e disse: Quando servirdes de
parteira às mulheres hebreias e as virdes sobre os assentos, se
for filho, matá-lo-eis; mas, se for filha, deixá-la-eis viver. 17 Mas
as parteiras temeram a Deus e não fizeram como lhes havia
ordenado o rei do Egito; antes, deixaram os meninos viver.
18 Então, o rei do Egito mandou chamar as parteiras e lhes per-
guntou: Por que tendes feito isso e deixado os meninos viver?
19 Responderam as parteiras a Faraó: Porque as mulheres he-
breias não são como as egípcias; pois são vigorosas e já dão à luz
antes que a parteira chegue a elas. 20 Fez Deus bem às parteiras;
e o povo aumentou-se e tornou-se extraordinariamente forte.
21 Porque as parteiras temeram a Deus, ele lhes estabeleceu as
casas. 22 Ordenou Faraó a todo o seu povo, dizendo: A todos os
filhos que nascerem, lançá-los-eis no rio; mas a todas as filhas,
deixá-las-eis viver.

Nascimento de Moisés

2 1 Foi-se um homem da casa de Levi e casou com uma
filha de Levi. 2 A mulher concebeu e deu à luz um filho;
e, vendo que ele era formoso, escondeu-o três meses.
3 Não podendo escondê-lo por mais tempo, tomou para ele
uma arca de juncos e betumou-a com betume e pez; e, meten-
do na arca o menino, pô-la à beira do rio, num carriçal. 4 Sua
irmã ficou de longe para ver o que lhe havia de acontecer.
5 Desceu a filha de Faraó para se banhar no rio, e as suas cria-
das andavam passeando à beira do rio; vendo ela no carriçal a

ו וַתִּפְתַּח וַתִּרְאֵהוּ אֶת־הַיֶּלֶד וְהִנֵּה־נַעַר בֹּכֶה וַתַּחְמֹל
עָלָיו וַתֹּאמֶר מִיַּלְדֵי הָעִבְרִים זֶה׃
ז וַתֹּאמֶר אֲחֹתוֹ אֶל־בַּת־פַּרְעֹה הַאֵלֵךְ וְקָרָאתִי לָךְ
אִשָּׁה מֵינֶקֶת מִן הָעִבְרִיֹּת וְתֵינִק לָךְ אֶת־הַיָּלֶד׃
ח וַתֹּאמֶר־לָהּ בַּת־פַּרְעֹה לֵכִי וַתֵּלֶךְ הָעַלְמָה וַתִּקְרָא
אֶת־אֵם הַיָּלֶד׃
ט וַתֹּאמֶר לָהּ בַּת־פַּרְעֹה הֵילִיכִי אֶת־הַיֶּלֶד הַזֶּה וְהֵינִקִהוּ
לִי וַאֲנִי אֶתֵּן אֶת־שְׂכָרֵךְ וַתִּקַּח הָאִשָּׁה הַיֶּלֶד וַתְּנִיקֵהוּ׃
י וַיִּגְדַּל הַיֶּלֶד וַתְּבִאֵהוּ לְבַת־פַּרְעֹה וַיְהִי־לָהּ לְבֵן וַתִּקְרָא שְׁמוֹ
מֹשֶׁה וַתֹּאמֶר כִּי מִן־הַמַּיִם מְשִׁיתִהוּ׃

יא וַיְהִי ׀ בַּיָּמִים הָהֵם וַיִּגְדַּל מֹשֶׁה וַיֵּצֵא אֶל־אֶחָיו וַיַּרְא
בְּסִבְלֹתָם וַיַּרְא אִישׁ מִצְרִי מַכֶּה אִישׁ־עִבְרִי מֵאֶחָיו׃
יב וַיִּפֶן כֹּה וָכֹה וַיַּרְא כִּי אֵין אִישׁ וַיַּךְ
אֶת־הַמִּצְרִי וַיִּטְמְנֵהוּ בַּחוֹל׃
יג וַיֵּצֵא בַּיּוֹם הַשֵּׁנִי וְהִנֵּה שְׁנֵי־אֲנָשִׁים עִבְרִים
נִצִּים וַיֹּאמֶר לָרָשָׁע לָמָּה תַכֶּה רֵעֶךָ׃
יד וַיֹּאמֶר מִי שָׂמְךָ לְאִישׁ שַׂר וְשֹׁפֵט עָלֵינוּ הַלְהָרְגֵנִי אַתָּה אֹמֵר
כַּאֲשֶׁר הָרַגְתָּ אֶת־הַמִּצְרִי וַיִּירָא מֹשֶׁה וַיֹּאמַר אָכֵן נוֹדַע הַדָּבָר׃
טו וַיִּשְׁמַע פַּרְעֹה אֶת־הַדָּבָר הַזֶּה וַיְבַקֵּשׁ לַהֲרֹג אֶת־מֹשֶׁה וַיִּבְרַח
מֹשֶׁה מִפְּנֵי פַרְעֹה וַיֵּשֶׁב בְּאֶרֶץ־מִדְיָן וַיֵּשֶׁב עַל־הַבְּאֵר׃

טז וּלְכֹהֵן מִדְיָן שֶׁבַע בָּנוֹת וַתָּבֹאנָה וַתִּדְלֶנָה וַתְּמַלֶּאנָה
אֶת־הָרְהָטִים לְהַשְׁקוֹת צֹאן אֲבִיהֶן׃
יז וַיָּבֹאוּ הָרֹעִים וַיְגָרְשׁוּם וַיָּקָם מֹשֶׁה וַיּוֹשִׁעָן וַיַּשְׁק אֶת־צֹאנָם׃
יח וַתָּבֹאנָה אֶל־רְעוּאֵל אֲבִיהֶן וַיֹּאמֶר מַדּוּעַ מִהַרְתֶּן בֹּא הַיּוֹם׃
יט וַתֹּאמַרְןָ אִישׁ מִצְרִי הִצִּילָנוּ מִיַּד הָרֹעִים וְגַם־דָּלֹה
דָלָה לָנוּ וַיַּשְׁק אֶת־הַצֹּאן׃
כ וַיֹּאמֶר אֶל־בְּנֹתָיו וְאַיּוֹ לָמָּה זֶּה עֲזַבְתֶּן אֶת־הָאִישׁ
קִרְאֶן לוֹ וְיֹאכַל לָחֶם׃
כא וַיּוֹאֶל מֹשֶׁה לָשֶׁבֶת אֶת־הָאִישׁ וַיִּתֵּן אֶת־צִפֹּרָה בִתּוֹ לְמֹשֶׁה׃

arca, mandou a sua criada buscá-la. 6 Quando ela a abriu, viu
a criança; e eis que o menino chorava. Tendo compaixão dele,
disse: Este é um dos filhos dos hebreus. 7 Então, perguntou
a irmã do menino à filha de Faraó: Queres que eu te vá cha-
mar uma ama das hebreias, para que crie o menino para ti?
8 Respondeu-lhe a filha de Faraó: Vai. Foi-se, pois, a moça e
chamou a mãe do menino. 9 Então, lhe disse a filha de Faraó:
Toma este menino e cria-mo, e eu te darei o teu salário. A mu-
lher tomou o menino e o criou. 10 Sendo o menino já grande,
ela o trouxe à filha de Faraó, a qual o adotou por filho e lhe
chamou Moisés, dizendo: Porque das águas o tirei.

Moisés mata um egípcio e foge para Midiã

11 Por aqueles dias, sendo Moisés já homem, saiu a ter com
seus irmãos e para as suas cargas atentou; e viu um egípcio fe-
rindo a um de seus irmãos hebreus. 12 Olhou para uma e outra
parte, e, vendo que não havia ali ninguém, matou o egípcio,
e escondeu-o na areia. 13 Saiu no dia seguinte, e eis que dois
hebreus estavam brigando; e perguntou ao que fazia a injúria:
Por que feres ao teu próximo? 14 Respondeu ele: Quem te cons-
tituiu a ti príncipe e juiz sobre nós? Pensas tu matar-me como
mataste o egípcio? Temeu, pois, Moisés e disse: Sem dúvida,
já está isso conhecido. 15 Ora, depois que Faraó soube disso,
procurava matar a Moisés. Porém Moisés fugiu da presença de
Faraó e deteve-se na terra de Midiã; e sentou-se junto dum poço.

16 O sacerdote de Midiã tinha sete filhas; vieram estas tirar
água e encheram os tanques para dar de beber ao rebanho de
seu pai. 17 Então, vieram os pastores e as enxotaram; Moisés,
porém, levantou-se, defendeu-as e deu de beber ao rebanho
delas. 18 Tendo voltado à casa de seu pai Reuel, perguntou ele:
Como é que voltastes tão cedo hoje? 19 Responderam elas: Um
egípcio livrou-nos das mãos dos pastores, e, além disso, tirou
água, e deu de beber ao rebanho. 20 Replicou a suas filhas: Onde
está ele? Por que é que deixastes lá o homem? Chamai-o para

כב וַתֵּלֶד בֵּן וַיִּקְרָא אֶת־שְׁמוֹ גֵּרְשֹׁם כִּי אָמַר גֵּר הָיִיתִי
בְּאֶרֶץ נָכְרִיָּה: פ

כג וַיְהִי בַיָּמִים הָרַבִּים הָהֵם וַיָּמָת מֶלֶךְ מִצְרַיִם
וַיֵּאָנְחוּ בְנֵי־יִשְׂרָאֵל מִן־הָעֲבֹדָה וַיִּזְעָקוּ וַתַּעַל
שַׁוְעָתָם אֶל־הָאֱלֹהִים מִן־הָעֲבֹדָה:
כד וַיִּשְׁמַע אֱלֹהִים אֶת־נַאֲקָתָם וַיִּזְכֹּר אֱלֹהִים אֶת־בְּרִיתוֹ
אֶת־אַבְרָהָם אֶת־יִצְחָק וְאֶת־יַעֲקֹב:
כה וַיַּרְא אֱלֹהִים אֶת־בְּנֵי יִשְׂרָאֵל וַיֵּדַע אֱלֹהִים: ס

א וּמֹשֶׁה הָיָה רֹעֶה אֶת־צֹאן יִתְרוֹ חֹתְנוֹ כֹּהֵן מִדְיָן וַיִּנְהַג
אֶת־הַצֹּאן אַחַר הַמִּדְבָּר וַיָּבֹא אֶל־הַר הָאֱלֹהִים חֹרֵבָה:
ב וַיֵּרָא מַלְאַךְ יְהוָה אֵלָיו בְּלַבַּת־אֵשׁ מִתּוֹךְ הַסְּנֶה וַיַּרְא
וְהִנֵּה הַסְּנֶה בֹּעֵר בָּאֵשׁ וְהַסְּנֶה אֵינֶנּוּ אֻכָּל:
ג וַיֹּאמֶר מֹשֶׁה אָסֻרָה־נָּא וְאֶרְאֶה אֶת־הַמַּרְאֶה הַגָּדֹל
הַזֶּה מַדּוּעַ לֹא־יִבְעַר הַסְּנֶה:
ד וַיַּרְא יְהוָה כִּי סָר לִרְאוֹת וַיִּקְרָא אֵלָיו אֱלֹהִים מִתּוֹךְ
הַסְּנֶה וַיֹּאמֶר מֹשֶׁה מֹשֶׁה וַיֹּאמֶר הִנֵּנִי:
ה וַיֹּאמֶר אַל־תִּקְרַב הֲלֹם שַׁל־נְעָלֶיךָ מֵעַל רַגְלֶיךָ כִּי הַמָּקוֹם
אֲשֶׁר אַתָּה עוֹמֵד עָלָיו אַדְמַת־קֹדֶשׁ הוּא:
ו וַיֹּאמֶר אָנֹכִי אֱלֹהֵי אָבִיךָ אֱלֹהֵי אַבְרָהָם אֱלֹהֵי יִצְחָק וֵאלֹהֵי
יַעֲקֹב וַיַּסְתֵּר מֹשֶׁה פָּנָיו כִּי יָרֵא מֵהַבִּיט אֶל־הָאֱלֹהִים:
ז וַיֹּאמֶר יְהוָה רָאֹה רָאִיתִי אֶת־עֳנִי עַמִּי אֲשֶׁר בְּמִצְרָיִם
וְאֶת־צַעֲקָתָם שָׁמַעְתִּי מִפְּנֵי נֹגְשָׂיו כִּי יָדַעְתִּי אֶת־מַכְאֹבָיו:
ח וָאֵרֵד לְהַצִּילוֹ ׀ מִיַּד מִצְרַיִם וּלְהַעֲלֹתוֹ מִן־הָאָרֶץ הַהִוא
אֶל־אֶרֶץ טוֹבָה וּרְחָבָה אֶל־אֶרֶץ זָבַת חָלָב וּדְבָשׁ אֶל־מְקוֹם
הַכְּנַעֲנִי וְהַחִתִּי וְהָאֱמֹרִי וְהַפְּרִזִּי וְהַחִוִּי וְהַיְבוּסִי:
ט וְעַתָּה הִנֵּה צַעֲקַת בְּנֵי־יִשְׂרָאֵל בָּאָה אֵלָי וְגַם־רָאִיתִי
אֶת־הַלַּחַץ אֲשֶׁר מִצְרַיִם לֹחֲצִים אֹתָם:

que coma pão. 21 Moisés consentiu em morar com o homem;
e ele deu a Moisés sua filha Zípora. 22 Ela deu à luz um filho, a
quem ele chamou Gérson, porque disse: Peregrino tenho sido
numa terra estrangeira.

A morte do rei do Egito

23 No decorrer de muitos dias, morreu o rei do Egito; os filhos
de Israel gemiam sob a escravidão e por causa dela clamaram;
e subiu a Deus o seu clamor. 24 Ouviu-lhes Deus os gemidos e
lembrou-se da sua aliança com Abraão, com Isaque e com Jacó.
25 Viu Deus os filhos de Israel e os conheceu.

Deus fala com Moisés do meio da sarça

3 1 Ora, Moisés, apascentando o rebanho de Jetro, seu so-
gro, sacerdote de Midiã, levou-o para trás do deserto e
veio a Horebe, monte de Deus. 2 Apareceu-lhe o Anjo
de Jeová numa chama de fogo do meio duma sarça; Moisés
olhou, e eis que a sarça ardia no fogo e a sarça não se consu-
mia. 3 Disse, pois: Voltar-me-ei e verei esta grande visão, por-
que não se queima a sarça. 4 Vendo Jeová que ele se voltou
para ver, do meio da sarça chamou-o Deus e disse: Moisés,
Moisés! Respondeu ele: Eis-me aqui! 5 Deus continuou: Não te
chegues para cá; tira as sandálias dos pés, porque o lugar em
que tu estás é terra santa. 6 Disse-lhe mais: Eu sou o Deus de
teu pai, o Deus de Abraão, o Deus de Isaque e o Deus de Jacó.
Moisés escondeu o rosto, pois teve medo de olhar para Deus.
7 Então, disse Jeová: Certamente, tenho visto a aflição do meu
povo que está no Egito e tenho ouvido o seu clamor por causa
dos seus superintendentes. Conheço os seus sofrimentos 8 e
desci para o livrar da mão dos egípcios e para o fazer subir
daquela terra para uma terra boa e espaçosa, para uma terra
que mana leite e mel; para o lugar do cananeu, do heteu, do

י וְעַתָּה לְכָה וְאֶשְׁלָחֲךָ אֶל־פַּרְעֹה וְהוֹצֵא אֶת־עַמִּי
בְנֵי־יִשְׂרָאֵל מִמִּצְרָיִם׃
יא וַיֹּאמֶר מֹשֶׁה אֶל־הָאֱלֹהִים מִי אָנֹכִי כִּי אֵלֵךְ אֶל־פַּרְעֹה
וְכִי אוֹצִיא אֶת־בְּנֵי יִשְׂרָאֵל מִמִּצְרָיִם׃
יב וַיֹּאמֶר כִּי־אֶהְיֶה עִמָּךְ וְזֶה־לְּךָ הָאוֹת כִּי אָנֹכִי שְׁלַחְתִּיךָ
בְּהוֹצִיאֲךָ אֶת־הָעָם מִמִּצְרַיִם תַּעַבְדוּן אֶת־הָאֱלֹהִים
עַל הָהָר הַזֶּה׃

יג וַיֹּאמֶר מֹשֶׁה אֶל־הָאֱלֹהִים הִנֵּה אָנֹכִי בָא אֶל־בְּנֵי
יִשְׂרָאֵל וְאָמַרְתִּי לָהֶם אֱלֹהֵי אֲבוֹתֵיכֶם שְׁלָחַנִי אֲלֵיכֶם
וְאָמְרוּ־לִי מַה־שְּׁמוֹ מָה אֹמַר אֲלֵהֶם׃
יד וַיֹּאמֶר אֱלֹהִים אֶל־מֹשֶׁה אֶהְיֶה אֲשֶׁר אֶהְיֶה וַיֹּאמֶר
כֹּה תֹאמַר לִבְנֵי יִשְׂרָאֵל אֶהְיֶה שְׁלָחַנִי אֲלֵיכֶם׃
טו וַיֹּאמֶר עוֹד אֱלֹהִים אֶל־מֹשֶׁה כֹּה־תֹאמַר אֶל־בְּנֵי
יִשְׂרָאֵל יְהוָה אֱלֹהֵי אֲבֹתֵיכֶם אֱלֹהֵי אַבְרָהָם אֱלֹהֵי
יִצְחָק וֵאלֹהֵי יַעֲקֹב שְׁלָחַנִי אֲלֵיכֶם זֶה־שְּׁמִי לְעֹלָם
וְזֶה זִכְרִי לְדֹר דֹּר׃
טז לֵךְ וְאָסַפְתָּ אֶת־זִקְנֵי יִשְׂרָאֵל וְאָמַרְתָּ אֲלֵהֶם
יְהוָה אֱלֹהֵי אֲבֹתֵיכֶם נִרְאָה אֵלַי אֱלֹהֵי אַבְרָהָם
יִצְחָק וְיַעֲקֹב לֵאמֹר פָּקֹד פָּקַדְתִּי אֶתְכֶם
וְאֶת־הֶעָשׂוּי לָכֶם בְּמִצְרָיִם׃
יז וָאֹמַר אַעֲלֶה אֶתְכֶם מֵעֳנִי מִצְרַיִם אֶל־אֶרֶץ
הַכְּנַעֲנִי וְהַחִתִּי וְהָאֱמֹרִי וְהַפְּרִזִּי וְהַחִוִּי וְהַיְבוּסִי
אֶל־אֶרֶץ זָבַת חָלָב וּדְבָשׁ׃
יח וְשָׁמְעוּ לְקֹלֶךָ וּבָאתָ אַתָּה וְזִקְנֵי יִשְׂרָאֵל אֶל־מֶלֶךְ
מִצְרַיִם וַאֲמַרְתֶּם אֵלָיו יְהוָה אֱלֹהֵי הָעִבְרִיִּים נִקְרָה
עָלֵינוּ וְעַתָּה נֵלֲכָה־נָּא דֶּרֶךְ שְׁלֹשֶׁת יָמִים בַּמִּדְבָּר
וְנִזְבְּחָה לַיהוָה אֱלֹהֵינוּ׃
יט וַאֲנִי יָדַעְתִּי כִּי לֹא־יִתֵּן אֶתְכֶם מֶלֶךְ מִצְרַיִם לַהֲלֹךְ
וְלֹא בְּיָד חֲזָקָה׃
כ וְשָׁלַחְתִּי אֶת־יָדִי וְהִכֵּיתִי אֶת־מִצְרַיִם בְּכֹל נִפְלְאֹתַי
אֲשֶׁר אֶעֱשֶׂה בְּקִרְבּוֹ וְאַחֲרֵי־כֵן יְשַׁלַּח אֶתְכֶם׃

amorreu, do perizeu, do heveu e do jebuseu. 9 Agora, eis que o
clamor dos filhos de Israel é vindo a mim; demais tenho visto
a opressão com que os egípcios os oprimem. 10 Vem tu, pois,
e eu te enviarei a Faraó, para que tires do Egito o meu povo,
os filhos de Israel. 11 Perguntou Moisés a Deus: Quem sou eu,
para ir a Faraó e para tirar do Egito os filhos de Israel? 12 Deus
respondeu-lhe: Certamente, eu serei contigo; isto te será por
sinal de que eu te enviei: depois de haveres tirado do Egito o
povo, servireis a Deus neste monte.

Deus revela-se como Jeová

13 Disse Moisés a Deus: Eis que, quando eu vier aos filhos de
Israel e lhes disser: O Deus de vossos pais enviou-me a vós, e
eles me perguntarem: Qual é o seu nome? Que lhes hei eu de
responder? 14 Disse Deus a Moisés: EU SOU O QUE SOU; e acres-
centou: Assim dirás aos filhos de Israel: EU SOU enviou-me a
vós. 15 Mais disse Deus ainda a Moisés: Assim dirás aos filhos de
Israel: Jeová, o Deus de vossos pais, o Deus de Abraão, o Deus
de Isaque e o Deus de Jacó, enviou-me a vós. É este o meu nome
para sempre, e é este o meu memorial para todas as gerações.
16 Vai-te, e ajunta os anciãos de Israel, e dize-lhes: Jeová, o Deus
de vossos pais, o Deus de Abraão, o Deus de Isaque e o Deus de
Jacó, apareceu a mim, dizendo: Certamente, vos tenho visitado
e visto o que vos se tem feito no Egito; 17 e tenho dito: Eu vos
farei sair da aflição do Egito para a terra do cananeu, do heteu,
do amorreu, do perizeu, do heveu e do jebuseu, para uma terra
que mana leite e mel. 18 E ouvirão a tua voz, e ireis, tu e os an-
ciãos de Israel, ao rei do Egito e dir-lhe-eis: Jeová, o Deus dos
hebreus, encontrou-nos. Agora, pois, deixa-nos ir caminho de
três dias ao deserto, para que ofereçamos sacrifícios a Jeová,
nosso Deus. 19 Eu sei, porém, que o rei do Egito não vos deixará
ir, nem mesmo por meio duma mão forte. 20 Portanto, estenderei
a minha mão e ferirei o Egito com todas as minhas maravilhas
que farei no meio dele; depois, vos deixará ir. 21 Eu darei graça a
este povo aos olhos dos egípcios; e, quando sairdes, não saireis

כא וְנָתַתִּי אֶת־חֵן הָעָם־הַזֶּה בְּעֵינֵי מִצְרָיִם וְהָיָה כִּי
תֵלֵכוּן לֹא תֵלְכוּ רֵיקָם׃
כב וְשָׁאֲלָה אִשָּׁה מִשְּׁכֶנְתָּהּ וּמִגָּרַת בֵּיתָהּ כְּלֵי־כֶסֶף וּכְלֵי זָהָב
וּשְׂמָלֹת וְשַׂמְתֶּם עַל־בְּנֵיכֶם וְעַל־בְּנֹתֵיכֶם וְנִצַּלְתֶּם אֶת־מִצְרָיִם׃

א וַיַּעַן מֹשֶׁה וַיֹּאמֶר וְהֵן לֹא־יַאֲמִינוּ לִי וְלֹא יִשְׁמְעוּ
בְּקֹלִי כִּי יֹאמְרוּ לֹא־נִרְאָה אֵלֶיךָ יְהוָה׃
ב וַיֹּאמֶר אֵלָיו יְהוָה (מַזֶּה) [מַה־זֶּה] בְיָדֶךָ וַיֹּאמֶר מַטֶּה׃
ג וַיֹּאמֶר הַשְׁלִיכֵהוּ אַרְצָה וַיַּשְׁלִכֵהוּ אַרְצָה וַיְהִי
לְנָחָשׁ וַיָּנָס מֹשֶׁה מִפָּנָיו׃
ד וַיֹּאמֶר יְהוָה אֶל־מֹשֶׁה שְׁלַח יָדְךָ וֶאֱחֹז בִּזְנָבוֹ וַיִּשְׁלַח
יָדוֹ וַיַּחֲזֶק בּוֹ וַיְהִי לְמַטֶּה בְּכַפּוֹ׃
ה לְמַעַן יַאֲמִינוּ כִּי־נִרְאָה אֵלֶיךָ יְהוָה אֱלֹהֵי אֲבֹתָם אֱלֹהֵי
אַבְרָהָם אֱלֹהֵי יִצְחָק וֵאלֹהֵי יַעֲקֹב׃
ו וַיֹּאמֶר יְהוָה לוֹ עוֹד הָבֵא־נָא יָדְךָ בְּחֵיקֶךָ וַיָּבֵא יָדוֹ
בְּחֵיקוֹ וַיּוֹצִאָהּ וְהִנֵּה יָדוֹ מְצֹרַעַת כַּשָּׁלֶג׃
ז וַיֹּאמֶר הָשֵׁב יָדְךָ אֶל־חֵיקֶךָ וַיָּשֶׁב יָדוֹ אֶל־חֵיקוֹ וַיּוֹצִאָהּ
מֵחֵיקוֹ וְהִנֵּה־שָׁבָה כִּבְשָׂרוֹ׃
ח וְהָיָה אִם־לֹא יַאֲמִינוּ לָךְ וְלֹא יִשְׁמְעוּ לְקֹל הָאֹת
הָרִאשׁוֹן וְהֶאֱמִינוּ לְקֹל הָאֹת הָאַחֲרוֹן׃
ט וְהָיָה אִם־לֹא יַאֲמִינוּ גַּם לִשְׁנֵי הָאֹתוֹת הָאֵלֶּה וְלֹא יִשְׁמְעוּן
לְקֹלֶךָ וְלָקַחְתָּ מִמֵּימֵי הַיְאֹר וְשָׁפַכְתָּ הַיַּבָּשָׁה וְהָיוּ הַמַּיִם אֲשֶׁר
תִּקַּח מִן־הַיְאֹר וְהָיוּ לְדָם בַּיַּבָּשֶׁת׃

י וַיֹּאמֶר מֹשֶׁה אֶל־יְהוָה בִּי אֲדֹנָי לֹא אִישׁ דְּבָרִים
אָנֹכִי גַּם מִתְּמוֹל גַּם מִשִּׁלְשֹׁם גַּם מֵאָז דַּבֶּרְךָ
אֶל־עַבְדֶּךָ כִּי כְבַד־פֶּה וּכְבַד לָשׁוֹן אָנֹכִי׃
יא וַיֹּאמֶר יְהוָה אֵלָיו מִי שָׂם פֶּה לָאָדָם אוֹ מִי־יָשׂוּם
אִלֵּם אוֹ חֵרֵשׁ אוֹ פִקֵּחַ אוֹ עִוֵּר הֲלֹא אָנֹכִי יְהוָה׃
יב וְעַתָּה לֵךְ וְאָנֹכִי אֶהְיֶה עִם־פִּיךָ וְהוֹרֵיתִיךָ אֲשֶׁר תְּדַבֵּר׃
יג וַיֹּאמֶר בִּי אֲדֹנָי שְׁלַח־נָא בְּיַד־תִּשְׁלָח׃
יד וַיִּחַר־אַף יְהוָה בְּמֹשֶׁה וַיֹּאמֶר הֲלֹא אַהֲרֹן אָחִיךָ
הַלֵּוִי יָדַעְתִּי כִּי־דַבֵּר יְדַבֵּר הוּא וְגַם הִנֵּה־הוּא יֹצֵא
לִקְרָאתֶךָ וְרָאֲךָ וְשָׂמַח בְּלִבּוֹ׃

vazios. 22 Mas cada mulher pedirá à sua vizinha e à sua hóspeda
joias de prata, joias de ouro e vestidos; pô-los-eis sobre vossos
filhos e sobre vossas filhas e despojareis aos egípcios.

Moisés recebe poder de fazer prodígios

4 1 Respondeu Moisés: Mas eis que não me crerão, nem
ouvirão a minha voz, pois dirão: Jeová não te apare-
ceu. 2 Perguntou-lhe Jeová: Que é isso que tens na tua
mão? Respondeu-lhe: Uma vara. 3 Continuou Jeová: Deita-a
no chão. Ele deitou-a no chão, e ela se converteu em cobra;
e Moisés fugiu dela. 4 Então, disse Jeová a Moisés: Estende a
mão e pega-lhe pela cauda (estendeu ele a mão e pegou-lhe,
e ela se tornou em vara na sua mão), 5 para que creiam que te
apareceu Jeová, o Deus de teus pais, o Deus de Abraão, o Deus
de Isaque e o Deus de Jacó. 6 Disse-lhe mais Jeová: Mete a tua
mão no teu seio. Quando a tirou, eis que a sua mão estava
leprosa, tão branca como a neve. 7 Torna a meter, disse Jeová,
a tua mão no teu seio. (Tornou ele a meter a mão no seio;
e, quando a tirou segunda vez, eis que havia tornado como
o restante da sua carne.) 8 Se não te crerem, nem ouvirem a
voz do primeiro prodígio, crerão a voz do segundo prodígio.
9 Se nem ainda crerem a estes dois prodígios, nem ouvirem a
tua voz, tomarás da água do rio e a derramarás sobre a terra;
a água que tirares do rio tornar-se-á em sangue sobre a terra.

10 Disse Moisés a Jeová: Ah! Senhor! Eu nunca fui eloquente,
nem no tempo passado, nem ainda desde que falaste a teu servo;
pois sou pesado de boca e pesado de língua. 11 Respondeu-lhe
Jeová: Quem fez a boca do homem? Quem faz o mudo, ou o
surdo, ou o que vê, ou o que não vê? Não sou eu, Jeová? 12 Vai,
pois, agora, e eu serei com a tua boca e te ensinarei o que hás de
falar. 13 Ele, porém, respondeu: Ah! Senhor! Rogo-te que envies
aquele que tu hás de enviar. 14 Acendeu-se a ira de Jeová contra
Moisés e disse: Não vive Arão, teu irmão, o levita? Eu sei que
ele pode falar bem. Eis que também te sai ele ao encontro e,

טו וְדִבַּרְתָּ אֵלָיו וְשַׂמְתָּ אֶת־הַדְּבָרִים בְּפִיו וְאָנֹכִי אֶהְיֶה
עִם־פִּיךָ וְעִם־פִּיהוּ וְהוֹרֵיתִי אֶתְכֶם אֵת אֲשֶׁר תַּעֲשׂוּן׃
טז וְדִבֶּר־הוּא לְךָ אֶל־הָעָם וְהָיָה הוּא יִהְיֶה־לְּךָ לְפֶה
וְאַתָּה תִּהְיֶה־לּוֹ לֵאלֹהִים׃
יז וְאֶת־הַמַּטֶּה הַזֶּה תִּקַּח בְּיָדֶךָ אֲשֶׁר תַּעֲשֶׂה־בּוֹ אֶת־הָאֹתֹת׃ פ

יח וַיֵּלֶךְ מֹשֶׁה וַיָּשָׁב | אֶל־יֶתֶר חֹתְנוֹ וַיֹּאמֶר לוֹ אֵלֲכָה
נָּא וְאָשׁוּבָה אֶל־אַחַי אֲשֶׁר־בְּמִצְרַיִם וְאֶרְאֶה הַעוֹדָם
חַיִּים וַיֹּאמֶר יִתְרוֹ לְמֹשֶׁה לֵךְ לְשָׁלוֹם׃
יט וַיֹּאמֶר יְהוָה אֶל־מֹשֶׁה בְּמִדְיָן לֵךְ שֻׁב מִצְרָיִם כִּי־מֵתוּ
כָּל־הָאֲנָשִׁים הַמְבַקְשִׁים אֶת־נַפְשֶׁךָ׃
כ וַיִּקַּח מֹשֶׁה אֶת־אִשְׁתּוֹ וְאֶת־בָּנָיו וַיַּרְכִּבֵם עַל־הַחֲמֹר וַיָּשָׁב
אַרְצָה מִצְרָיִם וַיִּקַּח מֹשֶׁה אֶת־מַטֵּה הָאֱלֹהִים בְּיָדוֹ׃
כא וַיֹּאמֶר יְהוָה אֶל־מֹשֶׁה בְּלֶכְתְּךָ לָשׁוּב מִצְרַיְמָה רְאֵה
כָּל־הַמֹּפְתִים אֲשֶׁר־שַׂמְתִּי בְיָדֶךָ וַעֲשִׂיתָם לִפְנֵי פַרְעֹה
וַאֲנִי אֲחַזֵּק אֶת־לִבּוֹ וְלֹא יְשַׁלַּח אֶת־הָעָם׃
כב וְאָמַרְתָּ אֶל־פַּרְעֹה כֹּה אָמַר יְהוָה בְּנִי בְכֹרִי יִשְׂרָאֵל׃
כג וָאֹמַר אֵלֶיךָ שַׁלַּח אֶת־בְּנִי וְיַעַבְדֵנִי וַתְּמָאֵן לְשַׁלְּחוֹ
הִנֵּה אָנֹכִי הֹרֵג אֶת־בִּנְךָ בְּכֹרֶךָ׃
כד וַיְהִי בַדֶּרֶךְ בַּמָּלוֹן וַיִּפְגְּשֵׁהוּ יְהוָה וַיְבַקֵּשׁ הֲמִיתוֹ׃
כה וַתִּקַּח צִפֹּרָה צֹר וַתִּכְרֹת אֶת־עָרְלַת בְּנָהּ וַתַּגַּע
לְרַגְלָיו וַתֹּאמֶר כִּי חֲתַן־דָּמִים אַתָּה לִי׃
כו וַיִּרֶף מִמֶּנּוּ אָז אָמְרָה חֲתַן דָּמִים לַמּוּלֹת׃ פ

כז וַיֹּאמֶר יְהוָה אֶל־אַהֲרֹן לֵךְ לִקְרַאת מֹשֶׁה הַמִּדְבָּרָה
וַיֵּלֶךְ וַיִּפְגְּשֵׁהוּ בְּהַר הָאֱלֹהִים וַיִּשַּׁק־לוֹ׃
כח וַיַּגֵּד מֹשֶׁה לְאַהֲרֹן אֵת כָּל־דִּבְרֵי יְהוָה אֲשֶׁר שְׁלָחוֹ
וְאֵת כָּל־הָאֹתֹת אֲשֶׁר צִוָּהוּ׃
כט וַיֵּלֶךְ מֹשֶׁה וְאַהֲרֹן וַיַּאַסְפוּ אֶת־כָּל־זִקְנֵי בְּנֵי יִשְׂרָאֵל׃

vendo-te, se alegrará no seu coração. 15 Tu, pois, lhe falarás e porás as palavras na sua boca; eu serei com a tua boca e com a sua boca e vos ensinarei o que haveis de fazer. 16 Ele falará por ti ao povo; ele te será por boca, e tu lhe serás por Deus. 17 Tomarás na tua mão esta vara, com que hás de fazer os prodígios.

Moisés volta para o Egito

18 Partindo Moisés, voltou para Jetro, seu sogro, e disse-lhe: Deixa-me ir e voltar a meus irmãos que estão no Egito, a ver se ainda vivem. Disse-lhe Jetro: Vai-te em paz. 19 Disse também Jeová a Moisés, em Midiã: Vai, volta para o Egito, porque são mortos todos os que procuravam tirar-te a vida. 20 Tomou, pois, Moisés a sua mulher e a seus filhos; fê-los montar num jumento e voltou para a terra do Egito. Moisés levava na sua mão a vara de Deus. 21 Disse Jeová a Moisés: Quando te tornares ao Egito, vê que faças diante de Faraó todas as maravilhas que te hei posto na mão; mas eu endurecerei o seu coração, e ele não deixará ir o povo. 22 Dirás a Faraó: Assim diz Jeová: Israel é meu filho, meu primogênito. 23 Eu te disse: Deixa ir meu filho, para que ele me sirva; mas tu recusaste deixá-lo ir; eis que eu matarei a teu filho, teu primogênito. 24 Estando Moisés de caminho, numa estalagem, encontrou-o Jeová e procurou matá-lo. 25 Então, Zípora tomou uma pedra, circuncidou o prepúcio de seu filho e o lançou aos pés de Moisés, dizendo: Sem dúvida, tu és para mim esposo sanguinário. 26 Assim, Jeová o deixou. Ela disse: Esposo sanguinário és tu, por causa da circuncisão.

Encontra-se com Arão

27 Disse Jeová a Arão: Vai ao deserto para te encontrares com Moisés. Ele foi e, encontrando-o no monte de Deus, o beijou. 28 Relatou Moisés a Arão todas as palavras com que Jeová o havia enviado e todos os prodígios que lhe havia mandado. 29 Foram Moisés e Arão e ajuntaram todos os anciãos dos filhos de Israel;

ל וַיְדַבֵּר אַהֲרֹן אֵת כָּל־הַדְּבָרִים אֲשֶׁר־דִּבֶּר יְהוָה
אֶל־מֹשֶׁה וַיַּעַשׂ הָאֹתֹת לְעֵינֵי הָעָם׃
לא וַיַּאֲמֵן הָעָם וַיִּשְׁמְעוּ כִּי־פָקַד יְהוָה אֶת־בְּנֵי יִשְׂרָאֵל
וְכִי רָאָה אֶת־עָנְיָם וַיִּקְּדוּ וַיִּשְׁתַּחֲווּ׃

א וְאַחַר בָּאוּ מֹשֶׁה וְאַהֲרֹן וַיֹּאמְרוּ אֶל־פַּרְעֹה כֹּה־אָמַר יְהוָה
אֱלֹהֵי יִשְׂרָאֵל שַׁלַּח אֶת־עַמִּי וְיָחֹגּוּ לִי בַּמִּדְבָּר׃
ב וַיֹּאמֶר פַּרְעֹה מִי יְהוָה אֲשֶׁר אֶשְׁמַע בְּקֹלוֹ לְשַׁלַּח
אֶת־יִשְׂרָאֵל לֹא יָדַעְתִּי אֶת־יְהוָה וְגַם אֶת־יִשְׂרָאֵל לֹא אֲשַׁלֵּחַ׃
ג וַיֹּאמְרוּ אֱלֹהֵי הָעִבְרִים נִקְרָא עָלֵינוּ נֵלְכָה נָּא דֶּרֶךְ
שְׁלֹשֶׁת יָמִים בַּמִּדְבָּר וְנִזְבְּחָה לַיהוָה אֱלֹהֵינוּ
פֶּן־יִפְגָּעֵנוּ בַּדֶּבֶר אוֹ בֶחָרֶב׃
ד וַיֹּאמֶר אֲלֵהֶם מֶלֶךְ מִצְרַיִם לָמָּה מֹשֶׁה וְאַהֲרֹן תַּפְרִיעוּ
אֶת־הָעָם מִמַּעֲשָׂיו לְכוּ לְסִבְלֹתֵיכֶם׃
ה וַיֹּאמֶר פַּרְעֹה הֵן־רַבִּים עַתָּה עַם הָאָרֶץ וְהִשְׁבַּתֶּם
אֹתָם מִסִּבְלֹתָם׃
ו וַיְצַו פַּרְעֹה בַּיּוֹם הַהוּא אֶת־הַנֹּגְשִׂים בָּעָם
וְאֶת־שֹׁטְרָיו לֵאמֹר׃
ז לֹא תֹאסִפוּן לָתֵת תֶּבֶן לָעָם לִלְבֹּן הַלְּבֵנִים כִּתְמוֹל
שִׁלְשֹׁם הֵם יֵלְכוּ וְקֹשְׁשׁוּ לָהֶם תֶּבֶן׃
ח וְאֶת־מַתְכֹּנֶת הַלְּבֵנִים אֲשֶׁר הֵם עֹשִׂים תְּמוֹל שִׁלְשֹׁם
תָּשִׂימוּ עֲלֵיהֶם לֹא תִגְרְעוּ מִמֶּנּוּ כִּי־נִרְפִּים הֵם עַל־כֵּן
הֵם צֹעֲקִים לֵאמֹר נֵלְכָה נִזְבְּחָה לֵאלֹהֵינוּ׃
ט תִּכְבַּד הָעֲבֹדָה עַל־הָאֲנָשִׁים וְיַעֲשׂוּ־בָהּ וְאַל־יִשְׁעוּ
בְּדִבְרֵי־שָׁקֶר׃
י וַיֵּצְאוּ נֹגְשֵׂי הָעָם וְשֹׁטְרָיו וַיֹּאמְרוּ אֶל־הָעָם
לֵאמֹר כֹּה אָמַר פַּרְעֹה אֵינֶנִּי נֹתֵן לָכֶם תֶּבֶן׃
יא אַתֶּם לְכוּ קְחוּ לָכֶם תֶּבֶן מֵאֲשֶׁר תִּמְצָאוּ
כִּי אֵין נִגְרָע מֵעֲבֹדַתְכֶם דָּבָר׃
יב וַיָּפֶץ הָעָם בְּכָל־אֶרֶץ מִצְרָיִם לְקֹשֵׁשׁ קַשׁ לַתֶּבֶן׃
יג וְהַנֹּגְשִׂים אָצִים לֵאמֹר כַּלּוּ מַעֲשֵׂיכֶם דְּבַר־יוֹם בְּיוֹמוֹ
כַּאֲשֶׁר בִּהְיוֹת הַתֶּבֶן׃
יד וַיֻּכּוּ שֹׁטְרֵי בְּנֵי יִשְׂרָאֵל אֲשֶׁר־שָׂמוּ עֲלֵהֶם נֹגְשֵׂי

30 Arão falou todas as palavras que Jeová havia dito a Moisés, e fez os prodígios à vista do povo. 31 O povo creu; e, tendo ouvido que Jeová havia visitado os filhos de Israel e que tinha visto a aflição deles, inclinaram as suas cabeças e adoraram.

Moisés e Arão falam a Faraó, que aflige aos israelitas

5 1 Depois, foram Moisés e Arão e disseram a Faraó: Assim diz Jeová, o Deus de Israel: Deixa ir o meu povo, para que me celebre uma festa no deserto. 2 Respondeu Faraó: Quem é Jeová para que eu ouça a sua voz de modo a deixar ir a Israel? Não conheço Jeová, nem tampouco deixarei ir a Israel. 3 Eles prosseguiram: O Deus dos hebreus nos encontrou; deixa-nos, pois, ir caminho de três dias ao deserto e oferecer sacrifícios a Jeová, nosso Deus, para que não venha sobre nós com pestilência ou com espada. 4 Respondeu-lhes o rei do Egito: Moisés e Arão, por que distraís vós das suas obras ao povo? Ide às vossas cargas. 5 Disse Faraó: O povo da terra já é muito, e vós os fazeis descansar das suas cargas. 6 Naquele mesmo dia, deu ordem Faraó aos superintendentes do povo e aos seus oficiais, dizendo: 7 Não tornareis a dar, como dantes, palha a este povo para fazer tijolos; vão eles mesmos e ajuntem para si a palha. 8 Deles exigireis a mesma conta de tijolos que antes faziam e nada diminuireis dela; eles estão ociosos; e, por isso, clamam, dizendo: Vamos e ofereçamos sacrifícios a nosso Deus. 9 Agrave-se-lhes o trabalho, para que nele se ocupem; não deem eles ouvidos a palavras mentirosas.

10 Saíram os superintendentes do povo e seus oficiais e disseram ao povo: Assim diz Faraó: Não vos darei palha. 11 Ide vós e ajuntai palha onde puderdes achá-la, porque nada se diminuirá do vosso trabalho. 12 Assim, se espalhou o povo por toda a terra do Egito a ajuntar restolho em lugar de palha. 13 Os superintendentes instavam com eles, dizendo: Acabai a vossa obra, vossa tarefa diária, como quando havia palha. 14 Foram açoitados os oficiais dos filhos de Israel que os superintendentes

פַּרְעֹה לֵאמֹר מַדּוּעַ לֹא כִלִּיתֶם חָקְכֶם לִלְבֹּן כִּתְמוֹל
שִׁלְשֹׁם גַּם־תְּמוֹל גַּם־הַיּוֹם׃

טו וַיָּבֹאוּ שֹׁטְרֵי בְּנֵי יִשְׂרָאֵל וַיִּצְעֲקוּ אֶל־פַּרְעֹה לֵאמֹר
לָמָּה תַעֲשֶׂה לַעֲבָדֶיךָ׃
טז תֶּבֶן אֵין נִתָּן לַעֲבָדֶיךָ וּלְבֵנִים אֹמְרִים לָנוּ עֲשׂוּ וְהִנֵּה
עֲבָדֶיךָ מֻכִּים וְחָטָאת עַמֶּךָ׃
יז וַיֹּאמֶר נִרְפִּים אַתֶּם נִרְפִּים עַל־כֵּן אַתֶּם אֹמְרִים
נֵלְכָה נִזְבְּחָה לַיהוָה׃
יח וְעַתָּה לְכוּ עִבְדוּ וְתֶבֶן לֹא־יִנָּתֵן לָכֶם וְתֹכֶן לְבֵנִים תִּתֵּנוּ׃
יט וַיִּרְאוּ שֹׁטְרֵי בְנֵי־יִשְׂרָאֵל אֹתָם בְּרָע לֵאמֹר
לֹא־תִגְרְעוּ מִלִּבְנֵיכֶם דְּבַר־יוֹם בְּיוֹמוֹ׃
כ וַיִּפְגְּעוּ אֶת־מֹשֶׁה וְאֶת־אַהֲרֹן נִצָּבִים לִקְרָאתָם
בְּצֵאתָם מֵאֵת פַּרְעֹה׃
כא וַיֹּאמְרוּ אֲלֵהֶם יֵרֶא יְהוָה עֲלֵיכֶם וְיִשְׁפֹּט אֲשֶׁר הִבְאַשְׁתֶּם
אֶת־רֵיחֵנוּ בְּעֵינֵי פַרְעֹה וּבְעֵינֵי עֲבָדָיו לָתֶת־חֶרֶב בְּיָדָם לְהָרְגֵנוּ׃

כב וַיָּשָׁב מֹשֶׁה אֶל־יְהוָה וַיֹּאמַר אֲדֹנָי לָמָה הֲרֵעֹתָה
לָעָם הַזֶּה לָמָּה זֶּה שְׁלַחְתָּנִי׃
כג וּמֵאָז בָּאתִי אֶל־פַּרְעֹה לְדַבֵּר בִּשְׁמֶךָ הֵרַע לָעָם
הַזֶּה וְהַצֵּל לֹא־הִצַּלְתָּ אֶת־עַמֶּךָ׃
א וַיֹּאמֶר יְהוָה אֶל־מֹשֶׁה עַתָּה תִרְאֶה אֲשֶׁר אֶעֱשֶׂה לְפַרְעֹה
כִּי בְיָד חֲזָקָה יְשַׁלְּחֵם וּבְיָד חֲזָקָה יְגָרְשֵׁם מֵאַרְצוֹ׃ ס

ב וַיְדַבֵּר אֱלֹהִים אֶל־מֹשֶׁה וַיֹּאמֶר אֵלָיו אֲנִי יְהוָה׃
ג וָאֵרָא אֶל־אַבְרָהָם אֶל־יִצְחָק וְאֶל־יַעֲקֹב בְּאֵל שַׁדָּי
וּשְׁמִי יְהוָה לֹא נוֹדַעְתִּי לָהֶם׃
ד וְגַם הֲקִמֹתִי אֶת־בְּרִיתִי אִתָּם לָתֵת לָהֶם אֶת־אֶרֶץ
כְּנָעַן אֵת אֶרֶץ מְגֻרֵיהֶם אֲשֶׁר־גָּרוּ בָהּ׃

de Faraó tinham posto sobre eles, dizendo-lhes estes: Por que não acabastes nem ontem nem hoje a vossa tarefa, fazendo tijolos como antes?

Os israelitas queixam-se de Moisés e Arão

15 Então, foram os oficiais dos filhos de Israel e clamaram a Faraó, dizendo: Por que tratas assim a teus servos? 16 Palha não se dá a teus servos, e nos dizem: Fazei tijolos. Eis que teus servos são açoitados; porém o teu povo é que tem a culpa. 17 Mas ele respondeu: Estais ociosos, estais ociosos; por isso, dizeis: Vamos, ofereçamos sacrifícios a Jeová. 18 Ide, portanto, e trabalhai; não se vos dará palha; contudo, dareis a conta dos tijolos. 19 Então, os oficiais dos filhos de Israel viram-se em aperto, quando se lhes dizia: Nada diminuireis dos vossos tijolos, da vossa tarefa diária. 20 Encontraram a Moisés e Arão, que estavam à espera deles, quando saíram da presença de Faraó; 21 e disseram-lhes: Olhe Jeová para vós e julgue, porquanto nos fizestes odiosos aos olhos de Faraó e aos olhos de seus servos, metendo-lhes na mão uma espada para nos matar.

22 Tornando-se Moisés a Jeová, disse: Senhor, por que trataste mal a este povo? Por que me enviaste? 23 Pois, desde que me apresentei a Faraó para falar em teu nome, ele tem maltratado a este povo; e tu não tens livrado de maneira alguma o teu povo.

6 1 Disse Jeová a Moisés: Agora, verás o que hei de fazer a Faraó, pois por mão poderosa os deixará ir e por mão poderosa os lançará fora da sua terra.

Deus promete livrar os israelitas

2 Falou mais Deus a Moisés e disse-lhe: Eu sou Jeová; 3 e apareci a Abraão, a Isaque e a Jacó como Deus Todo-Poderoso; mas pelo meu nome Jeová não lhes fui conhecido. 4 Estabeleci a minha aliança com eles, para lhes dar a terra de Canaã, a terra de suas peregrinações, na qual foram peregrinos. 5 Também

ה וְגַם | אֲנִי שָׁמַעְתִּי אֶת־נַאֲקַת בְּנֵי יִשְׂרָאֵל אֲשֶׁר
מִצְרַיִם מַעֲבִדִים אֹתָם וָאֶזְכֹּר אֶת־בְּרִיתִי׃
ו לָכֵן אֱמֹר לִבְנֵי־יִשְׂרָאֵל אֲנִי יְהוָה וְהוֹצֵאתִי אֶתְכֶם
מִתַּחַת סִבְלֹת מִצְרַיִם וְהִצַּלְתִּי אֶתְכֶם מֵעֲבֹדָתָם
וְגָאַלְתִּי אֶתְכֶם בִּזְרוֹעַ נְטוּיָה וּבִשְׁפָטִים גְּדֹלִים׃
ז וְלָקַחְתִּי אֶתְכֶם לִי לְעָם וְהָיִיתִי לָכֶם לֵאלֹהִים וִידַעְתֶּם
כִּי אֲנִי יְהוָה אֱלֹהֵיכֶם הַמּוֹצִיא אֶתְכֶם מִתַּחַת סִבְלוֹת מִצְרָיִם׃
ח וְהֵבֵאתִי אֶתְכֶם אֶל־הָאָרֶץ אֲשֶׁר נָשָׂאתִי אֶת־יָדִי לָתֵת אֹתָהּ
לְאַבְרָהָם לְיִצְחָק וּלְיַעֲקֹב וְנָתַתִּי אֹתָהּ לָכֶם מוֹרָשָׁה אֲנִי יְהוָה׃
ט וַיְדַבֵּר מֹשֶׁה כֵּן אֶל־בְּנֵי יִשְׂרָאֵל וְלֹא שָׁמְעוּ אֶל־מֹשֶׁה
מִקֹּצֶר רוּחַ וּמֵעֲבֹדָה קָשָׁה׃ פ

י וַיְדַבֵּר יְהוָה אֶל־מֹשֶׁה לֵּאמֹר׃
יא בֹּא דַבֵּר אֶל־פַּרְעֹה מֶלֶךְ מִצְרָיִם וִישַׁלַּח
אֶת־בְּנֵי־יִשְׂרָאֵל מֵאַרְצוֹ׃
יב וַיְדַבֵּר מֹשֶׁה לִפְנֵי יְהוָה לֵאמֹר הֵן בְּנֵי־יִשְׂרָאֵל
לֹא־שָׁמְעוּ אֵלַי וְאֵיךְ יִשְׁמָעֵנִי פַרְעֹה וַאֲנִי עֲרַל שְׂפָתָיִם׃ פ
יג וַיְדַבֵּר יְהוָה אֶל־מֹשֶׁה וְאֶל־אַהֲרֹן וַיְצַוֵּם אֶל־בְּנֵי יִשְׂרָאֵל וְאֶל־
פַּרְעֹה מֶלֶךְ מִצְרָיִם לְהוֹצִיא אֶת־בְּנֵי־יִשְׂרָאֵל מֵאֶרֶץ מִצְרָיִם׃ ס

יד אֵלֶּה רָאשֵׁי בֵית־אֲבֹתָם בְּנֵי רְאוּבֵן בְּכֹר יִשְׂרָאֵל חֲנוֹךְ
וּפַלּוּא חֶצְרוֹן וְכַרְמִי אֵלֶּה מִשְׁפְּחֹת רְאוּבֵן׃
טו וּבְנֵי שִׁמְעוֹן יְמוּאֵל וְיָמִין וְאֹהַד וְיָכִין וְצֹחַר וְשָׁאוּל
בֶּן־הַכְּנַעֲנִית אֵלֶּה מִשְׁפְּחֹת שִׁמְעוֹן׃
טז וְאֵלֶּה שְׁמוֹת בְּנֵי־לֵוִי לְתֹלְדֹתָם גֵּרְשׁוֹן וּקְהָת וּמְרָרִי
וּשְׁנֵי חַיֵּי לֵוִי שֶׁבַע וּשְׁלֹשִׁים וּמְאַת שָׁנָה׃
יז בְּנֵי גֵרְשׁוֹן לִבְנִי וְשִׁמְעִי לְמִשְׁפְּחֹתָם׃
יח וּבְנֵי קְהָת עַמְרָם וְיִצְהָר וְחֶבְרוֹן וְעֻזִּיאֵל וּשְׁנֵי חַיֵּי
קְהָת שָׁלֹשׁ וּשְׁלֹשִׁים וּמְאַת שָׁנָה׃
יט וּבְנֵי מְרָרִי מַחְלִי וּמוּשִׁי אֵלֶּה מִשְׁפְּחֹת הַלֵּוִי לְתֹלְדֹתָם׃
כ וַיִּקַּח עַמְרָם אֶת־יוֹכֶבֶד דֹּדָתוֹ לוֹ לְאִשָּׁה וַתֵּלֶד לוֹ אֶת־אַהֲרֹן
וְאֶת־מֹשֶׁה וּשְׁנֵי חַיֵּי עַמְרָם שֶׁבַע וּשְׁלֹשִׁים וּמְאַת שָׁנָה׃
כא וּבְנֵי יִצְהָר קֹרַח וָנֶפֶג וְזִכְרִי׃
כב וּבְנֵי עֻזִּיאֵל מִישָׁאֵל וְאֶלְצָפָן וְסִתְרִי׃

tenho ouvido o gemer dos filhos de Israel, aos quais os egípcios
guardam em servidão; e lembrei-me da minha aliança. 6 Pelo
que dize aos filhos de Israel: Eu sou Jeová, e vos hei de tirar de
debaixo das cargas do Egito, vos hei de livrar do seu jugo, e vos
hei de remir com braço estendido e com grandes juízos. 7 Eu
vos hei de tomar por meu povo e hei de ser vosso Deus; e vós
sabereis que eu sou Jeová, vosso Deus, que vos tiro de debaixo
das cargas dos egípcios. 8 E vos hei de introduzir na terra que
jurei dar a Abraão, a Isaque e a Jacó; e hei de dá-la a vós por
herança; eu sou Jeová. 9 Referiu Moisés isso aos filhos de Israel,
porém não ouviram a Moisés, por causa da angústia de espírito
e por causa da dura escravidão.

10 Então, falou Jeová a Moisés: 11 Entra, fala a Faraó, rei do
Egito, que deixe sair da sua terra os filhos de Israel. 12 Respon-
deu Moisés perante Jeová: Eis que os filhos de Israel não me
têm ouvido; como, pois, me ouvirá Faraó a mim, que sou incir-
cunciso de lábios? 13 Falou Jeová a Moisés e a Arão e deu-lhes
mandamento para os filhos de Israel e para Faraó, rei do Egito,
a fim de tirarem da terra do Egito os filhos de Israel.

Genealogias de Moisés e Arão

14 Estes são os cabeças das casas de seus pais: os filhos de
Rúben, primogênito de Israel: Enoque, Palu, Hezrom e Carmi.
Estas são as famílias de Rúben. 15 Os filhos de Simeão: Jemuel,
Jamim, Oade, Jaquim, Zoar e Saul, filho de uma mulher cananeia.
Estas são as famílias de Simeão. 16 Estes são os nomes dos filhos
de Levi segundo as suas gerações: Gérson, Coate e Merari; e
os anos da vida de Levi foram cento e trinta e sete anos. 17 Os
filhos de Gérson: Libni e Simei, segundo as suas famílias. 18 Os
filhos de Coate: Anrão, Jizar, Hebrom e Uziel; e os anos da
vida de Coate foram cento e trinta e três anos. 19 Os filhos de
Merari: Mali e Musi. Estas são as famílias dos levitas segundo
as suas gerações. 20 Anrão tomou por mulher a Joquebede, irmã
de seu pai; e ela lhe deu à luz a Arão e a Moisés; e os anos da
vida de Anrão foram cento e trinta e sete anos. 21 Os filhos de

כג וַיִּקַּח אַהֲרֹן אֶת־אֱלִישֶׁבַע בַּת־עַמִּינָדָב אֲחוֹת נַחְשׁוֹן
לוֹ לְאִשָּׁה וַתֵּלֶד לוֹ אֶת־נָדָב וְאֶת־אֲבִיהוּא אֶת־אֶלְעָזָר
וְאֶת־אִיתָמָר׃
כד וּבְנֵי קֹרַח אַסִּיר וְאֶלְקָנָה וַאֲבִיאָסָף אֵלֶּה מִשְׁפְּחֹת הַקָּרְחִי׃
כה וְאֶלְעָזָר בֶּן־אַהֲרֹן לָקַח־לוֹ מִבְּנוֹת פּוּטִיאֵל לוֹ לְאִשָּׁה וַתֵּלֶד
לוֹ אֶת־פִּינְחָס אֵלֶּה רָאשֵׁי אֲבוֹת הַלְוִיִּם לְמִשְׁפְּחֹתָם׃
כו הוּא אַהֲרֹן וּמֹשֶׁה אֲשֶׁר אָמַר יְהוָה לָהֶם הוֹצִיאוּ
אֶת־בְּנֵי יִשְׂרָאֵל מֵאֶרֶץ מִצְרַיִם עַל־צִבְאֹתָם׃
כז הֵם הַמְדַבְּרִים אֶל־פַּרְעֹה מֶלֶךְ־מִצְרַיִם לְהוֹצִיא
אֶת־בְּנֵי־יִשְׂרָאֵל מִמִּצְרָיִם הוּא מֹשֶׁה וְאַהֲרֹן׃

כח וַיְהִי בְּיוֹם דִּבֶּר יְהוָה אֶל־מֹשֶׁה בְּאֶרֶץ מִצְרָיִם׃ פ
כט וַיְדַבֵּר יְהוָה אֶל־מֹשֶׁה לֵּאמֹר אֲנִי יְהוָה דַּבֵּר אֶל־פַּרְעֹה
מֶלֶךְ מִצְרַיִם אֵת כָּל־אֲשֶׁר אֲנִי דֹּבֵר אֵלֶיךָ׃ ל וַיֹּאמֶר מֹשֶׁה
לִפְנֵי יְהוָה הֵן אֲנִי עֲרַל שְׂפָתַיִם וְאֵיךְ יִשְׁמַע אֵלַי פַּרְעֹה׃ פ
א וַיֹּאמֶר יְהוָה אֶל־מֹשֶׁה רְאֵה נְתַתִּיךָ אֱלֹהִים לְפַרְעֹה
וְאַהֲרֹן אָחִיךָ יִהְיֶה נְבִיאֶךָ׃
ב אַתָּה תְדַבֵּר אֵת כָּל־אֲשֶׁר אֲצַוֶּךָּ וְאַהֲרֹן אָחִיךָ יְדַבֵּר
אֶל־פַּרְעֹה וְשִׁלַּח אֶת־בְּנֵי־יִשְׂרָאֵל מֵאַרְצוֹ׃
ג וַאֲנִי אַקְשֶׁה אֶת־לֵב פַּרְעֹה וְהִרְבֵּיתִי אֶת־אֹתֹתַי
וְאֶת־מוֹפְתַי בְּאֶרֶץ מִצְרָיִם׃
ד וְלֹא־יִשְׁמַע אֲלֵכֶם פַּרְעֹה וְנָתַתִּי אֶת־יָדִי בְּמִצְרָיִם וְהוֹצֵאתִי
אֶת־צִבְאֹתַי אֶת־עַמִּי בְנֵי־יִשְׂרָאֵל מֵאֶרֶץ מִצְרַיִם בִּשְׁפָטִים
גְּדֹלִים׃ ה וְיָדְעוּ מִצְרַיִם כִּי־אֲנִי יְהוָה בִּנְטֹתִי אֶת־יָדִי עַל־
מִצְרָיִם וְהוֹצֵאתִי אֶת־בְּנֵי־יִשְׂרָאֵל מִתּוֹכָם׃
ו וַיַּעַשׂ מֹשֶׁה וְאַהֲרֹן כַּאֲשֶׁר צִוָּה יְהוָה אֹתָם כֵּן עָשׂוּ׃
ז וּמֹשֶׁה בֶּן־שְׁמֹנִים שָׁנָה וְאַהֲרֹן בֶּן־שָׁלֹשׁ וּשְׁמֹנִים שָׁנָה
בְּדַבְּרָם אֶל־פַּרְעֹה׃ פ
ח וַיֹּאמֶר יְהוָה אֶל־מֹשֶׁה וְאֶל־אַהֲרֹן לֵאמֹר׃
ט כִּי יְדַבֵּר אֲלֵכֶם פַּרְעֹה לֵאמֹר תְּנוּ לָכֶם מוֹפֵת וְאָמַרְתָּ
אֶל־אַהֲרֹן קַח אֶת־מַטְּךָ וְהַשְׁלֵךְ לִפְנֵי־פַרְעֹה יְהִי לְתַנִּין׃
י וַיָּבֹא מֹשֶׁה וְאַהֲרֹן אֶל־פַּרְעֹה וַיַּעֲשׂוּ כֵן כַּאֲשֶׁר צִוָּה יְהוָה

Jizar: Corá, Nefegue e Zicri. 22 Os filhos de Uziel: Misael, Elzafã
e Sitri. 23 Arão tomou por mulher a Eliseba, filha de Aminadabe,
irmã de Naassom; e ela lhe deu à luz a Nadabe, Abiú, Eleazar e
Itamar. 24 Os filhos de Corá: Assir, Elcana e Abiasafe. Estas são
as famílias dos coraítas. 25 Eleazar, filho de Arão, tomou por mu-
lher uma das filhas de Putiel; e ela lhe deu à luz a Fineias. Estes
são os cabeças dos pais dos levitas segundo as suas famílias.
26 Estes são Arão e Moisés, a quem disse Jeová: Tirai os filhos
de Israel da terra do Egito segundo as suas turmas. 27 Estes são
os que falaram a Faraó, rei do Egito, a fim de tirarem do Egito
os filhos de Israel; estes são Moisés e Arão.

Deus anima Moisés a falar outra vez a Faraó

28 No dia em que Jeová falou a Moisés na terra do Egito, 29 dis-
se Jeová a Moisés: Eu sou Jeová; fala a Faraó, rei do Egito, tudo
o que eu te digo a ti. 30 Respondeu Moisés na presença de Jeová:
Eis que eu sou incircunciso de lábios; e como me ouvirá Faraó?
7 1 Disse Jeová a Moisés: Vê que te hei posto como Deus a
Faraó, e Arão, teu irmão, será o teu profeta. 2 Tu falarás
tudo o que eu te ordenar; e Arão, teu irmão, falará a Fa-
raó, para que deixe ir da sua terra os filhos de Israel. 3 Eu endu-
recerei o coração de Faraó e multiplicarei os meus prodígios e
as minhas maravilhas na terra do Egito. 4 Porém Faraó não vos
ouvirá, e eu porei a minha mão sobre o Egito e tirarei os meus
exércitos, meu povo, os filhos de Israel, da terra do Egito com
grandes juízos. 5 Saberão os egípcios que eu sou Jeová, quando
eu estender a minha mão sobre o Egito e tirar do meio deles os
filhos de Israel. 6 Assim fizeram Moisés e Arão; como Jeová lhes
ordenara, assim fizeram. 7 Moisés era de oitenta anos, e Arão de
oitenta e três anos, quando falaram a Faraó.

8 Falou Jeová a Moisés e a Arão: 9 Quando Faraó vos disser:
Apresentai algum milagre vosso; então, dirás a Arão: Toma a tua
vara e lança-a diante de Faraó, para que se torne em serpente.
10 Tendo entrado Moisés e Arão a Faraó, fizeram como Jeová

וַיַּשְׁלֵךְ אַהֲרֹן אֶת־מַטֵּהוּ לִפְנֵי פַרְעֹה וְלִפְנֵי עֲבָדָיו וַיְהִי לְתַנִּין׃
יא וַיִּקְרָא גַּם־פַּרְעֹה לַחֲכָמִים וְלַמְכַשְּׁפִים וַיַּעֲשׂוּ גַם־הֵם
חַרְטֻמֵּי מִצְרַיִם בְּלַהֲטֵיהֶם כֵּן׃
יב וַיַּשְׁלִיכוּ אִישׁ מַטֵּהוּ וַיִּהְיוּ לְתַנִּינִם וַיִּבְלַע מַטֵּה־אַהֲרֹן
אֶת־מַטֹּתָם׃
יג וַיֶּחֱזַק לֵב פַּרְעֹה וְלֹא שָׁמַע אֲלֵהֶם כַּאֲשֶׁר דִּבֶּר יְהוָה׃ פ

יד וַיֹּאמֶר יְהוָה אֶל־מֹשֶׁה כָּבֵד לֵב פַּרְעֹה מֵאֵן לְשַׁלַּח הָעָם׃
טו לֵךְ אֶל־פַּרְעֹה בַּבֹּקֶר הִנֵּה יֹצֵא הַמַּיְמָה וְנִצַּבְתָּ לִקְרָאתוֹ
עַל־שְׂפַת הַיְאֹר וְהַמַּטֶּה אֲשֶׁר־נֶהְפַּךְ לְנָחָשׁ תִּקַּח בְּיָדֶךָ׃
טז וְאָמַרְתָּ אֵלָיו יְהוָה אֱלֹהֵי הָעִבְרִים שְׁלָחַנִי אֵלֶיךָ לֵאמֹר
שַׁלַּח אֶת־עַמִּי וְיַעַבְדֻנִי בַּמִּדְבָּר וְהִנֵּה לֹא־שָׁמַעְתָּ עַד־כֹּה׃
יז כֹּה אָמַר יְהוָה בְּזֹאת תֵּדַע כִּי אֲנִי יְהוָה הִנֵּה אָנֹכִי מַכֶּה ׀
בַּמַּטֶּה אֲשֶׁר־בְּיָדִי עַל־הַמַּיִם אֲשֶׁר בַּיְאֹר וְנֶהֶפְכוּ לְדָם׃
יח וְהַדָּגָה אֲשֶׁר־בַּיְאֹר תָּמוּת וּבָאַשׁ הַיְאֹר וְנִלְאוּ מִצְרַיִם
לִשְׁתּוֹת מַיִם מִן־הַיְאֹר׃ ס
יט וַיֹּאמֶר יְהוָה אֶל־מֹשֶׁה אֱמֹר אֶל־אַהֲרֹן קַח מַטְּךָ
וּנְטֵה־יָדְךָ עַל־מֵימֵי מִצְרַיִם עַל־נַהֲרֹתָם ׀ עַל־יְאֹרֵיהֶם
וְעַל־אַגְמֵיהֶם וְעַל כָּל־מִקְוֵה מֵימֵיהֶם וְיִהְיוּ־דָם וְהָיָה דָם
בְּכָל־אֶרֶץ מִצְרַיִם וּבָעֵצִים וּבָאֲבָנִים׃

כ וַיַּעֲשׂוּ־כֵן מֹשֶׁה וְאַהֲרֹן כַּאֲשֶׁר ׀ צִוָּה יְהוָה וַיָּרֶם בַּמַּטֶּה
וַיַּךְ אֶת־הַמַּיִם אֲשֶׁר בַּיְאֹר לְעֵינֵי פַרְעֹה וּלְעֵינֵי עֲבָדָיו
וַיֵּהָפְכוּ כָּל־הַמַּיִם אֲשֶׁר־בַּיְאֹר לְדָם׃
כא וְהַדָּגָה אֲשֶׁר־בַּיְאֹר מֵתָה וַיִּבְאַשׁ הַיְאֹר וְלֹא־יָכְלוּ מִצְרַיִם
לִשְׁתּוֹת מַיִם מִן־הַיְאֹר וַיְהִי הַדָּם בְּכָל־אֶרֶץ מִצְרָיִם׃
כב וַיַּעֲשׂוּ־כֵן חַרְטֻמֵּי מִצְרַיִם בְּלָטֵיהֶם וַיֶּחֱזַק לֵב־פַּרְעֹה

lhes ordenara; lançou Arão a sua vara diante de Faraó e diante
de seus servos, e tornou-se ela em serpente. 11 Faraó também
mandou vir os sábios e os feiticeiros; e eles, os sábios do Egito,
também fizeram o mesmo com os seus encantamentos, 12 pois
lançaram cada um deles a sua vara, as quais se tornaram em
serpentes; mas a vara de Arão tragou as varas deles. 13 Endure-
ceu-se o coração de Faraó e não os ouviu, como Jeová havia dito.

Faraó mostra-se endurecido

14 Disse Jeová a Moisés: Obstinou-se o coração de Faraó,
recusa deixar ir o povo. 15 Vai ter com Faraó pela manhã. Eis
que ele sairá às águas; por-te-ás em frente dele à beira do rio e
tomarás na mão a vara que se tornou em serpente. 16 Dir-lhe-ás:
Jeová, o Deus dos hebreus, me enviou a ti para te dizer: Deixa
ir o meu povo para que me sirva no deserto; e até o presente
não tens ouvido. 17 Assim diz Jeová: Nisto conhecerás que sou
Jeová: eis que, com a vara que tenho na mão, ferirei as águas que
estão no rio, e elas se converterão em sangue. 18 Os peixes que
estão no rio morrerão, e o rio cheirará mal; e os egípcios terão
nojo de beber água do rio. 19 Acrescentou Jeová a Moisés: Dize a
Arão: Toma a tua vara e estende a mão sobre as águas do Egito,
sobre os seus rios, sobre os seus canais, sobre as suas lagoas
e sobre todos os seus depósitos de água, para que se tornem
em sangue; haverá sangue por toda a terra do Egito, assim nos
vasos de madeira como nos de pedra.

As águas tornam-se em sangue

20 Fizeram Moisés e Arão como Jeová ordenara; Arão, levan-
tando a vara, feriu as águas que estavam no rio, à vista de Faraó
e seus servos; e todas as águas que estavam no rio tornaram-se
em sangue. 21 Morreram os peixes que estavam no rio; cheirou
mal o rio, e os egípcios não podiam beber água do rio. Houve
sangue por toda a parte do Egito. 22 Outro tanto fizeram os magos

וְלֹא־שָׁמַע אֲלֵהֶם כַּאֲשֶׁר דִּבֶּר יְהוָה׃
כג וַיִּפֶן פַּרְעֹה וַיָּבֹא אֶל־בֵּיתוֹ וְלֹא־שָׁת לִבּוֹ גַּם־לָזֹאת׃
כד וַיַּחְפְּרוּ כָל־מִצְרַיִם סְבִיבֹת הַיְאֹר מַיִם לִשְׁתּוֹת כִּי לֹא
יָכְלוּ לִשְׁתֹּת מִמֵּימֵי הַיְאֹר׃
כה וַיִּמָּלֵא שִׁבְעַת יָמִים אַחֲרֵי הַכּוֹת־יְהוָה אֶת־הַיְאֹר׃ פ
כו וַיֹּאמֶר יְהוָה אֶל־מֹשֶׁה בֹּא אֶל־פַּרְעֹה וְאָמַרְתָּ אֵלָיו כֹּה
אָמַר יְהוָה שַׁלַּח אֶת־עַמִּי וְיַעַבְדֻנִי׃
כז וְאִם־מָאֵן אַתָּה לְשַׁלֵּחַ הִנֵּה אָנֹכִי נֹגֵף אֶת־כָּל־גְּבוּלְךָ
בַּצְפַרְדְּעִים׃ כח וְשָׁרַץ הַיְאֹר צְפַרְדְּעִים וְעָלוּ וּבָאוּ בְּבֵיתֶךָ
וּבַחֲדַר מִשְׁכָּבְךָ וְעַל־מִטָּתֶךָ וּבְבֵית עֲבָדֶיךָ וּבְעַמֶּךָ וּבְתַנּוּרֶיךָ
וּבְמִשְׁאֲרוֹתֶיךָ׃
כט וּבְכָה וּבְעַמְּךָ וּבְכָל־עֲבָדֶיךָ יַעֲלוּ הַצְפַרְדְּעִים׃

[O capítulo 7 da versão hebraica termina no versículo 29].

א וַיֹּאמֶר יְהוָה אֶל־מֹשֶׁה אֱמֹר אֶל־אַהֲרֹן נְטֵה אֶת־יָדְךָ
בְּמַטֶּךָ עַל־הַנְּהָרֹת עַל־הַיְאֹרִים וְעַל־הָאֲגַמִּים וְהַעַל
אֶת־הַצְפַרְדְּעִים עַל־אֶרֶץ מִצְרָיִם׃
ב וַיֵּט אַהֲרֹן אֶת־יָדוֹ עַל מֵימֵי מִצְרָיִם וַתַּעַל הַצְּפַרְדֵּעַ
וַתְּכַס אֶת־אֶרֶץ מִצְרָיִם׃
ג וַיַּעֲשׂוּ־כֵן הַחַרְטֻמִּים בְּלָטֵיהֶם וַיַּעֲלוּ אֶת־הַצְפַרְדְּעִים
עַל־אֶרֶץ מִצְרָיִם׃
ד וַיִּקְרָא פַרְעֹה לְמֹשֶׁה וּלְאַהֲרֹן וַיֹּאמֶר הַעְתִּירוּ אֶל־יְהוָה וְיָסֵר
הַצְפַרְדְּעִים מִמֶּנִּי וּמֵעַמִּי וַאֲשַׁלְּחָה אֶת־הָעָם וְיִזְבְּחוּ לַיהוָה׃
ה וַיֹּאמֶר מֹשֶׁה לְפַרְעֹה הִתְפָּאֵר עָלַי לְמָתַי ׀ אַעְתִּיר לְךָ
וְלַעֲבָדֶיךָ וּלְעַמְּךָ לְהַכְרִית הַצְפַרְדְּעִים מִמְּךָ וּמִבָּתֶּיךָ רַק בַּיְאֹר
תִּשָּׁאַרְנָה׃ ו וַיֹּאמֶר לְמָחָר וַיֹּאמֶר כִּדְבָרְךָ לְמַעַן תֵּדַע כִּי־אֵין
כַּיהוָה אֱלֹהֵינוּ׃ ז וְסָרוּ הַצְפַרְדְּעִים מִמְּךָ וּמִבָּתֶּיךָ וּמֵעֲבָדֶיךָ
וּמֵעַמֶּךָ רַק בַּיְאֹר תִּשָּׁאַרְנָה׃
ח וַיֵּצֵא מֹשֶׁה וְאַהֲרֹן מֵעִם פַּרְעֹה וַיִּצְעַק מֹשֶׁה אֶל־יְהוָה
עַל־דְּבַר הַצְפַרְדְּעִים אֲשֶׁר־שָׂם לְפַרְעֹה׃
ט וַיַּעַשׂ יְהוָה כִּדְבַר מֹשֶׁה וַיָּמֻתוּ הַצְפַרְדְּעִים מִן־הַבָּתִּים
מִן־הַחֲצֵרֹת וּמִן־הַשָּׂדֹת׃
י וַיִּצְבְּרוּ אֹתָם חֳמָרִם חֳמָרִם וַתִּבְאַשׁ הָאָרֶץ׃
יא וַיַּרְא פַּרְעֹה כִּי הָיְתָה הָרְוָחָה וְהַכְבֵּד אֶת־לִבּוֹ
וְלֹא שָׁמַע אֲלֵהֶם כַּאֲשֶׁר דִּבֶּר יְהוָה׃ ס

do Egito com seus encantamentos. Endureceu-se o coração de
Faraó, e não os ouviu; como Jeová havia dito. 23 Virou-se Faraó e
entrou em sua casa, nem ainda a isso se submeteu o seu coração.
24 Todos os egípcios cavaram junto ao rio para achar água que
beber; pois não podiam beber da água do rio. 25 Passaram-se
sete dias, depois que Jeová ferira o rio.

A praga das rãs

8 1 Disse Jeová a Moisés: Entra a Faraó e dize-lhe: Assim
diz Jeová: Deixa ir o meu povo, para que me sirva. 2 Se
tu recusares deixá-lo ir, eis que eu ferirei com rãs to-
dos os teus termos. 3 O rio produzirá rãs em abundância, que
subirão e entrarão em tua casa, e no teu quarto de dormir,
e sobre a tua cama, e na casa dos teus servos, e sobre o teu
povo, e nos teus fornos, e nas tuas amassadeiras; 4 as rãs su-
birão sobre ti, sobre o teu povo e sobre todos os teus servos.
5 Disse Jeová a Moisés: Dize a Arão: Estende a tua mão com a
tua vara sobre os rios, sobre os canais e sobre as lagoas e faze
subir rãs sobre a terra do Egito. 6 Arão estendeu a mão sobre
as águas do Egito; e subiram rãs que cobriram a terra do Egi-
to. 7 O mesmo fizeram os magos com seus encantamentos e
fizeram subir rãs sobre a terra do Egito.

8 Chamou Faraó a Moisés e a Arão e disse: Rogai a Jeová que
retire as rãs de mim e do meu povo; e deixarei ir o povo, para
que ofereça sacrifícios a Jeová. 9 Falou Moisés a Faraó: Digna-te
dizer-me quando é que hei de rogar por ti, pelos teus servos e
pelo teu povo, para que as rãs sejam retiradas de ti e das tuas
casas e fiquem somente no rio. 10 Seja amanhã, respondeu Fa-
raó. Moisés disse: Seja conforme a tua palavra, para que saibas

יב וַיֹּאמֶר יְהוָה אֶל־מֹשֶׁה אֱמֹר אֶל־אַהֲרֹן נְטֵה אֶת־מַטְּךָ
וְהַךְ אֶת־עֲפַר הָאָרֶץ וְהָיָה לְכִנִּם בְּכָל־אֶרֶץ מִצְרָיִם׃
יג וַיַּעֲשׂוּ־כֵן וַיֵּט אַהֲרֹן אֶת־יָדוֹ בְמַטֵּהוּ וַיַּךְ אֶת־עֲפַר
הָאָרֶץ וַתְּהִי הַכִּנָּם בָּאָדָם וּבַבְּהֵמָה כָּל־עֲפַר הָאָרֶץ הָיָה
כִנִּים בְּכָל־אֶרֶץ מִצְרָיִם׃
יד וַיַּעֲשׂוּ־כֵן הַחַרְטֻמִּים בְּלָטֵיהֶם לְהוֹצִיא אֶת־הַכִּנִּים
וְלֹא יָכֹלוּ וַתְּהִי הַכִּנָּם בָּאָדָם וּבַבְּהֵמָה׃
טו וַיֹּאמְרוּ הַחַרְטֻמִּם אֶל־פַּרְעֹה אֶצְבַּע אֱלֹהִים הִוא וַיֶּחֱזַק
לֵב־פַּרְעֹה וְלֹא־שָׁמַע אֲלֵהֶם כַּאֲשֶׁר דִּבֶּר יְהוָה׃ ס

טז וַיֹּאמֶר יְהוָה אֶל־מֹשֶׁה הַשְׁכֵּם בַּבֹּקֶר וְהִתְיַצֵּב
לִפְנֵי פַרְעֹה הִנֵּה יוֹצֵא הַמָּיְמָה וְאָמַרְתָּ אֵלָיו כֹּה
אָמַר יְהוָה שַׁלַּח עַמִּי וְיַעַבְדֻנִי׃
יז כִּי אִם־אֵינְךָ מְשַׁלֵּחַ אֶת־עַמִּי הִנְנִי מַשְׁלִיחַ בְּךָ
וּבַעֲבָדֶיךָ וּבְעַמְּךָ וּבְבָתֶּיךָ אֶת־הֶעָרֹב וּמָלְאוּ בָּתֵּי מִצְרַיִם
אֶת־הֶעָרֹב וְגַם הָאֲדָמָה אֲשֶׁר־הֵם עָלֶיהָ׃
יח וְהִפְלֵיתִי בַיּוֹם הַהוּא אֶת־אֶרֶץ גֹּשֶׁן אֲשֶׁר עַמִּי עֹמֵד עָלֶיהָ
לְבִלְתִּי הֱיוֹת־שָׁם עָרֹב לְמַעַן תֵּדַע כִּי אֲנִי יְהוָה בְּקֶרֶב הָאָרֶץ׃
יט וְשַׂמְתִּי פְדֻת בֵּין עַמִּי וּבֵין עַמֶּךָ לְמָחָר יִהְיֶה הָאֹת הַזֶּה׃

כ וַיַּעַשׂ יְהוָה כֵּן וַיָּבֹא עָרֹב כָּבֵד בֵּיתָה פַרְעֹה וּבֵית עֲבָדָיו
וּבְכָל־אֶרֶץ מִצְרַיִם תִּשָּׁחֵת הָאָרֶץ מִפְּנֵי הֶעָרֹב׃
כא וַיִּקְרָא פַרְעֹה אֶל־מֹשֶׁה וּלְאַהֲרֹן וַיֹּאמֶר לְכוּ
זִבְחוּ לֵאלֹהֵיכֶם בָּאָרֶץ׃
כב וַיֹּאמֶר מֹשֶׁה לֹא נָכוֹן לַעֲשׂוֹת כֵּן כִּי תּוֹעֲבַת מִצְרַיִם
נִזְבַּח לַיהוָה אֱלֹהֵינוּ הֵן נִזְבַּח אֶת־תּוֹעֲבַת מִצְרַיִם
לְעֵינֵיהֶם וְלֹא יִסְקְלֻנוּ׃
כג דֶּרֶךְ שְׁלֹשֶׁת יָמִים נֵלֵךְ בַּמִּדְבָּר וְזָבַחְנוּ לַיהוָה אֱלֹהֵינוּ
כַּאֲשֶׁר יֹאמַר אֵלֵינוּ׃
כד וַיֹּאמֶר פַּרְעֹה אָנֹכִי אֲשַׁלַּח אֶתְכֶם וּזְבַחְתֶּם לַיהוָה

que não há ninguém como Jeová, nosso Deus. 11 Retirar-se-ão
as rãs de ti, e das tuas casas, e dos teus servos, e do teu povo;
ficarão somente no rio. 12 Saíram Moisés e Arão da presença
de Faraó; e clamou Moisés a Jeová no tocante às rãs que havia
trazido sobre Faraó. 13 Fez Jeová conforme a palavra de Moisés;
morreram as rãs das casas, dos pátios e dos campos. 14 Ajunta-
ram-nas em montões; e cheirou mal a terra. 15 Mas, vendo Faraó
que havia descanso, endureceu o seu coração e não os ouviu,
como Jeová havia dito.

A praga dos piolhos

16 Disse Jeová a Moisés: Dize a Arão: Estende a tua vara e fere
o pó da terra, para que se torne em piolhos por toda a terra do
Egito. 17 Fizeram assim; Arão estendeu a mão com a sua vara e
feriu o pó da terra, e houve piolhos nos homens e nas bestas;
todo o pó da terra tornou-se em piolhos por toda a terra do
Egito. 18 Fizeram os magos o mesmo com os seus encantamentos
para produzirem piolhos, porém não puderam; houve piolhos
nos homens e nas bestas. 19 Então, disseram os magos a Faraó:
Isso é o dedo de Deus; ficou endurecido o coração de Faraó,
que não os ouviu, como Jeová havia dito.

A praga das moscas

20 Disse Jeová a Moisés: Levanta-te de manhã cedo, apre-
senta-te diante de Faraó (eis que ele sairá às águas) e dize-lhe:
Assim diz Jeová: Deixa ir o meu povo, para que me sirva. 21 De
outra forma, se não deixares ir o meu povo, eis que enviarei
enxames de moscas sobre ti, sobre teus servos, sobre o teu povo
e nas tuas casas; as casas dos egípcios se encherão de enxames
de moscas, bem assim a terra em que eles estiverem. 22 Naquele
dia, separarei a terra de Gósen, em que habita o meu povo, para
que nela não haja enxames de moscas; a fim de que saibas que
eu sou Jeová no meio da terra. 23 Farei uma separação entre o

אֱלֹהֵיכֶם בַּמִּדְבָּר רַק הַרְחֵק לֹא־תַרְחִיקוּ לָלֶכֶת הַעְתִּירוּ בַּעֲדִי׃

כה וַיֹּאמֶר מֹשֶׁה הִנֵּה אָנֹכִי יוֹצֵא מֵעִמָּךְ וְהַעְתַּרְתִּי אֶל־יְהוָה
וְסָר הֶעָרֹב מִפַּרְעֹה מֵעֲבָדָיו וּמֵעַמּוֹ מָחָר רַק אַל־יֹסֵף פַּרְעֹה
הָתֵל לְבִלְתִּי שַׁלַּח אֶת־הָעָם לִזְבֹּחַ לַיהוָה׃
כו וַיֵּצֵא מֹשֶׁה מֵעִם פַּרְעֹה וַיֶּעְתַּר אֶל־יְהוָה׃
כז וַיַּעַשׂ יְהוָה כִּדְבַר מֹשֶׁה וַיָּסַר הֶעָרֹב מִפַּרְעֹה
מֵעֲבָדָיו וּמֵעַמּוֹ לֹא נִשְׁאַר אֶחָד׃
כח וַיַּכְבֵּד פַּרְעֹה אֶת־לִבּוֹ גַּם בַּפַּעַם הַזֹּאת וְלֹא שִׁלַּח
אֶת־הָעָם׃ פ

[O capítulo 8 da versão hebraica termina no versículo 28].

א וַיֹּאמֶר יְהוָה אֶל־מֹשֶׁה בֹּא אֶל־פַּרְעֹה וְדִבַּרְתָּ אֵלָיו
כֹּה־אָמַר יְהוָה אֱלֹהֵי הָעִבְרִים שַׁלַּח אֶת־עַמִּי וְיַעַבְדֻנִי׃
ב כִּי אִם־מָאֵן אַתָּה לְשַׁלֵּחַ וְעוֹדְךָ מַחֲזִיק בָּם׃
ג הִנֵּה יַד־יְהוָה הוֹיָה בְּמִקְנְךָ אֲשֶׁר בַּשָּׂדֶה בַּסּוּסִים
בַּחֲמֹרִים בַּגְּמַלִּים בַּבָּקָר וּבַצֹּאן דֶּבֶר כָּבֵד מְאֹד׃
ד וְהִפְלָה יְהוָה בֵּין מִקְנֵה יִשְׂרָאֵל וּבֵין מִקְנֵה מִצְרָיִם
וְלֹא יָמוּת מִכָּל־לִבְנֵי יִשְׂרָאֵל דָּבָר׃
ה וַיָּשֶׂם יְהוָה מוֹעֵד לֵאמֹר מָחָר יַעֲשֶׂה יְהוָה הַדָּבָר הַזֶּה בָּאָרֶץ׃
ו וַיַּעַשׂ יְהוָה אֶת־הַדָּבָר הַזֶּה מִמָּחֳרָת וַיָּמָת כֹּל מִקְנֵה
מִצְרָיִם וּמִמִּקְנֵה בְנֵי־יִשְׂרָאֵל לֹא־מֵת אֶחָד׃

meu povo e o teu povo; amanhã, se fará este milagre. 24 Assim
fez Jeová; entraram grandes enxames de moscas na casa de
Faraó e nas casas dos seus servos; e toda a terra do Egito foi
arruinada pelos enxames de moscas.

25 Chamou Faraó a Moisés e a Arão e disse: Ide, oferecei
sacrifícios a vosso Deus nesta terra. 26 Respondeu Moisés: Não
convém que se faça assim, pois ofereceremos a abominação
dos egípcios como sacrifício a Jeová, nosso Deus. Oferecendo
nós a abominação dos egípcios diante dos seus olhos, não nos
apedrejarão eles? 27 Havemos de ir ao deserto caminho de três
dias e oferecer sacrifícios a Jeová, nosso Deus, como ele nos
ordenar. 28 Faraó disse: Eu vos deixarei ir, para que ofereçais
sacrifícios a Jeová, vosso Deus, no deserto; somente não ireis
muito longe; rogai por mim. 29 Respondeu-lhe Moisés: Eis que
vou sair da tua presença e rogarei a Jeová que amanhã os enxa-
mes de moscas se apartem de Faraó, dos seus servos e do seu
povo; somente não torne mais Faraó a proceder dolosamente
em não deixar ir o povo para oferecer sacrifícios a Jeová. 30 Ten-
do Moisés saído da presença de Faraó, fez as suas rogativas a
Jeová. 31 Fez Jeová conforme a palavra de Moisés; apartou os
enxames de moscas de Faraó, dos seus servos e do seu povo;
não ficou nem sequer uma. 32 Endureceu Faraó ainda esta vez
o seu coração, e não deixou ir o povo.

A praga da peste nos animais

9 1 Disse Jeová a Moisés: Entra a Faraó e dize-lhe: Assim
diz Jeová, o Deus dos hebreus: Deixa ir o meu povo para
que me sirva. 2 Pois, se tu recusares deixá-los ir e hou-
veres de retê-los ainda, 3 eis que a mão de Jeová é sobre o teu
gado que está no campo, sobre os cavalos, sobre os jumentos,
sobre os camelos, sobre os bois e sobre as ovelhas; haverá
uma pestilência muito grave. 4 Jeová fará uma separação en-
tre o gado de Israel e o gado do Egito; não morrerá nada de
tudo o que pertence aos filhos de Israel. 5 Jeová designou um
prazo, dizendo: Amanhã, fará Jeová isso na terra. 6 Fez Jeo-

ז וַיִּשְׁלַח פַּרְעֹה וְהִנֵּה לֹא־מֵת מִמִּקְנֵה יִשְׂרָאֵל
עַד־אֶחָד וַיִּכְבַּד לֵב פַּרְעֹה וְלֹא שִׁלַּח אֶת־הָעָם׃ פ

ח וַיֹּאמֶר יְהוָה אֶל־מֹשֶׁה וְאֶל־אַהֲרֹן קְחוּ לָכֶם מְלֹא חָפְנֵיכֶם
פִּיחַ כִּבְשָׁן וּזְרָקוֹ מֹשֶׁה הַשָּׁמַיְמָה לְעֵינֵי פַרְעֹה׃
ט וְהָיָה לְאָבָק עַל כָּל־אֶרֶץ מִצְרָיִם וְהָיָה עַל־הָאָדָם
וְעַל־הַבְּהֵמָה לִשְׁחִין פֹּרֵחַ אֲבַעְבֻּעֹת בְּכָל־אֶרֶץ מִצְרָיִם׃
י וַיִּקְחוּ אֶת־פִּיחַ הַכִּבְשָׁן וַיַּעַמְדוּ לִפְנֵי פַרְעֹה וַיִּזְרֹק אֹתוֹ
מֹשֶׁה הַשָּׁמָיְמָה וַיְהִי שְׁחִין אֲבַעְבֻּעֹת פֹּרֵחַ בָּאָדָם וּבַבְּהֵמָה׃
יא וְלֹא־יָכְלוּ הַחַרְטֻמִּים לַעֲמֹד לִפְנֵי מֹשֶׁה מִפְּנֵי הַשְּׁחִין
כִּי־הָיָה הַשְּׁחִין בַּחֲרְטֻמִּם וּבְכָל־מִצְרָיִם׃
יב וַיְחַזֵּק יְהוָה אֶת־לֵב פַּרְעֹה וְלֹא שָׁמַע אֲלֵהֶם כַּאֲשֶׁר
דִּבֶּר יְהוָה אֶל־מֹשֶׁה׃ ס

יג וַיֹּאמֶר יְהוָה אֶל־מֹשֶׁה הַשְׁכֵּם בַּבֹּקֶר וְהִתְיַצֵּב
לִפְנֵי פַרְעֹה וְאָמַרְתָּ אֵלָיו כֹּה־אָמַר יְהוָה אֱלֹהֵי
הָעִבְרִים שַׁלַּח אֶת־עַמִּי וְיַעַבְדֻנִי׃
יד כִּי | בַּפַּעַם הַזֹּאת אֲנִי שֹׁלֵחַ אֶת־כָּל־מַגֵּפֹתַי אֶל־לִבְּךָ
וּבַעֲבָדֶיךָ וּבְעַמֶּךָ בַּעֲבוּר תֵּדַע כִּי אֵין כָּמֹנִי בְּכָל־הָאָרֶץ׃
טו כִּי עַתָּה שָׁלַחְתִּי אֶת־יָדִי וָאַךְ אוֹתְךָ וְאֶת־עַמְּךָ
בַּדָּבֶר וַתִּכָּחֵד מִן־הָאָרֶץ׃
טז וְאוּלָם בַּעֲבוּר זֹאת הֶעֱמַדְתִּיךָ בַּעֲבוּר הַרְאֹתְךָ
אֶת־כֹּחִי וּלְמַעַן סַפֵּר שְׁמִי בְּכָל־הָאָרֶץ׃
יז עוֹדְךָ מִסְתּוֹלֵל בְּעַמִּי לְבִלְתִּי שַׁלְּחָם׃
יח הִנְנִי מַמְטִיר כָּעֵת מָחָר בָּרָד כָּבֵד מְאֹד אֲשֶׁר
לֹא־הָיָה כָמֹהוּ בְּמִצְרַיִם לְמִן־הַיּוֹם הִוָּסְדָה וְעַד־עָתָּה׃
יט וְעַתָּה שְׁלַח הָעֵז אֶת־מִקְנְךָ וְאֵת כָּל־אֲשֶׁר לְךָ בַּשָּׂדֶה

vá isso no dia seguinte; morreu todo o gado do Egito, porém
do gado dos filhos de Israel não morreu nenhum. 7 Mandou
Faraó ver, e eis que do gado dos israelitas não morrera nem
sequer um. Mas o coração de Faraó estava obstinado, e não
deixou ir o povo.

A praga das úlceras

8 Disse Jeová a Moisés e a Arão: Tomai-vos mãos cheias de
cinza do forno e Moisés a lance ao ar diante de Faraó. 9 E ela
tornar-se-á em pó miúdo sobre toda a terra do Egito, e haverá
tumores que se arrebentam em úlceras nos homens e no gado,
por toda a terra do Egito. 10 Eles tomaram a cinza do forno e
se apresentaram diante de Faraó; Moisés lançou-a ao ar, e ela
tornou-se em tumores que se arrebentavam em úlceras nos
homens e no gado. 11 Os magos não podiam ter-se em pé diante
de Moisés por causa dos tumores; pois havia tumores nos magos
e em todos os egípcios. 12 Jeová endureceu o coração de Faraó,
e este não ouviu, como Jeová havia dito a Moisés.

As ameaças de Deus

13 Disse Jeová a Moisés: Levanta-te de manhã cedo, apresen-
ta-te diante de Faraó e dize-lhe: Assim diz Jeová, o Deus dos
hebreus: Deixa ir o meu povo para que me sirva. 14 Pois esta vez
enviarei todas as minhas pragas sobre o teu coração, e sobre os
teus servos, e sobre o teu povo; para que saibas que não há quem
seja semelhante a mim em toda a terra. 15 Agora, eu poderia ter
estendido a mão e ferido a ti e ao teu povo com pestilência, e
tu terias sido cortado da terra; 16 mas deveras para isso te hei
mantido em pé, para te mostrar o meu poder e para que o meu
nome seja anunciado em toda a terra. 17 Levantas-te ainda contra
o meu povo, para não deixá-lo ir? 18 Eis que amanhã por este
tempo farei cair uma mui grande chuva de pedras, como nunca
houve no Egito desde o dia em que foi fundado até agora. 19 En-

כָּל־הָאָדָם וְהַבְּהֵמָה אֲשֶׁר־יִמָּצֵא בַשָּׂדֶה וְלֹא יֵאָסֵף
הַבַּיְתָה וְיָרַד עֲלֵהֶם הַבָּרָד וָמֵתוּ:
כ הַיָּרֵא אֶת־דְּבַר יְהוָה מֵעַבְדֵי פַּרְעֹה הֵנִיס אֶת־עֲבָדָיו
וְאֶת־מִקְנֵהוּ אֶל־הַבָּתִּים:
כא וַאֲשֶׁר לֹא־שָׂם לִבּוֹ אֶל־דְּבַר יְהוָה וַיַּעֲזֹב אֶת־עֲבָדָיו
וְאֶת־מִקְנֵהוּ בַּשָּׂדֶה: פ

כב וַיֹּאמֶר יְהוָה אֶל־מֹשֶׁה נְטֵה אֶת־יָדְךָ עַל־הַשָּׁמַיִם
וִיהִי בָרָד בְּכָל־אֶרֶץ מִצְרָיִם עַל־הָאָדָם וְעַל־הַבְּהֵמָה
וְעַל כָּל־עֵשֶׂב הַשָּׂדֶה בְּאֶרֶץ מִצְרָיִם:
כג וַיֵּט מֹשֶׁה אֶת־מַטֵּהוּ עַל־הַשָּׁמַיִם וַיהוָה נָתַן קֹלֹת וּבָרָד
וַתִּהֲלַךְ אֵשׁ אָרְצָה וַיַּמְטֵר יְהוָה בָּרָד עַל־אֶרֶץ מִצְרָיִם:
כד וַיְהִי בָרָד וְאֵשׁ מִתְלַקַּחַת בְּתוֹךְ הַבָּרָד כָּבֵד מְאֹד אֲשֶׁר
לֹא־הָיָה כָמֹהוּ בְּכָל־אֶרֶץ מִצְרַיִם מֵאָז הָיְתָה לְגוֹי:
כה וַיַּךְ הַבָּרָד בְּכָל־אֶרֶץ מִצְרַיִם אֵת כָּל־אֲשֶׁר בַּשָּׂדֶה
מֵאָדָם וְעַד־בְּהֵמָה וְאֵת כָּל־עֵשֶׂב הַשָּׂדֶה הִכָּה הַבָּרָד
וְאֶת־כָּל־עֵץ הַשָּׂדֶה שִׁבֵּר:
כו רַק בְּאֶרֶץ גֹּשֶׁן אֲשֶׁר־שָׁם בְּנֵי יִשְׂרָאֵל לֹא הָיָה בָּרָד:

כז וַיִּשְׁלַח פַּרְעֹה וַיִּקְרָא לְמֹשֶׁה וּלְאַהֲרֹן וַיֹּאמֶר אֲלֵהֶם
חָטָאתִי הַפָּעַם יְהוָה הַצַּדִּיק וַאֲנִי וְעַמִּי הָרְשָׁעִים:
כח הַעְתִּירוּ אֶל־יְהוָה וְרַב מִהְיֹת קֹלֹת אֱלֹהִים וּבָרָד
וַאֲשַׁלְּחָה אֶתְכֶם וְלֹא תֹסִפוּן לַעֲמֹד:
כט וַיֹּאמֶר אֵלָיו מֹשֶׁה כְּצֵאתִי אֶת־הָעִיר אֶפְרֹשׂ אֶת־כַּפַּי
אֶל־יְהוָה הַקֹּלוֹת יֶחְדָּלוּן וְהַבָּרָד לֹא יִהְיֶה־עוֹד לְמַעַן
תֵּדַע כִּי לַיהוָה הָאָרֶץ:
ל וְאַתָּה וַעֲבָדֶיךָ יָדַעְתִּי כִּי טֶרֶם תִּירְאוּן מִפְּנֵי יְהוָה אֱלֹהִים:
לא וְהַפִּשְׁתָּה וְהַשְּׂעֹרָה נֻכָּתָה כִּי הַשְּׂעֹרָה אָבִיב
וְהַפִּשְׁתָּה גִּבְעֹל:
לב וְהַחִטָּה וְהַכֻּסֶּמֶת לֹא נֻכּוּ כִּי אֲפִילֹת הֵנָּה:
לג וַיֵּצֵא מֹשֶׁה מֵעִם פַּרְעֹה אֶת־הָעִיר וַיִּפְרֹשׂ כַּפָּיו אֶל־יְהוָה
וַיַּחְדְּלוּ הַקֹּלוֹת וְהַבָּרָד וּמָטָר לֹא־נִתַּךְ אָרְצָה:

via, recolhe com pressa o teu gado e tudo o que tens no campo;
pois sobre todo homem e animal que se acharem no campo e
não se recolherem à casa cairá a chuva de pedras, e morrerão.
20 Aquele que dentre os servos de Faraó temia a Jeová fez fugir
os seus servos e o seu gado para as casas; 21 porém aquele que
não se importava com a palavra de Jeová deixou os seus servos
e o seu gado no campo.

A praga da saraiva

22 Disse Jeová a Moisés: Estende a tua mão para o céu, a fim
de que caia uma chuva de pedras em toda a terra do Egito, sobre
homens, sobre animais e sobre toda a erva do campo em toda a
terra do Egito. 23 Moisés estendeu a sua vara para o céu; Jeová
enviou trovões e chuva de pedras, e fogo desceu à terra; e fez
Jeová cair uma chuva de pedras sobre a terra do Egito. 24 Assim
havia chuva de pedras e fogo misturado com a chuva de pedras
mui grande, qual nunca houve em toda a terra do Egito desde
que veio a ser uma nação. 25 Por toda a terra do Egito, a chuva
de pedras feriu tudo quanto havia no campo, tanto homens
como animais; a chuva de pedras feriu toda a erva do campo e
quebrou toda árvore do campo. 26 Somente na terra de Gósen,
onde se achavam os filhos de Israel, não havia chuva de pedras.

27 Mandou Faraó chamar a Moisés e a Arão e disse-lhes:
Esta vez pequei; Jeová é justo, e eu e o meu povo somos ím-
pios. 28 Rogai a Jeová, pois já bastam estes grandes trovões e a
chuva de pedras. Eu vos deixarei ir, e vós não permanecereis
mais aqui. 29 Respondeu-lhe Moisés: Logo que eu tiver saído
da cidade, estenderei as mãos a Jeová; cessarão os trovões,
e não haverá mais chuva de pedras, para que saibas que a
terra é de Jeová. 30 Mas, quanto a ti e a teus servos, eu sei
que ainda não temereis a Deus Jeová. 31 O linho e a cevada
foram feridos, pois a cevada estava na espiga, e o linho, em
flor. 32 Mas o trigo e a espelta não receberam dano, pois não
estavam crescidos. 33 Saiu Moisés da cidade, da presença de
Faraó, e estendeu as mãos a Jeová; cessaram os trovões e a

לד וַיַּרְא פַּרְעֹה כִּי־חָדַל הַמָּטָר וְהַבָּרָד וְהַקֹּלֹת וַיֹּסֶף
לַחֲטֹא וַיַּכְבֵּד לִבּוֹ הוּא וַעֲבָדָיו׃
לה וַיֶּחֱזַק לֵב פַּרְעֹה וְלֹא שִׁלַּח אֶת־בְּנֵי יִשְׂרָאֵל כַּאֲשֶׁר
דִּבֶּר יְהוָה בְּיַד־מֹשֶׁה׃ פ

א וַיֹּאמֶר יְהוָה אֶל־מֹשֶׁה בֹּא אֶל־פַּרְעֹה כִּי־אֲנִי הִכְבַּדְתִּי
אֶת־לִבּוֹ וְאֶת־לֵב עֲבָדָיו לְמַעַן שִׁתִי אֹתֹתַי אֵלֶּה בְּקִרְבּוֹ׃
ב וּלְמַעַן תְּסַפֵּר בְּאָזְנֵי בִנְךָ וּבֶן־בִּנְךָ אֵת אֲשֶׁר הִתְעַלַּלְתִּי
בְּמִצְרַיִם וְאֶת־אֹתֹתַי אֲשֶׁר־שַׂמְתִּי בָם וִידַעְתֶּם כִּי־אֲנִי יְהוָה׃
ג וַיָּבֹא מֹשֶׁה וְאַהֲרֹן אֶל־פַּרְעֹה וַיֹּאמְרוּ אֵלָיו כֹּה־אָמַר יְהוָה
אֱלֹהֵי הָעִבְרִים עַד־מָתַי מֵאַנְתָּ לֵעָנֹת מִפָּנָי שַׁלַּח עַמִּי וְיַעַבְדֻנִי׃
ד כִּי אִם־מָאֵן אַתָּה לְשַׁלֵּחַ אֶת־עַמִּי הִנְנִי מֵבִיא
מָחָר אַרְבֶּה בִּגְבֻלֶךָ׃
ה וְכִסָּה אֶת־עֵין הָאָרֶץ וְלֹא יוּכַל לִרְאֹת אֶת־הָאָרֶץ
וְאָכַל ׀ אֶת־יֶתֶר הַפְּלֵטָה הַנִּשְׁאֶרֶת לָכֶם מִן־הַבָּרָד
וְאָכַל אֶת־כָּל־הָעֵץ הַצֹּמֵחַ לָכֶם מִן־הַשָּׂדֶה׃
ו וּמָלְאוּ בָתֶּיךָ וּבָתֵּי כָל־עֲבָדֶיךָ וּבָתֵּי כָל־מִצְרַיִם אֲשֶׁר
לֹא־רָאוּ אֲבֹתֶיךָ וַאֲבוֹת אֲבֹתֶיךָ מִיּוֹם הֱיוֹתָם
עַל־הָאֲדָמָה עַד הַיּוֹם הַזֶּה וַיִּפֶן וַיֵּצֵא מֵעִם פַּרְעֹה׃
ז וַיֹּאמְרוּ עַבְדֵי פַרְעֹה אֵלָיו עַד־מָתַי יִהְיֶה זֶה לָנוּ
לְמוֹקֵשׁ שַׁלַּח אֶת־הָאֲנָשִׁים וְיַעַבְדוּ אֶת־יְהוָה
אֱלֹהֵיהֶם הֲטֶרֶם תֵּדַע כִּי אָבְדָה מִצְרָיִם׃
ח וַיּוּשַׁב אֶת־מֹשֶׁה וְאֶת־אַהֲרֹן אֶל־פַּרְעֹה וַיֹּאמֶר אֲלֵהֶם
לְכוּ עִבְדוּ אֶת־יְהוָה אֱלֹהֵיכֶם מִי וָמִי הַהֹלְכִים׃
ט וַיֹּאמֶר מֹשֶׁה בִּנְעָרֵינוּ וּבִזְקֵנֵינוּ נֵלֵךְ בְּבָנֵינוּ וּבִבְנוֹתֵנוּ
בְּצֹאנֵנוּ וּבִבְקָרֵנוּ נֵלֵךְ כִּי חַג־יְהוָה לָנוּ׃
י וַיֹּאמֶר אֲלֵהֶם יְהִי כֵן יְהוָה עִמָּכֶם כַּאֲשֶׁר אֲשַׁלַּח אֶתְכֶם
וְאֶת־טַפְּכֶם רְאוּ כִּי רָעָה נֶגֶד פְּנֵיכֶם׃
יא לֹא כֵן לְכוּ־נָא הַגְּבָרִים וְעִבְדוּ אֶת־יְהוָה כִּי אֹתָהּ אַתֶּם
מְבַקְשִׁים וַיְגָרֶשׁ אֹתָם מֵאֵת פְּנֵי פַרְעֹה׃ פ

chuva de pedras, e não caiu mais saraiva sobre a terra. 34 Ten-
do Faraó visto que a chuva, e a saraiva, e os trovões haviam
cessado, tornou a pecar e endureceu o seu coração, ele e os
seus servos. 35 O coração de Faraó ficou endurecido, e não
deixou ir os filhos de Israel; como Jeová havia dito a Moisés.

10

1 Disse Jeová a Moisés: Entra a Faraó. Eu endureci
o seu coração e o coração dos seus servos, para
que eu manifeste estes meus prodígios no meio
deles 2 e para que contes aos ouvidos de teus filhos e dos fi-
lhos de teus filhos que coisas tenho obrado no Egito e os meus
prodígios que tenho feito no meio deles; a fim de que saibais
que eu sou Jeová. 3 Entraram, pois, Moisés e Arão a Faraó e lhe
disseram: Assim diz Jeová, o Deus dos hebreus: Até quando re-
cusarás humilhar-te diante de mim? Deixa ir o meu povo para
que me sirva. 4 De outra forma, se tu recusares deixar ir o meu
povo, eis que amanhã trarei gafanhotos aos teus termos; 5 eles
cobrirão a face da terra, de sorte que a terra não se poderá ver;
comerão o restante do que escapou e que vos resta da chuva de
pedras e comerão toda árvore que vos cresce no campo. 6 En-
cher-se-ão as tuas casas, e as casas de todos os teus servos, e
as casas de todos os egípcios, como nunca viram teus pais nem
os pais de teus pais, desde o dia em que nasceram na terra até
o dia de hoje. Virou-se e saiu da presença de Faraó. 7 Então, os
servos de Faraó lhe disseram: Até quando nos servirá de laço
este homem? Deixa ir os homens, para que sirvam a Jeová seu
Deus. Porventura, não sabes ainda que o Egito está desolado?
8 Moisés e Arão foram levados outra vez a Faraó; e ele lhes disse:
Ide, servi a Jeová, vosso Deus; mas quem são os que hão de ir?
9 Respondeu-lhe Moisés: Havemos de ir com os nossos jovens,
e com os nossos velhos, com nossos filhos e com nossas filhas,
com os nossos rebanhos, e com os nossos gados havemos de
ir, porque temos de celebrar uma festa a Jeová. 10 Replicou-lhes
Faraó: Assim seja Jeová convosco, como eu vos deixarei ir a vós
e a vossos pequeninos; olhai, porque o mal está diante de vós.
11 Não há de ser assim; ide agora vós que sois homens e servi a
Jeová; pois é isso o que vós desejais. E foram expulsos da pre-
sença de Faraó.

יב וַיֹּאמֶר יְהוָה אֶל־מֹשֶׁה נְטֵה יָדְךָ עַל־אֶרֶץ מִצְרַיִם
בָּאַרְבֶּה וְיַעַל עַל־אֶרֶץ מִצְרָיִם וְיֹאכַל אֶת־כָּל־עֵשֶׂב
הָאָרֶץ אֵת כָּל־אֲשֶׁר הִשְׁאִיר הַבָּרָד׃
יג וַיֵּט מֹשֶׁה אֶת־מַטֵּהוּ עַל־אֶרֶץ מִצְרַיִם וַיהוָה נִהַג
רוּחַ קָדִים בָּאָרֶץ כָּל־הַיּוֹם הַהוּא וְכָל־הַלָּיְלָה הַבֹּקֶר
הָיָה וְרוּחַ הַקָּדִים נָשָׂא אֶת־הָאַרְבֶּה׃
יד וַיַּעַל הָאַרְבֶּה עַל כָּל־אֶרֶץ מִצְרַיִם וַיָּנַח בְּכֹל גְּבוּל מִצְרָיִם
כָּבֵד מְאֹד לְפָנָיו לֹא־הָיָה כֵן אַרְבֶּה כָּמֹהוּ וְאַחֲרָיו לֹא יִהְיֶה־כֵּן׃
טו וַיְכַס אֶת־עֵין כָּל־הָאָרֶץ וַתֶּחְשַׁךְ הָאָרֶץ וַיֹּאכַל
אֶת־כָּל־עֵשֶׂב הָאָרֶץ וְאֵת כָּל־פְּרִי הָעֵץ אֲשֶׁר הוֹתִיר הַבָּרָד
וְלֹא־נוֹתַר כָּל־יֶרֶק בָּעֵץ וּבְעֵשֶׂב הַשָּׂדֶה בְּכָל־אֶרֶץ מִצְרָיִם׃
טז וַיְמַהֵר פַּרְעֹה לִקְרֹא לְמֹשֶׁה וּלְאַהֲרֹן וַיֹּאמֶר
חָטָאתִי לַיהוָה אֱלֹהֵיכֶם וְלָכֶם׃
יז וְעַתָּה שָׂא נָא חַטָּאתִי אַךְ הַפַּעַם וְהַעְתִּירוּ לַיהוָה
אֱלֹהֵיכֶם וְיָסֵר מֵעָלַי רַק אֶת־הַמָּוֶת הַזֶּה׃
יח וַיֵּצֵא מֵעִם פַּרְעֹה וַיֶּעְתַּר אֶל־יְהוָה׃
יט וַיַּהֲפֹךְ יְהוָה רוּחַ־יָם חָזָק מְאֹד וַיִּשָּׂא אֶת־הָאַרְבֶּה וַיִּתְקָעֵהוּ
יָמָּה סּוּף לֹא נִשְׁאַר אַרְבֶּה אֶחָד בְּכֹל גְּבוּל מִצְרָיִם׃
כ וַיְחַזֵּק יְהוָה אֶת־לֵב פַּרְעֹה וְלֹא שִׁלַּח אֶת־בְּנֵי יִשְׂרָאֵל׃ פ

כא וַיֹּאמֶר יְהוָה אֶל־מֹשֶׁה נְטֵה יָדְךָ עַל־הַשָּׁמַיִם וִיהִי
חֹשֶׁךְ עַל־אֶרֶץ מִצְרָיִם וְיָמֵשׁ חֹשֶׁךְ׃
כב וַיֵּט מֹשֶׁה אֶת־יָדוֹ עַל־הַשָּׁמָיִם וַיְהִי חֹשֶׁךְ־אֲפֵלָה
בְּכָל־אֶרֶץ מִצְרַיִם שְׁלֹשֶׁת יָמִים׃
כג לֹא־רָאוּ אִישׁ אֶת־אָחִיו וְלֹא־קָמוּ אִישׁ מִתַּחְתָּיו שְׁלֹשֶׁת
יָמִים וּלְכָל־בְּנֵי יִשְׂרָאֵל הָיָה אוֹר בְּמוֹשְׁבֹתָם׃
כד וַיִּקְרָא פַרְעֹה אֶל־מֹשֶׁה וַיֹּאמֶר לְכוּ עִבְדוּ אֶת־יְהוָה
רַק צֹאנְכֶם וּבְקַרְכֶם יֻצָּג גַּם־טַפְּכֶם יֵלֵךְ עִמָּכֶם׃
כה וַיֹּאמֶר מֹשֶׁה גַּם־אַתָּה תִּתֵּן בְּיָדֵנוּ זְבָחִים וְעֹלֹת

A praga dos gafanhotos

12 Disse Jeová a Moisés: Estende a mão sobre a terra do Egito,
para que subam os gafanhotos sobre a terra do Egito e comam
toda a erva, tudo o que deixou a chuva de pedras. 13 Estendeu
Moisés a sua vara sobre a terra do Egito, e trouxe Jeová sobre a
terra um vento oriental todo aquele dia e toda a noite; quando
amanheceu, o vento oriental trouxe os gafanhotos. 14 Os gafa-
nhotos subiram sobre a terra do Egito e sentaram-se em todos
os termos do Egito. Mui malignos foram; antes desses, nunca
houve tais gafanhotos como eles, nem virão depois desses ou-
tros tais. 15 Pois cobriram a face de toda a terra, de modo que a
terra se escureceu; comeram toda a erva da terra e todo fruto
das árvores, que deixara a chuva de pedras; nada verde ficou
nas árvores nem nas ervas do campo por toda a terra do Egito.
16 Então, a toda pressa, mandou Faraó chamar a Moisés e a Arão
e lhes disse: Pequei contra Jeová, vosso Deus, e contra vós.
17 Agora, perdoai-me somente esta vez o meu pecado e rogai a
Jeová, vosso Deus, que tire de mim esta morte somente. 18 Tendo
Moisés saído da presença de Faraó, rogou a Jeová. 19 Jeová fez
soprar um forte vento ocidental, que levantou os gafanhotos
e os lançou no mar Vermelho; não ficou um só gafanhoto em
todos os termos do Egito. 20 Mas Jeová endureceu o coração de
Faraó, e este não deixou ir os filhos de Israel.

A praga das trevas

21 Disse Jeová a Moisés: Estende a mão para o céu, para que
haja trevas sobre a terra do Egito, trevas que se possam apal-
par. 22 Estendeu, pois, Moisés a mão para o céu; e houve trevas
espessas em toda a terra do Egito por três dias; 23 não viram uns
aos outros, e ninguém se levantou do seu lugar por três dias;
porém todos os filhos de Israel tinham luz nas suas habitações.
24 Mandou Faraó chamar a Moisés e disse: Ide, servi a Jeová.
Fiquem somente os vossos rebanhos e os vossos gados; e vão
convosco os vossos pequeninos. 25 Respondeu Moisés: Também

וְעָשִׂינוּ לַיהוָה אֱלֹהֵינוּ׃
כו וְגַם־מִקְנֵנוּ יֵלֵךְ עִמָּנוּ לֹא תִשָּׁאֵר פַּרְסָה כִּי מִמֶּנּוּ נִקַּח
לַעֲבֹד אֶת־יְהוָה אֱלֹהֵינוּ וַאֲנַחְנוּ לֹא־נֵדַע מַה־נַּעֲבֹד
אֶת־יְהוָה עַד־בֹּאֵנוּ שָׁמָּה׃
כז וַיְחַזֵּק יְהוָה אֶת־לֵב פַּרְעֹה וְלֹא אָבָה לְשַׁלְּחָם׃
כח וַיֹּאמֶר־לוֹ פַרְעֹה לֵךְ מֵעָלָי הִשָּׁמֶר לְךָ אַל־תֹּסֶף
רְאוֹת פָּנַי כִּי בְּיוֹם רְאֹתְךָ פָנַי תָּמוּת׃
כט וַיֹּאמֶר מֹשֶׁה כֵּן דִּבַּרְתָּ לֹא־אֹסִף עוֹד רְאוֹת פָּנֶיךָ׃ פ

א וַיֹּאמֶר יְהוָה אֶל־מֹשֶׁה עוֹד נֶגַע אֶחָד אָבִיא עַל־פַּרְעֹה
וְעַל־מִצְרַיִם אַחֲרֵי־כֵן יְשַׁלַּח אֶתְכֶם מִזֶּה כְּשַׁלְּחוֹ
כָּלָה גָּרֵשׁ יְגָרֵשׁ אֶתְכֶם מִזֶּה׃
ב דַּבֶּר־נָא בְּאָזְנֵי הָעָם וְיִשְׁאֲלוּ אִישׁ ׀ מֵאֵת רֵעֵהוּ
וְאִשָּׁה מֵאֵת רְעוּתָהּ כְּלֵי־כֶסֶף וּכְלֵי זָהָב׃
ג וַיִּתֵּן יְהוָה אֶת־חֵן הָעָם בְּעֵינֵי מִצְרָיִם גַּם ׀ הָאִישׁ מֹשֶׁה
גָּדוֹל מְאֹד בְּאֶרֶץ מִצְרַיִם בְּעֵינֵי עַבְדֵי־פַרְעֹה וּבְעֵינֵי הָעָם׃ ס

ד וַיֹּאמֶר מֹשֶׁה כֹּה אָמַר יְהוָה כַּחֲצֹת הַלַּיְלָה אֲנִי
יוֹצֵא בְּתוֹךְ מִצְרָיִם׃
ה וּמֵת כָּל־בְּכוֹר בְּאֶרֶץ מִצְרַיִם מִבְּכוֹר פַּרְעֹה הַיֹּשֵׁב
עַל־כִּסְאוֹ עַד בְּכוֹר הַשִּׁפְחָה אֲשֶׁר אַחַר הָרֵחָיִם
וְכֹל בְּכוֹר בְּהֵמָה׃
ו וְהָיְתָה צְעָקָה גְדֹלָה בְּכָל־אֶרֶץ מִצְרָיִם אֲשֶׁר
כָּמֹהוּ לֹא נִהְיָתָה וְכָמֹהוּ לֹא תֹסִף׃
ז וּלְכֹל ׀ בְּנֵי יִשְׂרָאֵל לֹא יֶחֱרַץ־כֶּלֶב לְשֹׁנוֹ לְמֵאִישׁ וְעַד־בְּהֵמָה
לְמַעַן תֵּדְעוּן אֲשֶׁר יַפְלֶה יְהוָה בֵּין מִצְרַיִם וּבֵין יִשְׂרָאֵל׃
ח וְיָרְדוּ כָל־עֲבָדֶיךָ אֵלֶּה אֵלַי וְהִשְׁתַּחֲווּ־לִי לֵאמֹר צֵא
אַתָּה וְכָל־הָעָם אֲשֶׁר־בְּרַגְלֶיךָ וְאַחֲרֵי־כֵן אֵצֵא וַיֵּצֵא
מֵעִם־פַּרְעֹה בָּחֳרִי־אָף׃ ס
ט וַיֹּאמֶר יְהוָה אֶל־מֹשֶׁה לֹא־יִשְׁמַע אֲלֵיכֶם פַּרְעֹה לְמַעַן
רְבוֹת מוֹפְתַי בְּאֶרֶץ מִצְרָיִם׃

tu nos tens de dar nas mãos sacrifícios e holocaustos, para que ofereçamos sacrifícios a Jeová, nosso Deus. 26 Também o nosso gado irá conosco; nem uma unha ficará, porque deles havemos de tomar para servir a Jeová, nosso Deus, e nós não sabemos com que havemos de servir a Jeová, até que cheguemos lá. 27 Mas Jeová endureceu o coração de Faraó, e este não os quis deixar ir. 28 Disse, pois, Faraó a Moisés: Retira-te de mim, guarda-te não vejas mais o meu rosto, porque, no dia em que vires o meu rosto, morrerás. 29 Respondeu-lhe Moisés: Falaste bem; eu nunca mais hei de ver o teu rosto.

A última praga é anunciada

11 1 Disse Jeová a Moisés: Ainda uma só praga mais trarei sobre Faraó e sobre o Egito. Depois, ele vos deixará ir daqui; quando vos deixar ir, sem dúvida há de vos expulsar totalmente. 2 Fala agora aos ouvidos do povo que todo homem peça ao seu vizinho, e toda mulher à sua vizinha joias de prata e joias de ouro. 3 Jeová deu ao povo graça aos olhos dos egípcios. Além disso, o homem Moisés era mui grande na terra do Egito aos olhos dos servos de Faraó e aos olhos do povo.

4 Moisés disse: Assim diz Jeová: Cerca da meia-noite, irei para o meio do Egito. 5 Todos os primogênitos na terra do Egito morrerão, desde o primogênito de Faraó, que se assenta sobre o seu trono, até o primogênito da escrava que está detrás da mó; e todos os primogênitos dos gados. 6 Haverá grande clamor em toda a terra do Egito, como nunca houve, nem haverá jamais. 7 Porém contra nenhum dos filhos de Israel moverá um cão a sua língua, desde o homem até o animal, para que saibais que Jeová faz uma distinção entre os egípcios e Israel. 8 Todos estes teus servos descerão a mim e se inclinarão perante mim, dizendo: Sai tu e todo o povo que te segue; e, depois disso, hei de sair. Da presença de Faraó retirou-se Moisés, ardendo em ira.

9 Então, disse Jeová a Moisés: Faraó não vos ouvirá para que se multipliquem as minhas maravilhas na terra do Egito.

י וּמֹשֶׁה וְאַהֲרֹן עָשׂוּ אֶת־כָּל־הַמֹּפְתִים הָאֵלֶּה לִפְנֵי פַרְעֹה וַיְחַזֵּק
יְהוָה אֶת־לֵב פַּרְעֹה וְלֹא־שִׁלַּח אֶת־בְּנֵי־יִשְׂרָאֵל מֵאַרְצוֹ׃ פ

א וַיֹּאמֶר יְהוָה אֶל־מֹשֶׁה וְאֶל־אַהֲרֹן בְּאֶרֶץ מִצְרַיִם לֵאמֹר׃
ב הַחֹדֶשׁ הַזֶּה לָכֶם רֹאשׁ חֳדָשִׁים רִאשׁוֹן הוּא
לָכֶם לְחָדְשֵׁי הַשָּׁנָה׃
ג דַּבְּרוּ אֶל־כָּל־עֲדַת יִשְׂרָאֵל לֵאמֹר בֶּעָשֹׂר לַחֹדֶשׁ הַזֶּה
וְיִקְחוּ לָהֶם אִישׁ שֶׂה לְבֵית־אָבֹת שֶׂה לַבָּיִת׃
ד וְאִם־יִמְעַט הַבַּיִת מִהְיֹת מִשֶּׂה וְלָקַח הוּא וּשְׁכֵנוֹ הַקָּרֹב
אֶל־בֵּיתוֹ בְּמִכְסַת נְפָשֹׁת אִישׁ לְפִי אָכְלוֹ תָּכֹסּוּ עַל־הַשֶּׂה׃
ה שֶׂה תָמִים זָכָר בֶּן־שָׁנָה יִהְיֶה לָכֶם מִן־הַכְּבָשִׂים
וּמִן־הָעִזִּים תִּקָּחוּ׃
ו וְהָיָה לָכֶם לְמִשְׁמֶרֶת עַד אַרְבָּעָה עָשָׂר יוֹם לַחֹדֶשׁ הַזֶּה
וְשָׁחֲטוּ אֹתוֹ כֹּל קְהַל עֲדַת־יִשְׂרָאֵל בֵּין הָעַרְבָּיִם׃
ז וְלָקְחוּ מִן־הַדָּם וְנָתְנוּ עַל־שְׁתֵּי הַמְּזוּזֹת וְעַל־הַמַּשְׁקוֹף
עַל הַבָּתִּים אֲשֶׁר־יֹאכְלוּ אֹתוֹ בָּהֶם׃
ח וְאָכְלוּ אֶת־הַבָּשָׂר בַּלַּיְלָה הַזֶּה צְלִי־אֵשׁ וּמַצּוֹת
עַל־מְרֹרִים יֹאכְלֻהוּ׃
ט אַל־תֹּאכְלוּ מִמֶּנּוּ נָא וּבָשֵׁל מְבֻשָּׁל בַּמָּיִם כִּי אִם־צְלִי־אֵשׁ
רֹאשׁוֹ עַל־כְּרָעָיו וְעַל־קִרְבּוֹ׃
י וְלֹא־תוֹתִירוּ מִמֶּנּוּ עַד־בֹּקֶר וְהַנֹּתָר מִמֶּנּוּ
עַד־בֹּקֶר בָּאֵשׁ תִּשְׂרֹפוּ׃
יא וְכָכָה תֹּאכְלוּ אֹתוֹ מָתְנֵיכֶם חֲגֻרִים נַעֲלֵיכֶם בְּרַגְלֵיכֶם
וּמַקֶּלְכֶם בְּיֶדְכֶם וַאֲכַלְתֶּם אֹתוֹ בְּחִפָּזוֹן פֶּסַח הוּא לַיהוָה׃
יב וְעָבַרְתִּי בְאֶרֶץ־מִצְרַיִם בַּלַּיְלָה הַזֶּה וְהִכֵּיתִי כָל־בְּכוֹר
בְּאֶרֶץ מִצְרַיִם מֵאָדָם וְעַד־בְּהֵמָה וּבְכָל־אֱלֹהֵי מִצְרַיִם
אֶעֱשֶׂה שְׁפָטִים אֲנִי יְהוָה׃
יג וְהָיָה הַדָּם לָכֶם לְאֹת עַל הַבָּתִּים אֲשֶׁר אַתֶּם שָׁם
וְרָאִיתִי אֶת־הַדָּם וּפָסַחְתִּי עֲלֵכֶם וְלֹא־יִהְיֶה בָכֶם
נֶגֶף לְמַשְׁחִית בְּהַכֹּתִי בְּאֶרֶץ מִצְרָיִם׃
יד וְהָיָה הַיּוֹם הַזֶּה לָכֶם לְזִכָּרוֹן וְחַגֹּתֶם אֹתוֹ חַג לַיהוָה
לְדֹרֹתֵיכֶם חֻקַּת עוֹלָם תְּחָגֻּהוּ׃

10 Moisés e Arão fizeram todas estas maravilhas perante Faraó,
e Jeová endureceu o coração de Faraó, que não deixou ir da
sua terra os filhos de Israel.

A instituição da Páscoa

12 1 Disse Jeová a Moisés e a Arão na terra do Egito:
2 Este mês será para vós o princípio dos meses;
este vos será o primeiro dos meses do ano. 3 Falai
a toda a congregação de Israel: Ao décimo dia deste mês, to-
marão para si um cordeiro cada um, segundo as casas de seus
pais, um cordeiro para cada família. 4 Se a família for pequena
demais para um cordeiro, então, o tomará ele e o seu vizinho
mais próximo segundo o número das almas; conforme o co-
mer de cada um, calculareis quantos bastem para o cordeiro.
5 O cordeiro ou o cabrito será sem defeito, macho de um ano;
haveis de tomá-lo das ovelhas ou das cabras; 6 e o guardareis
até o décimo quarto dia deste mês. Toda a assembleia da con-
gregação de Israel o matará à tardinha. 7 Tomarão do sangue e
pô-lo-ão sobre as duas ombreiras e sobre a verga das portas,
nas casas em que o comerão. 8 Naquela noite comerão a carne
assada no fogo e pães asmos; com ervas amargas o comerão.
9 Não comereis dele cru, nem cozido em água, senão assado
no fogo; comereis a sua cabeça com as suas pernas e com a sua
fressura. 10 Nada deixareis dele até pela manhã; porém o que
dele ficar até pela manhã, queimá-lo-eis no fogo. 11 Desta ma-
neira o comereis: tendo os vossos lombos cingidos, os vossos
sapatos nos pés e o vosso cajado nas mãos; comê-la-eis à pres-
sa. É a Páscoa de Jeová. 12 Porque naquela noite passarei pela
terra do Egito e ferirei na terra do Egito todos os primogênitos,
tanto homens como animais; sobre todos os deuses do Egito
executarei juízos; eu sou Jeová. 13 O sangue vos será por sinal
nas casas em que estiverdes; quando eu vir o sangue, passarei
por vós, e não haverá entre vós praga para vos destruir, quando
eu ferir a terra do Egito. 14 Este dia vos será por memorial, e o
celebrareis como uma festa por estatuto perpétuo.

טו שִׁבְעַת יָמִים מַצּוֹת תֹּאכֵלוּ אַךְ בַּיּוֹם הָרִאשׁוֹן תַּשְׁבִּיתוּ
שְׂאֹר מִבָּתֵּיכֶם כִּי ׀ כָּל־אֹכֵל חָמֵץ וְנִכְרְתָה הַנֶּפֶשׁ הַהִוא
מִיִּשְׂרָאֵל מִיּוֹם הָרִאשֹׁן עַד־יוֹם הַשְּׁבִעִי׃
טז וּבַיּוֹם הָרִאשׁוֹן מִקְרָא־קֹדֶשׁ וּבַיּוֹם הַשְּׁבִיעִי מִקְרָא־קֹדֶשׁ
יִהְיֶה לָכֶם כָּל־מְלָאכָה לֹא־יֵעָשֶׂה בָהֶם אַךְ אֲשֶׁר יֵאָכֵל
לְכָל־נֶפֶשׁ הוּא לְבַדּוֹ יֵעָשֶׂה לָכֶם׃
יז וּשְׁמַרְתֶּם אֶת־הַמַּצּוֹת כִּי בְּעֶצֶם הַיּוֹם הַזֶּה הוֹצֵאתִי
אֶת־צִבְאוֹתֵיכֶם מֵאֶרֶץ מִצְרָיִם וּשְׁמַרְתֶּם אֶת־הַיּוֹם הַזֶּה
לְדֹרֹתֵיכֶם חֻקַּת עוֹלָם׃
יח בָּרִאשֹׁן בְּאַרְבָּעָה עָשָׂר יוֹם לַחֹדֶשׁ בָּעֶרֶב תֹּאכְלוּ מַצֹּת
עַד יוֹם הָאֶחָד וְעֶשְׂרִים לַחֹדֶשׁ בָּעָרֶב׃
יט שִׁבְעַת יָמִים שְׂאֹר לֹא יִמָּצֵא בְּבָתֵּיכֶם כִּי ׀ כָּל־אֹכֵל מַחְמֶצֶת
וְנִכְרְתָה הַנֶּפֶשׁ הַהִוא מֵעֲדַת יִשְׂרָאֵל בַּגֵּר וּבְאֶזְרַח הָאָרֶץ׃
כ כָּל־מַחְמֶצֶת לֹא תֹאכֵלוּ בְּכֹל מוֹשְׁבֹתֵיכֶם תֹּאכְלוּ מַצּוֹת׃ פ
כא וַיִּקְרָא מֹשֶׁה לְכָל־זִקְנֵי יִשְׂרָאֵל וַיֹּאמֶר אֲלֵהֶם מִשְׁכוּ
וּקְחוּ לָכֶם צֹאן לְמִשְׁפְּחֹתֵיכֶם וְשַׁחֲטוּ הַפָּסַח׃
כב וּלְקַחְתֶּם אֲגֻדַּת אֵזוֹב וּטְבַלְתֶּם בַּדָּם אֲשֶׁר־בַּסַּף וְהִגַּעְתֶּם
אֶל־הַמַּשְׁקוֹף וְאֶל־שְׁתֵּי הַמְּזוּזֹת מִן־הַדָּם אֲשֶׁר בַּסָּף וְאַתֶּם
לֹא תֵצְאוּ אִישׁ מִפֶּתַח־בֵּיתוֹ עַד־בֹּקֶר׃
כג וְעָבַר יְהוָה לִנְגֹּף אֶת־מִצְרַיִם וְרָאָה אֶת־הַדָּם עַל־הַמַּשְׁקוֹף
וְעַל שְׁתֵּי הַמְּזוּזֹת וּפָסַח יְהוָה עַל־הַפֶּתַח וְלֹא יִתֵּן הַמַּשְׁחִית
לָבֹא אֶל־בָּתֵּיכֶם לִנְגֹּף׃
כד וּשְׁמַרְתֶּם אֶת־הַדָּבָר הַזֶּה לְחָק־לְךָ וּלְבָנֶיךָ עַד־עוֹלָם׃
כה וְהָיָה כִּי־תָבֹאוּ אֶל־הָאָרֶץ אֲשֶׁר יִתֵּן יְהוָה לָכֶם כַּאֲשֶׁר
דִּבֵּר וּשְׁמַרְתֶּם אֶת־הָעֲבֹדָה הַזֹּאת׃
כו וְהָיָה כִּי־יֹאמְרוּ אֲלֵיכֶם בְּנֵיכֶם מָה הָעֲבֹדָה הַזֹּאת לָכֶם׃
כז וַאֲמַרְתֶּם זֶבַח־פֶּסַח הוּא לַיהוָה אֲשֶׁר פָּסַח עַל־בָּתֵּי
בְנֵי־יִשְׂרָאֵל בְּמִצְרַיִם בְּנָגְפּוֹ אֶת־מִצְרַיִם וְאֶת־בָּתֵּינוּ
הִצִּיל וַיִּקֹּד הָעָם וַיִּשְׁתַּחֲווּ׃
כח וַיֵּלְכוּ וַיַּעֲשׂוּ בְּנֵי יִשְׂרָאֵל כַּאֲשֶׁר צִוָּה יְהוָה
אֶת־מֹשֶׁה וְאַהֲרֹן כֵּן עָשׂוּ׃ ס

15 Sete dias comereis pães asmos. Logo ao primeiro dia, tirareis
das vossas casas o fermento, pois todo o que comer pão levedado
desde o primeiro dia até o sétimo, será cortada de Israel aquela
alma. 16 Ao primeiro dia, haverá para vós uma santa convocação;
e, ao sétimo dia, uma santa convocação; nestes dias, não se fará
nenhuma espécie de trabalho, exceto o que diz respeito ao comer;
somente isso poderá ser feito por vós. 17 Guardareis a festa dos
pães asmos, porque nesse mesmo dia fiz sair os vossos exércitos
da terra do Egito; portanto, observareis este dia de geração em
geração por estatuto perpétuo. 18 No primeiro mês, aos quatorze
dias do mês, à tarde, comereis pães asmos, até os vinte e um dias
do mês à tarde. 19 Por sete dias, não se achará fermento nas vossas
casas; pois todo o que comer pão levedado será cortado da con-
gregação de Israel, quer seja ele peregrino, quer seja natural da
terra. 20 Nenhuma coisa levedada comereis; em todas as vossas
habitações, comereis pães asmos.

21 Chamou Moisés todos os anciãos de Israel e disse-lhes:
Tirai do rebanho e tomai-vos cordeiros segundo as vossas fa-
mílias e matai a Páscoa. 22 Tomareis um molho de hissopo, en-
sopá-lo-eis no sangue que estiver na bacia, e marcareis a verga e
as duas ombreiras com o sangue que estiver na bacia. Nenhum
de vós sairá da porta da sua casa até pela manhã. 23 Pois Jeová
passará para ferir os egípcios; quando vir o sangue sobre a verga
e sobre as duas ombreiras, passará Jeová por aquela casa e não
permitirá entrar o Destruidor nas vossas casas para vos ferir.
24 Guardareis isso por estatuto para vós e para vossos filhos, para
sempre. 25 Quando tiverdes entrado na terra que Jeová vos há de
dar, como tem prometido, observareis esse serviço. 26 Quando
vossos filhos vos perguntarem: Que quereis dizer com este rito?
27 Respondereis: É o sacrifício da Páscoa de Jeová, que passou as
casas dos filhos de Israel no Egito, quando feriu aos egípcios e
livrou as nossas casas. Então, o povo, prostrando-se por terra,
adorou. 28 Foram-se os filhos de Israel e assim fizeram; como
Jeová ordenara a Moisés e a Arão, assim fizeram.

כט וַיְהִי | בַּחֲצִי הַלַּיְלָה וַיהוָה הִכָּה כָל־בְּכוֹר בְּאֶרֶץ
מִצְרַיִם מִבְּכֹר פַּרְעֹה הַיֹּשֵׁב עַל־כִּסְאוֹ עַד בְּכוֹר
הַשְּׁבִי אֲשֶׁר בְּבֵית הַבּוֹר וְכֹל בְּכוֹר בְּהֵמָה׃
ל וַיָּקָם פַּרְעֹה לַיְלָה הוּא וְכָל־עֲבָדָיו וְכָל־מִצְרַיִם וַתְּהִי
צְעָקָה גְדֹלָה בְּמִצְרָיִם כִּי־אֵין בַּיִת אֲשֶׁר אֵין־שָׁם מֵת׃
לא וַיִּקְרָא לְמֹשֶׁה וּלְאַהֲרֹן לַיְלָה וַיֹּאמֶר קוּמוּ צְּאוּ מִתּוֹךְ עַמִּי
גַּם־אַתֶּם גַּם־בְּנֵי יִשְׂרָאֵל וּלְכוּ עִבְדוּ אֶת־יְהוָה כְּדַבֶּרְכֶם׃
לב גַּם־צֹאנְכֶם גַּם־בְּקַרְכֶם קְחוּ כַּאֲשֶׁר דִּבַּרְתֶּם וָלֵכוּ
וּבֵרַכְתֶּם גַּם־אֹתִי׃
לג וַתֶּחֱזַק מִצְרַיִם עַל־הָעָם לְמַהֵר לְשַׁלְּחָם
מִן־הָאָרֶץ כִּי אָמְרוּ כֻּלָּנוּ מֵתִים׃
לד וַיִּשָּׂא הָעָם אֶת־בְּצֵקוֹ טֶרֶם יֶחְמָץ מִשְׁאֲרֹתָם
צְרֻרֹת בְּשִׂמְלֹתָם עַל־שִׁכְמָם׃
לה וּבְנֵי־יִשְׂרָאֵל עָשׂוּ כִּדְבַר מֹשֶׁה וַיִּשְׁאֲלוּ מִמִּצְרַיִם
כְּלֵי־כֶסֶף וּכְלֵי זָהָב וּשְׂמָלֹת׃
לו וַיהוָה נָתַן אֶת־חֵן הָעָם בְּעֵינֵי מִצְרַיִם וַיַּשְׁאִלוּם
וַיְנַצְּלוּ אֶת־מִצְרָיִם׃ פ

לז וַיִּסְעוּ בְנֵי־יִשְׂרָאֵל מֵרַעְמְסֵס סֻכֹּתָה כְּשֵׁשׁ־מֵאוֹת
אֶלֶף רַגְלִי הַגְּבָרִים לְבַד מִטָּף׃
לח וְגַם־עֵרֶב רַב עָלָה אִתָּם וְצֹאן
וּבָקָר מִקְנֶה כָּבֵד מְאֹד׃
לט וַיֹּאפוּ אֶת־הַבָּצֵק אֲשֶׁר הוֹצִיאוּ מִמִּצְרַיִם
עֻגֹת מַצּוֹת כִּי לֹא חָמֵץ כִּי־גֹרְשׁוּ מִמִּצְרַיִם
וְלֹא יָכְלוּ לְהִתְמַהְמֵהַּ וְגַם־צֵדָה לֹא־עָשׂוּ לָהֶם׃
מ וּמוֹשַׁב בְּנֵי יִשְׂרָאֵל אֲשֶׁר יָשְׁבוּ בְּמִצְרָיִם שְׁלֹשִׁים שָׁנָה
וְאַרְבַּע מֵאוֹת שָׁנָה׃
מא וַיְהִי מִקֵּץ שְׁלֹשִׁים שָׁנָה וְאַרְבַּע מֵאוֹת שָׁנָה וַיְהִי בְּעֶצֶם
הַיּוֹם הַזֶּה יָצְאוּ כָּל־צִבְאוֹת יְהוָה מֵאֶרֶץ מִצְרָיִם׃

A morte dos primogênitos

29 Aconteceu que, à meia-noite, feriu Jeová a todos os primogênitos na terra do Egito, desde o primogênito de Faraó, que se assentava no seu trono, até o primogênito do cativo que estava na enxovia; e todos os primogênitos dos animais.
30 Levantou-se Faraó de noite, ele, todos os seus servos e todos os egípcios; e fez-se um grande clamor no Egito, pois
não havia casa sem algum morto. 31 Então, mandou chamar a
Moisés e a Arão, de noite, e disse: Levantai-vos, saí do meio do meu povo, tanto vós como os filhos de Israel; ide, servi
a Jeová como tendes dito. 32 Levai convosco os vossos rebanhos e os vossos gados, como tendes dito, e ide-vos embora;
abençoai-me também a mim. 33 Os egípcios apertavam o povo, para o lançarem fora da terra à pressa, pois diziam: Todos nós
somos mortos. 34 O povo tomou a sua massa antes que fosse ela levedada, sendo as suas amassadeiras atadas em seus vestidos
sobre os seus ombros. 35 Fizeram também os filhos de Israel segundo as palavras de Moisés: pediram aos egípcios joias de
prata, e joias de ouro, e vestidos. 36 Jeová deu ao povo graça aos olhos dos egípcios, de maneira que estes deram ao povo o que pedia. E despojaram aos egípcios.

A saída dos israelitas

37 Viajaram os filhos de Israel de Ramessés a Sucote, sendo perto de seiscentos mil homens de pé, sem contar as crianças.
38 Subiu com eles uma grande mistura de gente; também rebanhos e gados, muitíssimas cabeças.
39 Cozeram bolos asmos da massa que levaram do Egito; pois ela não se tinha levedado, porque foram lançados fora do Egito. Não puderam deter-se,
nem haviam preparado para si alguma comida. 40 Ora, o tempo que os filhos de Israel moraram no Egito foi de quatrocentos
e trinta anos. 41 Ao fim dos quatrocentos e trinta anos, nesse mesmo dia, aconteceu que todos os exércitos de Jeová saíram
da terra do Egito. 42 É uma noite mui digna de se observar a

מב לֵיל שִׁמֻּרִים הוּא לַיהוָה לְהוֹצִיאָם מֵאֶרֶץ מִצְרָיִם
הוּא־הַלַּיְלָה הַזֶּה לַיהוָה שִׁמֻּרִים לְכָל־בְּנֵי יִשְׂרָאֵל לְדֹרֹתָם: פ

מג וַיֹּאמֶר יְהוָה אֶל־מֹשֶׁה וְאַהֲרֹן זֹאת חֻקַּת הַפָּסַח
כָּל־בֶּן־נֵכָר לֹא־יֹאכַל בּוֹ:
מד וְכָל־עֶבֶד אִישׁ מִקְנַת־כָּסֶף וּמַלְתָּה אֹתוֹ אָז יֹאכַל בּוֹ:
מה תּוֹשָׁב וְשָׂכִיר לֹא־יֹאכַל־בּוֹ:
מו בְּבַיִת אֶחָד יֵאָכֵל לֹא־תוֹצִיא מִן־הַבַּיִת
מִן־הַבָּשָׂר חוּצָה וְעֶצֶם לֹא תִשְׁבְּרוּ־בוֹ:
מז כָּל־עֲדַת יִשְׂרָאֵל יַעֲשׂוּ אֹתוֹ:
מח וְכִי־יָגוּר אִתְּךָ גֵּר וְעָשָׂה פֶסַח לַיהוָה הִמּוֹל לוֹ כָל־זָכָר וְאָז
יִקְרַב לַעֲשֹׂתוֹ וְהָיָה כְּאֶזְרַח הָאָרֶץ וְכָל־עָרֵל לֹא־יֹאכַל בּוֹ:
מט תּוֹרָה אַחַת יִהְיֶה לָאֶזְרָח וְלַגֵּר הַגָּר בְּתוֹכְכֶם:
נ וַיַּעֲשׂוּ כָּל־בְּנֵי יִשְׂרָאֵל כַּאֲשֶׁר צִוָּה יְהוָה אֶת־מֹשֶׁה
וְאֶת־אַהֲרֹן כֵּן עָשׂוּ: ס
נא וַיְהִי בְּעֶצֶם הַיּוֹם הַזֶּה הוֹצִיא יְהוָה אֶת־בְּנֵי יִשְׂרָאֵל
מֵאֶרֶץ מִצְרַיִם עַל־צִבְאֹתָם: פ

א וַיְדַבֵּר יְהוָה אֶל־מֹשֶׁה לֵּאמֹר:2 קַדֶּשׁ־לִי כָל־בְּכוֹר
פֶּטֶר כָּל־רֶחֶם בִּבְנֵי יִשְׂרָאֵל בָּאָדָם וּבַבְּהֵמָה לִי הוּא:

ג וַיֹּאמֶר מֹשֶׁה אֶל־הָעָם זָכוֹר אֶת־הַיּוֹם הַזֶּה אֲשֶׁר
יְצָאתֶם מִמִּצְרַיִם מִבֵּית עֲבָדִים כִּי בְּחֹזֶק יָד הוֹצִיא
יְהוָה אֶתְכֶם מִזֶּה וְלֹא יֵאָכֵל חָמֵץ:
ד הַיּוֹם אַתֶּם יֹצְאִים בְּחֹדֶשׁ הָאָבִיב:

Jeová, porque os tirou da terra do Egito; esta é aquela noite de
Jeová, mui digna de se observar por todos os filhos de Israel
nas suas gerações.

A ordenança da Páscoa

43 Disse Jeová a Moisés e a Arão: Esta é a ordenança da Pás-
coa: nenhum estrangeiro comerá dela; 44 porém todo escravo
comprado por dinheiro, depois que o tiveres circuncidado,
comerá dela. 45 O forasteiro e o mercenário não comerão dela.
46 O cordeiro há de ser comido numa só casa; da sua carne não
levareis nada fora da casa, nem lhe quebrareis osso algum.
47 Toda a congregação de Israel a observará. 48 Quando um es-
trangeiro peregrinar entre vós e quiser guardar a Páscoa a Jeová,
circuncidem-se todos os seus machos; então, se chegará e a
observará. Será como o natural da terra, porém nenhum incir-
cunciso comerá dela. 49 Haverá uma mesma lei para o natural e
o estrangeiro que peregrina entre vós. 50 Assim, fizeram todos os
filhos de Israel; como Jeová ordenara a Moisés e a Arão, assim
fizeram. 51 Naquele mesmo dia, tirou Jeová os filhos de Israel
da terra do Egito por suas turmas.

Os primogênitos são santificados a Deus

13 1 Disse Jeová a Moisés: 2 Santifica-me todos os primo-
gênitos, todo o que abre a madre de sua mãe entre os
filhos de Israel, assim de homens como de animais;
é meu.

3 Disse Moisés ao povo: Lembrai-vos deste dia em que saís-
tes do Egito, da casa da servidão; pois com mão forte Jeová
vos tirou deste lugar. Não se comerá pão levedado. 4 Vós saís
hoje, no mês de abibe. 5 Quando Jeová te houver introduzido

ה וְהָיָה כִֽי־יְבִיאֲךָ יְהוָה אֶל־אֶרֶץ הַֽכְּנַעֲנִי וְהַֽחִתִּי וְהָֽאֱמֹרִי
וְהַֽחִוִּי וְהַיְבוּסִי אֲשֶׁר נִשְׁבַּע לַֽאֲבֹתֶיךָ לָתֶת לָךְ אֶרֶץ זָבַת חָלָב
וּדְבָשׁ וְעָבַדְתָּ אֶת־הָעֲבֹדָה הַזֹּאת בַּחֹדֶשׁ הַזֶּה׃
ו שִׁבְעַת יָמִים תֹּאכַל מַצֹּת וּבַיּוֹם הַשְּׁבִיעִי חַג לַיהוָה׃
ז מַצּוֹת יֵאָכֵל אֵת שִׁבְעַת הַיָּמִים וְלֹֽא־יֵרָאֶה לְךָ חָמֵץ
וְלֹֽא־יֵרָאֶה לְךָ שְׂאֹר בְּכָל־גְּבֻלֶךָ׃
ח וְהִגַּדְתָּ לְבִנְךָ בַּיּוֹם הַהוּא לֵאמֹר בַּעֲבוּר זֶה עָשָׂה
יְהוָה לִי בְּצֵאתִי מִמִּצְרָיִם׃
ט וְהָיָה לְךָ לְאוֹת עַל־יָדְךָ וּלְזִכָּרוֹן בֵּין עֵינֶיךָ לְמַעַן תִּהְיֶה
תּוֹרַת יְהוָה בְּפִיךָ כִּי בְּיָד חֲזָקָה הוֹצִאֲךָ יְהוָה מִמִּצְרָיִם׃
י וְשָׁמַרְתָּ אֶת־הַחֻקָּה הַזֹּאת לְמוֹעֲדָהּ מִיָּמִים יָמִֽימָה׃ ס

יא וְהָיָה כִּֽי־יְבִאֲךָ יְהוָה אֶל־אֶרֶץ הַֽכְּנַעֲנִי כַּאֲשֶׁר נִשְׁבַּע
לְךָ וְלַאֲבֹתֶיךָ וּנְתָנָהּ לָךְ׃
יב וְהַעֲבַרְתָּ כָל־פֶּֽטֶר־רֶחֶם לַיהוָה וְכָל־פֶּטֶר ׀ שֶׁגֶר
בְּהֵמָה אֲשֶׁר יִהְיֶה לְךָ הַזְּכָרִים לַיהוָה׃
יג וְכָל־פֶּטֶר חֲמֹר תִּפְדֶּה בְשֶׂה וְאִם־לֹא תִפְדֶּה וַעֲרַפְתּוֹ
וְכֹל בְּכוֹר אָדָם בְּבָנֶיךָ תִּפְדֶּה׃
יד וְהָיָה כִּֽי־יִשְׁאָלְךָ בִנְךָ מָחָר לֵאמֹר מַה־זֹּאת וְאָמַרְתָּ אֵלָיו
בְּחֹזֶק יָד הוֹצִיאָנוּ יְהוָה מִמִּצְרַיִם מִבֵּית עֲבָדִים׃
טו וַיְהִי כִּֽי־הִקְשָׁה פַרְעֹה לְשַׁלְּחֵנוּ וַיַּהֲרֹג יְהוָה כָּל־בְּכוֹר בְּאֶרֶץ
מִצְרַיִם מִבְּכֹר אָדָם וְעַד־בְּכוֹר בְּהֵמָה עַל־כֵּן אֲנִי זֹבֵחַ לַיהוָה
כָּל־פֶּטֶר רֶחֶם הַזְּכָרִים וְכָל־בְּכוֹר בָּנַי אֶפְדֶּה׃
טז וְהָיָה לְאוֹת עַל־יָדְכָה וּלְטוֹטָפֹת בֵּין עֵינֶיךָ כִּי בְּחֹזֶק
יָד הוֹצִיאָנוּ יְהוָה מִמִּצְרָיִם׃ ס

יז וַיְהִי בְּשַׁלַּח פַּרְעֹה אֶת־הָעָם וְלֹא־נָחָם אֱלֹהִים דֶּרֶךְ אֶרֶץ
פְּלִשְׁתִּים כִּי קָרוֹב הוּא כִּי ׀ אָמַר אֱלֹהִים פֶּן־יִנָּחֵם הָעָם
בִּרְאֹתָם מִלְחָמָה וְשָׁבוּ מִצְרָיְמָה׃
יח וַיַּסֵּב אֱלֹהִים ׀ אֶת־הָעָם דֶּרֶךְ הַמִּדְבָּר יַם־סוּף וַחֲמֻשִׁים
עָלוּ בְנֵי־יִשְׂרָאֵל מֵאֶרֶץ מִצְרָיִם׃

na terra dos cananeus, dos heteus, dos amorreus, dos heveus
e dos jebuseus, a qual jurou a teus pais que te havia de dar, a
terra que mana leite e mel, guardarás este rito neste mês. 6 Sete
dias comerás pão levedado, e ao sétimo dia haverá uma festa a
Jeová. 7 Sete dias se comerão pães asmos; não se verá em tuas
casas pão levedado, nem fermento em todos os teus termos.
8 Naquele dia, contarás a teu filho, dizendo: Isto é por causa
do que Jeová fez por mim, quando saí do Egito. 9 Será por sinal
sobre a tua mão e por memorial entre os teus olhos, para que
a lei de Jeová esteja na tua boca; pois com mão forte Jeová
te tirou do Egito. 10 Portanto, guardarás esta ordenança a seu
tempo, de ano em ano.

11 Quando Jeová te houver introduzido na terra dos cananeus,
como te jurou a ti e a teus pais, e ta houver dado, 12 separarás
para Jeová todo o que abre a madre de sua mãe e todos os pri-
mogênitos dos teus animais; os machos serão de Jeová. 13 Todo
primogênito duma jumenta remirás com um cordeiro; se não
quiseres remi-lo, quebrar-lhe-ás a cerviz; e todos os primogêni-
tos do homem entre teus filhos remirás. 14 Quando teu filho te
perguntar no futuro: Que é isto? Responder-lhe-ás: Com mão
forte Jeová tirou-nos do Egito, da casa da servidão; 15 quando
Faraó se endureceu para não nos deixar ir, matou Jeová todos
os primogênitos na terra do Egito, tanto os primogênitos dos
homens como os primogênitos dos animais. Por isso é que eu
sacrifico a Jeová todos os primogênitos, sendo machos; porém
resgato a todos os primogênitos de meus filhos. 16 Isso será por
sinal sobre a tua mão, e por frontal entre os teus olhos, pois
com mão forte Jeová nos tirou do Egito.

Deus guia ao povo pelo caminho

17 Tendo Faraó deixado ir o povo, não os conduziu Deus pelo
caminho da terra dos filisteus, se bem que fosse perto; pois
disse: Para que, porventura, o povo não se arrependa, vendo
a guerra, e volte para o Egito. 18 Porém Deus fez rodear o povo
pelo caminho do deserto, pelo mar Vermelho; e os filhos de Is-

יט וַיִּקַּח מֹשֶׁה אֶת־עַצְמוֹת יוֹסֵף עִמּוֹ כִּי הַשְׁבֵּעַ
הִשְׁבִּיעַ אֶת־בְּנֵי יִשְׂרָאֵל לֵאמֹר פָּקֹד יִפְקֹד אֱלֹהִים
אֶתְכֶם וְהַעֲלִיתֶם אֶת־עַצְמֹתַי מִזֶּה אִתְּכֶם׃
כ וַיִּסְעוּ מִסֻּכֹּת וַיַּחֲנוּ בְאֵתָם בִּקְצֵה הַמִּדְבָּר׃
כא וַיהוָה הֹלֵךְ לִפְנֵיהֶם יוֹמָם בְּעַמּוּד עָנָן לַנְחֹתָם הַדֶּרֶךְ
וְלַיְלָה בְּעַמּוּד אֵשׁ לְהָאִיר לָהֶם לָלֶכֶת יוֹמָם וָלָיְלָה׃
כב לֹא־יָמִישׁ עַמּוּד הֶעָנָן יוֹמָם וְעַמּוּד הָאֵשׁ לָיְלָה לִפְנֵי הָעָם׃ פ

א וַיְדַבֵּר יְהוָה אֶל־מֹשֶׁה לֵּאמֹר׃
ב דַּבֵּר אֶל־בְּנֵי יִשְׂרָאֵל וְיָשֻׁבוּ וְיַחֲנוּ לִפְנֵי פִּי הַחִירֹת בֵּין
מִגְדֹּל וּבֵין הַיָּם לִפְנֵי בַּעַל צְפֹן נִכְחוֹ תַחֲנוּ עַל־הַיָּם׃
ג וְאָמַר פַּרְעֹה לִבְנֵי יִשְׂרָאֵל נְבֻכִים הֵם בָּאָרֶץ סָגַר
עֲלֵיהֶם הַמִּדְבָּר׃
ד וְחִזַּקְתִּי אֶת־לֵב־פַּרְעֹה וְרָדַף אַחֲרֵיהֶם וְאִכָּבְדָה בְּפַרְעֹה
וּבְכָל־חֵילוֹ וְיָדְעוּ מִצְרַיִם כִּי־אֲנִי יְהוָה וַיַּעֲשׂוּ־כֵן׃
ה וַיֻּגַּד לְמֶלֶךְ מִצְרַיִם כִּי בָרַח הָעָם וַיֵּהָפֵךְ לְבַב
פַּרְעֹה וַעֲבָדָיו אֶל־הָעָם וַיֹּאמְרוּ מַה־זֹּאת עָשִׂינוּ
כִּי־שִׁלַּחְנוּ אֶת־יִשְׂרָאֵל מֵעָבְדֵנוּ׃
ו וַיֶּאְסֹר אֶת־רִכְבּוֹ וְאֶת־עַמּוֹ לָקַח עִמּוֹ׃
ז וַיִּקַּח שֵׁשׁ־מֵאוֹת רֶכֶב בָּחוּר וְכֹל רֶכֶב מִצְרָיִם
וְשָׁלִשִׁם עַל־כֻּלּוֹ׃
ח וַיְחַזֵּק יְהוָה אֶת־לֵב פַּרְעֹה מֶלֶךְ מִצְרַיִם וַיִּרְדֹּף אַחֲרֵי
בְּנֵי יִשְׂרָאֵל וּבְנֵי יִשְׂרָאֵל יֹצְאִים בְּיָד רָמָה׃
ט וַיִּרְדְּפוּ מִצְרַיִם אַחֲרֵיהֶם וַיַּשִּׂיגוּ אוֹתָם חֹנִים עַל־הַיָּם כָּל־סוּס
רֶכֶב פַּרְעֹה וּפָרָשָׁיו וְחֵילוֹ עַל־פִּי הַחִירֹת לִפְנֵי בַּעַל צְפֹן׃

י וּפַרְעֹה הִקְרִיב וַיִּשְׂאוּ בְנֵי־יִשְׂרָאֵל אֶת־עֵינֵיהֶם וְהִנֵּה מִצְרַיִם ׀
נֹסֵעַ אַחֲרֵיהֶם וַיִּירְאוּ מְאֹד וַיִּצְעֲקוּ בְנֵי־יִשְׂרָאֵל אֶל־יְהוָה׃
יא וַיֹּאמְרוּ אֶל־מֹשֶׁה הֲמִבְּלִי אֵין־קְבָרִים בְּמִצְרַיִם לְקַחְתָּנוּ
לָמוּת בַּמִּדְבָּר מַה־זֹּאת עָשִׂיתָ לָּנוּ לְהוֹצִיאָנוּ מִמִּצְרָיִם׃

rael saíram arregimentados da terra do Egito. 19 Levou também
Moisés consigo os ossos de José, por ter este rigorosamente
ajuramentado os filhos de Israel, dizendo: Sem dúvida, Deus
vos há de visitar; levai daqui convosco os meus ossos. 20 Tendo
partido de Sucote, acamparam-se em Etã, à beira do deserto.
21 Jeová ia adiante deles, de dia numa coluna de nuvem, para os
guiar pelo caminho, e de noite numa coluna de fogo, para os
alumiar, a fim de que caminhassem de dia e de noite. 22 Nunca
a coluna de nuvem deixou de aparecer diante do povo durante
o dia, nem a coluna de fogo, durante a noite.

Deus anuncia a ruína dos egípcios

14 1 Disse Jeová a Moisés: 2 Fala aos filhos de Israel que
retrocedam e se acampem em frente de Pi-Hairote,
entre Migdol e o mar, diante de Baal-Zefom; defronte
dele, assentareis o campo junto ao mar. 3 Faraó dirá dos filhos de
Israel: Eles estão embaraçados na terra, o deserto os encerrou.
4 Endurecerei o coração de Faraó, e ele os perseguirá; glorificar-
-me-ei em Faraó e em todo o seu exército; e os egípcios saberão
que eu sou Jeová. Eles assim o fizeram. 5 Foi dito ao rei dos egíp-
cios que o povo havia fugido; mudou-se o coração de Faraó e dos
seus servos para com o povo, e disseram: Que é isso que fize-
mos, permitindo que Israel nos deixasse de servir? 6 Faraó man-
dou aprontar o seu carro e tomou consigo o seu povo; 7 também
tomou seiscentos carros escolhidos e todos os carros do Egito,
com capitães sobre todos eles. 8 Jeová endureceu o coração de
Faraó, rei do Egito, e este perseguiu os filhos de Israel; pois os fi-
lhos de Israel saíram afoitamente. 9 Perseguiam-nos os egípcios,
a saber, todos os cavalos e carros de Faraó, e os seus cavaleiros, e
o seu exército, e alcançaram-nos acampados junto ao mar, perto
de Pi-Hairote, defronte de Baal-Zefom.

10 Quando Faraó se chegou perto, levantaram os olhos os
filhos de Israel, e eis que os egípcios marchavam atrás deles;
os filhos de Israel tiveram muito medo e clamaram a Jeová.
11 Disseram a Moisés: Foi porque não havia sepulcros no Egito

יב הֲלֹא־זֶה הַדָּבָר אֲשֶׁר דִּבַּרְנוּ אֵלֶיךָ בְמִצְרַיִם לֵאמֹר
חֲדַל מִמֶּנּוּ וְנַעַבְדָה אֶת־מִצְרָיִם כִּי טוֹב לָנוּ עֲבֹד
אֶת־מִצְרַיִם מִמֻּתֵנוּ בַּמִּדְבָּר׃
יג וַיֹּאמֶר מֹשֶׁה אֶל־הָעָם אַל־תִּירָאוּ הִתְיַצְּבוּ וּרְאוּ
אֶת־יְשׁוּעַת יְהוָה אֲשֶׁר־יַעֲשֶׂה לָכֶם הַיּוֹם כִּי אֲשֶׁר
רְאִיתֶם אֶת־מִצְרַיִם הַיּוֹם לֹא תֹסִפוּ לִרְאֹתָם עוֹד עַד־עוֹלָם׃
יד יְהוָה יִלָּחֵם לָכֶם וְאַתֶּם תַּחֲרִשׁוּן׃ פ

טו וַיֹּאמֶר יְהוָה אֶל־מֹשֶׁה מַה־תִּצְעַק אֵלָי דַּבֵּר
אֶל־בְּנֵי־יִשְׂרָאֵל וְיִסָּעוּ׃
טז וְאַתָּה הָרֵם אֶת־מַטְּךָ וּנְטֵה אֶת־יָדְךָ עַל־הַיָּם וּבְקָעֵהוּ
וְיָבֹאוּ בְנֵי־יִשְׂרָאֵל בְּתוֹךְ הַיָּם בַּיַּבָּשָׁה׃
יז וַאֲנִי הִנְנִי מְחַזֵּק אֶת־לֵב מִצְרַיִם וְיָבֹאוּ אַחֲרֵיהֶם
וְאִכָּבְדָה בְּפַרְעֹה וּבְכָל־חֵילוֹ בְּרִכְבּוֹ וּבְפָרָשָׁיו׃
יח וְיָדְעוּ מִצְרַיִם כִּי־אֲנִי יְהוָה בְּהִכָּבְדִי בְּפַרְעֹה
בְּרִכְבּוֹ וּבְפָרָשָׁיו׃
יט וַיִּסַּע מַלְאַךְ הָאֱלֹהִים הַהֹלֵךְ לִפְנֵי מַחֲנֵה יִשְׂרָאֵל וַיֵּלֶךְ
מֵאַחֲרֵיהֶם וַיִּסַּע עַמּוּד הֶעָנָן מִפְּנֵיהֶם וַיַּעֲמֹד מֵאַחֲרֵיהֶם׃
כ וַיָּבֹא בֵּין׀ מַחֲנֵה מִצְרַיִם וּבֵין מַחֲנֵה יִשְׂרָאֵל וַיְהִי הֶעָנָן
וְהַחֹשֶׁךְ וַיָּאֶר אֶת־הַלָּיְלָה וְלֹא־קָרַב זֶה אֶל־זֶה כָּל־הַלָּיְלָה׃

כא וַיֵּט מֹשֶׁה אֶת־יָדוֹ עַל־הַיָּם וַיּוֹלֶךְ יְהוָה׀ אֶת־הַיָּם בְּרוּחַ קָדִים
עַזָּה כָּל־הַלַּיְלָה וַיָּשֶׂם אֶת־הַיָּם לֶחָרָבָה וַיִּבָּקְעוּ הַמָּיִם׃
כב וַיָּבֹאוּ בְנֵי־יִשְׂרָאֵל בְּתוֹךְ הַיָּם בַּיַּבָּשָׁה וְהַמַּיִם לָהֶם
חֹמָה מִימִינָם וּמִשְּׂמֹאלָם׃
כג וַיִּרְדְּפוּ מִצְרַיִם וַיָּבֹאוּ אַחֲרֵיהֶם כֹּל סוּס פַּרְעֹה רִכְבּוֹ
וּפָרָשָׁיו אֶל־תּוֹךְ הַיָּם׃
כד וַיְהִי בְּאַשְׁמֹרֶת הַבֹּקֶר וַיַּשְׁקֵף יְהוָה אֶל־מַחֲנֵה מִצְרַיִם
בְּעַמּוּד אֵשׁ וְעָנָן וַיָּהָם אֵת מַחֲנֵה מִצְרָיִם׃
כה וַיָּסַר אֵת אֹפַן מַרְכְּבֹתָיו וַיְנַהֲגֵהוּ בִּכְבֵדֻת וַיֹּאמֶר מִצְרַיִם
אָנוּסָה מִפְּנֵי יִשְׂרָאֵל כִּי יְהוָה נִלְחָם לָהֶם בְּמִצְרָיִם׃ פ

que nos tiraste para morrermos no deserto? Por que motivo nos
trataste assim, fazendo-nos sair do Egito? 12 Não é isto mesmo
o que te dissemos no Egito: deixa-nos, para que sirvamos aos
egípcios? Pois melhor nos fora servir aos egípcios do que mor-
rermos no deserto. 13 Respondeu Moisés ao povo: Não temais,
estai quietos e vede o livramento que Jeová vos há de dar hoje;
porque os egípcios que vedes hoje, nunca jamais os tornareis
a ver. 14 Jeová pelejará por vós, e vós vos calareis.

Os israelitas passam o mar

15 Disse Jeová a Moisés: Por que clamas a mim? Fala aos filhos
de Israel que marchem. 16 E tu, levanta a tua vara, estende a mão
sobre o mar e divide-o, para que os filhos de Israel caminhem
pelo meio do mar em seco. 17 Eis que eu hei de endurecer os
corações dos egípcios, e entrarão atrás deles; glorificar-me-ei
em Faraó e em todo o seu exército, nos seus carros e nos seus
cavaleiros. 18 Os egípcios saberão que eu sou Jeová, quando me
tiver glorificado em Faraó, nos seus carros e nos seus cavaleiros.
19 Então, o Anjo de Deus, que ia adiante do campo de Israel, se
retirou e ia atrás deles; a coluna de nuvem retirou-se de diante
deles, e pôs-se atrás deles, 20 e veio entre o campo do Egito e o
campo de Israel. Havia a nuvem e as trevas; contudo, brilhava
de noite. Toda a noite não se aproximou um do outro.

21 Então, Moisés estendeu a mão sobre o mar. Jeová fez re-
tirar-se o mar por um forte vento oriental toda a noite e fez do
mar terra seca, e as águas foram divididas. 22 Os filhos de Israel
entraram no meio do mar em seco; e as águas foram-lhes como
um muro à direita e à esquerda. 23 Os egípcios perseguiram e
entraram atrás deles no meio do mar, todos os cavalos de Faraó,
os seus carros e os seus cavaleiros. 24 Na vigília da manhã, olhou
Jeová para o exército dos egípcios, por entre a coluna de fogo
e de nuvem, e alvorotou o exército dos egípcios. 25 Tirou-lhes
as rodas dos carros e fê-los andar dificultosamente; de modo
que os egípcios disseram: Fujamos de diante de Israel, porque
Jeová está pelejando por eles contra os egípcios.

כו וַיֹּאמֶר יְהוָה אֶל־מֹשֶׁה נְטֵה אֶת־יָדְךָ עַל־הַיָּם וְיָשֻׁבוּ הַמַּיִם
עַל־מִצְרַיִם עַל־רִכְבּוֹ וְעַל־פָּרָשָׁיו׃
כז וַיֵּט מֹשֶׁה אֶת־יָדוֹ עַל־הַיָּם וַיָּשָׁב הַיָּם לִפְנוֹת בֹּקֶר לְאֵיתָנוֹ
וּמִצְרַיִם נָסִים לִקְרָאתוֹ וַיְנַעֵר יְהוָה אֶת־מִצְרַיִם בְּתוֹךְ הַיָּם׃
כח וַיָּשֻׁבוּ הַמַּיִם וַיְכַסּוּ אֶת־הָרֶכֶב וְאֶת־הַפָּרָשִׁים לְכֹל חֵיל
פַּרְעֹה הַבָּאִים אַחֲרֵיהֶם בַּיָּם לֹא־נִשְׁאַר בָּהֶם עַד־אֶחָד׃
כט וּבְנֵי יִשְׂרָאֵל הָלְכוּ בַיַּבָּשָׁה בְּתוֹךְ הַיָּם וְהַמַּיִם לָהֶם חֹמָה
מִימִינָם וּמִשְּׂמֹאלָם׃
ל וַיּוֹשַׁע יְהוָה בַּיּוֹם הַהוּא אֶת־יִשְׂרָאֵל מִיַּד מִצְרָיִם וַיַּרְא
יִשְׂרָאֵל אֶת־מִצְרַיִם מֵת עַל־שְׂפַת הַיָּם׃
לא וַיַּרְא יִשְׂרָאֵל אֶת־הַיָּד הַגְּדֹלָה אֲשֶׁר עָשָׂה יְהוָה בְּמִצְרַיִם
וַיִּירְאוּ הָעָם אֶת־יְהוָה וַיַּאֲמִינוּ בַּיהוָה וּבְמֹשֶׁה עַבְדּוֹ׃ פ

א אָז יָשִׁיר־מֹשֶׁה וּבְנֵי יִשְׂרָאֵל אֶת־הַשִּׁירָה הַזֹּאת
לַיהוָה וַיֹּאמְרוּ לֵאמֹר אָשִׁירָה לַּיהוָה כִּי־גָאֹה גָּאָה
סוּס וְרֹכְבוֹ רָמָה בַיָּם׃

ב עָזִּי וְזִמְרָת יָהּ וַיְהִי־לִי לִישׁוּעָה זֶה אֵלִי וְאַנְוֵהוּ
אֱלֹהֵי אָבִי וַאֲרֹמְמֶנְהוּ׃

ג יְהוָה אִישׁ מִלְחָמָה
יְהוָה שְׁמוֹ׃
ד מַרְכְּבֹת פַּרְעֹה וְחֵילוֹ יָרָה בַיָּם וּמִבְחַר
שָׁלִשָׁיו טֻבְּעוּ בְיַם־סוּף׃
ה תְּהֹמֹת יְכַסְיֻמוּ יָרְדוּ בִמְצוֹלֹת כְּמוֹ־אָבֶן׃

ו יְמִינְךָ יְהוָה נֶאְדָּרִי בַּכֹּחַ יְמִינְךָ יְהוָה תִּרְעַץ אוֹיֵב׃

ז וּבְרֹב גְּאוֹנְךָ תַּהֲרֹס קָמֶיךָ תְּשַׁלַּח חֲרֹנְךָ
יֹאכְלֵמוֹ כַּקַּשׁ׃

Os egípcios perecem no mar

26 Disse Jeová a Moisés: Estende a mão sobre o mar, para que
se voltem as águas sobre os egípcios, sobre os seus carros e sobre
os seus cavaleiros. 27 Moisés estendeu a mão sobre o mar, e o mar,
ao romper da manhã, voltou à sua força; os egípcios fugiram de
encontro a ele, e Jeová derribou os egípcios no meio do mar. 28 As
águas voltaram a cobrir os carros e os cavaleiros, sim todo o exér-
cito de Faraó que atrás deles entrou no mar; deles não ficou nem
sequer um. 29 Porém os filhos de Israel caminhavam a pé enxuto
no meio do mar; e as águas foram-lhes como um muro à direita e
à esquerda. 30 Assim Jeová salvou a Israel naquele dia da mão dos
egípcios; e Israel viu os egípcios mortos na praia do mar. 31 Viu
Israel o grande poder que Jeová exercitou contra os egípcios, e
o povo temeu a Jeová; creram em Jeová e em seu servo Moisés.

O cântico de Moisés e de Miriã

15 1 Então, cantou Moisés e os filhos de Israel este cânti-
co a Jeová, e disseram:
Cantarei a Jeová, porque gloriosamente triunfou;
Precipitou no mar o cavalo e o seu cavaleiro.
2 Jeová é a minha força e o meu cântico
e ele se tem tornado a minha salvação.
Este é o meu Deus, e louvá-lo-ei.
Ele é o Deus de meu pai, e exaltá-lo-ei.
3 Jeová é homem de guerra;
Jeová é o seu nome.
4 Precipitou no mar os carros de Faraó e o seu exército;
e os seus capitães foram submergidos no mar Vermelho.
5 Os abismos os cobriram;
Desceram às profundidades como uma pedra.
6 A tua destra, Jeová, é gloriosa em poder;
a tua destra, Jeová, destroça o inimigo.
7 Na grandeza da tua excelência, derribas os que se levantam
contra ti;

ח וּבְרוּחַ אַפֶּיךָ נֶעֶרְמוּ מַיִם נִצְּבוּ כְמוֹ־נֵד נֹזְלִים
קָפְאוּ תְהֹמֹת בְּלֶב־יָם׃

ט אָמַר אוֹיֵב אֶרְדֹּף אַשִּׂיג אֲחַלֵּק שָׁלָל תִּמְלָאֵמוֹ
נַפְשִׁי אָרִיק חַרְבִּי תּוֹרִישֵׁמוֹ יָדִי׃

י נָשַׁפְתָּ בְרוּחֲךָ כִּסָּמוֹ יָם צָלֲלוּ כַּעוֹפֶרֶת
בְּמַיִם אַדִּירִים׃
יא מִי־כָמֹכָה בָּאֵלִם יְהוָה מִי כָּמֹכָה נֶאְדָּר בַּקֹּדֶשׁ
נוֹרָא תְהִלֹּת עֹשֵׂה פֶלֶא׃

יב נָטִיתָ יְמִינְךָ תִּבְלָעֵמוֹ אָרֶץ׃

יג נָחִיתָ בְחַסְדְּךָ עַם־זוּ גָּאָלְתָּ נֵהַלְתָּ
בְעָזְּךָ אֶל־נְוֵה קָדְשֶׁךָ׃
יד שָׁמְעוּ עַמִּים יִרְגָּזוּן חִיל אָחַז יֹשְׁבֵי פְּלָשֶׁת׃

טו אָז נִבְהֲלוּ אַלּוּפֵי אֱדוֹם אֵילֵי מוֹאָב יֹאחֲזֵמוֹ
רָעַד נָמֹגוּ כֹּל יֹשְׁבֵי כְנָעַן׃

טז תִּפֹּל עֲלֵיהֶם אֵימָתָה וָפַחַד בִּגְדֹל זְרוֹעֲךָ יִדְּמוּ כָּאָבֶן
עַד־יַעֲבֹר עַמְּךָ יְהוָה עַד־יַעֲבֹר עַם־זוּ קָנִיתָ׃

יז תְּבִאֵמוֹ וְתִטָּעֵמוֹ בְּהַר נַחֲלָתְךָ מָכוֹן לְשִׁבְתְּךָ
פָּעַלְתָּ יְהוָה מִקְּדָשׁ אֲדֹנָי כּוֹנְנוּ יָדֶיךָ׃

יח יְהוָה ׀ יִמְלֹךְ לְעֹלָם וָעֶד׃

יט כִּי בָא סוּס פַּרְעֹה בְּרִכְבּוֹ וּבְפָרָשָׁיו
בַּיָּם וַיָּשֶׁב יְהוָה עֲלֵהֶם אֶת־מֵי הַיָּם וּבְנֵי
יִשְׂרָאֵל הָלְכוּ בַיַּבָּשָׁה בְּתוֹךְ הַיָּם׃ פ
כ וַתִּקַּח מִרְיָם הַנְּבִיאָה אֲחוֹת אַהֲרֹן אֶת־הַתֹּף בְּיָדָהּ
וַתֵּצֶאןָ כָל־הַנָּשִׁים אַחֲרֶיהָ בְּתֻפִּים וּבִמְחֹלֹת׃

envias a tua ira, que os devora como restolho.
8 Ao assopro dos teus narizes, amontoaram-se as águas,
pararam as correntes como montão.
Condensaram-se os abismos no meio do mar.
9 Disse o inimigo:
Perseguirei, alcançarei, repartirei os despojos.
Deles satisfar-se-á o meu desejo;
arrancarei a minha espada, a minha mão os destruirá.
10 Sopraste com o teu vento, e o mar os cobriu;
afundaram-se como chumbo nas grandes águas.
11 Quem entre os deuses é semelhante a ti, Jeová?
Quem é semelhante a ti, glorioso em santidade,
terrível em louvores, operando maravilhas?
12 Estendeste a mão direita,
e a terra os tragou.
13 Na tua misericórdia, guiaste o povo que remiste;
na tua força, o conduziste à tua santa habitação.
14 Os povos ouviram e eles estremeceram;
dores apoderaram-se dos habitantes da Filístia.
15 Então, se pasmaram os príncipes de Edom;
dos poderosos de Moabe, deles se apoderou um tremor.
Derreteram-se todos os habitantes de Canaã.
16 Sobre eles caiu medo e pavor;
pela grandeza do teu braço, quedaram imóveis como uma pedra,
até que passasse o teu povo, Jeová,
até que passasse o povo que adquiriste.
17 Tu os introduzirás e os plantarás no monte da tua herança,
no lugar, Jeová, que preparaste para a tua habitação;
no santuário, Senhor, que as tuas mãos estabeleceram.
18 Jeová reinará eterna e perpetuamente.
A dança de Miriã e das mulheres
19 Porque os cavalos de Faraó com os seus carros e com os
seus cavaleiros entraram no mar, e Jeová fez voltar sobre eles as
águas do mar; porém os filhos de Israel caminhavam a pé enxuto
no meio do mar. 20 A profetisa Miriã, irmã de Arão, tomou um
adufe na sua mão e todas as mulheres saíram atrás dela com

כא וַתַּ֥עַן לָהֶ֖ם מִרְיָ֑ם שִׁ֤ירוּ לַֽיהוָה֙ כִּֽי־גָאֹ֣ה גָּאָ֔ה
ס֥וּס וְרֹכְב֖וֹ רָמָ֥ה בַיָּֽם׃ ס

כב וַיַּסַּ֨ע מֹשֶׁ֤ה אֶת־יִשְׂרָאֵל֙ מִיַּם־ס֔וּף וַיֵּצְא֖וּ אֶל־מִדְבַּר־שׁ֑וּר
וַיֵּלְכ֧וּ שְׁלֹֽשֶׁת־יָמִ֛ים בַּמִּדְבָּ֖ר וְלֹא־מָ֥צְאוּ מָֽיִם׃
כג וַיָּבֹ֣אוּ מָרָ֔תָה וְלֹ֣א יָֽכְל֗וּ לִשְׁתֹּ֥ת מַ֙יִם֙ מִמָּרָ֔ה כִּ֥י מָרִ֖ים
הֵ֑ם עַל־כֵּ֥ן קָֽרָא־שְׁמָ֖הּ מָרָֽה׃
כד וַיִּלֹּ֧נוּ הָעָ֛ם עַל־מֹשֶׁ֥ה לֵּאמֹ֖ר מַה־נִּשְׁתֶּֽה׃
כה וַיִּצְעַ֣ק אֶל־יְהוָ֗ה וַיּוֹרֵ֤הוּ יְהוָה֙ עֵ֔ץ וַיַּשְׁלֵךְ֙ אֶל־הַמַּ֔יִם וַֽיִּמְתְּק֖וּ
הַמָּ֑יִם שָׁ֣ם שָׂ֥ם ל֛וֹ חֹ֥ק וּמִשְׁפָּ֖ט וְשָׁ֥ם נִסָּֽהוּ׃
כו וַיֹּ֡אמֶר אִם־שָׁמ֨וֹעַ תִּשְׁמַ֜ע לְק֣וֹל ׀ יְהוָ֣ה אֱלֹהֶ֗יךָ וְהַיָּשָׁ֤ר בְּעֵינָיו֙
תַּעֲשֶׂ֔ה וְהַֽאֲזַנְתָּ֙ לְמִצְוֺתָ֔יו וְשָׁמַרְתָּ֖ כָּל־חֻקָּ֑יו כָּֽל־הַמַּחֲלָ֞ה
אֲשֶׁר־שַׂ֤מְתִּי בְמִצְרַ֙יִם֙ לֹא־אָשִׂ֣ים עָלֶ֔יךָ כִּ֛י אֲנִ֥י יְהוָ֖ה רֹפְאֶֽךָ׃ ס

כז וַיָּבֹ֣אוּ אֵילִ֔מָה וְשָׁ֗ם שְׁתֵּ֥ים עֶשְׂרֵ֛ה עֵינֹ֥ת מַ֖יִם
וְשִׁבְעִ֣ים תְּמָרִ֑ים וַיַּֽחֲנוּ־שָׁ֖ם עַל־הַמָּֽיִם׃
א וַיִּסְעוּ֙ מֵֽאֵילִ֔ם וַיָּבֹ֜אוּ כָּל־עֲדַ֤ת בְּנֵֽי־יִשְׂרָאֵל֙
אֶל־מִדְבַּר־סִ֔ין אֲשֶׁ֥ר בֵּין־אֵילִ֖ם וּבֵ֣ין סִינָ֑י בַּחֲמִשָּׁ֨ה
עָשָׂ֥ר יוֹם֙ לַחֹ֣דֶשׁ הַשֵּׁנִ֔י לְצֵאתָ֖ם מֵאֶ֥רֶץ מִצְרָֽיִם׃
ב (וַיִּלִּינוּ) [וַיִּלּ֜וֹנוּ] כָּל־עֲדַ֧ת בְּנֵֽי־יִשְׂרָאֵ֛ל עַל־מֹשֶׁ֥ה
וְעַֽל־אַהֲרֹ֖ן בַּמִּדְבָּֽר׃
ג וַיֹּאמְר֨וּ אֲלֵהֶ֜ם בְּנֵ֣י יִשְׂרָאֵ֗ל מִֽי־יִתֵּ֨ן מוּתֵ֤נוּ בְיַד־יְהוָה֙
בְּאֶ֣רֶץ מִצְרַ֔יִם בְּשִׁבְתֵּ֙נוּ֙ עַל־סִ֣יר הַבָּשָׂ֔ר בְּאָכְלֵ֥נוּ
לֶ֖חֶם לָשֹׂ֑בַע כִּֽי־הוֹצֵאתֶ֤ם אֹתָ֙נוּ֙ אֶל־הַמִּדְבָּ֣ר הַזֶּ֔ה
לְהָמִ֛ית אֶת־כָּל־הַקָּהָ֥ל הַזֶּ֖ה בָּרָעָֽב׃ ס

ד וַיֹּ֤אמֶר יְהוָה֙ אֶל־מֹשֶׁ֔ה הִנְנִ֨י מַמְטִ֥יר לָכֶ֛ם לֶ֖חֶם מִן־הַשָּׁמָ֑יִם

adufes e com danças. 21 Miriã respondia-lhes:
Cantai a Jeová, porque gloriosamente triunfou,
Precipitou no mar o cavalo e o seu cavaleiro.

As águas de Mara tornam-se doces

22 Moisés fez partir a Israel do mar Vermelho, e saíram para o
deserto de Sur; caminharam três dias no deserto e não acharam
água. 23 Quando chegaram a Mara, não podiam beber as águas
de Mara, porque eram amargas; por isso, chamou ao lugar Mara.
24 Murmurou o povo contra Moisés, dizendo: Que havemos de
beber? 25 Então, clamou Moisés a Jeová; e Jeová mostrou-lhe
uma árvore; Moisés lançou-a nas águas, e as águas tornaram-se
doces. Ali, deu-lhes um estatuto e uma ordenança; ali, os provou
26 e disse: Se ouvires atentamente a voz de Jeová, teu Deus, e
fizeres o que é reto aos seus olhos, e inclinares os ouvidos aos
seus mandamentos, e guardares todos os seus estatutos, não
enviarei sobre ti nenhuma das enfermidades que enviei sobre
os egípcios; pois eu sou Jeová, que te sara.

Deus provê codornizes e maná

27 Vieram a Elim, onde havia doze fontes de água e setenta
palmeiras; e ali se acamparam junto das águas.

16

1 Partiram de Elim, e veio toda a congregação dos
filhos de Israel ao deserto de Sim, que está entre
Elim e Sinai, no décimo quinto dia do segundo
mês depois que saíram do Egito. 2 Toda a congregação dos fi-
lhos de Israel murmurou contra Moisés e Arão, no deserto;
3 Disseram-lhes os filhos de Israel: Oxalá que tivéssemos mor-
rido pela mão de Jeová na terra do Egito, quando estávamos
sentados junto às panelas de carne, quando comíamos pão
a fartar! Pois nos trouxestes a este deserto, para matardes à
fome a toda esta multidão.
4 Disse Jeová a Moisés: Eis que vou chover do céu pão para

וְיָצָא הָעָם וְלָקְטוּ דְּבַר־יוֹם בְּיוֹמוֹ לְמַעַן אֲנַסֶּנּוּ
הֲיֵלֵךְ בְּתוֹרָתִי אִם־לֹא׃
ה וְהָיָה בַּיּוֹם הַשִּׁשִּׁי וְהֵכִינוּ אֵת אֲשֶׁר־יָבִיאוּ וְהָיָה
מִשְׁנֶה עַל אֲשֶׁר־יִלְקְטוּ יוֹם ׀ יוֹם׃ ס
ו וַיֹּאמֶר מֹשֶׁה וְאַהֲרֹן אֶל־כָּל־בְּנֵי יִשְׂרָאֵל עֶרֶב וִידַעְתֶּם
כִּי יְהוָה הוֹצִיא אֶתְכֶם מֵאֶרֶץ מִצְרָיִם׃
ז וּבֹקֶר וּרְאִיתֶם אֶת־כְּבוֹד יְהוָה בְּשָׁמְעוֹ אֶת־תְּלֻנֹּתֵיכֶם
עַל־יְהוָה וְנַחְנוּ מָה כִּי (תַלּוֹנוּ) [תַלִּינוּ] עָלֵינוּ׃
ח וַיֹּאמֶר מֹשֶׁה בְּתֵת יְהוָה לָכֶם בָּעֶרֶב בָּשָׂר לֶאֱכֹל וְלֶחֶם
בַּבֹּקֶר לִשְׂבֹּעַ בִּשְׁמֹעַ יְהוָה אֶת־תְּלֻנֹּתֵיכֶם אֲשֶׁר־אַתֶּם
מַלִּינִם עָלָיו וְנַחְנוּ מָה לֹא־עָלֵינוּ תְלֻנֹּתֵיכֶם כִּי עַל־יְהוָה׃
ט וַיֹּאמֶר מֹשֶׁה אֶל־אַהֲרֹן אֱמֹר אֶל־כָּל־עֲדַת בְּנֵי
יִשְׂרָאֵל קִרְבוּ לִפְנֵי יְהוָה כִּי שָׁמַע אֵת תְּלֻנֹּתֵיכֶם׃
י וַיְהִי כְּדַבֵּר אַהֲרֹן אֶל־כָּל־עֲדַת בְּנֵי־יִשְׂרָאֵל וַיִּפְנוּ
אֶל־הַמִּדְבָּר וְהִנֵּה כְּבוֹד יְהוָה נִרְאָה בֶּעָנָן׃ פ
יא וַיְדַבֵּר יְהוָה אֶל־מֹשֶׁה לֵּאמֹר׃
יב שָׁמַעְתִּי אֶת־תְּלוּנֹּת בְּנֵי יִשְׂרָאֵל דַּבֵּר אֲלֵהֶם
לֵאמֹר בֵּין הָעַרְבַּיִם תֹּאכְלוּ בָשָׂר וּבַבֹּקֶר תִּשְׂבְּעוּ־לָחֶם
וִידַעְתֶּם כִּי אֲנִי יְהוָה אֱלֹהֵיכֶם׃

יג וַיְהִי בָעֶרֶב וַתַּעַל הַשְּׂלָו וַתְּכַס אֶת־הַמַּחֲנֶה וּבַבֹּקֶר
הָיְתָה שִׁכְבַת הַטַּל סָבִיב לַמַּחֲנֶה׃
יד וַתַּעַל שִׁכְבַת הַטָּל וְהִנֵּה עַל־פְּנֵי הַמִּדְבָּר דַּק
מְחֻסְפָּס דַּק כַּכְּפֹר עַל־הָאָרֶץ׃
טו וַיִּרְאוּ בְנֵי־יִשְׂרָאֵל וַיֹּאמְרוּ אִישׁ אֶל־אָחִיו מָן הוּא
כִּי לֹא יָדְעוּ מַה־הוּא וַיֹּאמֶר מֹשֶׁה אֲלֵהֶם הוּא הַלֶּחֶם
אֲשֶׁר נָתַן יְהוָה לָכֶם לְאָכְלָה׃
טז זֶה הַדָּבָר אֲשֶׁר צִוָּה יְהוָה לִקְטוּ מִמֶּנּוּ אִישׁ לְפִי אָכְלוֹ עֹמֶר
לַגֻּלְגֹּלֶת מִסְפַּר נַפְשֹׁתֵיכֶם אִישׁ לַאֲשֶׁר בְּאָהֳלוֹ תִּקָּחוּ׃
יז וַיַּעֲשׂוּ־כֵן בְּנֵי יִשְׂרָאֵל וַיִּלְקְטוּ הַמַּרְבֶּה וְהַמַּמְעִיט׃
יח וַיָּמֹדּוּ בָעֹמֶר וְלֹא הֶעְדִּיף הַמַּרְבֶּה וְהַמַּמְעִיט
לֹא הֶחְסִיר אִישׁ לְפִי־אָכְלוֹ לָקָטוּ׃
יט וַיֹּאמֶר מֹשֶׁה אֲלֵהֶם אִישׁ אַל־יוֹתֵר מִמֶּנּוּ עַד־בֹּקֶר׃
כ וְלֹא־שָׁמְעוּ אֶל־מֹשֶׁה וַיּוֹתִרוּ אֲנָשִׁים מִמֶּנּוּ עַד־בֹּקֶר
וַיָּרֻם תּוֹלָעִים וַיִּבְאַשׁ וַיִּקְצֹף עֲלֵהֶם מֹשֶׁה׃

vós; sairá o povo e colherá diariamente a porção de cada dia,
para que eu o prove se anda na minha lei ou não. 5 Mas, ao
sexto dia, prepararão o que trazem, e será dois tantos do que
colhem cada dia. 6 Disseram Moisés e Arão a todos os filhos de
Israel: À tarde, sabereis que Jeová é quem vos tirou da terra
do Egito. 7 Pela manhã, vereis a glória de Jeová, porquanto ele
ouve as vossas murmurações contra Jeová. Porém que somos
nós, para que murmureis contra nós? 8 Prosseguiu Moisés: Isso
será, quando Jeová, à tarde, vos der carne para comerdes e, pela
manhã, pão a fartar; porquanto Jeová ouve as vossas murmu-
rações com que murmurais contra ele; pois que somos nós? As
vossas murmurações não são contra nós, mas sim contra Jeová.
9 Disse Moisés a Arão: Dize a toda a congregação dos filhos de
Israel: Chegai-vos à presença de Jeová, pois ouviu as vossas
murmurações. 10 Quando Arão falava a toda a congregação dos
filhos de Israel, olharam para o deserto, e eis que a glória de
Jeová apareceu na nuvem. 11 E disse Jeová a Moisés: 12 Tenho
ouvido as murmurações dos filhos de Israel; dize-lhes: À tarde,
comereis carne, e, pela manhã, vos fartareis de pão; e sabereis
que eu sou Jeová, vosso Deus.

13 Aconteceu que, à tarde, subiram codornizes e cobriram o
arraial; e, pela manhã, havia uma camada de orvalho ao redor do
arraial. 14 Quando se evaporou a camada de orvalho, eis que sobre
a superfície do deserto estava uma coisa fina e semelhante a es-
camas, fina como a geada sobre a terra. 15 Tendo-a visto os filhos
de Israel, disseram uns aos outros: Que é isto? Pois não sabiam o
que era. Então, lhes disse Moisés: Este é o pão que Jeová vos deu
para comerdes. 16 Eis o que Jeová ordenou: Colhei dele, cada um
quanto possa comer; tomareis um ômer por cabeça, conforme o
número de vossas pessoas, cada um para os que se acham na sua
tenda. 17 Assim o fizeram os filhos de Israel; e colheram uns mais
e outros menos. 18 Quando o mediram num ômer, nada sobejava
ao que colheu muito, nem faltava ao que colheu pouco; colheram
cada um quanto podia comer. 19 Disse-lhes Moisés: Ninguém deixe
dele até pela manhã. 20 Contudo, não deram ouvidos a Moisés;
mas alguns deixaram dele até pela manhã, e criou bichos e cheirou
mal. Moisés indignou-se contra eles.

כא וַיִּלְקְטוּ אֹתוֹ בַּבֹּקֶר בַּבֹּקֶר אִישׁ כְּפִי אָכְלוֹ
וְחַם הַשֶּׁמֶשׁ וְנָמָס׃
כב וַיְהִי | בַּיּוֹם הַשִּׁשִּׁי לָקְטוּ לֶחֶם מִשְׁנֶה שְׁנֵי הָעֹמֶר
לָאֶחָד וַיָּבֹאוּ כָּל־נְשִׂיאֵי הָעֵדָה וַיַּגִּידוּ לְמֹשֶׁה׃
כג וַיֹּאמֶר אֲלֵהֶם הוּא אֲשֶׁר דִּבֶּר יְהוָה שַׁבָּתוֹן שַׁבַּת־קֹדֶשׁ
לַיהוָה מָחָר אֵת אֲשֶׁר־תֹּאפוּ אֵפוּ וְאֵת אֲשֶׁר־תְּבַשְּׁלוּ בַּשֵּׁלוּ
וְאֵת כָּל־הָעֹדֵף הַנִּיחוּ לָכֶם לְמִשְׁמֶרֶת עַד־הַבֹּקֶר׃
כד וַיַּנִּיחוּ אֹתוֹ עַד־הַבֹּקֶר כַּאֲשֶׁר צִוָּה מֹשֶׁה וְלֹא
הִבְאִישׁ וְרִמָּה לֹא־הָיְתָה בּוֹ׃
כה וַיֹּאמֶר מֹשֶׁה אִכְלֻהוּ הַיּוֹם כִּי־שַׁבָּת הַיּוֹם
לַיהוָה הַיּוֹם לֹא תִמְצָאֻהוּ בַּשָּׂדֶה׃
כו שֵׁשֶׁת יָמִים תִּלְקְטֻהוּ וּבַיּוֹם הַשְּׁבִיעִי שַׁבָּת לֹא יִהְיֶה־בּוֹ׃
כז וַיְהִי בַּיּוֹם הַשְּׁבִיעִי יָצְאוּ מִן־הָעָם לִלְקֹט וְלֹא מָצָאוּ׃ ס
כח וַיֹּאמֶר יְהוָה אֶל־מֹשֶׁה עַד־אָנָה מֵאַנְתֶּם
לִשְׁמֹר מִצְוֺתַי וְתוֹרֹתָי׃
כט רְאוּ כִּי־יְהוָה נָתַן לָכֶם הַשַּׁבָּת עַל־כֵּן הוּא נֹתֵן
לָכֶם בַּיּוֹם הַשִּׁשִּׁי לֶחֶם יוֹמָיִם שְׁבוּ | אִישׁ תַּחְתָּיו
אַל־יֵצֵא אִישׁ מִמְּקֹמוֹ בַּיּוֹם הַשְּׁבִיעִי׃
ל וַיִּשְׁבְּתוּ הָעָם בַּיּוֹם הַשְּׁבִעִי׃
לא וַיִּקְרְאוּ בֵית־יִשְׂרָאֵל אֶת־שְׁמוֹ מָן וְהוּא כְּזֶרַע
גַּד לָבָן וְטַעְמוֹ כְּצַפִּיחִת בִּדְבָשׁ׃
לב וַיֹּאמֶר מֹשֶׁה זֶה הַדָּבָר אֲשֶׁר צִוָּה יְהוָה מְלֹא הָעֹמֶר מִמֶּנּוּ
לְמִשְׁמֶרֶת לְדֹרֹתֵיכֶם לְמַעַן | יִרְאוּ אֶת־הַלֶּחֶם אֲשֶׁר הֶאֱכַלְתִּי
אֶתְכֶם בַּמִּדְבָּר בְּהוֹצִיאִי אֶתְכֶם מֵאֶרֶץ מִצְרָיִם׃
לג וַיֹּאמֶר מֹשֶׁה אֶל־אַהֲרֹן קַח צִנְצֶנֶת אַחַת וְתֶן־שָׁמָּה מְלֹא־
הָעֹמֶר מָן וְהַנַּח אֹתוֹ לִפְנֵי יְהוָה לְמִשְׁמֶרֶת לְדֹרֹתֵיכֶם׃
לד כַּאֲשֶׁר צִוָּה יְהוָה אֶל־מֹשֶׁה וַיַּנִּיחֵהוּ אַהֲרֹן
לִפְנֵי הָעֵדֻת לְמִשְׁמָרֶת׃
לה וּבְנֵי יִשְׂרָאֵל אָכְלוּ אֶת־הַמָּן אַרְבָּעִים שָׁנָה עַד־בֹּאָם
אֶל־אֶרֶץ נוֹשָׁבֶת אֶת־הַמָּן אָכְלוּ עַד־בֹּאָם אֶל־קְצֵה אֶרֶץ
כְּנָעַן׃ לו וְהָעֹמֶר עֲשִׂרִית הָאֵיפָה הוּא׃ פ

O povo de Israel recolhe o maná

21 Colhiam-no, pois, todas as manhãs, cada um quanto podia comer; e, quando vinha o calor do sol, derretia-se. 22 Ao sexto dia, colheram pão em dobro, dois ômeres para cada um; vieram todos os principais da congregação e contaram-no a Moisés. 23 Respondeu-lhes ele: Isto é o que Jeová ordenou: amanhã é descanso, sábado santo a Jeová; o que quiserdes cozer no forno, cozei-o, e o que quiserdes cozer em água, cozei-o; e tudo o que sobejar, ponde-o de lado para vós; guardando-o até pela manhã. 24 Guardaram-no até pela manhã, como Moisés ordenara; e não cheirou mal, nem se acharam bichos nele. 25 Então, disse Moisés: Comei-o hoje, pois hoje é o sábado de Jeová; hoje, não o achareis no campo. 26 Seis dias o colhereis, mas o sétimo dia é o sábado; nele não haverá. 27 Ao sétimo dia, saíram alguns do povo para o colher, porém não o acharam. 28 Disse Jeová a Moisés: Até quando recusareis guardar os meus mandamentos e as minhas leis? 29 Vede, porquanto Jeová vos deu o sábado; por isso, vos dá ele no sexto dia o pão para dois dias; fique cada um onde está, não saia ninguém do seu lugar no sétimo dia. 30 Assim, descansou o povo no sétimo dia.

31 A casa de Israel deu-lhe o nome de maná; era como semente de coentro, branca e de um sabor semelhante ao de pastas feitas com mel. 32 Disse Moisés: Eis o que Jeová ordenou: dele enchei um ômer, e guarda-se para as vossas gerações; para que vejam o pão com que vos sustentei no deserto, quando vos tirei da terra do Egito. 33 Então, disse Moisés a Arão: Toma um vaso, põe nele um ômer cheio de maná e deposita-o diante de Jeová, a fim de se guardar para as vossas gerações. 34 Como Jeová ordenou a Moisés, assim Arão o depositou diante do Testemunho para se guardar. 35 Os filhos de Israel comeram o maná quarenta anos até que chegaram a uma terra habitada; comeram o maná até que chegaram aos termos da terra de Canaã. 36 Ora, um ômer é a décima parte do efa.

א וַיִּסְעוּ כָּל־עֲדַת בְּנֵי־יִשְׂרָאֵל מִמִּדְבַּר־סִין לְמַסְעֵיהֶם
עַל־פִּי יְהוָה וַיַּחֲנוּ בִּרְפִידִים וְאֵין מַיִם לִשְׁתֹּת הָעָם׃
ב וַיָּרֶב הָעָם עִם־מֹשֶׁה וַיֹּאמְרוּ תְּנוּ־לָנוּ מַיִם וְנִשְׁתֶּה וַיֹּאמֶר
לָהֶם מֹשֶׁה מַה־תְּרִיבוּן עִמָּדִי מַה־תְּנַסּוּן אֶת־יְהוָה׃
ג וַיִּצְמָא שָׁם הָעָם לַמַּיִם וַיָּלֶן הָעָם עַל־מֹשֶׁה וַיֹּאמֶר לָמָּה זֶּה
הֶעֱלִיתָנוּ מִמִּצְרַיִם לְהָמִית אֹתִי וְאֶת־בָּנַי וְאֶת־מִקְנַי בַּצָּמָא׃
ד וַיִּצְעַק מֹשֶׁה אֶל־יְהוָה לֵאמֹר מָה אֶעֱשֶׂה לָעָם הַזֶּה
עוֹד מְעַט וּסְקָלֻנִי׃
ה וַיֹּאמֶר יְהוָה אֶל־מֹשֶׁה עֲבֹר לִפְנֵי הָעָם וְקַח אִתְּךָ מִזִּקְנֵי
יִשְׂרָאֵל וּמַטְּךָ אֲשֶׁר הִכִּיתָ בּוֹ אֶת־הַיְאֹר קַח בְּיָדְךָ וְהָלָכְתָּ׃
ו הִנְנִי עֹמֵד לְפָנֶיךָ שָּׁם ׀ עַל־הַצּוּר בְּחֹרֵב וְהִכִּיתָ בַצּוּר וְיָצְאוּ
מִמֶּנּוּ מַיִם וְשָׁתָה הָעָם וַיַּעַשׂ כֵּן מֹשֶׁה לְעֵינֵי זִקְנֵי יִשְׂרָאֵל׃
ז וַיִּקְרָא שֵׁם הַמָּקוֹם מַסָּה וּמְרִיבָה עַל־רִיב ׀ בְּנֵי יִשְׂרָאֵל וְעַל
נַסֹּתָם אֶת־יְהוָה לֵאמֹר הֲיֵשׁ יְהוָה בְּקִרְבֵּנוּ אִם־אָיִן׃ פ

ח וַיָּבֹא עֲמָלֵק וַיִּלָּחֶם עִם־יִשְׂרָאֵל בִּרְפִידִם׃
ט וַיֹּאמֶר מֹשֶׁה אֶל־יְהוֹשֻׁעַ בְּחַר־לָנוּ אֲנָשִׁים וְצֵא
הִלָּחֵם בַּעֲמָלֵק מָחָר אָנֹכִי נִצָּב עַל־רֹאשׁ הַגִּבְעָה
וּמַטֵּה הָאֱלֹהִים בְּיָדִי׃
י וַיַּעַשׂ יְהוֹשֻׁעַ כַּאֲשֶׁר אָמַר־לוֹ מֹשֶׁה לְהִלָּחֵם בַּעֲמָלֵק
וּמֹשֶׁה אַהֲרֹן וְחוּר עָלוּ רֹאשׁ הַגִּבְעָה׃
יא וְהָיָה כַּאֲשֶׁר יָרִים מֹשֶׁה יָדוֹ וְגָבַר יִשְׂרָאֵל וְכַאֲשֶׁר
יָנִיחַ יָדוֹ וְגָבַר עֲמָלֵק׃
יב וִידֵי מֹשֶׁה כְּבֵדִים וַיִּקְחוּ־אֶבֶן וַיָּשִׂימוּ תַחְתָּיו וַיֵּשֶׁב
עָלֶיהָ וְאַהֲרֹן וְחוּר תָּמְכוּ בְיָדָיו מִזֶּה אֶחָד וּמִזֶּה
אֶחָד וַיְהִי יָדָיו אֱמוּנָה עַד־בֹּא הַשָּׁמֶשׁ׃
יג וַיַּחֲלֹשׁ יְהוֹשֻׁעַ אֶת־עֲמָלֵק וְאֶת־עַמּוֹ לְפִי־חָרֶב׃ פ
יד וַיֹּאמֶר יְהוָה אֶל־מֹשֶׁה כְּתֹב זֹאת זִכָּרוֹן בַּסֵּפֶר וְשִׂים בְּאָזְנֵי

Água da rocha em Refidim

17 1 Tendo partido toda a congregação dos filhos de
Israel do deserto de Sim, pelas suas jornadas, se-
gundo o mandamento de Jeová, acamparam em
Refidim; não havia ali água para o povo beber. 2 Contendeu,
pois, o povo com Moisés e disse: Dá-nos água para bebermos.
Respondeu-lhes Moisés: Por que contendeis comigo? Por que
tentais a Jeová? 3 Ali, o povo teve sede de água e murmurou o
povo contra Moisés, dizendo: Por que nos fizeste sair do Egi-
to, para nos matares de sede, a nós, a nossos filhos e ao nosso
gado? 4 Clamou Moisés a Jeová: Que farei a este povo? Por
pouco me não apedreja. 5 Respondeu Jeová a Moisés: Vai-te
adiante do povo e leva contigo alguns dos anciãos de Israel;
toma na mão a tua vara com que feriste o rio e vai-te. 6 Eis
que estarei ali diante de ti sobre a rocha em Horebe; ferirás
a rocha, e dela sairá água, para que beba o povo. Assim fez
Moisés à vista dos anciãos de Israel. 7 Chamou ao lugar Massá
e Meribá, por causa da contenda dos filhos de Israel e porque
tentaram a Jeová, dizendo: Está Jeová no meio de nós ou não?

Amaleque peleja contra os israelitas

8 Então, veio Amaleque e pelejou contra Israel em Refidim.
9 Disse Moisés a Josué: Escolhe-nos homens, e sai, peleja contra
Amaleque; amanhã, estarei eu no cume do outeiro, tendo na
mão a vara de Deus. 10 Assim fez Josué como Moisés lhe dissera
e pelejou contra Amaleque; e Moisés, Arão e Hur subiram ao
cume do outeiro. 11 Quando Moisés levantava a mão, prevalecia
Israel; mas, quando ele abaixava a mão, prevalecia Amaleque.
12 Porém as mãos de Moisés eram pesadas; tomando, pois, uma
pedra, puseram-na por baixo dele, e nela se assentou. Arão e
Hur sustentavam-lhe as mãos, estando um de um lado, e o outro
do outro; assim ficaram firmes as mãos até o pôr do sol. 13 Josué
desbaratou a Amaleque e a seu povo ao fio da espada. 14 Então,
disse Jeová a Moisés: Escreve isso para memorial num livro e

יְהוֹשֻׁעַ כִּי־מָחֹה אֶמְחֶה אֶת־זֵכֶר עֲמָלֵק מִתַּחַת הַשָּׁמָיִם׃
טו וַיִּבֶן מֹשֶׁה מִזְבֵּחַ וַיִּקְרָא שְׁמוֹ יְהוָה ׀ נִסִּי׃
טז וַיֹּאמֶר כִּי־יָד עַל־כֵּס יָהּ מִלְחָמָה לַיהוָה בַּעֲמָלֵק מִדֹּר דֹּר׃ פ

א וַיִּשְׁמַע יִתְרוֹ כֹהֵן מִדְיָן חֹתֵן מֹשֶׁה אֵת כָּל־אֲשֶׁר עָשָׂה אֱלֹהִים
לְמֹשֶׁה וּלְיִשְׂרָאֵל עַמּוֹ כִּי־הוֹצִיא יְהוָה אֶת־יִשְׂרָאֵל מִמִּצְרָיִם׃
ב וַיִּקַּח יִתְרוֹ חֹתֵן מֹשֶׁה אֶת־צִפֹּרָה אֵשֶׁת מֹשֶׁה אַחַר שִׁלּוּחֶיהָ׃
ג וְאֵת שְׁנֵי בָנֶיהָ אֲשֶׁר שֵׁם הָאֶחָד גֵּרְשֹׁם כִּי אָמַר
גֵּר הָיִיתִי בְּאֶרֶץ נָכְרִיָּה׃
ד וְשֵׁם הָאֶחָד אֱלִיעֶזֶר כִּי־אֱלֹהֵי אָבִי בְּעֶזְרִי
וַיַּצִּלֵנִי מֵחֶרֶב פַּרְעֹה׃
ה וַיָּבֹא יִתְרוֹ חֹתֵן מֹשֶׁה וּבָנָיו וְאִשְׁתּוֹ אֶל־מֹשֶׁה
אֶל־הַמִּדְבָּר אֲשֶׁר־הוּא חֹנֶה שָׁם הַר הָאֱלֹהִים׃
ו וַיֹּאמֶר אֶל־מֹשֶׁה אֲנִי חֹתֶנְךָ יִתְרוֹ בָּא אֵלֶיךָ
וְאִשְׁתְּךָ וּשְׁנֵי בָנֶיהָ עִמָּהּ׃
ז וַיֵּצֵא מֹשֶׁה לִקְרַאת חֹתְנוֹ וַיִּשְׁתַּחוּ וַיִּשַּׁק־לוֹ
וַיִּשְׁאֲלוּ אִישׁ־לְרֵעֵהוּ לְשָׁלוֹם וַיָּבֹאוּ הָאֹהֱלָה׃
ח וַיְסַפֵּר מֹשֶׁה לְחֹתְנוֹ אֵת כָּל־אֲשֶׁר עָשָׂה יְהוָה לְפַרְעֹה
וּלְמִצְרַיִם עַל אוֹדֹת יִשְׂרָאֵל אֵת כָּל־הַתְּלָאָה אֲשֶׁר
מְצָאָתַם בַּדֶּרֶךְ וַיַּצִּלֵם יְהוָה׃
ט וַיִּחַדְּ יִתְרוֹ עַל כָּל־הַטּוֹבָה אֲשֶׁר־עָשָׂה יְהוָה
לְיִשְׂרָאֵל אֲשֶׁר הִצִּילוֹ מִיַּד מִצְרָיִם׃
י וַיֹּאמֶר יִתְרוֹ בָּרוּךְ יְהוָה אֲשֶׁר הִצִּיל אֶתְכֶם מִיַּד מִצְרַיִם וּמִיַּד
פַּרְעֹה אֲשֶׁר הִצִּיל אֶת־הָעָם מִתַּחַת יַד־מִצְרָיִם׃
יא עַתָּה יָדַעְתִּי כִּי־גָדוֹל יְהוָה מִכָּל־הָאֱלֹהִים
כִּי בַדָּבָר אֲשֶׁר זָדוּ עֲלֵיהֶם׃
יב וַיִּקַּח יִתְרוֹ חֹתֵן מֹשֶׁה עֹלָה וּזְבָחִים לֵאלֹהִים וַיָּבֹא אַהֲרֹן וְכֹל
׀ זִקְנֵי יִשְׂרָאֵל לֶאֱכָל־לֶחֶם עִם־חֹתֵן מֹשֶׁה לִפְנֵי הָאֱלֹהִים׃

יג וַיְהִי מִמָּחֳרָת וַיֵּשֶׁב מֹשֶׁה לִשְׁפֹּט אֶת־הָעָם וַיַּעֲמֹד הָעָם
עַל־מֹשֶׁה מִן־הַבֹּקֶר עַד־הָעָרֶב׃
יד וַיַּרְא חֹתֵן מֹשֶׁה אֵת כָּל־אֲשֶׁר־הוּא עֹשֶׂה לָעָם וַיֹּאמֶר

faze-o ouvir a Josué; porque eu hei de extinguir totalmente a
memória de Amaleque de debaixo do céu. 15 Moisés edificou um
altar e pôs-lhe este nome: Jeová-Nissi; 16 e disse: Jeová jurou
isso; Jeová fará guerra contra Amaleque de geração em geração.

Jetro aconselha a Moisés que nomeie maiorais sobre o povo

18 1 Jetro, sacerdote de Midiã, sogro de Moisés, ou-
viu tudo o que Deus havia feito a Moisés e a Is-
rael, seu povo, como Jeová tinha tirado a Israel
do Egito. 2 Jetro, sogro de Moisés, tomou a Zípora, mulher de
Moisés, depois que este lha enviara, 3 e aos dois filhos dela,
dos quais um se chamava Gérson, pois disse Moisés: Fui pe-
regrino numa terra estrangeira; 4 e o outro, Eliézer, pois disse:
O Deus de meu pai foi o meu auxílio e livrou-me da espada de
Faraó. 5 Veio Jetro, sogro de Moisés, com a mulher e os filhos
deste a Moisés, no deserto onde se tinha acampado, junto ao
monte de Deus; 6 e disse a Moisés: Eu, teu sogro Jetro, venho a
ti, com tua mulher e seus dois filhos. 7 Saiu Moisés ao encon-
tro de seu sogro, inclinou-se diante dele e o beijou; pergun-
taram um ao outro como estavam e entraram na tenda. 8 En-
tão, contou Moisés a seu sogro tudo o que Jeová tinha feito a
Faraó e aos egípcios por causa de Israel, todo o trabalho que
lhes sobreviera no caminho e como Jeová os livrou. 9 Jetro
alegrou-se por toda a bondade que Jeová mostrara a Israel,
como libertá-lo da mão dos egípcios, 10 e disse: Bendito seja
Jeová, que vos livrou da mão dos egípcios e da mão de Faraó!
Que livrou o povo de debaixo da mão dos egípcios! 11 Agora,
eu sei que Jeová é maior que todos os deuses, naquilo mesmo
em que se houveram com orgulho contra o povo. 12 Então, Je-
tro, sogro de Moisés, tomou um holocausto e sacrifícios para
Deus; e veio Arão e todos os anciãos de Israel para comer pão
com o sogro de Moisés, diante de Deus.

13 Aconteceu que, no dia seguinte, Moisés se assentou para
julgar o povo; e o povo conservou-se junto de Moisés desde a
manhã até à tarde. 14 Vendo o sogro de Moisés tudo o que ele

מָה־הַדָּבָר הַזֶּה אֲשֶׁר אַתָּה עֹשֶׂה לָעָם מַדּוּעַ אַתָּה יוֹשֵׁב
לְבַדֶּךָ וְכָל־הָעָם נִצָּב עָלֶיךָ מִן־בֹּקֶר עַד־עָרֶב׃
טו וַיֹּאמֶר מֹשֶׁה לְחֹתְנוֹ כִּי־יָבֹא אֵלַי הָעָם לִדְרֹשׁ אֱלֹהִים׃
טז כִּי־יִהְיֶה לָהֶם דָּבָר בָּא אֵלַי וְשָׁפַטְתִּי בֵּין אִישׁ וּבֵין רֵעֵהוּ
וְהוֹדַעְתִּי אֶת־חֻקֵּי הָאֱלֹהִים וְאֶת־תּוֹרֹתָיו׃
יז וַיֹּאמֶר חֹתֵן מֹשֶׁה אֵלָיו לֹא־טוֹב הַדָּבָר אֲשֶׁר אַתָּה עֹשֶׂה׃
יח נָבֹל תִּבֹּל גַּם־אַתָּה גַּם־הָעָם הַזֶּה אֲשֶׁר עִמָּךְ כִּי־כָבֵד
מִמְּךָ הַדָּבָר לֹא־תוּכַל עֲשֹׂהוּ לְבַדֶּךָ׃
יט עַתָּה שְׁמַע בְּקֹלִי אִיעָצְךָ וִיהִי אֱלֹהִים עִמָּךְ הֱיֵה אַתָּה לָעָם
מוּל הָאֱלֹהִים וְהֵבֵאתָ אַתָּה אֶת־הַדְּבָרִים אֶל־הָאֱלֹהִים׃
כ וְהִזְהַרְתָּה אֶתְהֶם אֶת־הַחֻקִּים וְאֶת־הַתּוֹרֹת וְהוֹדַעְתָּ
לָהֶם אֶת־הַדֶּרֶךְ יֵלְכוּ בָהּ וְאֶת־הַמַּעֲשֶׂה אֲשֶׁר יַעֲשׂוּן׃
כא וְאַתָּה תֶחֱזֶה מִכָּל־הָעָם אַנְשֵׁי־חַיִל יִרְאֵי אֱלֹהִים
אַנְשֵׁי אֱמֶת שֹׂנְאֵי בָצַע וְשַׂמְתָּ עֲלֵהֶם שָׂרֵי אֲלָפִים
שָׂרֵי מֵאוֹת שָׂרֵי חֲמִשִּׁים וְשָׂרֵי עֲשָׂרֹת׃
כב וְשָׁפְטוּ אֶת־הָעָם בְּכָל־עֵת וְהָיָה כָּל־הַדָּבָר הַגָּדֹל יָבִיאוּ אֵלֶיךָ
וְכָל־הַדָּבָר הַקָּטֹן יִשְׁפְּטוּ־הֵם וְהָקֵל מֵעָלֶיךָ וְנָשְׂאוּ אִתָּךְ׃
כג אִם אֶת־הַדָּבָר הַזֶּה תַּעֲשֶׂה וְצִוְּךָ אֱלֹהִים וְיָכָלְתָּ עֲמֹד וְגַם
כָּל־הָעָם הַזֶּה עַל־מְקֹמוֹ יָבֹא בְשָׁלוֹם׃
כד וַיִּשְׁמַע מֹשֶׁה לְקוֹל חֹתְנוֹ וַיַּעַשׂ כֹּל אֲשֶׁר אָמָר׃
כה וַיִּבְחַר מֹשֶׁה אַנְשֵׁי־חַיִל מִכָּל־יִשְׂרָאֵל וַיִּתֵּן אֹתָם רָאשִׁים
עַל־הָעָם שָׂרֵי אֲלָפִים שָׂרֵי מֵאוֹת שָׂרֵי חֲמִשִּׁים וְשָׂרֵי עֲשָׂרֹת׃
כו וְשָׁפְטוּ אֶת־הָעָם בְּכָל־עֵת אֶת־הַדָּבָר הַקָּשֶׁה יְבִיאוּן
אֶל־מֹשֶׁה וְכָל־הַדָּבָר הַקָּטֹן יִשְׁפּוּטוּ הֵם׃
כז וַיְשַׁלַּח מֹשֶׁה אֶת־חֹתְנוֹ וַיֵּלֶךְ לוֹ אֶל־אַרְצוֹ׃ פ

א בַּחֹדֶשׁ הַשְּׁלִישִׁי לְצֵאת בְּנֵי־יִשְׂרָאֵל מֵאֶרֶץ מִצְרָיִם
בַּיּוֹם הַזֶּה בָּאוּ מִדְבַּר סִינָי׃
ב וַיִּסְעוּ מֵרְפִידִים וַיָּבֹאוּ מִדְבַּר סִינַי וַיַּחֲנוּ בַּמִּדְבָּר
וַיִּחַן־שָׁם יִשְׂרָאֵל נֶגֶד הָהָר׃

fazia ao povo, perguntou: Que é isto que tu fazes ao povo? Por
que estás tu assentado só e todo o povo conserva-se junto a ti
desde a manhã até à tarde? 15 Respondeu Moisés a seu sogro: É
porque o povo vem a mim para consultar a Deus. 16 Quando eles
têm alguma questão, vêm a mim; eu julgo entre um e outro e
faço-lhes saber os estatutos de Deus e as suas leis. 17 Replicou-lhe
o sogro de Moisés: Não é bom o que tu fazes. 18 Sem dúvida, tu te
consumirás tanto a ti como a este povo que está contigo; pois te
é pesado demais; tu só não o podes fazer. 19 Ouve, pois, a minha
voz, eu te aconselharei, e seja Deus contigo; sê tu pelo povo
diante de Deus, e traze tu as causas a Deus; 20 ensinar-lhes-ás
os estatutos e as leis e lhes mostrarás o caminho em que devem
andar e a obra que devem fazer. 21 Além disso, procurarás dentre
o povo homens capazes, tementes a Deus, homens de verdade,
que aborrecem a avareza; a estes porás sobre eles por maiorais de
mil, maiorais de cem, maiorais de cinquenta e maiorais de dez;
22 e julguem estes ao povo em todo o tempo. Toda causa grave
a trarão a ti, mas toda causa pequena a julgarão eles mesmos;
assim será mais leve para ti, e eles levarão a carga contigo. 23 Se
isso fizeres, e assim Deus te mandar, poderás aturar, e todo este
povo também irá em paz ao seu lugar. 24 Assim, ouviu Moisés
a voz de seu sogro e fez tudo quanto este lhe dissera. 25 Moisés
escolheu de todo o Israel homens capazes e pô-los por cabeças
sobre o povo: maiorais de mil, maiorais de cem, maiorais de
cinquenta e maiorais de dez. 26 Estes julgaram o povo em todo
o tempo; as causas graves, as trouxeram a Moisés, mas toda
causa pequena, a julgaram eles mesmos. 27 Moisés despediu a
seu sogro; e este se foi para a sua terra.

Deus fala com Moisés no monte de Sinai

19 1 No terceiro mês, depois que os filhos de Israel ha-
viam saído da terra do Egito, no mesmo dia entra-
ram no deserto de Sinai. 2 Tendo, pois, partido de
Refidim, chegaram ao deserto de Sinai, em que se acamparam;

ג וּמֹשֶׁה עָלָה אֶל־הָאֱלֹהִים וַיִּקְרָא אֵלָיו יְהוָה מִן־הָהָר
לֵאמֹר כֹּה תֹאמַר לְבֵית יַעֲקֹב וְתַגֵּיד לִבְנֵי יִשְׂרָאֵל׃
ד אַתֶּם רְאִיתֶם אֲשֶׁר עָשִׂיתִי לְמִצְרָיִם וָאֶשָּׂא אֶתְכֶם
עַל־כַּנְפֵי נְשָׁרִים וָאָבִא אֶתְכֶם אֵלָי׃
ה וְעַתָּה אִם־שָׁמוֹעַ תִּשְׁמְעוּ בְּקֹלִי וּשְׁמַרְתֶּם אֶת־בְּרִיתִי
וִהְיִיתֶם לִי סְגֻלָּה מִכָּל־הָעַמִּים כִּי־לִי כָּל־הָאָרֶץ׃
ו וְאַתֶּם תִּהְיוּ־לִי מַמְלֶכֶת כֹּהֲנִים וְגוֹי קָדוֹשׁ אֵלֶּה הַדְּבָרִים
אֲשֶׁר תְּדַבֵּר אֶל־בְּנֵי יִשְׂרָאֵל׃

ז וַיָּבֹא מֹשֶׁה וַיִּקְרָא לְזִקְנֵי הָעָם וַיָּשֶׂם לִפְנֵיהֶם אֵת
כָּל־הַדְּבָרִים הָאֵלֶּה אֲשֶׁר צִוָּהוּ יְהוָה׃
ח וַיַּעֲנוּ כָל־הָעָם יַחְדָּו וַיֹּאמְרוּ כֹּל אֲשֶׁר־דִּבֶּר יְהוָה
נַעֲשֶׂה וַיָּשֶׁב מֹשֶׁה אֶת־דִּבְרֵי הָעָם אֶל־יְהוָה׃
ט וַיֹּאמֶר יְהוָה אֶל־מֹשֶׁה הִנֵּה אָנֹכִי בָּא אֵלֶיךָ בְּעַב
הֶעָנָן בַּעֲבוּר יִשְׁמַע הָעָם בְּדַבְּרִי עִמָּךְ וְגַם־בְּךָ יַאֲמִינוּ
לְעוֹלָם וַיַּגֵּד מֹשֶׁה אֶת־דִּבְרֵי הָעָם אֶל־יְהוָה׃
י וַיֹּאמֶר יְהוָה אֶל־מֹשֶׁה לֵךְ אֶל־הָעָם וְקִדַּשְׁתָּם
הַיּוֹם וּמָחָר וְכִבְּסוּ שִׂמְלֹתָם׃
יא וְהָיוּ נְכֹנִים לַיּוֹם הַשְּׁלִישִׁי כִּי ׀ בַּיּוֹם הַשְּׁלִשִׁי יֵרֵד
יְהוָה לְעֵינֵי כָל־הָעָם עַל־הַר סִינָי׃
יב וְהִגְבַּלְתָּ אֶת־הָעָם סָבִיב לֵאמֹר הִשָּׁמְרוּ לָכֶם עֲלוֹת
בָּהָר וּנְגֹעַ בְּקָצֵהוּ כָּל־הַנֹּגֵעַ בָּהָר מוֹת יוּמָת׃
יג לֹא־תִגַּע בּוֹ יָד כִּי־סָקוֹל יִסָּקֵל אוֹ־יָרֹה יִיָּרֶה אִם־בְּהֵמָה
אִם־אִישׁ לֹא יִחְיֶה בִּמְשֹׁךְ הַיֹּבֵל הֵמָּה יַעֲלוּ בָהָר׃
יד וַיֵּרֶד מֹשֶׁה מִן־הָהָר אֶל־הָעָם וַיְקַדֵּשׁ אֶת־הָעָם
וַיְכַבְּסוּ שִׂמְלֹתָם׃
טו וַיֹּאמֶר אֶל־הָעָם הֱיוּ נְכֹנִים לִשְׁלֹשֶׁת יָמִים
אַל־תִּגְּשׁוּ אֶל־אִשָּׁה׃
טז וַיְהִי בַיּוֹם הַשְּׁלִישִׁי בִּהְיֹת הַבֹּקֶר וַיְהִי קֹלֹת
וּבְרָקִים וְעָנָן כָּבֵד עַל־הָהָר וְקֹל שֹׁפָר חָזָק מְאֹד
וַיֶּחֱרַד כָּל־הָעָם אֲשֶׁר בַּמַּחֲנֶה׃
יז וַיּוֹצֵא מֹשֶׁה אֶת־הָעָם לִקְרַאת הָאֱלֹהִים מִן־הַמַּחֲנֶה
וַיִּתְיַצְּבוּ בְּתַחְתִּית הָהָר׃
יח וְהַר סִינַי עָשַׁן כֻּלּוֹ מִפְּנֵי אֲשֶׁר יָרַד עָלָיו יְהוָה בָּאֵשׁ
וַיַּעַל עֲשָׁנוֹ כְּעֶשֶׁן הַכִּבְשָׁן וַיֶּחֱרַד כָּל־הָהָר מְאֹד׃
יט וַיְהִי קוֹל הַשֹּׁפָר הוֹלֵךְ וְחָזֵק מְאֹד מֹשֶׁה יְדַבֵּר
וְהָאֱלֹהִים יַעֲנֶנּוּ בְקוֹל׃

ali, se acampou Israel em frente do monte. 3 Subiu Moisés a
Deus, e do monte Jeová o chamou, dizendo: Assim falarás à
casa de Jacó e anunciarás aos filhos de Israel: 4 Tendes visto
o que fiz aos egípcios, de que modo vos trouxe sobre asas
de águias e vos cheguei a mim. 5 Agora, pois, se atentamente
ouvirdes a minha voz e guardardes a minha aliança, sereis a
minha possessão peculiar dentre todos os povos (pois minha
é toda a terra) 6 e vós me sereis reino de sacerdotes e nação
santa. Estas são as palavras que falarás aos filhos de Israel.

7 Veio Moisés e, convocados os anciãos do povo, expôs-lhes
todas essas palavras que Jeová lhe ordenara. 8 Todo o povo
respondeu a uma voz: Tudo o que Jeová tem falado faremos.
Referiu Moisés a Jeová as palavras do povo. 9 Então, disse Jeová a
Moisés: Eis que venho ter contigo em uma nuvem espessa, para
que o povo ouça quando eu falar contigo e para que também te
creia para sempre. Referiu Moisés a Jeová as palavras do povo.
10 Disse Jeová a Moisés: Vai ter com o povo e santifica-os hoje
e amanhã. Lavem os seus vestidos 11 e estejam prontos para o
terceiro dia, porque, no terceiro dia, descerá Jeová à vista de
todo o povo sobre o monte Sinai. 12 Marcarás em roda limites
ao povo, dizendo: Guardai-vos, não subais ao monte, nem to-
queis o seu termo; todo o que tocar o monte certamente será
morto. 13 Mão alguma tocará naquele que o fizer, mas ele será
apedrejado ou asseteado; quer seja animal, quer seja homem,
não viverá. Quando se prolongar o som da buzina, subirão eles
ao monte. 14 Moisés, tendo descido do monte, foi ter com o povo
e o santificou; e lavaram os seus vestidos. 15 Disse ao povo: Estai
prontos para o terceiro dia e não vos chegueis a mulher.

16 Ao terceiro dia, depois de raiar o dia, houve trovões e
relâmpagos. Uma nuvem espessa cobriu o monte, e ouviu-se
um sonido de buzina mui forte; estremeceu todo o povo que
estava no arraial. 17 Moisés levou o povo fora do arraial ao en-
contro de Deus; e pararam ao pé do monte. 18 O monte Sinai,
todo ele, fumegava, porque Jeová tinha descido a ele em fogo;
do monte subiu o fumo, como o fumo de uma fornalha, e o
monte tremia grandemente. 19 Quando o sonido da buzina se
ia aumentando cada vez mais, falava Moisés, e respondia-lhe

כ וַיֵּרֶד יְהוָה עַל־הַר סִינַי אֶל־רֹאשׁ הָהָר וַיִּקְרָא
יְהוָה לְמֹשֶׁה אֶל־רֹאשׁ הָהָר וַיַּעַל מֹשֶׁה׃
כא וַיֹּאמֶר יְהוָה אֶל־מֹשֶׁה רֵד הָעֵד בָּעָם פֶּן־יֶהֶרְסוּ
אֶל־יְהוָה לִרְאוֹת וְנָפַל מִמֶּנּוּ רָב׃
כב וְגַם הַכֹּהֲנִים הַנִּגָּשִׁים אֶל־יְהוָה יִתְקַדָּשׁוּ
פֶּן־יִפְרֹץ בָּהֶם יְהוָה׃
כג וַיֹּאמֶר מֹשֶׁה אֶל־יְהוָה לֹא־יוּכַל הָעָם לַעֲלֹת אֶל־הַר
סִינָי כִּי־אַתָּה הַעֵדֹתָה בָּנוּ לֵאמֹר הַגְבֵּל אֶת־הָהָר וְקִדַּשְׁתּוֹ׃
כד וַיֹּאמֶר אֵלָיו יְהוָה לֶךְ־רֵד וְעָלִיתָ אַתָּה וְאַהֲרֹן עִמָּךְ
וְהַכֹּהֲנִים וְהָעָם אַל־יֶהֶרְסוּ לַעֲלֹת אֶל־יְהוָה פֶּן־יִפְרָץ־בָּם׃
כה וַיֵּרֶד מֹשֶׁה אֶל־הָעָם וַיֹּאמֶר אֲלֵהֶם׃ ס

א וַיְדַבֵּר אֱלֹהִים אֵת כָּל־הַדְּבָרִים הָאֵלֶּה לֵאמֹר׃ ס
ב אָנֹכִי יְהוָה אֱלֹהֶיךָ אֲשֶׁר הוֹצֵאתִיךָ מֵאֶרֶץ
מִצְרַיִם מִבֵּית עֲבָדִים׃

ג לֹא יִהְיֶה־לְךָ אֱלֹהִים אֲחֵרִים עַל־פָּנָיַ׃
ד לֹא תַעֲשֶׂה־לְךָ פֶסֶל ׀ וְכָל־תְּמוּנָה אֲשֶׁר בַּשָּׁמַיִם ׀ מִמַּעַל
וַאֲשֶׁר בָּאָרֶץ מִתָּחַת וַאֲשֶׁר בַּמַּיִם ׀ מִתַּחַת לָאָרֶץ׃
ה לֹא־תִשְׁתַּחֲוֶה לָהֶם וְלֹא תָעָבְדֵם כִּי אָנֹכִי יְהוָה אֱלֹהֶיךָ אֵל
קַנָּא פֹּקֵד עֲוֹן אָבֹת עַל־בָּנִים עַל־שִׁלֵּשִׁים וְעַל־רִבֵּעִים לְשֹׂנְאָי׃
ו וְעֹשֶׂה חֶסֶד לַאֲלָפִים לְאֹהֲבַי וּלְשֹׁמְרֵי מִצְוֹתָי׃ ס

ז לֹא תִשָּׂא אֶת־שֵׁם־יְהוָה אֱלֹהֶיךָ לַשָּׁוְא כִּי לֹא יְנַקֶּה
יְהוָה אֵת אֲשֶׁר־יִשָּׂא אֶת־שְׁמוֹ לַשָּׁוְא׃ פ
ח זָכוֹר אֶת־יוֹם הַשַּׁבָּת לְקַדְּשׁוֹ׃
ט שֵׁשֶׁת יָמִים תַּעֲבֹד וְעָשִׂיתָ כָּל־מְלַאכְתֶּךָ׃
י וְיוֹם הַשְּׁבִיעִי שַׁבָּת ׀ לַיהוָה אֱלֹהֶיךָ לֹא־תַעֲשֶׂה
כָל־מְלָאכָה אַתָּה ׀ וּבִנְךָ־וּבִתֶּךָ עַבְדְּךָ וַאֲמָתְךָ
וּבְהֶמְתֶּךָ וְגֵרְךָ אֲשֶׁר בִּשְׁעָרֶיךָ׃
יא כִּי שֵׁשֶׁת־יָמִים עָשָׂה יְהוָה אֶת־הַשָּׁמַיִם וְאֶת־הָאָרֶץ

Deus por uma voz. 20 Desceu Jeová sobre o monte Sinai, ao cume do monte, e chamou Moisés ao cume do monte. Moisés subiu, 21 e disse Jeová a Moisés: Desce, adverte ao povo, para que não suceda que passem além dos limites a Jeová, a fim de ver, e muitos deles pereçam. 22 Os sacerdotes também que se chegam a Jeová, santifiquem-se a si mesmos, para que Jeová não os fira. 23 Respondeu Moisés a Jeová: O povo não poderá subir ao monte; pois tu nos ordenaste expressamente, dizendo: Marca limites ao redor do monte e santifica-o. 24 Replicou-lhe Jeová: Vai, desce. Subirás tu, e Arão, contigo; porém não passem além dos limites os sacerdotes e o povo, para subir a Jeová, para que não suceda que os fira. 25 Desceu, pois, Moisés ao povo e disse-lhes isso.

Os dez mandamentos

20 1 Então, falou Deus todas estas palavras, dizendo:

2 Eu sou Jeová, teu Deus, que te tirei da terra do Egito, da casa de servidão.

3 Não terás outros deuses diante de mim.

4 Não farás para ti imagem de escultura, nem figura alguma do que há em cima no céu, nem embaixo na terra, nem nas águas debaixo da terra. 5 Não as adorarás, nem lhes darás culto, porque eu, Jeová, teu Deus, sou Deus zeloso, que visito a iniquidade dos pais nos filhos, na terceira e na quarta geração daqueles que me aborrecem, 6 e uso misericórdia até mil gerações daqueles que me amam e guardam os meus mandamentos.

7 Não tomarás o nome de Jeová, teu Deus, em vão, porque Jeová não terá por inocente aquele que tomar o seu nome em vão.

8 Lembra-te do dia de sábado, para o santificar. 9 Seis dias trabalharás e farás toda a tua obra; 10 mas o sétimo dia é o sábado de Jeová, teu Deus. Nesse dia, não farás obra alguma, nem tu, nem teu filho, nem tua filha, nem teu servo, nem tua serva, nem teu animal, nem o teu estrangeiro que está das tuas portas para dentro; 11 porque em seis dias fez Jeová o céu e a

אֶת־הַיָּם וְאֶת־כׇּל־אֲשֶׁר־בָּם וַיָּנַח בַּיּוֹם הַשְּׁבִיעִי עַל־כֵּן
בֵּרַךְ יְהוָה אֶת־יוֹם הַשַּׁבָּת וַיְקַדְּשֵׁהוּ׃ ס
יב כַּבֵּד אֶת־אָבִיךָ וְאֶת־אִמֶּךָ לְמַעַן יַאֲרִכוּן יָמֶיךָ עַל
הָאֲדָמָה אֲשֶׁר־יְהוָה אֱלֹהֶיךָ נֹתֵן לָךְ׃ ס
יג לֹא תִּרְצָח׃ ס
יד לֹא תִּנְאָף׃ ס
טו לֹא תִּגְנֹב׃ ס
טז לֹא־תַעֲנֶה בְרֵעֲךָ עֵד שָׁקֶר׃ ס
יז לֹא תַחְמֹד בֵּית רֵעֶךָ לֹא־תַחְמֹד אֵשֶׁת רֵעֶךָ וְעַבְדּוֹ
וַאֲמָתוֹ וְשׁוֹרוֹ וַחֲמֹרוֹ וְכֹל אֲשֶׁר לְרֵעֶךָ׃ פ

יח וְכׇל־הָעָם רֹאִים אֶת־הַקּוֹלֹת וְאֶת־הַלַּפִּידִם וְאֵת קוֹל
הַשֹּׁפָר וְאֶת־הָהָר עָשֵׁן וַיַּרְא הָעָם וַיָּנֻעוּ וַיַּעַמְדוּ מֵרָחֹק׃
יט וַיֹּאמְרוּ אֶל־מֹשֶׁה דַּבֵּר־אַתָּה עִמָּנוּ וְנִשְׁמָעָה
וְאַל־יְדַבֵּר עִמָּנוּ אֱלֹהִים פֶּן־נָמוּת׃
כ וַיֹּאמֶר מֹשֶׁה אֶל־הָעָם אַל־תִּירָאוּ כִּי לְבַעֲבוּר
נַסּוֹת אֶתְכֶם בָּא הָאֱלֹהִים וּבַעֲבוּר תִּהְיֶה יִרְאָתוֹ
עַל־פְּנֵיכֶם לְבִלְתִּי תֶחֱטָאוּ׃
כא וַיַּעֲמֹד הָעָם מֵרָחֹק וּמֹשֶׁה נִגַּשׁ אֶל־הָעֲרָפֶל
אֲשֶׁר־שָׁם הָאֱלֹהִים׃ פ

כב וַיֹּאמֶר יְהוָה אֶל־מֹשֶׁה כֹּה תֹאמַר אֶל־בְּנֵי יִשְׂרָאֵל
אַתֶּם רְאִיתֶם כִּי מִן־הַשָּׁמַיִם דִּבַּרְתִּי עִמָּכֶם׃
כג לֹא תַעֲשׂוּן אִתִּי אֱלֹהֵי כֶסֶף וֵאלֹהֵי זָהָב לֹא תַעֲשׂוּ לָכֶם׃
כד מִזְבַּח אֲדָמָה תַּעֲשֶׂה־לִּי וְזָבַחְתָּ עָלָיו אֶת־עֹלֹתֶיךָ וְאֶת־
שְׁלָמֶיךָ אֶת־צֹאנְךָ וְאֶת־בְּקָרֶךָ בְּכׇל־הַמָּקוֹם אֲשֶׁר אַזְכִּיר
אֶת־שְׁמִי אָבוֹא אֵלֶיךָ וּבֵרַכְתִּיךָ׃
כה וְאִם־מִזְבַּח אֲבָנִים תַּעֲשֶׂה־לִּי לֹא־תִבְנֶה אֶתְהֶן גָּזִית
כִּי חַרְבְּךָ הֵנַפְתָּ עָלֶיהָ וַתְּחַלְלֶהָ׃
כו וְלֹא־תַעֲלֶה בְמַעֲלֹת עַל־מִזְבְּחִי אֲשֶׁר
לֹא־תִגָּלֶה עֶרְוָתְךָ עָלָיו׃ פ

terra, o mar e tudo o que neles há; por isso, Jeová abençoou
o dia sétimo e o santificou.

12 Honrarás a teu pai e a tua mãe, para que se prolonguem os
teus dias na terra que Jeová, teu Deus, te dá.

13 Não matarás.

14 Não adulterarás.

15 Não furtarás.

16 Não dirás falso testemunho contra o teu próximo.

17 Não cobiçarás a casa do teu próximo, não cobiçarás a mu-
lher do teu próximo, nem o seu servo, nem a sua serva, nem o
seu boi, nem o seu jumento, nem coisa alguma que lhe pertença.

18 Todo o povo testemunhava os trovões, e os relâmpagos, e
o sonido da buzina, e o monte fumegando; o povo, ao ver isso,
estremeceu e parou ao longe. 19 Disseram a Moisés: Fala-nos tu,
e ouviremos; porém não nos fale Deus, para que não morramos.
20 Respondeu Moisés ao povo: Não temais, porque Deus veio
para vos provar e para que o seu temor esteja diante de vós, a
fim de que não pequeis. 21 O povo parou ao longe, mas Moisés
chegou-se às trevas espessas onde Deus estava.

Leis acerca dos ídolos e dos altares

22 Então, disse Jeová a Moisés: Assim dirás aos filhos de Israel:
Vós mesmos tendes visto que do céu eu vos falei. 23 Não fareis
outros deuses ao lado de mim; deuses de prata ou deuses de
ouro, não os fareis para vós. 24 Um altar de terra me farás e sobre
ele sacrificarás os teus holocaustos e as tuas ofertas pacíficas,
as tuas ovelhas e os teus bois. Em todo lugar em que eu fizer
recordar o meu nome, virei ter contigo e te abençoarei. 25 Se
me edificares um altar de pedras, não o edificarás de pedras
lavradas; pois, se levantares sobre ele a tua ferramenta, tê-lo-ás
profanado. 26 Nem subirás por degraus ao meu altar, para que
a tua nudez não seja ali exposta.

א וְאֵלֶּה הַמִּשְׁפָּטִים אֲשֶׁר תָּשִׂים לִפְנֵיהֶם׃
ב כִּי תִקְנֶה עֶבֶד עִבְרִי שֵׁשׁ שָׁנִים יַעֲבֹד וּבַשְּׁבִעִת
יֵצֵא לַחָפְשִׁי חִנָּם׃
ג אִם־בְּגַפּוֹ יָבֹא בְּגַפּוֹ יֵצֵא אִם־בַּעַל אִשָּׁה
הוּא וְיָצְאָה אִשְׁתּוֹ עִמּוֹ׃
ד אִם־אֲדֹנָיו יִתֶּן־לוֹ אִשָּׁה וְיָלְדָה־לוֹ בָנִים אוֹ
בָנוֹת הָאִשָּׁה וִילָדֶיהָ תִּהְיֶה לַאדֹנֶיהָ וְהוּא יֵצֵא בְגַפּוֹ׃
ה וְאִם־אָמֹר יֹאמַר הָעֶבֶד אָהַבְתִּי אֶת־אֲדֹנִי
אֶת־אִשְׁתִּי וְאֶת־בָּנָי לֹא אֵצֵא חָפְשִׁי׃
ו וְהִגִּישׁוֹ אֲדֹנָיו אֶל־הָאֱלֹהִים וְהִגִּישׁוֹ אֶל־הַדֶּלֶת אוֹ אֶל־הַמְּזוּזָה
וְרָצַע אֲדֹנָיו אֶת־אָזְנוֹ בַּמַּרְצֵעַ וַעֲבָדוֹ לְעֹלָם׃ ס
ז וְכִי־יִמְכֹּר אִישׁ אֶת־בִּתּוֹ לְאָמָה לֹא תֵצֵא כְּצֵאת הָעֲבָדִים׃
ח אִם־רָעָה בְּעֵינֵי אֲדֹנֶיהָ אֲשֶׁר־(לֹא) [לוֹ] יְעָדָהּ
וְהֶפְדָּהּ לְעַם נָכְרִי לֹא־יִמְשֹׁל לְמָכְרָהּ בְּבִגְדוֹ־בָהּ׃
ט וְאִם־לִבְנוֹ יִיעָדֶנָּה כְּמִשְׁפַּט הַבָּנוֹת יַעֲשֶׂה־לָּהּ׃
י אִם־אַחֶרֶת יִקַּח־לוֹ שְׁאֵרָהּ כְּסוּתָהּ וְעֹנָתָהּ לֹא יִגְרָע׃
יא וְאִם־שְׁלָשׁ־אֵלֶּה לֹא יַעֲשֶׂה לָהּ וְיָצְאָה חִנָּם אֵין כָּסֶף׃ ס

יב מַכֵּה אִישׁ וָמֵת מוֹת יוּמָת׃
יג וַאֲשֶׁר לֹא צָדָה וְהָאֱלֹהִים אִנָּה לְיָדוֹ וְשַׂמְתִּי
לְךָ מָקוֹם אֲשֶׁר יָנוּס שָׁמָּה׃ ס
יד וְכִי־יָזִד אִישׁ עַל־רֵעֵהוּ לְהָרְגוֹ בְעָרְמָה מֵעִם
מִזְבְּחִי תִּקָּחֶנּוּ לָמוּת׃ ס

טו וּמַכֵּה אָבִיו וְאִמּוֹ מוֹת יוּמָת׃
טז וְגֹנֵב אִישׁ וּמְכָרוֹ וְנִמְצָא
בְיָדוֹ מוֹת יוּמָת׃ ס

יז וּמְקַלֵּל אָבִיו וְאִמּוֹ מוֹת יוּמָת׃ ס

יח וְכִי־יְרִיבֻן אֲנָשִׁים וְהִכָּה־אִישׁ אֶת־רֵעֵהוּ בְּאֶבֶן
אוֹ בְאֶגְרֹף וְלֹא יָמוּת וְנָפַל לְמִשְׁכָּב׃
יט אִם־יָקוּם וְהִתְהַלֵּךְ בַּחוּץ עַל־מִשְׁעַנְתּוֹ

Leis acerca dos servos e dos homicídios

21 1 Ora estas são as ordenações que lhes proporás.
2 Se comprares um escravo hebreu, seis anos ser-
virá; mas, ao sétimo, sairá forro, de graça. 3 Se entrar
sozinho, sozinho sairá; se tiver mulher, então com ele sairá sua
mulher. 4 Se o seu senhor lhe der mulher, e ela tiver filhos e filhas
com ele, a mulher e seus filhos serão do seu senhor, e ele sairá
sozinho. 5 Porém, se o escravo disser expressamente: Eu amo
a meu senhor, a minha mulher e a meus filhos; não quero sair
forro; 6 o seu senhor o levará perante os juízes, e o fará chegar à
porta ou à ombreira da porta, e o seu senhor lhe furará a orelha
com uma sovela; ele o servirá para sempre.

7 Se um homem vender sua filha para ser escrava, esta não
sairá como saem os escravos. 8 Se ela não agradar ao seu senhor
que se comprometeu a desposá-la, ele permitirá que seja remida;
vendê-la a um povo estrangeiro não poderá, visto tê-la engana-
do. 9 Se ele a desposar com seu filho, tratá-la-á como se tratam
as filhas. 10 Se ele der ao filho outra mulher, não lhe diminuirá o
mantimento, nem os vestidos, nem o direito conjugal. 11 Se ele
não fizer essas três coisas, ela sairá de graça, sem dar dinheiro.

12 Aquele que ferir a um homem, de modo que este morra,
certamente será morto. 13 Mas, se não lhe armar ciladas, porém
Deus lho entregar nas mãos, então, te designarei lugar para
onde fugirá. 14 Se um homem vier premeditadamente contra
o seu próximo, para o matar à traição, tirá-lo-ás do meu altar,
para que morra.

15 Quem ferir a seu pai ou a sua mãe certamente será morto.

16 Aquele que furtar um homem e o vender ou mesmo se este
for achado no seu poder, certamente será morto.

As leis acerca dos que amaldiçoam os pais ou ferem qualquer
pessoa

17 O que amaldiçoar a seu pai ou a sua mãe certamente será
morto.

18 Se dois homens se travarem de razões, e um ferir o outro
com pedra ou punhada, e este não morrer, mas ficar de cama;
19 se ele tornar a levantar-se e andar fora encostado ao seu bastão,

וְנִקָּה הַמַּכֶּה רַק שִׁבְתּוֹ
יִתֵּן וְרַפֹּא יְרַפֵּא׃ ס
כ וְכִי־יַכֶּה אִישׁ אֶת־עַבְדּוֹ אוֹ אֶת־אֲמָתוֹ
בַּשֵּׁבֶט וּמֵת תַּחַת יָדוֹ נָקֹם יִנָּקֵם׃
כא אַךְ אִם־יוֹם אוֹ יוֹמַיִם יַעֲמֹד
לֹא יֻקַּם כִּי כַסְפּוֹ הוּא׃ ס
כב וְכִי־יִנָּצוּ אֲנָשִׁים וְנָגְפוּ אִשָּׁה הָרָה וְיָצְאוּ
יְלָדֶיהָ וְלֹא יִהְיֶה אָסוֹן עָנוֹשׁ יֵעָנֵשׁ כַּאֲשֶׁר
יָשִׁית עָלָיו בַּעַל הָאִשָּׁה וְנָתַן בִּפְלִלִים׃
כג וְאִם־אָסוֹן יִהְיֶה וְנָתַתָּה נֶפֶשׁ תַּחַת נָפֶשׁ׃
כד עַיִן תַּחַת עַיִן שֵׁן תַּחַת שֵׁן יָד תַּחַת יָד רֶגֶל תַּחַת רָגֶל׃
כה כְּוִיָּה תַּחַת כְּוִיָּה פֶּצַע תַּחַת פָּצַע חַבּוּרָה תַּחַת חַבּוּרָה׃ ס

כו וְכִי־יַכֶּה אִישׁ אֶת־עֵין עַבְדּוֹ אוֹ־אֶת־עֵין
אֲמָתוֹ וְשִׁחֲתָהּ לַחָפְשִׁי יְשַׁלְּחֶנּוּ תַּחַת עֵינוֹ׃ ס
כז וְאִם־שֵׁן עַבְדּוֹ אוֹ־שֵׁן אֲמָתוֹ יַפִּיל לַחָפְשִׁי
יְשַׁלְּחֶנּוּ תַּחַת שִׁנּוֹ׃ פ
כח וְכִי־יִגַּח שׁוֹר אֶת־אִישׁ אוֹ אֶת־אִשָּׁה וָמֵת
סָקוֹל יִסָּקֵל הַשּׁוֹר וְלֹא יֵאָכֵל אֶת־בְּשָׂרוֹ וּבַעַל הַשּׁוֹר נָקִי׃
כט וְאִם שׁוֹר נַגָּח הוּא מִתְּמֹל שִׁלְשֹׁם וְהוּעַד בִּבְעָלָיו וְלֹא
יִשְׁמְרֶנּוּ וְהֵמִית אִישׁ אוֹ אִשָּׁה הַשּׁוֹר יִסָּקֵל וְגַם־בְּעָלָיו יוּמָת׃
ל אִם־כֹּפֶר יוּשַׁת עָלָיו וְנָתַן פִּדְיֹן נַפְשׁוֹ כְּכֹל אֲשֶׁר־יוּשַׁת עָלָיו׃
לא אוֹ־בֵן יִגָּח אוֹ־בַת יִגָּח כַּמִּשְׁפָּט הַזֶּה יֵעָשֶׂה לּוֹ׃
לב אִם־עֶבֶד יִגַּח הַשּׁוֹר אוֹ אָמָה כֶּסֶף ׀ שְׁלֹשִׁים שְׁקָלִים
יִתֵּן לַאדֹנָיו וְהַשּׁוֹר יִסָּקֵל׃ ס

לג וְכִי־יִפְתַּח אִישׁ בּוֹר אוֹ כִּי־יִכְרֶה אִישׁ בֹּר וְלֹא יְכַסֶּנּוּ
וְנָפַל־שָׁמָּה שׁוֹר אוֹ חֲמוֹר׃
לד בַּעַל הַבּוֹר יְשַׁלֵּם כֶּסֶף יָשִׁיב לִבְעָלָיו וְהַמֵּת יִהְיֶה־לּוֹ׃ ס
לה וְכִי־יִגֹּף שׁוֹר־אִישׁ אֶת־שׁוֹר רֵעֵהוּ וָמֵת וּמָכְרוּ אֶת־הַשּׁוֹר
הַחַי וְחָצוּ אֶת־כַּסְפּוֹ וְגַם אֶת־הַמֵּת יֶחֱצוּן׃

então, será absolvido aquele que o feriu; somente lhe pagará
o tempo que perdeu e fará que seja completamente curado.
20 Se um homem ferir o seu escravo (ou a sua escrava) com
uma vara, e este morrer debaixo da sua mão, certamente será
castigado. 21 Porém, se sobreviver um ou dois dias, não será
castigado, porque é dinheiro seu.
22 Se homens brigarem, e um deles ferir a uma mulher grávi-
da, e for causa de que aborte, porém não resultar dano maior;
certamente será multado, conforme o que lhe impuser o marido
da mulher; e pagará como os juízes lhe determinem. 23 Mas,
se resultar dano, então, darás vida por vida, 24 olho por olho,
dente por dente, mão por mão, pé por pé, 25 queimadura por
queimadura, ferida por ferida, golpe por golpe.
26 Se alguém ferir o olho do seu escravo (ou o olho da sua
escrava) e o destruir, deixá-lo-á ir forro por causa do olho.
27 E, se deitar fora o dente do seu escravo (ou da sua escrava),
deixá-lo-á ir forro por causa do dente.
28 Se um boi ferir mortalmente com as pontas um homem ou
uma mulher, certamente será apedrejado, e não se comerão as suas
carnes; porém o dono do boi será absolvido. 29 Mas, se o boi tiver
sido, já de tempos, avezado a marrar, e o dono, tendo sido disso
advertido, não o tiver encurralado, e o boi tiver matado um homem
ou uma mulher, o boi será apedrejado, e também será morto o seu
dono. 30 Se lhe for imposto resgate, então, dará pela redenção da sua
vida tudo o que lhe for imposto. 31 Quer tenha o boi ferido com as
suas pontas a um filho, quer a uma filha, segundo este julgamento
lhe será feito. 32 Se o boi ferir a um escravo ou a uma escrava, serão
dados ao senhor deles trinta siclos de prata, e o boi será apedrejado.

Leis acerca da propriedade

33 Se alguém abrir uma cova ou se alguém cavar uma cova e não
a cobrir, e nela cair um boi ou um jumento, 34 o dono fará resti-
tuição; dará dinheiro ao dono do animal morto, e este será seu.
35 Se o boi de um homem ferir o boi de outro, e este morrer,
venderão o boi vivo e repartirão o valor; e dividirão entre si

לו אוֹ נוֹדַע כִּי שׁוֹר נַגָּח הוּא מִתְּמוֹל שִׁלְשֹׁם וְלֹא יִשְׁמְרֶנּוּ
בְּעָלָיו שַׁלֵּם יְשַׁלֵּם שׁוֹר תַּחַת הַשּׁוֹר וְהַמֵּת יִהְיֶה־לּוֹ: ס

לז כִּי יִגְנֹב־אִישׁ שׁוֹר אוֹ־שֶׂה וּטְבָחוֹ אוֹ מְכָרוֹ חֲמִשָּׁה בָקָר
יְשַׁלֵּם תַּחַת הַשּׁוֹר וְאַרְבַּע־צֹאן תַּחַת הַשֶּׂה:

[O capítulo 21 da versão hebraica termina no versículo 37].

א אִם־בַּמַּחְתֶּרֶת יִמָּצֵא הַגַּנָּב וְהֻכָּה
וָמֵת אֵין לוֹ דָּמִים:
ב אִם־זָרְחָה הַשֶּׁמֶשׁ עָלָיו דָּמִים לוֹ שַׁלֵּם
יְשַׁלֵּם אִם־אֵין לוֹ וְנִמְכַּר בִּגְנֵבָתוֹ:
ג אִם־הִמָּצֵא תִמָּצֵא בְיָדוֹ הַגְּנֵבָה מִשּׁוֹר
עַד־חֲמוֹר עַד־שֶׂה חַיִּים שְׁנַיִם יְשַׁלֵּם: ס
ד כִּי יַבְעֶר־אִישׁ שָׂדֶה אוֹ־כֶרֶם וְשִׁלַּח
אֶת־(בְּעִירֹה) [בְּעִירוֹ] וּבִעֵר בִּשְׂדֵה אַחֵר מֵיטַב
שָׂדֵהוּ וּמֵיטַב כַּרְמוֹ יְשַׁלֵּם: ס
ה כִּי־תֵצֵא אֵשׁ וּמָצְאָה קֹצִים וְנֶאֱכַל גָּדִישׁ
אוֹ הַקָּמָה אוֹ הַשָּׂדֶה שַׁלֵּם יְשַׁלֵּם
הַמַּבְעִר אֶת־הַבְּעֵרָה: ס
ו כִּי־יִתֵּן אִישׁ אֶל־רֵעֵהוּ כֶּסֶף אוֹ־כֵלִים
לִשְׁמֹר וְגֻנַּב מִבֵּית הָאִישׁ אִם־יִמָּצֵא
הַגַּנָּב יְשַׁלֵּם שְׁנָיִם:
ז אִם־לֹא יִמָּצֵא הַגַּנָּב וְנִקְרַב בַּעַל־הַבַּיִת
אֶל־הָאֱלֹהִים אִם־לֹא שָׁלַח יָדוֹ בִּמְלֶאכֶת רֵעֵהוּ:
ח עַל־כָּל־דְּבַר־פֶּשַׁע עַל־שׁוֹר עַל־חֲמוֹר עַל־שֶׂה
עַל־שַׂלְמָה עַל־כָּל־אֲבֵדָה אֲשֶׁר יֹאמַר כִּי־הוּא זֶה ע
ַד הָאֱלֹהִים יָבֹא דְּבַר־שְׁנֵיהֶם אֲשֶׁר יַרְשִׁיעֻן
אֱלֹהִים יְשַׁלֵּם שְׁנַיִם לְרֵעֵהוּ: ס
ט כִּי־יִתֵּן אִישׁ אֶל־רֵעֵהוּ חֲמוֹר אוֹ־שׁוֹר אוֹ־שֶׂה וְכָל־בְּהֵמָה
לִשְׁמֹר וּמֵת אוֹ־נִשְׁבַּר אוֹ־נִשְׁבָּה אֵין רֹאֶה:

o boi morto. 36 Ou, se for notório que o boi era, já de tempos,
avezado a marrar, e o seu dono não o tiver encurralado, certa-
mente pagará boi por boi e receberá o boi morto.

22 1 Se alguém furtar um boi (ou uma ovelha), e o ma-
tar ou vender, pagará cinco bois por um boi e qua-
tro ovelhas por uma ovelha. 2 Se o ladrão for acha-
do minando uma casa e for ferido de modo que morra, o que o
feriu não será réu de sangue. 3 Se o sol tiver saído sobre o ladrão,
o que o feriu será réu de sangue; neste caso, o ladrão deverá fazer
restituição. Se ele não tiver com que pagar, será vendido por seu
furto. 4 Se aquilo que roubou for achado vivo em seu poder, seja
boi, seja jumento, seja ovelha, pagará ele o dobro.

5 Se alguém fizer pastar um campo ou uma vinha, e soltar o
seu animal, e este pastar no campo de outrem, do melhor do
seu campo e do melhor da sua vinha fará restituição.

6 Se arrebentar um fogo e se prender nos espinhos, de modo
que sejam destruídas as medas de trigo, ou as messes, ou o
campo, aquele que acendeu o fogo, sem dúvida, fará restituição.

7 Se um homem entregar ao seu próximo dinheiro ou vasos a
guardar, e isso for furtado àquele que o recebeu; se for achado o
ladrão, pagará o dobro. 8 Se o ladrão não for achado, o dono da
casa se apresentará aos juízes, para ver se não meteu a mão na
fazenda do seu próximo. 9 Em todo caso de transgressão, seja a
respeito de boi, ou de jumento, ou de ovelhas, ou de vestidos,
ou de qualquer coisa perdida, de que uma das partes diz: Esta é a
coisa, a causa de ambas as partes se levará perante os juízes; aquele
a quem os juízes condenarem pagará o dobro ao seu próximo.

י שְׁבֻעַת יְהוָה תִּהְיֶה בֵּין שְׁנֵיהֶם אִם־לֹא שָׁלַח
יָדוֹ בִּמְלֶאכֶת רֵעֵהוּ וְלָקַח בְּעָלָיו וְלֹא יְשַׁלֵּם׃
יא וְאִם־גָּנֹב יִגָּנֵב מֵעִמּוֹ יְשַׁלֵּם לִבְעָלָיו׃
יב אִם־טָרֹף יִטָּרֵף יְבִאֵהוּ עֵד הַטְּרֵפָה לֹא יְשַׁלֵּם׃ פ
יג וְכִי־יִשְׁאַל אִישׁ מֵעִם רֵעֵהוּ וְנִשְׁבַּר אוֹ־מֵת
בְּעָלָיו אֵין־עִמּוֹ שַׁלֵּם יְשַׁלֵּם׃

יד אִם־בְּעָלָיו עִמּוֹ לֹא יְשַׁלֵּם
אִם־שָׂכִיר הוּא בָּא בִּשְׂכָרוֹ׃ ס
טו וְכִי־יְפַתֶּה אִישׁ בְּתוּלָה אֲשֶׁר לֹא־אֹרָשָׂה
וְשָׁכַב עִמָּהּ מָהֹר יִמְהָרֶנָּה לּוֹ לְאִשָּׁה׃

טז אִם־מָאֵן יְמָאֵן אָבִיהָ לְתִתָּהּ לוֹ כֶּסֶף יִשְׁקֹל
כְּמֹהַר הַבְּתוּלֹת׃ ס
יז מְכַשֵּׁפָה לֹא תְחַיֶּה׃ ס

יח כָּל־שֹׁכֵב עִם־בְּהֵמָה מוֹת יוּמָת׃ ס
יט זֹבֵחַ לָאֱלֹהִים יָחֳרָם בִּלְתִּי לַיהוָה לְבַדּוֹ׃
כ וְגֵר לֹא־תוֹנֶה וְלֹא תִלְחָצֶנּוּ כִּי־גֵרִים הֱיִיתֶם בְּאֶרֶץ מִצְרָיִם׃
כא כָּל־אַלְמָנָה וְיָתוֹם לֹא תְעַנּוּן׃
כב אִם־עַנֵּה תְעַנֶּה אֹתוֹ כִּי אִם־צָעֹק יִצְעַק אֵלַי שָׁמֹעַ אֶשְׁמַע
צַעֲקָתוֹ׃ כג וְחָרָה אַפִּי וְהָרַגְתִּי אֶתְכֶם בֶּחָרֶב וְהָיוּ נְשֵׁיכֶם
אַלְמָנוֹת וּבְנֵיכֶם יְתֹמִים׃ פ
כד אִם־כֶּסֶף ׀ תַּלְוֶה אֶת־עַמִּי אֶת־הֶעָנִי עִמָּךְ לֹא־תִהְיֶה
לוֹ כְּנֹשֶׁה לֹא־תְשִׂימוּן עָלָיו נֶשֶׁךְ׃
כה אִם־חָבֹל תַּחְבֹּל שַׂלְמַת רֵעֶךָ
עַד־בֹּא הַשֶּׁמֶשׁ תְּשִׁיבֶנּוּ לוֹ׃
כו כִּי הִוא (כְסוּתֹה) [כְסוּתוֹ]
לְבַדָּהּ הִוא שִׂמְלָתוֹ לְעֹרוֹ
בַּמֶּה יִשְׁכָּב וְהָיָה כִּי־יִצְעַק אֵלַי

10 Se alguém entregar ao seu próximo um jumento, ou um
boi, ou uma ovelha, ou outro qualquer animal a guardar, e este
morrer, ou se estropear, ou for arrebatado sem que ninguém o
visse, 11 interpor-se-á o juramento de Jeová entre ambos, para
ver se o guarda não meteu a mão na fazenda do seu próximo;
o dono aceitará o juramento, e o outro não fará restituição.
12 Porém, se o animal lhe for furtado, fará restituição ao seu
dono. 13 Se for dilacerado, trá-lo-á por testemunho; não fará
restituição pelo que tiver sido dilacerado.

14 Se um homem pedir emprestado ao seu próximo e aquilo
que for emprestado vier a danificar-se ou morrer em ausência
do dono, certamente fará ele restituição. 15 Se o dono estiver
presente, o outro não fará restituição; se a coisa for alugada, o
preço do seu aluguel já respondeu por ela.

Leis diversas: civis e religiosas

16 Se alguém seduzir uma virgem que não está desposada e
se deitar com ela, sem falta a dotará e a terá por mulher. 17 Se o
pai da virgem recusar terminantemente dar-lha, pagará ele em
dinheiro conforme o dote das virgens.

18 Não permitirás que viva uma feiticeira.

19 Quem tiver coito com uma besta, certamente será morto.

20 Aquele que sacrificar a qualquer deus, a não ser tão somente
a Jeová, sem falta será morto. 21 Não fareis mal ao peregrino,
nem o oprimireis, porque fostes peregrinos na terra do Egito.
22 Não afligireis a viúva, nem o órfão. 23 Se de alguma maneira
os afligirdes, e eles clamarem a mim, sem dúvida ouvirei o seu
clamor; 24 o meu furor se acenderá, e vos matarei à espada;
vossas mulheres ficarão viúvas, e vossos filhos, órfãos.

25 Se emprestares dinheiro a algum pobre dentre o meu povo
que está contigo, não lhe serás como credor, nem lhe exigirás
juros. 26 Se por qualquer motivo tomares do teu próximo em
penhor o seu vestido, lho restituirás antes do pôr do sol, 27 pois
esta é a única cobertura que tem, é o vestido com que cobre

וְשָׁמַעְתִּי כִּי־חַנּוּן אָנִי: ס
כז אֱלֹהִים לֹא תְקַלֵּל וְנָשִׂיא בְעַמְּךָ לֹא תָאֹר:
כח מְלֵאָתְךָ וְדִמְעֲךָ לֹא תְאַחֵר בְּכוֹר בָּנֶיךָ תִּתֶּן־לִּי:
כט כֵּן־תַּעֲשֶׂה לְשֹׁרְךָ לְצֹאנֶךָ שִׁבְעַת יָמִים יִהְיֶה
עִם־אִמּוֹ בַּיּוֹם הַשְּׁמִינִי תִּתְּנוֹ־לִי:
ל וְאַנְשֵׁי־קֹדֶשׁ תִּהְיוּן לִי וּבָשָׂר בַּשָּׂדֶה טְרֵפָה
לֹא תֹאכֵלוּ לַכֶּלֶב תַּשְׁלִכוּן אֹתוֹ: ס

[O capítulo 22 da versão hebraica termina no versículo 30].

א לֹא תִשָּׂא שֵׁמַע שָׁוְא אַל־תָּשֶׁת יָדְךָ
עִם־רָשָׁע לִהְיֹת עֵד חָמָס: ס
ב לֹא־תִהְיֶה אַחֲרֵי־רַבִּים לְרָעֹת וְלֹא־תַעֲנֶה
עַל־רִב לִנְטֹת אַחֲרֵי רַבִּים לְהַטֹּת:
ג וְדָל לֹא תֶהְדַּר בְּרִיבוֹ: ס
ד כִּי תִפְגַּע שׁוֹר אֹיִבְךָ אוֹ חֲמֹרוֹ תֹּעֶה הָשֵׁב תְּשִׁיבֶנּוּ לוֹ: ס
ה כִּי־תִרְאֶה חֲמוֹר שֹׂנַאֲךָ רֹבֵץ תַּחַת מַשָּׂאוֹ
וְחָדַלְתָּ מֵעֲזֹב לוֹ עָזֹב תַּעֲזֹב עִמּוֹ: ס

ו לֹא תַטֶּה מִשְׁפַּט אֶבְיֹנְךָ בְּרִיבוֹ:
ז מִדְּבַר־שֶׁקֶר תִּרְחָק וְנָקִי וְצַדִּיק אַל־תַּהֲרֹג
כִּי לֹא־אַצְדִּיק רָשָׁע:
ח וְשֹׁחַד לֹא תִקָּח כִּי הַשֹּׁחַד יְעַוֵּר פִּקְחִים וִיסַלֵּף דִּבְרֵי צַדִּיקִים:
ט וְגֵר לֹא תִלְחָץ וְאַתֶּם יְדַעְתֶּם אֶת־נֶפֶשׁ הַגֵּר
כִּי־גֵרִים הֱיִיתֶם בְּאֶרֶץ מִצְרָיִם:

as suas carnes. Em que se deitará ele? Quando ele me clamar a
mim, o ouvirei, pois sou misericordioso.
28 Não injuriarás aos juízes, nem amaldiçoarás ao magis-
trado do teu povo. 29 Não tardarás em trazer ofertas do me-
lhor das tuas ceifas e das tuas vinhas. O primogênito de teus
filhos mo darás. 30 Da mesma maneira farás com os teus bois
e com as tuas ovelhas; sete dias ficará a cria com a mãe; ao
oitavo dia, ma darás. 31 Ser-me-eis homens santos; portanto,
não comereis carne que tenha sido dilacerada no campo;
deitá-la-eis aos cães.

O testemunho falso e a injustiça

23 1 Não levantarás um boato falso; não concertarás com
o perverso para seres testemunha injusta. 2 Não segui-
rás a multidão para fazeres o mal; nem darás teste-
munha numa causa, inclinando-te ao parecer da maioria, para
perverteres a justiça; 3 nem favorecerás o pobre na sua causa.
4 Se encontrares o boi do teu inimigo ou o seu jumento
desgarrado, sem falta lho reconduzirás. 5 Se vires caído de-
baixo da sua carga o jumento daquele que te aborrece, não
o deixarás; certamente, com o dono o aliviarás.
6 Não perverterás a justiça que se deve ao teu pobre na sua
causa. 7 Guarda-te afastado do que é falso. Não matarás o ino-
cente e o justo, porque não justificarei o perverso. 8 Não aceitarás
peita, pois ela cega aos que têm vista e perverte as palavras dos
justos. 9 Não oprimirás o peregrino, pois vós conheceis o coração
dum peregrino, visto que fostes peregrinos na terra do Egito.

י וְשֵׁשׁ שָׁנִים תִּזְרַע אֶת־אַרְצֶךָ וְאָסַפְתָּ אֶת־תְּבוּאָתָהּ׃
יא וְהַשְּׁבִיעִת תִּשְׁמְטֶנָּה וּנְטַשְׁתָּהּ וְאָכְלוּ אֶבְיֹנֵי עַמֶּךָ וְיִתְרָם
תֹּאכַל חַיַּת הַשָּׂדֶה כֵּן־תַּעֲשֶׂה לְכַרְמְךָ לְזֵיתֶךָ׃
יב שֵׁשֶׁת יָמִים תַּעֲשֶׂה מַעֲשֶׂיךָ וּבַיּוֹם הַשְּׁבִיעִי תִּשְׁבֹּת
לְמַעַן יָנוּחַ שׁוֹרְךָ וַחֲמֹרֶךָ וְיִנָּפֵשׁ בֶּן־אֲמָתְךָ וְהַגֵּר׃
יג וּבְכֹל אֲשֶׁר־אָמַרְתִּי אֲלֵיכֶם תִּשָּׁמֵרוּ וְשֵׁם אֱלֹהִים
אֲחֵרִים לֹא תַזְכִּירוּ לֹא יִשָּׁמַע עַל־פִּיךָ׃

יד שָׁלֹשׁ רְגָלִים תָּחֹג לִי בַּשָּׁנָה׃
טו אֶת־חַג הַמַּצּוֹת תִּשְׁמֹר שִׁבְעַת יָמִים תֹּאכַל מַצּוֹת כַּאֲשֶׁר
צִוִּיתִךָ לְמוֹעֵד חֹדֶשׁ הָאָבִיב כִּי־בוֹ יָצָאתָ מִמִּצְרָיִם
וְלֹא־יֵרָאוּ פָנַי רֵיקָם׃
טז וְחַג הַקָּצִיר בִּכּוּרֵי מַעֲשֶׂיךָ אֲשֶׁר תִּזְרַע בַּשָּׂדֶה
וְחַג הָאָסִף בְּצֵאת הַשָּׁנָה בְּאָסְפְּךָ אֶת־מַעֲשֶׂיךָ מִן־הַשָּׂדֶה׃
יז שָׁלֹשׁ פְּעָמִים בַּשָּׁנָה יֵרָאֶה כָּל־זְכוּרְךָ אֶל־פְּנֵי הָאָדֹן ׀ יְהוָה׃

יח לֹא־תִזְבַּח עַל־חָמֵץ דַּם־זִבְחִי וְלֹא־יָלִין
חֵלֶב־חַגִּי עַד־בֹּקֶר׃
יט רֵאשִׁית בִּכּוּרֵי אַדְמָתְךָ תָּבִיא בֵּית יְהוָה אֱלֹהֶיךָ
לֹא־תְבַשֵּׁל גְּדִי בַּחֲלֵב אִמּוֹ׃ ס

כ הִנֵּה אָנֹכִי שֹׁלֵחַ מַלְאָךְ לְפָנֶיךָ לִשְׁמָרְךָ בַּדָּרֶךְ
וְלַהֲבִיאֲךָ אֶל־הַמָּקוֹם אֲשֶׁר הֲכִנֹתִי׃
כא הִשָּׁמֶר מִפָּנָיו וּשְׁמַע בְּקֹלוֹ אַל־תַּמֵּר בּוֹ כִּי לֹא
יִשָּׂא לְפִשְׁעֲכֶם כִּי שְׁמִי בְּקִרְבּוֹ׃

O ano de descanso e o sábado

10 Seis anos semearás a tua terra e recolherás os seus frutos;
11 porém, no sétimo ano, a deixarás descansar e não a cultivarás,
para que os pobres do teu povo achem que comer; e o que estes
deixarem servirá de mantimento para os animais do campo.
Assim farás com a tua vinha e com o teu olival. 12 Seis dias
trabalharás e, ao sétimo dia, descansarás, para que descanse
o teu boi e o teu jumento e para que se refrigere o filho da tua
escrava e o peregrino. 13 Em tudo o que vos tenho dito, andai
apercebidos; não fareis menção do nome de outros deuses, nem
o nome deles se ouça da vossa boca.

As três festas

14 Três vezes no ano me celebrarás uma festa. 15 Guardarás
a Festa dos Pães Asmos; sete dias comerás pães asmos como
te ordenei, ao tempo apontado no mês de abibe (pois nele
saíste do Egito). Ninguém aparecerá diante de mim com as
mãos vazias. 16 Guardarás a Festa da Ceifa, das primícias do teu
trabalho, do que semeias no campo; e a Festa da Colheita no
fim do ano, quando do campo recolheres os produtos do teu
trabalho. 17 Três vezes no ano todos os teus homens aparecerão
diante do Senhor Jeová.

18 Não oferecerás o sangue do meu sacrifício com pão levedado, nem ficará a gordura da minha festa durante a noite até
pela manhã. 19 As primícias dos teus frutos trarás para a casa de
Jeová, teu Deus. Não cozerás um cabrito no leite de sua mãe.

Promessa da volta a Canaã

20 Eis que eu envio um anjo adiante de ti, para que te guarde
pelo caminho e te introduza no lugar que tenho preparado.
21 Estai de sobreaviso diante dele e ouvi a sua voz. Não o provoqueis, porque não perdoará a vossa transgressão; pois nele

כב כִּי אִם־שָׁמֹעַ תִּשְׁמַע בְּקֹלוֹ וְעָשִׂיתָ כֹּל אֲשֶׁר אֲדַבֵּר
וְאָיַבְתִּי אֶת־אֹיְבֶיךָ וְצַרְתִּי אֶת־צֹרְרֶיךָ׃
כג כִּי־יֵלֵךְ מַלְאָכִי לְפָנֶיךָ וֶהֱבִיאֲךָ אֶל־הָאֱמֹרִי וְהַחִתִּי
וְהַפְּרִזִּי וְהַכְּנַעֲנִי הַחִוִּי וְהַיְבוּסִי וְהִכְחַדְתִּיו׃
כד לֹא־תִשְׁתַּחֲוֶה לֵאלֹהֵיהֶם וְלֹא תָעָבְדֵם וְלֹא תַעֲשֶׂה
כְּמַעֲשֵׂיהֶם כִּי הָרֵס תְּהָרְסֵם וְשַׁבֵּר תְּשַׁבֵּר מַצֵּבֹתֵיהֶם׃
כה וַעֲבַדְתֶּם אֵת יְהוָה אֱלֹהֵיכֶם וּבֵרַךְ אֶת־לַחְמְךָ
וְאֶת־מֵימֶיךָ וַהֲסִרֹתִי מַחֲלָה מִקִּרְבֶּךָ׃
כו לֹא תִהְיֶה מְשַׁכֵּלָה וַעֲקָרָה בְּאַרְצֶךָ אֶת־מִסְפַּר יָמֶיךָ אֲמַלֵּא׃
כז אֶת־אֵימָתִי אֲשַׁלַּח לְפָנֶיךָ וְהַמֹּתִי אֶת־כָּל־הָעָם אֲשֶׁר
תָּבֹא בָּהֶם וְנָתַתִּי אֶת־כָּל־אֹיְבֶיךָ אֵלֶיךָ עֹרֶף׃
כח וְשָׁלַחְתִּי אֶת־הַצִּרְעָה לְפָנֶיךָ וְגֵרְשָׁה אֶת־הַחִוִּי
אֶת־הַכְּנַעֲנִי וְאֶת־הַחִתִּי מִלְּפָנֶיךָ׃
כט לֹא אֲגָרְשֶׁנּוּ מִפָּנֶיךָ בְּשָׁנָה אֶחָת פֶּן־תִּהְיֶה
הָאָרֶץ שְׁמָמָה וְרַבָּה עָלֶיךָ חַיַּת הַשָּׂדֶה׃
ל מְעַט מְעַט אֲגָרְשֶׁנּוּ מִפָּנֶיךָ עַד אֲשֶׁר תִּפְרֶה
וְנָחַלְתָּ אֶת־הָאָרֶץ׃
לא וְשַׁתִּי אֶת־גְּבֻלְךָ מִיַּם־סוּף וְעַד־יָם פְּלִשְׁתִּים וּמִמִּדְבָּר
עַד־הַנָּהָר כִּי | אֶתֵּן בְּיֶדְכֶם אֵת יֹשְׁבֵי הָאָרֶץ וְגֵרַשְׁתָּמוֹ
מִפָּנֶיךָ׃ לב לֹא־תִכְרֹת לָהֶם וְלֵאלֹהֵיהֶם בְּרִית׃
לג לֹא יֵשְׁבוּ בְּאַרְצְךָ פֶּן־יַחֲטִיאוּ אֹתְךָ לִי כִּי תַעֲבֹד
אֶת־אֱלֹהֵיהֶם כִּי־יִהְיֶה לְךָ לְמוֹקֵשׁ׃ פ

א וְאֶל־מֹשֶׁה אָמַר עֲלֵה אֶל־יְהוָה אַתָּה וְאַהֲרֹן נָדָב
וַאֲבִיהוּא וְשִׁבְעִים מִזִּקְנֵי יִשְׂרָאֵל וְהִשְׁתַּחֲוִיתֶם מֵרָחֹק׃
ב וְנִגַּשׁ מֹשֶׁה לְבַדּוֹ אֶל־יְהוָה וְהֵם לֹא יִגָּשׁוּ וְהָעָם לֹא יַעֲלוּ עִמּוֹ׃
ג וַיָּבֹא מֹשֶׁה וַיְסַפֵּר לָעָם אֵת כָּל־דִּבְרֵי יְהוָה וְאֵת
כָּל־הַמִּשְׁפָּטִים וַיַּעַן כָּל־הָעָם קוֹל אֶחָד וַיֹּאמְרוּ
כָּל־הַדְּבָרִים אֲשֶׁר־דִּבֶּר יְהוָה נַעֲשֶׂה׃
ד וַיִּכְתֹּב מֹשֶׁה אֵת כָּל־דִּבְרֵי יְהוָה וַיַּשְׁכֵּם בַּבֹּקֶר וַיִּבֶן מִזְבֵּחַ

está o meu nome. 22 Mas, se ouvires atentamente a sua voz e
fizeres tudo o que eu disser, então, serei inimigo dos teus ini-
migos e adversário dos teus adversários. 23 Porque o meu anjo
irá diante de ti, e te introduzirá na terra dos amorreus, dos
heteus, dos perizeus, dos cananeus, dos heveus e dos jebuseus,
e destruí-los-ei. 24 Não te inclinarás diante dos seus deuses,
nem lhes darás culto, nem farás conforme as suas obras; mas
totalmente derribarás e quebrarás em pedaços as suas colunas.
25 Servireis a Jeová, vosso Deus, e ele abençoará o vosso pão e a
vossa água; e do meio de vós afastarei as enfermidades. 26 Na tua
terra, não haverá mulher que aborte, nem estéril; completarei
o número dos teus dias. 27 Enviarei o meu terror diante de ti, e
trarei confusão sobre todo o povo em cujas terras entrares, e
farei que todos os teus inimigos te voltem as costas. 28 Enviarei
diante de ti vespas, que lançarão de diante de ti os heveus, os
cananeus e os heteus. 29 Não os lançarei de diante de ti num
só ano, para que não fique a terra reduzida a um ermo e se
multipliquem contra ti as feras do campo. 30 Pouco a pouco, os
lançarei de diante de ti, até que te aumentes e possuas a terra
por herança. 31 Porei os teus termos desde o mar Vermelho até
o mar dos filisteus e desde o deserto até o rio; pois entregarei
às tuas mãos os habitantes da terra, e expulsá-los-ás de diante
de ti. 32 Não farás aliança com eles, nem com os seus deuses.
33 Eles não habitarão na tua terra, para que te não façam pecar
contra mim; pois, se servires os seus deuses, certamente isso
te será um tropeço.

A aliança de Jeová com Israel

24 1 Disse também Deus a Moisés: Sobe a Jeová, tu,
e Arão, e Nadabe, e Abiú, e setenta anciãos de Is-
rael; e adorai de longe. 2 Só Moisés se chegará a
Jeová; mas os outros não se chegarão, nem o povo subirá com
ele. 3 Veio Moisés e referiu ao povo todas as palavras de Jeo-
vá e todas as ordenações; todo o povo respondeu a uma voz:
Faremos tudo o que Jeová tem dito. 4 Moisés escreveu todas

תַּחַת הָהָר וּשְׁתֵּים עֶשְׂרֵה מַצֵּבָה לִשְׁנֵים
עָשָׂר שִׁבְטֵי יִשְׂרָאֵל׃
ה וַיִּשְׁלַח אֶת־נַעֲרֵי בְּנֵי יִשְׂרָאֵל וַיַּעֲלוּ עֹלֹת וַיִּזְבְּחוּ
זְבָחִים שְׁלָמִים לַיהוָה פָּרִים׃
ו וַיִּקַּח מֹשֶׁה חֲצִי הַדָּם וַיָּשֶׂם בָּאַגָּנֹת וַחֲצִי
הַדָּם זָרַק עַל־הַמִּזְבֵּחַ׃
ז וַיִּקַּח סֵפֶר הַבְּרִית וַיִּקְרָא בְּאָזְנֵי הָעָם וַיֹּאמְרוּ
כֹּל אֲשֶׁר־דִּבֶּר יְהוָה נַעֲשֶׂה וְנִשְׁמָע׃
ח וַיִּקַּח מֹשֶׁה אֶת־הַדָּם וַיִּזְרֹק עַל־הָעָם וַיֹּאמֶר הִנֵּה
דַם־הַבְּרִית אֲשֶׁר כָּרַת יְהוָה עִמָּכֶם עַל כָּל־הַדְּבָרִים הָאֵלֶּה׃

ט וַיַּעַל מֹשֶׁה וְאַהֲרֹן נָדָב וַאֲבִיהוּא וְשִׁבְעִים מִזִּקְנֵי יִשְׂרָאֵל׃
י וַיִּרְאוּ אֵת אֱלֹהֵי יִשְׂרָאֵל וְתַחַת רַגְלָיו כְּמַעֲשֵׂה
לִבְנַת הַסַּפִּיר וּכְעֶצֶם הַשָּׁמַיִם לָטֹהַר׃
יא וְאֶל־אֲצִילֵי בְּנֵי יִשְׂרָאֵל לֹא שָׁלַח יָדוֹ וַיֶּחֱזוּ
אֶת־הָאֱלֹהִים וַיֹּאכְלוּ וַיִּשְׁתּוּ׃ ס

יב וַיֹּאמֶר יְהוָה אֶל־מֹשֶׁה עֲלֵה אֵלַי הָהָרָה וֶהְיֵה־שָׁם וְאֶתְּנָה לְךָ
אֶת־לֻחֹת הָאֶבֶן וְהַתּוֹרָה וְהַמִּצְוָה אֲשֶׁר כָּתַבְתִּי לְהוֹרֹתָם׃
יג וַיָּקָם מֹשֶׁה וִיהוֹשֻׁעַ מְשָׁרְתוֹ וַיַּעַל מֹשֶׁה אֶל־הַר הָאֱלֹהִים׃
יד וְאֶל־הַזְּקֵנִים אָמַר שְׁבוּ־לָנוּ בָזֶה עַד אֲשֶׁר־נָשׁוּב אֲלֵיכֶם
וְהִנֵּה אַהֲרֹן וְחוּר עִמָּכֶם מִי־בַעַל דְּבָרִים יִגַּשׁ אֲלֵהֶם׃
טו וַיַּעַל מֹשֶׁה אֶל־הָהָר וַיְכַס הֶעָנָן אֶת־הָהָר׃
טז וַיִּשְׁכֹּן כְּבוֹד־יְהוָה עַל־הַר סִינַי וַיְכַסֵּהוּ הֶעָנָן שֵׁשֶׁת
יָמִים וַיִּקְרָא אֶל־מֹשֶׁה בַּיּוֹם הַשְּׁבִיעִי מִתּוֹךְ הֶעָנָן׃
יז וּמַרְאֵה כְּבוֹד יְהוָה כְּאֵשׁ אֹכֶלֶת בְּרֹאשׁ
הָהָר לְעֵינֵי בְּנֵי יִשְׂרָאֵל׃
יח וַיָּבֹא מֹשֶׁה בְּתוֹךְ הֶעָנָן וַיַּעַל אֶל־הָהָר וַיְהִי מֹשֶׁה
בָּהָר אַרְבָּעִים יוֹם וְאַרְבָּעִים לָיְלָה׃ פ

as palavras de Jeová e, tendo se levantado de manhã cedo,
erigiu um altar ao pé do monte e doze colunas segundo as
doze tribos de Israel. 5 Enviou mancebos dentre os filhos de
Israel, os quais ofereceram holocaustos e sacrificaram a Jeová
sacrifícios pacíficos de bois. 6 Moisés tomou uma metade do
sangue e pô-lo em bacias; e a outra metade aspergiu sobre o
altar. 7 Tomou o livro da aliança e leu, ouvindo-o o povo, o
qual disse: Faremos tudo o que Jeová tem dito e seremos obe-
dientes. 8 Então, tomando Moisés o sangue, o aspergiu sobre
o povo e disse: Eis o sangue da aliança que Jeová fez convosco
sob todas estas condições.

9 Subiram Moisés e Arão, e Nadabe, e Abiú, e setenta dos
anciãos de Israel; 10 viram ao Deus de Israel, e debaixo dos seus
pés havia como uma obra de safira lúcida e como o próprio céu
na sua claridade. 11 Sobre os nobres dos filhos de Israel Deus
não estendeu a mão; eles viram a Deus, comeram e beberam.

Moisés e os anciãos sobem novamente o monte

12 Disse Jeová a Moisés: Sobe a mim ao monte e deixa-te
estar ali; dar-te-ei as tábuas de pedra e a lei e os mandamentos
que tenho escrito, para que os ensines. 13 Levantou-se Moisés
com Josué, seu servidor; e, subindo Moisés ao monte de Deus,
14 disse aos anciãos: Esperai-nos aqui, até que nos tornemos
para vós. Eis que Arão e Hur ficam convosco; todo o que tiver
uma questão chegue-se a eles. 15 Moisés subiu o monte, e uma
nuvem cobriu o monte. 16 A glória de Jeová descansou sobre
o monte de Sinai, e a nuvem o cobriu por seis dias; ao sétimo
dia, do meio da nuvem, chamou a Moisés. 17 Era a aparência da
glória de Jeová como um fogo consumidor sobre o cume do
monte aos olhos dos filhos de Israel. 18 Tendo entrado Moisés
pelo meio da nuvem, subiu o monte e lá ficou quarenta dias e
quarenta noites.

א וַיְדַבֵּר יְהוָה אֶל־מֹשֶׁה לֵּאמֹר׃
ב דַּבֵּר אֶל־בְּנֵי יִשְׂרָאֵל וְיִקְחוּ־לִי תְּרוּמָה מֵאֵת
כָּל־אִישׁ אֲשֶׁר יִדְּבֶנּוּ לִבּוֹ תִּקְחוּ אֶת־תְּרוּמָתִי׃
ג וְזֹאת הַתְּרוּמָה אֲשֶׁר תִּקְחוּ מֵאִתָּם זָהָב וָכֶסֶף וּנְחֹשֶׁת׃
ד וּתְכֵלֶת וְאַרְגָּמָן וְתוֹלַעַת שָׁנִי וְשֵׁשׁ וְעִזִּים׃
ה וְעֹרֹת אֵילִם מְאָדָּמִים וְעֹרֹת תְּחָשִׁים וַעֲצֵי שִׁטִּים׃
ו שֶׁמֶן לַמָּאֹר בְּשָׂמִים לְשֶׁמֶן הַמִּשְׁחָה וְלִקְטֹרֶת הַסַּמִּים׃
ז אַבְנֵי־שֹׁהַם וְאַבְנֵי מִלֻּאִים לָאֵפֹד וְלַחֹשֶׁן׃
ח וְעָשׂוּ לִי מִקְדָּשׁ וְשָׁכַנְתִּי בְּתוֹכָם׃
ט כְּכֹל אֲשֶׁר אֲנִי מַרְאֶה אוֹתְךָ אֵת תַּבְנִית הַמִּשְׁכָּן
וְאֵת תַּבְנִית כָּל־כֵּלָיו וְכֵן תַּעֲשׂוּ׃ ס

י וְעָשׂוּ אֲרוֹן עֲצֵי שִׁטִּים אַמָּתַיִם וָחֵצִי אָרְכּוֹ וְאַמָּה
וָחֵצִי רָחְבּוֹ וְאַמָּה וָחֵצִי קֹמָתוֹ׃
יא וְצִפִּיתָ אֹתוֹ זָהָב טָהוֹר מִבַּיִת וּמִחוּץ תְּצַפֶּנּוּ וְעָשִׂיתָ
עָלָיו זֵר זָהָב סָבִיב׃
יב וְיָצַקְתָּ לּוֹ אַרְבַּע טַבְּעֹת זָהָב וְנָתַתָּה עַל אַרְבַּע פַּעֲמֹתָיו
וּשְׁתֵּי טַבָּעֹת עַל־צַלְעוֹ הָאֶחָת וּשְׁתֵּי טַבָּעֹת עַל־צַלְעוֹ הַשֵּׁנִית׃
יג וְעָשִׂיתָ בַדֵּי עֲצֵי שִׁטִּים וְצִפִּיתָ אֹתָם זָהָב׃
יד וְהֵבֵאתָ אֶת־הַבַּדִּים בַּטַּבָּעֹת עַל צַלְעֹת הָאָרֹן
לָשֵׂאת אֶת־הָאָרֹן בָּהֶם׃
טו בְּטַבְּעֹת הָאָרֹן יִהְיוּ הַבַּדִּים לֹא יָסֻרוּ מִמֶּנּוּ׃
טז וְנָתַתָּ אֶל־הָאָרֹן אֵת הָעֵדֻת אֲשֶׁר אֶתֵּן אֵלֶיךָ׃
יז וְעָשִׂיתָ כַפֹּרֶת זָהָב טָהוֹר אַמָּתַיִם וָחֵצִי אָרְכָּהּ
וְאַמָּה וָחֵצִי רָחְבָּהּ׃
יח וְעָשִׂיתָ שְׁנַיִם כְּרֻבִים זָהָב מִקְשָׁה תַּעֲשֶׂה
אֹתָם מִשְּׁנֵי קְצוֹת הַכַּפֹּרֶת׃
יט וַעֲשֵׂה כְּרוּב אֶחָד מִקָּצָה מִזֶּה וּכְרוּב־אֶחָד
מִקָּצָה מִזֶּה מִן־הַכַּפֹּרֶת תַּעֲשׂוּ אֶת־הַכְּרֻבִים עַל־שְׁנֵי קְצוֹתָיו׃
כ וְהָיוּ הַכְּרֻבִים פֹּרְשֵׂי כְנָפַיִם לְמַעְלָה סֹכְכִים
בְּכַנְפֵיהֶם עַל־הַכַּפֹּרֶת וּפְנֵיהֶם אִישׁ אֶל־אָחִיו

Instruções acerca das ofertas para o tabernáculo

25 1 Disse Jeová a Moisés:
2 Fala aos filhos de Israel que me tragam uma ofer-
ta; de todo homem cujo coração o impelir a isso, dele
tomareis a minha oferta. 3 Esta é a oferta que deles tomareis:
ouro, prata, cobre, 4 estofo azul, púrpura, escarlata, linho fino,
pelos de cabras, 5 peles de carneiros tintas de vermelho, peles
de animais marinhos, madeira de acácia, 6 azeite para a luz,
especiarias para o óleo de unção e para o incenso aromático,
7 pedras de ônix e pedras de engaste para o éfode e para o peito-
ral. 8 Far-me-ão um santuário para que eu habite no meio deles.
9 Seguindo em tudo o que eu te mostrar, o modelo do taberná-
culo e o modelo de todos os seus móveis, assim mesmo o farás.

Instruções acerca da arca

10 Farão uma arca de madeira de acácia; de dois cúbitos e meio
será o seu comprimento, de um cúbito e meio a sua largura e de
um cúbito e meio a sua altura. 11 Cobri-la-ás de ouro puro; por
dentro e por fora, a cobrirás e farás sobre ela uma bordadura
de ouro. 12 Fundirás para ela quatro argolas de ouro, que porás
nos quatro cantos da arca; haverá duas argolas num lado dela,
e duas, noutro. 13 Farás também varais de madeira de acácia e os
cobrirás de ouro. 14 Meterás os varais nas argolas aos lados da
arca, para com eles se levar a arca. 15 Os varais ficarão nas argolas
da arca; dela não serão removidos. 16 Porás na arca o Testemu-
nho, que te hei de dar. 17 Farás também um propiciatório de ouro
puro; de dois cúbitos e meio será o seu comprimento, e de um
cúbito e meio, a sua largura. 18 Farás dois querubins de ouro; de
ouro batido os farás, nas duas extremidades do propiciatório.
19 Farás um querubim numa extremidade e outro querubim,
noutra extremidade; de uma só peça com o propiciatório fareis
os dois querubins nas duas extremidades dele. 20 Os querubins
estenderão as suas asas por cima do propiciatório, cobrindo-o
com as asas e tendo as faces voltadas uma a outra; as faces dos

אֶל־הַכַּפֹּרֶת יִהְיוּ פְּנֵי הַכְּרֻבִים׃
כא וְנָתַתָּ אֶת־הַכַּפֹּרֶת עַל־הָאָרֹן מִלְמָעְלָה וְאֶל־הָאָרֹן
תִּתֵּן אֶת־הָעֵדֻת אֲשֶׁר אֶתֵּן אֵלֶיךָ׃
כב וְנוֹעַדְתִּי לְךָ שָׁם וְדִבַּרְתִּי אִתְּךָ מֵעַל הַכַּפֹּרֶת מִבֵּין שְׁנֵי
הַכְּרֻבִים אֲשֶׁר עַל־אֲרוֹן הָעֵדֻת אֵת כָּל־אֲשֶׁר אֲצַוֶּה אוֹתְךָ
אֶל־בְּנֵי יִשְׂרָאֵל׃ פ

כג וְעָשִׂיתָ שֻׁלְחָן עֲצֵי שִׁטִּים אַמָּתַיִם אָרְכּוֹ וְאַמָּה
רָחְבּוֹ וְאַמָּה וָחֵצִי קֹמָתוֹ׃
כד וְצִפִּיתָ אֹתוֹ זָהָב טָהוֹר וְעָשִׂיתָ לּוֹ זֵר זָהָב סָבִיב׃
כה וְעָשִׂיתָ לּוֹ מִסְגֶּרֶת טֹפַח סָבִיב וְעָשִׂיתָ זֵר־זָהָב
לְמִסְגַּרְתּוֹ סָבִיב׃
כו וְעָשִׂיתָ לּוֹ אַרְבַּע טַבְּעֹת זָהָב וְנָתַתָּ אֶת־הַטַּבָּעֹת עַל
אַרְבַּע הַפֵּאֹת אֲשֶׁר לְאַרְבַּע רַגְלָיו׃
כז לְעֻמַּת הַמִּסְגֶּרֶת תִּהְיֶיןָ הַטַּבָּעֹת לְבָתִּים
לְבַדִּים לָשֵׂאת אֶת־הַשֻּׁלְחָן׃
כח וְעָשִׂיתָ אֶת־הַבַּדִּים עֲצֵי שִׁטִּים וְצִפִּיתָ אֹתָם
זָהָב וְנִשָּׂא־בָם אֶת־הַשֻּׁלְחָן׃
כט וְעָשִׂיתָ קְּעָרֹתָיו וְכַפֹּתָיו וּקְשׂוֹתָיו וּמְנַקִּיֹּתָיו אֲשֶׁר
יֻסַּךְ בָּהֵן זָהָב טָהוֹר תַּעֲשֶׂה אֹתָם׃
ל וְנָתַתָּ עַל־הַשֻּׁלְחָן לֶחֶם פָּנִים לְפָנַי תָּמִיד׃ פ

לא וְעָשִׂיתָ מְנֹרַת זָהָב טָהוֹר מִקְשָׁה תֵּעָשֶׂה הַמְּנוֹרָה
יְרֵכָהּ וְקָנָהּ גְּבִיעֶיהָ כַּפְתֹּרֶיהָ וּפְרָחֶיהָ מִמֶּנָּה יִהְיוּ׃
לב וְשִׁשָּׁה קָנִים יֹצְאִים מִצִּדֶּיהָ שְׁלֹשָׁה׀ קְנֵי מְנֹרָה
מִצִּדָּהּ הָאֶחָד וּשְׁלֹשָׁה קְנֵי מְנֹרָה מִצִּדָּהּ הַשֵּׁנִי׃
לג שְׁלֹשָׁה גְבִעִים מְשֻׁקָּדִים בַּקָּנֶה הָאֶחָד כַּפְתֹּר וָפֶרַח
וּשְׁלֹשָׁה גְבִעִים מְשֻׁקָּדִים בַּקָּנֶה הָאֶחָד כַּפְתֹּר וָפָרַח
כֵּן לְשֵׁשֶׁת הַקָּנִים הַיֹּצְאִים מִן־הַמְּנֹרָה׃

querubins olharão para o propiciatório. 21 Porás o propiciatório
em cima da arca; e dentro da arca porás o Testemunho, que te
hei de dar. 22 Ali, virei a ti e de sobre o propiciatório, do meio
dos querubins que estão sobre a arca do Testemunho, falarei
contigo a respeito de todas as coisas que eu te ordenar com
relação aos filhos de Israel.

Instruções acerca da mesa para os pães da proposição

23 Farás também uma mesa de madeira de acácia; de dois
cúbitos será o seu comprimento, de um cúbito, a sua largura,
e de um cúbito e meio, a sua altura. 24 Cobri-la-ás de ouro puro,
e far-lhe-ás uma bordadura de ouro. 25 Também lhe farás um
rebordo da largura duma mão, ao redor do qual farás uma bor-
dadura de ouro. 26 Também lhe farás quatro argolas de ouro e
meterás as argolas nos quatro cantos que estão sobre os seus
quatro pés. 27 Perto do rebordo estarão as argolas, nas quais se
meterão os varais para se levar a mesa. 28 Farás, para se levar
a mesa com eles, os varais de madeira de acácia e os cobrirás
de ouro. 29 Também farás os seus pratos, e os seus incensários,
e os seus copos, e as suas taças em que se hão de oferecer as
libações; de ouro puro os farás. 30 Porás sobre a mesa os pães
da proposição diante de mim perpetuamente.

Instruções acerca do candeeiro de ouro

31 Farás também um candeeiro de ouro puro; de ouro batido
se fará o candeeiro, tanto o seu pedestal como a sua haste. Os
seus copos, as suas maçãs e as suas açucenas formarão com ele
uma só peça. 32 Seis braços sairão dos seus lados; três braços do
candeeiro sairão dum lado dele, e três, do outro. 33 Num braço
haverá três copos a modo de flores de amêndoas, e juntamente,
uma maçã e uma açucena; assim, sucederão com os seis braços

לד וּבַמְּנֹרָה אַרְבָּעָה גְבִעִים מְשֻׁקָּדִים כַּפְתֹּרֶיהָ וּפְרָחֶיהָ:
לה וְכַפְתֹּר תַּחַת שְׁנֵי הַקָּנִים מִמֶּנָּה וְכַפְתֹּר תַּחַת שְׁנֵי
הַקָּנִים מִמֶּנָּה וְכַפְתֹּר תַּחַת־שְׁנֵי הַקָּנִים מִמֶּנָּה
לְשֵׁשֶׁת הַקָּנִים הַיֹּצְאִים מִן־הַמְּנֹרָה:
לו כַּפְתֹּרֵיהֶם וּקְנֹתָם מִמֶּנָּה יִהְיוּ כֻּלָּהּ מִקְשָׁה
אַחַת זָהָב טָהוֹר:
לז וְעָשִׂיתָ אֶת־נֵרֹתֶיהָ שִׁבְעָה וְהֶעֱלָה אֶת־נֵרֹתֶיהָ
וְהֵאִיר עַל־עֵבֶר פָּנֶיהָ:
לח וּמַלְקָחֶיהָ וּמַחְתֹּתֶיהָ זָהָב טָהוֹר:
לט כִּכָּר זָהָב טָהוֹר יַעֲשֶׂה אֹתָהּ אֵת כָּל־הַכֵּלִים הָאֵלֶּה:
מ וּרְאֵה וַעֲשֵׂה בְּתַבְנִיתָם אֲשֶׁר־אַתָּה מָרְאֶה בָּהָר: ס

א וְאֶת־הַמִּשְׁכָּן תַּעֲשֶׂה עֶשֶׂר יְרִיעֹת שֵׁשׁ מָשְׁזָר וּתְכֵלֶת
וְאַרְגָּמָן וְתֹלַעַת שָׁנִי כְּרֻבִים מַעֲשֵׂה חֹשֵׁב תַּעֲשֶׂה אֹתָם:
ב אֹרֶךְ ׀ הַיְרִיעָה הָאַחַת שְׁמֹנֶה וְעֶשְׂרִים בָּאַמָּה וְרֹחַב
אַרְבַּע בָּאַמָּה הַיְרִיעָה הָאֶחָת מִדָּה אַחַת לְכָל־הַיְרִיעֹת:
ג חֲמֵשׁ הַיְרִיעֹת תִּהְיֶיןָ חֹבְרֹת אִשָּׁה אֶל־אֲחֹתָהּ וְחָמֵשׁ
יְרִיעֹת חֹבְרֹת אִשָּׁה אֶל־אֲחֹתָהּ:
ד וְעָשִׂיתָ לֻלְאֹת תְּכֵלֶת עַל שְׂפַת הַיְרִיעָה
הָאֶחָת מִקָּצָה בַּחֹבָרֶת וְכֵן תַּעֲשֶׂה בִּשְׂפַת
הַיְרִיעָה הַקִּיצוֹנָה בַּמַּחְבֶּרֶת הַשֵּׁנִית:
ה חֲמִשִּׁים לֻלָאֹת תַּעֲשֶׂה בַּיְרִיעָה הָאֶחָת וַחֲמִשִּׁים
לֻלָאֹת תַּעֲשֶׂה בִּקְצֵה הַיְרִיעָה אֲשֶׁר בַּמַּחְבֶּרֶת הַשֵּׁנִית
מַקְבִּילֹת הַלֻּלָאֹת אִשָּׁה אֶל־אֲחֹתָהּ:
ו וְעָשִׂיתָ חֲמִשִּׁים קַרְסֵי זָהָב וְחִבַּרְתָּ אֶת־הַיְרִיעֹת אִשָּׁה
אֶל־אֲחֹתָהּ בַּקְּרָסִים וְהָיָה הַמִּשְׁכָּן אֶחָד: פ
ז וְעָשִׂיתָ יְרִיעֹת עִזִּים לְאֹהֶל עַל־הַמִּשְׁכָּן עַשְׁתֵּי־עֶשְׂרֵה
יְרִיעֹת תַּעֲשֶׂה אֹתָם:
ח אֹרֶךְ ׀ הַיְרִיעָה הָאַחַת שְׁלֹשִׁים בָּאַמָּה וְרֹחַב אַרְבַּע בָּאַמָּה
הַיְרִיעָה הָאֶחָת מִדָּה אַחַת לְעַשְׁתֵּי עֶשְׂרֵה יְרִיעֹת:
ט וְחִבַּרְתָּ אֶת־חֲמֵשׁ הַיְרִיעֹת לְבָד וְאֶת־שֵׁשׁ הַיְרִיעֹת לְבָד
וְכָפַלְתָּ אֶת־הַיְרִיעָה הַשִּׁשִּׁית אֶל־מוּל פְּנֵי הָאֹהֶל:

que saem do candeeiro. 34 No mesmo candeeiro haverá quatro
copos a modo de flores de amêndoas, com as suas maçãs e com
as suas açucenas. 35 Haverá uma maçã sob dois braços, formando
com a haste uma só peça, outra maçã, sob dois outros, e ainda
outra maçã, sob os outros dois braços; e, assim, será com os seis
braços que saem do candeeiro. 36 As suas maçãs e os seus braços
formarão uma só peça com a haste; o todo será de obra batida
de ouro puro. 37 Farás também as suas lâmpadas, em número
de sete, as quais se acenderão para alumiar o espaço em frente
do candeeiro. 38 As suas espevitadeiras e apagadores serão de
ouro puro. 39 De um talento de ouro puro se fará o candeeiro
com todos esses utensílios. 40 Vê que os faças conforme o seu
modelo que te foi mostrado no monte.

As cortinas do tabernáculo

26 1 Farás o tabernáculo que terá dez cortinas; de
linho retorcido, estofo azul, púrpura e escarlata
com querubins as farás de obra de desenhista.
2 O comprimento de cada cortina será de vinte e oito cúbitos,
e a largura, de quatro cúbitos; todas as cortinas serão da mes-
ma medida. 3 Cinco cortinas serão enlaçadas umas às outras;
e as outras cinco, da mesma maneira. 4 Farás laçadas de estofo
azul na orla da cortina extrema do primeiro agrupamento; e
da mesma maneira farás na orla da cortina na extrema do se-
gundo agrupamento. 5 Cinquenta laçadas farás numa cortina,
e cinquenta, na outra cortina no extremo do segundo agru-
pamento; as laçadas serão contrapostas uma à outra. 6 Farás
cinquenta colchetes de ouro e prenderás com os colchetes as
cortinas, uma à outra; e o tabernáculo virá a ser um todo.

7 Farás também de pelos de cabras onze cortinas para ser-
virem de tenda sobre o tabernáculo; de onze cortinas as farás.
8 O comprimento de cada cortina será de trinta cúbitos, e a
largura, de quatro cúbitos; as onze cortinas terão a mesma
medida. 9 Ajuntarás à parte cinco cortinas entre si, e, da mes-
ma maneira, seis cortinas, e dobrarás a sexta cortina na parte

י וְעָשִׂיתָ חֲמִשִּׁים לֻלָאֹת עַל שְׂפַת הַיְרִיעָה הָאֶחָת הַקִּיצֹנָה
בַּחֹבָרֶת וַחֲמִשִּׁים לֻלָאֹת עַל שְׂפַת הַיְרִיעָה הַחֹבֶרֶת הַשֵּׁנִית׃
יא וְעָשִׂיתָ קַרְסֵי נְחֹשֶׁת חֲמִשִּׁים וְהֵבֵאתָ אֶת־הַקְּרָסִים
בַּלֻּלָאֹת וְחִבַּרְתָּ אֶת־הָאֹהֶל וְהָיָה אֶחָד׃
יב וְסֶרַח הָעֹדֵף בִּירִיעֹת הָאֹהֶל חֲצִי הַיְרִיעָה הָעֹדֶפֶת
תִּסְרַח עַל אֲחֹרֵי הַמִּשְׁכָּן׃
יג וְהָאַמָּה מִזֶּה וְהָאַמָּה מִזֶּה בָּעֹדֵף בְּאֹרֶךְ יְרִיעֹת הָאֹהֶל
יִהְיֶה סָרוּחַ עַל־צִדֵּי הַמִּשְׁכָּן מִזֶּה וּמִזֶּה לְכַסֹּתוֹ׃
יד וְעָשִׂיתָ מִכְסֶה לָאֹהֶל עֹרֹת אֵילִם מְאָדָּמִים וּמִכְסֵה
עֹרֹת תְּחָשִׁים מִלְמָעְלָה׃ פ

טו וְעָשִׂיתָ אֶת־הַקְּרָשִׁים לַמִּשְׁכָּן עֲצֵי שִׁטִּים עֹמְדִים׃
טז עֶשֶׂר אַמּוֹת אֹרֶךְ הַקָּרֶשׁ וְאַמָּה וַחֲצִי
הָאַמָּה רֹחַב הַקֶּרֶשׁ הָאֶחָד׃
יז שְׁתֵּי יָדוֹת לַקֶּרֶשׁ הָאֶחָד מְשֻׁלָּבֹת אִשָּׁה
אֶל־אֲחֹתָהּ כֵּן תַּעֲשֶׂה לְכֹל קַרְשֵׁי הַמִּשְׁכָּן׃
יח וְעָשִׂיתָ אֶת־הַקְּרָשִׁים לַמִּשְׁכָּן עֶשְׂרִים קֶרֶשׁ
לִפְאַת נֶגְבָּה תֵימָנָה׃
יט וְאַרְבָּעִים אַדְנֵי־כֶסֶף תַּעֲשֶׂה תַּחַת עֶשְׂרִים
הַקָּרֶשׁ שְׁנֵי אֲדָנִים תַּחַת־הַקֶּרֶשׁ הָאֶחָד לִשְׁתֵּי יְדֹתָיו
וּשְׁנֵי אֲדָנִים תַּחַת־הַקֶּרֶשׁ הָאֶחָד לִשְׁתֵּי יְדֹתָיו׃
כ וּלְצֶלַע הַמִּשְׁכָּן הַשֵּׁנִית לִפְאַת צָפוֹן עֶשְׂרִים קָרֶשׁ׃
כא וְאַרְבָּעִים אַדְנֵיהֶם כָּסֶף שְׁנֵי אֲדָנִים תַּחַת הַקֶּרֶשׁ הָאֶחָד
וּשְׁנֵי אֲדָנִים תַּחַת הַקֶּרֶשׁ הָאֶחָד׃
כב וּלְיַרְכְּתֵי הַמִּשְׁכָּן יָמָּה תַּעֲשֶׂה שִׁשָּׁה קְרָשִׁים׃
כג וּשְׁנֵי קְרָשִׁים תַּעֲשֶׂה לִמְקֻצְעֹת הַמִּשְׁכָּן בַּיַּרְכָתָיִם׃
כד וְיִהְיוּ תֹאֲמִם מִלְּמַטָּה וְיַחְדָּו יִהְיוּ תַמִּים עַל־רֹאשׁוֹ
אֶל־הַטַּבַּעַת הָאֶחָת כֵּן יִהְיֶה לִשְׁנֵיהֶם לִשְׁנֵי הַמִּקְצֹעֹת יִהְיוּ׃
כה וְהָיוּ שְׁמֹנָה קְרָשִׁים וְאַדְנֵיהֶם כֶּסֶף שִׁשָּׁה עָשָׂר אֲדָנִים שְׁנֵי
אֲדָנִים תַּחַת הַקֶּרֶשׁ הָאֶחָד וּשְׁנֵי אֲדָנִים תַּחַת הַקֶּרֶשׁ הָאֶחָד׃

dianteira da tenda. 10 Farás cinquenta laçadas na orla da cortina
extrema do primeiro agrupamento e cinquenta laçadas, na orla
da cortina extrema do segundo agrupamento. 11 Farás também
cinquenta colchetes de cobre, e meterás os colchetes nas la-
çadas, e ajuntarás a tenda, para que venha a ser um todo. 12 O
resto que sobejar das cortinas da tenda, a saber, a meia cortina
que sobejar, penderá às costas do tabernáculo. 13 O cúbito dum
lado e o cúbito doutro lado, do que sobejar no comprimento
das cortinas da tenda, penderão dum e doutro lado do taber-
náculo, para o cobrir. 14 Farás de peles de carneiros tintas de
vermelho também uma coberta para a tenda e, por cima desta,
uma coberta de peles de animais marinhos.

As tábuas e travessas do tabernáculo

15 Farás também de madeira de acácia as peças para o taberná-
culo, que serão colocadas verticalmente. 16 De dez cúbitos será
o comprimento de uma peça, e cada uma terá um cúbito e meio
de largura. 17 Em cada peça haverá duas couceiras unidas uma à
outra; assim farás com todas as peças do tabernáculo. 18 Fazendo
as peças para o tabernáculo, farás vinte para o lado meridional,
que olha para o sul. 19 Farás quarenta bases de prata para se pôr
debaixo das vinte peças; duas bases debaixo de uma peça, de
maneira que correspondam às duas couceiras dela, e igualmente
duas bases debaixo duma outra peça. 20 Para o segundo lado
do tabernáculo, da banda do norte, farás vinte peças, 21 com as
suas quarenta bases de prata; duas bases debaixo de uma peça,
e duas bases debaixo de outra peça. 22 Para o lado posterior do
tabernáculo, que olha para o ocidente, farás seis peças. 23 Farás
também duas peças para os cantos do tabernáculo, na parte
posterior. 24 Por baixo, serão reforçadas uma pela outra, e, do
mesmo modo, em cima, até a primeira argola; assim se fará
com as duas peças; elas serão para os dois cantos. 25 Haverá oito
peças com as suas bases de prata, dezesseis bases; duas bases
debaixo duma peça e duas bases debaixo doutra peça.

כו וְעָשִׂיתָ בְרִיחִם עֲצֵי שִׁטִּים חֲמִשָּׁה לְקַרְשֵׁי
צֶלַע־הַמִּשְׁכָּן הָאֶחָד׃
כז וַחֲמִשָּׁה בְרִיחִם לְקַרְשֵׁי צֶלַע־הַמִּשְׁכָּן הַשֵּׁנִית וַחֲמִשָּׁה
בְרִיחִם לְקַרְשֵׁי צֶלַע הַמִּשְׁכָּן לַיַּרְכָתַיִם יָמָּה׃
כח וְהַבְּרִיחַ הַתִּיכֹן בְּתוֹךְ הַקְּרָשִׁים מַבְרִחַ מִן־הַקָּצֶה אֶל־הַקָּצֶה׃
כט וְאֶת־הַקְּרָשִׁים תְּצַפֶּה זָהָב וְאֶת־טַבְּעֹתֵיהֶם תַּעֲשֶׂה
זָהָב בָּתִּים לַבְּרִיחִם וְצִפִּיתָ אֶת־הַבְּרִיחִם זָהָב׃
ל וַהֲקֵמֹתָ אֶת־הַמִּשְׁכָּן כְּמִשְׁפָּטוֹ אֲשֶׁר הָרְאֵיתָ בָּהָר׃ ס

לא וְעָשִׂיתָ פָרֹכֶת תְּכֵלֶת וְאַרְגָּמָן וְתוֹלַעַת שָׁנִי וְשֵׁשׁ
מָשְׁזָר מַעֲשֵׂה חֹשֵׁב יַעֲשֶׂה אֹתָהּ כְּרֻבִים׃
לב וְנָתַתָּה אֹתָהּ עַל־אַרְבָּעָה עַמּוּדֵי שִׁטִּים מְצֻפִּים
זָהָב וָוֵיהֶם זָהָב עַל־אַרְבָּעָה אַדְנֵי־כָסֶף׃
לג וְנָתַתָּה אֶת־הַפָּרֹכֶת תַּחַת הַקְּרָסִים וְהֵבֵאתָ
שָׁמָּה מִבֵּית לַפָּרֹכֶת אֵת אֲרוֹן הָעֵדוּת וְהִבְדִּילָה
הַפָּרֹכֶת לָכֶם בֵּין הַקֹּדֶשׁ וּבֵין קֹדֶשׁ הַקֳּדָשִׁים׃
לד וְנָתַתָּ אֶת־הַכַּפֹּרֶת עַל אֲרוֹן הָעֵדֻת בְּקֹדֶשׁ הַקֳּדָשִׁים׃
לה וְשַׂמְתָּ אֶת־הַשֻּׁלְחָן מִחוּץ לַפָּרֹכֶת וְאֶת־הַמְּנֹרָה נֹכַח
הַשֻּׁלְחָן עַל צֶלַע הַמִּשְׁכָּן תֵּימָנָה וְהַשֻּׁלְחָן תִּתֵּן עַל־צֶלַע צָפוֹן׃

לו וְעָשִׂיתָ מָסָךְ לְפֶתַח הָאֹהֶל תְּכֵלֶת וְאַרְגָּמָן וְתוֹלַעַת
שָׁנִי וְשֵׁשׁ מָשְׁזָר מַעֲשֵׂה רֹקֵם׃
לז וְעָשִׂיתָ לַמָּסָךְ חֲמִשָּׁה עַמּוּדֵי שִׁטִּים וְצִפִּיתָ אֹתָם
זָהָב וָוֵיהֶם זָהָב וְיָצַקְתָּ לָהֶם חֲמִשָּׁה אַדְנֵי נְחֹשֶׁת׃ ס

א וְעָשִׂיתָ אֶת־הַמִּזְבֵּחַ עֲצֵי שִׁטִּים חָמֵשׁ אַמּוֹת אֹרֶךְ וְחָמֵשׁ
אַמּוֹת רֹחַב רָבוּעַ יִהְיֶה הַמִּזְבֵּחַ וְשָׁלֹשׁ אַמּוֹת קֹמָתוֹ׃
ב וְעָשִׂיתָ קַרְנֹתָיו עַל אַרְבַּע פִּנֹּתָיו מִמֶּנּוּ תִּהְיֶיןָ
קַרְנֹתָיו וְצִפִּיתָ אֹתוֹ נְחֹשֶׁת׃
ג וְעָשִׂיתָ סִּירֹתָיו לְדַשְּׁנוֹ וְיָעָיו וּמִזְרְקֹתָיו וּמִזְלְגֹתָיו

26 Travessas farás de madeira de acácia; cinco para as peças dum lado do tabernáculo, 27 cinco para as peças do outro lado do tabernáculo e cinco para as peças do tabernáculo ao lado posterior, que olha para o ocidente. 28 A travessa do meio passará ao meio das peças de uma extremidade à outra. 29 Cobrirás de ouro as peças, e de ouro farás as suas argolas pelas quais hão de passar as travessas, e cobrirás também de ouro as travessas. 30 Levantarás o tabernáculo conforme o modelo que te foi mostrado no monte.

O véu e o anteparo do tabernáculo

31 Farás também um véu de estofo azul, púrpura, escarlata e linho fino retorcido; com querubins, obra de desenhista, se fará. 32 Suspendê-lo-ás sobre quatro colunas de madeira de acácia, cobertas de ouro; os seus colchetes serão de ouro, sobre quatro bases de prata. 33 Pendurarás o véu por baixo dos colchetes e trarás para lá, para dentro do véu, a arca do Testemunho; o véu vos fará separação entre o Santo Lugar e o Santo dos Santos. 34 Porás o propiciatório sobre a arca do Testemunho no Santo dos Santos. 35 Colocarás a mesa fora do véu e defronte da mesa, o candeeiro ao lado do tabernáculo que olha para o sul; e porás a mesa ao lado do norte.

36 Também para a porta da Tenda farás um anteparo de estofo azul, púrpura e escarlata, obra de bordador. 37 Para o anteparo farás cinco colunas de madeira de acácia e as cobrirás de ouro; os seus colchetes serão de ouro, e para elas fundirás cinco bases de cobre.

O altar dos holocaustos

27 1 E de madeira de acácia farás também um altar que terá cinco côvados de comprimento e cinco côvados de largura (o altar será quadrado) e terá três côvados de altura. 2 Dos quatro cantos farás levantar-se quatro chifres; os chifres formarão uma só peça com o altar; e o cobrirás de cobre.

וּמַחְתֹּתָיו לְכָל־כֵּלָיו תַּעֲשֶׂה נְחֹשֶׁת׃
ד וְעָשִׂיתָ לּוֹ מִכְבָּר מַעֲשֵׂה רֶשֶׁת נְחֹשֶׁת וְעָשִׂיתָ עַל־הָרֶשֶׁת
אַרְבַּע טַבְּעֹת נְחֹשֶׁת עַל אַרְבַּע קְצוֹתָיו׃
ה וְנָתַתָּה אֹתָהּ תַּחַת כַּרְכֹּב הַמִּזְבֵּחַ מִלְּמָטָּה
וְהָיְתָה הָרֶשֶׁת עַד חֲצִי הַמִּזְבֵּחַ׃
ו וְעָשִׂיתָ בַדִּים לַמִּזְבֵּחַ בַּדֵּי עֲצֵי שִׁטִּים וְצִפִּיתָ אֹתָם נְחֹשֶׁת׃
ז וְהוּבָא אֶת־בַּדָּיו בַּטַּבָּעֹת וְהָיוּ הַבַּדִּים עַל־שְׁתֵּי
צַלְעֹת הַמִּזְבֵּחַ בִּשְׂאֵת אֹתוֹ׃
ח נְבוּב לֻחֹת תַּעֲשֶׂה אֹתוֹ כַּאֲשֶׁר הֶרְאָה
אֹתְךָ בָּהָר כֵּן יַעֲשׂוּ׃ ס

ט וְעָשִׂיתָ אֵת חֲצַר הַמִּשְׁכָּן לִפְאַת נֶגֶב־תֵּימָנָה קְלָעִים
לֶחָצֵר שֵׁשׁ מָשְׁזָר מֵאָה בָאַמָּה אֹרֶךְ לַפֵּאָה הָאֶחָת׃
י וְעַמֻּדָיו עֶשְׂרִים וְאַדְנֵיהֶם עֶשְׂרִים נְחֹשֶׁת וָוֵי
הָעַמֻּדִים וַחֲשֻׁקֵיהֶם כָּסֶף׃
יא וְכֵן לִפְאַת צָפוֹן בָּאֹרֶךְ קְלָעִים מֵאָה אֹרֶךְ
(וְעַמֻּדוֹ) [וְעַמּוּדָיו] עֶשְׂרִים וְאַדְנֵיהֶם עֶשְׂרִים
נְחֹשֶׁת וָוֵי הָעַמֻּדִים וַחֲשֻׁקֵיהֶם כָּסֶף׃
יב וְרֹחַב הֶחָצֵר לִפְאַת־יָם קְלָעִים חֲמִשִּׁים אַמָּה
עַמֻּדֵיהֶם עֲשָׂרָה וְאַדְנֵיהֶם עֲשָׂרָה׃
יג וְרֹחַב הֶחָצֵר לִפְאַת קֵדְמָה מִזְרָחָה חֲמִשִּׁים אַמָּה׃
יד וַחֲמֵשׁ עֶשְׂרֵה אַמָּה קְלָעִים לַכָּתֵף עַמֻּדֵיהֶם
שְׁלֹשָׁה וְאַדְנֵיהֶם שְׁלֹשָׁה׃
טו וְלַכָּתֵף הַשֵּׁנִית חֲמֵשׁ עֶשְׂרֵה קְלָעִים עַמֻּדֵיהֶם
שְׁלֹשָׁה וְאַדְנֵיהֶם שְׁלֹשָׁה׃
טז וּלְשַׁעַר הֶחָצֵר מָסָךְ | עֶשְׂרִים אַמָּה תְּכֵלֶת
וְאַרְגָּמָן וְתוֹלַעַת שָׁנִי וְשֵׁשׁ מָשְׁזָר מַעֲשֵׂה רֹקֵם
עַמֻּדֵיהֶם אַרְבָּעָה וְאַדְנֵיהֶם אַרְבָּעָה׃
יז כָּל־עַמּוּדֵי הֶחָצֵר סָבִיב מְחֻשָּׁקִים כֶּסֶף
וָוֵיהֶם כָּסֶף וְאַדְנֵיהֶם נְחֹשֶׁת׃
יח אֹרֶךְ הֶחָצֵר מֵאָה בָאַמָּה וְרֹחַב | חֲמִשִּׁים בַּחֲמִשִּׁים
וְקֹמָה חָמֵשׁ אַמּוֹת שֵׁשׁ מָשְׁזָר וְאַדְנֵיהֶם נְחֹשֶׁת׃
יט לְכֹל כְּלֵי הַמִּשְׁכָּן בְּכֹל עֲבֹדָתוֹ וְכָל־יְתֵדֹתָיו
וְכָל־יִתְדֹת הֶחָצֵר נְחֹשֶׁת׃ ס

3 Far-lhe-ás cinzeiros, e pás, e bacias, e garfos, e braseiros; todos
esses utensílios farás de cobre. 4 Far-lhe-ás também uma grelha
de cobre a modo de gelosia, à qual farás quatro argolas de cobre
nos seus quatro cantos. 5 Pô-la-ás de sob o rebordo da parte infe-
rior do altar, de maneira que chegue até o meio do altar. 6 Farás
também varais para o altar, varais de madeira de acácia, e os co-
brirás de cobre. 7 Os varais se meterão nas argolas e estarão de
um e outro lado do altar, quando for levado. 8 Oco e de tábuas o
farás; como se te mostrou no monte, assim o farão.

O átrio do tabernáculo

9 Farás também o átrio do tabernáculo; para um lado, isto é,
para o lado meridional, que olha para o sul, o átrio terá cortinas
de linho fino retorcido de cem cúbitos de comprimento; 10 as suas
colunas serão vinte, e as suas bases, vinte, todas feitas de cobre; os
ganchos das colunas e as vergas serão de prata. 11 Igualmente para
o lado do norte, ao comprido, haverá cortinas de cem cúbitos de
comprimento, e serão vinte as suas colunas, e vinte, as suas bases,
todas feitas de cobre; os ganchos das colunas e as vergas serão de
prata. 12 Para a largura do átrio ao lado do ocidente haverá cortinas
de cinquenta cúbitos; as colunas serão dez, e as suas bases, dez.
13 A largura do átrio ao lado oriental, que olha para o nascente, será
de cinquenta cúbitos. 14 As cortinas para um lado da entrada serão
de quinze cúbitos; as suas colunas serão três, e as suas bases, três.
15 Para o outro lado da entrada haverá cortinas de quinze cúbitos;
as suas colunas serão três, e as suas bases, três. 16 Para a entrada do
átrio haverá um anteparo de vinte cúbitos, de estofo azul, púrpura,
escarlata e linho fino retorcido, obra de bordador; as suas colunas
serão quatro, e as suas bases, quatro. 17 Todas as colunas ao redor
do átrio terão vergas de prata; os seus ganchos serão de prata, e
as suas bases, de cobre. 18 O átrio terá cem cúbitos de comprido e
cinquenta de largo, por toda parte, e cinco de alto; as suas cortinas
serão de linho fino retorcido, e as suas bases, de cobre. 19 Todos os
utensílios do tabernáculo em todo o seu serviço, e todos os seus
pregos, e todos os pregos do átrio serão de cobre.

כ וְאַתָּה תְּצַוֶּה | אֶת־בְּנֵי יִשְׂרָאֵל וְיִקְחוּ אֵלֶיךָ שֶׁמֶן
זַיִת זָךְ כָּתִית לַמָּאוֹר לְהַעֲלֹת נֵר תָּמִיד׃
כא בְּאֹהֶל מוֹעֵד מִחוּץ לַפָּרֹכֶת אֲשֶׁר עַל־הָעֵדֻת יַעֲרֹךְ
אֹתוֹ אַהֲרֹן וּבָנָיו מֵעֶרֶב עַד־בֹּקֶר לִפְנֵי יְהוָה חֻקַּת
עוֹלָם לְדֹרֹתָם מֵאֵת בְּנֵי יִשְׂרָאֵל׃ ס

א וְאַתָּה הַקְרֵב אֵלֶיךָ אֶת־אַהֲרֹן אָחִיךָ וְאֶת־בָּנָיו
אִתּוֹ מִתּוֹךְ בְּנֵי יִשְׂרָאֵל לְכַהֲנוֹ־לִי אַהֲרֹן נָדָב
וַאֲבִיהוּא אֶלְעָזָר וְאִיתָמָר בְּנֵי אַהֲרֹן׃
ב וְעָשִׂיתָ בִגְדֵי־קֹדֶשׁ לְאַהֲרֹן אָחִיךָ לְכָבוֹד וּלְתִפְאָרֶת׃
ג וְאַתָּה תְּדַבֵּר אֶל־כָּל־חַכְמֵי־לֵב אֲשֶׁר מִלֵּאתִיו רוּחַ
חָכְמָה וְעָשׂוּ אֶת־בִּגְדֵי אַהֲרֹן לְקַדְּשׁוֹ לְכַהֲנוֹ־לִי׃
ד וְאֵלֶּה הַבְּגָדִים אֲשֶׁר יַעֲשׂוּ חֹשֶׁן וְאֵפוֹד וּמְעִיל
וּכְתֹנֶת תַּשְׁבֵּץ מִצְנֶפֶת וְאַבְנֵט וְעָשׂוּ בִגְדֵי־קֹדֶשׁ
לְאַהֲרֹן אָחִיךָ וּלְבָנָיו לְכַהֲנוֹ־לִי׃
ה וְהֵם יִקְחוּ אֶת־הַזָּהָב וְאֶת־הַתְּכֵלֶת וְאֶת־הָאַרְגָּמָן
וְאֶת־תּוֹלַעַת הַשָּׁנִי וְאֶת־הַשֵּׁשׁ׃ פ

ו וְעָשׂוּ אֶת־הָאֵפֹד זָהָב תְּכֵלֶת וְאַרְגָּמָן תּוֹלַעַת
שָׁנִי וְשֵׁשׁ מָשְׁזָר מַעֲשֵׂה חֹשֵׁב׃
ז שְׁתֵּי כְתֵפֹת חֹבְרֹת יִהְיֶה־לּוֹ אֶל־שְׁנֵי קְצוֹתָיו וְחֻבָּר׃
ח וְחֵשֶׁב אֲפֻדָּתוֹ אֲשֶׁר עָלָיו כְּמַעֲשֵׂהוּ
מִמֶּנּוּ יִהְיֶה זָהָב תְּכֵלֶת וְאַרְגָּמָן
וְתוֹלַעַת שָׁנִי וְשֵׁשׁ מָשְׁזָר׃

O azeite para o candeeiro

20 Ordenarás aos filhos de Israel que te tragam azeite puro de
oliveira, espremido num gral, para o candeeiro, a fim de manter
acesa uma lâmpada continuamente. 21 Na tenda da revelação,
fora do véu que está diante do Testemunho, Arão e seus filhos
conservá-la-ão em ordem desde a tarde até pela manhã, peran-
te Jeová; este será um estatuto perpétuo a favor dos filhos de
Israel pelas suas gerações.

As vestes sacerdotais de Arão e seus filhos

28 1 Faze também chegar a ti Arão, teu irmão, e
seus filhos, dentre os filhos de Israel, para
me servirem no ofício sacerdotal, a saber,
Arão e seus filhos Nadabe, Abiú, Eleazar e Itamar (filhos
de Arão). 2 Farás vestiduras sagradas para Arão, teu irmão,
para glória e formosura. 3 Falarás tu a todos os homens há-
beis, a quem enchi do espírito de sabedoria, para que façam
as vestiduras de Arão, para o santificar, a fim de que me
sirva no ofício sacerdotal. 4 Estas, pois, são as vestiduras
que hão de fazer: um peitoral, um éfode, um manto, uma
capa variopintada, uma mitra e um cinto. Farão vestiduras
sagradas para Arão, teu irmão (e para seus filhos), a fim de
que me sirva no ofício sacerdotal. 5 Tomarão ouro, estofo
azul, púrpura, escarlata e linho fino.

O éfode e o peitoral do juízo

6 Farão o éfode de ouro, estofo azul, púrpura, escarlata e
linho fino retorcido, obra de desenhista. 7 O éfode terá dois
suspensórios que o prendam pelas extremidades, para que seja
unido. 8 O cinto primorosamente tecido, que está sobre o éfode,
com que cingi-lo, será de obra semelhante e formará com ela
uma só peça, de ouro, estofo azul, púrpura, escarlata e linho

ט וְלָקַחְתָּ אֶת־שְׁתֵּי אַבְנֵי־שֹׁהַם וּפִתַּחְתָּ עֲלֵיהֶם
שְׁמוֹת בְּנֵי יִשְׂרָאֵל:
י שִׁשָּׁה מִשְּׁמֹתָם עַל הָאֶבֶן הָאֶחָת וְאֶת־שְׁמוֹת הַשִּׁשָּׁה
הַנּוֹתָרִים עַל־הָאֶבֶן הַשֵּׁנִית כְּתוֹלְדֹתָם:
יא מַעֲשֵׂה חָרַשׁ אֶבֶן פִּתּוּחֵי חֹתָם תְּפַתַּח אֶת־שְׁתֵּי הָאֲבָנִים
עַל־שְׁמֹת בְּנֵי יִשְׂרָאֵל מֻסַבֹּת מִשְׁבְּצוֹת זָהָב תַּעֲשֶׂה אֹתָם:
יב וְשַׂמְתָּ אֶת־שְׁתֵּי הָאֲבָנִים עַל כִּתְפֹת הָאֵפֹד
אַבְנֵי זִכָּרֹן לִבְנֵי יִשְׂרָאֵל וְנָשָׂא אַהֲרֹן אֶת־שְׁמוֹתָם
לִפְנֵי יְהוָה עַל־שְׁתֵּי כְתֵפָיו לְזִכָּרֹן: ס
יג וְעָשִׂיתָ מִשְׁבְּצֹת זָהָב:
יד וּשְׁתֵּי שַׁרְשְׁרֹת זָהָב טָהוֹר מִגְבָּלֹת תַּעֲשֶׂה אֹתָם
מַעֲשֵׂה עֲבֹת וְנָתַתָּה אֶת־שַׁרְשְׁרֹת הָעֲבֹתֹת עַל־הַמִּשְׁבְּצֹת: ס
טו וְעָשִׂיתָ חֹשֶׁן מִשְׁפָּט מַעֲשֵׂה חֹשֵׁב כְּמַעֲשֵׂה אֵפֹד תַּעֲשֶׂנּוּ זָהָב
תְּכֵלֶת וְאַרְגָּמָן וְתוֹלַעַת שָׁנִי וְשֵׁשׁ מָשְׁזָר תַּעֲשֶׂה אֹתוֹ:
טז רָבוּעַ יִהְיֶה כָּפוּל זֶרֶת אָרְכּוֹ וְזֶרֶת רָחְבּוֹ:
יז וּמִלֵּאתָ בוֹ מִלֻּאַת אֶבֶן אַרְבָּעָה טוּרִים אָבֶן טוּר
אֹדֶם פִּטְדָה וּבָרֶקֶת הַטּוּר הָאֶחָד:
יח וְהַטּוּר הַשֵּׁנִי נֹפֶךְ סַפִּיר וְיָהֲלֹם:
יט וְהַטּוּר הַשְּׁלִישִׁי לֶשֶׁם שְׁבוֹ וְאַחְלָמָה:
כ וְהַטּוּר הָרְבִיעִי תַּרְשִׁישׁ וְשֹׁהַם וְיָשְׁפֵה מְשֻׁבָּצִים
זָהָב יִהְיוּ בְּמִלּוּאֹתָם:
כא וְהָאֲבָנִים תִּהְיֶיןָ עַל־שְׁמֹת בְּנֵי־יִשְׂרָאֵל שְׁתֵּים
עֶשְׂרֵה עַל־שְׁמֹתָם פִּתּוּחֵי חוֹתָם אִישׁ עַל־שְׁמוֹ
תִּהְיֶיןָ לִשְׁנֵי עָשָׂר שָׁבֶט:
כב וְעָשִׂיתָ עַל־הַחֹשֶׁן שַׁרְשֹׁת גַּבְלֻת מַעֲשֵׂה עֲבֹת זָהָב טָהוֹר:
כג וְעָשִׂיתָ עַל־הַחֹשֶׁן שְׁתֵּי טַבְּעוֹת זָהָב וְנָתַתָּ אֶת־שְׁתֵּי
הַטַּבָּעוֹת עַל־שְׁנֵי קְצוֹת הַחֹשֶׁן:
כד וְנָתַתָּה אֶת־שְׁתֵּי עֲבֹתֹת הַזָּהָב עַל־שְׁתֵּי
הַטַּבָּעֹת אֶל־קְצוֹת הַחֹשֶׁן:
כה וְאֵת שְׁתֵּי קְצוֹת שְׁתֵּי הָעֲבֹתֹת תִּתֵּן עַל־שְׁתֵּי הַמִּשְׁבְּצוֹת
וְנָתַתָּה עַל־כִּתְפוֹת הָאֵפֹד אֶל־מוּל פָּנָיו:
כו וְעָשִׂיתָ שְׁתֵּי טַבְּעוֹת זָהָב וְשַׂמְתָּ אֹתָם עַל־שְׁנֵי קְצוֹת
הַחֹשֶׁן עַל־שְׂפָתוֹ אֲשֶׁר אֶל־עֵבֶר הָאֵפֹד בָּיְתָה:
כז וְעָשִׂיתָ שְׁתֵּי טַבְּעוֹת זָהָב וְנָתַתָּה אֹתָם עַל־שְׁתֵּי
כִתְפוֹת הָאֵפוֹד מִלְּמַטָּה מִמּוּל פָּנָיו לְעֻמַּת
מֶחְבַּרְתּוֹ מִמַּעַל לְחֵשֶׁב הָאֵפוֹד:
כח וְיִרְכְּסוּ אֶת־הַחֹשֶׁן (מִטַּבְּעֹתָו) [מִטַּבְּעֹתָיו] א

fino retorcido. 9 Tomarás duas pedras de ônix e gravarás nelas
os nomes dos filhos de Israel: 10 seis de seis nomes numa pedra
e os seus nomes restantes na outra pedra, segundo a ordem do
seu nascimento. 11 De obra de lapidário, como as gravuras de
um selo, gravarás as duas pedras, segundo os nomes dos filhos
de Israel; guarnecidas de engastes de ouro as farás. 12 Porás as
duas pedras sobre os suspensórios do éfode, a fim de que sirvam
de pedras de memorial para os filhos de Israel. Arão levará os
seus nomes diante de Jeová, sobre um e outro ombro para um
memorial. 13 Farás também engastes de ouro 14 e duas pequenas
cadeias de ouro puro; como cordas as farás, de obra tecida; e
fixarás as cadeias de obra tecida aos engastes.

15 Farás o peitoral do juízo, obra de desenhista; de obra
semelhante a do éfode a farás; de ouro, estofo azul, púrpura,
escarlata e linho fino retorcido o farás. 16 Ele será quadrado e
duplo; de um palmo será o seu comprimento, e de um palmo, a
sua largura. 17 Porás nele pedras de engaste, em quatro fileiras:
uma fileira de sárdio, de topázio e de carbúnculo será a primei-
ra; 18 e a de esmeralda, de safira e de diamante será a segunda;
19 e a de jacinto, de ágata e de ametista será a terceira; 20 e a de
berilo, de ônix e de jaspe será a quarta; elas serão guarnecidas
de ouro nos seus engastes. 21 As pedras serão conforme os
nomes dos filhos de Israel, doze, conforme os seus nomes;
serão como as gravuras de um selo, cada um conforme o seu
nome, para as doze tribos. 22 Sobre o peitoral farás cadeias
como cordas, de obra trançada de ouro puro. 23 Também sobre
o peitoral farás duas argolas de ouro e porás as duas argolas
nas duas extremidades do peitoral. 24 As duas cadeias, de obra
trançada de ouro, meterás nas duas argolas as extremidades
do peitoral. 25 As outras duas pontas das duas cadeias, de obra
trançada, meterás nos dois engastes e as porás sobre os sus-
pensórios do éfode pelo lado de fora. 26 Farás também duas
argolas de ouro e as porás nas duas extremidades do peitoral,
na sua orla interior oposta ao éfode. 27 Farás outras duas argo-
las de ouro e as porás sobre os dois suspensórios do éfode do
lado de baixo, na parte dianteira dele, junto à costura, acima
do cinto primorosamente tecido do éfode. 28 O peitoral com

ֶל־טַבְּעֹת הָאֵפֹד בִּפְתִיל תְּכֵלֶת לִהְיוֹת עַל־חֵשֶׁב הָאֵפוֹד
וְלֹא־יִזַּח הַחֹשֶׁן מֵעַל הָאֵפוֹד׃
כט וְנָשָׂא אַהֲרֹן אֶת־שְׁמוֹת בְּנֵי־יִשְׂרָאֵל בְּחֹשֶׁן הַמִּשְׁפָּט
עַל־לִבּוֹ בְּבֹאוֹ אֶל־הַקֹּדֶשׁ לְזִכָּרֹן לִפְנֵי־יְהוָה תָּמִיד׃
ל וְנָתַתָּ אֶל־חֹשֶׁן הַמִּשְׁפָּט אֶת־הָאוּרִים וְאֶת־הַתֻּמִּים
וְהָיוּ עַל־לֵב אַהֲרֹן בְּבֹאוֹ לִפְנֵי יְהוָה וְנָשָׂא אַהֲרֹן אֶת־מִשְׁפַּט
בְּנֵי־יִשְׂרָאֵל עַל־לִבּוֹ לִפְנֵי יְהוָה תָּמִיד׃ ס

לא וְעָשִׂיתָ אֶת־מְעִיל הָאֵפוֹד כְּלִיל תְּכֵלֶת׃
לב וְהָיָה פִי־רֹאשׁוֹ בְּתוֹכוֹ שָׂפָה יִהְיֶה לְפִיו סָבִיב מַעֲשֵׂה
אֹרֵג כְּפִי תַחְרָא יִהְיֶה־לּוֹ לֹא יִקָּרֵעַ׃
לג וְעָשִׂיתָ עַל־שׁוּלָיו רִמֹּנֵי תְּכֵלֶת וְאַרְגָּמָן וְתוֹלַעַת שָׁנִי
עַל־שׁוּלָיו סָבִיב וּפַעֲמֹנֵי זָהָב בְּתוֹכָם סָבִיב׃
לד פַּעֲמֹן זָהָב וְרִמּוֹן פַּעֲמֹן זָהָב וְרִמּוֹן עַל־שׁוּלֵי הַמְּעִיל סָבִיב׃
לה וְהָיָה עַל־אַהֲרֹן לְשָׁרֵת וְנִשְׁמַע קוֹלוֹ בְּבֹאוֹ אֶל־הַקֹּדֶשׁ לִפְנֵי
יְהוָה וּבְצֵאתוֹ וְלֹא יָמוּת׃ ס

לו וְעָשִׂיתָ צִּיץ זָהָב טָהוֹר וּפִתַּחְתָּ עָלָיו פִּתּוּחֵי
חֹתָם קֹדֶשׁ לַיהוָה׃
לז וְשַׂמְתָּ אֹתוֹ עַל־פְּתִיל תְּכֵלֶת וְהָיָה עַל־הַמִּצְנָפֶת
אֶל־מוּל פְּנֵי־הַמִּצְנֶפֶת יִהְיֶה׃
לח וְהָיָה עַל־מֵצַח אַהֲרֹן וְנָשָׂא אַהֲרֹן אֶת־עֲוֺן הַקֳּדָשִׁים
אֲשֶׁר יַקְדִּישׁוּ בְּנֵי יִשְׂרָאֵל לְכָל־מַתְּנֹת קָדְשֵׁיהֶם וְהָיָה
עַל־מִצְחוֹ תָּמִיד לְרָצוֹן לָהֶם לִפְנֵי יְהוָה׃
לט וְשִׁבַּצְתָּ הַכְּתֹנֶת שֵׁשׁ וְעָשִׂיתָ מִצְנֶפֶת שֵׁשׁ
וְאַבְנֵט תַּעֲשֶׂה מַעֲשֵׂה רֹקֵם׃
מ וְלִבְנֵי אַהֲרֹן תַּעֲשֶׂה כֻתֳּנֹת וְעָשִׂיתָ לָהֶם אַבְנֵטִים וּמִגְבָּעוֹת

as suas argolas unirão as argolas do éfode por uma fita azul,
de modo que fique sobre o cinto, primorosamente tecido, do
éfode e que o peitoral se não separe do éfode. 29 Arão levará
para memorial diante de Jeová continuamente os nomes dos
filhos de Israel no peitoral do juízo sobre o seu coração, quando
entrar no Santo Lugar. 30 Porás no peito do juízo o Urim e o
Tumim; eles estarão sobre o coração de Arão, quando entrar
perante Jeová. Arão levará o juízo dos filhos de Israel sobre o
seu coração diante de Jeová continuamente.

O manto do éfode

31 Farás também o manto do éfode todo de estofo azul. 32 No
meio dele haverá uma abertura para a cabeça; será debruada
essa abertura como a abertura de uma saia de malha, para que
se não rompa. 33 Em toda a orla do manto, farás romãs de estofo
azul, púrpura e escarlata; e campainhas de ouro, no meio delas.
34 Haverá em toda a orla do manto uma campainha de ouro e
uma romã, outra campainha de ouro e outra romã. 35 Esse manto
estará sobre Arão quando ministrar; e ouvir-se-á o som quando
ele entrar no Santo Lugar perante Jeová e quando sair, e isso
para que não morra.

A lâmina de ouro puro

36 Farás também uma lâmina de ouro puro e nela gravarás,
como as gravuras de um selo, SANTIDADE A JEOVÁ. 37 Pô-la-ás
sobre uma fita azul, e estará sobre a mitra; bem na frente da
mitra estará. 38 Estará sobre a testa de Arão, e este levará a
iniquidade concernente às coisas sagradas que os filhos de
Israel consagrarem em todas as suas santas ofertas; sempre
estará sobre a testa de Arão, para que eles sejam aceitos diante
de Jeová. 39 Tecerás a túnica de linho fino variopintado, e farás
uma mitra de linho fino, e farás um cinto, obra de bordador.
40 Para os filhos de Arão farás túnicas, e cintos, e tiaras, para

תַּעֲשֶׂה לָהֶם לְכָבוֹד וּלְתִפְאָרֶת׃
מא וְהִלְבַּשְׁתָּ אֹתָם אֶת־אַהֲרֹן אָחִיךָ וְאֶת־בָּנָיו אִתּוֹ וּמָשַׁחְתָּ
אֹתָם וּמִלֵּאתָ אֶת־יָדָם וְקִדַּשְׁתָּ אֹתָם וְכִהֲנוּ לִי׃
מב וַעֲשֵׂה לָהֶם מִכְנְסֵי־בָד לְכַסּוֹת בְּשַׂר עֶרְוָה
מִמָּתְנַיִם וְעַד־יְרֵכַיִם יִהְיוּ׃
מג וְהָיוּ עַל־אַהֲרֹן וְעַל־בָּנָיו בְּבֹאָם ׀ אֶל־אֹהֶל מוֹעֵד אוֹ
בְגִשְׁתָּם אֶל־הַמִּזְבֵּחַ לְשָׁרֵת בַּקֹּדֶשׁ וְלֹא־יִשְׂאוּ עָוֺן
וָמֵתוּ חֻקַּת עוֹלָם לוֹ וּלְזַרְעוֹ אַחֲרָיו׃ ס

א וְזֶה הַדָּבָר אֲשֶׁר־תַּעֲשֶׂה לָהֶם לְקַדֵּשׁ אֹתָם לְכַהֵן
לִי לְקַח פַּר אֶחָד בֶּן־בָּקָר וְאֵילִם שְׁנַיִם תְּמִימִם׃
ב וְלֶחֶם מַצּוֹת וְחַלֹּת מַצֹּת בְּלוּלֹת בַּשֶּׁמֶן וּרְקִיקֵי מַצּוֹת
מְשֻׁחִים בַּשָּׁמֶן סֹלֶת חִטִּים תַּעֲשֶׂה אֹתָם׃
ג וְנָתַתָּ אוֹתָם עַל־סַל אֶחָד וְהִקְרַבְתָּ אֹתָם בַּסָּל
וְאֶת־הַפָּר וְאֵת שְׁנֵי הָאֵילִם׃
ד וְאֶת־אַהֲרֹן וְאֶת־בָּנָיו תַּקְרִיב אֶל־פֶּתַח אֹהֶל
מוֹעֵד וְרָחַצְתָּ אֹתָם בַּמָּיִם׃
ה וְלָקַחְתָּ אֶת־הַבְּגָדִים וְהִלְבַּשְׁתָּ אֶת־אַהֲרֹן אֶת־הַכֻּתֹּנֶת וְאֵת
מְעִיל הָאֵפֹד וְאֶת־הָאֵפֹד וְאֶת־הַחֹשֶׁן וְאָפַדְתָּ לוֹ בְּחֵשֶׁב הָאֵפֹד׃
ו וְשַׂמְתָּ הַמִּצְנֶפֶת עַל־רֹאשׁוֹ וְנָתַתָּ אֶת־נֵזֶר
הַקֹּדֶשׁ עַל־הַמִּצְנָפֶת׃
ז וְלָקַחְתָּ אֶת־שֶׁמֶן הַמִּשְׁחָה וְיָצַקְתָּ עַל־רֹאשׁוֹ וּמָשַׁחְתָּ אֹתוֹ׃
ח וְאֶת־בָּנָיו תַּקְרִיב וְהִלְבַּשְׁתָּם כֻּתֳּנֹת׃
ט וְחָגַרְתָּ אֹתָם אַבְנֵט אַהֲרֹן וּבָנָיו וְחָבַשְׁתָּ לָהֶם מִגְבָּעֹת וְהָיְתָה
לָהֶם כְּהֻנָּה לְחֻקַּת עוֹלָם וּמִלֵּאתָ יַד־אַהֲרֹן וְיַד־בָּנָיו׃

י וְהִקְרַבְתָּ אֶת־הַפָּר לִפְנֵי אֹהֶל מוֹעֵד וְסָמַךְ אַהֲרֹן וּבָנָיו
אֶת־יְדֵיהֶם עַל־רֹאשׁ הַפָּר׃
יא וְשָׁחַטְתָּ אֶת־הַפָּר לִפְנֵי יְהוָה פֶּתַח אֹהֶל מוֹעֵד׃
יב וְלָקַחְתָּ מִדַּם הַפָּר וְנָתַתָּה עַל־קַרְנֹת הַמִּזְבֵּחַ בְּאֶצְבָּעֶךָ
וְאֶת־כָּל־הַדָּם תִּשְׁפֹּךְ אֶל־יְסוֹד הַמִּזְבֵּחַ׃
יג וְלָקַחְתָּ אֶת־כָּל־הַחֵלֶב הַמְכַסֶּה אֶת־הַקֶּרֶב
וְאֵת הַיֹּתֶרֶת עַל־הַכָּבֵד וְאֵת שְׁתֵּי הַכְּלָיֹת וְאֶת־הַחֵלֶב

glória e formosura. 41 Vestirás com eles a Arão, teu irmão, bem
como a seus filhos, e os ungirás, consagrarás, e santificarás,
para que me sirvam no ofício sacerdotal. 42 Far-lhe-ás também
calções de linho, para cobrirem as suas partes; estender-se-ão
desde os rins até as coxas. 43 Estarão sobre Arão e sobre seus
filhos, quando entrarem na tenda da revelação ou quando se
aproximarem do altar para ministrar no Santo Lugar, a fim de
que não sejam réus de iniquidade e morram. Isso será estatuto
perpétuo para ele e para a sua posteridade depois dele.

O sacrifício e as cerimônias da consagração

29 1 Isto é o que lhes farás para os santificar, a fim de
que me sirvam no ofício sacerdotal: toma um no-
vilho, e dois carneiros sem defeito, 2 e pães asmos,
e bolos asmos, amassados com azeite, e obreias asmas, unta-
das com azeite; de flor de farinha de trigo os farás. 3 Pô-los-ás
num só cesto e no cesto os trarás; trarás juntamente o novi-
lho e os dois carneiros. 4 Então, farás que Arão e seus filhos
se aproximem da entrada da tenda da revelação e os lavarás
com água. 5 Tomarás os vestidos, e vestirás a Arão da túnica,
do manto do éfode, do éfode e do peitoral, e o cingirás com o
cinto, primorosamente tecido, do éfode; 6 por-lhe-ás a mitra
na cabeça e sobre a mitra porás a coroa de santidade. 7 Então,
tomarás o azeite da unção, e lho derramarás sobre a cabeça, e
o ungirás. 8 Farás também que se aproximem os filhos de Arão
e vesti-los-ás de túnicas. 9 Cingi-los-ás com cinto, a Arão e a
seus filhos, e lhes atarás as tiaras. Por um estatuto perpétuo,
eles terão o sacerdócio; e sagrarás a Arão e a seus filhos.

10 Farás chegar o novilho diante da tenda da revelação; e Arão
e seus filhos porão as mãos sobre a cabeça do novilho. 11 Mata-
rás o novilho perante Jeová, à entrada da tenda da revelação.
12 Depois, tomarás do sangue do novilho e, com o teu dedo, o
porás sobre os chifres do altar; todo o resto do sangue, derra-
má-lo-ás ao pé do altar. 13 E tomarás toda a gordura que cobre
as entranhas, o redenho do fígado, os dois rins e a gordura que

אֲשֶׁר עֲלֵיהֶן וְהִקְטַרְתָּ הַמִּזְבֵּחָה׃ יד וְאֶת־בְּשַׂר הַפָּר וְאֶת־עֹרוֹ
וְאֶת־פִּרְשׁוֹ תִּשְׂרֹף בָּאֵשׁ מִחוּץ לַמַּחֲנֶה חַטָּאת הוּא׃
טו וְאֶת־הָאַיִל הָאֶחָד תִּקָּח וְסָמְכוּ אַהֲרֹן וּבָנָיו אֶת־יְדֵיהֶם
עַל־רֹאשׁ הָאָיִל׃ טז וְשָׁחַטְתָּ אֶת־הָאָיִל וְלָקַחְתָּ אֶת־דָּמוֹ וְזָרַקְתָּ
עַל־הַמִּזְבֵּחַ סָבִיב׃ יז וְאֶת־הָאַיִל תְּנַתֵּחַ לִנְתָחָיו וְרָחַצְתָּ קִרְבּוֹ
וּכְרָעָיו וְנָתַתָּ עַל־נְתָחָיו וְעַל־רֹאשׁוֹ׃
יח וְהִקְטַרְתָּ אֶת־כָּל־הָאַיִל הַמִּזְבֵּחָה עֹלָה הוּא לַיהוָה רֵיחַ
נִיחוֹחַ אִשֶּׁה לַיהוָה הוּא׃

יט וְלָקַחְתָּ אֵת הָאַיִל הַשֵּׁנִי וְסָמַךְ אַהֲרֹן וּבָנָיו
אֶת־יְדֵיהֶם עַל־רֹאשׁ הָאָיִל׃
כ וְשָׁחַטְתָּ אֶת־הָאַיִל וְלָקַחְתָּ מִדָּמוֹ וְנָתַתָּה עַל־תְּנוּךְ אֹזֶן אַהֲרֹן
וְעַל־תְּנוּךְ אֹזֶן בָּנָיו הַיְמָנִית וְעַל־בֹּהֶן יָדָם הַיְמָנִית וְעַל־בֹּהֶן
רַגְלָם הַיְמָנִית וְזָרַקְתָּ אֶת־הַדָּם עַל־הַמִּזְבֵּחַ סָבִיב׃
כא וְלָקַחְתָּ מִן־הַדָּם אֲשֶׁר עַל־הַמִּזְבֵּחַ וּמִשֶּׁמֶן הַמִּשְׁחָה וְהִזֵּיתָ
עַל־אַהֲרֹן וְעַל־בְּגָדָיו וְעַל־בָּנָיו וְעַל־בִּגְדֵי בָנָיו אִתּוֹ וְקָדַשׁ הוּא
וּבְגָדָיו וּבָנָיו וּבִגְדֵי בָנָיו אִתּוֹ׃
כב וְלָקַחְתָּ מִן־הָאַיִל הַחֵלֶב וְהָאַלְיָה וְאֶת־הַחֵלֶב ׀ הַמְכַסֶּה
אֶת־הַקֶּרֶב וְאֵת יֹתֶרֶת הַכָּבֵד וְאֵת ׀ שְׁתֵּי הַכְּלָיֹת וְאֶת־הַחֵלֶב
אֲשֶׁר עֲלֵיהֶן וְאֵת שׁוֹק הַיָּמִין כִּי אֵיל מִלֻּאִים הוּא׃
כג וְכִכַּר לֶחֶם אַחַת וְחַלַּת לֶחֶם שֶׁמֶן אַחַת וְרָקִיק אֶחָד
מִסַּל הַמַּצּוֹת אֲשֶׁר לִפְנֵי יְהוָה׃
כד וְשַׂמְתָּ הַכֹּל עַל כַּפֵּי אַהֲרֹן וְעַל כַּפֵּי בָנָיו וְהֵנַפְתָּ
אֹתָם תְּנוּפָה לִפְנֵי יְהוָה׃
כה וְלָקַחְתָּ אֹתָם מִיָּדָם וְהִקְטַרְתָּ הַמִּזְבֵּחָה עַל־הָעֹלָה לְרֵיחַ
נִיחוֹחַ לִפְנֵי יְהוָה אִשֶּׁה הוּא לַיהוָה׃

כו וְלָקַחְתָּ אֶת־הֶחָזֶה מֵאֵיל הַמִּלֻּאִים אֲשֶׁר לְאַהֲרֹן וְהֵנַפְתָּ
אֹתוֹ תְּנוּפָה לִפְנֵי יְהוָה וְהָיָה לְךָ לְמָנָה׃
כז וְקִדַּשְׁתָּ אֵת ׀ חֲזֵה הַתְּנוּפָה וְאֵת שׁוֹק הַתְּרוּמָה אֲשֶׁר הוּנַף
וַאֲשֶׁר הוּרָם מֵאֵיל הַמִּלֻּאִים מֵאֲשֶׁר לְאַהֲרֹן וּמֵאֲשֶׁר לְבָנָיו׃
כח וְהָיָה לְאַהֲרֹן וּלְבָנָיו לְחָק־עוֹלָם מֵאֵת בְּנֵי יִשְׂרָאֵל
כִּי תְרוּמָה הוּא וּתְרוּמָה יִהְיֶה מֵאֵת בְּנֵי־יִשְׂרָאֵל מִזִּבְחֵי
שַׁלְמֵיהֶם תְּרוּמָתָם לַיהוָה׃

está por cima deles e queimá-los-ás sobre o altar. 14 Mas a carne
do novilho, o seu couro e o seu excremento, queimá-los-ás com
fogo fora do arraial; é oferta pelo pecado.

15 Tomarás também um carneiro; e Arão e seus filhos porão as
mãos sobre a cabeça do carneiro. 16 Matarás o carneiro, e tomarás
o seu sangue, e o aspergirás sobre o altar ao redor. 17 Cortarás o
carneiro em seus pedaços e, lavados os seus intestinos e as suas
pernas, pô-los-ás sobre os seus pedaços e sobre a sua cabeça.
18 Então, queimarás o carneiro todo sobre o altar; é holocausto
para Jeová; é cheiro suave, oferta queimada a Jeová.

19 Tomarás também o outro carneiro; e Arão e seus filhos
porão as mãos sobre a cabeça do carneiro. 20 Então, matarás
o carneiro, e tomarás do seu sangue, e pô-lo-ás sobre a ponta
da orelha direita de Arão, e sobre a ponta da orelha direita de
seus filhos, e sobre os dedos polegares das suas mãos direitas,
e sobre os dedos polegares dos seus pés direitos, e aspergirás
o sangue sobre o altar ao redor. 21 Tomarás do sangue que está
no altar e do óleo da unção e o aspergirás sobre Arão e sobre os
seus vestidos, e sobre seus filhos, e sobre os vestidos de seus
filhos. Ele será santificado, e os seus vestidos, e seus filhos, e
os vestidos de seus filhos. 22 Do carneiro tomarás a gordura, a
cauda grossa, a gordura que cobre os intestinos, o redenho do
fígado, os dois rins, a gordura que está por cima deles, e a coxa
direita (pois é carneiro de consagração), 23 e uma fogaça de pão,
um bolo amassado em azeite e uma obreia do cesto dos pães
asmos que está diante de Jeová. 24 Porás todas essas coisas sobre
as mãos de Arão e sobre as mãos de seus filhos e as oferecerás
por oferta movida diante de Jeová. 25 Depois, as tomarás das suas
mãos e as queimarás no altar sobre o holocausto, por cheiro
suave diante de Jeová; é oferta queimada a Jeová.

26 Tomarás o peito do carneiro de consagração, que é de
Arão, e o oferecerás por oferta movida diante de Jeová; esta
será a tua porção. 27 Santificarás o peito, a oferta movida, e
a coxa, a oferta alçada, do carneiro de consagração, a saber,
do carneiro que é para Arão e para seus filhos. 28 Isso será a
porção que os filhos de Israel deverão a Arão e a seus filhos
para sempre; pois é oferta alçada. A sua oferta alçada a Jeová

כט וּבִגְדֵי הַקֹּדֶשׁ אֲשֶׁר לְאַהֲרֹן יִהְיוּ לְבָנָיו אַחֲרָיו לְמָשְׁחָה
בָהֶם וּלְמַלֵּא־בָם אֶת־יָדָם׃
ל שִׁבְעַת יָמִים יִלְבָּשָׁם הַכֹּהֵן תַּחְתָּיו מִבָּנָיו אֲשֶׁר יָבֹא
אֶל־אֹהֶל מוֹעֵד לְשָׁרֵת בַּקֹּדֶשׁ׃

לא וְאֵת אֵיל הַמִּלֻּאִים תִּקָּח וּבִשַּׁלְתָּ אֶת־בְּשָׂרוֹ בְּמָקֹם קָדֹשׁ׃
לב וְאָכַל אַהֲרֹן וּבָנָיו אֶת־בְּשַׂר הָאַיִל וְאֶת־הַלֶּחֶם
אֲשֶׁר בַּסָּל פֶּתַח אֹהֶל מוֹעֵד׃
לג וְאָכְלוּ אֹתָם אֲשֶׁר כֻּפַּר בָּהֶם לְמַלֵּא אֶת־יָדָם לְקַדֵּשׁ אֹתָם
וְזָר לֹא־יֹאכַל כִּי־קֹדֶשׁ הֵם׃
לד וְאִם־יִוָּתֵר מִבְּשַׂר הַמִּלֻּאִים וּמִן־הַלֶּחֶם עַד־הַבֹּקֶר וְשָׂרַפְתָּ
אֶת־הַנּוֹתָר בָּאֵשׁ לֹא יֵאָכֵל כִּי־קֹדֶשׁ הוּא׃

לה וְעָשִׂיתָ לְאַהֲרֹן וּלְבָנָיו כָּכָה כְּכֹל אֲשֶׁר־צִוִּיתִי אֹתָכָה
שִׁבְעַת יָמִים תְּמַלֵּא יָדָם׃
לו וּפַר חַטָּאת תַּעֲשֶׂה לַיּוֹם עַל־הַכִּפֻּרִים וְחִטֵּאתָ עַל־הַמִּזְבֵּחַ
בְּכַפֶּרְךָ עָלָיו וּמָשַׁחְתָּ אֹתוֹ לְקַדְּשׁוֹ׃
לז שִׁבְעַת יָמִים תְּכַפֵּר עַל־הַמִּזְבֵּחַ וְקִדַּשְׁתָּ אֹתוֹ וְהָיָה הַמִּזְבֵּחַ
קֹדֶשׁ קָדָשִׁים כָּל־הַנֹּגֵעַ בַּמִּזְבֵּחַ יִקְדָּשׁ׃ ס

לח וְזֶה אֲשֶׁר תַּעֲשֶׂה עַל־הַמִּזְבֵּחַ כְּבָשִׂים בְּנֵי־שָׁנָה
שְׁנַיִם לַיּוֹם תָּמִיד׃
לט אֶת־הַכֶּבֶשׂ הָאֶחָד תַּעֲשֶׂה בַבֹּקֶר וְאֵת הַכֶּבֶשׂ
הַשֵּׁנִי תַּעֲשֶׂה בֵּין הָעַרְבָּיִם׃
מ וְעִשָּׂרֹן סֹלֶת בָּלוּל בְּשֶׁמֶן כָּתִית רֶבַע הַהִין וְנֵסֶךְ
רְבִיעִת הַהִין יָיִן לַכֶּבֶשׂ הָאֶחָד׃
מא וְאֵת הַכֶּבֶשׂ הַשֵּׁנִי תַּעֲשֶׂה בֵּין הָעַרְבָּיִם כְּמִנְחַת הַבֹּקֶר
וּכְנִסְכָּהּ תַּעֲשֶׂה־לָּהּ לְרֵיחַ נִיחֹחַ אִשֶּׁה לַיהוָה׃
מב עֹלַת תָּמִיד לְדֹרֹתֵיכֶם פֶּתַח אֹהֶל־מוֹעֵד לִפְנֵי יְהוָה אֲשֶׁר
אִוָּעֵד לָכֶם שָׁמָּה לְדַבֵּר אֵלֶיךָ שָׁם׃
מג וְנֹעַדְתִּי שָׁמָּה לִבְנֵי יִשְׂרָאֵל וְנִקְדַּשׁ בִּכְבֹדִי׃

será a oferta que os filhos de Israel tirarem dos sacrifícios das suas ofertas pacíficas.

29 Os vestidos sagrados de Arão ficarão sendo para seus filhos depois dele, para serem ungidos e para serem sagrados
neles. 30 Por sete dias, os vestirá o filho que for sacerdote em seu lugar, quando entrar na tenda da revelação para ministrar no Santo Lugar.

As ofertas diárias

31 Tomarás o carneiro de consagração e cozerás a sua carne
em lugar santo. 32 Arão e seus filhos comerão a carne do carneiro e o pão que está no cesto à entrada da tenda da revelação.
33 Eles comerão aquelas coisas com que se fez expiação, para os consagrar e para os santificar; porém o estrangeiro não comerá
delas, porque são santas. 34 Se sobrar da carne da consagração ou do pão até pela manhã, queimarás com fogo o que sobejar; não se comerá, porque é santo.

35 Assim, pois, farás a Arão e a seus filhos conforme tudo que
te hei ordenado; por sete dias os sagrarás. 36 Cada dia oferecerás para expiação o novilho que se oferece como oferta pelo pecado. Purificarás o altar, quando a favor dele fizeres expiação; e ungirás
o altar, para o santificar. 37 Por sete dias, farás expiação pelo altar e o santificarás. O altar será santíssimo; todo o que o tocar será santificado.

38 Isto é o que oferecerás sobre o altar: continuamente, cada
dia, dois cordeiros dum ano. 39 Um cordeiro oferecerás pela ma-
nhã e o outro cordeiro oferecerás de tarde; 40 com um cordeiro, a décima parte de um efa de flor de farinha, misturada com a quarta parte dum him de azeite espremido num gral; e, para oferta de
libação, a quarta parte dum him de vinho. 41 O outro cordeiro oferecerás de tarde e com ele farás conforme a oferta matutina de flor de farinha e conforme a sua oferta de libação, como
cheiro suave, oferta queimada a Jeová. 42 Este será o holocausto contínuo, por vossas gerações, à entrada da tenda da revelação,
diante de Jeová, onde virei a vós, para falar contigo ali. 43 Ali, virei

מד וְקִדַּשְׁתִּי אֶת־אֹהֶל מוֹעֵד וְאֶת־הַמִּזְבֵּחַ וְאֶת־אַהֲרֹן
וְאֶת־בָּנָיו אֲקַדֵּשׁ לְכַהֵן לִי׃
מה וְשָׁכַנְתִּי בְּתוֹךְ בְּנֵי יִשְׂרָאֵל וְהָיִיתִי לָהֶם לֵאלֹהִים׃
מו וְיָדְעוּ כִּי אֲנִי יְהוָה אֱלֹהֵיהֶם אֲשֶׁר הוֹצֵאתִי אֹתָם מֵאֶרֶץ
מִצְרַיִם לְשָׁכְנִי בְתוֹכָם אֲנִי יְהוָה אֱלֹהֵיהֶם׃ פ

א וְעָשִׂיתָ מִזְבֵּחַ מִקְטַר קְטֹרֶת עֲצֵי שִׁטִּים תַּעֲשֶׂה אֹתוֹ׃2 אַמָּה
אָרְכּוֹ וְאַמָּה רָחְבּוֹ רָבוּעַ יִהְיֶה וְאַמָּתַיִם קֹמָתוֹ מִמֶּנּוּ קַרְנֹתָיו׃
ג וְצִפִּיתָ אֹתוֹ זָהָב טָהוֹר אֶת־גַּגּוֹ וְאֶת־קִירֹתָיו סָבִיב וְאֶת־
קַרְנֹתָיו וְעָשִׂיתָ לּוֹ זֵר זָהָב סָבִיב׃
ד וּשְׁתֵּי טַבְּעֹת זָהָב תַּעֲשֶׂה־לּוֹ׀ מִתַּחַת לְזֵרוֹ עַל שְׁתֵּי צַלְעֹתָיו
תַּעֲשֶׂה עַל־שְׁנֵי צִדָּיו וְהָיָה לְבָתִּים לְבַדִּים לָשֵׂאת אֹתוֹ בָּהֵמָּה׃
ה וְעָשִׂיתָ אֶת־הַבַּדִּים עֲצֵי שִׁטִּים וְצִפִּיתָ אֹתָם זָהָב׃
ו וְנָתַתָּה אֹתוֹ לִפְנֵי הַפָּרֹכֶת אֲשֶׁר עַל־אֲרֹן הָעֵדֻת לִפְנֵי הַכַּפֹּרֶת
אֲשֶׁר עַל־הָעֵדֻת אֲשֶׁר אִוָּעֵד לְךָ שָׁמָּה׃
ז וְהִקְטִיר עָלָיו אַהֲרֹן קְטֹרֶת סַמִּים בַּבֹּקֶר בַּבֹּקֶר
בְּהֵיטִיבוֹ אֶת־הַנֵּרֹת יַקְטִירֶנָּה׃
ח וּבְהַעֲלֹת אַהֲרֹן אֶת־הַנֵּרֹת בֵּין הָעַרְבַּיִם יַקְטִירֶנָּה קְטֹרֶת
תָּמִיד לִפְנֵי יְהוָה לְדֹרֹתֵיכֶם׃
ט לֹא־תַעֲלוּ עָלָיו קְטֹרֶת זָרָה וְעֹלָה וּמִנְחָה
וְנֵסֶךְ לֹא תִסְּכוּ עָלָיו׃
י וְכִפֶּר אַהֲרֹן עַל־קַרְנֹתָיו אַחַת בַּשָּׁנָה מִדַּם חַטַּאת הַכִּפֻּרִים
אַחַת בַּשָּׁנָה יְכַפֵּר עָלָיו לְדֹרֹתֵיכֶם קֹדֶשׁ־קָדָשִׁים הוּא לַיהוָה׃ פ

aos filhos de Israel; e a tenda será santificada pela minha glória.
44 Santificarei a tenda da revelação e o altar; também santificarei
a Arão e a seus filhos, para que me sirvam no ofício sacerdotal.
45 Habitarei no meio dos filhos de Israel e serei o seu Deus. 46 Eles
saberão que eu sou Jeová, seu Deus, que os tirou da terra do Egito,
para habitar no meio deles; eu sou Jeová, seu Deus.

O altar do incenso

30 1 Farás também um altar para queimares sobre ele
o incenso; de madeira de acácia o farás. 2 Terá um
cúbito de comprido, e um cúbito de largo (será
quadrado), e dois cúbitos de alto; os chifres formarão uma só
peça com ele. 3 Cobri-lo-ás de ouro puro, a sua parte superior,
os seus lados ao redor e os seus chifres; e lhe farás uma borda-
dura de ouro. 4 Também lhe farás duas argolas de ouro debai-
xo da bordadura; em ambos os lados, as farás; e nelas se mete-
rão os varais para se levar o altar. 5 De madeira de acácia farás
os varais e os cobrirás de ouro. 6 Porás o altar em frente do
véu que está junto à arca do Testemunho, diante do propicia-
tório que se acha sobre o Testemunho, onde virei a ti. 7 Arão
queimará sobre o altar incenso aromático; todos os dias de
manhã, quando preparar as lâmpadas, o queimará. 8 Quando,
à tarde, acender as lâmpadas, o queimará; será incenso perpé-
tuo diante de Jeová, pelas vossas gerações. 9 Não oferecereis
sobre ele incenso estranho, nem holocaustos, nem oferta de
flor de farinha; e não derramareis sobre ele ofertas de libação.
10 Uma vez no ano, Arão fará expiação sobre os chifres do al-
tar; com o sangue da oferta pelo pecado, que é oferecido pela
expiação, uma vez no ano, pelas vossas gerações, fará pelo
altar expiação; santíssimo é a Jeová.

יא וַיְדַבֵּר יְהוָה אֶל־מֹשֶׁה לֵּאמֹר׃
יב כִּי תִשָּׂא אֶת־רֹאשׁ בְּנֵי־יִשְׂרָאֵל לִפְקֻדֵיהֶם וְנָתְנוּ אִישׁ כֹּפֶר
נַפְשׁוֹ לַיהוָה בִּפְקֹד אֹתָם וְלֹא־יִהְיֶה בָהֶם נֶגֶף בִּפְקֹד אֹתָם׃
יג זֶה ׀ יִתְּנוּ כָּל־הָעֹבֵר עַל־הַפְּקֻדִים מַחֲצִית הַשֶּׁקֶל בְּשֶׁקֶל
הַקֹּדֶשׁ עֶשְׂרִים גֵּרָה הַשֶּׁקֶל מַחֲצִית הַשֶּׁקֶל תְּרוּמָה לַיהוָה׃
יד כֹּל הָעֹבֵר עַל־הַפְּקֻדִים מִבֶּן עֶשְׂרִים שָׁנָה וָמָעְלָה יִתֵּן
תְּרוּמַת יְהוָה׃
טו הֶעָשִׁיר לֹא־יַרְבֶּה וְהַדַּל לֹא יַמְעִיט מִמַּחֲצִית הַשָּׁקֶל לָתֵת
אֶת־תְּרוּמַת יְהוָה לְכַפֵּר עַל־נַפְשֹׁתֵיכֶם׃
טז וְלָקַחְתָּ אֶת־כֶּסֶף הַכִּפֻּרִים מֵאֵת בְּנֵי יִשְׂרָאֵל וְנָתַתָּ
אֹתוֹ עַל־עֲבֹדַת אֹהֶל מוֹעֵד וְהָיָה לִבְנֵי יִשְׂרָאֵל לְזִכָּרוֹן
לִפְנֵי יְהוָה לְכַפֵּר עַל־נַפְשֹׁתֵיכֶם׃ פ

יז וַיְדַבֵּר יְהוָה אֶל־מֹשֶׁה לֵּאמֹר׃
יח וְעָשִׂיתָ כִּיּוֹר נְחֹשֶׁת וְכַנּוֹ נְחֹשֶׁת לְרָחְצָה וְנָתַתָּ אֹתוֹ
בֵּין־אֹהֶל מוֹעֵד וּבֵין הַמִּזְבֵּחַ וְנָתַתָּ שָׁמָּה מָיִם׃
יט וְרָחֲצוּ אַהֲרֹן וּבָנָיו מִמֶּנּוּ אֶת־יְדֵיהֶם וְאֶת־רַגְלֵיהֶם׃
כ בְּבֹאָם אֶל־אֹהֶל מוֹעֵד יִרְחֲצוּ־מַיִם וְלֹא יָמֻתוּ אוֹ בְגִשְׁתָּם
אֶל־הַמִּזְבֵּחַ לְשָׁרֵת לְהַקְטִיר אִשֶּׁה לַיהוָה׃
כא וְרָחֲצוּ יְדֵיהֶם וְרַגְלֵיהֶם וְלֹא יָמֻתוּ וְהָיְתָה לָהֶם
חָק־עוֹלָם לוֹ וּלְזַרְעוֹ לְדֹרֹתָם׃ פ

כב וַיְדַבֵּר יְהוָה אֶל־מֹשֶׁה לֵּאמֹר׃
כג וְאַתָּה קַח־לְךָ בְּשָׂמִים רֹאשׁ מָר־דְּרוֹר חֲמֵשׁ
מֵאוֹת וְקִנְּמָן־בֶּשֶׂם מַחֲצִיתוֹ חֲמִשִּׁים וּמָאתָיִם
וּקְנֵה־בֹשֶׂם חֲמִשִּׁים וּמָאתָיִם׃

O dinheiro do resgate

11 Disse mais Jeová a Moisés: 12 Quando fizeres o alistamento
dos filhos de Israel, de acordo com o número desse alistamento,
cada um deles dará a Jeová o resgate de sua alma, quando os
alistares, para que não haja entre eles praga alguma por oca-
sião do alistamento. 13 Isto darão (cada um que passa para o
número daqueles que são alistados): meio siclo segundo o siclo
do santuário (o siclo tem vinte óbolos); oferecer-se-á a Jeová
meio siclo. 14 Todo aquele que passa para o número dos que
são alistados de vinte anos para cima pagará a oferta de Jeová.
15 O rico não dará mais, nem o pobre dará menos do que o meio
siclo, quando derem a oferta de Jeová, para fazerdes expiação
pelas vossas almas. 16 Dos filhos de Israel tomarás o dinheiro da
expiação e designá-lo-ás para o serviço da tenda da revelação,
para que sirva de memorial a favor dos filhos de Israel, diante
de Jeová, a fim de fazerdes expiação pelas vossas almas.

A bacia de cobre

17 Disse mais Jeová a Moisés: 18 Farás uma bacia de cobre e a
sua base de cobre, para lavatório. Colocá-la-ás entre a tenda da
revelação e o altar e nela deitarás água. 19 Junto a ela, Arão e seus
filhos lavarão as mãos e os pés; 20 quando entrarem na tenda da
revelação, lavar-se-ão com água, para que não morram; ou quando
se chegarem ao altar para ministrar, para fazer uma oferta quei-
mada a Jeová. 21 Lavarão as mãos e os pés, para que não morram;
isso lhes será por estatuto perpétuo, a ele e à sua posteridade.

O azeite da santa unção

22 Disse mais Jeová a Moisés:
23 Toma as principais especiarias: de mirra pura, quinhentos
siclos; de cinamomo aromático, a metade, isto é, duzentos e
cinquenta siclos; de cálamo aromático, duzentos e cinquenta

כד וְקִדָּה חֲמֵשׁ מֵאוֹת בְּשֶׁקֶל הַקֹּדֶשׁ וְשֶׁמֶן זַיִת הִין׃

כה וְעָשִׂיתָ אֹתוֹ שֶׁמֶן מִשְׁחַת־קֹדֶשׁ רֹקַח מִרְקַחַת
מַעֲשֵׂה רֹקֵחַ שֶׁמֶן מִשְׁחַת־קֹדֶשׁ יִהְיֶה׃

כו וּמָשַׁחְתָּ בוֹ אֶת־אֹהֶל מוֹעֵד וְאֵת אֲרוֹן הָעֵדֻת׃

כז וְאֶת־הַשֻּׁלְחָן וְאֶת־כָּל־כֵּלָיו וְאֶת־הַמְּנֹרָה וְאֶת־כֵּלֶיהָ
וְאֵת מִזְבַּח הַקְּטֹרֶת׃

כח וְאֶת־מִזְבַּח הָעֹלָה וְאֶת־כָּל־כֵּלָיו וְאֶת־הַכִּיֹּר וְאֶת־כַּנּוֹ׃

כט וְקִדַּשְׁתָּ אֹתָם וְהָיוּ קֹדֶשׁ קָדָשִׁים כָּל־הַנֹּגֵעַ בָּהֶם יִקְדָּשׁ׃

ל וְאֶת־אַהֲרֹן וְאֶת־בָּנָיו תִּמְשָׁח וְקִדַּשְׁתָּ אֹתָם לְכַהֵן לִי׃

לא וְאֶל־בְּנֵי יִשְׂרָאֵל תְּדַבֵּר לֵאמֹר שֶׁמֶן מִשְׁחַת־קֹדֶשׁ
יִהְיֶה זֶה לִי לְדֹרֹתֵיכֶם׃

לב עַל־בְּשַׂר אָדָם לֹא יִיסָךְ וּבְמַתְכֻּנְתּוֹ לֹא תַעֲשׂוּ
כָּמֹהוּ קֹדֶשׁ הוּא קֹדֶשׁ יִהְיֶה לָכֶם׃

לג אִישׁ אֲשֶׁר יִרְקַח כָּמֹהוּ וַאֲשֶׁר יִתֵּן מִמֶּנּוּ עַל־זָר
וְנִכְרַת מֵעַמָּיו׃ ס

לד וַיֹּאמֶר יְהוָה אֶל־מֹשֶׁה קַח־לְךָ סַמִּים נָטָף | וּשְׁחֵלֶת
וְחֶלְבְּנָה סַמִּים וּלְבֹנָה זַכָּה בַּד בְּבַד יִהְיֶה׃

לה וְעָשִׂיתָ אֹתָהּ קְטֹרֶת רֹקַח מַעֲשֵׂה רוֹקֵחַ מְמֻלָּח טָהוֹר קֹדֶשׁ׃

לו וְשָׁחַקְתָּ מִמֶּנָּה הָדֵק וְנָתַתָּה מִמֶּנָּה לִפְנֵי הָעֵדֻת בְּאֹהֶל מוֹעֵד
אֲשֶׁר אִוָּעֵד לְךָ שָׁמָּה קֹדֶשׁ קָדָשִׁים תִּהְיֶה לָכֶם׃

לז וְהַקְּטֹרֶת אֲשֶׁר תַּעֲשֶׂה בְּמַתְכֻּנְתָּהּ לֹא תַעֲשׂוּ לָכֶם קֹדֶשׁ
תִּהְיֶה לְךָ לַיהוָה׃

לח אִישׁ אֲשֶׁר־יַעֲשֶׂה כָמוֹהָ לְהָרִיחַ בָּהּ וְנִכְרַת מֵעַמָּיו׃ ס

siclos; 24 e de cássia, quinhentos siclos, segundo o siclo do san-
tuário; e de azeite de oliveira, a medida de um him. 25 Farás um
óleo sagrado para as unções, um perfume composto segundo a
arte do perfumista; será um óleo sagrado para as unções. 26 Un-
girás com ele a tenda da revelação, e a arca do Testemunho, 27 e
a mesa com todos os seus utensílios e o candeeiro com os seus
utensílios, e o altar de incenso, 28 e o altar dos holocaustos com
todos os seus utensílios e a bacia com a sua base. 29 Santificarás
essas coisas, para que sejam santíssimas; aquele que as tocar
será santificado. 30 Ungirás a Arão e a seus filhos e os santificarás,
para que me sirvam no ofício sacerdotal. 31 Dirás aos filhos de
Israel: Este me será o óleo sagrado para as unções, por toda a
vossa posteridade. 32 Não se ungirá com ele a carne do homem,
nem fareis outro semelhante, da mesma composição; é sagrado
e será sagrado para vós. 33 Qualquer homem que fizer outro se-
melhante ou ungir com ele a um estrangeiro será exterminado
do meio do seu povo.

O incenso santo

34 Disse mais Jeová a Moisés: Toma especiarias aromáticas:
estoraque, ônica e gálbano, especiarias aromáticas com incen-
so puro. Cada uma delas será de igual peso; 35 e delas farás um
incenso, um perfume segundo a arte do perfumista, temperado
com sal, puro e santo. 36 Uma parte dele reduzirás a pó e o porás
diante do Testemunho, na tenda da revelação, onde virei a ti;
será para vós santíssimo. 37 O incenso que fareis, segundo a
composição deste, não o fareis para vós mesmos; considerá-lo-
-eis sagrado a Jeová. 38 O homem que fizer tal como este para o
cheirar será exterminado do meio do seu povo.

א וַיְדַבֵּר יְהוָה אֶל־מֹשֶׁה לֵּאמֹר׃
ב רְאֵה קָרָאתִי בְשֵׁם בְּצַלְאֵל בֶּן־אוּרִי בֶן־חוּר לְמַטֵּה יְהוּדָה׃

ג וָאֲמַלֵּא אֹתוֹ רוּחַ אֱלֹהִים בְּחָכְמָה וּבִתְבוּנָה
וּבְדַעַת וּבְכָל־מְלָאכָה׃
ד לַחְשֹׁב מַחֲשָׁבֹת לַעֲשׂוֹת בַּזָּהָב וּבַכֶּסֶף וּבַנְּחֹשֶׁת׃

ה וּבַחֲרֹשֶׁת אֶבֶן לְמַלֹּאת וּבַחֲרֹשֶׁת עֵץ לַעֲשׂוֹת בְּכָל־מְלָאכָה׃

ו וַאֲנִי הִנֵּה נָתַתִּי אִתּוֹ אֵת אָהֳלִיאָב בֶּן־אֲחִיסָמָךְ לְמַטֵּה־דָן
וּבְלֵב כָּל־חֲכַם־לֵב נָתַתִּי חָכְמָה וְעָשׂוּ אֵת כָּל־אֲשֶׁר צִוִּיתִךָ׃

ז אֵת ׀ אֹהֶל מוֹעֵד וְאֶת־הָאָרֹן לָעֵדֻת וְאֶת־הַכַּפֹּרֶת אֲשֶׁר
עָלָיו וְאֵת כָּל־כְּלֵי הָאֹהֶל׃
ח וְאֶת־הַשֻּׁלְחָן וְאֶת־כֵּלָיו וְאֶת־הַמְּנֹרָה הַטְּהֹרָה
וְאֶת־כָּל־כֵּלֶיהָ וְאֵת מִזְבַּח הַקְּטֹרֶת׃
ט וְאֶת־מִזְבַּח הָעֹלָה וְאֶת־כָּל־כֵּלָיו וְאֶת־הַכִּיּוֹר וְאֶת־כַּנּוֹ׃

י וְאֵת בִּגְדֵי הַשְּׂרָד וְאֶת־בִּגְדֵי הַקֹּדֶשׁ לְאַהֲרֹן הַכֹּהֵן
וְאֶת־בִּגְדֵי בָנָיו לְכַהֵן׃

יא וְאֵת שֶׁמֶן הַמִּשְׁחָה וְאֶת־קְטֹרֶת הַסַּמִּים לַקֹּדֶשׁ
כְּכֹל אֲשֶׁר־צִוִּיתִךָ יַעֲשׂוּ׃ פ

יב וַיֹּאמֶר יְהוָה אֶל־מֹשֶׁה לֵּאמֹר׃
יג וְאַתָּה דַּבֵּר אֶל־בְּנֵי יִשְׂרָאֵל לֵאמֹר אַךְ אֶת־שַׁבְּתֹתַי
תִּשְׁמֹרוּ כִּי אוֹת הִוא בֵּינִי וּבֵינֵיכֶם לְדֹרֹתֵיכֶם
לָדַעַת כִּי אֲנִי יְהוָה מְקַדִּשְׁכֶם׃

יד וּשְׁמַרְתֶּם אֶת־הַשַּׁבָּת כִּי קֹדֶשׁ הִוא לָכֶם
מְחַלְלֶיהָ מוֹת יוּמָת כִּי כָּל־הָעֹשֶׂה בָהּ מְלָאכָה
וְנִכְרְתָה הַנֶּפֶשׁ הַהִוא מִקֶּרֶב עַמֶּיהָ׃

Os artífices da obra do tabernáculo

31 1 Disse mais Jeová a Moisés: 2 Eis que chamei por
nome Bezalel, filho de Uri, filho de Hur, da tribo de
Judá;
3 e o enchi do Espírito de Deus, no tocante à sabedoria, à
inteligência, à ciência e a toda sorte de obras,
4 para fazer invenções, para trabalhar em ouro, em prata e
em cobre,
5 para gravar pedras de engaste, para entalhar madeiras e
para trabalhar em toda sorte de obras.
6 Eis que eu designei juntamente com ele a Aoliabe, filho de Ai-
samaque, da tribo de Dã; e pus a sabedoria nos corações de todos
os homens hábeis, para fazerem tudo o que eu tenho ordenado:
7 a tenda da revelação, e a arca do Testemunho, e o propi-
ciatório que está por cima dela, e todos os móveis da tenda,
8 e a mesa com os seus utensílios, e o candeeiro puro com
todos os seus utensílios, e o altar do incenso,
9 e o altar do holocausto com todos os seus utensílios, e a
bacia com a sua base,
10 e os vestidos finamente tecidos e os vestidos sagrados do
sacerdote Arão, e os vestidos de seus filhos, para quando se
empregarem no ofício sacerdotal,
11 e o óleo da unção, e o incenso aromático para o Santo Lugar;
eles farão conforme tudo o que tenho ordenado

O sábado santo e as duas tábuas do Testemunho

12 Disse mais Jeová a Moisés:
13 Falarás também aos filhos de Israel: Certamente, guar-
dareis os meus sábados; pois este é um sinal entre mim e vós
pelas vossas gerações; para que saibais que eu sou Jeová, que
vos santifico.
14 Portanto, guardareis o sábado, porque é santo para vós. Aque-
le que o profanar, certamente, será morto; pois todo o homem
que trabalhar neste dia será exterminado do meio do seu povo.

טו שֵׁשֶׁת יָמִים יֵעָשֶׂה מְלָאכָה וּבַיּוֹם הַשְּׁבִיעִי שַׁבַּת שַׁבָּתוֹן
קֹדֶשׁ לַיהוָה כָּל־הָעֹשֶׂה מְלָאכָה בְּיוֹם הַשַּׁבָּת מוֹת יוּמָת׃
טז וְשָׁמְרוּ בְנֵי־יִשְׂרָאֵל אֶת־הַשַּׁבָּת לַעֲשׂוֹת אֶת־הַשַּׁבָּת
לְדֹרֹתָם בְּרִית עוֹלָם׃

יז בֵּינִי וּבֵין בְּנֵי יִשְׂרָאֵל אוֹת הִוא לְעֹלָם כִּי־שֵׁשֶׁת יָמִים עָשָׂה
יְהוָה אֶת־הַשָּׁמַיִם וְאֶת־הָאָרֶץ וּבַיּוֹם הַשְּׁבִיעִי שָׁבַת וַיִּנָּפַשׁ׃ ס

יח וַיִּתֵּן אֶל־מֹשֶׁה כְּכַלֹּתוֹ לְדַבֵּר אִתּוֹ בְּהַר סִינַי שְׁנֵי לֻחֹת הָעֵדֻת
לֻחֹת אֶבֶן כְּתֻבִים בְּאֶצְבַּע אֱלֹהִים׃

א וַיַּרְא הָעָם כִּי־בֹשֵׁשׁ מֹשֶׁה לָרֶדֶת מִן־הָהָר וַיִּקָּהֵל
הָעָם עַל־אַהֲרֹן וַיֹּאמְרוּ אֵלָיו קוּם ׀ עֲשֵׂה־לָנוּ אֱלֹהִים
אֲשֶׁר יֵלְכוּ לְפָנֵינוּ כִּי־זֶה ׀ מֹשֶׁה הָאִישׁ אֲשֶׁר הֶעֱלָנוּ
מֵאֶרֶץ מִצְרַיִם לֹא יָדַעְנוּ מֶה־הָיָה לוֹ׃

ב וַיֹּאמֶר אֲלֵהֶם אַהֲרֹן פָּרְקוּ נִזְמֵי הַזָּהָב אֲשֶׁר בְּאָזְנֵי
נְשֵׁיכֶם בְּנֵיכֶם וּבְנֹתֵיכֶם וְהָבִיאוּ אֵלָי׃

ג וַיִּתְפָּרְקוּ כָּל־הָעָם אֶת־נִזְמֵי הַזָּהָב אֲשֶׁר בְּאָזְנֵיהֶם
וַיָּבִיאוּ אֶל־אַהֲרֹן׃
ד וַיִּקַּח מִיָּדָם וַיָּצַר אֹתוֹ בַּחֶרֶט וַיַּעֲשֵׂהוּ עֵגֶל מַסֵּכָה וַיֹּאמְרוּ
אֵלֶּה אֱלֹהֶיךָ יִשְׂרָאֵל אֲשֶׁר הֶעֱלוּךָ מֵאֶרֶץ מִצְרָיִם׃

ה וַיַּרְא אַהֲרֹן וַיִּבֶן מִזְבֵּחַ לְפָנָיו וַיִּקְרָא אַהֲרֹן
וַיֹּאמַר חַג לַיהוָה מָחָר׃
ו וַיַּשְׁכִּימוּ מִמָּחֳרָת וַיַּעֲלוּ עֹלֹת וַיַּגִּשׁוּ שְׁלָמִים וַיֵּשֶׁב
הָעָם לֶאֱכֹל וְשָׁתוֹ וַיָּקֻמוּ לְצַחֵק׃ פ

ז וַיְדַבֵּר יְהוָה אֶל־מֹשֶׁה לֶךְ־רֵד כִּי שִׁחֵת עַמְּךָ
אֲשֶׁר הֶעֱלֵיתָ מֵאֶרֶץ מִצְרָיִם׃
ח סָרוּ מַהֵר מִן־הַדֶּרֶךְ אֲשֶׁר צִוִּיתִם עָשׂוּ
לָהֶם עֵגֶל מַסֵּכָה וַיִּשְׁתַּחֲווּ־לוֹ וַיִּזְבְּחוּ־לוֹ וַיֹּאמְרוּ

15 Seis dias se trabalhará; porém no sétimo dia, é um sábado
de descanso solene, consagrado a Jeová; todo o que trabalhar
neste dia, certamente será morto. 16 Pelo que os filhos de Israel
guardarão o sábado, para o observarem pelas suas gerações,
como pacto perpétuo.

17 É um sinal perpétuo entre mim e os filhos de Israel; pois, em seis dias, fez Jeová o céu e a terra, e, ao sétimo dia, descansou, e achou refrigério.

18 Deu a Moisés, depois que acabara de falar com ele no monte Sinai, as duas tábuas do Testemunho, tábuas de pedra, escritas pelo dedo de Deus.

Arão faz um bezerro de ouro

32 1 Mas o povo, vendo que Moisés tardava em descer do monte, acercou-se de Arão e disse-lhe: Levanta-te, faze-nos deuses que vão adiante de nós; pois quanto a este Moisés, a esse homem que nos tirou da terra do Egito, não sabemos o que lhe terá acontecido.

2 Respondeu-lhes Arão: Tirai as arrecadas de ouro que vossas mulheres, vossos filhos e vossas filhas têm nas orelhas e trazei-mas.

3 Todo o povo tirou as arrecadas de ouro que tinham nas orelhas, trazendo-as a Arão.

4 Ele as tomou das mãos deles, e, com um buril, deu forma ao ouro, e dele fez um bezerro fundido. Então, eles disseram: Estes são, ó Israel, os teus deuses que te tiraram da terra do Egito.

5 Arão, vendo isso, edificou um altar diante dele, fez uma proclamação e disse: Amanhã, será festa solene a Jeová.

6 Levantando-se de manhã cedo, ofereceram holocaustos e trouxeram ofertas pacíficas; o povo sentou-se a comer e a beber e levantou-se a folgar.

7 Então, disse Jeová a Moisés: Vai tu e desce, porque o teu povo, que fizeste sair do Egito, se corrompeu.

8 Bem depressa se desviou do caminho que eu lhes tinha ordenado; fizeram para si um bezerro fundido, adoraram-no

אֵלֶּה אֱלֹהֶיךָ יִשְׂרָאֵל אֲשֶׁר הֶעֱלוּךָ מֵאֶרֶץ מִצְרָיִם׃

ט וַיֹּאמֶר יְהוָה אֶל־מֹשֶׁה רָאִיתִי אֶת־הָעָם הַזֶּה
וְהִנֵּה עַם־קְשֵׁה־עֹרֶף הוּא׃
י וְעַתָּה הַנִּיחָה לִּי וְיִחַר־אַפִּי בָהֶם וַאֲכַלֵּם
וְאֶעֱשֶׂה אוֹתְךָ לְגוֹי גָּדוֹל׃
יא וַיְחַל מֹשֶׁה אֶת־פְּנֵי יְהוָה אֱלֹהָיו וַיֹּאמֶר
לָמָה יְהוָה יֶחֱרֶה אַפְּךָ בְּעַמֶּךָ אֲשֶׁר הוֹצֵאתָ מֵאֶרֶץ
מִצְרַיִם בְּכֹחַ גָּדוֹל וּבְיָד חֲזָקָה׃
יב לָמָּה יֹאמְרוּ מִצְרַיִם לֵאמֹר בְּרָעָה הוֹצִיאָם
לַהֲרֹג אֹתָם בֶּהָרִים וּלְכַלֹּתָם מֵעַל פְּנֵי הָאֲדָמָה
שׁוּב מֵחֲרוֹן אַפֶּךָ וְהִנָּחֵם עַל־הָרָעָה לְעַמֶּךָ׃

יג זְכֹר לְאַבְרָהָם לְיִצְחָק וּלְיִשְׂרָאֵל עֲבָדֶיךָ אֲשֶׁר נִשְׁבַּעְתָּ לָהֶם
בָּךְ וַתְּדַבֵּר אֲלֵהֶם אַרְבֶּה אֶת־זַרְעֲכֶם כְּכוֹכְבֵי הַשָּׁמָיִם וְכָל־
הָאָרֶץ הַזֹּאת אֲשֶׁר אָמַרְתִּי אֶתֵּן לְזַרְעֲכֶם וְנָחֲלוּ לְעֹלָם׃

יד וַיִּנָּחֶם יְהוָה עַל־הָרָעָה אֲשֶׁר דִּבֶּר לַעֲשׂוֹת לְעַמּוֹ׃ פ

טו וַיִּפֶן וַיֵּרֶד מֹשֶׁה מִן־הָהָר וּשְׁנֵי לֻחֹת הָעֵדֻת בְּיָדוֹ לֻחֹת
כְּתֻבִים מִשְּׁנֵי עֶבְרֵיהֶם מִזֶּה וּמִזֶּה הֵם כְּתֻבִים׃

טז וְהַלֻּחֹת מַעֲשֵׂה אֱלֹהִים הֵמָּה וְהַמִּכְתָּב מִכְתַּב
אֱלֹהִים הוּא חָרוּת עַל־הַלֻּחֹת׃
יז וַיִּשְׁמַע יְהוֹשֻׁעַ אֶת־קוֹל הָעָם בְּרֵעֹה וַיֹּאמֶר
אֶל־מֹשֶׁה קוֹל מִלְחָמָה בַּמַּחֲנֶה׃
יח וַיֹּאמֶר אֵין קוֹל עֲנוֹת גְּבוּרָה וְאֵין קוֹל עֲנוֹת חֲלוּשָׁה
קוֹל עַנּוֹת אָנֹכִי שֹׁמֵעַ׃
יט וַיְהִי כַּאֲשֶׁר קָרַב אֶל־הַמַּחֲנֶה וַיַּרְא אֶת־הָעֵגֶל וּמְחֹלֹת
וַיִּחַר־אַף מֹשֶׁה וַיַּשְׁלֵךְ (מִיָּדוֹ) [מִיָּדָיו] אֶת־הַלֻּחֹת
וַיְשַׁבֵּר אֹתָם תַּחַת הָהָר׃

e, oferecendo-lhe sacrifícios, disseram: Estes são, ó Israel, os deuses que te fizeram subir da terra do Egito.

9 Disse mais Jeová a Moisés: Tenho visto a este povo, e eis que é povo de cerviz dura.

10 Agora, deixa-me, para que a minha ira se acenda contra eles e para que eu os consuma; e de ti farei uma grande nação.

11 Porém Moisés suplicou a Jeová, seu Deus, dizendo: Por que se acende a tua ira contra o teu povo, que tiraste da terra do Egito com grande fortaleza e com uma poderosa mão?

12 Por que diriam os egípcios: Para mal os tirou, a fim de os matar nos montes e a fim de os consumir da face da terra? Volve-te do furor da tua ira e arrepende-te deste mal contra o teu povo.

13 Lembra-te de Abraão, de Isaque e de Israel, teus servos, a quem por ti mesmo juraste e disseste: Multiplicarei a vossa descendência como as estrelas do céu e toda esta terra de que tenho falado, a darei à vossa descendência, e a herdarão para sempre.

14 Então, Jeová se arrependeu do mal que dissera que havia de fazer ao seu povo.

Moisés, indignado,
quebra as tábuas do Testemunho

15 Em seguida, virou-se Moisés e desceu do monte, trazendo nas mãos as duas tábuas do Testemunho; tábuas estas escritas de ambas as bandas; de uma e de outra banda estavam escritas.

16 As tábuas eram obra de Deus, e a escritura era a mesma escritura de Deus, gravada nas tábuas.

17 Ouvindo Josué a voz do povo quando gritava, disse a Moisés: Há um alarido de guerra no arraial.

18 Respondeu-lhe Moisés: Não é alarido dos vencedores nem alarido dos vencidos, porém alarido dos que cantam é o que ouço.

19 Logo que se aproximou do arraial, viu o bezerro e as danças; acendeu-se-lhe a ira, e arrojou das mãos as tábuas e quebrou-as ao pé do monte.

כ וַיִּקַּח אֶת־הָעֵגֶל אֲשֶׁר עָשׂוּ וַיִּשְׂרֹף בָּאֵשׁ וַיִּטְחַן עַד
אֲשֶׁר־דָּק וַיִּזֶר עַל־פְּנֵי הַמַּיִם וַיַּשְׁקְ אֶת־בְּנֵי יִשְׂרָאֵל׃

כא וַיֹּאמֶר מֹשֶׁה אֶל־אַהֲרֹן מֶה־עָשָׂה לְךָ הָעָם הַזֶּה
כִּי־הֵבֵאתָ עָלָיו חֲטָאָה גְדֹלָה׃
כב וַיֹּאמֶר אַהֲרֹן אַל־יִחַר אַף אֲדֹנִי אַתָּה יָדַעְתָּ
אֶת־הָעָם כִּי בְרָע הוּא׃
כג וַיֹּאמְרוּ לִי עֲשֵׂה־לָנוּ אֱלֹהִים אֲשֶׁר יֵלְכוּ לְפָנֵינוּ כִּי־זֶה | מֹשֶׁה
הָאִישׁ אֲשֶׁר הֶעֱלָנוּ מֵאֶרֶץ מִצְרַיִם לֹא יָדַעְנוּ מֶה־הָיָה לוֹ׃
כד וָאֹמַר לָהֶם לְמִי זָהָב הִתְפָּרָקוּ וַיִּתְּנוּ־לִי וָאַשְׁלִכֵהוּ
בָאֵשׁ וַיֵּצֵא הָעֵגֶל הַזֶּה׃

כה וַיַּרְא מֹשֶׁה אֶת־הָעָם כִּי פָרֻעַ הוּא כִּי־פְרָעֹה
אַהֲרֹן לְשִׁמְצָה בְּקָמֵיהֶם׃
כו וַיַּעֲמֹד מֹשֶׁה בְּשַׁעַר הַמַּחֲנֶה וַיֹּאמֶר מִי לַיהוָה
אֵלָי וַיֵּאָסְפוּ אֵלָיו כָּל־בְּנֵי לֵוִי׃
כז וַיֹּאמֶר לָהֶם כֹּה־אָמַר יְהוָה אֱלֹהֵי יִשְׂרָאֵל שִׂימוּ
אִישׁ־חַרְבּוֹ עַל־יְרֵכוֹ עִבְרוּ וָשׁוּבוּ מִשַּׁעַר לָשַׁעַר בַּמַּחֲנֶה
וְהִרְגוּ אִישׁ־אֶת־אָחִיו וְאִישׁ אֶת־רֵעֵהוּ וְאִישׁ אֶת־קְרֹבוֹ׃
כח וַיַּעֲשׂוּ בְנֵי־לֵוִי כִּדְבַר מֹשֶׁה וַיִּפֹּל מִן־הָעָם בַּיּוֹם הַהוּא
כִּשְׁלֹשֶׁת אַלְפֵי אִישׁ׃
כט וַיֹּאמֶר מֹשֶׁה מִלְאוּ יֶדְכֶם הַיּוֹם לַיהוָה כִּי אִישׁ
בִּבְנוֹ וּבְאָחִיו וְלָתֵת עֲלֵיכֶם הַיּוֹם בְּרָכָה׃

ל וַיְהִי מִמָּחֳרָת וַיֹּאמֶר מֹשֶׁה אֶל־הָעָם אַתֶּם חֲטָאתֶם חֲטָאָה
גְדֹלָה וְעַתָּה אֶעֱלֶה אֶל־יְהוָה אוּלַי אֲכַפְּרָה בְּעַד חַטַּאתְכֶם׃
לא וַיָּשָׁב מֹשֶׁה אֶל־יְהוָה וַיֹּאמַר אָנָּא חָטָא הָעָם הַזֶּה
חֲטָאָה גְדֹלָה וַיַּעֲשׂוּ לָהֶם אֱלֹהֵי זָהָב׃ לב וְעַתָּה אִם־תִּשָּׂא
חַטָּאתָם וְאִם־אַיִן מְחֵנִי נָא מִסִּפְרְךָ אֲשֶׁר כָּתָבְתָּ׃

20 Pegando o bezerro que tinham feito, queimou-o no fogo
e o reduziu a pó, que lançou na água e deu a beber aos filhos
de Israel.
21 Perguntou Moisés a Arão: Que te fez este povo, que sobre
ele trouxeste um pecado enorme?
22 Respondeu-lhe Arão: Não se acenda a ira do meu senhor;
tu sabes que o povo é propenso para o mal. 23 Pois me disseram:
Faze-nos deuses, que irão adiante de nós; porque, quanto a
este Moisés que nos fez subir da terra do Egito, não sabemos
o que lhe terá acontecido. 24 Então, eu lhes disse: Todos os
que têm ouro, arranquem-no. Assim mo deram; eu o lancei
no fogo, e saiu este bezerro.

O povo é castigado

25 Vendo Moisés que o povo estava desenfreado (pois Arão
os desenfreou para serem mofados no meio dos seus inimigos),
26 pôs em pé à entrada do arraial e disse: Quem está do lado de
Jeová, venha a mim. Então, se ajuntaram a ele todos os filhos de
Levi. 27 Depois, lhes disse: Assim diz Jeová, o Deus de Israel: Cada
um cinja a sua espada sobre a coxa. Passai e tornai a passar de
porta pelo meio do arraial, e cada um mate a seu irmão, e cada
um, a seu companheiro, e cada um, a seu vizinho. 28 Fizeram os
filhos de Levi conforme a palavra de Moisés; e caíram do povo,
naquele dia, quase três mil homens. 29 Moisés disse: Consagrai-
-vos hoje a Jeová, cada um contra seu filho, cada um contra seu
irmão, para que ele vos conceda, neste dia, uma bênção.

Moisés intercede pelo povo

30 No dia seguinte, disse Moisés ao povo: Vós cometestes um
grande pecado. Agora, subirei a Jeová; porventura, farei expiação
pelo vosso pecado. 31 Voltou Moisés a Jeová e disse: Oh! Este povo
cometeu um grande pecado e fez para si deuses de ouro. 32 Agora,
pois, perdoa o seu pecado; ou, se não, risca-me do teu livro que

לג וַיֹּאמֶר יְהוָה אֶל־מֹשֶׁה מִי אֲשֶׁר חָטָא־לִי אֶמְחֶנּוּ מִסִּפְרִי׃
לד וְעַתָּה לֵךְ ׀ נְחֵה אֶת־הָעָם אֶל אֲשֶׁר־דִּבַּרְתִּי לָךְ הִנֵּה מַלְאָכִי
יֵלֵךְ לְפָנֶיךָ וּבְיוֹם פָּקְדִי וּפָקַדְתִּי עֲלֵיהֶם חַטָּאתָם׃
לה וַיִּגֹּף יְהוָה אֶת־הָעָם עַל אֲשֶׁר עָשׂוּ אֶת־הָעֵגֶל
אֲשֶׁר עָשָׂה אַהֲרֹן׃ ס

א וַיְדַבֵּר יְהוָה אֶל־מֹשֶׁה לֵךְ עֲלֵה מִזֶּה אַתָּה וְהָעָם אֲשֶׁר
הֶעֱלִיתָ מֵאֶרֶץ מִצְרָיִם אֶל־הָאָרֶץ אֲשֶׁר נִשְׁבַּעְתִּי לְאַבְרָהָם
לְיִצְחָק וּלְיַעֲקֹב לֵאמֹר לְזַרְעֲךָ אֶתְּנֶנָּה׃

ב וְשָׁלַחְתִּי לְפָנֶיךָ מַלְאָךְ וְגֵרַשְׁתִּי אֶת־הַכְּנַעֲנִי הָאֱמֹרִי
וְהַחִתִּי וְהַפְּרִזִּי הַחִוִּי וְהַיְבוּסִי׃
ג אֶל־אֶרֶץ זָבַת חָלָב וּדְבָשׁ כִּי לֹא אֶעֱלֶה בְּקִרְבְּךָ כִּי
עַם־קְשֵׁה־עֹרֶף אַתָּה פֶּן־אֲכֶלְךָ בַּדָּרֶךְ׃
ד וַיִּשְׁמַע הָעָם אֶת־הַדָּבָר הָרָע הַזֶּה וַיִּתְאַבָּלוּ
וְלֹא־שָׁתוּ אִישׁ עֶדְיוֹ עָלָיו׃
ה וַיֹּאמֶר יְהוָה אֶל־מֹשֶׁה אֱמֹר אֶל־בְּנֵי־יִשְׂרָאֵל אַתֶּם
עַם־קְשֵׁה־עֹרֶף רֶגַע אֶחָד אֶעֱלֶה בְקִרְבְּךָ וְכִלִּיתִיךָ
וְעַתָּה הוֹרֵד עֶדְיְךָ מֵעָלֶיךָ וְאֵדְעָה מָה אֶעֱשֶׂה־לָּךְ׃
ו וַיִּתְנַצְּלוּ בְנֵי־יִשְׂרָאֵל אֶת־עֶדְיָם מֵהַר חוֹרֵב׃

ז וּמֹשֶׁה יִקַּח אֶת־הָאֹהֶל וְנָטָה־לוֹ ׀ מִחוּץ לַמַּחֲנֶה הַרְחֵק
מִן־הַמַּחֲנֶה וְקָרָא לוֹ אֹהֶל מוֹעֵד וְהָיָה כָּל־מְבַקֵּשׁ יְהוָה יֵצֵא
אֶל־אֹהֶל מוֹעֵד אֲשֶׁר מִחוּץ לַמַּחֲנֶה׃
ח וְהָיָה כְּצֵאת מֹשֶׁה אֶל־הָאֹהֶל יָקוּמוּ כָּל־הָעָם וְנִצְּבוּ אִישׁ
פֶּתַח אָהֳלוֹ וְהִבִּיטוּ אַחֲרֵי מֹשֶׁה עַד־בֹּאוֹ הָאֹהֱלָה׃
ט וְהָיָה כְּבֹא מֹשֶׁה הָאֹהֱלָה יֵרֵד עַמּוּד הֶעָנָן וְעָמַד פֶּתַח
הָאֹהֶל וְדִבֶּר עִם־מֹשֶׁה׃
י וְרָאָה כָל־הָעָם אֶת־עַמּוּד הֶעָנָן עֹמֵד פֶּתַח הָאֹהֶל וְקָם
כָּל־הָעָם וְהִשְׁתַּחֲווּ אִישׁ פֶּתַח אָהֳלוֹ׃
יא וְדִבֶּר יְהוָה אֶל־מֹשֶׁה פָּנִים אֶל־פָּנִים כַּאֲשֶׁר יְדַבֵּר אִישׁ
אֶל־רֵעֵהוּ וְשָׁב אֶל־הַמַּחֲנֶה וּמְשָׁרְתוֹ יְהוֹשֻׁעַ בִּן־נוּן
נַעַר לֹא יָמִישׁ מִתּוֹךְ הָאֹהֶל׃ ס

escreveste. 33 Respondeu Jeová a Moisés: Riscarei do meu livro
todo aquele que tiver pecado contra mim. 34 Vai agora e conduze o
povo ao lugar de que eu te falei. Eis que o meu anjo irá adiante de ti;
todavia, no dia da minha visitação, castigarei o seu pecado. 35 Feriu,
pois, Jeová ao povo, porque fizeram o bezerro que Arão fabricara.

Deus retira a sua presença do meio do povo

33 1 Disse mais Jeová a Moisés: Vai, sobe deste lugar,
tu e o povo que fizeste subir da terra do Egito para
a terra a respeito da qual jurei a Abraão, Isaque e
Jacó, dizendo: À tua posteridade, a darei.

2 Enviarei um anjo adiante de ti; e lançarei fora os cananeus,
os amorreus, os heteus, os perizeus, os heveus e os jebuseus.
3 Sobe para uma terra que mana leite e mel. Eu não subirei
no meio de ti, porque és povo de cerviz dura; para que não te
consuma eu no caminho. 4 Ouvindo o povo essas más notícias,
pôs-se a prantear; e ninguém vestiu os seus atavios. 5 Pois Jeo-
vá disse a Moisés: Dize aos filhos de Israel: Tu és um povo de
cerviz dura. Se por um só momento eu subir no meio de ti, te
consumirei; portanto, tira de ti os atavios, para que eu saiba o
que te hei de fazer. 6 Então, os filhos de Israel tiraram de si os
seus atavios desde o monte Horebe em diante.

7 Ora, Moisés costumava tomar a tenda e armá-la fora do
arraial, bem longe do arraial; e chamou-lhe a tenda da revela-
ção. Todo aquele que buscava a Jeová saía à tenda da revelação,
que estava fora do arraial. 8 Quando Moisés saía fora, à tenda,
levantava-se todo o povo e ficava em pé, cada um à entrada da
sua tenda e via a Moisés pelas costas, até entrar ele na tenda.
9 Entrando Moisés na Tenda, descia a coluna de nuvem e parava
à entrada da tenda; e Jeová falava com Moisés. 10 Viu todo o povo
a coluna de nuvem que estacionava à entrada da tenda; todo
o povo levantou-se e adorou, cada um à entrada da sua tenda.
11 Falava Jeová a Moisés cara a cara, como um homem fala ao seu
amigo. Depois, voltou Moisés ao arraial; porém o moço Josué,
seu servidor, filho de Num, não se apartava da tenda.

יב וַיֹּאמֶר מֹשֶׁה אֶל־יְהוָה רְאֵה אַתָּה אֹמֵר אֵלַי הַעַל אֶת־הָעָם
הַזֶּה וְאַתָּה לֹא הוֹדַעְתַּנִי אֵת אֲשֶׁר־תִּשְׁלַח עִמִּי וְאַתָּה אָמַרְתָּ
יְדַעְתִּיךָ בְשֵׁם וְגַם־מָצָאתָ חֵן בְּעֵינָי׃
יג וְעַתָּה אִם־נָא מָצָאתִי חֵן בְּעֵינֶיךָ הוֹדִעֵנִי נָא אֶת־דְּרָכֶךָ
וְאֵדָעֲךָ לְמַעַן אֶמְצָא־חֵן בְּעֵינֶיךָ וּרְאֵה כִּי עַמְּךָ הַגּוֹי הַזֶּה׃
יד וַיֹּאמַר פָּנַי יֵלֵכוּ וַהֲנִחֹתִי לָךְ׃
טו וַיֹּאמֶר אֵלָיו אִם־אֵין פָּנֶיךָ הֹלְכִים אַל־תַּעֲלֵנוּ מִזֶּה׃
טז וּבַמֶּה| יִוָּדַע אֵפוֹא כִּי־מָצָאתִי חֵן בְּעֵינֶיךָ אֲנִי וְעַמֶּךָ הֲלוֹא
בְּלֶכְתְּךָ עִמָּנוּ וְנִפְלֵינוּ אֲנִי וְעַמְּךָ מִכָּל־הָעָם אֲשֶׁר עַל־פְּנֵי
הָאֲדָמָה׃ פ

יז וַיֹּאמֶר יְהוָה אֶל־מֹשֶׁה גַּם אֶת־הַדָּבָר הַזֶּה אֲשֶׁר דִּבַּרְתָּ
אֶעֱשֶׂה כִּי־מָצָאתָ חֵן בְּעֵינַי וָאֵדָעֲךָ בְּשֵׁם׃
יח וַיֹּאמַר הַרְאֵנִי נָא אֶת־כְּבֹדֶךָ׃
יט וַיֹּאמֶר אֲנִי אַעֲבִיר כָּל־טוּבִי עַל־פָּנֶיךָ וְקָרָאתִי בְשֵׁם יְהוָה
לְפָנֶיךָ וְחַנֹּתִי אֶת־אֲשֶׁר אָחֹן וְרִחַמְתִּי אֶת־אֲשֶׁר אֲרַחֵם׃
כ וַיֹּאמֶר לֹא תוּכַל לִרְאֹת אֶת־פָּנָי כִּי לֹא־יִרְאַנִי הָאָדָם וָחָי׃
כא וַיֹּאמֶר יְהוָה הִנֵּה מָקוֹם אִתִּי וְנִצַּבְתָּ עַל־הַצּוּר׃
כב וְהָיָה בַּעֲבֹר כְּבֹדִי וְשַׂמְתִּיךָ בְּנִקְרַת הַצּוּר וְשַׂכֹּתִי כַפִּי
עָלֶיךָ עַד־עָבְרִי׃
כג וַהֲסִרֹתִי אֶת־כַּפִּי וְרָאִיתָ אֶת־אֲחֹרָי וּפָנַי לֹא יֵרָאוּ׃ ס

Moisés roga a Deus a sua presença

12 Moisés disse a Jeová: Eis que tu me dizes: Faze subir a este
povo; e não me declaras quem hás de enviar comigo. Contu-
do, tu disseste: Conheço-te pelo teu nome, também achaste
graça aos meus olhos. 13 Agora, se achei graça aos teus olhos,
mostra-me neste momento os teus caminhos, para que eu te
conheça, a fim de achar eu graça aos teus olhos; e considera
que esta nação é teu povo. 14 Respondeu-lhe: A minha face irá
contigo, e eu te darei descanso. 15 Disse-lhe Moisés: Se a tua
face não for comigo, não nos faças subir deste lugar. 16 Pois
como se poderá saber que achamos graça aos teus olhos, eu e
teu povo? Porventura, não é em andares tu conosco, de modo
que somos separados, eu e teu povo, de todos os povos que se
acham sobre a face da terra?

Moisés roga a Deus que lhe mostre a sua glória

17 Disse Jeová a Moisés: Farei também isso que disseste, por-
que achaste graça aos meus olhos, e te conheço pelo teu nome.
18 Prosseguiu Moisés: Mostra-me a tua glória. 19 Respondeu-lhe:
Farei passar toda a minha bondade diante de ti e te proclamarei o
nome de Jeová; terei misericórdia de quem eu tiver misericórdia
e me compadecerei de quem eu me compadecer. 20 Continuou:
Não poderás ver a minha face, porque o homem não pode ver
a minha face e viver. 21 Disse mais Jeová: Eis aqui está um lugar
perto de mim, e tu estarás sobre a penha. 22 Quando passar a
minha glória, te porei numa fenda da penha e te cobrirei com
a mão, até que eu tenha passado. 23 Depois, tirarei a mão, e me
verás pelas costas; porém a minha face não se verá.

א וַיֹּאמֶר יְהוָה אֶל־מֹשֶׁה פְּסָל־לְךָ שְׁנֵי־לֻחֹת אֲבָנִים
כָּרִאשֹׁנִים וְכָתַבְתִּי עַל־הַלֻּחֹת אֶת־הַדְּבָרִים אֲשֶׁר
הָיוּ עַל־הַלֻּחֹת הָרִאשֹׁנִים אֲשֶׁר שִׁבַּרְתָּ׃
ב וֶהְיֵה נָכוֹן לַבֹּקֶר וְעָלִיתָ בַבֹּקֶר אֶל־הַר סִינַי
וְנִצַּבְתָּ לִי שָׁם עַל־רֹאשׁ הָהָר׃
ג וְאִישׁ לֹא־יַעֲלֶה עִמָּךְ וְגַם־אִישׁ אַל־יֵרָא בְּכָל־הָהָר
גַּם־הַצֹּאן וְהַבָּקָר אַל־יִרְעוּ אֶל־מוּל הָהָר הַהוּא׃
ד וַיִּפְסֹל שְׁנֵי־לֻחֹת אֲבָנִים כָּרִאשֹׁנִים וַיַּשְׁכֵּם מֹשֶׁה
בַבֹּקֶר וַיַּעַל אֶל־הַר סִינַי כַּאֲשֶׁר צִוָּה יְהוָה אֹתוֹ
וַיִּקַּח בְּיָדוֹ שְׁנֵי לֻחֹת אֲבָנִים׃
ה וַיֵּרֶד יְהוָה בֶּעָנָן וַיִּתְיַצֵּב עִמּוֹ שָׁם וַיִּקְרָא בְשֵׁם יְהוָה׃
ו וַיַּעֲבֹר יְהוָה | עַל־פָּנָיו וַיִּקְרָא יְהוָה | יְהוָה אֵל רַחוּם
וְחַנּוּן אֶרֶךְ אַפַּיִם וְרַב־חֶסֶד וֶאֱמֶת׃
ז נֹצֵר חֶסֶד לָאֲלָפִים נֹשֵׂא עָוֹן וָפֶשַׁע וְחַטָּאָה וְנַקֵּה
לֹא יְנַקֶּה פֹּקֵד | עֲוֹן אָבוֹת עַל־בָּנִים וְעַל־בְּנֵי בָנִים
עַל־שִׁלֵּשִׁים וְעַל־רִבֵּעִים׃
ח וַיְמַהֵר מֹשֶׁה וַיִּקֹּד אַרְצָה וַיִּשְׁתָּחוּ׃
ט וַיֹּאמֶר אִם־נָא מָצָאתִי חֵן בְּעֵינֶיךָ אֲדֹנָי יֵלֶךְ־נָא אֲדֹנָי בְּקִרְבֵּנוּ
כִּי עַם־קְשֵׁה־עֹרֶף הוּא וְסָלַחְתָּ לַעֲוֹנֵנוּ וּלְחַטָּאתֵנוּ וּנְחַלְתָּנוּ׃

י וַיֹּאמֶר הִנֵּה אָנֹכִי כֹּרֵת בְּרִית נֶגֶד כָּל־עַמְּךָ אֶעֱשֶׂה נִפְלָאֹת
אֲשֶׁר לֹא־נִבְרְאוּ בְכָל־הָאָרֶץ וּבְכָל־הַגּוֹיִם וְרָאָה כָל־הָעָם
אֲשֶׁר־אַתָּה בְקִרְבּוֹ אֶת־מַעֲשֵׂה יְהוָה כִּי־נוֹרָא הוּא אֲשֶׁר אֲנִי
עֹשֶׂה עִמָּךְ׃
יא שְׁמָר־לְךָ אֵת אֲשֶׁר אָנֹכִי מְצַוְּךָ הַיּוֹם הִנְנִי גֹרֵשׁ מִפָּנֶיךָ אֶת־
הָאֱמֹרִי וְהַכְּנַעֲנִי וְהַחִתִּי וְהַפְּרִזִּי וְהַחִוִּי וְהַיְבוּסִי׃
יב הִשָּׁמֶר לְךָ פֶּן־תִּכְרֹת בְּרִית לְיוֹשֵׁב הָאָרֶץ אֲשֶׁר אַתָּה בָּא
עָלֶיהָ פֶּן־יִהְיֶה לְמוֹקֵשׁ בְּקִרְבֶּךָ׃

A renovação das tábuas dos dez mandamentos

34 1 Disse Jeová ainda a Moisés: Lavra-te duas tábuas
de pedra como as primeiras; e escreverei sobre as
tábuas as palavras que estavam nas primeiras tá-
buas, que quebraste. 2 Está pronto pela manhã; pela manhã,
sobe ao monte Sinai e apresenta-te a mim ali no cume do
monte. 3 Ninguém subirá contigo, nem seja visto homem al-
gum por todo o monte, nem se apascentem defronte daquele
monte ovelhas ou bois. 4 Lavrou Moisés duas tábuas de pedra
como as primeiras; e, levantando-se de manhã cedo, subiu ao
monte Sinai, conforme Jeová lhe tinha ordenado, e tomou
na sua mão as duas tábuas de pedra. 5 Tendo Jeová descido
na nuvem, esteve com ele ali e proclamou o nome de Jeová.
6 Passando Jeová por diante dele, proclamou: Jeová, Jeová,
Deus misericordioso e clemente, tardio em irar-se e grande
em beneficência e verdade, 7 que guarda beneficência em mi-
lhares; que perdoa a iniquidade, a transgressão e o pecado; e
que de maneira alguma terá por inocente o culpado, visitando
a iniquidade dos pais nos filhos e nos filhos dos filhos, na ter-
ceira e na quarta geração. 8 Então, Moisés se apressou e, cur-
vando-se para a terra, adorou. 9 Disse: Senhor, se agora achei
graça aos teus olhos, vai, Senhor, no meio de nós (porque este
povo é de dura cerviz). Perdoa a nossa iniquidade e o nosso
pecado e toma-nos por tua herança.

Admoestações contra a idolatria

10 Respondeu Jeová: Eis que eu faço uma aliança. Diante de
todo o teu povo, farei prodígios, quais não têm sido feitos em
toda a terra, nem em nação alguma; todo este povo no meio do
qual estás verá a obra de Jeová, porque coisa terrível é o que
faço contigo. 11 Observa o que te ordeno hoje: eis que lanço
fora de diante de ti os amorreus, os cananeus, os heteus, os
perizeus, os heveus e os jebuseus. 12 Guarda-te não faças aliança
com os habitantes da terra para onde vais, para que não seja

יג כִּי אֶת־מִזְבְּחֹתָם תִּתֹּצוּן וְאֶת־מַצֵּבֹתָם תְּשַׁבֵּרוּן
וְאֶת־אֲשֵׁרָיו תִּכְרֹתוּן׃
יד כִּי לֹא תִשְׁתַּחֲוֶה לְאֵל אַחֵר כִּי יְהוָה קַנָּא שְׁמוֹ אֵל קַנָּא הוּא׃
טו פֶּן־תִּכְרֹת בְּרִית לְיוֹשֵׁב הָאָרֶץ וְזָנוּ ׀ אַחֲרֵי אֱלֹהֵיהֶם וְזָבְחוּ
לֵאלֹהֵיהֶם וְקָרָא לְךָ וְאָכַלְתָּ מִזִּבְחוֹ׃
טז וְלָקַחְתָּ מִבְּנֹתָיו לְבָנֶיךָ וְזָנוּ בְנֹתָיו אַחֲרֵי אֱלֹהֵיהֶן
וְהִזְנוּ אֶת־בָּנֶיךָ אַחֲרֵי אֱלֹהֵיהֶן׃
יז אֱלֹהֵי מַסֵּכָה לֹא תַעֲשֶׂה־לָּךְ׃

יח אֶת־חַג הַמַּצּוֹת תִּשְׁמֹר שִׁבְעַת יָמִים תֹּאכַל מַצּוֹת אֲשֶׁר
צִוִּיתִךָ לְמוֹעֵד חֹדֶשׁ הָאָבִיב כִּי בְּחֹדֶשׁ הָאָבִיב יָצָאתָ מִמִּצְרָיִם׃
יט כָּל־פֶּטֶר רֶחֶם לִי וְכָל־מִקְנְךָ תִּזָּכָר פֶּטֶר שׁוֹר וָשֶׂה׃
כ וּפֶטֶר חֲמוֹר תִּפְדֶּה בְשֶׂה וְאִם־לֹא תִפְדֶּה וַעֲרַפְתּוֹ כֹּל בְּכוֹר
בָּנֶיךָ תִּפְדֶּה וְלֹא־יֵרָאוּ פָנַי רֵיקָם׃
כא שֵׁשֶׁת יָמִים תַּעֲבֹד וּבַיּוֹם הַשְּׁבִיעִי תִּשְׁבֹּת בֶּחָרִישׁ
וּבַקָּצִיר תִּשְׁבֹּת׃
כב וְחַג שָׁבֻעֹת תַּעֲשֶׂה לְךָ בִּכּוּרֵי קְצִיר חִטִּים וְחַג
הָאָסִיף תְּקוּפַת הַשָּׁנָה׃
כג שָׁלֹשׁ פְּעָמִים בַּשָּׁנָה יֵרָאֶה כָּל־זְכוּרְךָ אֶת־פְּנֵי
הָאָדֹן ׀ יְהוָה אֱלֹהֵי יִשְׂרָאֵל׃
כד כִּי־אוֹרִישׁ גּוֹיִם מִפָּנֶיךָ וְהִרְחַבְתִּי אֶת־גְּבוּלֶךָ
וְלֹא־יַחְמֹד אִישׁ אֶת־אַרְצְךָ בַּעֲלֹתְךָ לֵרָאוֹת אֶת־פְּנֵי
יְהוָה אֱלֹהֶיךָ שָׁלֹשׁ פְּעָמִים בַּשָּׁנָה׃

כה לֹא־תִשְׁחַט עַל־חָמֵץ דַּם־זִבְחִי וְלֹא־יָלִין לַבֹּקֶר
זֶבַח חַג הַפָּסַח׃
כו רֵאשִׁית בִּכּוּרֵי אַדְמָתְךָ תָּבִיא בֵּית יְהוָה אֱלֹהֶיךָ
לֹא־תְבַשֵּׁל גְּדִי בַּחֲלֵב אִמּוֹ׃ פ
כז וַיֹּאמֶר יְהוָה אֶל־מֹשֶׁה כְּתָב־לְךָ אֶת־הַדְּבָרִים הָאֵלֶּה כִּי
עַל־פִּי ׀ הַדְּבָרִים הָאֵלֶּה כָּרַתִּי אִתְּךָ בְּרִית וְאֶת־יִשְׂרָאֵל׃
כח וַיְהִי־שָׁם עִם־יְהוָה אַרְבָּעִים יוֹם וְאַרְבָּעִים לַיְלָה לֶחֶם
לֹא אָכַל וּמַיִם לֹא שָׁתָה וַיִּכְתֹּב עַל־הַלֻּחֹת אֵת דִּבְרֵי הַבְּרִית
עֲשֶׂרֶת הַדְּבָרִים׃

por laço no meio de ti. 13 Porém derrubareis os seus altares,
quebrareis as suas colunas e cortareis os seus Aserins 14 (pois
não adorarás a nenhum outro Deus); porque Jeová, cujo nome
é Zeloso, é Deus zeloso; 15 guarda-te não faças aliança com
os habitantes da terra; não suceda que, quando idolatrarem
eles os seus deuses e sacrificarem aos seus deuses, alguém te
convide, e comas do que ele sacrifica. 16 Não tomes mulheres
de suas filhas para teus filhos, para que, idolatrando suas
filhas aos seus deuses, façam que teus filhos idolatrem aos
seus deuses. 17 Não farás para ti deuses fundidos.

18 Observarás a Festa dos Pães Asmos. Sete dias comerás pães
asmos, como te ordenei, ao tempo apontado no mês de abibe;
porque no mês de abibe é que saíste do Egito. 19 Todo o que
abre a madre é meu e todo o teu gado que é macho, que abre
a madre de vacas ou de ovelhas. 20 O primogênito da jumenta,
remi-lo-ás com um cordeiro; se o não remires, quebrar-lhe-ás a
cerviz. Remirás todos os primogênitos de teus filhos. Ninguém
aparecerá diante de mim com as mãos vazias.

21 Seis dias trabalharás, porém, ao sétimo dia, descansarás; no
tempo de arar e no tempo de ceifar, descansarás. 22 Observarás a
Festa das Semanas, isto é, das primícias da ceifa de trigo, e a Festa
de Colheita no fim do ano. 23 Três vezes no ano aparecerão todos
os teus primogênitos diante do Senhor Jeová, Deus de Israel.
24 Porque lançarei fora as nações de diante de ti e aumentarei os
teus limites; ninguém cobiçará a tua terra, quando subires para
aparecer perante Jeová, teu Deus, três vezes no ano.

25 Não oferecerás o sangue do meu sacrifício com pão leve-
dado; nem ficará até pela manhã o sacrifício da Festa da Páscoa.
26 As primeiras das primícias da tua terra trarás à casa de Jeová,
teu Deus. Não cozerás o cabrito no leite de sua mãe.

27 Então, disse Jeová a Moisés: Escreve essas palavras, por-
que, conforme o teor dessas palavras, fiz aliança contigo e com
Israel. 28 Moisés esteve ali com Jeová quarenta dias e quarenta
noites; não comeu pão, nem bebeu água. Escreveu nas tábuas
as palavras da aliança, os dez mandamentos.

כט וַיְהִי בְּרֶדֶת מֹשֶׁה מֵהַר סִינַי וּשְׁנֵי לֻחֹת הָעֵדֻת בְּיַד־מֹשֶׁה
בְּרִדְתּוֹ מִן־הָהָר וּמֹשֶׁה לֹא־יָדַע כִּי קָרַן עוֹר פָּנָיו בְּדַבְּרוֹ אִתּוֹ׃
ל וַיַּרְא אַהֲרֹן וְכָל־בְּנֵי יִשְׂרָאֵל אֶת־מֹשֶׁה וְהִנֵּה קָרַן עוֹר פָּנָיו
וַיִּירְאוּ מִגֶּשֶׁת אֵלָיו׃
לא וַיִּקְרָא אֲלֵהֶם מֹשֶׁה וַיָּשֻׁבוּ אֵלָיו אַהֲרֹן וְכָל־הַנְּשִׂאִים
בָּעֵדָה וַיְדַבֵּר מֹשֶׁה אֲלֵהֶם׃
לב וְאַחֲרֵי־כֵן נִגְּשׁוּ כָּל־בְּנֵי יִשְׂרָאֵל וַיְצַוֵּם אֵת כָּל־אֲשֶׁר
דִּבֶּר יְהוָה אִתּוֹ בְּהַר סִינָי׃
לג וַיְכַל מֹשֶׁה מִדַּבֵּר אִתָּם וַיִּתֵּן עַל־פָּנָיו מַסְוֶה׃
לד וּבְבֹא מֹשֶׁה לִפְנֵי יְהוָה לְדַבֵּר אִתּוֹ יָסִיר אֶת־הַמַּסְוֶה
עַד־צֵאתוֹ וְיָצָא וְדִבֶּר אֶל־בְּנֵי יִשְׂרָאֵל אֵת אֲשֶׁר יְצֻוֶּה׃
לה וְרָאוּ בְנֵי־יִשְׂרָאֵל אֶת־פְּנֵי מֹשֶׁה כִּי קָרַן עוֹר פְּנֵי מֹשֶׁה
וְהֵשִׁיב מֹשֶׁה אֶת־הַמַּסְוֶה עַל־פָּנָיו עַד־בֹּאוֹ לְדַבֵּר אִתּוֹ׃ ס

א וַיַּקְהֵל מֹשֶׁה אֶת־כָּל־עֲדַת בְּנֵי יִשְׂרָאֵל וַיֹּאמֶר אֲלֵהֶם
אֵלֶּה הַדְּבָרִים אֲשֶׁר־צִוָּה יְהוָה לַעֲשֹׂת אֹתָם׃
ב שֵׁשֶׁת יָמִים תֵּעָשֶׂה מְלָאכָה וּבַיּוֹם הַשְּׁבִיעִי יִהְיֶה לָכֶם
קֹדֶשׁ שַׁבַּת שַׁבָּתוֹן לַיהוָה כָּל־הָעֹשֶׂה בוֹ מְלָאכָה יוּמָת׃
ג לֹא־תְבַעֲרוּ אֵשׁ בְּכֹל מֹשְׁבֹתֵיכֶם בְּיוֹם הַשַּׁבָּת׃ פ

ד וַיֹּאמֶר מֹשֶׁה אֶל־כָּל־עֲדַת בְּנֵי־יִשְׂרָאֵל לֵאמֹר זֶה
הַדָּבָר אֲשֶׁר־צִוָּה יְהוָה לֵאמֹר׃
ה קְחוּ מֵאִתְּכֶם תְּרוּמָה לַיהוָה כֹּל נְדִיב לִבּוֹ יְבִיאֶהָ
אֵת תְּרוּמַת יְהוָה זָהָב וָכֶסֶף וּנְחֹשֶׁת׃
ו וּתְכֵלֶת וְאַרְגָּמָן וְתוֹלַעַת שָׁנִי וְשֵׁשׁ וְעִזִּים׃
ז וְעֹרֹת אֵילִם מְאָדָּמִים וְעֹרֹת תְּחָשִׁים וַעֲצֵי שִׁטִּים׃
ח וְשֶׁמֶן לַמָּאוֹר וּבְשָׂמִים לְשֶׁמֶן הַמִּשְׁחָה וְלִקְטֹרֶת הַסַּמִּים׃
ט וְאַבְנֵי־שֹׁהַם וְאַבְנֵי מִלֻּאִים לָאֵפוֹד וְלַחֹשֶׁן׃

O rosto de Moisés resplandece

29 Quando desceu Moisés do monte Sinai, tendo nas mãos
as Tábuas do testemunho, sim quando desceu do monte, não
sabia Moisés que a pele do seu rosto brilhava, pelo motivo de
haver Deus falado com ele. 30 Quando Arão e todos os filhos
de Israel viram Moisés, eis que brilhava a pele do seu rosto, e
tiveram medo de se chegar a ele. 31 Então, Moisés os chamou;
Arão e todos os príncipes da congregação voltaram a ele, e Moi-
sés lhes falou. 32 Depois, vieram a ele todos os filhos de Israel,
e ordenou-lhes tudo o que lhe falara Jeová no monte Sinai.
33 Tendo Moisés acabado de falar com eles, pôs um véu sobre o
rosto. 34 Mas, entrando perante Jeová para falar com ele, tirava
o véu até sair; e, saindo, dizia aos filhos de Israel tudo o que
lhe era ordenado. 35 Viam os filhos de Israel o rosto de Moisés,
que a pele do seu rosto brilhava; e tornava Moisés a pôr o véu
sobre o seu rosto até entrar a falar com ele.

O sábado e as ofertas para o tabernáculo

35 1 Tendo Moisés convocado toda a congregação dos
filhos de Israel, disse-lhes: Estas são as coisas que
Jeová ordenou que se fizessem: 2 seis dias se traba-
lhará, porém, ao sétimo dia, haverá para vós um dia santo, um
sábado de descanso solene a Jeová; todo o que nele fizer qual-
quer trabalho será morto. 3 Não acendereis fogo em nenhuma
das vossas casas no dia de sábado.

4 Disse mais Moisés a toda a congregação dos filhos de Israel:
Isto é o que Jeová ordenou, dizendo: 5 Tomai de entre vós uma
oferta para Jeová. Quem for bem disposto a trará como oferta a
Jeová: ouro, prata, cobre, 6 estofo azul, púrpura, escarlata, linho
fino, pelos de cabras, 7 peles de carneiros tintas de vermelho,
peles de animais marinhos, madeira de acácia, 8 azeite para a
luz, especiarias para o óleo da unção e para o incenso aromático,
9 pedras de ônix e pedras de engaste para o éfode e para o peitoral.

י וְכָל־חֲכַם־לֵב בָּכֶם יָבֹאוּ וְיַעֲשׂוּ אֵת כָּל־אֲשֶׁר צִוָּה יְהוָה:
יא אֶת־הַמִּשְׁכָּן אֶת־אָהֳלוֹ וְאֶת־מִכְסֵהוּ אֶת־קְרָסָיו
וְאֶת־קְרָשָׁיו אֶת־בְּרִיחָו אֶת־עַמֻּדָיו וְאֶת־אֲדָנָיו:
יב אֶת־הָאָרֹן וְאֶת־בַּדָּיו אֶת־הַכַּפֹּרֶת וְאֵת פָּרֹכֶת הַמָּסָךְ:
יג אֶת־הַשֻּׁלְחָן וְאֶת־בַּדָּיו וְאֶת־כָּל־כֵּלָיו וְאֵת לֶחֶם הַפָּנִים:
יד וְאֶת־מְנֹרַת הַמָּאוֹר וְאֶת־כֵּלֶיהָ וְאֶת־נֵרֹתֶיהָ וְאֵת שֶׁמֶן
הַמָּאוֹר:
טו וְאֶת־מִזְבַּח הַקְּטֹרֶת וְאֶת־בַּדָּיו וְאֵת שֶׁמֶן הַמִּשְׁחָה
וְאֵת קְטֹרֶת הַסַּמִּים וְאֶת־מָסַךְ הַפֶּתַח לְפֶתַח הַמִּשְׁכָּן:
טז אֵת ׀ מִזְבַּח הָעֹלָה וְאֶת־מִכְבַּר הַנְּחֹשֶׁת אֲשֶׁר־לוֹ
אֶת־בַּדָּיו וְאֶת־כָּל־כֵּלָיו אֶת־הַכִּיֹּר וְאֶת־כַּנּוֹ:
יז אֵת קַלְעֵי הֶחָצֵר אֶת־עַמֻּדָיו וְאֶת־אֲדָנֶיהָ וְאֵת
מָסַךְ שַׁעַר הֶחָצֵר:
יח אֶת־יִתְדֹת הַמִּשְׁכָּן וְאֶת־יִתְדֹת הֶחָצֵר וְאֶת־מֵיתְרֵיהֶם:
יט אֶת־בִּגְדֵי הַשְּׂרָד לְשָׁרֵת בַּקֹּדֶשׁ אֶת־בִּגְדֵי הַקֹּדֶשׁ לְאַהֲרֹן
הַכֹּהֵן וְאֶת־בִּגְדֵי בָנָיו לְכַהֵן:

כ וַיֵּצְאוּ כָּל־עֲדַת בְּנֵי־יִשְׂרָאֵל מִלִּפְנֵי מֹשֶׁה:
כא וַיָּבֹאוּ כָּל־אִישׁ אֲשֶׁר־נְשָׂאוֹ לִבּוֹ וְכֹל אֲשֶׁר נָדְבָה רוּחוֹ אֹתוֹ
הֵבִיאוּ אֶת־תְּרוּמַת יְהוָה לִמְלֶאכֶת אֹהֶל מוֹעֵד וּלְכָל־עֲבֹדָתוֹ
וּלְבִגְדֵי הַקֹּדֶשׁ:
כב וַיָּבֹאוּ הָאֲנָשִׁים עַל־הַנָּשִׁים כֹּל ׀ נְדִיב לֵב הֵבִיאוּ חָח וָנֶזֶם
וְטַבַּעַת וְכוּמָז כָּל־כְּלִי זָהָב וְכָל־אִישׁ אֲשֶׁר הֵנִיף תְּנוּפַת זָהָב
לַיהוָה:
כג וְכָל־אִישׁ אֲשֶׁר־נִמְצָא אִתּוֹ תְּכֵלֶת וְאַרְגָּמָן וְתוֹלַעַת שָׁנִי
וְשֵׁשׁ וְעִזִּים וְעֹרֹת אֵילִם מְאָדָּמִים וְעֹרֹת תְּחָשִׁים הֵבִיאוּ:
כד כָּל־מֵרִים תְּרוּמַת כֶּסֶף וּנְחֹשֶׁת הֵבִיאוּ אֵת תְּרוּמַת יְהוָה וְכֹל
אֲשֶׁר נִמְצָא אִתּוֹ עֲצֵי שִׁטִּים לְכָל־מְלֶאכֶת הָעֲבֹדָה הֵבִיאוּ:
כה וְכָל־אִשָּׁה חַכְמַת־לֵב בְּיָדֶיהָ טָווּ וַיָּבִיאוּ מַטְוֶה אֶת־הַתְּכֵלֶת
וְאֶת־הָאַרְגָּמָן אֶת־תּוֹלַעַת הַשָּׁנִי וְאֶת־הַשֵּׁשׁ:
כו וְכָל־הַנָּשִׁים אֲשֶׁר נָשָׂא לִבָּן אֹתָנָה בְּחָכְמָה טָווּ אֶת־הָעִזִּים:
כז וְהַנְּשִׂאִם הֵבִיאוּ אֵת אַבְנֵי הַשֹּׁהַם וְאֵת אַבְנֵי הַמִּלֻּאִים
לָאֵפוֹד וְלַחֹשֶׁן:

10 Venha todo homem hábil dentre vós e faça tudo o que Jeová
ordenou: 11 o tabernáculo com a sua tenda, e a sua coberta, os
seus ganchos, as suas peças, as suas travessas, as suas colunas
e as suas bases; 12 a arca, e os seus varais, o propiciatório, e o
anteparo; 13 a mesa, e os seus varais, e todo os seus utensílios,
e os pães da proposição; 14 o candeeiro para a luz, e os seus
utensílios, e as suas lâmpadas, e o azeite para a luz; 15 o altar do
incenso, e os seus varais, e o óleo da unção, e o incenso aro-
mático, e o anteparo para a entrada, à entrada do tabernáculo;
16 o altar do holocausto, e a sua grelha de cobre, os seus varais,
e todos os seus utensílios, a bacia, e a sua base; 17 as cortinas do
átrio, as suas colunas, e as suas bases, e o anteparo para a porta
do átrio; 18 os pregos do tabernáculo, e os pregos do átrio, e as
suas cordas; 19 os vestidos finamente tecidos, de que se usam
no ministério dentro do Santo Lugar, os vestidos sagrados do
sacerdote Arão, e os vestidos de seus filhos, para quando se
empregarem no ofício sacerdotal.

A prontidão do povo em trazer ofertas

20 Então, toda a congregação dos filhos de Israel saiu da pre-
sença de Moisés. 21 Veio todo homem cujo coração o incitou e
cujo espírito o impeliu a isso e trouxe a oferta a Jeová, para a
obra da tenda da revelação, e para todo o serviço dela, e para
os vestidos sagrados. 22 Vieram tanto homens como mulheres,
todos quantos eram bem dispostos de coração e trouxeram
gargantilhas, arrecadas, anéis, braceletes, todas as joias de ouro,
a saber, todo o homem que fez uma oferta de ouro a Jeová.
23 Todo homem em cujo poder se achava estofo azul, púrpura,
escarlata, linho fino, pelos de cabras, peles de carneiros tintas
de vermelho e peles de animais marinhos, ele os trazia. 24 Trazia
a oferta a Jeová todo aquele que fazia uma oferta de prata ou
de cobre; e todo homem em cujo poder se achava madeira de
acácia para qualquer obra do serviço a trazia. 25 Todas as mu-
lheres que eram hábeis fiavam com as suas mãos e traziam o
que tinham fiado, estofo azul, púrpura, escarlata e linho fino.

כח וְאֶת־הַבֹּשֶׂם וְאֶת־הַשָּׁמֶן לְמָאוֹר וּלְשֶׁמֶן הַמִּשְׁחָה
וְלִקְטֹרֶת הַסַּמִּים׃
כט כָּל־אִישׁ וְאִשָּׁה אֲשֶׁר נָדַב לִבָּם אֹתָם לְהָבִיא
לְכָל־הַמְּלָאכָה אֲשֶׁר צִוָּה יְהוָה לַעֲשׂוֹת בְּיַד־מֹשֶׁה
הֵבִיאוּ בְנֵי־יִשְׂרָאֵל נְדָבָה לַיהוָה׃ פ

ל וַיֹּאמֶר מֹשֶׁה אֶל־בְּנֵי יִשְׂרָאֵל רְאוּ קָרָא יְהוָה בְּשֵׁם
בְּצַלְאֵל בֶּן־אוּרִי בֶן־חוּר לְמַטֵּה יְהוּדָה׃
לא וַיְמַלֵּא אֹתוֹ רוּחַ אֱלֹהִים בְּחָכְמָה בִּתְבוּנָה
וּבְדַעַת וּבְכָל־מְלָאכָה׃
לב וְלַחְשֹׁב מַחֲשָׁבֹת לַעֲשֹׂת בַּזָּהָב וּבַכֶּסֶף וּבַנְּחֹשֶׁת׃
לג וּבַחֲרֹשֶׁת אֶבֶן לְמַלֹּאת וּבַחֲרֹשֶׁת עֵץ לַעֲשׂוֹת
בְּכָל־מְלֶאכֶת מַחֲשָׁבֶת׃
לד וּלְהוֹרֹת נָתַן בְּלִבּוֹ הוּא וְאָהֳלִיאָב בֶּן־אֲחִיסָמָךְ לְמַטֵּה־דָן׃
לה מִלֵּא אֹתָם חָכְמַת־לֵב לַעֲשׂוֹת כָּל־מְלֶאכֶת חָרָשׁ ׀ וְחֹשֵׁב
וְרֹקֵם בַּתְּכֵלֶת וּבָאַרְגָּמָן בְּתוֹלַעַת הַשָּׁנִי וּבַשֵּׁשׁ וְאֹרֵג עֹשֵׂי
כָּל־מְלָאכָה וְחֹשְׁבֵי מַחֲשָׁבֹת׃

א וְעָשָׂה בְצַלְאֵל וְאָהֳלִיאָב וְכֹל ׀ אִישׁ חֲכַם־לֵב אֲשֶׁר
נָתַן יְהוָה חָכְמָה וּתְבוּנָה בָּהֵמָּה לָדַעַת לַעֲשֹׂת
אֶת־כָּל־מְלֶאכֶת עֲבֹדַת הַקֹּדֶשׁ לְכֹל אֲשֶׁר־צִוָּה יְהוָה׃

ב וַיִּקְרָא מֹשֶׁה אֶל־בְּצַלְאֵל וְאֶל־אָהֳלִיאָב וְאֶל
כָּל־אִישׁ חֲכַם־לֵב אֲשֶׁר נָתַן יְהוָה חָכְמָה בְּלִבּוֹ כֹּל
אֲשֶׁר נְשָׂאוֹ לִבּוֹ לְקָרְבָה אֶל־הַמְּלָאכָה לַעֲשֹׂת אֹתָהּ׃

26 Todas as mulheres hábeis fiavam os pelos de cabras. 27 Os
príncipes traziam as pedras de ônix e as pedras de engaste para
o éfode e para o peitoral, 28 e as especiarias, e o azeite para a luz,
e para o óleo da unção, e para o incenso aromático. 29 Os filhos
de Israel trouxeram uma oferta voluntária a Jeová, a saber, todo
homem e mulher cujo coração os dispôs para trazerem uma
oferta para toda a obra que Jeová tinha ordenado se fizesse por
intermédio de Moisés.

Deus chama Bezalel e Aoliabe

30 Disse Moisés aos filhos de Israel: Eis que Jeová chamou
por nome a Bezalel, filho de Uri, filho de Hur, da tribo de Judá;
31 e o encheu do Espírito de Deus, no tocante à sabedoria, à
inteligência, à ciência e a toda sorte de obras, 32 para fazer in-
venções, para trabalhar em ouro, em prata e em cobre, 33 para
gravar pedras de engaste, para entalhar madeiras e para trabalhar
em toda sorte de obras finas. 34 Pôs-lhes no coração, a ele e a
Aoliabe, filho de Aisamaque, da tribo de Dã, o poder de ensinar.
35 A estes encheu da sabedoria do coração para fazerem toda
sorte de obras, seja de gravador, de desenhista, do bordador
em estofo azul, em púrpura, em escarlata e em linho fino e de
tecelão sim para fazerem toda sorte de obra e a daqueles que
fazem invenção.

36 1 Bezalel, e Aoliabe trabalharão, e todo homem há-
bil, a quem Jeová deu sabedoria e inteligência para
saberem fazer toda a obra para o serviço do san-
tuário, conforme tudo o que Jeová tem ordenado.

Moisés entrega aos obreiros as ofertas do povo

2 Moisés chamou a Bezalel, e a Aoliabe, e a todo homem há-
bil em cujo coração Jeová tinha posto sabedoria, isto é, a todo
homem cujo coração o impeliu a se chegar à obra para fazê-la.
3 Estes receberam de Moisés a oferta toda que os filhos de Is-

ג וַיִּקְחוּ מִלִּפְנֵי מֹשֶׁה אֵת כָּל־הַתְּרוּמָה אֲשֶׁר הֵבִיאוּ
בְּנֵי יִשְׂרָאֵל לִמְלֶאכֶת עֲבֹדַת הַקֹּדֶשׁ לַעֲשֹׂת אֹתָהּ וְהֵם
הֵבִיאוּ אֵלָיו עוֹד נְדָבָה בַּבֹּקֶר בַּבֹּקֶר׃
ד וַיָּבֹאוּ כָּל־הַחֲכָמִים הָעֹשִׂים אֵת כָּל־מְלֶאכֶת הַקֹּדֶשׁ
אִישׁ־אִישׁ מִמְּלַאכְתּוֹ אֲשֶׁר־הֵמָּה עֹשִׂים׃
ה וַיֹּאמְרוּ אֶל־מֹשֶׁה לֵּאמֹר מַרְבִּים הָעָם לְהָבִיא מִדֵּי
הָעֲבֹדָה לַמְּלָאכָה אֲשֶׁר־צִוָּה יְהוָה לַעֲשֹׂת אֹתָהּ׃
ו וַיְצַו מֹשֶׁה וַיַּעֲבִירוּ קוֹל בַּמַּחֲנֶה לֵאמֹר אִישׁ וְאִשָּׁה
אַל־יַעֲשׂוּ־עוֹד מְלָאכָה לִתְרוּמַת הַקֹּדֶשׁ וַיִּכָּלֵא הָעָם מֵהָבִיא׃
ז וְהַמְּלָאכָה הָיְתָה דַיָּם לְכָל־הַמְּלָאכָה לַעֲשׂוֹת אֹתָהּ וְהוֹתֵר׃ ס

ח וַיַּעֲשׂוּ כָל־חֲכַם־לֵב בְּעֹשֵׂי הַמְּלָאכָה אֶת־הַמִּשְׁכָּן
עֶשֶׂר יְרִיעֹת שֵׁשׁ מָשְׁזָר וּתְכֵלֶת וְאַרְגָּמָן וְתוֹלַעַת שָׁנִי
כְּרֻבִים מַעֲשֵׂה חֹשֵׁב עָשָׂה אֹתָם׃
ט אֹרֶךְ הַיְרִיעָה הָאַחַת שְׁמֹנֶה וְעֶשְׂרִים בָּאַמָּה וְרֹחַב אַרְבַּע
בָּאַמָּה הַיְרִיעָה הָאֶחָת מִדָּה אַחַת לְכָל־הַיְרִיעֹת׃
י וַיְחַבֵּר אֶת־חֲמֵשׁ הַיְרִיעֹת אַחַת אֶל־אֶחָת וְחָמֵשׁ
יְרִיעֹת חִבַּר אַחַת אֶל־אֶחָת׃
יא וַיַּעַשׂ לֻלְאֹת תְּכֵלֶת עַל שְׂפַת הַיְרִיעָה הָאֶחָת מִקָּצָה
בַּמַּחְבָּרֶת כֵּן עָשָׂה בִּשְׂפַת הַיְרִיעָה הַקִּיצוֹנָה בַּמַּחְבֶּרֶת הַשֵּׁנִית׃
יב חֲמִשִּׁים לֻלָאֹת עָשָׂה בַּיְרִיעָה הָאֶחָת וַחֲמִשִּׁים לֻלָאֹת
עָשָׂה בִּקְצֵה הַיְרִיעָה אֲשֶׁר בַּמַּחְבֶּרֶת הַשֵּׁנִית מַקְבִּילֹת
הַלֻּלָאֹת אַחַת אֶל־אֶחָת׃
יג וַיַּעַשׂ חֲמִשִּׁים קַרְסֵי זָהָב וַיְחַבֵּר אֶת־הַיְרִעֹת אַחַת
אֶל־אַחַת בַּקְּרָסִים וַיְהִי הַמִּשְׁכָּן אֶחָד׃ ס

יד וַיַּעַשׂ יְרִיעֹת עִזִּים לְאֹהֶל עַל־הַמִּשְׁכָּן עַשְׁתֵּי־עֶשְׂרֵה
יְרִיעֹת עָשָׂה אֹתָם׃
טו אֹרֶךְ הַיְרִיעָה הָאַחַת שְׁלֹשִׁים בָּאַמָּה וְאַרְבַּע אַמּוֹת רֹחַב
הַיְרִיעָה הָאֶחָת מִדָּה אַחַת לְעַשְׁתֵּי עֶשְׂרֵה יְרִיעֹת׃
טז וַיְחַבֵּר אֶת־חֲמֵשׁ הַיְרִיעֹת לְבָד וְאֶת־שֵׁשׁ הַיְרִיעֹת לְבָד׃
יז וַיַּעַשׂ לֻלָאֹת חֲמִשִּׁים עַל שְׂפַת הַיְרִיעָה הַקִּיצֹנָה בַּמַּחְבָּרֶת
וַחֲמִשִּׁים לֻלָאֹת עָשָׂה עַל־שְׂפַת הַיְרִיעָה הַחֹבֶרֶת הַשֵּׁנִית׃
יח וַיַּעַשׂ קַרְסֵי נְחֹשֶׁת חֲמִשִּׁים לְחַבֵּר אֶת־הָאֹהֶל לִהְיֹת אֶחָד׃

rael tinham trazido para a obra do serviço do santuário, a fim
de fazê-la. Ainda todos os dias pela manhã, trazia-lhe o povo
ofertas voluntárias. 4 Deixando cada um a sua obra que fazia,
vieram todos os homens sábios que se ocupavam em toda a obra
do santuário 5 e disseram a Moisés: O povo traz muito mais do
que é necessário para o serviço da obra que Jeová ordenou se
fizesse. 6 Deu ordem, pois, Moisés (e fizeram que a ordem fos-
se proclamada por todo o arraial), dizendo: Nenhum homem,
nem mulher faça mais obra alguma para a oferta do santuário.
Assim, o povo foi proibido de trazer mais. 7 Pois a matéria que
tinham era suficiente para fazer toda a obra e ainda sobejava.

8 Todo homem hábil, entre os que faziam a obra, construiu
o tabernáculo com dez cortinas; fê-las de linho fino retorcido,
estofo azul, púrpura e escarlata, com querubins que são obra de
desenhista. 9 O comprimento de cada cortina era de vinte e oito
cúbitos, e a largura de cada cortina, de quatro cúbitos; todas as
cortinas eram de uma mesma medida. 10 Ajuntou cinco cortinas
uma com outra; e as outras cinco, da mesma maneira. 11 Fez
laçadas de estofo azul na orla da cortina extrema do primeiro
agrupamento; da mesma maneira fez na orla da cortina extre-
ma do segundo agrupamento. 12 Cinquenta laçadas fez numa
cortina, e cinquenta laçadas, na cortina extrema do segundo
agrupamento; as laçadas eram contrapostas uma a outra. 13 Fez
cinquenta colchetes do ouro e, com os colchetes, prendeu as
cortinas uma a outra; assim, o tabernáculo veio a ser um todo.

As cortinas, a coberta e as tábuas

14 Fez também de pelos de cabras cortinas para servir de
tenda sobre o tabernáculo; onze cortinas fez. 15 O comprimento
de cada cortina era de trinta cúbitos, e a largura de cada cor-
tina, de quatro cúbitos; as onze cortinas tinham uma mesma
medida. 16 Ajuntou à parte cinco cortinas entre si e da mesma
maneira, seis cortinas. 17 Fez cinquenta laçadas na orla da cortina
extrema do primeiro agrupamento e cinquenta laçadas na orla
da cortina extrema do segundo agrupamento. 18 Fez cinquenta

יט וַיַּעַשׂ מִכְסֶה לָאֹהֶל עֹרֹת אֵלִים מְאָדָּמִים וּמִכְסֵה עֹרֹת
תְּחָשִׁים מִלְמָעְלָה: ס

כ וַיַּעַשׂ אֶת־הַקְּרָשִׁים לַמִּשְׁכָּן עֲצֵי שִׁטִּים עֹמְדִים:
כא עֶשֶׂר אַמֹּת אֹרֶךְ הַקָּרֶשׁ וְאַמָּה וַחֲצִי הָאַמָּה רֹחַב
הַקֶּרֶשׁ הָאֶחָד:
כב שְׁתֵּי יָדֹת לַקֶּרֶשׁ הָאֶחָד מְשֻׁלָּבֹת אַחַת אֶל־אֶחָת
כֵּן עָשָׂה לְכֹל קַרְשֵׁי הַמִּשְׁכָּן:
כג וַיַּעַשׂ אֶת־הַקְּרָשִׁים לַמִּשְׁכָּן עֶשְׂרִים קְרָשִׁים
לִפְאַת נֶגֶב תֵּימָנָה:
כד וְאַרְבָּעִים אַדְנֵי־כֶסֶף עָשָׂה תַּחַת עֶשְׂרִים הַקְּרָשִׁים שְׁנֵי
אֲדָנִים תַּחַת־הַקֶּרֶשׁ הָאֶחָד לִשְׁתֵּי יְדֹתָיו וּשְׁנֵי אֲדָנִים
תַּחַת־הַקֶּרֶשׁ הָאֶחָד לִשְׁתֵּי יְדֹתָיו:
כה וּלְצֶלַע הַמִּשְׁכָּן הַשֵּׁנִית לִפְאַת צָפוֹן עָשָׂה עֶשְׂרִים קְרָשִׁים:
כו וְאַרְבָּעִים אַדְנֵיהֶם כָּסֶף שְׁנֵי אֲדָנִים תַּחַת הַקֶּרֶשׁ
הָאֶחָד וּשְׁנֵי אֲדָנִים תַּחַת הַקֶּרֶשׁ הָאֶחָד:
כז וּלְיַרְכְּתֵי הַמִּשְׁכָּן יָמָּה עָשָׂה שִׁשָּׁה קְרָשִׁים:
כח וּשְׁנֵי קְרָשִׁים עָשָׂה לִמְקֻצְעֹת הַמִּשְׁכָּן בַּיַּרְכָתָיִם:
כט וְהָיוּ תוֹאֲמִם מִלְּמַטָּה וְיַחְדָּו יִהְיוּ תַמִּים אֶל־רֹאשׁוֹ
אֶל־הַטַּבַּעַת הָאֶחָת כֵּן עָשָׂה לִשְׁנֵיהֶם לִשְׁנֵי הַמִּקְצֹעֹת:
ל וְהָיוּ שְׁמֹנָה קְרָשִׁים וְאַדְנֵיהֶם כֶּסֶף שִׁשָּׁה עָשָׂר אֲדָנִים
שְׁנֵי אֲדָנִים שְׁנֵי אֲדָנִים תַּחַת הַקֶּרֶשׁ הָאֶחָד:
לא וַיַּעַשׂ בְּרִיחֵי עֲצֵי שִׁטִּים חֲמִשָּׁה לְקַרְשֵׁי
צֶלַע־הַמִּשְׁכָּן הָאֶחָת:
לב וַחֲמִשָּׁה בְרִיחִם לְקַרְשֵׁי צֶלַע־הַמִּשְׁכָּן הַשֵּׁנִית וַחֲמִשָּׁה
בְרִיחִם לְקַרְשֵׁי הַמִּשְׁכָּן לַיַּרְכָתַיִם יָמָּה:
לג וַיַּעַשׂ אֶת־הַבְּרִיחַ הַתִּיכֹן לִבְרֹחַ בְּתוֹךְ הַקְּרָשִׁים מִן־הַקָּצֶה
אֶל־הַקָּצֶה:
לד וְאֶת־הַקְּרָשִׁים צִפָּה זָהָב וְאֶת־טַבְּעֹתָם עָשָׂה זָהָב בָּתִּים
לַבְּרִיחִם וַיְצַף אֶת־הַבְּרִיחִם זָהָב:

לה וַיַּעַשׂ אֶת־הַפָּרֹכֶת תְּכֵלֶת וְאַרְגָּמָן וְתוֹלַעַת שָׁנִי וְשֵׁשׁ מָשְׁזָר
מַעֲשֵׂה חֹשֵׁב עָשָׂה אֹתָהּ כְּרֻבִים: לו וַיַּעַשׂ לָהּ אַרְבָּעָה עַמּוּדֵי
שִׁטִּים וַיְצַפֵּם זָהָב וָוֵיהֶם זָהָב וַיִּצֹק לָהֶם אַרְבָּעָה אַדְנֵי־כָסֶף:

colchetes de cobre para ajuntar a tenda, a fim de que viesse a
ser um todo. 19 Fez de peles de carneiros, tintas de vermelho,
uma coberta para a tenda, e por cima destas, uma coberta de
peles de animais marinhos.

20 Fez também de madeira de acácia as peças para o taberná-
culo, que eram colocadas verticalmente. 21 De dez cúbitos era o
comprimento de uma peça, e cada uma tinha um cúbito e meio
de largura. 22 Em cada peça havia duas couceiras unidas uma a
outra; assim fez com todas as peças do tabernáculo. 23 Fez as
peças para o tabernáculo: vinte peças para o lado meridional, que
olha para o sul. 24 Fez quarenta bases de prata para se pôr debaixo
das vinte peças: duas bases debaixo de uma peça, de maneira que
correspondessem às duas couceiras dela, igualmente duas bases
debaixo de outra peça. 25 Para o segundo lado do tabernáculo,
da banda do norte, fez vinte peças 26 e as suas quarenta bases
de prata; duas bases debaixo de uma peça e duas bases debaixo
de outra peça. 27 Para o lado posterior do tabernáculo, que olha
para o ocidente, fez seis peças. 28 Fez também duas peças para
os cantos do tabernáculo na parte posterior. 29 Por baixo, eram
reforçadas uma pela outra; e, do mesmo modo, em cima, até a
primeira argola; assim fez com as duas peças nos dois cantos.
30 Assim, havia oito peças com as suas bases de prata, dezesseis
bases; duas bases debaixo de cada peça.

31 Também de maneira de acácia fez travessas; cinco para as
peças dum lado do tabernáculo, 32 cinco para as peças do outro
lado do tabernáculo e cinco para as peças do tabernáculo ao
lado posterior, que olha o ocidente. 33 Fez a travessa do meio
passar ao meio das peças de uma extremidade à outra. 34 Co-
briu de ouro as peças, e de ouro fez as suas argolas pelas quais
passaram as travessas, e cobriu também de ouro as travessas.

Os véus e as colunas

35 Fez também o véu de estofo azul, púrpura, escarlata e
linho fino retorcido; com querubins, obra de desenhista, o fez.
36 Suspendeu o véu sobre quatro colunas de madeira de acácia

לז וַיַּעַשׂ מָסָךְ לְפֶתַח הָאֹהֶל תְּכֵלֶת וְאַרְגָּמָן וְתוֹלַעַת
שָׁנִי וְשֵׁשׁ מָשְׁזָר מַעֲשֵׂה רֹקֵם׃
לח וְאֶת־עַמּוּדָיו חֲמִשָּׁה וְאֶת־וָוֵיהֶם וְצִפָּה רָאשֵׁיהֶם וַחֲשֻׁקֵיהֶם
זָהָב וְאַדְנֵיהֶם חֲמִשָּׁה נְחֹשֶׁת׃ פ

א וַיַּעַשׂ בְּצַלְאֵל אֶת־הָאָרֹן עֲצֵי שִׁטִּים אַמָּתַיִם וָחֵצִי אָרְכּוֹ
וְאַמָּה וָחֵצִי רָחְבּוֹ וְאַמָּה וָחֵצִי קֹמָתוֹ׃
ב וַיְצַפֵּהוּ זָהָב טָהוֹר מִבַּיִת וּמִחוּץ וַיַּעַשׂ לוֹ זֵר זָהָב סָבִיב׃
ג וַיִּצֹק לוֹ אַרְבַּע טַבְּעֹת זָהָב עַל אַרְבַּע פַּעֲמֹתָיו וּשְׁתֵּי טַבָּעֹת
עַל־צַלְעוֹ הָאֶחָת וּשְׁתֵּי טַבָּעוֹת עַל־צַלְעוֹ הַשֵּׁנִית׃
ד וַיַּעַשׂ בַּדֵּי עֲצֵי שִׁטִּים וַיְצַף אֹתָם זָהָב׃
ה וַיָּבֵא אֶת־הַבַּדִּים בַּטַּבָּעֹת עַל צַלְעֹת הָאָרֹן לָשֵׂאת אֶת־הָאָרֹן׃
ו וַיַּעַשׂ כַּפֹּרֶת זָהָב טָהוֹר אַמָּתַיִם וָחֵצִי אָרְכָּהּ
וְאַמָּה וָחֵצִי רָחְבָּהּ׃
ז וַיַּעַשׂ שְׁנֵי כְרֻבִים זָהָב מִקְשָׁה עָשָׂה אֹתָם מִשְּׁנֵי קְצוֹת
הַכַּפֹּרֶת׃
ח כְּרוּב־אֶחָד מִקָּצָה מִזֶּה וּכְרוּב־אֶחָד מִקָּצָה מִזֶּה מִן־הַכַּפֹּרֶת
עָשָׂה אֶת־הַכְּרֻבִים מִשְּׁנֵי (קַצְווֹתָו) [קְצוֹתָיו]׃
ט וַיִּהְיוּ הַכְּרֻבִים פֹּרְשֵׂי כְנָפַיִם לְמַעְלָה סֹכְכִים
בְּכַנְפֵיהֶם עַל־הַכַּפֹּרֶת וּפְנֵיהֶם אִישׁ אֶל־אָחִיו
אֶל־הַכַּפֹּרֶת הָיוּ פְּנֵי הַכְּרֻבִים׃ פ

י וַיַּעַשׂ אֶת־הַשֻּׁלְחָן עֲצֵי שִׁטִּים אַמָּתַיִם אָרְכּוֹ
וְאַמָּה רָחְבּוֹ וְאַמָּה וָחֵצִי קֹמָתוֹ׃
יא וַיְצַף אֹתוֹ זָהָב טָהוֹר וַיַּעַשׂ לוֹ זֵר זָהָב סָבִיב׃
יב וַיַּעַשׂ לוֹ מִסְגֶּרֶת טֹפַח סָבִיב וַיַּעַשׂ זֵר־זָהָב
לְמִסְגַּרְתּוֹ סָבִיב׃

e cobriu-as de ouro; os seus ganchos eram de ouro, e fundiu
de prata as suas quatro bases. 37 Também para a porta da tenda
fez um anteparo de estofo azul, púrpura, escarlata e linho fino
retorcido, obra de bordador, 38 e as suas cinco colunas e os seus
ganchos. De ouro cobriu os seus capitéis e as suas vergas; e as
suas cinco bases eram de cobre.

A arca e o propiciatório

37 1 Bezalel fez também de madeira de acácia a arca;
de dois cúbitos e meio era o seu comprimento, de
um cúbito e meio, a sua largura, e de um cúbito e
meio, a sua altura. 2 Cobriu-a de ouro puro por dentro e por
fora e fez sobre ela uma bordadura de ouro. 3 Fundiu para ela
quatro argolas de ouro nos seus quatro cantos, a saber, duas
argolas num lado dela e duas noutro. 4 Fez também varais de
madeira de acácia e cobriu-os de ouro. 5 Meteu os varais nas
argolas ao lado da arca, para se levar a arca. 6 Fez também um
propiciatório de ouro puro; de dois cúbitos e meio era o seu
comprimento, e de um cúbito e meio, a sua largura. 7 Fez dois
querubins de ouro; de ouro batido os fez, nas duas extremi-
dades do propiciatório: 8 um querubim numa extremidade e o
outro querubim na outra extremidade; de uma só peça com
o propiciatório fez os querubins nas duas extremidades dele.
9 Os querubins estendiam as suas asas por cima do propicia-
tório, cobrindo-o com as asas e tendo as faces voltadas uma
à outra; as faces dos querubins olhavam para o propiciatório.

A mesa

10 De madeira de acácia fez a mesa; de dois cúbitos era o seu
comprimento, de um cúbito, a sua largura, e de um cúbito e meio,
a sua altura. 11 Cobriu-a de ouro puro, e fez-lhe uma bordadura de
ouro. 12 Fez-lhe também um rebordo da largura de uma mão, ao
redor do qual fez uma bordadura de ouro. 13 Fundiu-lhe também

יג וַיִּצֹק לוֹ אַרְבַּע טַבְּעֹת זָהָב וַיִּתֵּן אֶת־הַטַּבָּעֹת
עַל אַרְבַּע הַפֵּאֹת אֲשֶׁר לְאַרְבַּע רַגְלָיו׃
יד לְעֻמַּת הַמִּסְגֶּרֶת הָיוּ הַטַּבָּעֹת בָּתִּים לַבַּדִּים
לָשֵׂאת אֶת־הַשֻּׁלְחָן׃
טו וַיַּעַשׂ אֶת־הַבַּדִּים עֲצֵי שִׁטִּים וַיְצַף אֹתָם
זָהָב לָשֵׂאת אֶת־הַשֻּׁלְחָן׃
טז וַיַּעַשׂ אֶת־הַכֵּלִים ׀ אֲשֶׁר עַל־הַשֻּׁלְחָן אֶת־קְעָרֹתָיו וְאֶת־כַּפֹּתָיו
וְאֵת מְנַקִּיֹּתָיו וְאֶת־הַקְּשָׂוֹת אֲשֶׁר יֻסַּךְ בָּהֵן זָהָב טָהוֹר׃ פ

יז וַיַּעַשׂ אֶת־הַמְּנֹרָה זָהָב טָהוֹר מִקְשָׁה עָשָׂה אֶת־הַמְּנֹרָה יְרֵכָהּ
וְקָנָהּ גְּבִיעֶיהָ כַּפְתֹּרֶיהָ וּפְרָחֶיהָ מִמֶּנָּה הָיוּ׃
יח וְשִׁשָּׁה קָנִים יֹצְאִים מִצִּדֶּיהָ שְׁלֹשָׁה ׀ קְנֵי מְנֹרָה מִצִּדָּהּ הָאֶחָד
וּשְׁלֹשָׁה קְנֵי מְנֹרָה מִצִּדָּהּ הַשֵּׁנִי׃
יט שְׁלֹשָׁה גְבִעִים מְשֻׁקָּדִים בַּקָּנֶה הָאֶחָד כַּפְתֹּר וָפֶרַח וּשְׁלֹשָׁה
גְבִעִים מְשֻׁקָּדִים בְּקָנֶה אֶחָד כַּפְתֹּר וָפָרַח כֵּן לְשֵׁשֶׁת הַקָּנִים
הַיֹּצְאִים מִן־הַמְּנֹרָה׃
כ וּבַמְּנֹרָה אַרְבָּעָה גְבִעִים מְשֻׁקָּדִים כַּפְתֹּרֶיהָ וּפְרָחֶיהָ׃
כא וְכַפְתֹּר תַּחַת שְׁנֵי הַקָּנִים מִמֶּנָּה וְכַפְתֹּר תַּחַת שְׁנֵי הַקָּנִים
מִמֶּנָּה וְכַפְתֹּר תַּחַת־שְׁנֵי הַקָּנִים מִמֶּנָּה לְשֵׁשֶׁת הַקָּנִים הַיֹּצְאִים
מִמֶּנָּה׃
כב כַּפְתֹּרֵיהֶם וּקְנֹתָם מִמֶּנָּה הָיוּ כֻּלָּהּ מִקְשָׁה אַחַת זָהָב טָהוֹר׃
כג וַיַּעַשׂ אֶת־נֵרֹתֶיהָ שִׁבְעָה וּמַלְקָחֶיהָ וּמַחְתֹּתֶיהָ זָהָב טָהוֹר׃
כד כִּכָּר זָהָב טָהוֹר עָשָׂה אֹתָהּ וְאֵת כָּל־כֵּלֶיהָ׃ פ

כה וַיַּעַשׂ אֶת־מִזְבַּח הַקְּטֹרֶת עֲצֵי שִׁטִּים
אַמָּה אָרְכּוֹ וְאַמָּה רָחְבּוֹ רָבוּעַ וְאַמָּתַיִם
קֹמָתוֹ מִמֶּנּוּ הָיוּ קַרְנֹתָיו׃

quatro argolas de ouro e meteu as argolas nos quatro cantos que
estavam sobre os seus quatro pés. 14 Perto do rebordo estavam as
argolas nas quais se meteram os varais para se levar a mesa. 15 Fez,
para se levar a mesa, os varais de madeira de acácia e cobriu-os
de ouro. 16 De ouro puro fez os utensílios que estavam sobre a
mesa: os seus pratos, os seus incensários, os seus copos e as suas
taças em que se hão de oferecer as libações.

O castiçal

17 De ouro puro fez também o candeeiro; de ouro batido o
fez, tanto o seu pedestal como a sua haste; os seus copos, as
suas maçãs e as suas açucenas formavam com ele uma só peça.
18 Seis braços saíam dos seus lados: três braços do candeeiro
saíam de um lado dele, e três, do outro. 19 Num braço havia três
copos a modo de flores de amêndoas, uma maçã e uma açuce-
na; igualmente no outro braço três copos, a modo de flores de
amêndoas, uma maçã e uma açucena; assim sucedeu com os seis
braços que saíam do candeeiro. 20 No mesmo candeeiro havia
quatro copos a modo de flores de amêndoas, com as suas ma-
çãs e com as suas açucenas. 21 Havia uma maçã sob dois braços,
que formava com a haste uma só peça, e outra maçã sob dois
outros, e ainda outra maçã sob os outros dois, e assim se fazia
para os seis braços que saíam da haste. 22 As suas maçãs e os
seus braços formavam uma só peça com a haste; o todo era de
obra batida de ouro puro. 23 De ouro puro fez também as suas
lâmpadas, em número de sete, as suas espevitadeiras e os seus
apagadores. 24 De um talento de ouro puro fez o candeeiro e
todos os seus utensílios.

O altar do incenso

25 De madeira de acácia fez o altar do incenso; de um cúbi-
to era o seu comprimento, e de um cúbito, a sua largura (era
quadrado), e de dois cúbitos era a sua altura; os seus chifres

כו וַיְצַף אֹתוֹ זָהָב טָהוֹר אֶת־גַּגּוֹ וְאֶת־קִירֹתָיו
סָבִיב וְאֶת־קַרְנֹתָיו וַיַּעַשׂ לוֹ זֵר זָהָב סָבִיב׃
כז וּשְׁתֵּי טַבְּעֹת זָהָב עָשָׂה־לּוֹ ׀ מִתַּחַת לְזֵרוֹ עַל שְׁתֵּי צַלְעֹתָיו
עַל שְׁנֵי צִדָּיו לְבָתִּים לְבַדִּים לָשֵׂאת אֹתוֹ בָּהֶם׃
כח וַיַּעַשׂ אֶת־הַבַּדִּים עֲצֵי שִׁטִּים וַיְצַף אֹתָם זָהָב׃

כט וַיַּעַשׂ אֶת־שֶׁמֶן הַמִּשְׁחָה קֹדֶשׁ וְאֶת־קְטֹרֶת הַסַּמִּים טָהוֹר
מַעֲשֵׂה רֹקֵחַ׃ פ

א וַיַּעַשׂ אֶת־מִזְבַּח הָעֹלָה עֲצֵי שִׁטִּים חָמֵשׁ אַמּוֹת אָרְכּוֹ
וְחָמֵשׁ־אַמּוֹת רָחְבּוֹ רָבוּעַ וְשָׁלֹשׁ אַמּוֹת קֹמָתוֹ׃
ב וַיַּעַשׂ קַרְנֹתָיו עַל אַרְבַּע פִּנֹּתָיו מִמֶּנּוּ הָיוּ קַרְנֹתָיו
וַיְצַף אֹתוֹ נְחֹשֶׁת׃
ג וַיַּעַשׂ אֶת־כָּל־כְּלֵי הַמִּזְבֵּחַ אֶת־הַסִּירֹת וְאֶת־הַיָּעִים
וְאֶת־הַמִּזְרָקֹת אֶת־הַמִּזְלָגֹת וְאֶת־הַמַּחְתֹּת כָּל־כֵּלָיו עָשָׂה
נְחֹשֶׁת׃
ד וַיַּעַשׂ לַמִּזְבֵּחַ מִכְבָּר מַעֲשֵׂה רֶשֶׁת נְחֹשֶׁת תַּחַת
כַּרְכֻּבּוֹ מִלְּמַטָּה עַד־חֶצְיוֹ׃
ה וַיִּצֹק אַרְבַּע טַבָּעֹת בְּאַרְבַּע הַקְּצָוֹת לְמִכְבַּר
הַנְּחֹשֶׁת בָּתִּים לַבַּדִּים׃
ו וַיַּעַשׂ אֶת־הַבַּדִּים עֲצֵי שִׁטִּים וַיְצַף אֹתָם נְחֹשֶׁת׃
ז וַיָּבֵא אֶת־הַבַּדִּים בַּטַּבָּעֹת עַל צַלְעֹת הַמִּזְבֵּחַ לָשֵׂאת אֹתוֹ
בָּהֶם נְבוּב לֻחֹת עָשָׂה אֹתוֹ׃ ס
ח וַיַּעַשׂ אֵת הַכִּיּוֹר נְחֹשֶׁת וְאֵת כַּנּוֹ נְחֹשֶׁת בְּמַרְאֹת
הַצֹּבְאֹת אֲשֶׁר צָבְאוּ פֶּתַח אֹהֶל מוֹעֵד׃ ס

ט וַיַּעַשׂ אֶת־הֶחָצֵר לִפְאַת ׀ נֶגֶב תֵּימָנָה קַלְעֵי הֶחָצֵר
שֵׁשׁ מָשְׁזָר מֵאָה בָּאַמָּה׃
י עַמּוּדֵיהֶם עֶשְׂרִים וְאַדְנֵיהֶם עֶשְׂרִים נְחֹשֶׁת וָוֵי הָעַמֻּדִים
וַחֲשֻׁקֵיהֶם כָּסֶף׃

formavam uma só peça com ele. 26 Cobriu-o de ouro puro: a
sua parte superior, os seus lados ao redor e os seus chifres; e
fez-lhe uma bordadura de ouro. 27 Fez-lhe também duas argo-
las de ouro debaixo da bordadura, em ambos os lados dele, e
nelas se meteram os varais para se levar o altar. 28 De madeira
de acácia fez os varais e os cobriu de ouro.

29 Fez também o óleo sagrado para as unções e o incenso
puro de especiarias aromáticas, segundo a arte de perfumista.

O altar do holocausto

38 1 Fez também de madeira de acácia o altar do ho-
locausto; de cinco cúbitos era o seu comprimento,
e de cinco cúbitos, a sua largura (era quadrado),
e de três cúbitos, a sua altura. 2 Dos quatro cantos dele fez
levantar-se quatro chifres; os seus chifres formavam com ele
uma só peça; e cobriu-o de cobre. 3 Fez todos os utensílios do
altar: os cinzeiros, as pás, as bacias, os garfos e os braseiros;
de cobre fez todos os utensílios do altar. 4 Fez para o altar uma
grelha a modo de gelosia abaixo do rebordo da parte inferior,
a qual chegava até o meio do altar. 5 Fundiu quatro argolas
para os quatro cantos da grelha de cobre, para nelas se mete-
rem os varais. 6 De madeira de acácia fez os varais e cobriu-os
de cobre. 7 Meteu os varais nas argolas de um e outro lado do
altar, para com elas se levá-lo; oco e de tábuas o fez.

8 De cobre fez o lavatório e a sua base, dos espelhos das
mulheres que se reuniam para ministrarem, à entrada da tenda
da revelação.

O átrio

9 Fez também o átrio. Para o lado meridional, que olha para
o sul, as cortinas eram de linho fino retorcido, de cem cúbitos
de comprimento; 10 as suas colunas eram vinte, e as suas bases,
vinte, de cobre; os ganchos das colunas e as vergas eram de

יא וְלִפְאַת צָפוֹן מֵאָה בָאַמָּה עַמּוּדֵיהֶם עֶשְׂרִים וְאַדְנֵיהֶם
עֶשְׂרִים נְחֹשֶׁת וָוֵי הָעַמּוּדִים וַחֲשֻׁקֵיהֶם כָּסֶף׃
יב וְלִפְאַת־יָם קְלָעִים חֲמִשִּׁים בָּאַמָּה עַמּוּדֵיהֶם עֲשָׂרָה וְאַדְנֵיהֶם
עֲשָׂרָה וָוֵי הָעַמֻּדִים וַחֲשׁוּקֵיהֶם כָּסֶף׃
יג וְלִפְאַת קֵדְמָה מִזְרָחָה חֲמִשִּׁים אַמָּה׃
יד קְלָעִים חֲמֵשׁ־עֶשְׂרֵה אַמָּה אֶל־הַכָּתֵף עַמּוּדֵיהֶם שְׁלֹשָׁה
וְאַדְנֵיהֶם שְׁלֹשָׁה׃
טו וְלַכָּתֵף הַשֵּׁנִית מִזֶּה וּמִזֶּה לְשַׁעַר הֶחָצֵר קְלָעִים חֲמֵשׁ עֶשְׂרֵה
אַמָּה עַמֻּדֵיהֶם שְׁלֹשָׁה וְאַדְנֵיהֶם שְׁלֹשָׁה׃
טז כָּל־קַלְעֵי הֶחָצֵר סָבִיב שֵׁשׁ מָשְׁזָר׃
יז וְהָאֲדָנִים לָעַמֻּדִים נְחֹשֶׁת וָוֵי הָעַמּוּדִים וַחֲשׁוּקֵיהֶם כֶּסֶף
וְצִפּוּי רָאשֵׁיהֶם כָּסֶף וְהֵם מְחֻשָּׁקִים כֶּסֶף כֹּל עַמֻּדֵי הֶחָצֵר׃
יח וּמָסַךְ שַׁעַר הֶחָצֵר מַעֲשֵׂה רֹקֵם תְּכֵלֶת וְאַרְגָּמָן וְתוֹלַעַת שָׁנִי
וְשֵׁשׁ מָשְׁזָר וְעֶשְׂרִים אַמָּה אֹרֶךְ וְקוֹמָה בְרֹחַב חָמֵשׁ אַמּוֹת
לְעֻמַּת קַלְעֵי הֶחָצֵר׃
יט וְעַמֻּדֵיהֶם אַרְבָּעָה וְאַדְנֵיהֶם אַרְבָּעָה נְחֹשֶׁת וָוֵיהֶם כֶּסֶף
וְצִפּוּי רָאשֵׁיהֶם וַחֲשֻׁקֵיהֶם כָּסֶף׃
כ וְכָל־הַיְתֵדֹת לַמִּשְׁכָּן וְלֶחָצֵר סָבִיב נְחֹשֶׁת׃ ס

כא אֵלֶּה פְקוּדֵי הַמִּשְׁכָּן מִשְׁכַּן הָעֵדֻת אֲשֶׁר פֻּקַּד עַל־פִּי מֹשֶׁה
עֲבֹדַת הַלְוִיִּם בְּיַד אִיתָמָר בֶּן־אַהֲרֹן הַכֹּהֵן׃
כב וּבְצַלְאֵל בֶּן־אוּרִי בֶן־חוּר לְמַטֵּה יְהוּדָה עָשָׂה אֵת
כָּל־אֲשֶׁר־צִוָּה יְהוָה אֶת־מֹשֶׁה׃
כג וְאִתּוֹ אָהֳלִיאָב בֶּן־אֲחִיסָמָךְ לְמַטֵּה־דָן חָרָשׁ וְחֹשֵׁב וְרֹקֵם
בַּתְּכֵלֶת וּבָאַרְגָּמָן וּבְתוֹלַעַת הַשָּׁנִי וּבַשֵּׁשׁ׃ ס

כד כָּל־הַזָּהָב הֶעָשׂוּי לַמְּלָאכָה בְּכֹל מְלֶאכֶת הַקֹּדֶשׁ וַיְהִי |
זְהַב הַתְּנוּפָה תֵּשַׁע וְעֶשְׂרִים כִּכָּר וּשְׁבַע מֵאוֹת וּשְׁלֹשִׁים
שֶׁקֶל בְּשֶׁקֶל הַקֹּדֶשׁ׃
כה וְכֶסֶף פְּקוּדֵי הָעֵדָה מְאַת כִּכָּר וְאֶלֶף וּשְׁבַע מֵאוֹת
וַחֲמִשָּׁה וְשִׁבְעִים שֶׁקֶל בְּשֶׁקֶל הַקֹּדֶשׁ׃

prata. 11 Igualmente para o lado do norte eram as cortinas de
cem cúbitos de comprimento, e eram vinte as suas colunas,
e vinte, as suas bases, de cobre; os ganchos das colunas e as
vergas eram de prata. 12 Para o lado oriental, eram as cortinas
de cinquenta cúbitos, e eram dez as suas colunas, e dez, as suas
bases; os ganchos das colunas e as vergas eram de prata. 13 Para
o lado oriental, que olha para o nascente, eram as cortinas de
cinquenta cúbitos. 14 As cortinas para um lado da entrada eram
de quinze cúbitos; as suas colunas eram três, e as suas bases,
três. 15 Do mesmo modo, para o outro lado: de um e de outro
lado da entrada do átrio eram as cortinas de quinze cúbitos; as
suas colunas eram três, e as suas bases, três. 16 Todas as cortinas
ao redor do átrio eram de linho fino retorcido. 17 As bases para
as colunas eram de cobre; os ganchos das colunas e as vergas
eram de prata; os seus capitéis eram revestidos de prata; e todas
as colunas do átrio tinham vergas de prata. 18 O anteparo para
a entrada do átrio era de estofo azul, púrpura, escarlata e linho
fino retorcido, obra de bordador; o comprimento era de vinte
cúbitos, e a altura na largura era de cinco cúbitos, segundo a
medida das cortinas do átrio. 19 As suas colunas eram quatro, e
as suas bases, quatro, de cobre; os seus ganchos eram de prata,
e o revestimento dos seus capitéis e as vergas, de prata. 20 Todos
os pregos do tabernáculo e do átrio em roda, de cobre.

A soma dos metais usados no tabernáculo

21 Esta é a soma das coisas para o tabernáculo, a saber, o
tabernáculo do Testemunho, conforme elas, por ordem de
Moisés, foram contadas para o serviço dos levitas, por inter-
médio de Itamar, filho do sacerdote Arão. 22 Bezalel, filho de
Uri, filho de Hur, da tribo de Judá, fez tudo o que Jeová orde-
nou a Moisés. 23 Com ele era Aoliabe, filho de Aisamaque, da
tribo de Dã, gravador, desenhista e bordador em estofo azul,
púrpura, escarlata e linho fino.

24 Todo o ouro que foi gasto para a obra em toda a obra do
santuário, a saber, o ouro da oferta, era vinte e nove talentos,
e setecentos e trinta siclos, segundo o siclo do santuário. 25 A
prata dos arrolados da congregação eram cem talentos, e mil
e setecentos e cinco siclos, conforme o siclo do santuário:

כו בֶּקַע לַגֻּלְגֹּלֶת מַחֲצִית הַשֶּׁקֶל בְּשֶׁקֶל הַקֹּדֶשׁ לְכֹל הָעֹבֵר
עַל־הַפְּקֻדִים מִבֶּן עֶשְׂרִים שָׁנָה וָמַעְלָה לְשֵׁשׁ־מֵאוֹת אֶלֶף
וּשְׁלֹשֶׁת אֲלָפִים וַחֲמֵשׁ מֵאוֹת וַחֲמִשִּׁים׃
כז וַיְהִי מְאַת כִּכַּר הַכֶּסֶף לָצֶקֶת אֵת אַדְנֵי הַקֹּדֶשׁ וְאֵת אַדְנֵי
הַפָּרֹכֶת מְאַת אֲדָנִים לִמְאַת הַכִּכָּר כִּכָּר לָאָדֶן׃
כח וְאֶת־הָאֶלֶף וּשְׁבַע הַמֵּאוֹת וַחֲמִשָּׁה וְשִׁבְעִים עָשָׂה וָוִים
לָעַמּוּדִים וְצִפָּה רָאשֵׁיהֶם וְחִשַּׁק אֹתָם׃
כט וּנְחֹשֶׁת הַתְּנוּפָה שִׁבְעִים כִּכָּר וְאַלְפַּיִם וְאַרְבַּע־מֵאוֹת שָׁקֶל׃
ל וַיַּעַשׂ בָּהּ אֶת־אַדְנֵי פֶּתַח אֹהֶל מוֹעֵד וְאֵת מִזְבַּח הַנְּחֹשֶׁת
וְאֶת־מִכְבַּר הַנְּחֹשֶׁת אֲשֶׁר־לוֹ וְאֵת כָּל־כְּלֵי הַמִּזְבֵּחַ׃
לא וְאֶת־אַדְנֵי הֶחָצֵר סָבִיב וְאֶת־אַדְנֵי שַׁעַר הֶחָצֵר וְאֵת
כָּל־יִתְדֹת הַמִּשְׁכָּן וְאֶת־כָּל־יִתְדֹת הֶחָצֵר סָבִיב׃

א וּמִן־הַתְּכֵלֶת וְהָאַרְגָּמָן וְתוֹלַעַת הַשָּׁנִי עָשׂוּ בִגְדֵי־שְׂרָד
לְשָׁרֵת בַּקֹּדֶשׁ וַיַּעֲשׂוּ אֶת־בִּגְדֵי הַקֹּדֶשׁ אֲשֶׁר לְאַהֲרֹן כַּאֲשֶׁר
צִוָּה יְהוָה אֶת־מֹשֶׁה׃ פ
ב וַיַּעַשׂ אֶת־הָאֵפֹד זָהָב תְּכֵלֶת וְאַרְגָּמָן וְתוֹלַעַת
שָׁנִי וְשֵׁשׁ מָשְׁזָר׃
ג וַיְרַקְּעוּ אֶת־פַּחֵי הַזָּהָב וְקִצֵּץ פְּתִילִם לַעֲשׂוֹת בְּתוֹךְ הַתְּכֵלֶת
וּבְתוֹךְ הָאַרְגָּמָן וּבְתוֹךְ תּוֹלַעַת הַשָּׁנִי וּבְתוֹךְ הַשֵּׁשׁ מַעֲשֵׂה
חֹשֵׁב׃
ד כְּתֵפֹת עָשׂוּ־לוֹ חֹבְרֹת עַל־שְׁנֵי (קצוותו) [קְצוֹתָיו] חֻבָּר׃
ה וְחֵשֶׁב אֲפֻדָּתוֹ אֲשֶׁר עָלָיו מִמֶּנּוּ הוּא כְּמַעֲשֵׂהוּ זָהָב תְּכֵלֶת
וְאַרְגָּמָן וְתוֹלַעַת שָׁנִי וְשֵׁשׁ מָשְׁזָר כַּאֲשֶׁר צִוָּה יְהוָה אֶת־מֹשֶׁה׃

ו וַיַּעֲשׂוּ אֶת־אַבְנֵי הַשֹּׁהַם מֻסַבֹּת מִשְׁבְּצֹת זָהָב מְפֻתָּחֹת
פִּתּוּחֵי חוֹתָם עַל־שְׁמוֹת בְּנֵי יִשְׂרָאֵל׃
ז וַיָּשֶׂם אֹתָם עַל כִּתְפֹת הָאֵפֹד אַבְנֵי זִכָּרוֹן לִבְנֵי יִשְׂרָאֵל
כַּאֲשֶׁר צִוָּה יְהוָה אֶת־מֹשֶׁה׃ פ

ח וַיַּעַשׂ אֶת־הַחֹשֶׁן מַעֲשֵׂה חֹשֵׁב כְּמַעֲשֵׂה אֵפֹד זָהָב תְּכֵלֶת

26 um beca por cabeça, isto é, meio siclo segundo o siclo do
santuário, de todo homem de vinte anos e daí para cima que
passou para os arrolados, que foram seiscentos e três mil e
quinhentos e cinquenta. 27 Empregaram-se os cem talentos
de prata para fundir as bases do santuário e as bases do véu;
para as cem bases, cem talentos; para cada base, um talento.
28 Dos mil e setecentos e setenta e cinco siclos fez os ganchos
para as colunas, cobriu os seus capitéis e fez-lhes as vergas.
29 O cobre da oferta eram setenta talentos e dois mil e quatrocentos
siclos. 30 Dele fez as bases para a entrada da tenda
da revelação, e o altar de cobre, e a sua grelha de cobre, e
todos os utensílios do altar, 31 e as bases do átrio em roda, e
as bases da porta do átrio, e todos os pregos do tabernáculo,
e todos os pregos do átrio em roda.

As vestes dos sacerdotes

39 1 Fizeram também de estofo azul, púrpura e escarlata
os vestidos finamente tecidos, para ministrar
no Santo Lugar, e fizeram os vestidos sagrados
para Arão, como Jeová ordenou a Moisés.

2 De ouro, estofo azul, púrpura, escarlata e linho fino retorcido
fez o éfode. 3 De ouro batido fizeram lâminas delgadas,
que cortaram em fios, para entretecer entre o estofo azul, a
púrpura, a escarlata e o linho, obra de desenhista. 4 Fizeram-lhe
suspensórios que o uniam; e assim foi ele unido pelas duas
extremidades. 5 O cinto primorosamente tecido, que estava
sobre o éfode, com que cingi-lo, formava com ele uma só peça
e de obra semelhante; de ouro, estofo azul, púrpura, escarlata
e linho fino retorcido, conforme Jeová ordenou a Moisés.

6 Prepararam-se as pedras de ônix, engastadas em ouro, lavradas
como as gravuras de um selo, segundo os nomes dos
filhos de Israel. 7 Pô-las sobre os suspensórios do éfode, para
que servissem de pedras de memorial para os filhos de Israel,
conforme Jeová ordenou a Moisés.

8 Fez também o peitoral, obra de desenhista, de obra seme-

וְאַרְגָּמָן וְתוֹלַעַת שָׁנִי וְשֵׁשׁ מָשְׁזָר׃
ט רָבוּעַ הָיָה כָּפוּל עָשׂוּ אֶת־הַחֹשֶׁן זֶרֶת אָרְכּוֹ
וְזֶרֶת רָחְבּוֹ כָּפוּל׃
י וַיְמַלְאוּ־בוֹ אַרְבָּעָה טוּרֵי אָבֶן טוּר אֹדֶם פִּטְדָה וּבָרֶקֶת הַטּוּר
הָאֶחָד׃
יא וְהַטּוּר הַשֵּׁנִי נֹפֶךְ סַפִּיר וְיָהֲלֹם׃
יב וְהַטּוּר הַשְּׁלִישִׁי לֶשֶׁם שְׁבוֹ וְאַחְלָמָה׃
יג וְהַטּוּר הָרְבִיעִי תַּרְשִׁישׁ שֹׁהַם וְיָשְׁפֵה מוּסַבֹּת מִשְׁבְּצוֹת זָהָב
בְּמִלֻּאֹתָם׃
יד וְהָאֲבָנִים עַל־שְׁמֹת בְּנֵי־יִשְׂרָאֵל הֵנָּה שְׁתֵּים עֶשְׂרֵה עַל־
שְׁמֹתָם פִּתּוּחֵי חֹתָם אִישׁ עַל־שְׁמוֹ לִשְׁנֵים עָשָׂר שָׁבֶט׃
טו וַיַּעֲשׂוּ עַל־הַחֹשֶׁן שַׁרְשְׁרֹת גַּבְלֻת מַעֲשֵׂה עֲבֹת זָהָב טָהוֹר׃
טז וַיַּעֲשׂוּ שְׁתֵּי מִשְׁבְּצֹת זָהָב וּשְׁתֵּי טַבְּעֹת זָהָב וַיִּתְּנוּ אֶת־שְׁתֵּי
הַטַּבָּעֹת עַל־שְׁנֵי קְצוֹת הַחֹשֶׁן׃
יז וַיִּתְּנוּ שְׁתֵּי הָעֲבֹתֹת הַזָּהָב עַל־שְׁתֵּי הַטַּבָּעֹת עַל־קְצוֹת הַחֹשֶׁן׃
יח וְאֵת שְׁתֵּי קְצוֹת שְׁתֵּי הָעֲבֹתֹת נָתְנוּ עַל־שְׁתֵּי הַמִּשְׁבְּצֹת
וַיִּתְּנֻם עַל־כִּתְפֹת הָאֵפֹד אֶל־מוּל פָּנָיו׃
יט וַיַּעֲשׂוּ שְׁתֵּי טַבְּעֹת זָהָב וַיָּשִׂימוּ עַל־שְׁנֵי קְצוֹת הַחֹשֶׁן
עַל־שְׂפָתוֹ אֲשֶׁר אֶל־עֵבֶר הָאֵפֹד בָּיְתָה׃
כ וַיַּעֲשׂוּ שְׁתֵּי טַבְּעֹת זָהָב וַיִּתְּנֻם עַל־שְׁתֵּי כִתְפֹת הָאֵפֹד
מִלְּמַטָּה מִמּוּל פָּנָיו לְעֻמַּת מֶחְבַּרְתּוֹ מִמַּעַל לְחֵשֶׁב הָאֵפֹד׃
כא וַיִּרְכְּסוּ אֶת־הַחֹשֶׁן מִטַּבְּעֹתָיו אֶל־טַבְּעֹת הָאֵפֹד בִּפְתִיל
תְּכֵלֶת לִהְיֹת עַל־חֵשֶׁב הָאֵפֹד וְלֹא־יִזַּח הַחֹשֶׁן מֵעַל הָאֵפֹד
כַּאֲשֶׁר צִוָּה יְהוָה אֶת־מֹשֶׁה׃
כב וַיַּעַשׂ אֶת־מְעִיל הָאֵפֹד מַעֲשֵׂה אֹרֵג כְּלִיל תְּכֵלֶת׃
כג וּפִי־הַמְּעִיל בְּתוֹכוֹ כְּפִי תַחְרָא שָׂפָה לְפִיו סָבִיב לֹא יִקָּרֵעַ׃
כד וַיַּעֲשׂוּ עַל־שׁוּלֵי הַמְּעִיל רִמּוֹנֵי תְּכֵלֶת וְאַרְגָּמָן וְתוֹלַעַת שָׁנִי
מָשְׁזָר׃
כה וַיַּעֲשׂוּ פַעֲמֹנֵי זָהָב טָהוֹר וַיִּתְּנוּ אֶת־הַפַּעֲמֹנִים בְּתוֹךְ הָרִמֹּנִים
עַל־שׁוּלֵי הַמְּעִיל סָבִיב בְּתוֹךְ הָרִמֹּנִים׃
כו פַּעֲמֹן וְרִמֹּן פַּעֲמֹן וְרִמֹּן עַל־שׁוּלֵי הַמְּעִיל סָבִיב לְשָׁרֵת
כַּאֲשֶׁר צִוָּה יְהוָה אֶת־מֹשֶׁה׃ ס

כז וַיַּעֲשׂוּ אֶת־הַכָּתְנֹת שֵׁשׁ מַעֲשֵׂה אֹרֵג לְאַהֲרֹן וּלְבָנָיו׃

lhante à do éfode; de ouro, estofo azul, púrpura, escarlata e
linho fino retorcido. 9 Era quadrado; duplo fizeram o peitoral:
de um palmo era o seu comprimento, e de um palmo, a sua
largura; e era ele duplo. 10 Puseram nele quatro fileiras de pe-
dras. Uma fileira de sárdio, de topázio e de carbúnculo era a
primeira; 11 e a segunda fileira era uma esmeralda, uma safira e
um diamante; 12 e a terceira fileira, um jacinto, uma ágata e uma
ametista; 13 e a quarta fileira, um berilo, um ônix e um jaspe.
Elas eram guarnecidas de ouro nos seus engastes. 14 Havia doze
pedras conforme os nomes de Israel; elas eram gravadas como
selos, cada uma com o nome de uma das doze tribos. 15 Sobre
o peitoral fizeram cadeias como cordas, de obra trançada de
ouro puro. 16 Fizeram dois engastes de ouro e duas argolas
de ouro e puseram as duas argolas nas duas extremidades
do peitoral. 17 Meteram as duas cadeias de obra trançada de
ouro nas duas argolas às extremidades do peitoral. 18 As outras
duas pontas das duas cadeias de obra trançada meteram nos
dois engastes e as puseram sobre os suspensórios do éfode
pelo lado de fora. 19 Fizeram também duas argolas de ouro e
as puseram nas duas extremidades do peitoral, na sua orla
interior, oposta ao éfode. 20 Fizeram outras duas argolas de
ouro e puseram-nas sobre os dois suspensórios do éfode do
lado debaixo, na parte dianteira dele, junto à costura, acima
do cinto primorosamente tecido do éfode. 21 Com as suas ar-
golas uniram o peitoral às argolas do éfode por uma fita azul,
de modo que ficasse sobre o cinto primorosamente tecido do
éfode e que o peitoral não se separasse do éfode, conforme
Jeová ordenou a Moisés. 22 Fez também o manto do éfode, de
obra trançada, todo de estofo azul; 23 e a abertura no meio do
manto, debruada como a abertura de uma saia de malha, para
que não se rompesse. 24 Na orla do manto, fizeram romãs de
estofo azul, púrpura, escarlata e linho retorcido. 25 Fizeram
campainhas de ouro puro e colocaram-nas por entre as romãs
em toda a orla do manto; 26 uma campainha, e uma romã, e
outra campainha, e outra romã, em toda a orla do manto,
para se usar ao ministrar, conforme Jeová ordenou a Moisés.

27 Fizeram também as túnicas de linho fino, de obra tecida,

כח וְאֵת הַמִּצְנֶפֶת שֵׁשׁ וְאֶת־פַּאֲרֵי הַמִּגְבָּעֹת שֵׁשׁ וְאֶת־מִכְנְסֵי
הַבָּד שֵׁשׁ מָשְׁזָר׃
כט וְֽאֶת־הָאַבְנֵט שֵׁשׁ מָשְׁזָר וּתְכֵלֶת וְאַרְגָּמָן וְתוֹלַעַת שָׁנִי
מַעֲשֵׂה רֹקֵם כַּאֲשֶׁר צִוָּה יְהוָה אֶת־מֹשֶׁה׃ ס
ל וַֽיַּעֲשׂוּ אֶת־צִיץ נֵֽזֶר־הַקֹּדֶשׁ זָהָב טָהוֹר וַיִּכְתְּבוּ עָלָיו מִכְתַּב
פִּתּוּחֵי חוֹתָם קֹדֶשׁ לַיהוָה׃
לא וַיִּתְּנוּ עָלָיו פְּתִיל תְּכֵלֶת לָתֵת עַל־הַמִּצְנֶפֶת מִלְמָעְלָה כַּאֲשֶׁר
צִוָּה יְהוָה אֶת־מֹשֶׁה׃ ס

לב וַתֵּכֶל כָּל־עֲבֹדַת מִשְׁכַּן אֹהֶל מוֹעֵד וַֽיַּעֲשׂוּ בְּנֵי יִשְׂרָאֵל כְּכֹל
אֲשֶׁר צִוָּה יְהוָה אֶת־מֹשֶׁה כֵּן עָשׂוּ׃ פ
לג וַיָּבִיאוּ אֶת־הַמִּשְׁכָּן אֶל־מֹשֶׁה אֶת־הָאֹהֶל וְאֶת־כָּל־כֵּלָיו
קְרָסָיו קְרָשָׁיו (בְּרִיחָו) [בְּרִיחָיו] וְעַמֻּדָיו וַאֲדָנָיו׃
לד וְאֶת־מִכְסֵה עוֹרֹת הָאֵילִם הַמְאָדָּמִים וְאֶת־מִכְסֵה עֹרֹת
הַתְּחָשִׁים וְאֵת פָּרֹכֶת הַמָּסָךְ׃
לה אֶת־אֲרוֹן הָעֵדֻת וְאֶת־בַּדָּיו וְאֵת הַכַּפֹּרֶת׃
לו אֶת־הַשֻּׁלְחָן אֶת־כָּל־כֵּלָיו וְאֵת לֶחֶם הַפָּנִים׃
לז אֶת־הַמְּנֹרָה הַטְּהֹרָה אֶת־נֵרֹתֶיהָ נֵרֹת הַמַּעֲרָכָה
וְאֶת־כָּל־כֵּלֶיהָ וְאֵת שֶׁמֶן הַמָּאוֹר׃
לח וְאֵת מִזְבַּח הַזָּהָב וְאֵת שֶׁמֶן הַמִּשְׁחָה וְאֵת קְטֹרֶת הַסַּמִּים
וְאֵת מָסַךְ פֶּתַח הָאֹהֶל׃
לט אֵת | מִזְבַּח הַנְּחֹשֶׁת וְאֶת־מִכְבַּר הַנְּחֹשֶׁת אֲשֶׁר־לוֹ אֶת־בַּדָּיו
וְאֶת־כָּל־כֵּלָיו אֶת־הַכִּיֹּר וְאֶת־כַּנּוֹ׃
מ אֵת קַלְעֵי הֶחָצֵר אֶת־עַמֻּדֶיהָ וְאֶת־אֲדָנֶיהָ וְאֶת־הַמָּסָךְ לְשַׁעַר
הֶחָצֵר אֶת־מֵיתָרָיו וִיתֵדֹתֶיהָ וְאֵת כָּל־כְּלֵי עֲבֹדַת
הַמִּשְׁכָּן לְאֹהֶל מוֹעֵד׃
מא אֶת־בִּגְדֵי הַשְּׂרָד לְשָׁרֵת בַּקֹּדֶשׁ אֶת־בִּגְדֵי הַקֹּדֶשׁ לְאַהֲרֹן
הַכֹּהֵן וְאֶת־בִּגְדֵי בָנָיו לְכַהֵן׃
מב כְּכֹל אֲשֶׁר־צִוָּה יְהוָה אֶת־מֹשֶׁה כֵּן עָשׂוּ בְּנֵי יִשְׂרָאֵל אֵת
כָּל־הָעֲבֹדָה׃
מג וַיַּרְא מֹשֶׁה אֶת־כָּל־הַמְּלָאכָה וְהִנֵּה עָשׂוּ אֹתָהּ כַּאֲשֶׁר צִוָּה
יְהוָה כֵּן עָשׂוּ וַיְבָרֶךְ אֹתָם מֹשֶׁה׃ פ

para Arão e para seus filhos, 28 e a mitra de linho fino, e as tiaras
formosas de linho fino, e os calções de linho fino retorcido, 29 e o
cinto de linho fino retorcido, e de estofo azul, e de púrpura e de
escarlata, obra de bordador, conforme Jeová ordenou a Moisés.
30 Fizeram de ouro fino a lâmina de coroa sagrada e nela
inscreveram, como gravuras de um selo, SANTIDADE A JEOVÁ. 31 A
ela ataram uma fita azul, para prender a lâmina à parte superior
da mitra, conforme Jeová ordenou a Moisés.

Moisés inspeciona todo o trabalho depois de concluído

32 Assim se acabou toda a obra do tabernáculo da tenda da
revelação; e os filhos de Israel fizeram conforme tudo o que Jeová
ordenou a Moisés; assim fizeram. 33 Trouxeram a Moisés o taber-
náculo, a tenda e todos os seus móveis, os seus ganchos, as suas
peças, os seus varais, as suas colunas e as suas bases; 34 a coberta
de peles de carneiros tintas de vermelho, e a coberta de animais
marinhos e o véu do anteparo; 35 a arca do Testemunho, os seus
varais e o propiciatório; 36 a mesa, e todos os seus utensílios, e
os pães da proposição; 37 o candeeiro puro, e as suas lâmpadas, a
saber, as lâmpadas que se haviam de conservar em ordem, e todos
os seus utensílios, e o azeite para a luz; 38 o altar de ouro, e o óleo
da unção, e o incenso aromático, e o anteparo para a entrada da
tenda; 39 o altar de cobre, e a sua grelha de cobre, e os seus varais,
e todos os seus utensílios, o lavatório, e a sua base; 40 as cortinas
do átrio, as suas colunas, e as suas bases, e o anteparo para a porta
do átrio, as suas cordas, e os seus pregos, e todos os utensílios do
serviço do tabernáculo para a tenda da revelação; 41 os vestidos
finamente tecidos para se usarem ao ministrar no Santo Lugar, e
os vestidos sagrados para o sacerdote Arão, e os vestidos de seus
filhos, quando se empregarem no ofício sacerdotal. 42 Conforme
tudo o que Jeová ordenou a Moisés, assim fizeram os filhos de
Israel toda a obra. 43 Viu, pois, Moisés toda a obra, e eis que eles
a tinham feito, conforme Jeová ordenara. Assim a tinham feito
e Moisés os abençoou.

א וַיְדַבֵּר יְהוָה אֶל־מֹשֶׁה לֵּאמֹר:
ב בְּיוֹם־הַחֹדֶשׁ הָרִאשׁוֹן בְּאֶחָד לַחֹדֶשׁ תָּקִים אֶת־מִשְׁכַּן אֹהֶל
מוֹעֵד:
ג וְשַׂמְתָּ שָׁם אֵת אֲרוֹן הָעֵדוּת וְסַכֹּתָ עַל־הָאָרֹן אֶת־הַפָּרֹכֶת:
ד וְהֵבֵאתָ אֶת־הַשֻּׁלְחָן וְעָרַכְתָּ אֶת־עֶרְכּוֹ וְהֵבֵאתָ אֶת־הַמְּנֹרָה
וְהַעֲלֵיתָ אֶת־נֵרֹתֶיהָ:
ה וְנָתַתָּה אֶת־מִזְבַּח הַזָּהָב לִקְטֹרֶת לִפְנֵי אֲרוֹן הָעֵדֻת וְשַׂמְתָּ
אֶת־מָסַךְ הַפֶּתַח לַמִּשְׁכָּן:
ו וְנָתַתָּה אֵת מִזְבַּח הָעֹלָה לִפְנֵי פֶּתַח מִשְׁכַּן אֹהֶל־מוֹעֵד:
ז וְנָתַתָּ אֶת־הַכִּיֹּר בֵּין־אֹהֶל מוֹעֵד וּבֵין הַמִּזְבֵּחַ וְנָתַתָּ שָׁם מָיִם:
ח וְשַׂמְתָּ אֶת־הֶחָצֵר סָבִיב וְנָתַתָּ אֶת־מָסַךְ שַׁעַר הֶחָצֵר:
ט וְלָקַחְתָּ אֶת־שֶׁמֶן הַמִּשְׁחָה וּמָשַׁחְתָּ אֶת־הַמִּשְׁכָּן
וְאֶת־כָּל־אֲשֶׁר־בּוֹ וְקִדַּשְׁתָּ אֹתוֹ וְאֶת־כָּל־כֵּלָיו וְהָיָה קֹדֶשׁ:
י וּמָשַׁחְתָּ אֶת־מִזְבַּח הָעֹלָה וְאֶת־כָּל־כֵּלָיו וְקִדַּשְׁתָּ אֶת־הַמִּזְבֵּחַ
וְהָיָה הַמִּזְבֵּחַ קֹדֶשׁ קָדָשִׁים:
יא וּמָשַׁחְתָּ אֶת־הַכִּיֹּר וְאֶת־כַּנּוֹ וְקִדַּשְׁתָּ אֹתוֹ:
יב וְהִקְרַבְתָּ אֶת־אַהֲרֹן וְאֶת־בָּנָיו אֶל־פֶּתַח אֹהֶל מוֹעֵד וְרָחַצְתָּ
אֹתָם בַּמָּיִם:
יג וְהִלְבַּשְׁתָּ אֶת־אַהֲרֹן אֵת בִּגְדֵי הַקֹּדֶשׁ וּמָשַׁחְתָּ אֹתוֹ וְקִדַּשְׁתָּ
אֹתוֹ וְכִהֵן לִי:
יד וְאֶת־בָּנָיו תַּקְרִיב וְהִלְבַּשְׁתָּ אֹתָם כֻּתֳּנֹת:
טו וּמָשַׁחְתָּ אֹתָם כַּאֲשֶׁר מָשַׁחְתָּ אֶת־אֲבִיהֶם וְכִהֲנוּ לִי וְהָיְתָה
לִהְיֹת לָהֶם מָשְׁחָתָם לִכְהֻנַּת עוֹלָם לְדֹרֹתָם:
טז וַיַּעַשׂ מֹשֶׁה כְּכֹל אֲשֶׁר צִוָּה יְהוָה אֹתוֹ כֵּן עָשָׂה: ס

יז וַיְהִי בַּחֹדֶשׁ הָרִאשׁוֹן בַּשָּׁנָה הַשֵּׁנִית
בְּאֶחָד לַחֹדֶשׁ הוּקַם הַמִּשְׁכָּן:
יח וַיָּקֶם מֹשֶׁה אֶת־הַמִּשְׁכָּן וַיִּתֵּן אֶת־אֲדָנָיו וַיָּשֶׂם א
ֶת־קְרָשָׁיו וַיִּתֵּן אֶת־בְּרִיחָיו וַיָּקֶם אֶת־עַמּוּדָיו:
יט וַיִּפְרֹשׂ אֶת־הָאֹהֶל עַל־הַמִּשְׁכָּן וַיָּשֶׂם אֶת־מִכְסֵה הָאֹהֶל
עָלָיו מִלְמָעְלָה כַּאֲשֶׁר צִוָּה יְהוָה אֶת־מֹשֶׁה: ס

Deus manda Moisés levantar o tabernáculo

40 1 Depois, disse Jeová a Moisés: 2 No primeiro
mês, no primeiro dia do mês, levantarás o taber-
náculo da tenda da revelação. 3 Porás nele a arca
do Testemunho e deixarás cair o véu diante dela. 4 Meterás
nele a mesa e porás por ordem as coisas que estão sobre ela;
meterás nele também o candeeiro e acenderás as suas lâm-
padas. 5 Colocarás o altar de ouro para o incenso diante da
arca do Testemunho e pendurarás o anteparo da entrada do
tabernáculo. 6 Porás o altar do holocausto diante da entrada
do tabernáculo da tenda da revelação. 7 Porás também o lava-
tório entre a tenda da revelação e o altar e o encherás de água.
8 Com as cortinas farás o átrio em roda e pendurarás o ante-
paro da porta do átrio. 9 Tomando o óleo da unção, ungirás
o tabernáculo e tudo o que nele está e o santificarás a ele e a
todos os seus móveis; e será santo. 10 Ungirás o altar do holo-
causto e todos os seus utensílios e santificarás o altar; o altar
será santíssimo. 11 Ungirás o lavatório e a sua base e o san-
tificarás. 12 Farás chegar Arão e seus filhos à entrada da ten-
da da revelação e os lavarás com água. 13 Vestirás a Arão dos
vestidos sagrados, e o ungirás, e o santificarás, para que me
sirva no ofício sacerdotal. 14 Farás também chegar seus filhos,
e os vestirás de túnicas, 15 e os ungirás, como ungiste a seu pai,
para que me sirvam no ofício sacerdotal; sua unção lhes será
por um sacerdócio perpétuo nas suas gerações. 16 Fez Moisés
segundo tudo o que Jeová lhe ordenou; assim o fez.

O tabernáculo é levantado

17 No primeiro mês do segundo ano, no primeiro dia do mês,
foi levantado o tabernáculo. 18 Moisés levantou o tabernáculo,
e pôs suas bases, e armou as suas peças, e nelas meteu os seus
varais, e assentou as suas colunas. 19 Estendeu a tenda por cima
do tabernáculo e pôs a coberta da tenda por cima, conforme
Jeová ordenou a Moisés. 20 Tomando o Testemunho, pô-lo na

כ וַיִּקַּח וַיִּתֵּן אֶת־הָעֵדֻת אֶל־הָאָרֹן וַיָּשֶׂם אֶת־הַבַּדִּים עַל־הָאָרֹן
וַיִּתֵּן אֶת־הַכַּפֹּרֶת עַל־הָאָרֹן מִלְמָעְלָה:
כא וַיָּבֵא אֶת־הָאָרֹן אֶל־הַמִּשְׁכָּן וַיָּשֶׂם אֵת פָּרֹכֶת הַמָּסָךְ וַיָּסֶךְ
עַל אֲרוֹן הָעֵדוּת כַּאֲשֶׁר צִוָּה יְהוָה אֶת־מֹשֶׁה: ס
כב וַיִּתֵּן אֶת־הַשֻּׁלְחָן בְּאֹהֶל מוֹעֵד עַל יֶרֶךְ הַמִּשְׁכָּן צָפֹנָה מִחוּץ
לַפָּרֹכֶת: כג וַיַּעֲרֹךְ עָלָיו עֵרֶךְ לֶחֶם לִפְנֵי יְהוָה כַּאֲשֶׁר צִוָּה יְהוָה
אֶת־מֹשֶׁה: ס כד וַיָּשֶׂם אֶת־הַמְּנֹרָה בְּאֹהֶל מוֹעֵד נֹכַח הַשֻּׁלְחָן
עַל יֶרֶךְ הַמִּשְׁכָּן נֶגְבָּה:
כה וַיַּעַל הַנֵּרֹת לִפְנֵי יְהוָה כַּאֲשֶׁר צִוָּה יְהוָה אֶת־מֹשֶׁה: ס
כו וַיָּשֶׂם אֶת־מִזְבַּח הַזָּהָב בְּאֹהֶל מוֹעֵד לִפְנֵי הַפָּרֹכֶת:
כז וַיַּקְטֵר עָלָיו קְטֹרֶת סַמִּים כַּאֲשֶׁר צִוָּה יְהוָה אֶת־מֹשֶׁה: פ
כח וַיָּשֶׂם אֶת־מָסַךְ הַפֶּתַח לַמִּשְׁכָּן:
כט וְאֵת מִזְבַּח הָעֹלָה שָׂם פֶּתַח מִשְׁכַּן אֹהֶל־מוֹעֵד וַיַּעַל עָלָיו
אֶת־הָעֹלָה וְאֶת־הַמִּנְחָה כַּאֲשֶׁר צִוָּה יְהוָה אֶת־מֹשֶׁה: ס
ל וַיָּשֶׂם אֶת־הַכִּיֹּר בֵּין־אֹהֶל מוֹעֵד וּבֵין הַמִּזְבֵּחַ וַיִּתֵּן שָׁמָּה מַיִם
לְרָחְצָה:
לא וְרָחֲצוּ מִמֶּנּוּ מֹשֶׁה וְאַהֲרֹן וּבָנָיו אֶת־יְדֵיהֶם וְאֶת־רַגְלֵיהֶם:
לב בְּבֹאָם אֶל־אֹהֶל מוֹעֵד וּבְקָרְבָתָם אֶל־הַמִּזְבֵּחַ יִרְחָצוּ כַּאֲשֶׁר
צִוָּה יְהוָה אֶת־מֹשֶׁה: ס
לג וַיָּקֶם אֶת־הֶחָצֵר סָבִיב לַמִּשְׁכָּן וְלַמִּזְבֵּחַ וַיִּתֵּן אֶת־מָסַךְ שַׁעַר
הֶחָצֵר וַיְכַל מֹשֶׁה אֶת־הַמְּלָאכָה: פ

לד וַיְכַס הֶעָנָן אֶת־אֹהֶל מוֹעֵד וּכְבוֹד יְהוָה מָלֵא אֶת־הַמִּשְׁכָּן:
לה וְלֹא־יָכֹל מֹשֶׁה לָבוֹא אֶל־אֹהֶל מוֹעֵד כִּי־שָׁכַן עָלָיו הֶעָנָן
וּכְבוֹד יְהוָה מָלֵא אֶת־הַמִּשְׁכָּן:
לו וּבְהֵעָלוֹת הֶעָנָן מֵעַל הַמִּשְׁכָּן יִסְעוּ בְּנֵי יִשְׂרָאֵל בְּכֹל
מַסְעֵיהֶם:
לז וְאִם־לֹא יֵעָלֶה הֶעָנָן וְלֹא יִסְעוּ עַד־יוֹם הֵעָלֹתוֹ:
לח כִּי עֲנַן יְהוָה עַל־הַמִּשְׁכָּן יוֹמָם וְאֵשׁ תִּהְיֶה לַיְלָה בּוֹ לְעֵינֵי
כָל־בֵּית־יִשְׂרָאֵל בְּכָל־מַסְעֵיהֶם:

arca, e meteu os varais na arca, e pôs o propiciatório em cima
da arca. 21 Introduziu a arca no tabernáculo, e pendurou o véu
do anteparo, e com ele cobriu a arca do Testemunho, confor-
me Jeová ordenou a Moisés. 22 Pôs também a mesa na tenda da
revelação, ao lado do tabernáculo, para o norte, fora do véu.
23 Sobre ela pôs em ordem os pães da proposição de Jeová, con-
forme Jeová ordenou a Moisés. 24 Na tenda da revelação, pôs
o candeeiro defronte da mesa, ao lado do tabernáculo, para o
sul. 25 Acendeu as lâmpadas diante de Jeová; conforme Jeová
ordenou a Moisés. 26 Pôs o altar de ouro na tenda da revela-
ção diante do véu 27 e sobre ele queimou incenso aromático,
conforme Jeová ordenou a Moisés. 28 Pôs o anteparo à entrada
do tabernáculo. 29 Colocou o altar do holocausto à entrada
do tabernáculo da tenda da revelação e ofereceu sobre ele o
holocausto e a oferta de cereais, conforme Jeová ordenou a
Moisés. 30 Pôs o lavatório entre a tenda da revelação e o altar e
o encheu de água, para se lavar. 31 Junto dele lavaram Moisés,
e Arão, e seus filhos as mãos e os pés; 32 quando entravam na
tenda da revelação e quando se chegava ao altar, lavavam-se,
conforme Jeová ordenou a Moisés. 33 Erigiu o átrio ao redor do
tabernáculo e do altar e pendurou o anteparo da porta do átrio.
Assim acabou Moisés a obra.

A nuvem cobre o tabernáculo

34 Então, a nuvem cobriu a tenda da revelação, e a glória de
Jeová encheu o tabernáculo. 35 Moisés não podia entrar na tenda
da revelação, porque a nuvem permanecia sobre ela, e a glória
de Jeová enchia o tabernáculo. 36 Quando de sobre o tabernáculo
se levantava a nuvem, os filhos de Israel iam adiante, em todas
as suas jornadas; 37 porém, se não se levantava a nuvem, não
caminhavam até o dia em que se levantava. 38 De dia, repousava
a nuvem de Jeová sobre o tabernáculo, e, de noite, havia fogo
nele, à vista de toda a casa de Israel, em todas as suas jornadas.

Comentário ao livro do Êxodo

Capítulo 1

O livro do Êxodo inicia-se com uma fórmula que remete diretamente à narrativa de Gênesis, estabelecendo uma continuidade textual e teológica. O primeiro versículo (Êx 1,1) apresenta a expressão:

> *wĕʾēlleh šĕmôt bĕnê yiśrāʾēl*
> "E estes são os nomes dos filhos de Israel" (Êx 1,1)

Trata-se de um eco da genealogia de Gênesis 46,8. O uso do conectivo *wĕ* (e) não é um mero artifício estilístico; trata-se de um dispositivo coesivo que reforça a continuidade entre os eventos de Gênesis e a abertura do novo drama histórico. Essa partícula sugere não apenas progressão narrativa, mas uma intertextualidade intencional, obrigando o leitor a reconhecer o Êxodo como uma consequência natural da saga patriarcal. O verso Êx 1,5 reafirma a estatística de setenta descendentes de Jacó que entraram no Egito, um número que, dentro do simbolismo numérico semita, remete à totalidade e plenitude. Essa cifra, no entanto, é tensionada pelo crescimento exponencial que se segue em Êx 1,7, texto em que uma sucessão de verbos intensificadores constrói uma imagem de expansão desenfreada:

pārû wayišrĕṣû wayirbû wayyaʿaṣmû mĕʾōd mĕʾōd
"Frutificaram, multiplicaram-se, tornaram-se muito numerosos e extremamente poderosos" (Êx 1,7).

O uso do verbo *šāraṣ* (pulular, proliferar), aplicado geralmente a répteis e pequenos animais (Gn 1,20-21), pode carregar uma carga pejorativa, antecipando o olhar egípcio sobre os israelitas como uma ameaça biopolítica. A introdução do faraó em Êx 1,8 representa um novo eixo narrativo. O texto declara que esse novo rei *lōʾ yādaʿ ʾeṯ-yôsēp̄*, expressão que pode ser traduzida como:

lōʾ yādaʿ ʾeṯ-yôsēp̄
"Não conhecia José" (Êx 1,8).

A escolha do verbo *yādaʿ* (conhecer), que pode indicar tanto reconhecimento factual quanto uma relação de aliança, sugere mais do que simples ignorância histórica; trata-se de um esquecimento deliberado da relação benevolente que José estabelecera com o Egito. Esse esquecimento, no mundo da teologia do Antigo Testamento, não é neutro, mas uma ruptura com a memória da fidelidade divina operada por meio de José. A preocupação do faraó emerge no versículo seguinte, quando ele declara:

hinnēh ʿam bĕnê yiśrāʾēl rāḇ wĕʿāṣûm mimmennû
"Eis que o povo dos filhos de Israel é mais numeroso e mais forte do que nós" (Êx 1,9).

A estrutura sintática enfatiza a oposição entre "eles" e "nós", transformando os israelitas de grupo de trabalhadores em uma força potencialmente insurgente. O discurso régio em Êx 1,10 explicita a estratégia de domínio ao afirmar:

niṯḥakkĕmâ lô
"Ajamos astutamente contra ele" (Êx 1,10).

O verbo *ḥākam* (ser sábio, astuto) aparece aqui em um contexto de manipulação política, sugerindo o uso da razão estatal para fins de controle e opressão. O projeto de opressão se materializa em Êx 1,11, em que os israelitas são submetidos a trabalhos forçados na construção das cidades de *pîṯôm wĕraʿamsēs*. A identificação dessas cidades é amplamente debatida na historiografia. Raamsés é frequentemente associada a Pi-Ramsés, capital da 19ª dinastia, o que sugere um contexto temporal sob Seti I ou Ramsés II. O termo miskenôt (cidades-armazéns) pode indicar fortificações ou depósitos de suprimentos, usados para sustentar a logística imperial. O efeito da opressão, porém, é inesperado. O versículo Êx 1,12 afirma:

> *wĕkaʾăšer yĕʿannû ʾōtô kēn yirbê wĕkēn yiprōṣ*
> "E quanto mais o afligiam, tanto mais se multiplicava e tanto mais se expandia" (Êx 1,12).

A estrutura paralela dos verbos *rāḇâ* (multiplicar) e *pāraṣ* (expandir, romper limites) indica um paradoxo teológico: a opressão faraônica não apenas falha, mas provoca o efeito contrário. Esse é um padrão que se repetirá ao longo da narrativa do Êxodo, em que os desígnios de domínio do faraó serão continuamente frustrados pelo dinamismo da promessa divina. A intensificação da opressão em Êx 1,13-14 é descrita com uma repetição enfática do verbo *ʿāḇaḏ* (servir, escravizar):

> *wayyaʿăḇîḏû miṣrayim ʾeṯ-bĕnê yiśrāʾēl bĕpārek̲*
> "Os egípcios sujeitaram os filhos de Israel à servidão cruel" (Êx 1,13).

O termo *pārek̲* (opressão violenta, esmagamento) aparece apenas em contextos de trabalho forçado, sugerindo uma carga extenuante e degradante. Essa descrição lança as bases para um jogo teológico que se desenrolará no livro: Israel, originalmente forçado a servir a Faraó, será posteriormente chamado a servir a YHWH. O mesmo verbo *ʿāḇaḏ*, que descreve a escravidão imposta pelos egípcios, reaparece em Êx 3,12, mas agora resignificado na promessa de serviço ao Deus da aliança, uma inversão que redefine a noção de soberania. O fracasso do plano de Faraó o leva a uma estratégia ainda mais cruel: a política genocida exposta em Êx 1,15-16. O rei do Egito ordena às parteiras hebreias, *šiprâ ûpûʿâ*, que matem os meninos israelitas ao nascerem. A menção específica dos nomes das parteiras, enquanto o próprio Faraó permanece anônimo, é uma subversão narrativa que destaca a resistência feminina em face do poder imperial. O versículo seguinte utiliza um verbo que transcende uma motivação meramente ética:

> *wattiyrĕʾenâ hamiyaḷdôṯ ʾeṯ-hāʾĕlōhîm*
> "As parteiras temeram a Deus" (Êx 1,17).

A expressão *yirʾaṯ ʾĕlōhîm* (temor de Deus) frequentemente denota lealdade à aliança e rejeição da idolatria política representada pelo faraó. Aqui, as parteiras não apenas desafiam a ordem régia, mas fazem-no com base em um compromisso teológico que transcende a estrutura de poder terrena. A resposta de Šiprâ e *Pûʿâ* a Faraó em Êx 1,19 contém uma ironia sutil:

> *kî ḥāyôṯ hēnnâ*
> "Pois são vigorosas" (Êx 1,19).

O termo *ḥāyâ* pode significar tanto "forte" quanto "animal selvagem", e essa ambiguidade pode sugerir um retrato que, para os ouvidos egípcios, representaria as mulheres hebreias como indomáveis, fora do controle da estrutura estatal. A ironia é dupla: Faraó, que busca controlar os nascimentos, é enganado por uma suposta qualidade biológica das mulheres que deseja subjugar. Assim, o poder soberano egípcio é desafiado por aquelas que, à margem da sociedade patriarcal, operam como agentes do propósito divino. O fracasso do segundo plano genocida de Faraó leva à sua escalada final em Êx 1,22:

> *kāl-habbēn hayyillôḏ hayyĕʾōrâ tašlîḵûhû*
> "Todo menino que nascer, lançai-o no Nilo" (Êx 1,22).

O Nilo, fonte de fertilidade e vida para o Egito, torna-se um instrumento de morte para os hebreus. Essa inversão tipológica será mais tarde ironizada na décima praga, quando as águas do Nilo que devoraram os filhos de Israel se tornarão sangue (Êx 7,17), e quando os primogênitos egípcios serão mortos no clímax do embate entre

Faraó e YHWH (Êx 12,29). O capítulo 1 estabelece um padrão que se tornará central ao longo do livro: os esforços humanos para suprimir a bênção divina acabam por fomentar sua realização. A crescente opressão faraônica não impede a multiplicação de Israel, mas a acelera; a tentativa de reduzir os hebreus à servidão será o gatilho da libertação; a violência do império será subvertida pelo poder daquele que se revelará como:

> *ʾĕhyĕh ʾăšer ʾĕhyĕh*
> "Eu sou o que sou" (Êx 3,14).

A soberania de YHWH, desde o início da narrativa, já se insinua como um contraponto inevitável ao domínio faraônico, cuja força e astúcia, por maiores que sejam, jamais poderão frustrar os desígnios daquele que detém o verdadeiro poder sobre a história.

Capítulo 2

O segundo capítulo desloca o foco da macro-história da opressão de Israel para a micro-história do libertador escolhido por Deus: Moisés. A narrativa assume uma tonalidade literária típica dos relatos de nascimento de figuras heroicas no antigo Oriente Próximo, em que um líder de importância nacional é salvo da destruição por meios providenciais. O enredo ressoa fortemente com as tradições mesopotâmicas, particularmente com o mito de Sargão da Acádia, cujas origens são narradas em uma tábua do primeiro milênio a.C., descrevendo sua colocação em um cesto no rio e subsequente adoção por um membro da elite. O versículo Êx 2,1 estabelece que os pais de Moisés eram da tribo de Levi, sem nomeá-los explicitamente aqui (os nomes Amrão e Joquebede aparecem apenas em Êx 6,20). Essa omissão pode sugerir uma ênfase na identidade tribal e na futura vocação sacerdotal de Moisés. A descrição do nascimento em Êx 2,2 contém uma frase enigmática:

> *wattēreʾ ʾōṯô kî-ṭôḇ hûʾ*
> "E ela viu que ele era bom" (Êx 2,2).

A construção gramatical evoca deliberadamente *wayyar' 'ĕlōhîm kî-ṭôḇ* em Gênesis 1,4:

wayyar' 'ĕlōhîm kî-ṭôḇ
"E Deus viu que era bom" (Gn 1,4).

Esse paralelo não é acidental; antes, sugere que o nascimento de Moisés é um ato criador, uma irrupção de ordem dentro do caos da opressão egípcia. O adjetivo *ṭôḇ* pode indicar uma percepção estética, mas em um nível mais profundo, remete ao conceito de adequação à vontade divina. Assim, a chegada de Moisés ao mundo é narrada dentro de uma moldura que evoca o próprio projeto da criação, reforçando sua centralidade na história da redenção israelita. A decisão da mãe de Moisés de escondê-lo por três meses antes de colocá-lo no rio (Êx 2,3) levanta questões sobre as razões dessa demora. Três meses podem refletir o período máximo em que um bebê pode ser ocultado sem ser detectado, ou podem carregar um significado simbólico vinculado a padrões numéricos no Antigo Testamento. Quando a ocultação se torna impossível, a mãe constrói um cesto para Moisés e o coloca no rio. A palavra usada para "cesto" (*tēḇâ*) estabelece um paralelo teológico fundamental:

tēḇâ
"Arca" (Êx 2,3; Gn 6,14).

O termo é o mesmo que designa a arca de Noé em Gênesis 6,14, sugerindo que, assim como Noé foi salvo das águas do dilúvio, Moisés será resgatado do decreto genocida de Faraó. O uso de *ḥēmar wāzaṯ* para vedar o cesto remete diretamente a Gênesis 6,14, em que *kōp̄er* (betume) é aplicado à arca de Noé:

ḥēmar wāzaṯ
"Betume e piche" (Êx 2,3).

Essa conexão tipológica reforça a ideia de que Moisés é preservado pelas mesmas forças que deveriam destruí-lo. O Nilo, instituído por Faraó como um veículo de morte para os meninos hebreus, torna-se paradoxalmente um meio de preservação, invertendo a lógica do decreto faraônico. O verbo *wattāṣṣaḇ* em Êx 2,4, descrevendo a irmã de Moisés “colocando-se de pé” para observar o destino do menino, sugere um papel ativo e protetor, e não apenas um gesto passivo de observação:

> *wattāṣṣaḇ ʾăḥōtô mērāḥôq lĕḏēʿaṯ māh-yēʿāśeh lô*
> “E sua irmã postou-se à distância, para saber o que lhe aconteceria” (Êx 2,4).

A escolha do verbo *nṣb* (colocar-se de pé) pode sugerir uma vigília expectante, antecipando a intervenção divina que se dará por meio da filha de Faraó. Mais do que uma simples observadora, a irmã de Moisés emerge como uma figura ativa dentro da economia narrativa da salvação, cujo papel será crucial no desdobramento dos eventos seguintes. A intervenção da filha de Faraó em Êx 2,5-6 introduz um elemento inesperado de salvação a partir do próprio núcleo do poder opressor. O verbo utilizado para descrever sua reação, *wattaḥmōl*, expressa mais do que um mero sentimento de piedade:

> *wattaḥmōl ʿālāyw*
> “Teve compaixão dele” (Êx 2,6).

No Antigo Testamento, esse verbo está frequentemente ligado à ação divina, reforçando uma ironia teológica central no relato: a compaixão da princesa egípcia alinha-se com os propósitos de Deus. O reconhecimento da criança como *miyyaldê hāʿibrîm* (um dos filhos dos hebreus) (Êx 2,6), demonstra que sua decisão de adotá-lo não era ingênua: ela sabia que estava desafiando o decreto real. Essa adoção é um movimento narrativo crucial, pois coloca Moisés dentro da casa de Faraó, dando-lhe acesso à cultura e ao conhecimento egípcio que mais tarde seriam fundamentais para sua missão. O nome *Mōšeh*, dado pela princesa, é explicado no versículo Êx 2,10 por meio de uma etimologia popular:

> *kî min-hammayim mĕšîtîhû*
> “Porque das águas o tirei” (Êx 2,10).

O verbo *māšâ* (tirar, puxar) de fato se encaixa nessa explicação, mas a raiz do nome pode ter origem egípcia, relacionada ao termo ms (nascido de), como em Ramesés (nascido de Ra) ou Tutmósis (nascido de Tot). Assim, o nome Moisés carrega uma ambiguidade linguística: é egípcio por origem, mas reinterpretado dentro da teologia israelita como um sinal de seu futuro papel de libertador, aquele que "tirará" Israel das águas da escravidão. A narrativa em Êx 2,11-15 apresenta um salto temporal abrupto, deslocando Moisés de sua infância para sua idade adulta. O versículo Êx 2,11 introduz essa nova fase com a expressão:

> *wayyiggădal Mōšeh*
> "Moisés cresceu" (Êx 2,11).

O verbo *gādal* (crescer, tornar-se grande) pode indicar não apenas crescimento físico, mas também um status elevado dentro da casa de Faraó. No entanto, o que se segue revela sua identificação com os hebreus:

> *wayyēṣēʾ ʾel-ʾeḥāyw wayyarʾ bĕsiḇlōṯām*
> "Ele saiu para seus irmãos e viu seus fardos" (Êx 2,11).

O verbo *yāṣāʾ* (sair) sugere mais do que um simples deslocamento geográfico; implica um ato de aliança, um distanciamento do mundo egípcio e uma identificação com os oprimidos. O verbo *rāʾâ* (ver) é repetido ao longo do capítulo com diferentes nuances. Em Êx 2,11, Moisés "vê" o sofrimento dos israelitas, um ver que conduz à ação. Em Êx 2,12, ele "vê" que não há ninguém por perto antes de matar o egípcio, um ver que sugere cálculo e preocupação com sua segurança. Em Êx 2,14, a questão do hebreu que confronta Moisés revela a rejeição inicial de sua liderança por parte de seus próprios compatriotas:

> *hamî sāmeḵ lĕʾîš śar wĕšōpēṭ ʿālênû?*
> "Quem te colocou como príncipe e juiz sobre nós?" (Êx 2,14).

Essa pergunta sinaliza uma resistência latente à sua liderança, um padrão que se repetirá ao longo de sua trajetória, especialmente nas rebeliões no deserto (Êx 16,2-3; Nm 14,2-4). A morte do egípcio é descrita com a seguinte expressão:

> *wayyakh ʾeṯ-hammiṣrî wayyitmĕnnĕhû baḥōl*
> "Ele feriu o egípcio e o escondeu na areia" (Êx 2,12).

O verbo *nāḵâ* (ferir, matar) é ambíguo, podendo indicar um golpe letal ou não necessariamente mortal (Êx 21,12). O fato de Moisés esconder o corpo sugere que ele ainda não é o libertador profético seguro de sua missão; sua ação, impulsiva e clandestina, não conduz à libertação, mas ao exílio. O episódio se agrava no dia seguinte, quando Moisés tenta intervir em uma briga entre dois hebreus. A pergunta retórica de um deles introduz a ironia que selará sua fuga:

> *hălahargēnî ʾattâ ʾōmēr kaʾăšer hāraǧtā ʾeṯ-hammiṣrî?*
> "Queres matar-me, como mataste o egípcio?" (Êx 2,14).

O verbo *hāraǧ* (matar) reforça a percepção homicida da ação de Moisés, algo que ecoará no temor de Faraó expresso no versículo seguinte:

> *wayyišmaʿ parʿōh ʾeṯ-hadāḇār hazzeh wayĕḇaqēš*
> *lĕhargōṯ ʾeṯ-Mōšeh*
> "E Faraó ouviu esse caso e buscou matar Moisés" (Êx 2,15).

A posição de Moisés como filho adotivo dentro da casa real não lhe oferece imunidade contra a lei egípcia. Assim, sua fuga para Midiã não é apenas um exílio físico, mas uma ruptura definitiva com sua posição privilegiada, inaugurando um período de preparação para sua futura vocação profética. O exílio de Moisés espelha padrões narrativos bíblicos: assim como Jacó fugiu para Harã (Gn 27,43) e Davi para o deserto (1 Sm 19,18), Moisés passa por um período de afastamento antes de ser chamado de volta. Midiã, localizada na península do Sinai e em regiões adjacentes à Arábia, era habitada por nômades semitas e aparece frequentemente na tradição bíblica como local de refúgio e revelação. O poço em Êx 2,16 introduz um novo ciclo narrativo: assim como Rebeca foi encontrada junto ao poço por Eliezer (Gn 24) e Raquel por Jacó (Gn 29), Moisés encontra ali sua futura esposa, Zípora, após intervir em defesa das filhas do sacerdote de Midiã. A referência ao sogro de Moisés como *kōhēn midyān* levanta questões sobre a natureza desse sacerdócio:

kōhēn midyān
"Sacerdote de Midiã" (Êx 2,16).

Em textos posteriores, ele é chamado tanto de *Reʿûʾēl* (Êx 2,18) quanto de Yitrô (Êx 3,1), sugerindo a possibilidade de um título sacerdotal ou de múltiplas tradições sobre sua identidade. O nome *Ṣippōrâ* (Zípora) deriva de *ṣippôr* (pássaro), possivelmente indicando leveza ou beleza. Seu casamento com Moisés sela sua conexão com a terra estrangeira, algo que será expresso no nome de seu filho, Gérson:

gēr šām
"Estrangeiro ali" (Êx 2,22).

Esse nome encapsula a experiência do exílio de Moisés, antecipando a própria condição de Israel no Egito e seu anseio pela terra prometida. Há em Êx 2,23-25 um movimento divino em resposta à aflição dos israelitas. A estrutura quádrupla do clamor do povo indica uma intensificação progressiva que conduz à intervenção de Deus:

wayyēʾānĕḥû... wayyiṣʿăqû... wattāʿal šawʿātām... wayyišmaʿ ʾĕlōhîm
"Gemiam... clamavam... seu clamor subiu... e Deus ouviu" (Êx 2,23-24).

O verbo *zāḵar*, usado em Êx 2,24, marca a virada decisiva no enredo:

wayyizkōr ʾĕlōhîm ʾeṯ-bĕrîtô
"E Deus lembrou-se de sua aliança" (Êx 2,24).

Esse *lembrar-se* não implica um esquecimento prévio, mas a ativação da promessa divina, sinalizando que a libertação está prestes a começar. Assim, a opressão de Israel, até então silenciada pela narrativa, agora emerge como o elemento catalisador da intervenção de YHWH. A trama do Êxodo, que havia começado com uma escalada de opressão, agora se inclina para seu ponto de inflexão: o chamado do libertador e a subversão do domínio faraônico.

Capítulo 3

O terceiro capítulo de Êxodo representa um ponto de inflexão teológico e narrativo: a teofania da sarça ardente e a revelação do nome divino. A cena é marcada por uma transição do período de exílio de Moisés para seu chamado como mediador entre YHWH e Israel. O deslocamento geográfico da narrativa de Midiã para o *Ḥōrēḇ* antecipa o futuro evento da aliança, pois este monte será identificado como o Sinai, o local da entrega da Torá (Êx 3,1). Moisés é descrito como *nōhēg ʾeṯ-ṣōn yitrô ḥōtĕnô kōhēn midyān*, uma frase que indica mais do que um simples pastoreio:

> *nōhēg ʾeṯ-ṣōn yitrô ḥōtĕnô kōhēn midyān*
> "Apascentando o rebanho de Jetro, seu sogro, sacerdote de Midiã" (Êx 3,1).

O uso do verbo *nāhag* (conduzir, guiar) pode ter uma conotação simbólica, prefigurando sua futura liderança sobre Israel. Além disso, o título *kōhēn midyān*, atribuído a Jetro, sugere que Midiã possuía uma organização sacerdotal distinta, um aspecto que mais tarde influenciará a estrutura religiosa de Israel. A sarça ardente é um dos símbolos mais discutidos do Antigo Testamento. O texto afirma:

> *haśśeneh bōʿēr bāʾēš*
> "A sarça ardia no fogo" (Êx 3,2).

O verbo *bāʿar* (queimar) no qal indica a presença do fogo, enquanto a construção negativa *wĕhaśśeneh ʾênennû ʾukkāl* sugere um paradoxo visual:

wĕhaśśeneh ʾênennû ʾukkāl
"Mas a sarça não se consumia" (Êx 3,2).

O substantivo śeneh ocorre apenas aqui e em Deuteronômio 33,16, sendo associado à presença divina. Alguns estudiosos sugerem que a escolha da sarça (um arbusto comum e insignificante) pode representar Israel: um povo aparentemente fraco, mas sustentado pelo fogo da presença divina. O chamado divino se dá com a repetição do nome de Moisés:

mōšeh mōšeh
"Moisés, Moisés!" (Êx 3,4).

Esse padrão aparece em momentos de especial significância teológica, como no chamado de Abraão (Gn 22,11) e de Samuel (1 Sm 3,10). O imperativo seguinte sublinha a santidade do momento:

ʾal-tiqqrab hălōm
"Não te aproximes daqui" (Êx 3,5).

Moisés recebe uma ordem adicional, carregada de simbolismo ritual:

šal-naʿalekā mēʿal raglēkā
"Tira as sandálias dos teus pés" (Êx 3,5).

O verbo *šāl* (tirar) sugere um ato de humildade e separação, pois em culturas antigas, descalçar-se indicava reconhecimento da sacralidade de um espaço. A introdução de Deus como *ʾānōḵî ʾĕlōhê ʾāḇîkā ʾĕlōhê ʾaḇrāhām ʾĕlōhê yiṣḥāq wĕʾĕlōhê yaʿăqōḇ* reforça a continuidade da aliança patriarcal:

ʾānōḵî ʾĕlōhê ʾāḇîkā ʾĕlōhê ʾaḇrāhām ʾĕlōhê yiṣḥāq wĕʾĕlōhê yaʿăqōḇ
"Eu sou o Deus de teu pai, o Deus de Abraão, o Deus de Isaque e o Deus de Jacó" (Êx 3,6).

A reação de Moisés ao esconder o rosto é sintomática da teologia bíblica da transcendência divina:

> *wayyastēr mōšeh pānāw kî yārē' mēhabbîṭ 'ĕl-hā'ĕlōhîm*
> "Então Moisés escondeu o rosto, pois temia olhar para Deus" (Êx 3,6).

A noção de que a visão direta da divindade é perigosa para os mortais reaparecerá mais tarde: "Ninguém pode ver-me e continuar vivo" (Êx 33,20). A sarça ardente, assim, não é apenas um fenômeno visual extraordinário, mas um veículo de revelação que inaugura um novo estágio na relação entre Deus e Israel. O chamado de Moisés ecoa os chamados proféticos posteriores, em que o encontro com a presença divina redefine a identidade e a missão do escolhido.

A descrição do sofrimento de Israel em Êx 3,7-9 recorre a um vocabulário sensorial acumulativo, que reforça a ideia de que Deus não apenas percebe a angústia do povo, mas a internaliza de maneira profunda. O texto articula essa dinâmica com uma construção enfática:

> *rā'ō rā'îtî 'eṯ-'ŏnî 'ammî 'ăšer-bĕmiṣrayim wĕ'eṯ-ṣa'ăqātām šāma'tî... wĕ'e'rēḏ lĕhaṣṣîlô*
> "Certamente vi a aflição do meu povo que está no Egito e ouvi seu clamor... e desci para livrá-los" (Êx 3,7-8).

O uso do infinitivo absoluto *rā'ō* antes do verbo *rā'îtî* (ver) intensifica a ação, sugerindo que essa percepção não é superficial, mas um olhar atento, que absorve e compreende a dor do outro. Paralelamente, o verbo *šāma'* (ouvir) também carrega um sentido que vai além da audição literal, implicando uma escuta comprometida que conduz à ação. No entanto, o termo mais notável nesta passagem é *yāraḏ* (descer):

> *wĕ'e'rēḏ lĕhaṣṣîlô*
> "E desci para livrá-los" (Êx 3,8).

O ato de "descer" é uma imagem poderosa no pensamento bíblico. Não se trata apenas de um movimento físico, mas de um gesto teológico que expressa a condescendência divina, a decisão de Deus de intervir diretamente no mundo humano. Esse mesmo verbo aparece, por exemplo, em Gênesis 11,5, quando YHWH "desce" para ver a torre de Babel, e em Êxodo 19,11, texto em que Deus "desce" sobre o Sinai para estabelecer a aliança. Aqui, em Êxodo 3,8, *yārad̠* indica que Deus não apenas toma conhecimento do sofrimento de Israel, mas se compromete a agir dentro da história, estabelecendo o êxodo como um evento de ruptura dentro da ordem política egípcia. O versículo Êx 3,8 segue ampliando a promessa com uma imagem que se tornará central na teologia da terra prometida:

> *ʾereṣ zāḇat̠ ḥālāḇ ûd̠eḇāš*
> "Terra que mana leite e mel" (Êx 3,8).

A expressão *zāḇat̠ ḥālāḇ ûd̠eḇāš* ocorre frequentemente no Pentateuco e nos profetas como um resumo da abundância e da fertilidade da terra de Canaã. O leite e o mel, produtos que simbolizam riqueza agrícola e pastoril, contrastam diretamente com a dureza da servidão egípcia, em que Israel era privado do fruto de seu próprio trabalho (Êx 5,6-9). Essa imagem, contudo, não é apenas descritiva; é uma promessa performativa, um enunciado que antecipa a transformação futura de Israel, de um povo escravizado a uma nação que usufrui de sua própria terra. A enumeração dos povos nativos da terra (cananeus, hititas, amorreus, ferezeus, heveus e jebuseus) introduz um elemento de tensão dentro da promessa. Essa enumeração, que reaparece em diversas passagens (Êx 23,23; Dt 7,1; Js 3,10), prepara o leitor para o fato de que a posse da terra não será automática ou pacífica, mas implicará enfrentamentos e desafios. Assim, desde o início, a promessa da libertação não se apresenta como uma transição direta do Egito para a abundância, mas como um processo que exigirá fé, luta e dependência contínua da orientação divina. A convocação de Moisés ocorre em Êx 3,10, estabelecendo a transição do discurso divino da constatação do sofrimento para a nomeação do agente da libertação. O chamado é enunciado com um imperativo direto:

> *lĕkā wĕʾešlāḥăkā ʾel-parʿōh wĕhôṣēʾ ʾet̠-ʿammî bĕnê yiśrāʾēl mimmirṣāyim*

"Vem, pois, e eu te enviarei a Faraó, e tirarás meu povo, os filhos de Israel, do Egito" (Êx 3,10).

Duas ideias fundamentais se entrelaçam nessa sentença. Primeiramente, o verbo *šālaḥ* (enviar), que colocará Moisés dentro da tradição profética, ecoando posteriormente em Isaías 6,8: "Eis-me aqui, envia-me". Em segundo lugar, o verbo *yāṣāʾ* (tirar, retirar), que prefigura o próprio êxodo, enfatizando que a libertação de Israel será um movimento ativo, um deslocamento que transformará sua identidade como povo. No entanto, a resposta de Moisés em Êx 3,11 revela um padrão recorrente nos chamados proféticos: a relutância do convocado em aceitar sua missão. Moisés não responde com entusiasmo ou submissão imediata, mas com um questionamento que revela sua insegurança:

mî ʾānōḵî kî ʾēlēk ʾel-parʿōh?
"Quem sou eu para ir a Faraó?" (Êx 3,11).

A expressão *mî ʾānōḵî* (quem sou eu?) denota não apenas humildade, mas uma profunda incerteza quanto à sua própria adequação para a tarefa. Esse questionamento ecoará mais tarde em Jeremias:

ʾăhâhă ʾăḏōnāy YHWH hinnēh lōʾ yādaʿtî dabēr kî-naʿar ʾānōḵî
"Ah, Senhor YHWH! Eis que não sei falar, pois sou apenas uma criança" (Jr 1,6).

A objeção de Moisés, contudo, não será respondida com um argumento persuasivo sobre suas qualidades ou capacidades, mas com uma afirmação da presença divina como garantia da missão. Em Êx 3,12, Deus responde com uma declaração de compromisso:

kî-ʾehyĕh ʿimmāk
"Porque eu estarei contigo" (Êx 3,12).

A ênfase aqui recai sobre a relação entre Deus e seu enviado. Moisés não precisa confiar em sua própria força, eloquência ou autoridade; o que legitimará sua missão é a presença ativa de Deus ao seu lado. O uso do verbo *hāyâ* (ser, estar) não é apenas existencial, mas profundamente relacional, antecipando a revelação do nome divino que ocorrerá nos versículos seguintes. Além disso, a promessa de um sinal divino desloca a validação da missão para um evento futuro:

> *tāʿăḇĕḏûn ʾeṯ-hāʾĕlōhîm ʿal-hāhār hazzeh*
> "Adorareis a Deus neste monte" (Êx 3,12).

O sinal de que Moisés realmente foi enviado por Deus não será evidente de imediato, mas será confirmado quando Israel, já liberto, retornar ao Sinai para receber a Torá. A vocação de Moisés, portanto, não é apenas um chamado para libertar, mas para conduzir Israel a um novo relacionamento com YHWH, que se concretizará na aliança do Sinai. A objeção de Moisés em Êx 3,13 introduz um questionamento teológico fundamental, que transcende sua insegurança pessoal e toca no cerne da identidade divina:

> *hinnēh ʾānōḵî bāʾ ʾel-bĕnê yiśrāʾēl wĕʾāmartî lāhem ʾĕlōhê ʾăbōṯêkem šĕlāḥanî ʾălêkem wĕʾāmĕrû-lî mâ-šĕmô māh ʾōmar ʾălêhem?*
> "Eis que irei aos filhos de Israel e lhes direi: 'O Deus de vossos pais me enviou a vós'. Mas, se me perguntarem: 'Qual é o seu nome?', o que devo responder-lhes?" (Êx 3,13).

Este versículo levanta múltiplas camadas interpretativas. Primeiramente, no contexto do Antigo Oriente Próximo, a posse do nome de uma divindade implicava um acesso ao seu caráter, à sua natureza e ao seu poder. O nome não era um mero rótulo, mas uma chave de relacionamento. Além disso, a pergunta de Moisés pode refletir uma incerteza teológica entre os próprios israelitas. Estariam eles ainda firmes na tradição dos patriarcas ou já assimilados às concepções religiosas egípcias? O conhecimento do nome divino serviria como um selo de autenticidade, uma garantia de que a mensagem trazida por Moisés não era uma ilusão, mas um chamado genuíno à libertação. A resposta de Deus em Êx 3,14 é um dos momentos mais teologicamente densos da Bíblia Hebraica:

> *ʾehyĕh ʾăšer ʾehyĕh*
> “Eu sou o que sou” ou “Serei o que serei” (Êx 3,14).

Essa afirmação enigmática desafia qualquer tentativa de categorização simples. O verbo *hāyâ* (ser) no imperfeito pode expressar tanto uma existência contínua quanto uma ação futura. Alguns estudiosos argumentam que a forma verbal enfatiza a imutabilidade e a autossuficiência de Deus, enquanto outros veem aqui uma ênfase na dinâmica da revelação e da ação divina na história. Se lido como “Eu sou o que sou”, o nome divino se apresenta como um ser absoluto, independente, não definido por nada externo. Isso ecoaria concepções filosóficas posteriores sobre a transcendência e a eternidade divina. Por outro lado, a leitura “Serei o que serei” sugere um Deus em movimento, cuja identidade se manifesta através de seus atos. Essa interpretação se alinha com o próprio contexto do Êxodo, em que Deus não é apenas um ente estático, mas Aquele que intervém, conduz e liberta. A frase subsequente reforça essa identidade, transformando a autodefinição em um nome-missão:

> *kōh tōmar lĕbĕnê yiśrāʾēl ʾehyĕh šĕlāḥanî ʾălêkem*
> “Assim dirás aos filhos de Israel: ‘EU SOU me enviou a vós’” (Êx 3,14).

Essa revelação estabelece uma relação direta entre Deus e seu povo, não por meio de um título fixo, mas através de uma promessa de presença contínua. Deus é “Aquele que será” com Israel em sua jornada de libertação, sustentando sua aliança no processo histórico. A explicação se expande em Êx 3,15, ligando essa nova revelação à tradição patriarcal:

> *wayyōmer ʿôḏ ʾĕlōhîm ʾel-mōšeh kōh tōmar ʾel-bĕnê yiśrāʾēl YHWH ʾĕlōhê ʾăbōṯêkem ʾĕlōhê ʾaḇrāhām ʾĕlōhê yiṣḥāq wĕʾĕlōhê yaʿăqōḇ šĕlāḥanî ʾălêkem zeh-šĕmî lĕʿōlām wĕzeh zikkĕrî lĕḏôr dōr*
> “Disse mais Deus a Moisés: ‘Assim dirás aos filhos de Israel: YHWH, o Deus de vossos pais, o Deus de Abraão, o Deus de Isaque e o Deus de Jacó me enviou a vós. Este é o meu

nome para sempre, e este é meu memorial de geração em geração'" (Êx 3,15).

A transição de *ʾehyĕh* para YHWH sugere que a primeira expressão é uma explicação teológica, enquanto a segunda é o nome próprio da divindade. O tetragrama YHWH permanece um dos maiores mistérios da tradição bíblica. Sua vocalização original se perdeu, pois a tradição judaica substituiu sua pronúncia por *ʾăḏōnāy* (Senhor). Etimologicamente, pode estar relacionado a *hāyâ* (ser) ou a uma raiz causativa, significando "Aquele que faz ser". O caráter eterno desse nome é enfatizado pela expressão:

> *zeh-šĕmî lĕʿōlām*
> "Este é o meu nome para sempre" (Êx 3,15).

Curiosamente, a palavra *lĕʿōlām* pode ser lida de duas maneiras. Tradicionalmente, ela significa "para sempre", destacando a permanência do nome divino. No entanto, em uma leitura alternativa, pode derivar da raiz *ʿlm* (ocultar), sugerindo um nome de poder reservado para revelações especiais. Esse aspecto pode estar por trás da relutância judaica posterior em pronunciar o nome YHWH.

A partir de Êx 3,16-22, Deus dá instruções detalhadas sobre como Moisés deve proceder. O verbo enfático usado em Êx 3,16 antecipa a ação divina iminente:

> *pāqōḏ pāqaḏtî ʾeṯkem*
> "Certamente vos tenho visitado" (Êx 3,16).

Essa fórmula hebraica reforça a certeza da intervenção divina, indicando que a libertação já começou no plano divino, mesmo antes de se manifestar no plano humano. A resistência de Faraó já é antecipada em Êx 3,19:

> *wănî yadăʿtî kî lōʾ yittēn ʾeṯĕkem mehalēḵ lārāʾ bĕyāḏ ḥăzāqâ*
> "Eu sei que o rei do Egito não vos deixará ir, a não ser por uma mão forte" (Êx 3,19).

Esse conceito da "mão forte" será desenvolvido ao longo da narrativa do Êxodo, culminando nas pragas e na travessia do Mar Vermelho. Finalmente, a promessa de que os hebreus sairão do Egito com grande despojo (Êx 3,21-22) ecoa Gênesis 15,14, em que Deus previu a Abraão que sua descendência sairia enriquecida da servidão. O verbo *wĕniṣṣaltĕm* (e despojareis) pode ter um tom militar, sugerindo que a libertação de Israel será também um ato de humilhação sobre a soberania egípcia.

Capítulo 4

O quarto capítulo de Êxodo aprofunda a relutância de Moisés em aceitar sua missão e introduz os primeiros sinais miraculosos que autenticam seu chamado. Esse momento de hesitação e concessão divina reflete um padrão presente em outros chamados proféticos (cf. Jr 1,6; Is 6,5), em que o profeta inicialmente resiste antes de submeter-se ao mandato divino. A objeção de Moisés, expressa em Êx 4,1, não se limita à sua inadequação pessoal, mas aponta para um obstáculo maior: a possibilidade de rejeição por parte do próprio povo. O texto enfatiza essa preocupação com uma estrutura enfática de dúvida e contestação:

> *wĕhēn lōʾ yaʾămînû lī wĕlōʾ yišmĕʿû bĕqōlî kî-yōʾmĕrû lōʾ nirʾâ ʾēlêkā YHWH*
> "E se não acreditarem em mim e não ouvirem minha voz,
> mas disserem: 'YHWH não te apareceu'?" (Êx 4,1).

O verbo *ʾāmān* (crer) não se refere aqui a uma crença passiva, mas a um reconhecimento ativo da autoridade de Moisés como enviado divino. Esse reconhecimento, no entanto, está condicionado à resposta dos israelitas ao seu chamado. Da mesma forma, o verbo *šāmaʿ* (ouvir) carrega um sentido mais amplo que o simples ato de escutar, implicando também obediência e resposta à mensagem profética. A questão levantada por Moisés toca na profundidade da crise que caracteriza esse momento inicial da história do Êxodo: como Israel pode confiar em um libertador que retorna depois de tanto tempo, trazendo consigo uma mensagem extraordinária? O exílio de Moisés em Midiã e a ausência prolongada de qualquer intervenção divina visível poderiam ter enfraquecido a esperança do povo na aliança. O desafio, portanto, não é apenas libertar Israel, mas restaurar sua fé na fidelidade de YHWH. A resposta divina vem na forma de três sinais, cada um carregado de significados teológicos e políticos. O primeiro sinal, descrito em Êx 4,3-4, transforma a vara de Moisés em serpente:

> *wayyāšlēḵehu ʾarṣâ wayĕhî lĕnāḥāš*
> "Ele a lançou à terra, e ela se tornou uma serpente" (Êx 4,3).

O substantivo *nāḥāš* evoca imediatamente a serpente do relato do Éden (Gn 3), associada tanto à astúcia quanto à enganação. No entanto, em um contexto egípcio, a serpente possuía um significado político profundo. O ureus, a serpente que adornava a coroa dos faraós, simbolizava a autoridade e a proteção do monarca egípcio. Assim, ao transformar sua vara em uma serpente e, posteriormente, dominá-la ao pegá-la pela cauda (Êx 4,4), Moisés não apenas demonstra um sinal miraculoso, mas simboliza sua futura autoridade sobre o próprio Egito. Esse sinal antecipa a transformação das águas do Nilo em sangue (Êx 7,15-17), pois ambos os eventos desafiam diretamente o poder faraônico. Moisés, ao exercer controle sobre a serpente, encena uma antecipação da derrota de Faraó, mostrando que seu chamado não é apenas profético, mas também um embate direto contra a soberania do Egito. O segundo sinal, descrito em Êx 4,6-7, envolve a súbita aflição e cura da mão de Moisés:

> *wayyōʾmer YHWH lô hāḇēʾ-nāʾ yāḏĕkā bĕḥêqekā wayyāḇēʾ yāḏô bĕḥêqô wayyôṣîʾeʾhā wĕhinnēh yādô məṣōrāʿaṯ kāššāleg*
> "Disse YHWH: 'Agora, põe a tua mão no peito'. Ele pôs a mão no peito e, ao retirá-la, eis que sua mão estava leprosa, branca como a neve" (Êx 4,6).

O termo *ṣārāʿat*, tradicionalmente traduzido como "lepra", não se refere necessariamente à hanseníase, mas a uma condição cutânea impura que simbolizava, em diversos contextos bíblicos, uma marca de impureza e maldição (Lv 13–14). No contexto egípcio, essa praga pode simbolizar a degradação iminente do Egito, uma nação que será golpeada pela mão de Deus através das pragas subsequentes. A súbita transformação da pele de Moisés em um estado de corrupção física e sua imediata restauração demonstram o controle de YHWH sobre a saúde e a doença, a vida e a morte:

> *wayyōʾmer hāšēḇ yāḏĕkā ʾel-ḥêqekā wayyāšōḇ yāḏô ʾel-ḥêqô wayyôṣīʾeʾhā mīḥêqô wĕhinnēh-šāḇāh kĕbĕšārô*
> "E disse: 'Põe novamente a tua mão no peito'. Ele a pôs de novo no peito e, ao retirá-la, eis que voltou a ser como sua carne" (Êx 4,7).

Esse sinal não é apenas um milagre isolado, mas uma prefiguração da dinâmica das pragas e da restauração subsequente. Assim como o Egito será ferido com aflições divinas e, por fim, restaurado após a libertação de Israel (Êx 12,30-32), a mão de Moisés encarna simbolicamente esse ciclo de juízo e restauração. Além disso, esse sinal pode ser lido em uma chave autobiográfica: Moisés, ao colocar sua mão no peito, experimenta momentaneamente um estado de impureza, mas é purificado pelo próprio comando divino. Isso pode aludir ao seu próprio percurso como líder relutante que, através da experiência do chamado e da obediência a YHWH, será transformado em um instrumento apto para conduzir a libertação. A transição do segundo para o terceiro sinal sugere um crescendo na manifestação do poder divino, movendo-se de um domínio simbólico para um impacto direto sobre a criação. O terceiro sinal, descrito em Êx 4,9, antecipa um dos eventos mais significativos do Êxodo e carrega implicações que vão além do mero efeito miraculoso. O texto apresenta a ordem divina a Moisés:

> *wĕlāqaḥtā mimmê hannehār wĕšāpaḵtā hayyabbāšâ wĕhāyû hammāyim ʾăšer tiqqaḥ min-hayyĕʾōr wĕhāyû lĕḏām bayyabbāšâ*
> "Tomarás da água do rio e a derramarás na terra seca, e as águas que tomares do Nilo se tornarão sangue sobre a terra seca" (Êx 4,9).

A transformação da água do Nilo em sangue prefigura diretamente a primeira praga (Êx 7,14-24), mas seu significado se desdobra em várias camadas. Primeiramente, o Nilo era mais do que um rio para o Egito: era a fonte da vida, a artéria que sustentava a economia agrícola e o abastecimento da população. Sua divinização era central na religião egípcia, com deidades como Hapi, o deus da inundação do Nilo, sendo cultuadas como garantidoras da ordem cósmica. O ato de transformar suas águas em sangue não é, portanto, um simples sinal, mas um golpe contra a própria essência da civilização egípcia. Em termos teológicos, YHWH não apenas desafia Faraó, mas desmantela o aparato religioso que sustentava sua autoridade. Além disso, o sangue, associado à morte e à impureza, reconfigura simbolicamente o Nilo, tornando-o um instrumento de julgamento e condenação. Apesar da revelação desses sinais, Moisés continua a resistir. Sua nova objeção, expressa em Êx 4,10, desloca-se da preocupação com a credibilidade do povo para uma percepção de limitação pessoal:

> *lōʾ ʾîš dĕḇārîm ʾānōḵî... kĕḇad-peh ûkĕḇaḏ-lāšôn ʾānōḵî*
> "Não sou um homem de palavras... pois sou pesado de boca e pesado de língua" (Êx 4,10).

A expressão *kĕḇaḏ-p̄eh* pode indicar uma dificuldade na fala, possivelmente uma gagueira ou um problema de dicção. No entanto, essa leitura não é a única possível. A metáfora de "ser pesado de boca e de língua" pode sugerir simplesmente uma falta de eloquência retórica, algo crucial para alguém que precisa confrontar um monarca e liderar uma nação. Esse tema da inaptidão retórica ressurge em Jeremias:

> *ʾăhâhă ʾăḏōnāy YHWH hinnēh lōʾ yādaʿtî dabēr kî-naʿar ʾānōḵî*
> "Ah, Senhor YHWH! Eis que não sei falar, pois sou apenas uma criança" (Jr 1,6).

A resposta de Deus, em Êx 4,11-12, não apenas rejeita a justificativa de Moisés, mas reafirma a soberania divina sobre todas as capacidades humanas:

> *mî-śām p̄eh lā'ādām 'ô mî-yāśūm 'illēm 'ôḥērēš 'ôpîqēaḥ 'ô'iwwēr hălō' 'ānōḵî YHWH?*
> "Quem pôs a boca no homem? Ou quem faz o mudo, o surdo, o que vê ou o cego? Não sou Eu, YHWH?" (Êx 4,11).

Aqui, YHWH desloca a discussão da limitação de Moisés para uma teologia da criação: Ele não apenas molda a natureza humana, mas também capacita aqueles a quem chama. Essa resposta ecoa a lógica do chamado profético, em que a inadequação humana é superada pela presença divina. Ainda assim, Moisés continua hesitante, levando Deus a conceder-lhe um auxiliar: seu irmão Aarão. O texto descreve essa concessão em Êx 4,14-16, em que YHWH anuncia que Aarão falará por Moisés:

> *wĕ'attâ tĕdabbēr 'ēlāw wĕsamtā haddĕḇārîm bĕpîw wĕ'ānōḵî 'ehyeh 'im-pîkā wĕ'im-pîw wĕhōrêṯî 'eṯkem 'ēṯ-'ăšer ta'ăśûn*
> "Tu falarás a ele, e porás as palavras na sua boca; e eu estarei com a tua boca e com a boca dele, e vos ensinarei o que deveis fazer" (Êx 4,15).

A designação de Aarão como porta-voz sugere um compromisso divino, mas também antecipa uma relação hierárquica entre os dois irmãos. Moisés permanece o mediador principal, enquanto Aarão atua como intérprete diante do povo e de Faraó. Essa dinâmica ecoará em momentos cruciais da narrativa, como a confrontação com Faraó (Êx 7,1-2) e a condução litúrgica do culto (Êx 28,1-4). A vara de Moisés, que já havia sido transformada em serpente, recebe agora uma ênfase particular em Êx 4,17:

> *wĕ'eṯ-hammaṭṭêh hazzeh tiqqaḥ bĕyādeḵā 'ăšer ta'ăśeh bô 'eṯ-hā'ōtōt*
> "E esta vara tomarás na tua mão, com a qual farás os sinais" (Êx 4,17).

A vara não é apenas um instrumento físico, mas um símbolo da autoridade divina investida em Moisés. Ela será utilizada para realizar os sinais miraculosos, desde a transformação da água do Nilo em sangue (Êx 7,20) até a abertura do Mar Vermelho (Êx 14,16). O objeto que, para um pastor, era apenas um instrumento de condução de ovelhas, torna-se agora o símbolo do pastoreio de uma nação inteira.

A transição narrativa em Êx 4,18 marca o retorno de Moisés ao Egito, um movimento carregado de significado teológico. O verbo *wayyālek̲* (e ele partiu) assume um peso simbólico: aquele que antes fugiu do Egito por medo (Êx 2,15) agora retorna investido da autoridade de YHWH. O pedido de Moisés a Jetro, seu sogro, expressa essa transição com uma frase cuidadosamente construída:

> *ʾēlek̲k̲ā nnāʾ wĕʾāšûb̲āh ʾel-ʾaḥay ʾăšer-bĕmiṣrayim wĕʾērĕʾhā hăʿôd̲ām ḥayyîm*
> "Deixa-me ir, rogo-te, e voltar a meus irmãos que estão no Egito para ver se ainda vivem" (Êx 4,18).

A forma indireta desse pedido pode refletir tanto um respeito protocolar quanto uma hesitação inicial de Moisés em revelar plenamente sua missão. No entanto, esse retorno já antecipa a grande confrontação que definirá seu destino e o destino de Israel. A reafirmação divina em Êx 4,19 é um ponto crucial na transição da narrativa, pois sela a ordem de retorno de Moisés ao Egito com uma garantia de segurança. O texto diz:

> *lēk̲ šûb̲ miṣrayimâ kî-mētû kāl-hāʾănāšîm hamĕb̲aqšîm ʾet̲-nap̄šekā*
> "Vai, volta ao Egito, porque já morreram todos os homens que procuravam tirar tua vida" (Êx 4,19).

Essa linguagem encontra um paralelo significativo em *Mateus* 2,20, em que um anjo do Senhor informa a José que ele pode retornar do Egito com o menino Jesus, pois aqueles que buscavam matá-lo já morreram. Esse paralelismo entre Moisés e Jesus não é meramente acidental; em ambos os casos, temos um libertador que escapa da perseguição e retorna para cumprir uma missão divina. Moisés, assim, se apresenta como um arquétipo do redentor messiânico, o mediador entre Deus e seu povo, cuja trajetória prenuncia a redenção definitiva em Cristo. O versículo Êx 4,20 destaca um detalhe aparentemente simples, mas de grande significado simbólico: Moisés parte para o Egito levando consigo sua esposa e filhos:

> *wayyiqqaḥ Mōšeh ʾeṯ-ʾištô wĕʾeṯ-bānāyw wayarkibēm ʿal-haḥămôr*
> "Moisés tomou sua mulher e seus filhos e os fez montar sobre um jumento" (Êx 4,20).

A menção do *ḥămôr* (jumento) não é um detalhe trivial. Esse animal, na tradição bíblica, está frequentemente associado a figuras messiânicas e a eventos de transição profética. Em Zacarias 9,9, o rei pacífico entra em Jerusalém montado sobre um jumento, um versículo citado nos evangelhos para descrever a entrada triunfal de Jesus (Mt 21,5; Jo 12,15). Dessa forma, o deslocamento de Moisés não é apenas um movimento geográfico, mas um marco profético que reforça sua identidade como um mediador divino conduzindo sua família para um destino escatológico.

O episódio enigmático da circuncisão (Êx 4,24-26)

A narrativa, no entanto, toma um rumo inesperado em Êx 4,24-26, em que YHWH aparece para "matar Moisés". Esse evento tem sido amplamente debatido pela tradição judaica e cristã, pois parece contradizer o chamado e a proteção divina concedida a Moisés até este ponto. O texto afirma:

> *wayhî badderek̠ bammlôn wayyip̄gĕšēhû YHWH wayĕbaqqēš hămîtô*
> "E aconteceu que, no caminho, na hospedaria, YHWH encontrou-o e procurou matá-lo" (Êx 4,24).

Essa passagem abrupta e enigmática sugere que Moisés estava em falta diante de Deus, mas a narrativa não especifica claramente a razão. A intervenção de Zípora, sua esposa, fornece a pista para interpretar o episódio:

wayyiqqaḥâ ṣiṯôrâ ṣôr wayyikrōṯ ʾĕṯ-ʿărlaṯ bĕnāh wayattágaʿ lĕraglâyw wayyōʾmerā kî ḥăṯan dāmîm ʾattâ lî

"Então Zípora tomou uma pedra afiada e cortou o prepúcio de seu filho, e tocou os pés dele, e disse: 'Tu és para mim um esposo de sangue'" (Êx 4,25).

A referência à circuncisão sugere que o problema residia no fato de Moisés ainda não ter circuncidado seu filho. De acordo com Gênesis 17,10-14, a circuncisão era um sinal essencial da aliança abraâmica, e qualquer homem não circuncidado seria cortado do povo da aliança. Assim, Moisés não poderia ser um mediador da libertação de Israel sem antes cumprir plenamente os preceitos da aliança. O gesto de Zípora, que circuncida seu filho e toca Moisés com o prepúcio, tem sido interpretado de várias maneiras. Alguns veem aqui um ato de expiação, em que a circuncisão substitui a punição divina que pairava sobre Moisés. Outros argumentam que tocar os pés de Moisés com o prepúcio era um gesto simbólico de consagração. A expressão *ḥăṯan dāmîm lammûlōṯ*, "esposo de sangue por causa da circuncisão", reforça a ideia de que o sangue do rito foi o elemento decisivo para restaurar a relação entre Moisés e a aliança. Esse episódio, por mais enigmático que seja, sublinha um princípio teológico central: Moisés não pode ser o agente da redenção sem antes ser plenamente identificado com o povo e a aliança que ele representará. A fidelidade à aliança é pré-requisito para a liderança espiritual, um tema que ecoará posteriormente em diversas instâncias da tradição bíblica.

O encontro com Aarão e a aceitação do povo (Êx 4,27-31)

Após esse momento de crise e reafirmação da aliança, a narrativa retoma o caminho da missão. Moisés se encontra com Aarão no deserto, conforme instruído por Deus. O versículo Êx 4,27 descreve esse encontro com um gesto de reconhecimento fraternal:

wayyiššāq

"E beijou-o" (Êx 4,27).

O beijo aqui não é apenas um cumprimento, mas um gesto de aceitação e confirmação da parceria entre os dois irmãos. Aarão, que será a voz de Moisés diante de Faraó, recebe sua missão com um sinal de respeito e reconhecimento mútuo. Quando Moisés e Aarão reúnem os anciãos de Israel e realizam os sinais diante deles, a resposta do povo é expressa em Êx 4,31:

> *wayyaʾămēn hāʿām*
> "O povo creu" (Êx 4,31).

O verbo *ʾāmān* (crer) não indica uma mera aceitação intelectual, mas uma confiança ativa, um assentimento que envolve entrega e compromisso. Esse verbo reaparece frequentemente na tradição bíblica como um elemento essencial para a aliança mosaica (Nm 14,11; Sl 106,12). A aceitação da mensagem de Moisés e Aarão culmina em um gesto litúrgico, registrado no final do versículo:

> *wayyiqĕdû wayyištaḥăwû*
> "E eles se inclinaram e adoraram" (Êx 4,31).

Esse ato de adoração não é apenas uma expressão de reverência, mas a primeira resposta coletiva de Israel à revelação de YHWH. A narrativa do Êxodo, portanto, não começa apenas com um ato de opressão e libertação, mas com um movimento de fé e adoração. O reconhecimento de Deus como libertador ainda está no início, mas esse gesto sugere um primeiro movimento de resposta à obra redentora que está por vir.

Capítulo 5

O quinto capítulo de Êxodo inaugura o confronto direto entre Moisés e Faraó, uma disputa que transcende a esfera política e assume dimensões teológicas. O cerne do conflito não é apenas a opressão de Israel, mas a questão da soberania: quem tem autoridade sobre o destino dos israelitas, YHWH ou Faraó? O relato se estrutura como um embate progressivo, em que a intransigência do monarca egípcio será sistematicamente desmantelada ao longo da narrativa. A declaração inicial de Moisés e Aarão em Êx 5,1 estabelece o tom desse embate:

> *kōh ʾāmar YHWH ʾĕlōhê yiśrāʾēl šallaḥ ʾet-ʿammî wĕyaḥōgû lî bammiḏbār*
> "Assim diz YHWH, o Deus de Israel: 'Deixa ir o meu povo, para que me celebre uma festa no deserto'" (Êx 5,1).

Essa é a primeira vez que o nome YHWH é proclamado diante de Faraó. A introdução da fórmula *kōh ʾāmar* (Assim diz...) ecoa o padrão profético que será recorrente nos escritos posteriores (cf. Jr 2,2; Is 44,6), estabelecendo Moisés como o mediador de uma mensagem divina de juízo e libertação. A expressão *yaḥōgû lî bammiḏbār* (para que me celebre uma festa no deserto) sugere que a exigência inicial não é um pedido de emancipação definitiva, mas uma solicitação para um culto temporário a Deus. Essa estratégia diplomática pode ser interpretada de duas maneiras. Primeiro, pode ser um recurso retórico destinado a testar a disposição de Faraó em conceder ao povo algum grau de liberdade religiosa. Segundo, pode estar ligada ao contexto da prática cultual do deserto, que será central na futura identidade religiosa de Israel (Êx 19,1-6). O culto no deserto não é apenas um ato devocional, mas um marco da transição entre a escravidão e a aliança. A resposta de Faraó, em Êx 5,2, é carregada de desprezo e teologicamente significativa:

> *mî YHWH ʾăšer ʾešmaʿ bĕqōlô lĕšalleḥ ʾet-yiśrāʾēl? lōʾ yādaʿtî ʾet-YHWH wĕgam ʾet-yiśrāʾēl lōʾ ʾăšalleḥ*
> "Quem é YHWH, para que eu ouça sua voz e deixe ir Israel? Não conheço YHWH, nem tampouco deixarei ir Israel" (Êx 5,2).

O verbo *yādaʿ* (conhecer) aqui não significa mera ignorância factual, mas uma recusa deliberada em reconhecer a autoridade de YHWH. Na visão de Faraó, YHWH não é uma divindade legítima dentro do panteão egípcio e, portanto, não tem qualquer jurisdição sobre o Egito. Esse padrão de negação será sistematicamente desconstruído ao longo da narrativa das pragas, em que Faraó será forçado a reconhecer a supremacia de YHWH (Êx 7,5; 8,10; 9,14). A repetição da demanda em Êx 5,3 introduz um novo elemento à justificativa de Moisés e Aarão:

> *ʾĕlōhê hāʿibrîm niqrāʾ ʿālênû*
> "O Deus dos hebreus nos encontrou" (Êx 5,3).

Aqui, a referência a YHWH como *ʾĕlōhê hāʿibrîm* (o Deus dos hebreus) marca uma distinção étnico-religiosa. Enquanto YHWH *ʾĕlōhê yiśrāʾēl* enfatiza a identidade nacional de Israel, *ʾĕlōhê hāʿibrîm* evoca a ancestralidade nômade do povo e pode sugerir, para Faraó, um grupo marginal sem reivindicações legítimas. O argumento apresentado a seguir sugere que a solicitação não é meramente um pedido humano, mas uma exigência divina cuja negligência traria consequências:

> *nēlkâ-nāʾ dĕrek̲ šĕlōšet yāmîm bammid̲bār wĕnizbĕḥâ lĕYHWH ʾĕlōhênû pen-yip̄gāʿēnû bad̲b̲er ʾôbeḥereb̲*
> "Deixa-nos ir a uma jornada de três dias no deserto e oferecer sacrifícios a YHWH, nosso Deus, para que Ele não nos ataque com peste ou com espada" (Êx 5,3).

A menção de *d̲eb̲er* (peste) e *ḥereb̲* (espada) pode ter um duplo propósito. Primeiro, pode ser um argumento diplomático para demonstrar que a necessidade da adoração não é uma rebelião política, mas um mandamento divino que, se não cumprido, traria juízo sobre os próprios israelitas. Segundo, essa ameaça pode estar implícita contra o próprio Egito, sugerindo que a recusa de Faraó em libertar Israel terá consequências letais, algo que se concretizará nas pragas e, finalmente, na morte dos primogênitos (Êx 12,29-30). Faraó, no entanto, interpreta essa solicitação como um pretexto para a ociosidade e responde com um tom de acusação em Êx 5,4-5:

> *lāmâ Mōšeh wĕʾAharōn tap̄rîʿû ʾet̲-hāʿām mimmăʿăśāyw?*
> "Por que, Moisés e Aarão, distraís o povo de seus trabalhos?" (Êx 5,4).

O verbo *pāraʿ* (distrair, fazer cessar) indica que Faraó percebe o pedido não como uma exigência legítima, mas como uma tentativa de incitação ao desvio das responsabilidades laborais. Para o monarca egípcio, a servidão de Israel não é apenas uma questão econômica, mas uma estrutura social necessária para manter a ordem no Egito. Diante dessa resistência, Faraó não apenas rejeita a solicitação, mas agrava a opressão. O versículo Êx 5,7 anuncia uma nova medida punitiva:

> *lōʾ-tōsip̄ûn lāṯēṯ teben lāʿām lilaḇēn haLĕḇēnîm*
> "Não tornareis a dar palha ao povo para fazer tijolos" (Êx 5,7).

A fabricação de tijolos com palha era uma prática comum no Egito antigo, pois a palha ajudava a reforçar a argila e impedir rachaduras durante a secagem. A ordem de Faraó força os israelitas a recolherem sua própria palha sem reduzir a produção exigida, tornando a servidão ainda mais opressiva. Essa medida reflete a lógica do regime imperial: aumentar a carga de trabalho para suprimir qualquer possibilidade de organização e resistência. Em termos teológicos, a ação de Faraó não é apenas um reflexo de tirania política, mas uma tentativa de usurpar a autoridade divina. Ao rejeitar YHWH como soberano e reforçar o domínio sobre Israel, Faraó se coloca diretamente contra o propósito divino de libertação, um confronto que será resolvido não pela diplomacia, mas pelo juízo divino. O versículo Êx 5,9 apresenta uma declaração fundamental sobre a estratégia de dominação de Faraó, consolidando a natureza estrutural da servidão israelita no Egito. O texto afirma:

> *tikkaḇeḏ hāʿăḇōḏâ ʿal-hāʾănāšîm wĕyaʿăśû-bāh wĕʾal-yišʿû bĕḏibrê-šāqer*
> "Que se torne pesado o trabalho sobre os homens, e que neles se ocupem, para que não deem ouvidos a palavras mentirosas" (Êx 5,9).

O substantivo *ʿăḇōḏâ* (trabalho, servidão) carrega um duplo significado dentro da narrativa do Êxodo. Ele descreve tanto o labor imposto por Faraó quanto o culto devido a YHWH (*ʿăḇōḏâ* lăYHWH; Êx 3,12). Esse paralelismo linguístico sugere que a verdadeira disputa não é meramente econômica, mas espiritual: Israel deve servir a Faraó ou a YHWH? O Êxodo, portanto, não é apenas um processo de libertação social, mas uma redefinição teológica da identidade israelita. A expressão *dibrê-šāqer* (palavras mentirosas) indica que Faraó percebe Moisés e Aarão como enganadores. Ele não reconhece a legitimidade da revelação de YHWH e interpreta suas palavras como subversão política, um padrão que se repetirá ao longo da história de Israel, em que os profetas serão frequentemente acusados de trazerem palavras enganosas (cf. Jr 20,7-8). A execução da ordem de Faraó nos versículos Êx 5,10-14 gera um ciclo de sofrimento ainda maior. O texto descreve a pressão crescente sobre os trabalhadores: os supervisores egípcios impõem sua autoridade sobre os capatazes israelitas, que por sua vez são responsabilizados pela incapacidade do povo de cumprir as cotas de produção.

> *wayyukkû*
> "E foram espancados" (Êx 5,14).

Esse verbo destaca a brutalidade da repressão e a violência sistemática do regime egípcio. O castigo físico não é apenas um meio de coerção, mas um instrumento de humilhação que reforça a estrutura de poder do Egito. Esse episódio intensifica a crise, preparando o terreno para a intervenção de YHWH. A crescente opressão leva os capatazes israelitas a um ato de súplica diante de Faraó. O clamor deles revela um tom de desespero:

> *lāmâ taʿăśeh kōh lăʿăbāḏeḵā? teben ʾên-nittān lăʿăbāḏeḵā ûlĕḇēnîm ʾōmĕrîm lānû ʿăśû wĕhinnēh ʿăḇāḏêkā mukkîm wĕḥăṭaʾṯ ʿammekā*
> "Por que fazes isso a teus servos? Palha não é dada a teus servos, e ainda assim nos dizem: 'Fazei tijolos!' Eis que teus servos são espancados, e a culpa é de teu povo" (Êx 5,15-16).

O apelo não é teológico, mas pragmático. Os capatazes não questionam a estrutura da servidão, mas argumentam sobre a impossibilidade prática de cumprir as demandas egípcias. Esse padrão é recorrente na narrativa do Êxodo: enquanto Moisés e Aarão falam em nome de YHWH, parte do povo tenta negociar a permanência dentro da estrutura imperial, buscando apenas alívio temporário e não a libertação definitiva (cf. Nm 14,1-4). A frase final, *ḥăṭa'ṯ 'ammekā* (a culpa é de teu povo), sugere uma inversão retórica: os israelitas responsabilizam os próprios egípcios pelo colapso da produção. Esse argumento, no entanto, é arriscado diante do absolutismo faraônico, e a resposta de Faraó deixa claro que ele interpreta a queixa como um sinal de preguiça e insubordinação. A resposta de Faraó reforça sua percepção de que a demanda de Moisés e Aarão não passa de um pretexto para fugir do trabalho:

> *nîrpîm 'aṭṭem nîrpîm 'al-kēn 'attem 'ōmrîm nēlēḵâ nizbaḥâ lăYHWH*
> "Vós sois preguiçosos, preguiçosos! Por isso dizeis: 'Vamos e sacrifiquemos a YHWH'" (Êx 5,17).

A duplicação de *nîrpîm* (preguiçosos) adiciona um tom de ridicularização. O faraó não concebe a adoração como uma necessidade legítima, mas como um luxo dispensável, uma desculpa para a desobediência. Esse menosprezo pelo culto divino ressoa com outras passagens bíblicas em que a prática religiosa é vista pelos opressores como algo fútil ou subversivo (cf. Dn 6,7; At 16,20-21). Os capatazes israelitas, frustrados e desesperados, confrontam Moisés e Aarão após deixarem a presença de Faraó. O texto expressa essa tensão com uma metáfora forte:

> *yerĕ' YHWH 'ălêkem wayyišpōṭ 'ăšer hĕbā'aštĕm 'eṯ-rēḥênû bĕ'ênê par'ōh ûbĕ'ênê 'ăbādāyw lāṯēṯ ḥereḇ bĕyādām lĕhorgēnû*
> "Que YHWH vos veja e julgue, pois fizestes cheirar mal o nosso nome aos olhos de Faraó e de seus servos, dando-lhes uma espada para nos matarem" (Êx 5,21).

A expressão *hĕbā'aštĕm 'eṯ-rēḥênû* (fizestes cheirar mal nosso nome) implica que Moisés e Aarão tornaram a condição dos israelitas insustentável. A imagem do "cheiro ruim" evoca a degradação social e a percepção negativa diante do poder egípcio.

O temor expresso na frase *lātēṯ ḥereḇ bĕyādām lĕhorgēnû* (dando-lhes uma espada para nos matarem) evidencia a realidade política da escravidão: qualquer ato de desafio pode resultar em extermínio. Os israelitas, em sua fragilidade, ainda não compreendem que a libertação não ocorrerá sem resistência e sem confronto. A resposta de Moisés, porém, não se dirige aos capatazes, mas a Deus. O texto apresenta aqui o primeiro lamento profético do livro:

> *ădōnāy lāmâ hărēʿōṯā lĕʿam hazzeh lāmâ zeh šĕlaḥtānî?*
> "Senhor, por que fizeste mal a este povo? Por que me enviaste?" (Êx 5,22).

O uso do verbo *hărēʿōṯā* (fizeste mal) em relação a Deus é teologicamente audacioso e ressoa com outras queixas proféticas (cf. Jr 20,7). Moisés esperava uma intervenção imediata, mas a libertação se desdobra em um processo, e não em um ato instantâneo. Este momento de tensão revela a estrutura teológica subjacente ao Êxodo: a redenção não ocorre de imediato, mas por meio de um embate progressivo, que confronta tanto a opressão externa quanto as incertezas internas do povo. Essa crise será respondida no próximo capítulo, quando Deus reafirmará sua promessa e introduzirá os eventos que culminarão na libertação.

Capítulo 6

A abertura de Êxodo 6 responde ao lamento de Moisés no final do capítulo anterior, inaugurando um novo momento na teologia do Êxodo. Até esse ponto, Moisés e os israelitas experimentaram apenas uma intensificação da opressão egípcia, e não a tão esperada libertação. O clamor de Moisés em Êx 5,22-23, questionando por que Deus permitiu o agravamento da servidão sem intervir, ecoa uma profunda crise vocacional e teológica. Agora, Êxodo 6 apresenta a resposta divina, estruturada como um discurso que reafirma a soberania de YHWH sobre Faraó e a irrevogabilidade da aliança com os patriarcas. O primeiro versículo (Êx 6,1) estabelece o tom da resposta divina com uma ênfase na iminência da ação de YHWH:

ʿatâ tirʾeh ʾăšer ʾeʿĕśeh lĕparʿōh kî bĕyāḏ ḥăzāqâ yĕšalleḥēm ûbĕyāḏ ḥăzāqâ yĕgārĕšēm mēʾarṣô
"Agora verás o que farei a Faraó; pois por mão forte os deixará ir, e por mão forte os expulsará de sua terra" (*Êx 6,1*).

A repetição da expressão ***bĕyāḏ ḥăzāqâ*** (por mão forte) sugere que a libertação de Israel não será um ato voluntário de Faraó, mas sim o resultado de uma intervenção irresistível de YHWH. Esse conceito de "mão forte" ressoa ao longo da teologia do Êxodo, associando-se à soberania divina manifestada por meio de juízos (cf. Êx 13,3; Dt 4,34). O verbo *yĕgārĕšēm* (os expulsará) é particularmente significativo, pois indica que a saída de Israel do Egito não será apenas uma concessão real, mas uma remoção compulsória. Essa antecipação narrativa prenuncia o impacto da décima praga (Êx 12,31-33), em que os próprios egípcios, devastados pelas pragas, imploram para que os israelitas partam rapidamente. Em seguida, Êx 6,2-3 introduz uma reiteração do nome divino, estabelecendo uma distinção entre a revelação patriarcal e a nova revelação associada ao Êxodo:

ʾănî YHWH
"Eu sou YHWH" (Êx 6,2).

Essa afirmação solene estabelece o princípio teológico que fundamentará a redenção de Israel. Em Êx 6,3, a continuidade dessa declaração resgata a relação de YHWH com os patriarcas:

wĕʾērāʾ ʾel-ʾaḇrāhām ʾel-yiṣḥāq wĕʾel-yaʿăqōḇ bĕʾēl šadday ûšĕmî YHWH lōʾ nōḏaʿtî lāhem
"Apareci a Abraão, a Isaque e a Jacó como El Shaddai, mas pelo meu nome YHWH não me dei a conhecer a eles" (Êx 6,3).

A frase *bĕʾēl šadday* (como El Shaddai) aponta para a forma como Deus se revelou aos patriarcas. O título El Shaddai aparece em Gênesis 17,1, quando Deus estabelece a aliança com Abraão, e em Gênesis 28,3 e Gênesis 35,11, em bênçãos dirigidas a Isaque e Jacó. O uso desse nome sugere uma ênfase na fertilidade, proteção e promessa de descendência.

No entanto, a segunda parte do versículo – *šĕmî yhwh lōʾ nōḏaʿtî lāhem* (meu nome YHWH não me dei a conhecer) – levanta um importante debate exegético. Esse versículo não significa que os patriarcas desconheciam o nome YHWH, pois o nome aparece em Gênesis diversas vezes (cf. Gn 4,26; 12,8; 15,7). O que o texto sugere é que a plena significação do nome divino como aquele que redime e age historicamente ainda não havia sido revelada. O nome YHWH não é um mero título, mas uma identidade ativa que se manifestará de maneira inédita no evento do Êxodo. A revelação a Moisés, em Êx 3,14 (*ʾehyĕh ʾăšer ʾehyĕh*, "Eu sou o que sou" ou "Serei o que serei"), já havia indicado que esse nome carrega um dinamismo existencial e relacional, e agora, em Êx 6, essa identidade é vinculada diretamente à libertação de Israel. O versículo Êx 6,4 reforça a ligação entre essa revelação e a aliança estabelecida com os patriarcas:

> *wĕgam hăqîmōṯî ʾeṯ-bĕrîtî ʾittām lāṯēṯ lāhem ʾeṯ-ʾereṣ kĕnaʿan ʾeṯ-ʾereṣ mĕgūrêhem ʾăšer gārû bāh*
> "Também estabeleci a minha aliança com eles para dar-lhes a terra de Canaã, a terra onde peregrinaram" (Êx 6,4).

O verbo *hăqîmōṯî* (estabeleci) reforça a continuidade da promessa feita aos patriarcas e o compromisso divino em realizá-la. O uso do termo *mĕgūrêhem* (peregrinações) enfatiza a condição transitória dos patriarcas, contrastando com a promessa de posse permanente da terra. Aqui, a teologia do Êxodo se aprofunda: a libertação do Egito não é um evento isolado, mas a concretização da promessa divina feita gerações antes. A narrativa sublinha que o Êxodo não é apenas um ato de redenção, mas um passo essencial no cumprimento da aliança de Deus com seu povo. Até esse ponto, Êxodo 6 reconfigura a perspectiva de Moisés e dos israelitas sobre a promessa divina. A ênfase recai sobre a inevitabilidade da libertação, fundamentada na fidelidade de YHWH à aliança e em sua supremacia sobre Faraó. O texto estabelece um movimento crucial dentro da estrutura do livro: a transição da opressão para a ação divina em favor do povo. O discurso de YHWH em Êx 6,1-4 não apenas responde à queixa de Moisés, mas redefine a trajetória da narrativa, preparando o caminho para a revelação mais ampla da identidade divina e da execução dos juízos sobre o Egito. O discurso de YHWH em Êxodo 6 se intensifica a partir do versículo 5, em que a atenção divina se volta explicitamente para o sofrimento de Israel. O texto retoma um tema central da narrativa do Êxodo: a escuta de Deus ao clamor do povo. O versículo afirma:

> *wĕgam ʾănî šāmaʿtî ʾeṯ-naʾăqat bĕnê yiśrāʾēl ʾăšer-miṣrayim maʿăḇîḏîm ʾōtām*
> "Ouvi também o gemido dos filhos de Israel, que os egípcios fazem escravos" (Êx 6,5).

O verbo *šāmaʿtî* (ouvi) remete à tradição de que YHWH é um Deus que escuta e intervém, como já havia sido indicado em Êx 2,24, quando Deus "ouviu" *(wayyišmaʿ ʾĕlōhîm)* o clamor dos israelitas e "se lembrou" da aliança com Abraão, Isaque e Jacó. A ênfase na escravidão legitima a ação divina, pois o sofrimento do povo não é apenas uma condição humana, mas um motivo teológico para a redenção. O discurso de YHWH culmina na promessa de libertação, estruturada em uma série de declarações enfáticas que se tornariam centrais na teologia do Êxodo:

1. *wĕhôṣēʾṯî* – "E vos tirarei" (da escravidão no Egito).
2. *wĕhiṣṣaltî* – "E vos livrarei" (de sua servidão).
3. *wĕgāʾaltî* – "E vos redimirei" (com braço estendido e juízos grandes).
4. *wĕlōqaḥtî* – "E vos tomarei" (como meu povo).

Essa sequência verbal estabelece um movimento progressivo de redenção, partindo da retirada de Israel da escravidão para sua incorporação definitiva como povo de YHWH. Esses quatro verbos são fundamentais para a tradição judaica das "Quatro Taças" do Sêder de Pêssach, cada uma representando uma etapa do processo de redenção.

O termo *gāʾal* (redimir), presente em Êx 6,6, carrega uma conotação jurídica e familiar. No direito hebraico, o *gōʾēl* (redentor) era aquele que resgatava um parente da escravidão ou restaurava a posse de uma terra perdida (Lv 25,25). Aplicado ao Êxodo, esse conceito sugere que a libertação de Israel não é apenas um ato político, mas um resgate de um povo que pertence a YHWH.

O versículo Êx 6,7 reforça essa relação por meio de uma fórmula aliança-respondente:

> *wĕlōqaḥtî ʾeṯḵem lî lĕʿām wĕhāyîtî lāḵem lĕʾĕlōhîm*
> "E vos tomarei para mim por povo, e serei vosso Deus" (Êx 6,7).

Essa estrutura ressoa ao longo da Torá e dos profetas, estabelecendo a identidade teológica de Israel como o povo eleito de YHWH (cf. Dt 26,17-18; Jr 31,33). Esse compromisso não se baseia apenas na libertação física, mas na construção de uma relação exclusiva entre YHWH e Israel. A promessa atinge seu clímax no versículo Êx 6,8, em que Deus garante a posse da terra:

> *wĕhēḇēʾṯî ʾeṯḵem ʾel-hāʾāreṣ ʾăšer nāśāʾtî ʾeṯ-yādî lāṯēṯ ʾōṯāh lĕʾaḇrāhām lĕyiṣḥāq ûlĕyaʿăqōḇ*
> "E vos levarei à terra que jurei dar a Abraão, Isaque e Jacó" (Êx 6,8).

A expressão *nāśāʾtî ʾeṯ-yādî* (levantei minha mão) é uma fórmula de juramento, reforçando a irrevogabilidade da promessa divina. Essa mesma linguagem aparece em Gênesis 14,22, quando Abraão jura por YHWH, e em Salmos 106,26, em que Deus levanta sua mão para jurar ao povo. Apesar da clareza e da força da promessa divina, a resposta de Israel é marcada pelo desânimo e pela desesperança:

> *wĕlōʾ šāmĕʿû ʾel-Mōšeh miqqōṣer rûaḥ ûmēʿăḇōḏâ qāšâ*
> "Mas não ouviram Moisés, por causa da angústia de espírito e da dura escravidão" (Êx 6,9).

O termo *qōṣer rûaḥ* (angústia de espírito) denota uma condição psicológica de exaustão e desespero, sugerindo que a opressão egípcia os tornou incapazes de crer na redenção. Esse padrão de incredulidade reaparecerá ao longo do Êxodo, refletindo a fragilidade da fé do povo diante das dificuldades (Êx 14,10-12; Nm 14,1-4). Diante da resistência do próprio povo, Moisés se vê novamente diante de sua insegurança:

> *hēn-bĕnê yiśrāʾēl lōʾ šāmĕʿû ʾēlāy wĕʾêk yīšmaʿēnî parʿōh wăʾanî ʿăralt sĕp̄ātāyim*
> "Se os filhos de Israel não me ouviram, como, então, Faraó me ouvirá, sendo eu incircunciso de lábios?" (Êx 6,12).

O termo *ʿăralt sĕp̄ātāyim* (incircunciso de lábios) pode indicar dificuldades de fala ou uma sensação de inadequação profética. Moisés havia manifestado uma objeção semelhante em Êx 4,10, alegando que era "pesado de boca e de língua" (*kĕḇaḏ-p̄eh ûkĕḇaḏ-lāšôn*). No entanto, aqui sua insegurança está ligada ao fracasso da primeira tentativa de libertação. A resposta divina não concede mais explicações, mas reafirma a missão: Moisés e Aarão devem continuar a confrontar Faraó, independentemente da resposta inicial. O capítulo é interrompido por uma genealogia que situa Moisés e Aarão na linhagem de Levi, validando sua autoridade para conduzir a libertação de Israel. O nome de Moisés é mencionado no final da lista, enfatizando sua centralidade na narrativa. Os versículos Êx 6,14-15 iniciam a lista com os filhos de Rúben e Simeão, os dois irmãos mais velhos de Levi, antes de focar na linhagem levítica em Êx 6,16-19. Essa estrutura sugere que a genealogia está centrada na tribo de Levi como a tribo sacerdotal, que assumirá um papel fundamental na condução do culto a YHWH após o Êxodo. O capítulo 6 de Êxodo intensifica a revelação de YHWH e a legitimação da liderança de Moisés e Aarão, consolidando as bases para os eventos subsequentes da libertação de Israel. A genealogia inserida nesse contexto não é um elemento deslocado, mas cumpre um papel essencial na narrativa, situando Moisés e Aarão dentro da linhagem levítica e reafirmando a continuidade da promessa divina feita aos patriarcas. O versículo 6,16 apresenta os três filhos de Levi, evidenciando a centralidade da linhagem levítica no processo de libertação:

> *wĕʾēlleh šĕmôt bĕnê lēwî lĕtôlĕḏōṯām gēršôn wĕqĕhāṯ ûmĕrārî ûšĕnê ḥayyê lēwî šebaʿ ûšĕlōšîm ûmēʾa šānâ*
> "E estes são os nomes dos filhos de Levi segundo suas gerações: Gérson, Coate e Merari. E os anos da vida de Levi foram cento e trinta e sete anos" (Êx 6,16).

O número 137 reaparece na longevidade de Coate e de Anrão (Êx 6,18; 6,20), sugerindo uma construção narrativa que sublinha a estabilidade e a continuidade da linhagem levítica. Se a aliança fora estabelecida com os patriarcas, agora a mediação histórica da redenção passa a ser conduzida pelos descendentes de Levi, que posteriormente assumirão a função sacerdotal. A escolha dessa tribo para liderar o culto e a santidade nacional não é arbitrária, mas já se encontra prefigurada na sua presença destacada na genealogia. O versículo 6,20 introduz Anrão, pai de Moisés e Aarão, e sua união com Joquebede:

> *wayyiqqaḥ ʾamrām ʾeṯ-yôḵeḇeḏ dôḏāṯô lô lĕʾiššâ wattēleḏ lô ʾeṯ-ʾahărōn wĕʾeṯ-mōšeh wĕšĕnê ḥayyê ʾamrām meʾa šānâ ûšĕlōšîm ûšebaʿ šānîm*
> "E Anrão tomou como esposa Joquebede, sua tia paterna, e ela lhe gerou Aarão e Moisés. E os anos da vida de Anrão foram cento e trinta e sete anos" (Êx 6,20).

Esse detalhe genealógico levanta questões exegéticas, uma vez que a legislação mosaica posterior proíbe casamentos entre tios e sobrinhas (Lv 18,12). Esse aparente anacronismo pode indicar que as normas levíticas ainda não estavam plenamente sistematizadas no momento da narrativa, ou que figuras ancestrais eram concebidas em um contexto distinto, no qual certas leis ainda não haviam sido reveladas. A menção específica da mãe de Moisés também reforça sua centralidade, pois Joquebede aparece como agente essencial da preservação do libertador de Israel (Êx 2,1-3). A genealogia culmina na reafirmação da identidade dos líderes que enfrentarão Faraó:

> *hûʾ ʾahărōn ûmōšeh ʾăšer ʾāmar YHWH lāhem hōṣîʾû ʾeṯ-bĕnê yiśrāʾēl mēʾereṣ miṣrayim ʿal-ṣibʾōtām*
> "Este é Aarão e Moisés, aos quais disse YHWH: 'Fazei sair os filhos de Israel da terra do Egito segundo seus exércitos'" (Êx 6,26).

A expressão *ʿal-ṣibʾōtām* (segundo seus exércitos) introduz um vocabulário militar, sugerindo que Israel não é apenas um grupo de escravos, mas um povo organizado que será conduzido ao deserto sob a liderança de YHWH. Essa terminologia reaparecerá na tradição do Cântico do Mar (Êx 15,3), em que YHWH é descrito como um guerreiro. A ideia de que a saída do Egito tem um caráter militarizado ressignifica a libertação como um movimento de soberania divina, que subjuga a potência imperial e estabelece um novo paradigma para Israel. A narrativa retorna ao diálogo entre YHWH e Moisés, reiterando a insegurança do profeta:

> *waʾănî ʿăralt sĕpātāyim wĕʾêk yišmaʿ ʾēlây parʿōh*
> "Eu sou incircunciso de lábios; como, pois, Faraó me ouvirá?" (Êx 6,30).

Essa repetição da objeção de Moisés (Êx 6,12) reforça a ênfase narrativa em sua relutância. A expressão *ʿăralt sĕpātāyim* (incircunciso de lábios) pode indicar tanto uma dificuldade na fala quanto uma sensação de inaptidão profética. Moisés, ao se declarar "incircunciso", sugere que sua boca não está consagrada para a missão divina, um contraste com a figura de Aarão, que será designado como seu porta-voz. Essa temática reaparecerá no confronto com Faraó, em que a palavra de YHWH, mesmo transmitida por um profeta relutante, será capaz de subjugar a resistência do império. A genealogia e a reafirmação da missão de Moisés e Aarão estruturam teologicamente o capítulo 6 dentro da progressão narrativa do Êxodo. A inclusão da lista genealógica não é um elemento secundário, mas serve para legitimar a autoridade dos irmãos dentro da tradição tribal e dentro do plano divino. O fato de Moisés e Aarão serem descendentes diretos de Levi não apenas os situa como líderes naturais dentro do povo, mas também os vincula à função sacerdotal que será plenamente desenvolvida após a revelação do Sinai. O capítulo se fecha com a tensão entre a reafirmação da promessa divina e a insegurança de Moisés, preparando o caminho para a grande intervenção de YHWH no Egito. A teologia de Êxodo 6 articula-se em torno da fidelidade divina à aliança patriarcal e da ideia de que a redenção de Israel não é um evento isolado, mas a concretização de um compromisso histórico. A progressão da narrativa reforça que a libertação não ocorrerá sem resistência, tanto da parte de Faraó quanto do próprio povo, cuja descrença reflete a opressão internalizada. O capítulo, portanto, encerra-se não com um desfecho resolutivo, mas com uma tensão latente, que apenas será resolvida na sequência da narrativa, quando os sinais e maravilhas de YHWH subverterão a ordem imperial e instaurarão uma nova realidade para Israel.

Capítulo 7

O capítulo 7 de Êxodo inaugura o embate direto entre Moisés e Faraó, estruturando um confronto progressivo no qual a soberania de YHWH se afirma diante da rigidez do poder imperial egípcio. A narrativa não apresenta um mero embate entre líderes, mas uma disputa teológica, na qual o domínio de YHWH sobre a história se impõe à concepção egípcia do faraó como manifestação divina. A progressão dos eventos deste capítulo estabelece as bases para a sequência das pragas, demonstrando que a resistência de Faraó não é apenas política, mas uma recusa em reconhecer a autoridade última de YHWH. O versículo 7,1 apresenta uma inversão teológica radical, redefinindo a posição de Moisés no conflito com Faraó:

> *rĕʾēh nĕṯattîḵā ʾĕlōhîm lĕparʿōh wĕʾahărōn ʾāḥîḵā yihyeh nĕḇîʾeḵā*
>
> "Vê! Eu te fiz como Deus para Faraó, e Aarão, teu irmão, será teu profeta" (Êx 7,1).

A expressão *nĕṯattîḵā ʾĕlōhîm* sugere que Moisés não é meramente um emissário divino, mas assume uma posição de autoridade equivalente à de Deus diante do rei do Egito. Esse é um movimento retórico que subverte a hierarquia tradicional: no contexto egípcio, era Faraó quem se apresentava como uma encarnação dos deuses; agora, é Moisés quem se posiciona como divino perante ele. Essa reconfiguração do poder indica que a disputa não se dá nos termos egípcios, mas na matriz teológica de Israel, em que a verdadeira soberania pertence exclusivamente a YHWH. O versículo 7,2 esclarece a dinâmica entre Moisés e Aarão, estabelecendo o modelo comunicacional da missão:

ʾattâ tĕdabbēr ʾet̠ kāl-ʾăšer ʾaṣawwĕkā wĕʾahărōn ʾāḥîk̠ā yĕdabbēr ʾel-parʿōh

"Tu falarás tudo o que eu te ordenar, e Aarão, teu irmão, falará a Faraó" (Êx 7,2).

Moisés recebe a revelação diretamente de YHWH, enquanto Aarão age como seu porta-voz. Esse modelo espelha a estrutura profética do Antigo Oriente Próximo, em que reis frequentemente possuíam intermediários que articulavam seus decretos. O arranjo também responde à hesitação de Moisés manifestada anteriormente (Êx 4,10-16), em que sua relutância em falar publicamente levou à inclusão de Aarão na missão. O versículo 7,3 introduz o tema do endurecimento do coração de Faraó, uma das questões mais complexas e debatidas do texto:

waʾănî ʾăqšeh ʾet̠-lēb̠ parʿōh wĕhirbēt̠î ʾet̠-ʾōt̠ōtay wĕʾet̠-môp̄tây bĕʾereṣ miṣrayim

"Eu endurecerei o coração de Faraó e multiplicarei meus sinais e maravilhas na terra do Egito" (Êx 7,3).

O verbo *qāšâ* (endurecer) levanta questões exegéticas sobre a agência moral de Faraó na narrativa. A tradição bíblica apresenta o endurecimento do coração de duas formas distintas: em alguns momentos, o próprio Faraó endurece seu coração (Êx 8,15; 8,32; 9,34), enquanto em outros é YHWH quem ativa essa rigidez (Êx 9,12; 10,20; 11,10). Esse duplo registro sugere que o endurecimento não é um ato isolado, mas um processo progressivo no qual a recusa inicial de Faraó em se submeter a YHWH conduz a uma intensificação do juízo divino. A teologia do texto não elimina a responsabilidade humana, mas indica que a resistência ao chamado divino pode resultar na fixação do indivíduo em sua própria recusa, levando a um julgamento inevitável. O versículo 7,5 apresenta a finalidade teológica das pragas e a lógica subjacente à revelação progressiva de YHWH no contexto egípcio:

wĕyād̠ʿû miṣrayim kî-ʾănî YHWH

"E os egípcios saberão que eu sou YHWH" (*Êx* 7,5).

O verbo *yāḏaʿ* (saber) aqui transcende o mero conhecimento intelectual; implica um reconhecimento forçado, uma experiência existencial de submissão ao juízo divino. A sequência das pragas não apenas visa à libertação de Israel, mas também tem um propósito teológico explícito: desmantelar a ordem egípcia e demonstrar que Faraó e os deuses do Egito não detêm poder sobre a história. Essa revelação não ocorre por meio de um discurso doutrinal, mas pela experiência direta do desastre, na qual o Egito será compelido a reconhecer a supremacia de YHWH. A progressão do capítulo conduz à primeira demonstração do poder divino diante de Faraó. O sinal inicial ocorre quando Aarão lança sua vara ao chão diante do rei, e esta se transforma em serpente (Êx 7,10). Esse evento remete à primeira manifestação do poder de YHWH dada a Moisés em Êx 4,3-4, mas agora ocorre no ambiente da corte egípcia, no contexto de uma disputa de autoridade. A resposta dos magos egípcios, que replicam o sinal com suas artes ocultas (Êx 7,11-12), sugere que o embate não se dá apenas em nível político, mas também dentro do domínio do poder religioso. No entanto, o texto ressalta que a serpente de Aarão engole as serpentes dos magos, uma ação que antecipa a destruição do poder egípcio nos eventos subsequentes. Apesar desse primeiro sinal, o coração de Faraó permanece inflexível, conforme descrito em Êx 7,13:

> *wayyĕḥĕzaq lēḇ parʿōh wĕlōʾ šāmaʿ ʾălêhem kaʾăšer dibbēr YHWH*
> "E o coração de Faraó se endureceu, e não os ouviu, como YHWH havia falado" (Êx 7,13).

Aqui, o verbo *ḥāzaq* (tornar forte, endurecer) é usado, distinto de qāšâ, sugerindo que Faraó reforça ativamente sua resistência, tornando-se cada vez mais rígido diante da palavra de YHWH. O texto enfatiza que essa recusa ocorre *kaʾăšer dibbēr* YHWH, "como YHWH havia falado", reiterando que o desenrolar dos eventos não se dá por acaso, mas segundo um plano divino previamente anunciado. O capítulo 7 marca, portanto, o início de uma estrutura repetitiva que dominará a narrativa das pragas: um comando divino, um sinal miraculoso, a recusa de Faraó e a intensificação do juízo. Esse padrão não apenas sustenta a progressão narrativa, mas também reforça a lógica teológica do texto: Faraó, que inicialmente se julga soberano, é gradualmente levado à condição de um líder incapaz de controlar os eventos ao seu redor. A negação inicial se transforma em destruição acumulativa, e aquilo que poderia ter sido resolvido no primeiro sinal se converte em um ciclo crescente de juízos, até que o Egito se veja forçado a admitir a supremacia de YHWH. Essa introdução ao confronto entre Moisés e Faraó estabelece os fundamentos para a sequência das pragas, que não apenas garantirão a libertação de Israel, mas desmantelarão simbolicamente a ordem religiosa e política do Egito. A recusa persistente de Faraó se tornará o instrumento pelo qual o juízo divino será plenamente manifestado, e a identidade de YHWH como o único soberano será revelada tanto a Israel quanto ao Egito.

Os versículos 7,6-7 ressaltam a obediência de Moisés e Aarão e registram suas idades, um detalhe que não é meramente biográfico, mas carrega implicações teológicas e sociais dentro da tradição bíblica. O texto afirma:

> *Mōšeh ben-šĕmōnîm šānâ wĕʾahărōn ben-šālōš wĕšĕḇʿîm šānâ bĕdabbĕrām ʾel-parʿōh*
> "Moisés tinha oitenta anos e Aarão oitenta e três anos quando falaram a Faraó" (Êx 7,7).

No contexto do Antigo Oriente Próximo, a longevidade estava associada à sabedoria e autoridade, reforçando que Moisés e Aarão não eram jovens impetuosos, mas líderes amadurecidos para a missão. A ênfase na idade também destaca que a redenção de Israel não ocorre por meio da força da juventude, mas da condução daqueles que carregam a memória da aliança e possuem discernimento para mediar a ação divina na história. A narrativa então se desloca para o primeiro confronto simbólico entre Moisés, Aarão e Faraó, um evento que antecipa a estrutura dos juízos subsequentes. O episódio da transformação do bordão em serpente ou crocodilo, descrito nos versículos 7,8-12, carrega um peso simbólico significativo. O texto apresenta a ordem divina em 7,9:

> *kî-yĕdabbēr ʾălêḵem parʿōh lēmōr tĕnû lākem môpēṯ*

> *wĕʾāmartā ʾel-ʾahărōn qaḥ ʾeṯ-maṭṭekā wĕhašlîk̠ lĕp̄nê parʿōh yĕhî lĕṯannîn*
> "Quando Faraó vos disser: 'Fazei um prodígio', dirás a Aarão: 'Toma tua vara e lança-a diante de Faraó, e ela se tornará um crocodilo/serpente'" (Êx 7,9).

O termo *ṯannîn* pode ser traduzido como "serpente" ou "crocodilo", e essa ambiguidade semântica é fundamental para compreender a carga simbólica do evento. O crocodilo era um símbolo do poder do Egito, frequentemente associado ao deus Sobek, uma divindade ligada à força e à proteção do faraó. A serpente, por sua vez, estava diretamente conectada à realeza egípcia, figurando na coroa do faraó na forma do ureus, a cobra que simbolizava sua autoridade divina e sua capacidade de subjugar seus inimigos. A escolha dessa imagem na narrativa do Êxodo não é casual, mas um ataque direto à ideologia egípcia do poder régio. O versículo 7,10 descreve a execução do sinal:

> *wăyišlēk̠ ʾahărōn ʾeṯ-maṭṭēhû lĕnê parʿōh ûlĕnê ʿăbāḏāyw wayĕhî lĕṯannîn*
> "Aarão lançou sua vara diante de Faraó e diante de seus servos, e ela se tornou um crocodilo/serpente" (Êx 7,10).

A transformação da vara em um *ṯannîn* ocorre na presença de Faraó e seus servos, transformando a corte egípcia em um palco teológico em que o embate entre YHWH e os deuses do Egito se desdobra progressivamente. O desafio ao poder faraônico não é meramente político, mas cósmico, sinalizando que a estrutura espiritual do Egito será confrontada e subvertida ao longo das pragas. O versículo 7,11 introduz a resposta de Faraó, que convoca seus especialistas em magia e sacerdócio para replicar o prodígio:

> *wayyiqraʾ gam-parʿōh laḥăkāmîm wĕlammĕkaššĕpîm wayyaʿăśû gam-hēmmâ ḥarṭummê miṣrayim bĕlaṭêhem kēn*
> "Então Faraó também chamou os sábios e os feiticeiros, e também eles, os magos do Egito, fizeram o mesmo com seus encantamentos" (Êx 7,11).

O vocabulário utilizado aqui reflete a tradição egípcia, em que *ḥăkāmîm* (sábios) e mĕkaššĕpîm (feiticeiros) eram figuras associadas às práticas rituais e mágicas da corte. Os *ḥarṭummê miṣrayim* (magos do Egito) aparecem em outros textos bíblicos (Êx 8,3; 8,14; 9,11), sempre como agentes que tentam replicar os sinais divinos. O fato de que os magos conseguem imitar a transformação da vara indica que os primeiros prodígios são permitidos para que a resistência de Faraó se endureça ainda mais. Essa dinâmica ecoa o tema da "mão forte" de YHWH, pois a progressão dos sinais levará a uma humilhação crescente da corte egípcia. O clímax do episódio ocorre no versículo 7,12, em que a supremacia do poder de YHWH é demonstrada de maneira dramática:

> *wayyiḇlăʿ maṭṭēh-ʾahărōn ʾeṯ-maṭṭōṯām*
> "Mas a vara de Aarão devorou as varas deles" (Êx 7,12).

O verbo *bālaʿ* (engolir) é carregado de significado dentro da narrativa bíblica. Esse mesmo verbo será utilizado para descrever o destino do exército egípcio no Mar Vermelho:

> *ṯĕḇalaʿēm hāʾāreṣ*
> "A terra os tragou" (Êx 15,12).

Esse detalhe literário não é acidental, mas estabelece um paralelo entre o primeiro confronto de Moisés e Faraó e o desfecho da história. Assim como a vara de Aarão "devora" as varas dos magos egípcios, YHWH "engolirá" os egípcios no mar. A conexão entre esses eventos cria uma estrutura narrativa que aponta para a inevitabilidade do juízo divino sobre o Egito. O texto não afirma explicitamente que Faraó se impressionou com a superioridade do sinal, mas o versículo seguinte indica que seu coração permaneceu endurecido (Êx 7,13). Isso reforça a construção teológica do capítulo, na qual os sinais iniciais servem para expor a recusa obstinada do rei, levando à necessidade de uma intervenção mais drástica por meio das pragas. O episódio da vara que se transforma em *ṯannîn* não é um mero prodígio isolado, mas um microcosmo da teologia do Êxodo. Ele antecipa a humilhação dos deuses do Egito, anuncia a derrota militar de Faraó e estabelece a lógica segundo a qual os sinais e maravilhas não são apenas demonstrações de poder, mas mecanismos pelos quais YHWH desmantela a ideologia egípcia e afirma sua soberania sobre todas as nações. A introdução dos magos egípcios como adversários de Moisés e Aarão também se encaixa dentro do paradigma da "sabedoria dos gentios" enfrentando a revelação divina. A sabedoria egípcia, que outrora acolheu José e garantiu a prosperidade de Israel (Gn 41,39-41), agora se coloca contra a vontade de YHWH, precipitando o juízo. A sequência do relato demonstrará que, à medida que as pragas avançam, a incapacidade dos magos em replicar os sinais se tornará evidente, e sua própria submissão ao poder de YHWH será inevitável (Êx 8,14; 9,11). O primeiro grande juízo divino se manifesta na praga da transformação das águas do Nilo em sangue, narrada em Êx 7,14-24. A sequência dos eventos segue um padrão que será recorrente nas pragas subsequentes: um pronunciamento divino, a execução do sinal, a tentativa de resistência de Faraó e, por fim, os efeitos da praga sobre a população egípcia. Essa estrutura não apenas reforça a progressão dos juízos divinos, mas também evidencia a crescente humilhação de Faraó diante do poder de YHWH. O versículo 7,17 contém a declaração de juízo, que apresenta o propósito da praga e a sua natureza punitiva:

> *bĕzōʾṯ tēḏaʿ kî-ʾănî YHWH hinnî makkeh bammaṭṭēh ʾăšer-bĕyāḏî ʿal-hammayim ʾăšer bayyĕʾōr wĕnehep̄ḵû lĕḏām*
>
> "Com isto saberás que eu sou YHWH: Eis que eu golpearei com a vara que está em minha mão as águas do Nilo, e elas se transformarão em sangue" (Êx 7,17).

O verbo *nāḵâ* (golpear) reforça a ideia de um julgamento ativo. O golpe que atinge o Nilo não é um evento natural, mas uma intervenção direta de YHWH na ordem egípcia, uma agressão simbólica ao coração da civilização faraônica. O próprio rio, que era fonte de fertilidade e prosperidade, agora se torna um agente de morte e devastação. A transformação da água em sangue simboliza o colapso da ordem cósmica, pois no pensamento do Antigo Oriente Próximo, a separação entre água e sangue era fundamental para a manutenção da vida. Esse sinal, portanto, não é apenas um desastre ambiental, mas uma desestruturação teológica da concepção egípcia de mundo.

A escolha do Nilo como alvo do primeiro juízo é carregada de significado. O rio era reverenciado como a manifestação do deus Hapi, a divindade da inundação e fertilidade. O Nilo sustentava a agricultura, permitia a navegação e era a principal fonte de abastecimento de água do Egito. Ao transformar suas águas em sangue, YHWH atinge o cerne da economia egípcia e desmantela a lógica religiosa que sustentava o império. Esse ataque direto a um dos pilares da teologia egípcia antecipa o padrão das pragas seguintes, nas quais os deuses do Egito serão sistematicamente deslegitimados. Os efeitos da praga são descritos em Êx 7,20-21:

> *wayyārum ʾeṯ-hammaṭṭēh wayyaḵ ʾeṯ-hammayim ʾăšer bayyĕʾōr lĕʿênê parʿōh ûlĕʿênê ʿăbāḏāyw wayyēhāpeḵû kāl-hammayim ʾăšer bayyĕʾōr lĕḏām*
> "E ele levantou a vara e golpeou as águas do Nilo, diante dos olhos de Faraó e diante dos olhos de seus servos, e todas as águas do Nilo se transformaram em sangue" (Êx 7,20).

> *wĕhadāgâ ʾăšer-bayyĕʾōr mētâ wayyibʾaš hayyĕʾōr wĕlōʾ yākĕlû miṣrayim lištôṯ mayim min-hayyĕʾōr wayĕhî haddām bĕkāl-ʾereṣ miṣrayim*
> "E os peixes que estavam no Nilo morreram, e o rio apodreceu, e os egípcios não podiam beber da água do Nilo; e houve sangue por toda a terra do Egito" (Êx 7,21).

O impacto da praga é descrito de maneira progressiva: a transformação da água, a morte dos peixes, o odor pútrido do rio e, por fim, a impossibilidade de se obter água potável. Essa sequência narrativa ressalta a totalidade da calamidade, mostrando que não se trata apenas de um sinal visual, mas de uma desestruturação completa do ecossistema e da economia do Egito. A menção ao sangue *bĕkāl-ʾereṣ miṣrayim* (por toda a terra do Egito) indica que o juízo não se restringe ao palácio de Faraó, mas afeta toda a população, antecipando a crescente severidade das pragas subsequentes.

Os versículos 7,22-23 introduzem um elemento intrigante na narrativa: a capacidade dos magos egípcios de replicar o milagre:

> *wayyaʿăśû-kēn ḥarṭummê miṣrayim bĕlaṭêhem*
> "Mas os magos do Egito fizeram o mesmo com seus encantamentos" (Êx 7,22).

A replicação do sinal pelos magos reforça a recusa de Faraó em reconhecer a singularidade do juízo de YHWH. Se os sacerdotes egípcios conseguem imitar a transformação da água em sangue, então, aos olhos de Faraó, Moisés e Aarão não apresentam uma ameaça maior do que os encantadores do Egito. Esse detalhe narrativo revela uma estratégia divina: as primeiras pragas não são suficientemente devastadoras a ponto de forçar Faraó à submissão, mas servem para endurecê-lo ainda mais, precipitando juízos mais severos. O endurecimento do coração de Faraó é expresso com a fórmula:

> *wayyāḥĕzaq lēḇ parʿōh wĕlōʾ šāmaʿ ʾălêhem kaʾăšer dibbēr YHWH*
> "O coração de Faraó se endureceu, e ele não lhes deu ouvidos, como YHWH havia falado" (Êx 7,22).

O uso do verbo *ḥāzaq* (fortalecer, endurecer) indica que Faraó se mantém obstinado, recusando-se a reconhecer a intervenção divina. A menção de que isso ocorre *kaʾăšer dibbēr* YHWH (como YHWH havia falado) reforça que o desenrolar dos eventos segue um plano preestabelecido, no qual a resistência do rei se torna o próprio meio pelo qual o poder de YHWH será plenamente manifestado. O impacto da praga sobre a população egípcia é descrito em Êx 7,24:

> *wayyaḥpĕrû kāl-miṣrayim sĕḇîḇōṯ hayyĕʾōr mayim lištôṯ kî lōʾ yākĕlû lištôṯ mimmê hayyĕʾōr*
> "E todos os egípcios cavaram ao redor do Nilo para achar água para beber, pois não podiam beber da água do rio" (Êx 7,24).

Esse detalhe sugere que, apesar da gravidade do juízo, ainda havia uma forma de resistência: os egípcios buscam fontes subterrâneas de água, cavando ao redor do rio. Essa ação pode ser interpretada de duas maneiras. Por um lado, indica que a praga não foi um golpe absolutamente fatal, pois alternativas ainda estavam disponíveis. Por outro, demonstra que a resposta do povo foi a tentativa de contornar a calamidade sem reconhecer sua origem divina, o que reflete a resistência contínua do Egito em se submeter a YHWH. Esse padrão se repetirá ao longo das pragas, nas quais cada novo juízo reforçará a impossibilidade de manter a ordem egípcia intacta.

A significância do primeiro juízo: o golpe contra a economia e a religião egípcia

A escolha do Nilo como alvo inicial dos juízos divinos não é acidental, mas carrega uma profunda carga teológica e política. O rio era a espinha dorsal da civilização egípcia, regulando sua agricultura e permitindo a subsistência de sua população. Suas inundações anuais, previsíveis e ordenadas, garantiam a fertilidade das terras do vale, permitindo que o Egito prosperasse mesmo em meio ao deserto. Além de sua importância econômica, o Nilo era uma via essencial para o transporte e o comércio, funcionando como a principal artéria da infraestrutura imperial egípcia. No entanto, a relevância do Nilo ia além da dimensão material. O rio era sacralizado na religião egípcia, sendo personificado no deus Hapi, a divindade responsável pelas inundações que renovavam a terra. Os hinos ao Nilo exaltavam sua generosidade e seu papel como doador da vida, refletindo a crença de que o equilíbrio do cosmos dependia de sua regularidade. Transformar o Nilo em sangue não era apenas uma perturbação ambiental, mas um ataque direto à teologia egípcia, demonstrando que a fonte da vida do império podia ser revertida em um símbolo de morte por ordem de YHWH. O deus Hapi, venerado como provedor da fertilidade, revela-se impotente diante da palavra de Moisés e da vara de Aarão.

O impacto dessa reversão não se restringe ao campo teológico, mas atinge a própria estrutura simbólica do império. O Egito era concebido como um reflexo da ordem cósmica, no qual Faraó ocupava a posição de mediador entre os deuses e o mundo humano. A regularidade do Nilo era vista como uma evidência da harmonia entre o rei e os deuses, garantindo sua legitimidade política. Assim, a transformação do rio em sangue não é apenas um desastre natural, mas uma declaração de que Faraó perdeu o controle sobre a ordem do mundo. Se o Nilo, o eixo da civilização egípcia, pode ser subvertido à vontade de YHWH, então a soberania de Faraó se revela frágil e ilusória. O verbo *nāḵâ* (golpear) em Êx 7,17 reforça o caráter agressivo desse primeiro juízo:

> *bĕzōʾṯ tēḏaʿ kî-ʾănî YHWH hinnî makkeh bammaṭṭēh ʾăšer-bĕyādî ʿal-hammayim ʾăšer bayyĕʾōr wĕnehepḵû lĕḏām*
> "Com isto saberás que eu sou YHWH: Eis que eu golpearei com a vara que está em minha mão as águas do Nilo, e elas se transformarão em sangue" (Êx 7,17).

O uso do verbo *nāḵâ* indica que o julgamento não é um fenômeno natural, mas uma ação deliberada e soberana. O ato de "golpear" a água com a vara de Moisés lembra as narrativas de confrontos divinos do Antigo Oriente Próximo, em que deuses guerreiros demonstram sua supremacia ao subjugar os elementos da criação. Aqui, no entanto, a vara não é apenas um instrumento de violência, mas um símbolo de autoridade divina. Aquele que outrora usou uma vara para pastorear no deserto (Êx 3,1), agora a empunha para confrontar um império. A transformação das águas em sangue antecipa o golpe final contra o Egito: a morte dos primogênitos. Há uma progressão narrativa na qual a recusa de Faraó em libertar Israel resulta em consequências cada vez mais severas, culminando na destruição de sua própria descendência. A relação entre o sangue do Nilo e o sangue dos primogênitos não é acidental, mas aponta para a lógica do juízo divino: se o Egito recusa libertar o povo de YHWH, então a própria estrutura da vida egípcia será progressivamente destruída. A primeira praga é, assim, um prenúncio do último golpe. Além disso, a transformação da água em sangue remete à violência inicial que inaugurou a opressão dos israelitas: o decreto de Faraó ordenando que todos os meninos hebreus fossem lançados no rio (Êx 1,22). Agora, a mesma água que consumiu as crianças israelitas se torna sangue diante dos olhos dos egípcios. A inversão é teologicamente poderosa: o instrumento da morte dos hebreus se torna a manifestação da ira de YHWH contra seus opressores. O endurecimento do coração de Faraó diante desse primeiro juízo sugere que a estrutura da opressão não pode ser desmontada com uma única demonstração de poder. O rei persiste em sua recusa, e os magos egípcios tentam replicar o milagre, minimizando sua significância. No entanto, a progressão dos juízos mostrará que a resistência de Faraó não impedirá a intervenção de YHWH, mas apenas tornará sua derrota mais evidente e humilhante. O primeiro golpe já foi desferido; a ruína do Egito será inevitável.

A reação de faraó e a estratégia narrativa

A reação de Faraó à primeira praga é marcada por uma falsa segurança e um endurecimento deliberado. Em Êx 7,22, os magos do Egito replicam o milagre:

> *wayyaʿăśû-kēn ḥarṭummê miṣrayim bĕlaṭêhem*
> "Mas os magos do Egito fizeram o mesmo com seus encantamentos" (Êx 7,22).

O termo *laṭîm* (encantamentos) sugere o uso de rituais mágicos e fórmulas ocultas, práticas comuns entre os sacerdotes egípcios. O Egito antigo possuía uma tradição profundamente enraizada de magia ritual, na qual os sacerdotes empregavam textos sagrados e técnicas simbólicas para manipular forças sobrenaturais. Os *ḥarṭummê miṣrayim* (magos do Egito) são apresentados aqui como agentes da resistência de Faraó, utilizando seus poderes para minimizar o impacto da praga. No entanto, a duplicação do sinal pelos magos contém uma ironia literária sutil: em vez de reverter a praga, sua ação apenas agrava a crise, pois, ao invés de restaurar a água potável, eles apenas criam mais sangue. Essa ironia reforça a incapacidade dos sacerdotes egípcios de oferecer uma solução real para o problema. Embora suas práticas demonstrem poder, elas não desafiam a supremacia de YHWH, apenas contribuem para a devastação. Isso antecipa um padrão que se repetirá nas pragas subsequentes: os magos tentarão replicar os sinais, mas sua eficácia diminuirá progressivamente até que, em um determinado momento, admitirão sua derrota (Êx 8,14; 9,11). Esse declínio da magia egípcia reflete a crescente humilhação de Faraó e de sua corte diante do Deus de Israel. O versículo 7,22 prossegue com a reação de Faraó:

> *wayyāḥĕzaq lēḇ parʿōh wĕlōʾ šāmaʿ ʾălêhem*
> "O coração de Faraó se endureceu, e ele não lhes deu ouvidos" (Êx 7,22).

A frase *lōʾ šāmaʿ* (não ouviu) introduz um padrão narrativo que dominará o restante das pragas: Faraó repetidamente ignora os sinais até que sua posição se torne insustentável. O verbo *ḥāzaq* (fortalecer, endurecer) é utilizado para descrever a condição do coração de Faraó, indicando que sua resistência não é passiva, mas ativa. Ele se recusa a ouvir Moisés e Aarão, preferindo confiar na habilidade de seus sacerdotes em replicar os sinais. Essa resposta revela uma postura de negação e autoafirmação, em que o rei do Egito se apega ao controle que acredita possuir, mesmo diante de evidências contrárias.

Essa questão do endurecimento do coração de Faraó levanta um problema teológico central no Êxodo: sua recusa é uma escolha deliberada ou uma manipulação divina? A narrativa alterna entre momentos em que Faraó endurece seu próprio coração (Êx 8,15; 8,32; 9,34) e outros em que YHWH intervém diretamente para endurecê-lo (Êx 9,12; 10,20; 11,10). Essa alternância sugere uma dialética entre a liberdade humana e o julgamento divino. Faraó inicia sua própria resistência, mas à medida que ele persiste, sua recusa se torna parte de um processo maior, no qual a justiça divina age para levá-lo ao colapso. O endurecimento do coração não é uma negação da agência de Faraó, mas a revelação de um princípio teológico: quando alguém se recusa obstinadamente a reconhecer a verdade, essa própria recusa pode se tornar seu juízo. O versículo 7,23 descreve um detalhe significativo sobre a atitude de Faraó diante da praga:

> *wayyippēn parʿōh wayyāḇōʾ ʾel-bêtô wĕlōʾ-šāt libbô gam-lāzōʾṯ*
> "Faraó virou-se e entrou em sua casa, e nem mesmo levou isso a sério" (Êx 7,23).

A expressão *wĕlōʾ-šāt libbô* (e não levou isso a sério) indica um nível profundo de indiferença. Faraó não apenas rejeita o sinal, mas escolhe ignorá-lo completamente, retirando-se para seu palácio como se nada tivesse acontecido. Essa frieza sugere que, para ele, a praga ainda não representa uma ameaça existencial ao seu governo. Sua confiança na estrutura religiosa e administrativa do Egito lhe dá a ilusão de controle, impedindo-o de reconhecer a realidade da crise que se inicia. Esse momento de negligência antecipa sua resposta às pragas subsequentes. Inicialmente, Faraó oscila entre a indiferença e pequenas concessões, mas à medida que os juízos se intensificam, sua resistência será progressivamente corroída. O afastamento de Faraó para seu palácio ecoa a postura dos poderosos que, ao longo da história, ignoram sinais de colapso até que seja tarde demais para reagir. O padrão estabelecido nesse primeiro juízo aponta para a estrutura narrativa das pragas. O Egito ainda possui alternativas: os magos replicam os sinais, e os egípcios cavam buracos próximos ao rio para obter água potável (Êx 7,24). Contudo, à medida que os juízos se multiplicam, essas alternativas desaparecerão, e Faraó será forçado a enfrentar uma realidade inescapável. A falsa segurança que ele exibe agora será desmantelada passo a passo, até que o próprio Egito sucumba ao caos instaurado pela recusa em reconhecer a soberania de YHWH.

A narrativa do Êxodo e a teologia do conflito divino

O primeiro juízo prepara o terreno para os seguintes, estabelecendo um padrão narrativo e teológico que se repetirá ao longo das pragas subsequentes. O ataque ao Nilo não é apenas um golpe contra a economia e o sustento do Egito, mas uma declaração de guerra contra sua cosmologia. O rio, que era adorado como manifestação do deus Hapi, revela-se impotente diante do comando de YHWH, e o sangue que substitui suas águas anuncia a subversão da ordem estabelecida. Esse primeiro sinal antecipa a destruição progressiva da teologia imperial egípcia, na qual cada praga atinge um domínio específico da criação e da crença nacional.

A estrutura das pragas reflete um princípio teológico profundo: a libertação de Israel não se trata apenas de uma questão de opressão social, mas de uma guerra cósmica contra os poderes que escravizam a humanidade. O Egito, representado por Faraó e seus deuses, encarna uma estrutura de dominação que se autoproclama absoluta. O rei do Egito não se vê apenas como um governante político, mas como o intermediário dos deuses, o ponto de contato entre a ordem divina e a terra. A resistência de Faraó, portanto, não é meramente administrativa ou pragmática; ela expressa uma recusa em reconhecer a soberania de YHWH sobre a história e sobre a própria estrutura do cosmos. Esse confronto transcende as dinâmicas geopolíticas e adentra o campo da revelação teológica. A partir do momento em que Moisés e Aarão se apresentam diante de Faraó com a frase "Assim diz YHWH", o palácio do rei egípcio torna-se o palco de um embate definitivo: ou Faraó submeter-se-á a YHWH, ou sua recusa se tornará o próprio instrumento de sua destruição. Essa tensão entre submissão e resistência será o eixo da narrativa, em que cada praga não apenas impõe sofrimento ao Egito, mas desmantela sua estrutura religiosa e ideológica.

O capítulo 7 encerra-se, portanto, com um cenário de tensão crescente. O juízo divino se inicia, mas a resistência egípcia persiste. O endurecimento do coração de Faraó, combinado com a capacidade inicial dos magos de replicar os sinais, cria um ambiente onde a intervenção de YHWH precisará escalar para que a libertação de Israel seja alcançada. Esse padrão será aprofundado nas pragas seguintes, em que o impacto dos juízos se tornará progressivamente mais severo e a estrutura do império começará a ruir de maneira irreversível.

O próximo capítulo dará continuidade a essa escalada, introduzindo novos sinais que desafiarão ainda mais a ordem teológica e política do Egito. A cada nova praga, a supremacia de YHWH se tornará mais evidente, enquanto a ilusão do poder faraônico se dissolverá diante do colapso das bases que sustentavam sua autoridade. O conflito entre a palavra de YHWH e a recusa de Faraó não será resolvido instantaneamente, mas seguirá uma trajetória de desintegração progressiva, na qual a dureza do coração do rei se tornará o próprio instrumento de sua queda.

Capítulo 8

A segunda praga continua a escalada do confronto entre YHWH e Faraó, agora atacando não apenas a economia do Egito, mas suas estruturas religiosas e sua própria noção de ordem cósmica. O anúncio da praga ocorre com a fórmula profética clássica:

> *kōh ʾāmar YHWH šallaḥ ʾeṯ-ʿammî wĕyaʿăḇdûnî*
> "Assim diz YHWH: 'Deixa ir o meu povo para que me sirva'" (Êx 8,1).

A insistência nessa fórmula reforça a dimensão teológica do embate. YHWH não exige apenas a libertação de Israel, mas reivindica seu direito de ser servido. O verbo *ʿāḇaḏ* (servir, adorar) não se refere apenas a um ato de culto, mas à pertença exclusiva a um senhor. Assim, a libertação do Egito não é meramente uma questão política, mas um deslocamento de soberania: Israel deixará de servir a Faraó para servir a YHWH. Esse embate não se restringe à negociação entre dois governantes, mas envolve uma disputa teológica na qual o próprio conceito de autoridade será redefinido. A ameaça condicional no versículo seguinte estabelece o julgamento que virá sobre o Egito caso Faraó resista:

> *wĕʾim-mēʾēn ʾattâ lĕšalleḥ hinnĕnî nogēp̄ ʾeṯ-kĕḇûlĕkā bĕṣĕpardeʿîm*
> "Mas se recusares deixá-lo ir, eis que ferirei todo o teu território com rãs" (Êx 8,2).

O verbo nāgap (ferir, atingir) já havia sido usado para indicar juízos divinos em contextos posteriores (Êx 12,23; Nm 14,37), sugerindo que a praga não é um mero incômodo natural, mas uma punição ativa. O termo *kĕḇûl* (território, fronteira) indica que a invasão das rãs não será localizada, mas abrangerá todo o Egito. A praga transcenderá o palácio e atingirá toda a população, minando a ideia de que Faraó pode proteger sua terra da intervenção de YHWH. A descrição da invasão é especialmente vívida e utiliza o verbo *šāraṣ* (pulular, proliferar):

> *wĕšāraṣ hayyĕʾōr ṣĕpardeʿîm wĕʿālû ûḇāʾû bĕḇêṯeḵā ûḇaḥăḏerey miškāḇeḵā ûʿal-miṭṭāṯeḵā ûḇĕḇêt ʿăḇāḏeḵā ûḇĕʿammĕḵā ûḇĕtannûrêḵā ûḇĕmišʾărôṯêḵā*
> "E o Nilo produzirá rãs em abundância, e elas subirão e entrarão em tua casa, em teu quarto, sobre tua cama, nas casas dos teus servos, sobre teu povo, em teus fornos e nas tuas amassadeiras" (Êx 8,3).

O uso de *šāraṣ* remete a Gn 1,20, em que o mesmo verbo descreve a multiplicação da vida aquática:

> *yišrĕṣû hammayim šereṣ nepeš ḥayyâ*
> "Pululem as águas de enxames de seres viventes" (Gn 1,20).

A linguagem de Gênesis é aqui subvertida: em vez de um crescimento ordenado e benéfico, o Egito experimenta uma proliferação caótica e destrutiva. O que deveria ser um sinal de vida se torna uma maldição. A invasão das rãs também atinge um elemento central da religiosidade egípcia. As rãs eram associadas à deusa *Ḥeqet*, uma divindade da fertilidade e do nascimento. Representada com cabeça de rã, *Ḥeqet* era vista como auxiliadora das parturientes, garantindo que os ciclos de vida continuassem de maneira ordenada. A presença descontrolada das rãs transforma esse símbolo de proteção em uma força de opressão, corroendo a legitimidade teológica do panteão egípcio. A execução da praga ocorre nos versículos 8,5-6, quando Aarão estende sua vara sobre as águas do Egito, e as rãs cobrem toda a terra. O versículo 8,7 introduz um detalhe crucial:

> *wayyaʿăśû-kēn hăḥarṭummîm bĕlaṭêhem wayyaʿălû ṣĕpardeʿîm ʿal-ʾereṣ miṣrayim*
> "Mas os magos do Egito fizeram o mesmo com seus encantamentos e fizeram subir rãs sobre a terra do Egito" (Êx 8,7).

A capacidade dos sacerdotes egípcios de replicar o sinal mantém a tensão do conflito. Assim como na primeira praga, eles conseguem imitar a ação divina, mas são incapazes de reverter seus efeitos. A narrativa reforça que, enquanto YHWH tem poder para enviar e remover as pragas, os magos egípcios apenas conseguem reproduzir os sinais, sem exercer controle sobre eles. Essa incapacidade será cada vez mais evidente à medida que as pragas avançam. A súplica de Faraó em Êx 8,8 representa um momento significativo no embate, pois marca a primeira vez que o rei reconhece a necessidade de Moisés interceder junto a YHWH:

> *haʿtîrû ʾel-YHWH wĕyāsēr haṣĕpardeʿîm*
> "Orai a YHWH para que remova as rãs" (*Êx* 8,8).

O verbo *ʿātar* (interceder) implica que Faraó não apenas reconhece a praga como um ato divino, mas também admite que precisa da mediação de Moisés para obter alívio. Esse é um primeiro sinal de fraqueza política e teológica. No entanto, a resposta de Moisés em Êx 8,9 introduz um elemento inesperado: ele permite que Faraó escolha o momento da remoção das rãs.

> *lĕmāḥār*
> "Para amanhã" (Êx 8,10).

A escolha de Faraó de postergar o alívio contém uma ironia implícita. Se ele realmente estivesse desesperado, pediria a remoção imediata da praga. Ao escolher *lĕmāḥār*, parece que Faraó ainda deseja testar a legitimidade do poder de Moisés. Essa hesitação revela que, embora reconheça a ação de YHWH, ele ainda reluta em se submeter completamente. Os versículos Êx 8,13-14 narram o fim da praga, mas introduzem um novo problema:

> *wayyib̲ʾăšû haṣĕpardeʿîm wĕwayyiqbaṣû ʾōt̲ām ḥŏmārîm ḥŏmārîm wattibʾaš hāʾāreṣ*
> "As rãs morreram... e ajuntaram-nas em montes, e a terra cheirou mal" (Êx 8,14).

O acúmulo de cadáveres de rãs e o fedor que se espalha pelo Egito reforçam o tema do caos progressivo. O juízo divino não desaparece instantaneamente; suas consequências permanecem na terra, corroendo a normalidade egípcia.

O padrão estabelecido até aqui mostra que Faraó oscila entre resistência e concessão. Embora peça a remoção da praga, seu coração permanece endurecido, e ele se recusa a cumprir a ordem divina. Esse ciclo de súplica e endurecimento se repetirá nas pragas seguintes, evidenciando que, enquanto a soberania de YHWH se torna cada vez mais evidente, a obstinação de Faraó se tornará o próprio instrumento de sua ruína. A tensão continuará a crescer, preparando o caminho para pragas mais devastadoras, nas quais a ordem egípcia será desmantelada de maneira irreversível. O padrão narrativo das pragas sofre uma mudança significativa com a terceira praga. Ao contrário das anteriores, que foram precedidas por uma advertência a Faraó, esta ocorre sem qualquer aviso prévio, sublinhando a soberania absoluta de YHWH sobre o processo de juízo. O comando divino é dado diretamente a Moisés, que por sua vez instrui Aarão:

> *ʾĕmōr lĕʾahărōn neṭṭêh ʾeṯ-maṭṭeḵā wĕhaḵeh ʾeṯ-ʿăp̄ar hāʾāreṣ wĕhāyâ lĕkinnîm bĕkāl-ʾereṣ miṣrayim*
> "Dize a Aarão: 'Estende tua vara e fere o pó da terra, para que ele se torne piolhos em toda a terra do Egito'" (Êx 8,16).

A palavra *kinnîm* tem sido tradicionalmente traduzida como "piolhos", mas sua identificação exata permanece incerta. Algumas interpretações sugerem que pode referir-se a pequenos mosquitos, pulgas ou outros insetos hematófagos comuns no Egito. Independentemente da identificação específica, o impacto da praga está na infestação maciça que cobre tanto humanos quanto animais, tornando a vida cotidiana insuportável e impossibilitando os rituais religiosos egípcios, que exigiam pureza corporal. A execução da praga ocorre imediatamente, conforme descrito em Êx 8,17:

> *wayyaʿăśû-kēn wayyeṭ maṭṭêhû wayyaḵ ʾeṯ-ʿăp̄ar hāʾāreṣ wayhî hăkinnām bāʾādām ûḇabbĕhēmâ kāl-ʿăp̄ar hāʾāreṣ hāyâ lĕkinnîm bĕkāl-ʾereṣ miṣrayim*
> "Assim fizeram. Aarão estendeu a mão com sua vara e feriu o pó da terra, e houve piolhos sobre os homens e sobre os animais. Todo o pó da terra se tornou piolhos em toda a terra do Egito" (Êx 8,17).

A escolha do pó da terra como elemento de transformação é teologicamente carregada. O pó (*ʿāp̄ar*) evoca a criação do ser humano em Gn 2,7, mas aqui o pó não dá origem à vida, e sim a uma praga. Esse detalhe inverte a lógica criacional e reforça a progressão do caos dentro da ordem egípcia. Nos versículos Êx 8,18-19, os magos do Egito tentam replicar a praga, mas são incapazes de fazê-lo:

> *wĕlōʾ yāḵōlû*
> "Mas não conseguiram" (Êx 8,18).

Esse é um ponto crucial dentro do desenvolvimento narrativo. Até então, os sacerdotes egípcios haviam sido capazes de imitar os sinais de Moisés e Aarão, dando a Faraó a ilusão de que os atos de YHWH não eram únicos. No entanto, a falha dos magos marca o início da derrocada da autoridade religiosa do Egito. A confissão que segue é significativa:

> *ʾeṣbaʿ ʾĕlōhîm hîʾ*
> "Isto é o dedo de Deus" (Êx 8,19).

A expressão *ʾeṣbaʿ ʾĕlōhîm* reaparece em Êx 31,18 para descrever a escrita dos Dez Mandamentos nas tábuas de pedra, sugerindo uma ação direta e inegável de YHWH. Os magos reconhecem que estão diante de um poder que transcende sua magia e, implicitamente, que a ordem egípcia já começou a ruir. No entanto, essa confissão não tem impacto sobre Faraó, cujo coração continua endurecido:

> *wayyĕḥĕzaq lēḇ parʿōh wĕlōʾ šāmaʿ ʾălêhem*
> "E o coração de Faraó se endureceu, e ele não lhes deu ouvidos" (Êx 8,19).

Se as primeiras pragas haviam demonstrado o poder de YHWH contra os deuses do Egito, esta praga começa a expor a fragilidade da estrutura de poder egípcia, desmontando sua legitimidade religiosa e mostrando que a resistência de Faraó não é apenas teimosia, mas uma negação desesperada da realidade.

A quarta praga marca um novo estágio no ciclo de juízos divinos. O padrão narrativo volta à estrutura das duas primeiras pragas, com um aviso prévio a Faraó. A introdução da praga é feita com uma ordem clara a Moisés:

> *hăšḵēm babbōqer wĕhiṣṣāḇta lip̄nê par'ōh*
> "Levanta-te cedo pela manhã e põe-te diante de Faraó" (Êx 8,20).

A expressão ***hăšḵēm babbōqer*** (levanta-te cedo pela manhã) reaparece várias vezes no Êxodo, sinalizando momentos decisivos do embate entre YHWH e Faraó (Êx 7,15; 9,13). Esse padrão reforça a dinâmica do juízo: cada novo ciclo de pragas começa com uma oportunidade para que Faraó se submeta, mas, ao resistir, ele apenas precipita a intensificação das calamidades. A ameaça é então declarada:

> *šallaḥ 'eṯ-'ammî wĕya'ăḇdûnî wĕ'im-'ênĕḵā mĕšalleḥ 'eṯ-'ammî hinnĕnî mašallaḥ bĕḵā ûḇa'ăḇāḏêḵā ûḇa'ammĕḵā ûḇĕḇāṯêyḵā 'ārōḇ*
> "Deixa ir o meu povo para que me sirva. Mas se não o deixares ir, eis que enviarei enxames de insetos contra ti, contra teus servos, contra o teu povo e contra as tuas casas" (Êx 8,21).

A palavra *'ārōḇ* tem sido tradicionalmente traduzida como "moscas", mas seu significado exato é incerto. Algumas interpretações sugerem que pode se referir a enxames de insetos nocivos, como vespas, escaravelhos ou mesmo pequenos animais selvagens. Se essa interpretação estiver correta, o impacto da praga seria duplamente devastador: os insetos causariam sofrimento físico e comprometeriam a segurança alimentar e sanitária do Egito. O versículo Êx 8,22 introduz um novo elemento teológico crucial:

> *wĕhip̄lêṯî ḇayôm hāhû' 'eṯ-'ereṣ gōšen 'ăšer 'ammî 'ōmēḏ 'ālêhā lĕḇilṯî heyôt šām 'ārōḇ*
> "Farei distinção naquele dia com a terra de Gósen, em que habita o meu povo, para que não haja ali enxames" (Êx 8,22).

A palavra *wĕhip̄lêṯî*, derivada da raiz *pāla'* (separar, distinguir, fazer algo extraordinário), indica uma divisão explícita entre os egípcios e os israelitas. Essa separação tem uma função teológica decisiva: demonstra que as pragas não são meros desastres naturais, mas juízos seletivos, dirigidos contra o império egípcio. O versículo Êx 8,23 reforça essa distinção:

> *wĕśamtî pĕḏût bēn ʿammî ûḇên ʿammeḵā*
> "E porei redenção entre o meu povo e o teu povo"
> (Êx 8,23).

O substantivo *pĕḏût* (redenção, livramento) antecipa o conceito de *pesaḥ* (Páscoa), que será desenvolvido nos capítulos seguintes. Israel não é apenas poupado da praga; sua separação do Egito simboliza o processo de libertação que culminará na saída definitiva da servidão. Com essa praga, o embate entre YHWH e Faraó entra em um novo estágio, em que a resistência egípcia já não é apenas política, mas um desafio desesperado contra o inevitável desmantelamento do império. A progressão do embate entre YHWH e Faraó atinge um novo estágio com a quarta praga. Enquanto nas pragas anteriores Faraó endureceu seu coração sem qualquer tentativa de conciliação, agora ele adota uma estratégia diferente: ao invés de simplesmente negar o pedido de Moisés, ele tenta negociar os termos da adoração de Israel. Esse movimento revela um primeiro sinal de enfraquecimento do poder imperial diante da crescente demonstração da soberania de YHWH.

> *lĕḵû zibḥû lē'ĕlōhêkem bā'āreṣ*
> "Ide e sacrificai ao vosso Deus aqui na terra" (Êx 8,25).

A proposta de Faraó contém uma concessão parcial: ele permite que os israelitas realizem seus ritos, mas sem deixarem o Egito. Esse detalhe é crucial, pois sugere que o rei compreende que o culto a YHWH está diretamente vinculado à questão da libertação. Permitir o culto dentro das fronteiras egípcias não altera a relação de servidão, e Faraó ainda mantém controle sobre Israel. A recusa de Moisés indica que essa oferta não atende ao chamado divino, pois a adoração a YHWH não pode ser realizada sob os termos da opressão egípcia.

> *lōʾ nēḵôn laʿăśôṯ kēn kî tōʿăḇaṯ miṣrayim nizbaḥ lĕYHWH ʾĕlōhênû*
> "Não convém que façamos assim, pois sacrificaríamos a YHWH nosso Deus aquilo que é abominação para os egípcios" (Êx 8,26).

A palavra *tōʿăḇâ* (abominação) sugere que os rituais de sacrifício israelitas seriam ofensivos para os egípcios. Isso pode estar relacionado ao fato de que certos animais, como bois e carneiros, eram considerados sagrados na religião egípcia. A matança desses animais poderia ser vista como um sacrilégio, gerando hostilidade entre os egípcios e impedindo que Israel realizasse seu culto sem interferência. Além disso, essa justificativa de Moisés reforça que a libertação não é apenas uma necessidade política, mas também religiosa: o serviço a YHWH é incompatível com o contexto egípcio. O argumento de Moisés se intensifica no versículo seguinte:

> *nēlēḵâ derek šĕlōšet yāmîm bammiḏbār wĕnazbĕḥâ lĕYHWH ʾĕlōhênû kaʾăšer yōʾmarnû*
> "Partiremos a três dias de jornada no deserto e ofereceremos sacrifícios a YHWH nosso Deus, como Ele nos ordenou" (Êx 8,27).

A expressão *derek šĕlōšet yāmîm* (três dias de jornada) pode ser interpretada de forma literal, mas também pode carregar um significado simbólico: um afastamento suficiente da presença egípcia para permitir uma relação exclusiva entre Israel e YHWH. Esse padrão reaparece em outros momentos bíblicos em que três dias são estabelecidos como um tempo de transição e transformação (cf. Gn 22,4; Jn 1,17). Faraó, percebendo que sua oferta inicial foi rejeitada, tenta um novo compromisso. Ele permite que Israel sacrifique no deserto, mas impõe uma condição restritiva:

> *ʾănî ʾašallaḥ ʾeṯḵem ûzibḥû lĕYHWH ʾĕlōhêkem bammiḏbār raq harḥēq lōʾ tāriqû laleḵ lĕhaʿtîr bâʿădî*
> "Eu vos deixarei ir para sacrificardes a YHWH vosso Deus no deserto, mas não vades muito longe; orai por mim" (Êx 8,28).

Essa concessão limitada mantém a estratégia de controle de Faraó: ele permite a adoração de YHWH, mas apenas sob a condição de que Israel permaneça dentro de um raio de alcance do Egito. A menção ao pedido de oração (*lêhaʿtîr bâʿădî*) é significativa. Ao pedir que Moisés interceda por ele, Faraó demonstra que reconhece, ainda que relutantemente, a autoridade espiritual de Moisés e a realidade do poder de YHWH. Esse pedido de intercessão será repetido em outras pragas, revelando que, embora Faraó continue resistindo, ele sente o impacto das pragas e busca alívio imediato. Moisés concorda em interceder, mas deixa um aviso claro sobre a necessidade de sinceridade na negociação:

> *raq ʾal-yôsap̄ parʿōh hătēl lĕḇilṯî šalleḥ ʾeṯ-hāʿām lizbaḥ lĕYHWH*
> "Somente que Faraó não volte a agir falsamente, não deixando ir o povo para sacrificar a YHWH" (Êx 8,29).

O verbo *hătēl* (agir com engano) sugere que Moisés já antecipa a duplicidade de Faraó. Essa desconfiança é justificada, pois, mesmo após a remoção da praga, o coração de Faraó permanece endurecido. O padrão narrativo das pragas se repete: a calamidade leva Faraó a ceder temporariamente, mas sua disposição muda assim que a ameaça desaparece. O texto conclui com a remoção da praga e a previsível recaída de Faraó:

> *wayyakhbēḏ parʿōh ʾeṯ-libbô gam-bappaʿam hazzōʾṯ wĕlōʾ šillaḥ ʾeṯ-hāʿām*
> "Mas Faraó também desta vez endureceu seu coração e não deixou o povo ir" (Êx 8,32).

O verbo *wayyakhbēḏ* (tornou pesado) remete ao conceito de um coração obstinado, insensível à ação divina. Esse endurecimento não é apenas uma questão psicológica, mas carrega um peso teológico: a rejeição contínua de Faraó não é simplesmente um ato de resistência política, mas um desafio direto à autoridade de YHWH. Esse episódio marca um ponto de transição dentro da estrutura das pragas. Até este momento, Faraó havia se recusado a negociar; agora, ele tenta preservar sua posição por meio de concessões limitadas e estratégicas. No entanto, essa tentativa falha, pois Moisés não aceita nada menos que a obediência total à ordem divina. A quarta praga e a negociação frustrada mostram que, embora Faraó comece a ceder, sua resistência ainda prevalece. Essa oscilação entre concessão e recusa continuará nos próximos capítulos, revelando que a libertação de Israel não será conquistada por meio de concessões parciais, mas exigirá a manifestação plena do juízo divino. O próximo ciclo de pragas intensificará ainda mais a demonstração da soberania de YHWH, tornando impossível para Faraó continuar adiando o inevitável.

Capítulo 9

O nono capítulo do Êxodo aprofunda a dinâmica da guerra cósmica entre YHWH e o Egito, avançando para um estágio de destruição total da economia, do ambiente e da saúde da população. A narrativa atinge um novo patamar na demonstração do poder divino, ampliando as pragas anteriores para afetar não apenas os elementos naturais e os recursos econômicos, mas também o próprio corpo dos egípcios. A questão central do Êxodo – quem é o verdadeiro soberano, YHWH ou Faraó? – é aqui intensificada, pois a teologia imperial egípcia começa a ruir diante do avanço implacável dos juízos divinos. O padrão previamente estabelecido de advertência, execução e endurecimento do coração de Faraó continua neste capítulo, mas agora a severidade das pragas aumenta, levando ao colapso das estruturas de poder e culto do Egito. As pragas descritas – a pestilência sobre o gado, as úlceras e o granizo com fogo – não podem ser reduzidas a meras catástrofes naturais. Cada uma delas desconstrói um pilar da teologia egípcia, revelando a impotência do sistema religioso e político de Faraó.

A narrativa inicia-se com a quinta praga (Êx 9,1-7), na qual a devastação atinge diretamente os rebanhos do Egito, fonte primária de riqueza e sustentação da economia agropecuária. A estrutura introdutória segue um padrão já estabelecido nas pragas anteriores:

> *šallaḥ ʾet-ʿammî wĕyaʿăḇdûnî*
> "Deixa ir o meu povo, para que me sirva" (Êx 9,1).

A repetição desse mandamento em cada praga reforça a questão central do Êxodo: a luta não é apenas sobre libertação política, mas sobre o direito de Israel servir a YHWH em vez de Faraó. A palavra *ʿāḇaḏ* (servir) é um termo-chave na narrativa, pois desloca a concepção de serviço da opressão egípcia para o culto a Deus. A libertação de Israel, portanto, não é meramente uma questão de alívio social, mas uma mudança fundamental de soberania e lealdade. A ameaça divina é detalhada em Êx 9,3, indicando que a destruição será total e irreversível:

> *hinnê yaḏ-YHWH hôyâ bĕmĕqĕnĕḵā ʾăšer baśśāḏeh*
> "Eis que a mão de YHWH estará sobre o teu gado que está no campo" (Êx 9,3).

A expressão *yaḏ*-YHWH (mão de YHWH) carrega forte conotação de julgamento ativo, contrastando ironicamente com a "mão de Faraó" que oprimia os israelitas (Êx 3,8). Se antes a mão de Faraó sujeitava o povo à servidão, agora a mão de YHWH submete Faraó à sua própria justiça. O impacto da praga é ampliado pelo fato de que atinge todas as classes de animais essenciais à economia egípcia:

> *Băsūsîm ʿăḏ ḥămôrîm ʿăḏ gĕmallîm ʿăḏ bāqār ʿăḏ ṣōʾn*
> "Cavalos, jumentos, camelos, bois e ovelhas" (Êx 9,3).

O texto destaca a amplitude do juízo: desde os animais utilizados no transporte e comércio até aqueles essenciais à agricultura e alimentação. Esse ataque direto às bases econômicas da sociedade egípcia antecipa a completa ruína do império, culminando na destruição final das forças militares de Faraó no Mar Vermelho (Êx 14). A escolha dessa praga tem implicações teológicas profundas. O Egito venerava diversas divindades zoomórficas associadas ao gado. O touro Ápis, símbolo da fertilidade e encarnação do deus Ptá, e a deusa vaca Hátor, ligada à maternidade e à nutrição, eram centrais no culto egípcio. O golpe contra os rebanhos não apenas atinge a subsistência do povo, mas também desacredita esses deuses. Assim, a praga não se limita a um desastre econômico, mas configura uma humilhação das divindades egípcias diante do domínio absoluto de YHWH.

Um novo elemento teológico aparece em Êx 9,4, indicando que essa praga marca um ponto de separação entre o Egito e Israel:

> *wěhip̄lâ YHWH bēn miqnê yiśrāʾēl ûḇên miqnê miṣrayim*
> "E YHWH fará distinção entre o gado de Israel e o gado do Egito" (Êx 9,4).

Até este momento, as pragas afetavam egípcios e israelitas indistintamente. A partir desse ponto, a narrativa estabelece uma separação mais clara entre os dois povos, enfatizando a proteção divina sobre Israel. Essa distinção não é meramente um mecanismo narrativo, mas uma afirmação teológica da eleição divina: Israel não é apenas um povo escravizado, mas o portador da aliança de YHWH. A praga se cumpre no dia seguinte, como previsto (Êx 9,5-6), e o texto sublinha a devastação total:

> *wayyāmŏṯ kāl-miqnê miṣrayim*
> "E morreu todo o gado do Egito" (Êx 9,6).

O uso da totalidade retórica (***kāl-miqnê*** – todo o gado) não implica necessariamente que todos os animais do Egito tenham sido exterminados, mas que o impacto foi devastador a ponto de desestabilizar a economia. Isso se evidencia em Êx 9,19, em que ainda há menção a animais egípcios antes da praga do granizo. O padrão de hipérbole na descrição das pragas serve para intensificar a narrativa e destacar a progressão do juízo divino. A resposta de Faraó reflete sua contínua recusa em reconhecer a soberania de YHWH. O versículo Êx 9,7 registra sua tentativa de verificar a distinção feita por YHWH:

> *wayyišlaḥ parʿōh wěhinnê lōʾ-mēt mimmiqnê yiśrāʾēl ʿaḏ-ʾeḥāḏ wayyikhbaḏ lēḇ parʿōh wělōʾ šillaḥ ʾeṯ-hāʿām*
> "Faraó mandou verificar, e eis que do gado de Israel não havia morrido nem um só animal. Mas o coração de Faraó se endureceu, e ele não deixou o povo ir" (Êx 9,7).

O verbo *wayyišlaḥ* (mandou verificar) sugere que Faraó, ao ouvir a alegação de que os rebanhos dos israelitas permaneceram intactos, sentiu a necessidade de confirmar pessoalmente essa distinção. Esse detalhe narrativo realça a crescente tensão no embate entre Faraó e YHWH: o rei egípcio já não pode negar a singularidade dos eventos, mas, mesmo diante da evidência, persiste em sua obstinação.

A expressão *wayyikhbaḏ lēḇ parʿōh* (o coração de Faraó se endureceu) reaparece, consolidando o padrão de resistência que caracteriza sua resposta aos juízos divinos. Esse endurecimento não é meramente um fenômeno psicológico, mas uma postura deliberada contra a soberania de YHWH, inserindo Faraó no papel de opositor cósmico ao plano divino. A recusa de Faraó em libertar Israel, mesmo diante do colapso de seu império, prepara o caminho para a intensificação das pragas. A sexta praga, as úlceras, introduzirá um novo nível de sofrimento, atingindo diretamente os corpos dos egípcios e desmantelando a credibilidade de seus sacerdotes e magos. YHWH não está apenas desconstruindo o Egito; Ele está redefinindo a relação entre poder e divindade.

A sexta praga (Êx 9,8-12) introduz uma nova categoria de juízo: agora, não apenas os recursos econômicos do Egito são atacados, mas o próprio corpo dos egípcios. Esse deslocamento é teologicamente significativo, pois o sofrimento passa da esfera externa – o ambiente e os animais – para a experiência física direta dos opressores. Se antes os egípcios podiam observar as pragas com algum distanciamento, agora tornam-se vítimas diretas do juízo divino. Diferente das pragas anteriores, esta ocorre sem aviso prévio, sinalizando uma intensificação na estratégia divina contra Faraó. A ausência de advertência sublinha o caráter inescapável da praga: o julgamento já não é mais condicionado à resposta de Faraó, mas imposto diretamente como um ato de soberania divina. A ordem de YHWH a Moisés e Aarão em Êx 9,8 é altamente simbólica:

> *qăḥû lākem mĕlōḥăp̄nēḵem pōḥ kibbšān ûzāraq mōšeh haššāmaymāʾ lĕʿênê parʿōh*
> "Tomai para vós mãos cheias de fuligem do forno, e Moisés a lançará ao céu diante dos olhos de Faraó" (Êx 9,8).

O uso de *pōḥ kibbšān* (fuligem do forno) evoca diretamente a opressão dos israelitas, que eram forçados a produzir tijolos nos fornos egípcios (Êx 5,7-14). A matéria-prima da escravidão agora se transforma em instrumento de juízo, uma inversão que reforça a justiça divina: aquilo que foi usado para oprimir Israel retorna contra os próprios egípcios. O gesto de Moisés ao lançar a fuligem ao céu simboliza a disseminação incontrolável do castigo, atingindo todo o Egito. O resultado é imediato:

> *wĕhāyâ lĕšĕḥîn pōrēaḥ ʾăbāʿuʿōṯ bĕʾāḏām ûḇabbĕhēmâ bĕkāl-ʾereṣ miṣrayim*
> "E ela se tornará em úlceras brotando em bolhas, nos homens e nos animais, em toda a terra do Egito" (Êx 9,9).

O termo *šĕḥîn* (úlceras) aparece em contextos de enfermidades graves, podendo referir-se a furúnculos infecciosos, lepra ou outras doenças cutâneas que causavam impureza ritual (Lv 13,18-23). Em Dt 28,27, essa mesma aflição é listada como uma das maldições que atingiriam Israel caso desobedecesse à aliança, demonstrando que tais enfermidades eram vistas como juízos divinos. A menção de que a praga afetou também os animais reforça sua abrangência devastadora e a continuidade da destruição iniciada na quinta praga, em que os rebanhos foram atingidos. O impacto dessa praga se estende até os magos egípcios, que anteriormente conseguiam imitar os sinais de Moisés. Agora, porém:

> *wĕlōʾ yāḵĕlû hăḥarṭummîm laʿămōḏ lip̄nê Mōšeh mip̄nê hašĕḥîn kî-hāyâ hašĕḥîn bāḥărṭummîm ûḇĕkāl-miṣrayim*
> "E os magos não puderam permanecer diante de Moisés por causa das úlceras, pois as úlceras estavam sobre os magos e sobre todo o Egito" (Êx 9,11).

Esse detalhe narrativo é crucial, pois marca a derrota final dos especialistas religiosos egípcios. Aqueles que antes desafiavam YHWH agora são incapazes até mesmo de se manter de pé, sugerindo que a autoridade de Moisés e Aarão superou a deles de forma absoluta. O verbo *laʿămōḏ* (permanecer de pé) aqui adquire um tom teológico: os magos não apenas perdem sua habilidade mágica, mas também sua posição diante de Moisés, reforçando a superioridade do mediador divino. Pela primeira vez, a narrativa declara explicitamente que YHWH endureceu o coração de Faraó (Êx 9,12). Até este ponto, Faraó endurecia seu próprio coração, recusando-se a ouvir Moisés e Aarão. Agora, o texto sugere que o endurecimento passa a ser um ato ativo de Deus:

> *wayĕḥăzaq YHWH ʾet-lēḇ parʿōh wĕlōʾ šāmaʿ ʾălêhem kaʾăšer dibber YHWH ʾel-Mōšeh*
> "E YHWH endureceu o coração de Faraó, e ele não lhes deu ouvidos, conforme YHWH dissera a Moisés" (Êx 9,12).

Essa mudança introduz um problema teológico significativo: em que medida Faraó ainda possui livre-arbítrio? A literatura exegética tem debatido extensivamente esse tema. Alguns intérpretes argumentam que YHWH apenas confirma a escolha de Faraó, permitindo que ele siga sua própria obstinação. Outros veem o endurecimento como parte de um plano maior, em que a resistência de Faraó serve para magnificar o poder de Deus e demonstrar Seu domínio sobre a história (Êx 10,1-2; Rm 9,17-18).

A sétima praga, o granizo com fogo (Êx 9,13-35), introduz um nível de devastação sem precedentes na narrativa do Êxodo. Diferentemente das pragas anteriores, a teologia subjacente a esse evento não se limita apenas ao juízo sobre o Egito, mas amplia-se para uma proclamação cósmica da soberania de YHWH. O discurso introdutório antes da praga (Êx 9,13-21) não apenas anuncia a punição, mas oferece uma reflexão sobre o propósito de toda a sequência de pragas. A ordem inicial dada a Moisés em Êx 9,13 segue um padrão distinto das pragas anteriores:

> *hăšḵēm babbōqer wĕhiṣṣāḇta lip̄nê parʿōh wĕʾāmartā ʾēlāyw kōh-ʾāmar YHWH ʾĕlōhê hāʿibrîm šallaḥ ʾet-ʿammî wĕyaʿăḇdûnî*
> "Levanta-te cedo pela manhã, põe-te diante de Faraó e dize-lhe: 'Assim diz YHWH, o Deus dos hebreus: Deixa ir o meu povo para que me sirva'" (Êx 9,13).

A expressão *hăšḵēm babbōqer* (levanta-te cedo pela manhã) aparece em momentos-chave do Êxodo (Êx 7,15; 8,20) para marcar confrontos decisivos entre Moisés e Faraó. Essa repetição sugere que o endurecimento de Faraó exige confrontos cada vez mais diretos e urgentes. A introdução da mensagem divina em Êx 9,14 traz um novo elemento teológico:

> *kî bep̄aʿam hazzōʾṯ ʾănî šōlēaḥ ʾet-kāl-maggēp̄ōṯay ʾel-lĕḇekā ûbĕʿăbāḏêkā ûbĕʿammĕkā baʿăbûr tēḏaʿ kî-ʾên kāmônî bĕkāl-hāʾāreṣ*
> "Pois desta vez enviarei todas as minhas pragas contra o teu coração, contra teus servos e contra teu povo, para que saibas que não há ninguém como eu em toda a terra" (Êx 9,14).

O uso do termo *maggēp̄ōṯay* (pragas) no plural sugere que essa praga não é um evento isolado, mas parte de uma sequência de juízos que atingem não apenas a economia e a saúde dos egípcios, mas seu próprio conceito de poder divino. A ênfase na exclusividade de YHWH (*ʾên kāmônî*, "não há ninguém como eu) antecipa o tema central da revelação do Sinai (Êx 20,3), demonstrando que as pragas são, em última instância, uma pedagogia divina para ensinar o Egito e Israel sobre a supremacia absoluta de YHWH. O versículo Êx 9,15 contém uma afirmação teológica crucial sobre a natureza do juízo divino e sua progressão deliberada. YHWH declara:

> *kî ʿattâ šillaḥtî ʾet-yādî waʾăḵeḵā wĕʾet-ʿammĕkā baddāber wattikkāḥēd min-hāʾāreṣ*
> "Pois já poderia ter estendido a minha mão e te ferido a ti e ao teu povo com peste, e terias sido exterminado da terra" (Êx 9,15).

Essa passagem apresenta uma teodiceia interna: o texto reconhece que YHWH tem poder absoluto para destruir o Egito imediatamente, mas opta por um método progressivo, permitindo que a demonstração de sua soberania ocorra ao longo do tempo. Esse conceito dialoga com a estrutura global do Êxodo, em que a libertação não acontece instantaneamente, mas por meio de uma série de confrontos entre

YHWH e Faraó. Assim, a narrativa não se limita a descrever a libertação de Israel, mas propõe uma pedagogia teológica em que tanto o Egito quanto Israel testemunham a autoridade divina. O versículo seguinte, Êx 9,16, é um dos mais citados na teologia bíblica, especialmente por Paulo em Rm 9,17:

> *ûlĕma‘an hăr’ōṯĕkā ’et-kōḥî ûlĕma‘an sĕp̄ar šĕmî bĕkāl-hā’āreṣ*
> "Mas, de fato, te mantive de pé para mostrar-te o meu poder e para que o meu nome seja proclamado em toda a terra" (Êx 9,16).

Aqui, a narrativa sugere que a resistência de Faraó não é apenas fruto de sua decisão pessoal, mas algo que serve ao desígnio maior de YHWH. Sua obstinação cria o cenário necessário para a manifestação do poder divino. Essa concepção levanta questões teológicas complexas sobre a relação entre livre-arbítrio e predestinação. O endurecimento do coração de Faraó, nesse contexto, não significa que ele seja uma mera marionete nas mãos de YHWH, mas que sua recusa deliberada é incorporada ao plano divino, amplificando o impacto da libertação de Israel. A execução da praga ocorre após Moisés estender sua vara para o céu (Êx 9,22), e imediatamente:

> *wayhî ḇārāḏ wĕ’ēš miṯlaqqăḥaṯ bĕṯôḵ habbārāḏ*
> "E houve granizo, e fogo misturado ao granizo" (Êx 9,23).

A referência a *’ēš miṯlaqqăḥaṯ* (fogo que se entrelaça) é única na Bíblia e pode indicar raios intensos ou um fenômeno sobrenatural em que fogo e gelo coexistem. Essa descrição desafia as leis naturais, reforçando a ideia de que esta praga não é um mero evento climático, mas uma demonstração da autoridade cósmica de YHWH. O fogo e o gelo, elementos opostos, atuam juntos como instrumentos de juízo, uma imagem que ecoará mais tarde em tradições proféticas e apocalípticas sobre o dia do julgamento divino (Sl 18,12-14; Is 30,30; Ap 8,7). O impacto da praga é descrito em termos absolutos em Êx 9,25:

> *wattāk ’aśśāḇ haśśāḏeh wĕśimkol ‘ēṣ nišbār*

> “E feriu o granizo todas as ervas do campo, e quebrou todas as árvores do campo” (Êx 9,25).

A devastação completa das lavouras e árvores implica que esta praga não afeta apenas o presente, mas compromete a segurança alimentar do Egito no futuro. O juízo, portanto, não é apenas um castigo imediato, mas uma sentença prolongada que impactará a subsistência da nação. Essa dimensão é reforçada em Êx 9,31-32, em que se observa que as plantas mais vulneráveis, como o linho e a cevada, foram destruídas, enquanto o trigo e o centeio, que amadurecem mais tarde, escaparam da destruição total. Esse detalhe sugere que, mesmo em meio ao juízo, YHWH mantém um espaço para o arrependimento e a possibilidade de restauração. A distinção entre Israel e o Egito é reafirmada em Êx 9,26:

> *raq bĕʾereṣ gōšen ʾăšer-šām bĕnê yiśrāʾēl lōʾ hāyâ ḇārāḏ*
> “Somente na terra de Gósen, onde estavam os filhos de Israel, não houve granizo” (Êx 9,26).

A separação entre os dois povos intensifica-se à medida que a destruição do Egito se torna cada vez mais irreversível. Essa distinção reforça o conceito da eleição divina: enquanto o Egito sofre os juízos, Israel é preservado, prenunciando sua libertação iminente. O versículo Êx 9,27 apresenta um momento inédito na narrativa: Faraó parece reconhecer sua culpa ao declarar:

> *ḥāṭāʾtî happaʿam YHWH haṣṣaddîq waʾănî wĕʿammî hārešāʿîm*
> “Pequei desta vez! YHWH é justo, e eu e meu povo somos ímpios” (Êx 9,27).

Esse reconhecimento, no entanto, se mostrará superficial, pois sua mudança de atitude não será duradoura. O uso da expressão *happaʿam* (desta vez) sugere que Faraó vê a situação como um incidente isolado e não como um chamado ao arrependimento genuíno. A negociação entre Moisés e Faraó em Êx 9,28-30 revela a assimetria do poder entre os dois. Faraó implora:

> *hăʿtîrû ʾel-YHWH wĕrabb miyyĕhōṯ qōlōṯ ʾĕlōhîm ûḇārāḏ*
> "Orai a YHWH! Que cessem os trovões de Deus e o granizo" (Êx 9,28).

A referência a *qōlōṯ ʾĕlōhîm* (trovões de Deus) sugere que a tormenta era acompanhada por um som avassalador, reforçando a imagem de uma guerra teofânica contra o Egito (Sl 29,3-9). O pedido de Faraó por intercessão revela sua crescente dependência da mediação de Moisés, mas sua recusa contínua de libertar Israel demonstra que seu reconhecimento do poder de YHWH ainda é condicional. Moisés, no entanto, responde com uma advertência crucial em Êx 9,30:

> *wĕʾattâ waʿăbāḏêkā yādaʿtî kî ṭerem tîrĕʾûn mip̄nê YHWH ʾĕlōhîm*
> "Mas eu sei que tu e teus servos ainda não temereis a YHWH, Deus" (Êx 9,30).

O uso do verbo *yādaʿ* (saber) em paralelo com *yārēʾ* (temer) indica que Faraó pode compreender a gravidade da situação, mas ainda não reconhece YHWH como seu soberano. O temor genuíno de Deus, na teologia do Êxodo, não é apenas um reconhecimento intelectual de seu poder, mas uma submissão voluntária à sua vontade (Êx 1,17; 14,31). Assim, a resposta de Moisés indica que, apesar das declarações de Faraó, ele ainda não atingiu esse estágio. O versículo Êx 9,31 contém um detalhe agronômico raro na Bíblia, que situa a praga do granizo dentro de um contexto sazonal específico:

> *wĕhap̄tiṯ wĕhaśśĕʿōrāh nukkāṯî kî haśśĕʿōrāh ʾāḇîḇ wĕhap̄tiṯ gibbʿōl*
> "O linho e a cevada foram destruídos, pois a cevada já estava em espiga e o linho estava em flor" (Êx 9,31).

Essa observação indica que a praga ocorreu entre janeiro e fevereiro, período em que a cevada atingia a fase de *ʾāḇîḇ* (espigada) e o linho (*hap̄tiṯ*) já havia florescido. Esse dado não apenas auxilia na reconstrução da cronologia do Êxodo, mas também reforça a dimensão econômica da devastação causada pelas pragas. A destruição do linho atingia diretamente a indústria têxtil egípcia, conhecida por seus finos tecidos de linho branco, enquanto a perda da cevada comprometia a produção de pão e cerveja, alimentos fundamentais na dieta egípcia. O versículo seguinte, Êx 9,32, introduz uma ressalva:

> *wĕhaḥiṭṭâ wĕhakkussemeṯ lōʾ nukkū kî ʾăp̄ēlōṯ hēnāh*
> "Mas o trigo e o centeio não foram destruídos, pois eram tardios" (Êx 9,32).

Aqui, o texto sugere que ainda havia uma possibilidade de recuperação agrícola, pois o trigo e o centeio amadureciam mais tarde. Essa distinção entre colheitas precoces e tardias sugere que, mesmo em meio ao juízo divino, YHWH ainda preservava um espaço para arrependimento e restauração. No entanto, ao invés de ver nisso um sinal de misericórdia, Faraó permanecerá inflexível. Quando a praga finalmente cessa, o ciclo de endurecimento se repete:

> *wayyōsēp̄ laḥăṭōʾ wĕyaḥbēḏ libbô*
> "Faraó tornou a pecar e endureceu seu coração" (Êx 9,34).

O verbo *yaḥbēḏ* (tornar pesado) remete à raiz *kāḇēḏ*, que pode significar tanto "pesado" quanto "honrado" na tradição semítica. O que está em jogo aqui é mais do que uma simples teimosia política; é uma disputa teológica sobre quem detém verdadeira autoridade. Faraó, cuja função era garantir a ordem cósmica (ma'at), recusa-se a reconhecer que YHWH não apenas desestabilizou o Egito, mas também redefiniu as estruturas de poder e soberania. O capítulo encerra com um resumo do juízo divino, reforçando a continuidade da resistência egípcia:

> *wayĕḥazzēq lēḇ parʿōh wĕlōʾ šillaḥ ʾet-bĕnê yiśrāʾēl*
> "E o coração de Faraó se endureceu, e ele não deixou ir os filhos de Israel" (Êx 9,35).

A narrativa mantém seu padrão: a destruição se intensifica, a súplica de Faraó surge no auge do sofrimento, mas logo ele retorna à sua intransigência. Essa oscilação entre reconhecimento e endurecimento prepara o cenário para as duas últimas pragas, que finalmente quebrarão o domínio de Faraó e levarão Israel à libertação. Se até este ponto as pragas atingiram a economia, a natureza e a saúde dos egípcios, os próximos juízos transcenderão a esfera material e se tornarão existenciais, desafiando diretamente a identidade de Faraó como divindade e lançando a escuridão sobre todo o império. O fim se aproxima, mas o endurecimento do coração de Faraó demonstrará que sua resistência será levada ao extremo antes que o juízo final de YHWH se cumpra.

Capítulo 10

O décimo capítulo do Êxodo dá continuidade à intensificação dos juízos divinos sobre o Egito, introduzindo as duas últimas pragas antes da decisiva morte dos primogênitos: os gafanhotos e a escuridão. À medida que as pragas avançam, a estrutura da narrativa demonstra um endurecimento cada vez mais absoluto do coração de Faraó, enquanto os sinais da derrota egípcia tornam-se mais evidentes. A teologia do Êxodo é ampliada aqui para além do contexto imediato: YHWH não apenas liberta Israel, mas também instrui as gerações futuras sobre Seu poder e Seu domínio universal. A introdução da praga dos gafanhotos (10,1-2) revela um aprofundamento no tema do endurecimento do coração de Faraó. O texto afirma:

> *kî-'ănî hikbadĕtî 'et-lēḇô wĕ'et-lēḇ 'ăbāḏāyw lĕma'an šittî 'ōtōtay 'ēlleh bĕqirbô.*
>
> "Pois eu endureci o coração dele e o coração de seus servos, para que manifeste estes meus sinais no meio dele" (Êx 10,1).

O verbo hikbadĕtî (da raiz כָּבֵד, kāvēd), além de significar "endurecer", também se relaciona com "peso" e "glória" (*kāḇôḏ*). Essa conexão sugere que o endurecimento do coração de Faraó não é apenas um ato de punição, mas um meio pelo qual a glória divina será revelada. A resistência do faraó se torna, paradoxalmente, a ocasião pela qual YHWH demonstra sua supremacia, tornando o próprio rei egípcio um agente involuntário na pedagogia do Êxodo. O versículo 10,2 desloca o foco da narrativa para a dimensão pedagógica das pragas:

> *ûlĕmaʿan tĕsappēr bĕʾoznê binkā ûben-binkā ʾēt ʾăšer hiṯʿalaltî bĕmiṣrayim.*
> "E para que tu contes aos ouvidos de teus filhos e dos filhos de teus filhos como agi de forma irônica contra o Egito" (Êx 10,2).

O verbo *hiṯʿalaltî* vem da raiz עָלַל (*ʿālal*), que pode significar "tratar de forma enganosa, zombar", indicando que as pragas são um ato de subversão da ordem egípcia. O discurso divino apresenta as pragas não apenas como castigo contra os opressores, mas como uma revelação que deve ser preservada e transmitida de geração em geração. A narrativa, portanto, se projeta para além do evento histórico imediato e se inscreve na memória coletiva de Israel como testemunho da justiça e do poder de YHWH. O encontro entre Moisés, Aarão e Faraó em 10,3-6 contém um desafio direto à autoridade do rei. Moisés pergunta:

> *ʿad-māttay mĕʾantâ lĕʿanōt mippānay,*
> "Até quando te recusarás a humilhar-te diante de mim?" (Êx 10,3).

O verbo *ʿanāh* (humilhar-se, submeter-se) tem um peso teológico significativo, pois é o termo usado para descrever a atitude exigida de Israel perante YHWH (cf. Dt 8,2-3). O que está em jogo aqui não é apenas a libertação de Israel, mas a completa subversão da soberania de Faraó. A ironia da narrativa é que, assim como Israel precisará aprender a se submeter a YHWH no deserto, agora é Faraó quem deve aprender o que significa a verdadeira obediência. No entanto, o rei egípcio continua a resistir, ampliando o conflito até o ponto em que sua própria nação será consumida pela ruína. A ameaça da praga dos gafanhotos é detalhada nos versículos seguintes. O versículo 10,5 declara:

> *wĕkisâ ʾet-ʿên hāʾāreṣ,*
> "e cobrirá a superfície da terra" (Êx 10,5).

Essa imagem remete ao *tōhû wāḇōhû* de Gênesis 1,2, sugerindo que a praga trará um retorno ao caos primordial. A invasão dos gafanhotos não é apenas um desastre agrícola, mas uma reversão da ordem cósmica estabelecida por YHWH na criação. Esse colapso da estrutura ordenada da natureza reflete a teologia do juízo divino, em que a opressão de Faraó não apenas desafia YHWH, mas ameaça toda a criação. O impacto econômico da praga é enfatizado em 10,6:

> *ûmālʾû ḇāṭêyḵā ûḇāṭêy kāl-ʿăbāḏêḵā ûḇāṭêy kāl-miṣrayim,*
> "E encherão as tuas casas, as casas de teus servos e as casas de todo o Egito" (Êx 10,6).

A totalidade dessa invasão reforça que, ao contrário de Faraó, que tenta manter sua autoridade intacta, o juízo de YHWH é absoluto. Não há espaço para uma libertação parcial, assim como não há espaço para uma praga parcial: ambas exigem totalidade. Os oficiais egípcios intervêm pela primeira vez de maneira decisiva em 10,7, exortando Faraó a reconsiderar sua posição:

> *ʿad-māttay yihyeh zeh lānû lĕmoqēš,*
> "Até quando este será para nós um laço?" (Êx 10,7).

O substantivo moqēš (armadilha, laço) implica que Moisés é visto como um fator de destruição para o Egito. A insistência deles para que Faraó libere pelo menos parte dos israelitas (*šallaḥ ʾet-hăʾanāšîm wĕyaʿăḇdû ʾet-*YHWH *ʾĕlōhêhem*, "Deixa ir os homens para que sirvam a YHWH seu Deus) sugere que a unidade da corte egípcia está começando a se fragmentar. A crise interna se intensifica à medida que a resistência de Faraó se mostra cada vez mais irracional e autodestrutiva. A resposta de Faraó em 10,8-11 revela que ele tenta impor limites à liberdade dos hebreus. Ele pergunta:

> *mî wāmî hahōlĕḵîm,*
> "Quem e quem irá?" (Êx 10,8).

A duplicação retórica da interrogação sugere uma tentativa de restringir a partida. Faraó procura estabelecer os termos da negociação, delimitando quem pode sair e quem deve permanecer, mas a resposta de Moisés é categórica em 10,9:

> *binʿārênû ûbiśqēnênû nēlēk,*
> "Iremos com nossos jovens e nossos velhos" (Êx 10,9).

O uso desses termos enfatiza que a libertação de Israel não será parcial; toda a comunidade será redimida. A estrutura inclusiva da resposta de Moisés rejeita qualquer concessão que mantenha a servidão de parte do povo, pois a liberdade concedida por YHWH é inegociável. O sarcasmo de Faraó atinge seu ápice em 10,10, quando ele declara:

> *yehî kēn YHWH ʿimmākem kaʾăšer ʾašallaḥ ʾetkem wĕʾet-ṭappĕkem reʾû kî rāʿâ neged pĕnêkem,*
> "Que YHWH esteja convosco, se eu vos deixar ir com vossos pequenos! Vede, há mal diante de vós" (Êx 10,10).

A referência a *rāʿâ* (mal) sugere que Faraó vê a proposta de Moisés como uma ameaça ou um presságio negativo. Ele ridiculariza a ideia de que YHWH possa realmente proteger Israel fora do Egito e insinua que um desastre aguarda os hebreus caso eles partam. O versículo 10,11 encerra com uma rejeição categórica:

> *lĕkû-nāʾ haggĕḇārîm wĕʿibdû ʾet-YHWH,*
> "Ide apenas os homens e servi a YHWH" (Êx 10,11).

Faraó tenta controlar a situação limitando a libertação ao grupo masculino adulto, mantendo mulheres e crianças no Egito como reféns. O poder imperial se recusa a abrir mão de seu domínio sobre a vida familiar e comunitária dos hebreus, pois reconhece que a verdadeira liberdade de Israel não está apenas na partida física, mas na reorganização completa de sua identidade como povo. A execução da praga dos gafanhotos em 10,12-15 é descrita com imagens de devastação completa. O vento oriental (*ruaḥ-qāḏîm*) que traz os gafanhotos não é apenas um fenômeno meteorológico, mas um elemento teológico. No Antigo Testamento, o vento oriental é frequentemente um símbolo do juízo divino (cf. Os 13,15; Ez 17,10). A menção específica desse vento enfatiza que o desastre não é casual, mas direcionado e soberano. O versículo 10,14 enfatiza a magnitude do desastre:

> *lōʾ hāyâ kāmōhû lĕpānāyw wĕʾaḥărāyw lōʾ yihyeh-kāmōhû,*
> "Nunca houve algo assim antes, nem haverá depois" (Êx 10,14).

A formulação hiperbólica sublinha a singularidade do evento. A devastação dos gafanhotos não é meramente um evento natural extremo; ela se inscreve na narrativa do Êxodo como uma manifestação incomparável da autoridade de YHWH sobre o Egito. Essa praga prepara o terreno para a escuridão que virá a seguir, ampliando o colapso da ordem egípcia e avançando inexoravelmente para a libertação final de Israel. O apelo de Faraó em 10,16-17 parece indicar um reconhecimento genuíno de sua culpa:

> *ḥāṭāʾtî laYHWH ʾĕlōhêkem ûlākem,*
> "Pequei contra YHWH, vosso Deus, e contra vós" (Êx 10,16).

No entanto, sua súplica é motivada pelo desespero e não por arrependimento verdadeiro. Essa não é a primeira vez que Faraó admite culpa sob o peso do juízo divino (cf. Êx 9,27), mas sua confissão se mostra superficial, pois ele não demonstra uma mudança real de atitude. O apelo de Faraó é pragmático: ele reconhece o poder de YHWH, mas não está disposto a se submeter a Ele. O versículo 10,19 descreve a remoção da praga por meio de um *ruaḥ-yām* (vento ocidental), que lança os gafanhotos no *yām sûp̄* (mar Vermelho):

> *wayyassāʾhû ruaḥ-yām ḥāzāq mĕʾōd wayyiśśāʾehu yām sûp̄*
> "E um forte vento ocidental os levou e os lançou no mar Vermelho" (Êx 10,19).

A menção ao mar Vermelho antecipa o evento do Êxodo: assim como os gafanhotos foram varridos para o mar, o exército de Faraó também será tragado por ele (cf. Êx 14,28). Essa conexão literária reforça a teologia da soberania de YHWH, que governa sobre as forças da natureza para salvar Israel e julgar o Egito. A nona praga, a escuridão, representa um golpe decisivo na cosmologia egípcia e no próprio faraó, que era considerado a manifestação terrena do deus solar Rá. Enquanto as pragas anteriores desmantelaram a economia, a saúde e os recursos naturais do Egito, esta atinge diretamente a estrutura religiosa e cósmica, trazendo um colapso simbólico e existencial. A praga é introduzida sem advertência em 10,21, quando YHWH ordena a Moisés:

> *neṭṭêh yāḏĕkā ʿal-haššāmayim wĕyĕhî ḥōšek ʿal-ʾereṣ miṣrayim wĕyāmēš ḥōšek,*
> "Estende tua mão para o céu, e haverá trevas sobre a terra do Egito, e as trevas serão palpáveis" (Êx 10,21).

O verbo *yāmēš* (ser sentido, ser palpável) sugere que essa escuridão não era apenas ausência de luz, mas uma manifestação física e opressiva do caos. No pensamento do Antigo Oriente Próximo, a luz simbolizava ordem e vida, enquanto as trevas representavam desordem e morte. Esse episódio pode ser visto como uma reversão da criação descrita em Gênesis 1,2, em que YHWH organiza o caos primordial trazendo luz ao mundo. Agora, o Egito experimenta o inverso: um retorno à escuridão do pré-criação. O versículo 10,22 descreve a execução da praga:

> *wayhî ḥōšek ʾăpēl bĕkāl-ʾereṣ miṣrayim šelōšet yāmîm,*
> "E houve trevas densas sobre toda a terra do Egito por três dias" (Êx 10,22).

A menção a três dias remete a um padrão bíblico em que esse período simboliza transformação e crise antes da libertação definitiva (cf. Jonas 1,17; Os 6,2; Mt 12,40). A duração da praga antecipa a jornada de três dias que Israel repetidamente solicita para ir ao deserto e adorar YHWH (cf. Êx 5,3; 8,27), uma ironia narrativa que destaca a inflexibilidade de Faraó. O efeito devastador da praga é detalhado em 10,23:

> *lōʾ rāʾû ʾîš ʾeṯ-ʾāḥîw wĕlōʾ qāmû ʾîš miṭaḥtāyw šelōšet yāmîm*
> "Ninguém viu seu irmão, e ninguém se levantou do seu lugar por três dias" (Êx 10,23).

Esse detalhe enfatiza que a escuridão não era apenas física, mas psicológica e social: o Egito inteiro ficou paralisado. A ausência de luz não apenas interrompeu a vida cotidiana, mas também dissolveu os laços sociais mais básicos – ninguém viu seu irmão. O caos não é apenas externo, mas interno, refletindo a dissolução da ordem egípcia. A luz, porém, permaneceu entre os israelitas:

> *ûlĕkāl-bĕnê yiśrāʾēl hāyâ ʾôr bĕmôšĕḇōṯām,*
> "Mas para todos os filhos de Israel havia luz em suas habitações" (Êx 10,23).

A menção a *môšĕḇōṯām* (suas habitações) reforça que a presença divina protege Israel, distinguindo-o do Egito. Esse contraste ressoa com a teologia do Êxodo, em que YHWH separa Seu povo do julgamento e preserva sua identidade em meio ao colapso do império opressor. A luz nas moradias dos hebreus não é apenas um fenômeno físico, mas uma afirmação teológica: enquanto o Egito afunda no caos e na confusão, Israel permanece sob a ordem e a proteção de YHWH. Essa praga não apenas prepara o cenário para a libertação final, mas antecipa a transição teológica do Êxodo: o Egito representa o mundo de trevas, enquanto Israel caminha para a luz da aliança com YHWH. Faraó, agora claramente enfraquecido, faz uma nova concessão em 10,24:

> *lēḵû ʿibdû ʾet-YHWH raq ṣōnḵem ûḇĕqārḵem yûṣāg,*
> "Ide, servi a YHWH, somente que vossos rebanhos e vossas manadas fiquem retidos" (Êx 10,24).

Sua estratégia é limitar a capacidade de Israel de se tornar autossuficiente. Sem gado, não poderiam oferecer sacrifícios nem garantir seu sustento no deserto. Esse detalhe demonstra que, embora a posição de Faraó esteja enfraquecida, ele ainda tenta manter alguma forma de controle sobre os hebreus. Ele reluta em libertá-los completamente, pois percebe que sua libertação não é meramente social ou econômica, mas fundamentalmente teológica. A resposta de Moisés em 10,25-26 reafirma a demanda absoluta de YHWH:

> *gamm miqĕnû yēlēḵ ʿimmānû lōʾ tiššāʾēr parśâ,*
> "Também nosso gado irá conosco, e não ficará sequer um casco" (Êx 10,26).

O uso de *parśâ* (casco) enfatiza que a libertação não pode ser parcial. Moisés continua:

> *kî mimmennû niqqāḥ laʿăbōd ʾet-YHWH ʾĕlōhênû,*
> "Pois dele tomaremos para servir a YHWH, nosso Deus" (Êx 10,26).

Esse versículo reforça a ideia central do Êxodo: a libertação não é um fim em si mesma, mas um meio para que Israel possa cumprir sua vocação cultual. O termo *laʿăbōd* (servir) reaparece como um contraponto à servidão no Egito – Israel não será mais servo de Faraó, mas servo de YHWH. A resposta de Faraó em 10,27-28 confirma a profundidade de seu endurecimento. O texto declara:

> *wayĕḥazzēq YHWH ʾet-lēḇ parʿōh,*
> "Mas YHWH endureceu o coração de Faraó" (Êx 10,27).

Ele então expulsa Moisés com uma ameaça final:

> *lōʾ tōsîp̄ rĕʾōṯ pānāy kî bĕyôm rĕʾōṯĕkā pānāy tāmûṯ,*
> "Não tornes a ver a minha face, pois no dia em que vires a minha face, morrerás" (Êx 10,28).

A resposta de Moisés em 10,29 é breve e definitiva:

> *kēn dibbartâ lōʾ ʾôsîp̄ ʿôḏ rĕʾōṯ pānāy,*

> "Assim como disseste, não tornarei a ver tua face" (Êx 10,29).

Essa afirmação encerra simbolicamente o ciclo de confrontos entre Moisés e Faraó. A partir deste ponto, a narrativa transita para o momento culminante do Êxodo: a praga final da morte dos primogênitos. A praga da escuridão funciona como um golpe simbólico contra o coração da teologia egípcia. No Egito, Rá, o deus do sol, era a divindade suprema, e Faraó era considerado seu representante terreno. Ao encobrir o Egito em trevas impenetráveis, YHWH demonstra que o poder do faraó não se estende ao cosmos, subvertendo sua autoridade e invalidando a divindade de Rá. Esse golpe contra a luz antecipa o golpe final contra a vida, que ocorrerá na décima praga. O contraste entre a escuridão no Egito e a luz nas habitações de Israel ressoa com temas que aparecerão mais tarde na teologia bíblica. Em Isaías 60,2, lê-se:

> "Pois eis que trevas cobrirão a terra, e densa escuridão os povos; mas sobre ti o Senhor virá surgindo, e sua glória será vista sobre ti."

O mesmo padrão ocorre nos evangelhos, em que trevas cobrem a terra na morte de Jesus (Mateus 27,45), marcando um momento de juízo e redenção. Além disso, a repetição da expressão *šelōšet yāmîm* (três dias) alude a padrões que aparecem em outras partes das Escrituras. No contexto do Êxodo, Israel já havia solicitado uma jornada de três dias para sacrificar a YHWH no deserto (Êx 5,3). Agora, três dias de escuridão forçam Faraó a reconhecer a seriedade do pedido, mas sua recusa final sela sua ruína. A narrativa também reforça um tema recorrente no livro: a separação entre Egito e Israel. Ao longo das pragas, a distinção entre os dois povos se torna cada vez mais pronunciada, culminando na décima praga, em que apenas os lares marcados pelo sangue do cordeiro escaparão do juízo. Assim, Êxodo 10 não é apenas a conclusão das penúltimas pragas, mas uma preparação teológica e narrativa para o clímax do livro. O colapso do Egito está quase completo; resta apenas o golpe final, a destruição do primogênito, que quebrará definitivamente a resistência de Faraó e dará início à redenção de Israel.

Capítulo 11

O décimo primeiro capítulo do Êxodo marca a transição entre as nove pragas e o juízo final sobre o Egito: a morte dos primogênitos. Enquanto as pragas anteriores desmantelaram progressivamente a economia, a religião e a estrutura social egípcia, a última praga representa um golpe direto contra o coração da nação, pois atinge a descendência, a continuidade dinástica e a esperança futura do império. Neste capítulo, YHWH anuncia o evento decisivo que forçará Faraó a libertar Israel, e Moisés transmite esse último aviso com uma solenidade sem precedentes. A narrativa começa com YHWH dirigindo-se diretamente a Moisés (Êx 11,1):

> *ʿôd negaʿ ʾeḥāḏ ʾăbîʾ ʿal-parʿōh wĕʿal-miṣrayim ʾaḥărê kēn yĕšallaḥ ʾetkem mizzê,*
> "Ainda uma praga trarei sobre Faraó e sobre o Egito; depois, ele vos deixará sair daqui."

O termo *negaʿ* (praga, golpe) é usado aqui no singular, enfatizando que este será o juízo definitivo. A construção gramatical *ʿôd negaʿ ʾeḥāḏ* (ainda um golpe) sugere que toda a sequência das pragas culmina neste evento, que não apenas encerrará a resistência de Faraó, mas também inaugurará um novo estágio na história de Israel. A afirmação de que Faraó não apenas deixará Israel partir, mas os expulsará (*yĕgārēš ʾetkem gārēš*) sugere uma inversão completa da dinâmica do Êxodo. Até então, Faraó vinha tentando restringir a saída dos hebreus, impondo condições e negociando concessões. Agora, sua resistência será quebrada de tal forma que ele mesmo desejará que os israelitas partam rapidamente. O uso do infinitivo absoluto *gārēš* (expulsar, banir) intensifica a ideia de urgência, indicando que o Egito não apenas permitirá a saída, mas a exigirá como uma necessidade vital. O versículo 11,2 introduz uma ordem aparentemente inesperada:

> *dabbēr-nāʾ bĕʾoznê hāʿām wĕyišʾălû ʾîš mēʾēṯ-rēʿēhû wĕʾiššâ mēʾēṯ rēʿûtāh kĕlê-ḵeseph ûkĕlê-ḏāhāḇ,*

"Fala, pois, aos ouvidos do povo, e que cada homem peça de seu vizinho e cada mulher de sua vizinha objetos de prata e objetos de ouro."

Esse pedido reflete uma prática comum no Antigo Oriente Próximo, onde escravos libertos recebiam compensação por seu trabalho. No contexto do Êxodo, isso representa uma justiça reparadora: os israelitas, que haviam servido como escravos sem salário, agora saem com riqueza material. O versículo 11,3 contém um comentário editorial significativo:

wayyitten YHWH ʾet-ḥēn hāʿām bĕʿênê miṣrayim,
"E YHWH deu graça ao povo aos olhos dos egípcios."

O verbo *ḥānan* (mostrar favor, graça) indica que os egípcios agora veem os israelitas com um novo olhar, possivelmente influenciados pelo terror das pragas. Esse detalhe narrativo sugere que, apesar da devastação imposta por YHWH, os egípcios começam a reconhecer a singularidade do povo hebreu e seu destino particular. O texto também ressalta que Moisés era altamente respeitado no Egito:

gam hāʾîš Mōšeh gāḏôl mĕʾōd bĕʾereṣ miṣrayim bĕʿênê ʿăbĕdê parʿōh ûbĕʿênê hāʿām,
"Também o homem Moisés era muito grande na terra do Egito, aos olhos dos servos de Faraó e aos olhos do povo."

Essa nota indica que, apesar da oposição de Faraó, Moisés se tornou uma figura temida e reverenciada, tanto pela corte quanto pela população egípcia. Esse reconhecimento público antecipa a transformação de Moisés em um líder não apenas para Israel, mas como um mediador da justiça divina perante todas as nações. O anúncio final de Moisés em Êxodo 11,4-6 contém uma solenidade profética rara no texto:

kōh ʾāmar YHWH kĕḥaṣôt hallaylâ ʾănî yôṣēʾ bĕtôḵ miṣrayim,

"Assim diz YHWH: 'À meia-noite, eu sairei pelo meio do Egito.'"

A escolha do momento – meia-noite – é teologicamente carregada. No Antigo Oriente Próximo, a meia-noite era vista como o tempo dos poderes sobrenaturais e do caos. No contexto bíblico, a ação de YHWH à meia-noite reforça a ideia de que Ele está impondo uma nova ordem ao desmantelar a velha. Esse detalhe ressoa com outros momentos-chave da história bíblica em que a meia-noite marca transições dramáticas e julgamentos divinos (cf. Juízes 16,3; Atos 16,25-26). O versículo 11,5 descreve o golpe com precisão:

ûmēt kāl-bĕkôr bĕʾereṣ miṣrayim,
"E morrerá todo primogênito na terra do Egito."

O termo *bĕkôr* (primogênito) tem um peso especial na cultura do Antigo Oriente Próximo. Os primogênitos eram vistos como herdeiros legítimos e a esperança futura de uma família ou dinastia. No caso de Faraó, a morte de seu primogênito significava o colapso da continuidade real e a ruptura da narrativa egípcia de realeza divina. A praga, portanto, não atinge apenas o nível familiar, mas ameaça o próprio centro da ideologia política egípcia. A descrição em 11,6 enfatiza o impacto emocional e social da praga:

wĕhāyĕtâ ṣĕʿāqâ gĕḏōlâ bĕkāl-ʾereṣ miṣrayim ʾăšer lōʾ nihiĕtā kāmôhâ wĕlōʾ tōsîp̄,
"E haverá um grande clamor em toda a terra do Egito,
como nunca houve, nem haverá mais."

O termo *ṣĕʿāqâ* (clamor, grito de desespero) ressoa com o mesmo vocábulo usado em Êxodo 3,7, quando YHWH diz que ouviu o clamor dos israelitas por causa de sua opressão. O Egito agora experimentará o mesmo sofrimento que infligiu a Israel, reforçando o princípio da reciprocidade divina. O texto, assim, estabelece um paralelismo estrutural: o clamor dos oprimidos que YHWH ouviu será agora o clamor dos opressores diante do juízo divino. O versículo 11,7 reitera a distinção entre Egito e Israel:

ûlĕḵōl-bĕnê yiśrāʾēl lōʾ yeḥĕrāṣ-kēleḇ lĕšōnô,
"Mas contra todos os filhos de Israel, nem mesmo um cão moverá sua língua."

O contraste entre o clamor do Egito e a paz em Israel ressalta a separação dos dois destinos. O detalhe sobre o cão (*kēleḇ*) é significativo, pois cães eram frequentemente associados à morte e à desordem no imaginário do Antigo Oriente Próximo. A ausência de qualquer perturbação entre os hebreus sublinha a proteção completa de YHWH sobre seu povo. A profecia de Moisés se encerra em 11,8 com uma inversão irônica:

wĕyārĕdû kāl-ʿăbāḏêkā hāʾēlleh ʾēlay wĕhištaḥăwû-lî lêmōr ṣēʾ ʾattâ wĕkāl-hāʿām ʾăšer-bĕraglêkā,
"Então todos estes teus servos descerão a mim e se prostrarão diante de mim, dizendo: 'Vai-te embora, tu e todo o povo que te segue.'"

O verbo ***hištaḥăwâ*** (prostrar-se, curvar-se em reverência) normalmente descreve a adoração de Deus, mas aqui se aplica a Moisés. Isso confirma que a autoridade de Faraó foi completamente suprimida: aqueles que antes consideravam Moisés um inimigo agora implorarão para que ele vá embora. Essa inversão do status de Moisés reflete a transformação definitiva do líder hebreu de um fugitivo desacreditado (Êxodo 2,14-15) para o mediador supremo da libertação de Israel. O capítulo termina em 11,10 com uma retrospectiva da resistência de Faraó:

wayĕḥazzēq YHWH ʾet-lēḇ parʿōh wĕlōʾ šillaḥ ʾet-bĕnê yiśrāʾēl mēʾarṣô,
"Mas YHWH endureceu o coração de Faraó, e ele não deixou os filhos de Israel saírem da sua terra."

Esse endurecimento final prepara o cenário para a última praga, que trará o desfecho inevitável da libertação. O verbo *ḥāzaq* (fortalecer, endurecer) aqui reforça que o estado do coração de Faraó já é irreversível. Após nove pragas, sua recusa não é mais apenas um ato de resistência política, mas um sinal de sua completa incapacidade de reconhecer a soberania de YHWH. A narrativa sugere que, em sua teimosia, Faraó já não tem mais controle sobre os acontecimentos.

O fato de YHWH endurecer o coração do rei no fechamento do capítulo indica que a decisão final não cabe mais a Faraó, mas ao próprio Deus. A teologia do Êxodo, portanto, não se limita a uma disputa entre dois líderes, Moisés e Faraó, mas articula um embate cósmico entre YHWH e a estrutura de poder do Egito. A última praga não será apenas um evento catastrófico para o Egito, mas um marco na história da fé israelita. Ela estabelecerá a fundação teológica para a Páscoa, o evento central da identidade religiosa de Israel, e encerrará a luta entre YHWH e Faraó. O drama da redenção atinge aqui seu ponto culminante: a liberdade de Israel não será concedida como um favor real, mas conquistada através do juízo divino.

Assim, Êxodo 11 não apenas antecipa a praga final, mas posiciona Israel no limiar de sua nova identidade. Os eventos que se seguirão não são apenas um êxodo físico, mas uma transição teológica e litúrgica que marcará a relação do povo com seu Deus. Faraó, cuja autoridade parecia absoluta no início do livro, encontra-se agora à mercê da vontade de YHWH. O desfecho já está decidido: a libertação de Israel está prestes a se consumar.

Capítulo 12

YHWH estabelece um novo tempo para Israel. O primeiro ato de liberdade não é um gesto político, nem uma fuga apressada, mas uma reorientação do tempo, uma nova estruturação da existência:

> *Haḥōḏeš hazzeh lāḵem rō'š ḥăḏāšîm ri'šôn hû' lāḵem lĕḥŏdšê haššānâ*
> "Este mês será para vós o principal dos meses; será para vós o primeiro dos meses do ano." (Êx 12,2)

O tempo já não será ditado pelas ordens do faraó, nem pela sucessão dos ciclos agrários egípcios. O tempo agora começa com a memória da libertação, e cada novo ciclo será contado a partir desse ato inaugural de graça e ruptura. A libertação de Israel não é apenas uma mudança de condição social, mas uma redefinição do próprio calendário, um marco que reorienta a existência do povo. O tempo deixa de ser apenas uma repetição dos ciclos da opressão e se torna um testemunho da intervenção divina na história. A prescrição que segue reforça o caráter comunitário desse novo tempo:

> *dabberû ʾel-kāl-ʿădat yiśrāʾēl lēmōr baʿāśōr laḥōdeš hazzeh wĕyiqḥû lāhem ʾîš śeh lĕbêt-ʾābōt śeh labbayit*
> "Falai a toda a congregação de Israel, dizendo: No décimo dia deste mês, cada um tomará para si um cordeiro, segundo a casa de seus pais, um cordeiro para cada família." (Êx 12,3)

O movimento aqui não é individual, mas coletivo. A escolha do cordeiro não pertence a uma espiritualidade privada, mas a um ato de pertencimento comunitário. A libertação não acontece no isolamento; ela se desenrola dentro das casas, onde a identidade do povo é preservada. A casa é o espaço da redenção, o espaço onde se resiste ao caos da opressão e se antecipa a nova realidade que está por vir. O cordeiro precisa ser sem defeito, marcado pelo termo *tāmîm* (perfeito, íntegro), e deve ser mantido sob vigilância por um período específico:

> *ʿad ʾarbaʿâ ʿāśār yôm laḥōdeš hazzeh*
> "Até o décimo quarto dia deste mês." (Êx 12,6)

Esse tempo de espera sugere que Israel precisa internalizar o mistério do sacrifício antes que ele se torne efetivo. O cordeiro, mantido vivo por quatro dias, cria um vínculo com a casa que o acolhe. Ele se torna parte da vida cotidiana antes de ser oferecido, uma metáfora poderosa para a relação entre redenção e sacrifício. O sangue, elemento central no ritual, não é apenas um marcador externo. Ele tem uma função ativa de proteção e separação:

> *Wĕlāqĕḥû min-haddām wĕnātĕnû ʿal-šĕtê hamezûzōt wĕʿal-hammašqôp ʿal-habbātîm ʾăšer-yōʾkĕlû ʾōtô bāhem*
> "E tomarão do sangue e o colocarão sobre os dois umbrais

> e sobre a viga superior das portas, nas casas em que o comerão." (Êx 12,7)

A casa marcada não é um abrigo passivo, mas um espaço ativo de redenção. O sangue nos umbrais transforma a estrutura doméstica em um testemunho visível da aliança. A casa deixa de ser apenas um espaço privado e se torna um símbolo da nova ordem que YHWH está estabelecendo. Mais do que um sinal para evitar a destruição, a marca de sangue nos portais é um ato de resistência contra o faraó. A casa marcada não pertence mais ao império egípcio, mas ao domínio da promessa. A carne é preparada rapidamente:

> *Wĕʾākĕlû ʾeṯ-habbāśār ballaylâ hazzê ṣĕlî-ʾēš ûmaṣṣôṯ ʿal-mĕrōrîm yōʾklûhû*
> "E comerão a carne nesta noite, assada no fogo; com pães ázimos e ervas amargas a comerão." (Êx 12,8)

A refeição pascal não é um banquete festivo, mas um ato de prontidão. Israel não come como quem celebra o passado, mas como quem se prepara para um futuro iminente. O cordeiro é assado no fogo, método que acelera o preparo, reforçando o caráter urgente da ocasião. O pão sem fermento, *maṣṣôṯ*, sinaliza a ausência do tempo necessário para o processo habitual. O fermento, que carrega consigo traços do passado, precisa ser deixado para trás. Assim como Israel não poderá trazer consigo os ritmos do Egito, também não pode levar o fermento que representa um sistema que já não lhe pertence. A ordenança de não deixar nada da refeição para o dia seguinte reforça essa ruptura com o passado:

> *Wĕlōʾ tōṯîrû mimmennû ʿaḏ-bōqer*
> "E nada deixareis dele até pela manhã." (Êx 12,10)

A Páscoa não é uma refeição de acúmulo, mas um rito de passagem. Não se pode carregar para o futuro aquilo que pertence à noite do juízo. Nada deve permanecer do cordeiro para o dia seguinte porque a libertação não se dá por meio de resíduos acumulados, mas no salto radical para uma nova realidade. Aquilo que não for consumido deve ser queimado, pois não há retorno ao Egito. A libertação não admite sobras da servidão. A forma de comer a refeição reforça a atitude de prontidão:

> *Wěkākkâ tōʾklû ʾōṯô maṯnêkem ḥăgūrîm naʿălêkem běraglêkem ûmaqqelkem běyědkem wěʾăḵaltěm ʾōṯô běḥippāzôn pesaḥ hûʾ laYHWH*
> "Assim o comereis: com os vossos lombos cingidos, os vossos sapatos nos pés e o vosso cajado na mão; e o comereis apressadamente. É a Páscoa de YHWH." (Êx 12,11)

O modo de comer revela a postura do povo diante desse momento definitivo. A refeição não se dá em repouso, mas em transitoriedade. O povo come com os lombos cingidos, os pés calçados e o cajado na mão. Cada detalhe sugere que o Êxodo já começou antes mesmo da partida. Não há tempo para demora, pois a libertação não será um processo gradual, mas uma irrupção súbita. A travessia já está em curso no ato de comer. O sentido de *ḥippāzôn* (apressadamente) reforça que este não é um momento comum. O tempo do Êxodo não é um tempo humano, mas o tempo de YHWH, um tempo de ruptura e intervenção. Diferente das pragas anteriores, que se manifestavam na natureza ou na economia egípcia, a última praga é um ato direto e pessoal de juízo divino:

> *Wěʿāḇartî běʾereṣ miṣrayim ballaylâ hazzê wěhikkêṯî kāl-běkōr běʾereṣ miṣrayim mēʾāḏām ʿaḏ-běhēmâ ûběkāl-ʾělōhê miṣrayim ʾeʿěśeh šěp̄āṭîm ʾănî YHWH*
> "E passarei pela terra do Egito esta noite, e ferirei todo primogênito na terra do Egito, desde os homens até os animais, e sobre todos os deuses do Egito executarei juízos. Eu sou YHWH." (Êx 12,12)

YHWH não envia mensageiros nem emprega fenômenos cósmicos. Ele próprio atravessa o Egito, e sua passagem não pode ser interrompida por nenhum poder humano. O golpe não atinge apenas as pessoas, mas também as estruturas religiosas e sociais do império. O juízo não é apenas sobre os primogênitos, mas sobre os próprios deuses do Egito, aqueles que garantiam a ordem cósmica e sustentavam o sistema opressor. A narrativa inverte os papéis: o Egito, que exercia controle absoluto sobre a vida e a morte dos hebreus, agora se vê impotente diante da soberania de YHWH. A primogenitura, essencial para a continuidade dinástica e econômica do Egito, é atingida em sua base. O faraó, que representava o ápice da autoridade, vê seu próprio herdeiro incluído no juízo. Não há distinção de classe ou hierarquia:

> *Mibbĕkōr par‘ōh hayyôšēḇ ‘al-kis’ô ‘aḏ-bĕkōr haššipḥâ ’ăšer ’aḥar hareḥāyim*
> "Desde o primogênito de Faraó, que se assenta no seu trono, até o primogênito da serva que está atrás da mó." (Êx 11,5)

A morte dos primogênitos não é apenas um castigo, mas uma reconfiguração da autoridade e do destino. O Egito, que por gerações determinou o destino dos hebreus, agora está sob um juízo incontornável. O faraó, que endureceu seu coração e resistiu à vontade divina, vê-se diante de um Deus que não pode ser negociado. O clamor de Israel que subira a YHWH no início do Êxodo (Êx 3,7) agora encontra um eco terrível no clamor do Egito (Êx 12,30). A história se fecha em reciprocidade: a opressão se converte em juízo, e a resistência se transforma em libertação. Mas há um limite claro para essa destruição:

> *Wĕhāyâ haddām lākem lĕ’ōṯ ‘al-habbātîm ’ăšer-’aṯtem šām wĕrā’îṯî ’eṯ-haddām ûp̄āsaḥtî ‘ălêkem wĕlō’-yihyeh bākem nege‘ lĕmašḥîṯ bĕhaḵōṯî bĕ’ereṣ miṣrayim,*
> "E o sangue vos será por sinal nas casas em que estiverdes; vendo eu o sangue, passarei por vós, e não haverá entre vós praga destruidora quando eu ferir a terra do Egito." (Êx 12,13)

O sangue não é um amuleto, nem um meio mágico de proteção, mas um sinal de pertencimento e distinção. Ele não serve para persuadir YHWH, mas para revelar quem se posiciona sob sua soberania. A presença do sangue sobre os umbrais sela um compromisso: aqueles que o aplicam reconhecem YHWH como o verdadeiro senhor da vida. A libertação não é uma questão de mérito, mas de adesão ao ato redentor de Deus. O verbo *pāsaḥ* não significa apenas "passar por cima", como tradicionalmente traduzido, mas pode também carregar o sentido de "proteger," "cobrir," "intervir em favor de." O que está em jogo não é apenas a sobrevivência dos primogênitos, mas a transição para uma nova ordem. As casas marcadas pelo sangue tornam-se territórios teológicos, espaços onde se encena a diferença entre aqueles que permanecem sob o domínio do Egito e aqueles que caminham para a liberdade. A casa não é apenas um abrigo físico, mas um espaço litúrgico onde a redenção acontece. A ordenança final estabelece que esse dia não pode ser esquecido, mas deve ser continuamente reatualizado na memória coletiva:

> *Wĕhāyâ hayyôm hazzeh lākem lĕzikkārôn wĕḥaggōṯem ʾōṯô ḥag laYHWH lĕḏōrōṯêkem ḥuqqaṯ ʿôlām tḥaggûhû*
> "E este dia vos será por memorial, e o celebrareis como festa a YHWH; através das vossas gerações o celebrareis por estatuto perpétuo." (Êx 12,14)

O Êxodo não pode ser um evento relegado ao passado; ele deve ser reatualizado em cada geração. O tempo do Egito é encerrado com a libertação, mas a experiência do Êxodo se perpetua. A Páscoa não é apenas um rito memorial, mas um ato contínuo de reafirmação da identidade de Israel. Cada celebração reinsere o povo na narrativa da libertação, garantindo que a saída do Egito não seja apenas um evento histórico, mas um fundamento da existência coletiva. O texto não estabelece apenas um marco litúrgico, mas redefine o próprio tempo. O calendário de Israel não começa com a criação do mundo, nem com um grande feito militar, mas com a experiência da redenção. O tempo já não é estruturado pelos ciclos agrários egípcios, nem pelos decretos do faraó, mas pela memória da libertação. Esse é o primeiro ato da liberdade: a reorientação do tempo, a ruptura com a estrutura imposta pelo opressor. A instrução sobre o pão ázimo reforça que o novo tempo exige um novo tipo de alimento:

> *šibʿaṯ yāmîm maṣṣôṯ tōʾkēlû*
> "Por sete dias comereis pães ázimos" (Êx 12,15a)

O fermento deve ser completamente removido porque ele representa uma ligação com o Egito, com o passado que não pode ser carregado para a terra prometida. O texto adverte:

> *wĕhaʾōḵēl ḥāmeṣ wĕniḵrĕtâ hannep̄eš hahîʾ miYiśrāʾēl,*
> “E quem comer pão fermentado, essa alma será eliminada de Israel.” (Êx 12,15b)

Não se trata de uma simples proibição dietética, mas de um ato de identidade. O fermento, que simboliza os resquícios da antiga ordem, deve ser erradicado para que Israel se firme como um novo povo, orientado não pelo Egito, mas por YHWH. A liberdade não permite resíduos da servidão. Aquele que não estiver disposto a se separar dos vestígios do antigo sistema, que não puder se desfazer do fermento do Egito, não poderá avançar para o futuro que YHWH está preparando. A morte dos primogênitos marca o ápice da guerra entre YHWH e o faraó. O Egito, que antes controlava o destino dos hebreus, vê-se agora sob um juízo incontornável:

> *Wayĕhî baḥăṣî hallaylâ wayYHWH hikkâ kāl-bĕkōr bĕʾereṣ miṣrayim*
> “E aconteceu que, à meia-noite, YHWH feriu todos os primogênitos na terra do Egito.” (Êx 12,29)

O ataque é cirúrgico, deliberado, implacável. Desde o primogênito de Faraó, que simboliza a continuidade da dinastia, até o primogênito dos prisioneiros no cárcere, não há distinção social. O império que escravizava indiscriminadamente agora é julgado da mesma forma, sem privilégio, sem exceção. O juízo de YHWH é total. O mesmo Egito que lançou os filhos de Israel ao Nilo agora vê seus próprios filhos tombarem. O julgamento de Deus não é arbitrário, mas responde diretamente ao pecado estrutural da opressão. O que foi feito aos fracos retorna sobre os poderosos. O faraó, que se recusou a reconhecer a soberania de YHWH, agora sente sua impotência diante do Deus que governa a história. A libertação de Israel não é apenas um ato de graça; é um ato de justiça.

O clamor que ressoa em todo o Egito ecoa o sofrimento que os hebreus experimentaram sob o jugo da escravidão:

> *Wattēhî ṣĕʿāqâ gĕḏōlâ bĕmiṣrayim kî ʾên-bāyit ʾăšer ʾên-šām mēt,*
> "E houve grande clamor no Egito, pois não havia casa em que não houvesse um morto." (Êx 12,30)

A sentença de YHWH reverte a opressão: o Egito, que se alimentava do trabalho de seus cativos, agora sente o peso da perda. A estrutura de dominação, que se impunha com força e segurança, agora é desmantelada pelo lamento universal. Não há casa, não há palácio, não há cela que escape à devastação. O faraó, que havia decretado a morte dos meninos hebreus, vê seu próprio filho tombar. Em Êxodo 1,22 temos:

> *wayyĕṣaw parʿōh lĕkāl-ʿammô lēʾmōr kol-habbēn hayyillōḏ hayyĕʾōrâ taššĕlikhûhû*
> "Então ordenou Faraó a todo o seu povo, dizendo: Todo filho que nascer lançareis no Nilo." (Êx 1,22)

O juízo de Deus não é arbitrário, mas responde ao mal cometido. A morte dos primogênitos não é uma punição irracional, mas a desconstrução do poder imperial egípcio, que se mantinha através da força e do controle da vida alheia. O faraó, que recusou libertar os filhos de Israel, perde agora os seus próprios. O Egito, que sustentou sua economia e sua estabilidade social sobre a servidão hebraica, descobre que não há domínio humano que possa resistir ao decreto de YHWH. O caos que outrora foi imposto aos hebreus volta-se contra os egípcios. O choro que antes era abafado pelo trabalho forçado agora ressoa nos palácios da elite. O sistema de exploração é julgado, e a justiça de YHWH se manifesta de forma inegável. Faraó finalmente cede:

> *Wayyiqraʾ lĕMōšeh ûlĕʾAharōn laylâ wayyōʾmer qûmû ṣĕʾû mittôḵ ʿammî,*
> "E chamou Moisés e Arão à noite e disse: Levantai-vos, saí do meio do meu povo." (Êx 12,31)

Sua resistência, sustentada pelo endurecimento do coração, chega ao fim. Não há mais tentativas de negociação, não há mais acordos intermediários. Ele não está mais no controle; sua palavra não define mais os limites do que Israel pode ou não fazer. O poder mudou de mãos. Agora, quem determina a saída é YHWH. O Faraó que dizia:

> *mî YHWH ʾăšer ʾešmaʿ bĕqōlô lĕšallaḥ ʾet̠-yiśrāʾēl?*
> "Quem é YHWH para que eu ouça sua voz e deixe Israel partir?" (Êx 5,2)

Agora vê seu próprio império subjugado pelo Deus cuja existência ele desdenhou. A pressa toma conta dos egípcios:

> *wattĕḥĕzaq miṣrayim ʿal-hāʿām lĕmahhēr lĕšallĕḥām min-hāʾāreṣ kî ʾāmərû kullānû mētîm*
> "E os egípcios apressaram o povo, a fim de os lançar da terra, pois diziam: Todos nós morreremos." (Êx 12,33)

A ordem de expulsão não é um ato de clemência, mas de desespero. Os egípcios, antes tão confiantes em sua superioridade, agora temem pela própria sobrevivência. O povo não sai como fugitivo, mas como nação vitoriosa.

> *Wayyiśśû bĕnê-yiśrāʾēl mimmiramsês sûkkōtâ kĕšēš meʾōt ʾelep̄ raglî haggĕbārîm lĕb̠ad̠ miṭṭap̄*
> "E os filhos de Israel partiram de Ramessés para Sucote, cerca de seiscentos mil homens a pé, além das crianças." (Êx 12,37)

O número simbólico de seiscentos mil homens ressalta a grandiosidade da partida. Mas mais do que números, o que está em jogo é a transformação de um grupo de escravos em um povo. A escravidão havia negado sua identidade coletiva; o Êxodo a restitui. Eles agora são um corpo distinto, autônomo, direcionado pela promessa. A saída não é desordenada, mas estruturada. Israel não foge às pressas como quem escapa, mas marcha como quem foi convocado para um destino maior.

> *Wĕgam-ʿēreb raḇ ʿāla ʾittām*
> "E também uma grande mistura de gente subiu com eles."
> (Êx 12,38)

A libertação não se restringe à etnia; outros, que testemunharam a ação de YHWH, escolheram se unir à caminhada. O Êxodo não apenas tira Israel do Egito, mas demonstra que a salvação de YHWH não conhece fronteiras. O que estava oprimido é exaltado, o que parecia esquecido é redimido. A saída do Egito não é apenas uma fuga da servidão, mas o início da caminhada rumo à promessa. No meio deles, há outros que se unem à saída:

> *Wĕgam-ʿēreb rab ʿālaʿ ittām*
> "E também uma grande mistura de gente subiu com eles."
> (Êx 12,38)

A menção dessa "multidão mista" sugere que a libertação não é um evento restrito a uma etnia. O impacto das pragas, a revelação do poder de YHWH, leva pessoas de várias origens a se juntarem ao caminho de Israel. O Êxodo não é apenas a história de uma nação, mas um convite para que outros abandonem o domínio da opressão e se tornem parte do povo de Deus. Essa inclusão de estrangeiros antecipa uma dimensão universal da redenção. A travessia do mar não será apenas para os descendentes de Jacó, mas para todos que reconheceram que YHWH governa sobre os impérios humanos e decidiram se submeter à Sua soberania. O Êxodo, nesse sentido, já manifesta o padrão de um Deus que não liberta apenas um grupo seleto, mas que convida todos os que escolhem deixar a casa da servidão para andar nos Seus caminhos. A escravidão egípcia não diferenciava entre israelitas e outros grupos vulneráveis, e a libertação também se estende para além dos limites da genealogia. Israel marcha não apenas como uma etnia, mas como uma congregação de diferentes povos unidos por um novo pertencimento. Essa abertura, no entanto, trará desafios futuros: será que os recém-chegados realmente compreenderam a aliança? A presença dessa multidão diversa indica que a identidade de Israel não será apenas um dado biológico, mas uma construção teológica e histórica.

A pressa da partida se reflete na ausência do fermento:

> *Wayyōpû ʾeṯ-habbaṣṣēq ʾăšer hôṣîʾû mimmirṣayim ʿugōṯ maṣṣôṯ kî lōʾ ḥāmeṣû kî gōršû mimmirṣayim wĕlōʾ yāḵlû lĕhitmammēaḥ*
> "E assaram a massa que trouxeram do Egito em bolos ázimos, pois não tinha fermentado, porque foram expulsos do Egito e não puderam esperar." (Êx 12,39)

O pão não tem tempo para crescer, pois a liberdade não pode ser adiada. Não há espaço para um planejamento convencional. A decisão de Deus foi rápida, e o povo precisa seguir no mesmo ritmo. O fermento, que exige tempo, representa o passado do Egito – o sistema lento, cíclico, em que a ordem das coisas parecia inalterável. Agora, a ruptura exige velocidade. O novo tempo não pode ser vivido dentro das mesmas estruturas da escravidão. Israel não pode carregar consigo os ritmos da opressão, as formas de dependência, os costumes de uma vida regida pelo império. O ato de assar pães sem fermento não é apenas uma contingência da fuga, mas um símbolo da nova existência que se abre: a alimentação, o sustento, a própria rotina do povo precisam ser reformulados a partir da libertação. Eles não apenas deixam para trás os grilhões, mas também os hábitos e as mentalidades que sustentavam sua servidão. A menção ao tempo que os israelitas passaram no Egito reforça a fidelidade de YHWH:

> *ûmôšāḇ bĕnê-yiśrāʾēl ʾăšer yāšĕḇû bĕmiṣrayim šĕlōšîm šānâ wĕʾarbaʿ mêʾôṯ šānâ*
> "E a habitação dos filhos de Israel, que habitaram no Egito, foi de quatrocentos e trinta anos." (Êx 12,40)

Isso estabelece um paralelo com a promessa feita a Abraão em Gênesis 15,13, em que Deus anuncia que a descendência do patriarca seria afligida por quatro séculos, mas que sairia com grande riqueza. O tempo do sofrimento foi longo, mas chegou ao fim exatamente como prometido. Deus não esquece Suas alianças. Cada evento do Êxodo confirma que a palavra de YHWH não falha, que a história não é determinada pelos reis da terra, mas pelo Deus que conduz Seus escolhidos. O número exato de anos enfatiza a precisão da fidelidade divina: o exílio foi decretado, mas a libertação também. O tempo da escravidão teve um limite, e a promessa de redenção se concretizou no momento certo. A história de Israel não é regida pelo acaso, mas pelo pacto, pela aliança que sustenta a relação entre Deus e Seu povo. Eles saem do Egito, mas não como uma massa desorganizada. Saem como o cumprimento de uma profecia, como o testemunho vivo de que YHWH conduz a história e executa Sua vontade. A libertação, porém, não é apenas um evento pontual, mas um marco que deve ser continuamente lembrado:

> *Wattĕhi lēl šimmurîm laYHWH lĕhôṣî'ām mē'ereṣ miṣrayim hû' hallaylâ hazzeh laYHWH šimmurîm lĕkāl-bĕnê-yiśrā'ēl lĕḏōrōṯām*
> "Esta é uma noite de vigília para YHWH, para os fazer sair da terra do Egito; esta é a noite de YHWH, uma vigília para todos os filhos de Israel através de suas gerações." (Êx 12,42)

A palavra *šimmurîm*, frequentemente traduzida como "vigília," indica que a Páscoa não pertence apenas ao passado, mas é um memorial perene. Israel é chamado a viver na constante recordação do que YHWH fez, pois a liberdade precisa ser relembrada para não ser perdida. A narrativa da Páscoa se inscreve no tempo e na prática litúrgica do povo. Não basta ter sido liberto; é preciso reatualizar essa redenção em cada geração. A noite da saída torna-se a matriz da identidade de Israel. A cada Páscoa celebrada, o povo revive o Êxodo, reafirmando que sua existência não é fruto do acaso, mas da intervenção deliberada de YHWH. A memória não é passiva, mas ativa, um chamado para que Israel nunca volte a se submeter a novas formas de escravidão, seja política, econômica ou espiritual. A Páscoa não é apenas um ritual, mas uma estrutura que mantém viva a identidade do povo. As instruções finais sobre a Páscoa estabelecem uma distinção clara entre os que pertencem à comunidade e os que não pertencem:

> *Wĕ'îš-kî-yîhyeh-gēr wĕ'āśâ pesaḥ laYHWH hîmmôl lô kāl-zākār wĕ'āz yiqrab la'ăśōtô wĕhāyâ kĕ'ezrāḥ hā'āreṣ wĕkāl-'ărēl lō' yō'kal-bô,*

> "Se algum estrangeiro habitar contigo e quiser celebrar a Páscoa para YHWH, todos os seus homens deverão ser circuncidados; então poderá se aproximar para celebrá-la, e será como o natural da terra, mas nenhum incircunciso a comerá." (Êx 12,48)

A circuncisão, como sinal da aliança, não é opcional para quem deseja participar do ritual. A salvação de Deus está aberta a todos, mas exige um compromisso de pertencimento. A liberdade não é uma experiência sem vínculos; ela é definida pelo pacto. O estrangeiro que deseja integrar-se ao povo redimido deve aceitar os sinais da aliança. O Êxodo liberta, mas também forma uma nova identidade coletiva, na qual os laços com YHWH e com a comunidade de fé são indispensáveis. O capítulo se encerra com a obediência de Israel:

> *Wayyaʿăśû bĕnê-yiśrāʾēl kaʾăšer-ṣîwwâ YHWH ʾeṯ-Mōšeh wĕʾeṯ-ʾAhărōn kên ʿāśû*
> "E os filhos de Israel fizeram conforme YHWH ordenou a Moisés e a Arão; assim fizeram." (Êx 12,50)

A libertação não é apenas um dom divino, mas um ato que exige uma resposta concreta do povo. Eles não apenas recebem a ordem, mas a cumprem. A obediência não é vista como uma imposição arbitrária, mas como a única resposta adequada à graça da redenção. O último versículo sela a saída com uma fórmula solene:

> *Wayĕhî bĕʿeṣem hayyôm hazzeh hôṣîʾ YHWH ʾeṯ-bĕnê-yiśrāʾēl mēʾereṣ miṣrayim ʿal-ṣibʾōtām,*
> "E aconteceu, naquele mesmo dia, que YHWH tirou os filhos de Israel da terra do Egito, segundo os seus exércitos." (Êx 12,51)

A expressão *bĕʿeṣem hayyôm hazzeh* enfatiza que o Êxodo é um evento concreto, um dia específico que será sempre recordado. A referência a *ṣibʾōtām*, frequentemente traduzida como "exércitos" ou "hostes," sugere que Israel não sai do Egito como um grupo desorganizado de ex-escravos, mas como um povo ordenado, estruturado, pronto para se tornar uma nação sob o governo de YHWH. O Êxodo, portanto, não é apenas um movimento físico de um lugar para outro. É um redesenho total da identidade de Israel. A partir deste ponto, eles não são mais servos do faraó; são servos de YHWH. Não são mais cativos; são uma comunidade definida pela memória da redenção. Não são mais uma população dispersa; são um povo que caminha sob a promessa. A saída do Egito não é apenas uma libertação do passado, mas uma convocação para um futuro de aliança, obediência e testemunho.

Capítulo 13

O capítulo 13 do Êxodo marca uma transição fundamental na narrativa da libertação de Israel. Após a saída do Egito, a atenção se volta para a consagração dos primogênitos e a instituição do rito da Páscoa como memorial perpétuo. Aqui, a libertação não é apenas um evento histórico, mas um princípio que deve moldar a identidade do povo. O capítulo estabelece que a saída da escravidão não pode ser apenas uma experiência passada; ela precisa ser continuamente lembrada e ritualizada para que Israel nunca se esqueça de que sua existência está irrevogavelmente vinculada à ação redentora de YHWH. YHWH fala diretamente a Moisés:

> *Qaddēš-lî kāl-bĕkōr pĕṭer kāl-reḥem bivnê-yiśrā'ēl bā'ādām ûbabĕhēmâ lî hû'*
>
> "Consagra-me todo primogênito, todo aquele que abre a madre entre os filhos de Israel, tanto dos homens como dos animais; a mim pertence." (Êx 13,2)

A consagração dos primogênitos é um eco direto da última praga. O Egito perdeu seus primogênitos como juízo; Israel agora os dedica a YHWH como reconhecimento. O primogênito, no mundo antigo, representa a continuidade da família, a herança, a primeira porção do futuro. Israel deve entender que seu futuro pertence a YHWH. A libertação não é um direito automático, mas um dom que exige resposta. A redenção dos primogênitos não é apenas um rito, mas um lembrete de que a vida, preservada na noite da Páscoa, não pertence ao próprio povo, mas ao Deus que os libertou. O sangue sobre os umbrais não apenas protegeu Israel da praga, mas o vinculou irrevogavelmente à soberania de YHWH. Cada primogênito resgatado reafirma esse vínculo, declarando que a existência de Israel não está mais sob o domínio de faraó, mas sob a aliança divina. Moisés ordena ao povo:

> *Zāḵōr ʾeṯ-hayyôm hazzeh ʾăšer-yəṣāʾtem mimmirṣayim mibbêṯ ʿăḇāḏîm kî bəḥōzeq yāḏ hôṣîʾ YHWH ʾeṯḵem mizzê wəlōʾ yēʾāḵēl ḥāmēṣ*
> "Lembrai-vos deste dia, em que saístes do Egito, da casa da servidão, pois com mão forte YHWH vos tirou dali; portanto, não comereis pão fermentado." (Êx 13,3)

A memória do Êxodo não pode ser abstrata. Deve ser preservada na consciência e na prática. O pão ázimo torna-se um símbolo dessa memória. Comer *ḥāmēṣ* (pão fermentado) seria um ato de esquecimento, um retorno à normalidade egípcia. A redenção requer um tipo específico de alimento, um ritmo diferente de vida. O fermento, que lentamente transforma a massa, representa o passado egípcio que precisa ser abandonado. A saída do Egito não pode ser apenas geográfica; deve ser também espiritual. O povo não apenas sai de um lugar, mas entra em um novo modo de existência, em que o tempo, o alimento e a identidade são moldados pela obra redentora de YHWH. O tempo e a terra estão interligados:

> *Hayyôm ʾaṯtem yōṣəʾîm bəḥōḏeš hāʾāḇîḇ*
> "Hoje vós saís, no mês de Abibe." (Êx 13,4)

O mês de Abibe, marcado pela colheita da cevada, torna-se um ponto fixo no calendário da salvação. O Êxodo não acontece em qualquer momento; ocorre num tempo marcado pela renovação da terra. O Deus que liberta é o mesmo que ordena as estações e regula o ciclo da criação. A redenção de Israel não é apenas um evento histórico, mas está enraizada no próprio tecido do tempo e da natureza. Assim como a terra se renova com a primeira colheita do ano, o povo também se renova ao ser tirado da escravidão. O tempo do Egito, regido pelo trabalho incessante e pelo controle imperial, dá lugar ao tempo de YHWH, em que o ritmo da vida é marcado por ciclos de redenção e memória. A história da salvação não é uma interrupção da ordem natural, mas sua verdadeira plenitude. A promessa da terra é reafirmada:

> *Wəhāyâ kî yəḇî'ăḵā YHWH 'el-'ereṣ hăkəna'anî wəhăḥittî wəhă'ĕmōrî wəhăḥiwwî wəhăyəḇûsî 'ăšer nišba' lă'ăḇōṯêḵā lāṯêt lāk*
> "E acontecerá que, quando YHWH te introduzir na terra dos cananeus, dos hititas, dos amorreus, dos heveus e dos jebuseus, que Ele jurou a teus pais dar-te." (Êx 13,5)

A terra prometida não é um território neutro. É um espaço ocupado por outras nações, com outras divindades, outras culturas. Israel não entra como uma força expansionista, mas como herdeiro de uma promessa. A terra não é conquistada por mérito, mas por fidelidade ao pacto divino. A geografia da promessa é também um campo de prova: Israel será capaz de viver sob a ordem de YHWH em meio a outros povos? A libertação do Egito foi apenas o primeiro passo. A memória do Êxodo precisa ser ritualizada e ensinada:

> *Wəhiggăḏtā ləḇinḵā bayyôm hăhû' lēmōr ba'ăḇûr zeh 'āśâ YHWH lî bəṣē'tî mimmirṣāyim*
> "E contarás a teu filho, naquele dia, dizendo: 'Isto é pelo que YHWH fez por mim, quando saí do Egito.'" (Êx 13,8)

O texto insiste na transmissão da experiência às futuras gerações. A salvação não pode se tornar um evento do passado, mas precisa ser recontada para que se torne viva. A identidade de Israel não é algo herdado passivamente, mas reconstruído a cada geração pela narrativa da libertação. A pergunta do filho – "Por que fazemos isto?" – não é uma simples curiosidade, mas um ponto de encontro entre a história e a existência. O menino que pergunta encontra sua identidade na resposta. A Páscoa não é apenas um rito; é um lugar de instrução, em que a comunidade reafirma sua história. A continuidade do povo não depende apenas da posse da terra ou da obediência aos mandamentos, mas da capacidade de lembrar e transmitir a história de redenção. A memória do Êxodo não é apenas preservada em textos ou monumentos, mas no ato pedagógico da tradição oral, na encenação ritual da saída do Egito. O sinal dessa memória será visível e incorporado no corpo:

> *Wəhāyâ ləkā lə'ôt ʿal-yādĕkā ûləzikkārôn bên ʿênêkā ləmaʿan təhîyeh tôrāṯ YHWH bəpîkā kî bəyād ḥăzāqâ hôṣî'ăḵā YHWH mimmirṣāyim*
> "E será para ti por sinal sobre a tua mão e por memorial entre os teus olhos, para que a Torá de YHWH esteja em tua boca; porque com mão forte YHWH te tirou do Egito." (Êx 13,9)

O texto antecipa a prática dos *tefillin*, as filactérias, como uma forma de tornar a aliança tangível. A identidade de Israel não pode ser reduzida a crenças abstratas; precisa ser inscrita no corpo, no movimento, no falar. A libertação não é apenas um conceito, mas uma realidade que deve moldar a vida cotidiana. O sinal na mão e entre os olhos significa que a lembrança do Êxodo orienta tanto as ações quanto a visão do mundo. A mão age conforme a aliança, os olhos enxergam a vida através da história da redenção. A memória não pode ser separada da prática, e a redenção não pode ser reduzida a um evento passado. A exigência da consagração dos primogênitos reaparece:

> *Wəhăʿăḇārtā kāl-pēṭer-reḥem laYHWH wəkāl-pēṭer šegăr bəhēmâ 'ăšer yihyeh ləkā hăzəkārîm laYHWH*
> "E farás passar para YHWH todo o que abre a madre, e todo primeiro macho que nascer dos teus animais será de YHWH." (Êx 13,12)

A primogenitura pertence a YHWH. Israel deve reconhecer que sua descendência e sua prosperidade vêm de Deus. O primeiro de tudo – filhos, animais, colheitas – não pertence ao homem, mas ao Criador. A vida é dada por Deus e, portanto, deve ser dedicada a Ele.

A instrução inclui um detalhe significativo: o jumento, um animal impuro, deve ser resgatado com um cordeiro, e se não for resgatado, seu pescoço deve ser quebrado:

> *Wəkāl-pēṭer ḥămōr tip̄dê baśeh wəʾim-lōʾ tip̄dê wəʿărap̄tō wəkāl-bəkōr ʾādām bəḇāneykā tip̄dê*
> "E todo primogênito de jumento resgatarás com um cordeiro; mas, se não o resgatar, quebrarás o seu pescoço. E todo primogênito do homem entre teus filhos resgatarás." (Êx 13,13)

A vida não pode ser possuída de maneira autônoma. Toda primogenitura requer um ato de redenção. O jumento, sendo um animal de carga, essencial para o trabalho e a economia, não pode ser usado sem primeiro ser resgatado. O ato de redenção estabelece um princípio: tudo que pertence ao povo precisa ser reconhecido como pertencente primeiramente a YHWH. Essa exigência reforça a lógica do Êxodo – Israel não foi libertado para viver segundo sua própria vontade, mas para pertencer inteiramente a Deus. O ensino aos filhos retorna:

> *Wəhāyâ kî-yišʾāləḵā ḇinḵā māḥār lēmōr mā-zōʾṯ wəʾāmărtā ʾēlāyw bəḥōzeq yād hôṣîʾānû YHWH mimmirṣāyim mibbêṯ ʿăbādîm*
> "E acontecerá que, quando amanhã teu filho te perguntar: 'O que significa isto?', dirás a ele: 'Com mão forte YHWH nos tirou do Egito, da casa da servidão.'" (Êx 13,14)

A repetição do ensino sublinha que a identidade de Israel depende da narrativa da redenção. A libertação deve ser contada continuamente, pois é possível esquecê-la. A memória do Êxodo não pode se dissolver em um passado distante; ela deve ser transmitida como experiência viva. O texto adverte contra a ilusão da autossuficiência, a ideia de que Israel se libertou por suas próprias forças. O sinal da memória reaparece:

> *Wəhāyâ ləʾôt ʿal-yādĕkā ûləṭôṭāp̄ōṯ bên ʿênêkā kî bəḥōzeq yād hôṣîʾānû YHWH mimmirṣāyim,*

> "E será por sinal sobre a tua mão e por memória entre os teus olhos, porque com mão forte YHWH nos tirou do Egito." (Êx 13,16)

O Êxodo não pode ser esquecido porque nele reside a identidade do povo. O sinal na mão e na testa garante que a história não será perdida. A liberdade não pode ser reduzida a um evento passado; precisa ser constantemente internalizada. A libertação não é apenas uma lembrança, mas um compromisso diário. O Deus que tirou Israel do Egito continua a ser o Senhor que define sua existência. A marca da redenção deve estar sempre presente – no agir, no olhar, na palavra. Israel não pode viver como se o Êxodo fosse um evento distante. Ele é o fundamento de sua relação com YHWH e a chave para sua continuidade como povo da aliança.

O movimento do Êxodo não é apenas um deslocamento físico, mas uma transição teológica. Israel já não está sob a soberania do faraó; agora caminha sob a direção de YHWH. No entanto, o caminho da liberdade não é linear, e YHWH estrategicamente desvia o povo da rota mais curta, conduzindo-os para um itinerário que os afastará dos perigos imediatos, mas os levará a um confronto definitivo com sua própria identidade:

> *Wəlōʾ-nāḥām ʾĕlōhîm dərek̠ ʾereṣ pəlištîm kî qārôḇ hûʾ kî-ʾāmar ʾĕlōhîm pen-yinnaḥēm hāʿām bərōʾtām milḥāmâ wəšāḇû miṣrayimāh*
> "E YHWH não os guiou pelo caminho da terra dos filisteus, embora fosse mais próximo, pois disse: 'Para que o povo não se arrependa ao ver a guerra e volte ao Egito.'" (Êx 13,17)

O perigo não está apenas nos filisteus, mas na mentalidade de servidão que ainda pode fazê-los desejar retornar ao Egito. A rota mais curta não é a melhor, pois a liberdade não é apenas uma questão de geografia, mas de transformação interior. O povo pode ter saído da escravidão, mas a escravidão ainda não saiu do povo. O risco de regressão é real. A travessia pelo deserto será necessária para purificar Israel do desejo de segurança que o Egito representava. O itinerário não é apenas um desvio tático, mas um espaço pedagógico onde

Israel aprenderá que sua existência não depende de sua força, mas da fidelidade de YHWH.

A narrativa do Êxodo nunca é simplesmente sobre libertação externa. É também sobre a necessidade de desaprender a escravidão. A caminhada pelo deserto não é um desvio acidental, mas um processo pedagógico, uma jornada de transformação. Se Israel seguisse o caminho mais curto, sua fragilidade interna o faria vacilar diante da primeira ameaça. A liberdade sem preparo se torna vulnerável. YHWH conhece seu povo e ajusta o percurso para que o processo de saída seja também um processo de reconstrução. No entanto, mesmo tomando um caminho alternativo, Israel sai como um exército ordenado:

> *Wayyaʿăsōb ʾĕlōhîm ʾet-hāʿām dərek̠ hammidbār yam-sûp̄ wəḥămušîm ʿālû bənê-yiśrāʾēl mērāʾeṣ miṣrayim*
> "E Deus fez o povo rodear pelo caminho do deserto, pelo mar de Juncos, e os filhos de Israel subiram do Egito armados." (Êx 13,18)

O termo *ḥămušîm* sugere uma organização militar. Eles não partem como fugitivos dispersos, mas como um povo estruturado, uma força preparada para um novo destino. Israel não é mais um grupo de escravos indefesos, mas uma comunidade que se encaminha para se tornar uma nação. No entanto, a organização externa não significa que internamente já estejam prontos. Há uma longa jornada pela frente, tanto geográfica quanto espiritual. Moisés carrega consigo um testemunho do passado:

> *Wayyiqqaḥ Mōšeh ʾet̠-ʿaṣmōt̠ Yôsēp̄ ʿimmô kî hašbēʿ hišbîaʿ ʾet̠-bənê-yiśrāʾēl lēmōr pāqōd̠ yip̄qōd̠ ʾĕlōhîm ʾet̠kem wəhaʿălît̠em ʾet-ʿaṣmōt̠ay mizzẖ ʾittəkem*
> "E Moisés tomou consigo os ossos de José, pois este havia feito os filhos de Israel jurarem solenemente, dizendo: 'Certamente Deus vos visitará, e então levareis os meus ossos daqui convosco.'" (Êx 13,19)

O cumprimento dessa promessa vincula o presente à fé dos antepassados. José, que outrora foi um sinal da presença de Israel no

Egito, agora se torna um símbolo da aliança que transcende gerações. Israel não está apenas saindo do Egito; está cumprindo um compromisso antigo, reafirmando sua identidade no tempo e no espaço. A presença dos ossos de José no Êxodo não é um detalhe marginal, mas um lembrete de que a libertação de Israel não é um evento isolado, mas parte de uma história maior, uma promessa que começou com os patriarcas e se desenrola no tempo de Deus. A presença de YHWH se manifesta de maneira visível:

> *WayYHWH hōlēḵ ləp̄ānêhem yômām bəʿammûḏ ʿānān lənaḥōṯām haddāreḵ wəlaylâ bəʿammûḏ ʾēš ləhāʾîr lām lālɛḵeṯ yômām wālāylâ*
> "E YHWH ia adiante deles, de dia numa coluna de nuvem para guiá-los no caminho, e de noite numa coluna de fogo para os iluminar, para que caminhassem de dia e de noite." (Êx 13,21)

A nuvem e o fogo garantem que Israel não está sozinho. O Deus que libertou é o Deus que guia. Ele não apenas os tirou do Egito, mas caminha adiante, preparando o caminho. Esse sinal visível da presença divina se torna um testemunho de que a libertação não se restringe ao momento da saída, mas acompanha o povo continuamente. A nuvem durante o dia protege do calor escaldante do deserto, e o fogo à noite dissipa a escuridão, garantindo segurança. A travessia do deserto não será feita por conta própria; a jornada rumo à terra prometida é conduzida pelo próprio Deus. O capítulo se encerra reforçando a permanência dessa presença:

> *Lōʾ-yāmîš ʿammûḏ hāʿānān yômām wəʿammûḏ hāʾēš laylâ lip̄nê hāʿām*
> "Não se apartava a coluna de nuvem de dia, nem a coluna de fogo de noite, de diante do povo." (Êx 13,22)

Essa continuidade da manifestação de YHWH reforça a confiança que Israel deve ter. Se o caminho pelo deserto parece incerto, é porque a liberdade não é simplesmente um destino final, mas um processo. A jornada não será sem desafios, mas Deus está presente. A transição do Egito à terra prometida não pode ser feita de forma apressada, pois Israel precisa aprender a confiar, a depender e a reconhecer que sua sobrevivência não vem de sua força, mas da orientação e provisão de YHWH. A coluna de nuvem e de fogo tornam-se não apenas guias, mas lembretes constantes de que Israel não caminha sozinho. O versículo final reafirma essa presença contínua:

> *Lōʾ-yāmîš ʿammûḏ hāʿānān yômām wəʿammûḏ hāʾēš laylâ ləp̄nê hāʿām*
> “Não se afastava de diante do povo a coluna de nuvem durante o dia, nem a coluna de fogo durante a noite.”
> (Êx 13,22)

YHWH não se ausenta. O caminho da liberdade pode ser longo e incerto, mas a presença divina é ininterrupta. O povo é chamado a confiar. O Êxodo não é apenas a saída do Egito; é um processo em que Israel aprende a viver na dependência de Deus. A presença da nuvem e do fogo não apenas indica direção, mas simboliza a proximidade divina, um Deus que não liberta e abandona, mas que caminha junto ao seu povo. Essa pedagogia da presença divina ensina que a jornada não é feita com base na autossuficiência, mas na submissão ao Deus que conduz. O mesmo povo que viu os sinais e maravilhas precisa agora aprender a caminhar sob a orientação de YHWH, sem a ilusão de controle, sem o conforto da previsibilidade. Eles não sabem exatamente para onde estão indo, nem quanto tempo levará a jornada, mas sabem que Aquele que os chamou à liberdade está com eles.

A nuvem e o fogo não são apenas manifestações divinas, mas um lembrete visível de que Israel não caminha por conta própria. No Egito, suas vidas eram determinadas pelos decretos de Faraó; agora, são orientadas pela presença divina. Essa transição não é fácil: exige desaprender a servidão e internalizar a confiança. O Deus que os guiou para fora os guiará adiante, mas o caminho não será previsível nem fácil. A ausência de autonomia completa é parte do aprendizado. A coluna de nuvem e de fogo funcionam como um sinal de que o controle pertence a YHWH. O povo não decide por si mesmo quando parar ou avançar; precisa aprender a seguir o ritmo imposto pela presença divina. A confiança não pode estar na própria capacidade de planejar ou controlar, mas na obediência à liderança de Deus. Esse princípio não se restringe à travessia do deserto. Ele moldará a identidade de Israel em sua história posterior. A terra prometida não será apenas um território conquistado, mas um espaço de vivência da aliança. O Deus que guiou Israel pelo deserto continuará a guiar sua vida nacional. A obediência à Torah será a continuidade desse aprendizado: não se trata apenas de um código de leis, mas de uma forma de caminhar com Deus.

Assim, o capítulo encerra-se com um lembrete essencial: o Êxodo não foi um evento isolado, mas o início de uma caminhada de fé. A liberdade não consiste apenas em deixar para trás a escravidão, mas em aprender a viver sob a condução de Deus. Israel não será definido apenas pela experiência da opressão, mas pela resposta à presença de YHWH. Essa presença, constante e ininterrupta, não apenas orienta o caminho, mas dá sentido à jornada.

Capítulo 14

Há, no capítulo 14, uma resposta de Faraó rápida e implacável:

> *Wayye'ĕsōr 'et-rikbō wə'et-ʿammō lāqaḥ 'immō.*
> *Wayyiqqaḥ šēš-mē'ōṯ rəkēḇ baḥūr wəḵāl-rəḵeḇ miṣrayim ûšālîšîm ʿal-kullō*
> "E preparou seu carro e tomou consigo seu povo. E tomou seiscentos carros escolhidos, e todos os carros do Egito, com oficiais sobre todos eles." (Êx 14,6-7)

Faraó mobiliza o máximo de sua força militar. Seiscentos carros selecionados, além de todo o restante de seu exército, avançam contra um povo desarmado, recém-libertado. A superioridade egípcia é esmagadora. O que Israel pode fazer diante dessa força? A narrativa constrói um momento de tensão absoluta: a liberdade parece prestes a ser revertida. Mas a lógica da salvação não depende da matemática do poder humano. YHWH já declarou que endurecerá o coração de Faraó, para que ele persiga Israel e, no processo, se precipite em sua própria destruição. O que parece uma ação estratégica do rei do Egito é, na verdade, parte do plano divino. O versículo seguinte confirma essa dinâmica:

> *Wayyaḥăzēq YHWH ʾet-lēḇ parʿōh melek̄ miṣrayim*
> *wayyirḏōp̄ ʾaḥărê bənê-yiśrāʾēl ûbənê-yiśrāʾēl yōṣəʾîm*
> *bəyād rāmāh*
> "E YHWH endureceu o coração de Faraó, rei do Egito, e ele perseguiu os filhos de Israel; e os filhos de Israel saíram com mão erguida." (Êx 14,8)

A expressão ***bəyād rāmāh*** (com mão erguida) indica que Israel saiu com confiança, talvez ainda sem perceber plenamente a ameaça iminente. O povo saiu do Egito vitorioso, mas a narrativa sugere que essa vitória precisa ser confirmada. A saída foi um ato divino, mas a libertação definitiva ainda exigirá um confronto. A perseguição torna-se inevitável:

> *Wayyirḏəp̄û miṣrayim ʾaḥărêhem wayyăśśîqû ʾōṯām*
> *ḥōnîm ʿal-hayyām kull sus rikb̄ p̄arʿōh ûrəḵəḇô ûp̄ārāšāw*
> *ʿal pi-haḥîrōṯ lip̄nê baʿal-ṣəp̄ōn*
> "E os egípcios os perseguiram e os alcançaram acampados junto ao mar, todos os cavalos e carros de Faraó, seus cavaleiros e seu exército, junto a Pi-Hairot, diante de Baal-Zefom." (Êx 14,9)

A situação se fecha sobre Israel. O povo está encurralado: à frente, o mar; atrás, o exército egípcio. Não há saída. A confiança com que partiram rapidamente se dissolve diante da iminência da aniquilação. Aqui, o texto chega a um momento crítico. Tudo parece indicar que o Êxodo foi um erro, que a tentativa de libertação foi uma ilusão. O medo do povo reflete isso. Mas YHWH ainda não concluiu Seu ato de redenção. O mesmo Deus que os tirou do Egito os colocou nessa posição estratégica para manifestar Sua glória de maneira inquestionável.

O caminho para a liberdade raramente segue um percurso linear. Há momentos em que tudo parece perdido, quando as forças do passado parecem ressurgir com mais força do que antes. Mas é precisamente nesse lugar, no ponto de maior vulnerabilidade, que a salvação de YHWH se manifestará de forma definitiva. O mar, que parece ser um obstáculo intransponível, logo se tornará o instrumento da redenção. O Egito, que parecia invencível, será subjugado não pela força humana, mas pela intervenção divina.

O momento da grande decisão se aproxima. Israel deve escolher entre ceder ao pânico ou confiar na fidelidade do Deus que os chamou. A crise não é apenas militar; é teológica. Eles podem ver as forças de Faraó, mas conseguem enxergar YHWH? O desfecho desse confronto não será determinado pelo poder das armas, mas pela resposta do povo ao chamado divino. O mar ainda não se abriu, o perigo ainda é iminente, e a ordem de YHWH permanece: *wəyiśśāʾū* – "Marchem!" A fé não consiste em aguardar uma saída visível, mas em avançar confiando que YHWH abrirá o caminho. O deserto exige uma nova mentalidade. Se no Egito os israelitas se acostumaram a uma existência definida pelo medo e pelo trabalho forçado, agora são chamados a uma existência definida pela obediência e pela confiança na ação divina. A resposta de YHWH a Moisés reforça essa mudança de paradigma:

> *Wayyōʾmer YHWH ʾel-Mōšeh mah-tiṣʿaq ʾēlay dabbēr ʾel-bənê-yiśrāʾēl wəyiśśāʾū*
> "E disse YHWH a Moisés: 'Por que clamas a mim? Fala aos filhos de Israel que marchem!'" (Êx 14,15)

Essa resposta parece surpreendente. Moisés havia dito ao povo para ficar firme e ver a salvação de YHWH, mas agora recebe uma ordem diferente: não basta esperar – é preciso avançar. A fé não é uma postura passiva, mas uma confiança ativa que se traduz em movimento. O mar ainda está fechado, mas Israel deve caminhar em direção a ele. A ação de Moisés se torna o ponto de transição para o milagre:

> *Wəʾattā hārēm ʾet-mattəḵā ûnəṭēh ʾet-yādəḵā ʿal-hayyām ûḇəqāʿēhû wəyāḇōʾû bənê-yiśrāʾēl bətōḵ hayyām bayyaḇāšāh*
> "E tu, ergue o teu cajado e estende a tua mão sobre o mar, e divide-o, para que os filhos de Israel passem pelo meio do mar em terra seca." (Êx 14,16)

O que parecia ser um obstáculo definitivo – o mar – agora se tornará o meio pelo qual Israel será salvo. O milagre não acontece antes da ordem para avançar. É na obediência ao chamado divino que a redenção se manifesta. Mas a libertação de Israel não é apenas um ato de salvação; é também um ato de juízo sobre o Egito:

> *Wa'ănî hinənî məḥazzaq 'et-lēḇ miṣrayim wəyāḇō'ū 'aḥărêhem wə'ikkābədāh bəp̄ar'ōh ûḇəḵāl-ḥêlô bərəḵəḇô ûḇəp̄ārāšāyw*
> "E eis que eu endurecerei o coração dos egípcios, para que entrem atrás deles, e eu serei glorificado em Faraó e em todo o seu exército, em seus carros e em seus cavaleiros." (Êx 14,17)

O endurecimento do coração de Faraó atinge seu ápice. O rei do Egito se lança à destruição sem perceber que sua derrota já foi selada. O que ele enxerga como uma oportunidade para subjugar Israel é, na verdade, o caminho para seu próprio colapso. O versículo seguinte antecipa o resultado desse confronto definitivo:

> *Wəyād'û miṣrayim kî-'ănî YHWH bəhikkābədî bəp̄ar'ōh bərəḵəḇô ûḇəp̄ārāšāyw,*
> "E os egípcios saberão que eu sou YHWH, quando eu for glorificado em Faraó, em seus carros e em seus cavaleiros." (Êx 14,18)

O faraó perguntou antes: "Quem é YHWH para que eu ouça sua voz?" (Êx 5,2). Agora, ele saberá. Mas seu conhecimento virá pelo juízo. A salvação de Israel e a destruição do Egito são dois lados da mesma moeda. O mar, que se abrirá como caminho de libertação para um povo, será o túmulo para outro. A história agora chega ao seu clímax. Israel avança, o mar ainda está fechado, o Egito avança logo atrás. Tudo parece indefinido. Mas a presença de YHWH nunca foi tão próxima, e o momento do grande milagre se aproxima. O que vem a seguir mudará para sempre a identidade do povo de Deus. A travessia do mar marca o momento definitivo da libertação de Israel. Não é apenas a fuga do Egito, mas a destruição total do poder imperial que os mantinha cativos. A água, que na cosmovisão do Antigo Oriente Próximo representava o caos primordial, torna-se o agente do juízo de YHWH sobre o faraó. O mar, que simbolizava o obstáculo intransponível, transforma-se em caminho para Israel e em túmulo para os egípcios. O versículo 14,30 resume o impacto desse evento:

> *Wayyôšaʿ YHWH bayyôm hăhûʾ ʾeṯ-yiśrāʾēl miyyaḏ miṣrayim wayyarʾ yiśrāʾēl ʾeṯ-hammiṣrîm mēṯ ʿal-śəpaṯ hayyām,*
> "Assim salvou YHWH Israel naquele dia da mão do Egito, e Israel viu os egípcios mortos na praia do mar."

A libertação não está apenas na travessia, mas no fato de que o Egito não pode mais persegui-los. O faraó não tem mais poder. Israel não apenas saiu do Egito; o Egito foi removido da sua história. O trauma da escravidão não termina simplesmente quando os grilhões são quebrados, mas quando o opressor não tem mais poder para trazê-los de volta. A reação do povo no versículo 14,31 é emblemática:

> *Wayyîrəʾū hāʿām ʾeṯ-YHWH wayyaʾămînû BəYHWH ûbəMōšeh ʿabəḏô,*
> "E o povo temeu a YHWH, e creu em YHWH e em Moisés, seu servo."

O temor não é apenas medo, mas um reconhecimento profundo do caráter divino. O povo agora vê YHWH não apenas como uma ideia ou uma tradição herdada dos antepassados, mas como uma realidade que age na história. A fé nasce da experiência. Não é uma fé teórica, mas uma fé que testemunhou a derrocada do Egito. Moisés, antes questionado e desafiado, agora é reconhecido como servo legítimo de YHWH. Esse evento se tornará o paradigma da salvação em toda a tradição bíblica. Os profetas constantemente lembrarão que o Deus de Israel é aquele que "abriu o mar" e "libertou o povo com mão forte e braço estendido" (cf. Isaías 51,10; Salmo 106,9). A memória do Êxodo não é apenas histórica; ela é existencial. O povo deve lembrar-se desse dia não como algo do passado, mas como fundamento de sua identidade.

No entanto, a travessia do mar não é o fim da jornada, mas o começo de uma nova caminhada. Israel está livre, mas ainda precisa aprender a ser um povo livre. A escravidão moldou sua mentalidade, e o deserto agora se tornará o lugar onde eles serão transformados. A batalha contra o Egito terminou, mas a luta interna para confiar plenamente em YHWH está apenas começando.

Capítulo 15

O cântico de Moisés não é apenas uma celebração da libertação, mas uma confissão teológica sobre o caráter de YHWH. Ele não é apenas o Deus de Israel, mas o Senhor soberano sobre todas as nações. A libertação não é um ato arbitrário; é um testemunho da justiça divina. A travessia do mar revela que a opressão não pode permanecer para sempre, que os impérios não são eternos, que YHWH intervém na história para desfazer a lógica da tirania. O versículo 15,6 exalta o poder divino:

> *Yəmīnəkā YHWH nē'dārî ḇakkoaḥ yəmīnəkā YHWH tir'aṣ 'ōyēḇ,*
> "Tua mão direita, YHWH, é majestosa em poder; tua mão direita, YHWH, despedaça o inimigo."

A repetição da "mão direita" enfatiza que a vitória não foi acidental, mas um ato deliberado da força divina. A mão direita simboliza ação, autoridade e juízo. O faraó, que antes governava com mão de ferro, agora é esmagado pela mão de YHWH. O mesmo Deus que estendeu Sua mão para ferir o Egito agora a estende para salvar Israel. A destruição dos egípcios é descrita com imagens de fogo e vento:

> *Ûḇərōḇ gə'ônəkā tahărōs qāmēkā təšallaḥ ḥărōnəkā yō''əklēmô kāqāš*
> "Na grandeza da tua majestade, derrubas os que se levantam contra Ti; envias tua ira ardente, que os consome como palha." (Êx 15,7)

A soberba egípcia é consumida num instante. O fogo, que no Egito servia para fundir metais e forjar armas, agora destrói aqueles que confiavam em sua força. A palha, que antes simbolizava o trabalho forçado dos escravos hebreus (cf. Êxodo 5,7), agora se torna a imagem da fragilidade egípcia diante da ira de YHWH. A soberania de Deus sobre as águas é reafirmada:

> *Ûbərûaḥ ʾappêkā neʿĕrəmû mayim niṣṣəḇû kəmô-nēḏ nōzəlîm qāpəʾû ṯəhōmōṯ bəlɛḇ yām*
> "Com o sopro das tuas narinas, as águas se amontoaram; levantaram-se as ondas como um muro; os abismos congelaram-se no coração do mar." (Êx 15,8)

O vento que separou as águas não foi um fenômeno natural, mas um sopro divino. A imagem do mar erguendo-se como um muro reforça a ideia de que a criação obedece a YHWH. O caos não tem domínio próprio; ele se curva diante da voz do Criador. Os egípcios, por sua vez, confiam em sua própria força e ignoram o poder divino:

> *ʾāmar ʾōyēḇ ʾerəḏōp̄ ʾaśîg ʾăḥallēq šālāl təmallēʾmô nap̄šî ʾāriq ḥarbî tōrîšēmô yādî*
> "O inimigo disse: 'Perseguirei, alcançarei, repartirei os despojos; minha alma se fartará deles; desembainharei minha espada, minha mão os destruirá.'" (Êx 15,9)

A confiança egípcia está em seu próprio poder militar. Eles veem Israel como um objeto de conquista, uma riqueza a ser saqueada. Mas a realidade se impõe de maneira abrupta:

> *Nāšaṯā bərûḥəkā kisseēmô yām ṣālāḥû kāʿōp̄er bəmayim ʾaddîrîm*
> "Soprastes com teu vento, o mar os cobriu; afundaram como chumbo nas águas poderosas." (Êx 15,10)

A queda do Egito não ocorre por uma batalha entre exércitos, mas por um sopro divino. A guerra de YHWH não é vencida com espadas, mas com a reversão das expectativas humanas. O exército mais poderoso do mundo é tragado pelo próprio mar que atravessava com arrogância. O versículo 15,13 antecipa o que virá:

> *Naḥîṯā ḇəḥasdəkā ʿam-zû gāʾālta nāḥaltā bəʿuzzəkā ʾel-nəwēh qodəšekā,*
> "Guiaste com tua bondade o povo que redimiste; conduziste com tua força à tua santa habitação."

A libertação do Egito não é um fim em si mesma. O Êxodo não termina na travessia do mar, mas na condução do povo à presença de YHWH. O Deus que os tirou da escravidão agora os guiará até Sua habitação. Assim, o Cântico do Mar não é apenas uma celebração da vitória sobre o Egito. É uma proclamação de que a história pertence a YHWH, de que nenhum império pode resistir à Sua vontade, e de que a redenção não é apenas uma saída do passado, mas um chamado para um futuro moldado pela presença divina. O poder de faraó não pode mais definir o destino de Israel. A ordem de Moisés antecipa a destruição total do exército egípcio, deixando claro que não há volta: a opressão egípcia será encerrada de forma irreversível.

> *YHWH yilāḥēm lākem wəʾattem taḥărîšûn*
> "YHWH pelejará por vós, e vós vos calareis." (Êx 15,14)

O silêncio do povo é parte do milagre. Não há necessidade de combate, de resistência ativa, de negociação. Israel deve aprender que sua libertação não depende de sua própria força, mas da fidelidade de YHWH. A escravidão os acostumou a lutar para sobreviver, mas agora precisam aprender um novo tipo de dependência: não a de um senhor humano, mas a do Deus que age em favor deles. O silêncio não é covardia; é um reconhecimento da soberania divina.

> *Wayyōmer YHWH ʾel-Mōšeh māh-tiṣʿaq ʾēlay dabbēr ʾel-bənê-yiśrāʾēl wəyiśśāʾû*
> "E YHWH disse a Moisés: 'Por que clamas a mim? Fala aos filhos de Israel que marchem.'" (Êx 15,15)

A tensão entre o clamor humano e a ação divina fica evidente. Moisés, mesmo sendo o líder, ainda precisa ser ensinado. Ele clama, mas YHWH não responde com mais palavras de consolo, e sim com um comando: sigam em frente. A fé não é apenas contemplação ou espera passiva. Israel deve aprender a caminhar mesmo antes de ver o milagre acontecer. Esse é um padrão recorrente na Escritura: a obediência precede a revelação. O caminho ainda está fechado, mas a ordem é avançar.

> *Wəʾattâ hārēm ʾet-mattəḵā ûnəṭê ʾet-yāḏəḵā ʿal-hayyām ûḇəqāʿēhû wəyāḇōʾû bənê-yiśrāʾēl bətôḵ hayyām bǎyyǎbāšâ*
> “E tu, levanta a tua vara, estende a tua mão sobre o mar e divide-o, para que os filhos de Israel passem pelo meio do mar em terra seca.” (Êx 15,16)

O comando a Moisés reforça sua posição de mediador da ação divina. Ele não tem poder próprio para dividir o mar, mas YHWH age através dele. A travessia pelo meio do mar destaca a soberania de Deus sobre as forças do caos. A terra seca, *yǎbāšâ*, contrasta com a imagem do abismo que afundará os egípcios. O que é caminho para Israel se tornará destruição para o inimigo. A criação é reorganizada em favor dos que confiam em YHWH.

> *Waʾănî hinənî məḥazzēq ʾet-lēḇ miṣrayim wəyāḇōʾû ʾaḥărêhem wəʾikkābədāh bəparʿōh ûḇəḵāl-ḥêlô bərəkəḇô ûḇəpārašāyw*
> “E eis que eu endurecerei o coração dos egípcios, para que os persigam, e serei glorificado em Faraó e em todo o seu exército, nos seus carros e nos seus cavaleiros.” (Êx 15,17)

O endurecimento do coração de faraó não é um castigo arbitrário, mas um mecanismo que revela a justiça divina. Faraó não consegue aceitar a derrota. A narrativa destaca que o império se destrói por sua própria obstinação. A perseguição egípcia não faz sentido: Israel já está liberto, mas o faraó insiste em reafirmar seu domínio. O orgulho imperial não aceita limites. O exército egípcio será usado para demonstrar que nenhum poder humano pode competir com a glória de YHWH.

> *Wəyādʿû miṣrayim kî-ʾănî YHWH bəhikkābədî bəp̄arʿōh bərəkəḇô ûḇəp̄ārašāyw*
> "E os egípcios saberão que eu sou YHWH, quando for glorificado em Faraó, nos seus carros e nos seus cavaleiros." (Êx 15,18)

A ironia é marcante: o Egito, que recusou reconhecer YHWH quando Israel estava em servidão, agora será forçado a reconhecer seu domínio no momento do juízo. O poder de Deus não se manifesta apenas na libertação dos oprimidos, mas também no colapso dos opressores.

> *Wayyiśśaʿ malʾak̲ hāʾĕlōhîm hahōlēk̲ lip̄nê maḥănê yiśrāʾēl wayyēlek̲ meʾaḥărêhem wayyiśśaʿ ʿammûḏ heʿānān mippənêhem wayyaʿămōḏ meʾaḥărêhem*
> "E o anjo de Deus, que ia adiante do acampamento de Israel, se retirou e foi atrás deles, e a coluna de nuvem se retirou de diante deles e se pôs atrás deles." (Êx 15,19)

A mudança na posição da nuvem indica proteção. YHWH bloqueia o avanço do Egito antes da travessia, tornando-se um escudo entre opressor e oprimido. O que antes guiava Israel agora impede a investida do inimigo. A presença divina é tanto guia quanto barreira.

> *Wayəhî heʿānān wəhaḥōšek̲ wayyāʾēr ʾet-hallāyl wəlōʾ-qāraḇ-zeh ʾel-zeh kol-hallāyl*
> "E havia a nuvem e a escuridão, mas iluminava a noite, de modo que um não se aproximou do outro a noite toda." (Êx 15,20)

O Egito e Israel compartilham o mesmo espaço, mas vivem realidades opostas. O mesmo fenômeno que confunde os egípcios ilumina os israelitas. A presença de YHWH não apenas guia, mas redefine a experiência da realidade.vA transição do cântico para a jornada do deserto é abrupta.

> *Wayyaṣāʾ Mōšeh ʾeṯ-yiśrāʾēl miyyam-sûp̄ wayyēṣəʾû ʾel-midbar-šûr wayyēlḵû šəlōšet yāmîm bammiḏbār wəlōʾ māṣəʾû mayim*
> "E Moisés fez Israel partir do mar de Juncos, e saíram para o deserto de Sur; e andaram três dias no deserto, e não acharam água." (Êx 15,22)

A festa da libertação é imediatamente seguida pela escassez. O mar se abriu, mas agora a terra está seca, e a sede se impõe. A euforia da vitória precisa dar lugar à realidade da travessia. O deserto será o verdadeiro teste. O primeiro obstáculo surge em Mara:

> *Wayyāḇōʾû marātāh wəlōʾ yākəlû lištōṯ mayim mimmārā kî mārîm hēm*
> "E chegaram a Mara, mas não puderam beber as águas de Mara, porque eram amargas." (Êx 15,23)

A água, que era símbolo de morte para os egípcios, agora se torna um obstáculo para Israel. O nome do lugar, Mara (amargura), revela a frustração do povo. A escravidão era dura, mas havia água. A liberdade é doce, mas traz consigo novos desafios. O cântico havia exaltado YHWH como aquele que conduz seu povo à salvação, mas a sede torna essa confiança difícil de manter. A libertação do Egito foi um ato extraordinário, mas a sobrevivência no deserto exigirá uma confiança diária. O mar de Juncos foi vencido de uma só vez, mas a jornada no deserto será uma batalha constante contra a dúvida e a necessidade. A verdadeira prova da fé não está apenas nos momentos de grande livramento, mas na caminhada cotidiana. A resposta de YHWH não é apenas um milagre, mas um ensinamento:

> *Wayyiṣʿaq ʾel-YHWH wayyôrēhû YHWH ʿēṣ wayyašleḵ ʾel-hammayim wayyimtəqqû hammayim*
> "E Moisés clamou a YHWH, e YHWH lhe mostrou um madeiro; e ele o lançou nas águas, e as águas se tornaram doces." (Êx 15,25)

Moisés clama, e YHWH o instrui. O problema não é apenas físico, mas espiritual. O povo precisa aprender a confiar. A doçura da água não é apenas um alívio momentâneo, mas uma lição sobre dependência. A resposta divina não vem como um ato isolado de compaixão, mas como um convite pedagógico: YHWH mostra a Moisés um *ʿēṣ*, um madeiro, que altera a realidade da água. A libertação não basta; é necessário um processo de transformação. Assim como o mar de Juncos foi separado para abrir um caminho de salvação, agora as águas amargas são transformadas para ensinar um princípio: a amargura da jornada pode ser convertida em doçura quando se caminha sob a direção de YHWH. O versículo seguinte estabelece a lógica do deserto:

> *Šām śām lô ḥōq ûmišpāṭ wəšām nissāhû*
> "Ali lhes deu estatutos e juízos, e ali os provou." (Êx 15,25)

O deserto não é apenas um espaço geográfico, mas um campo de prova. O que está sendo testado não é a resistência física de Israel, mas sua disposição em confiar no Deus que os libertou. O Êxodo não é apenas um evento de redenção, mas um processo de formação. A liberdade não significa ausência de disciplina, mas um novo modo de vida baseado na obediência. YHWH estabelece uma condição:

> *ʾIm-šāmōaʿ tišmaʿ ləqôl YHWH ʾĕlōhêkā wəhayyāšār bəʿênāyw taʿăśeh wəhăʾăzăntā ləmiṣwōṯāyw wəšāmartā kāl-ḥuqqāyw kol-hammaḥalāh ʾăšer-samtî bəmiṣrayim lōʾ-ʾāśîm ʿālêkā kî ʾănî YHWH rōp̄ʾêkā*
> "Se ouvires diligentemente a voz de YHWH, teu Deus, e fizeres o que é reto diante de Seus olhos, e deres ouvidos aos Seus mandamentos, e guardares todos os Seus estatutos, nenhuma das enfermidades que pus sobre o Egito colocarei sobre ti, porque Eu sou YHWH, teu curador." (Êx 15,26)

A promessa de proteção e cura está condicionada à escuta e à obediência. O Deus que feriu o Egito não deseja ferir Israel, mas seu povo precisa aprender a viver dentro de Sua vontade. O texto liga a cura à fidelidade: *rōp̄ʾêkā*, "teu curador," não significa apenas que YHWH remove doenças, mas que Ele provê um caminho de vida que evita o caos e a destruição. A cura não é apenas física, mas espiritual; não se trata apenas de evitar enfermidades, mas de aprender a viver em conformidade com a ordem divina. O versículo final reafirma a provisão divina:

> *Wayyāḇō'û 'ēlîmâ ûšām šətêm 'eśrêh 'ayānôt māyim*
> *wəšib'îm təmārîm wayyaḥănû šām 'al-hammāyim*
> "E chegaram a Elim, onde havia doze fontes de água e setenta palmeiras; e acamparam junto às águas." (Êx 15,27)

O contraste entre Mara e Elim é significativo. Enquanto em Mara a água era amarga, exigindo a intervenção divina, Elim representa a abundância gratuita. O número doze pode simbolizar as tribos de Israel, enquanto as setenta palmeiras podem remeter às nações da terra. A caminhada pelo deserto alterna escassez e plenitude, provação e provisão. YHWH conduz o povo por meio de um equilíbrio entre teste e graça, ensinando que a sobrevivência não depende da estabilidade do ambiente, mas da fidelidade divina. O texto faz a transição para um novo estágio da jornada, estabelecendo um padrão que se repetirá ao longo do deserto: Israel enfrentará crises, clamará a YHWH, e receberá tanto provação quanto provisão. O deserto não é apenas um lugar de dificuldade, mas um espaço pedagógico em que a relação entre YHWH e o povo se define em termos de confiança e dependência. A lição de Mara e Elim reforça que o verdadeiro sustento não vem apenas do que se vê – águas doces ou amargas –, mas da palavra e da presença de YHWH, que guia Israel para além da mera sobrevivência rumo à plenitude da promessa. A jornada segue até Elim, um local de descanso e provisão:

> *Wayyāḇō'û 'ēlīmāh wəšām šətnê 'eśrēh 'ênōṯ mayim*
> *wəšib'îm təmārîm wayyaḥănû šām 'al-hammayim*
> "E chegaram a Elim, onde havia doze fontes de água e setenta palmeiras, e acamparam junto às águas." (Êx 15,27)

A transição de Mara para Elim reforça um padrão que se repetirá ao longo de toda a travessia: o deserto alterna momentos de crise e de provisão. O Deus que testa é o mesmo que cuida. A escassez e a abundância se entrelaçam na experiência da fé. As doze fontes e as setenta palmeiras não são apenas uma pausa na jornada, mas um sinal de ordem e suficiência. O número doze, associado às tribos de Israel, sugere que a provisão é suficiente para toda a comunidade. O número setenta, frequentemente ligado à plenitude e à totalidade das nações (cf. Gênesis 10), reforça a ideia de que a abundância de YHWH transcende necessidades momentâneas e se insere dentro de um propósito maior. A provisão de YHWH não é aleatória, mas estruturada. Israel aprende que o mesmo Deus que os faz passar pela amargura os conduz à plenitude. A chegada a Elim não significa o fim dos desafios, mas uma antecipação da fidelidade divina ao longo da jornada. O deserto não é apenas um espaço de escassez; ele também revela que há provisão para aqueles que confiam no caminho traçado por YHWH.

Capítulo 16

A liberdade não é simplesmente um ato de emancipação política; é um novo tipo de dependência, agora não do faraó, mas de YHWH.

> *Wayyissəʿû mēʿêlim wayyāḇōʾû kāl-ʿăḏat bənê-yiśrāʾēl ʾel-miḏbar-sîn ʾăšer bên-ʾêlim ûḇên-sînay*
> “E partiram de Elim, e toda a congregação dos filhos de Israel veio ao deserto de Sin, que está entre Elim e Sinai.” (Êx 16,1)

A geografia importa. Eles não apenas caminham; são conduzidos. O deserto de Sin não é um local neutro, mas um campo de provas, um espaço em que a memória e a expectativa entram em conflito. O nome “Sin” ressoa com “Sinai”, antecipando que a jornada não é apenas uma travessia, mas uma preparação para um encontro. O deserto expõe fragilidades, desconstrói ilusões e exige confiança. O povo foi libertado da servidão egípcia, mas ainda não aprendeu a viver como povo livre. O deserto é o espaço em que a liberdade é testada. Israel não tem mais as correntes do Egito, mas ainda carrega os hábitos da servidão. A travessia não é apenas geográfica; é existencial. Agora, a primeira necessidade essencial – o alimento – se torna um ponto de crise.

> *Wayyēlənû kāl-ʿăḏat bənê-yiśrāʾēl ʿal-Mōšeh wəʿal-ʾAharōn bammiḏbār*
> "E toda a congregação dos filhos de Israel murmurou contra Moisés e contra Arão no deserto." (Êx 16,2)

A murmuração surge rapidamente. A fome não é só física, mas simbólica. A necessidade material revela uma inquietação profunda: a dificuldade em confiar na provisão de YHWH. O povo, que foi salvo das mãos de Faraó, ainda luta contra a mentalidade da escravidão.

> *Mî-yittēn mûtênû bəyaḏ-YHWH bəʾereṣ miṣrayim bəšibətēnû ʿal-sîr haššāʾr wəbəʾākəlênû leḥem lāśōḇaʿ*
> "Quem dera tivéssemos morrido pela mão de YHWH na terra do Egito, quando nos sentávamos junto às panelas de carne e comíamos pão até nos fartar!" (Êx 16,3)

Antes, o Egito era um lugar de opressão. Agora, se transforma, na imaginação do povo, num lugar de fartura. A servidão, embora cruel, trazia previsibilidade. O deserto, em contraste, exige fé. A fome revela um dilema: Israel realmente deseja ser livre, ou apenas busca um novo tipo de segurança? YHWH responde, mas de forma pedagógica. Ele não apenas supre o povo; Ele os ensina.

> *Hinənî mamṭîr lākem leḥem min-haššāmayim*
> "Eis que farei chover para vós pão dos céus." (Êx 16,4)

O maná não é apenas sustento, mas uma lição de obediência.

> *Wəyāṣā hāʿām wəlāqaṭû dəḇar-yôm bəyômô ləmaʿan ʾănaśsēnû hăyēlēḵ bətôrātî ʾim-lōʾ*
> "E o povo sairá e colherá a porção de cada dia, para que Eu os prove, se andarão na minha Torá ou não." (Êx 16,4)

O teste não é se haverá comida, mas se o povo conseguirá viver dentro dos ritmos da provisão divina. A libertação da escravidão impõe uma nova disciplina: a dependência de YHWH não é passiva, mas requer uma reordenação da vida. O maná será o meio pelo qual Israel aprenderá a confiar, dia após dia, sem acumular, sem controlar, mas aceitando a suficiência da dádiva divina. O maná não será armazenado, não será um recurso acumulável, mas um dom renovado a cada manhã. A instrução é clara:

> *Wəhāyâ bayyôm haššīšî wəhēḵînû ʾeṯ-ʾăšer yāḇîʾû wəhāyâ mišnēh ʿal ʾăšer-yiləqōṭû yôm yōm*
> "E será que, ao sexto dia, prepararão o que trouxerem, e será o dobro do que recolhem cada dia." (Êx 16,5)

No sexto dia, devem recolher o dobro, pois no sábado não haverá maná. A fome de Israel não é resolvida por um milagre contínuo, mas por um ritmo sagrado de provisão. Eles precisam aprender a confiar no descanso, algo que a escravidão lhes negava. A ordem de recolher apenas o necessário desmonta a lógica egípcia da acumulação e do controle:

> *ʾÎš ləpî ʾaḵlō tōləqəṭû ʿōmer laggûləgōleṯ*
> "Cada um recolherá segundo o seu comer, um ômer por cabeça." (Êx 16,16)

O novo regime econômico do deserto é regulado pela necessidade e não pela escassez. O suficiente para cada um, nada além disso. Mas quem confia no dom? Quem acredita que amanhã haverá mais? O desejo de segurança ainda fala mais alto:

> *Wayyōṯîrû ʾănašîm mimmennû ʿaḏ-bōqer wayyārōm təlāʿîm wayyîbaʾaš*
> "Porém alguns guardaram dele até pela manhã, e criou vermes e cheirava mal." (Êx 16,20)

O maná retido fora do tempo apodrece, cria vermes, exala mau cheiro. A lição é clara: a provisão divina não se acumula como um recurso humano. Ela precisa ser recebida como dom, dia após dia. A economia do Egito era baseada no armazenamento, no controle do tempo e da produção, na ansiedade pelo amanhã. A economia de YHWH é baseada na confiança, na suficiência do presente. O deserto está ensinando que a verdadeira liberdade não significa autonomia total, mas aprender a viver na dependência fiel daquele que provê. O pão do Egito era o pão do domínio; o pão do céu é o pão da fé. Mas há um dia que exige um novo tipo de postura. O sexto dia não é como os outros:

> *Wəhāyâ bayyôm haššīšî wəhēḵînû ʾeṯ-ʾăšer yāḇîʾû wəhāyâ mišnēh ʿal ʾăšer-yiləqōṭû yôm yōm*
> "E será que, ao sexto dia, prepararão o que trouxerem, e será o dobro do que recolhem cada dia." (Êx 16,5)

Agora o povo deve recolher o dobro, pois no sétimo dia não haverá maná. A pedagogia do deserto não ensina apenas a confiar na provisão diária, mas a confiar no descanso. O sábado, que na lógica egípcia seria uma irresponsabilidade, aqui se torna um ato de fé. O Deus que dá o pão também dá o tempo. O sábado é mais do que uma pausa; ele é um lembrete de que a existência de Israel não depende do trabalho contínuo, mas da fidelidade de YHWH. Enquanto o Egito exigia produtividade incessante, o deserto ensina que a vida não se sustenta pelo esforço humano, mas pelo dom divino. A transgressão da ordem expõe a dificuldade em desaprender a mentalidade da servidão:

> *Wayyəhî bayyôm hašəbîʿî yāṣəʾû min-hāʿām liləqōṭ wəlōʾ-māṣəʾû,*
> "E aconteceu que, ao sétimo dia, saíram alguns do povo para colher, mas não acharam nada." (Êx 16,27)

Há sempre aqueles que não acreditam. Não confiam que YHWH proverá, que haverá suficiente, que o sábado não é um risco, mas um presente. O sábado não é apenas um dia sem trabalho; é um testemunho de que a economia da graça não exige produtividade contínua. O descanso, nesse novo regime de existência, não é perda de tempo, mas um sinal de aliança. Se Israel não aprende a confiar no sábado, não aprenderá a confiar em Deus. O maná não é apenas uma solução para a fome. Ele é um sinal, um lembrete concreto de que a sobrevivência de Israel não depende de sua própria capacidade de controle, mas da generosidade divina. Ele deve ser preservado, carregado no coração do povo, testemunho do tempo da travessia:

> *Wayyōʾmər Mōšeh zeh haddāḇār ʾăšer-ṣiwâ YHWH milōʾ haʿōmer mimmennû ləmišmərt lədōrōṯêkem ləmaʿan yirʾû ʾeṯ-halleḥem ʾăšer hĕʾĕkalti ʾeṯkem bammiḏbār bəhôṣîʾî ʾeṯkem mĕʾereṣ miṣrayim*
> "E Moisés disse: 'Isto é o que YHWH ordenou: Enchei um ômer dele como memorial para as vossas gerações, para que vejam o pão com que vos sustentei no deserto, quando vos tirei da terra do Egito.'" (Êx 16,32)

O deserto passará. Mas a memória da provisão precisa permanecer. O Deus que alimentou Israel sem terra, sem gado, sem colheita, sem estoque precisa ser lembrado quando a abundância vier. O perigo da fartura é o esquecimento. Quando chegarem à terra prometida, será fácil acreditar que são sustentados pelo próprio esforço, pelas colheitas que plantaram, pelas cidades que construíram. O maná deve ser guardado não apenas como um alimento, mas como um testemunho de que Israel vive daquilo que Deus concede, não daquilo que produz.O capítulo se encerra com uma nota que transcende o momento da jornada:

> *Wəbənê-yiśrāʾēl ʾākəlû ʾeṯ-hammān ʾarbaʿîm šānâ ʿaḏ-bōʾām ʾel-ʾereṣ nōšāḇ ʾeṯ-hammān ʾākəlû ʿaḏ-bōʾām ʾel-qəṣê ʾereṣ kənaʿan*
> "E os filhos de Israel comeram o maná quarenta anos, até que chegaram à terra habitada; comeram o maná até que chegaram aos limites da terra de Canaã." (Êx 16,35)

O maná sustentou Israel por quarenta anos. Ele não foi um milagre ocasional, mas um modo de vida. Aqueles que saíram do Egito morreram, mas a provisão continuou. O Deus do deserto não os abandonou. O maná é um símbolo do que significa ser sustentado pelo dom e não pela opressão. O Egito ensinava que a segurança vinha do armazenamento, da produção, do esforço contínuo. O deserto ensina que a segurança vem da confiança no Deus que provê. A questão que paira sobre Israel não é apenas se terão comida amanhã, mas se são capazes de viver como um povo cuja sobrevivência depende de YHWH e não do sistema que os escravizou. O maná os alimenta, mas também os confronta. Ele expõe sua ansiedade, sua relutância em confiar, sua necessidade de controle. Mas, ao mesmo tempo, ele os molda para uma nova realidade, em que o dom supera a lógica da necessidade e onde a gratidão substitui o medo. Israel não foi apenas retirado do Egito. O Egito precisa ser retirado de Israel. A travessia do deserto não é sobre geografia. É sobre um povo aprendendo o que significa viver sob o governo de Deus. A ordem de recolher apenas o necessário é uma afronta à mentalidade egípcia de acumulação:

> *ʾÎš ləpî ʾaḵlō tōləqəṭû ʿōmer laggûləgōleṯ,*
> “Cada um recolherá segundo o seu comer, um ômer por cabeça.” (Êx 16,16)

A nova economia da graça não se baseia na escassez e no controle, mas na suficiência e na confiança. O que acontece com os que tentam guardar mais do que o ordenado?

> *Wayyōṯîrû ʾănašîm mimmennû ʿaḏ-bōqer wayyārōm təlāʿîm wayyîbaʾaš*
> “Porém alguns guardaram dele até pela manhã, e criou vermes e cheirava mal.” (Êx 16,20)

O excesso apodrece. O maná não pode ser armazenado como um recurso de segurança. Ele precisa ser recebido diariamente. A história do maná e do sábado encerra um dos momentos mais formativos da jornada de Israel no deserto. Aqui, a dependência da provisão divina e a santidade do tempo se entrelaçam para moldar um povo cuja existência não pode mais ser definida pelo paradigma do Egito.

O sábado emerge como o ponto culminante da lição do maná. Ele não é apenas uma pausa no trabalho, mas um ato de fé. O maná que normalmente se deteriorava de um dia para o outro agora permanece intacto. Isso não é um detalhe secundário; é uma revelação sobre a natureza da provisão divina. No sexto dia, o povo deve recolher o dobro, confiando que no sétimo dia não haverá necessidade de buscar mais alimento. Esse é o teste final: aprender a viver em um ritmo que não seja ditado pela urgência da subsistência, mas pela confiança na fidelidade de YHWH. Aqueles que tentam coletar no sétimo dia fracassam:

> *Wayyəhî bayyōm haššəbîʿî yāṣəʾû min-hāʿām liləqōṭ wəlōʾ-māṣəʾû*
> "E aconteceu que, ao sétimo dia, saíram alguns do povo para colher, mas não acharam nada." (Êx 16,27)

A ansiedade ainda não foi completamente eliminada. Há quem não consiga confiar que o dom de YHWH será suficiente. Esse gesto de desobediência expõe uma tensão profunda: a transição da servidão egípcia para a liberdade no deserto exige uma transformação não apenas de condição, mas de mentalidade. O tempo do Egito era marcado pelo trabalho incessante, pelo acúmulo, pela insegurança. O tempo de YHWH é marcado pelo descanso e pela suficiência. A resposta divina é contundente:

> *Wayyōʾmər YHWH ʾel-Mōšeh ʿaḏ-ʾānâ meʾanətm ləšmōr miṣwōṯay wətôrōṯay*
> "E YHWH disse a Moisés: 'Até quando recusareis guardar os meus mandamentos e as minhas leis?'" (Êx 16,28)

O problema não é apenas a transgressão de uma ordem específica, mas a recusa em confiar. O sábado não é um regulamento arbitrário, mas uma expressão concreta da relação entre YHWH e Israel. A escravidão ensinou que a vida depende do trabalho contínuo, da produção ininterrupta, da lógica do império. O sábado ensina que a vida depende de YHWH. O descanso é reafirmado como um dom:

> *Rəʾû kî-YHWH nāṯan lāḵem haššabbāt ʿal-kēn hûʾ nōṯēn lāḵem bayyōm haššîšî leḥem yōmāyim šəḇū ʾîš taḥtāyw ʾal-yēṣēʾ ʾîš mimməqōmô bayyōm haššəbîʿî*

> "Vede, pois YHWH vos deu o sábado; por isso, no sexto dia vos dá pão para dois dias. Permaneça cada um em seu lugar; ninguém saia do seu lugar no sétimo dia." (Êx 16,29)

A lógica divina se impõe sobre a lógica humana. Israel não precisa trabalhar todos os dias para garantir sua sobrevivência; a provisão divina é suficiente. O sábado não é um fardo, mas um presente. Ele não é um dia sem ação, mas um dia de confiança. Parar no sétimo dia é um ato revolucionário para um povo que passou gerações sob o jugo do trabalho incessante. A liberdade não está apenas em poder caminhar para longe do Egito, mas em poder descansar sem medo. A aceitação do sábado sela a lição:

> *Wayyišəḇəṯ hāʿām bayyōm haššəbīʿî*
> "E o povo descansou no sétimo dia." (Êx 16,30)

Esse é um marco na jornada do deserto. O povo que murmurava e duvidava agora aprende, ainda que parcialmente, a se render à provisão divina. O descanso não é uma interrupção na vida; ele é um lembrete de que a vida pertence a YHWH. O sábado será a grande contranarrativa contra o tempo do Egito. Enquanto os impérios exigem trabalho ininterrupto, YHWH ordena o descanso. Enquanto os sistemas humanos tentam extrair o máximo da terra e do corpo, YHWH estabelece um ritmo em que a suficiência e não a escassez define a existência. Para que essa lição não seja esquecida, Moisés institui um testemunho duradouro:

> *Wayyōʾmər Mōšeh zeh haddāḇār ʾăšer-ṣiwâ YHWH milōʾ haʿōmer mimmennû ləmišmərət ləḏōrōṯêkem ləmaʿan yirʾû ʾeṯ-hallehem ʾăšer hĕʾĕkalti ʾeṯkem bammiḏbār bəhôṣîʾî ʾeṯkem mĕʾereṣ miṣrayim*
> "E Moisés disse: 'Isto é o que YHWH ordenou: Enchei um ômer dele como memorial para as vossas gerações, para que vejam o pão com que vos sustentei no deserto, quando vos tirei da terra do Egito.'" (Êx 16,32)

O maná não é apenas um alimento, mas um testemunho. Ele deve ser guardado para que futuras gerações saibam que a sobrevivência de Israel não se baseia em sua capacidade produtiva, mas na fidelidade de YHWH. A tentação do esquecimento será real quando chegarem à terra prometida. O maná precisa permanecer como memória viva, pois o maior risco para Israel não é a fome, mas a ilusão da autossuficiência. Por quarenta anos, o povo é sustentado pelo maná:

> *Wayyōʾmər Mōšeh ʾeṯ-hammān ʾākəlû ʾarbaʿîm šānâ ʿaḏ-bōʾām ʾel-ʾereṣ nōšāḇ*
> "E os filhos de Israel comeram o maná quarenta anos, até que chegaram à terra habitada." (Êx 16,35)

O tempo do deserto não é um intervalo entre dois estados de existência, mas uma escola onde Israel aprende a viver segundo a economia de YHWH. O maná não falha. O sábado se torna o sinal de uma nova forma de vida. YHWH provê, e Israel aprende a confiar. A travessia do deserto é a desconstrução da mentalidade da escravidão e a formação de um povo cuja existência não se define pelo medo da escassez, mas pela confiança no Deus que dá.

Capítulo 17

O deserto não é apenas um espaço físico de travessia, mas um lugar de confronto entre a memória da servidão e a promessa da liberdade. Israel experimentou a provisão divina no maná, mas a sede revela um medo ainda mais profundo: a insegurança diante do amanhã. A fome no capítulo anterior já havia levado o povo a murmurar, mas agora, a sede amplifica a crise. O deserto não apenas expõe a falta de água, mas a fragilidade da confiança. A narrativa enfatiza que a contenda não é apenas contra Moisés, mas contra o próprio Deus. O texto afirma:

> *Wayyārev hāʿām ʿim-Mōšeh*
> "E o povo contendeu com Moisés." (Êx 17,2)

O verbo *rîv* (contender) sugere mais do que uma simples queixa. Ele remete a uma disputa judicial, quase como se Israel estivesse colocando Moisés – e, por extensão, YHWH – no banco dos réus. A travessia do deserto deveria ser um tempo de aprendizado, mas Israel responde com resistência e desconfiança. Moisés percebe a gravidade da crise e responde com outra pergunta, que revela a verdadeira questão em jogo:

> *Māh-tārîḇûn ʿimmāḏî māh tənassûn ʾeṯ-YHWH?*
> "Por que vocês contendem comigo? Por que testam YHWH?"
> (Êx 17,2)

A palavra *nāsâ* (testar) é crucial. No Egito, YHWH testou Faraó; agora, é Israel que deseja testar YHWH. A acusação implícita é que Deus não está cumprindo seu papel de provedor. Mas a relação entre Israel e YHWH não é contratual, não há garantias de que o caminho será previsível ou controlado. O deserto exige uma nova forma de relação: confiança sem reservas. A narrativa continua com a ênfase no agravamento da crise:

> *Wayyiṣmāʾ šām hāʿām lamayim*
> "E ali teve sede o povo por água." (Êx 17,3)

A necessidade física se torna um catalisador para uma crise espiritual. A sede não é apenas um problema biológico, mas uma metáfora para a vulnerabilidade humana diante da incerteza. Israel não apenas clama por água; eles transformam a falta de provisão em um argumento contra a libertação:

> *Wayyallōn hāʿām ʿal-Mōšeh*
> "E o povo murmurou contra Moisés." (Êx 17,3)

O verbo *lûn* (murmurar) carrega a conotação de insubordinação e resistência contínua. Israel não apenas questiona Moisés; eles reinterpretam toda a experiência do Êxodo à luz de sua necessidade momentânea. O Egito, antes um lugar de opressão, agora parece um local de segurança. A liberdade, que deveria ser motivo de gratidão, se transforma em motivo de ressentimento. O problema não é apenas a água; é a visão distorcida do passado. O ápice da acusação contra Moisés – e, implicitamente, contra Deus – se expressa na pergunta subjacente ao conflito: “Por que nos tiraste do Egito?” Essa frase revela que a mente de Israel ainda está presa à lógica da servidão. O Egito era opressivo, mas previsível. O deserto é incerto, e a incerteza é intolerável para aqueles que nunca aprenderam a viver pela fé.

A murmuração de Israel em Refidim se torna um símbolo da luta contínua entre a dependência da ordem imperial egípcia e a confiança na provisão divina. O que está em jogo não é apenas a falta de água, mas a questão fundamental: Israel pode viver como um povo livre sem as estruturas de segurança da escravidão? O deserto não apenas revela a sede do corpo, mas expõe o coração que ainda não aprendeu a confiar. O episódio de Massá e Meribá encapsula o conflito fundamental da jornada pelo deserto: a tensão entre a promessa de YHWH e a insegurança do povo. O clímax dessa tensão se expressa na pergunta central:

> *Hăyēš YHWH bəqirbēnû ʾim-ʾāyin?*
> “Está YHWH entre nós ou não?” (Êx 17,7)

A crise não é apenas a sede; é a dúvida sobre a presença divina. A água se torna um símbolo secundário diante da verdadeira questão: se YHWH está presente, então a provisão virá no tempo certo. Mas se Ele não está, então o deserto não é um caminho para a promessa, mas um erro, um engano. Essa pergunta ecoa não apenas no deserto, mas ao longo de toda a história de Israel. Quando a presença de Deus não se manifesta da forma esperada, a tentação é retornar às velhas seguranças – mesmo que essas seguranças sejam as correntes do Egito. Moisés percebe que a crise chegou ao limite. O povo não apenas murmura, mas ameaça a ordem estabelecida. Sua resposta revela o peso do desafio:

> *Wayyiṣʿaq Mōšeh ʾel-YHWH lēmōr māh ʾeʿśeh ləʿam hazzeh ʿôd məʿaṭ ûsəqalûnî*
> “E Moisés clamou a YHWH, dizendo: Que farei com este povo? Daqui a pouco vão me apedrejar!” (Êx 17,4)

O desespero de Moisés não é apenas administrativo. Ele vê que a crise da água se tornou uma crise de autoridade, e, mais profundamente, uma crise teológica. O povo, que deveria confiar, agora exige evidências. O deserto, que deveria ser um lugar de aprendizado, se tornou um tribunal onde Moisés é réu e YHWH está sendo testado. Mas Deus não responde com juízo. Ele responde com graça. YHWH instrui Moisés a pegar o cajado – mas não qualquer cajado. Especificamente, o cajado que feriu o Nilo:

> *Wəmaṭṭəḵā ʾăšer hikkîṯā bô ʾeṯ-hayyəʾōr*
> "E o teu cajado, com o qual feriste o Nilo." (Êx 17,5)

A referência ao Nilo não é acidental. No Egito, a água foi sinal de juízo, quando o rio se tornou sangue. Agora, no deserto, a água será sinal de provisão. O mesmo Deus que usou o cajado para trazer ruína ao Egito agora o usa para sustentar Seu povo. A lição é profunda: YHWH não é apenas o Deus que derruba impérios; Ele é também o Deus que nutre os que dependem d'Ele.

> *Wayyaḵ ʾeṯ-haṣṣûr bammaṭṭēh*
> "E ele feriu a rocha com o cajado." (Êx 17,6)

O gesto de Moisés é um ato de fé. Ele fere a rocha, e dela flui água. O povo bebe, e a necessidade imediata é suprida. Mas a pergunta inicial ainda paira: YHWH está presente? O povo recebe a água, mas permanece a dúvida. O coração de Israel ainda está preso à lógica da escassez, em que a segurança depende da posse e do controle. O local recebe dois nomes: *Massá* (teste) e *Meribá* (contenda). O significado desses nomes revela a profundidade da crise:

> *Wayyiqraʾ šēm hammaqôm Massâ ûmərîḇâ ʿal-rîḇ bənê-yiśrāʾēl wəʿal nassōṯām ʾeṯ-YHWH lēmōr hăyēš YHWH bəqirbēnû ʾim-ʾāyin*
> "E chamou o nome daquele lugar Massá e Meribá, por causa da contenda dos filhos de Israel e porque testaram YHWH, dizendo: Está YHWH entre nós ou não?" (Êx 17,7)

Israel testou YHWH. Mas não no sentido de buscá-Lo, de querer conhecê-Lo melhor. Eles testaram exigindo provas antes de confiar. Eles queriam certeza antes da fé. Queriam segurança antes da presença. O deserto não funciona assim. O Deus do Êxodo convida Israel a uma caminhada em que a confiança precisa preceder a evidência. Eles receberam água, mas a verdadeira lição ainda precisava ser aprendida. O caminho da liberdade não será sustentado pela posse, mas pelo dom. E o dom só pode ser recebido por aqueles que aceitam a presença de YHWH antes mesmo de verem a provisão. A resposta de YHWH à crise de confiança do povo não é um juízo imediato, mas um gesto de graça. Moisés, obedecendo à ordem divina, levanta a mão e fere a rocha:

> *Wayyāqēl Mōšeh ʾeṯ-yādô wayyaḵ ʾeṯ-haṣṣûr bammaṭṭēh wayyēṣəʾû mayim wayyišteh hāʿām*
>
> "Moisés levantou sua mão, feriu a rocha com o cajado, e dela saiu água, e o povo bebeu." (Êx 17,6)

O deserto, que parecia um espaço de escassez intransponível, se revela mais uma vez como um espaço de provisão inesperada. O mesmo Deus que abriu o mar agora faz brotar água da rocha. A narrativa apresenta um paralelo deliberado: no Mar de Juncos, o caminho se abriu quando o povo ainda não compreendia a profundidade da sua libertação; agora, no deserto, a fonte se abre mesmo quando o povo ainda não aprendeu a confiar. A rocha, aparentemente inerte, contém aquilo que sustentará Israel. A água, que no Egito era controlada pelo faraó e manipulada para reforçar a estrutura de poder, agora jorra livremente pelo decreto de YHWH. A pergunta que pairava no coração de Israel – "Está YHWH entre nós ou não?" – encontra uma resposta silenciosa, mas incontestável. A rocha não discursa; ela entrega o necessário. No entanto, a narrativa não se fecha apenas com a provisão. Imediatamente após a água jorrar, um novo desafio surge: a guerra. Como se a lição ainda não estivesse completa, Israel agora precisa enfrentar um inimigo externo. A luta contra Amaleque é mais do que uma batalha territorial; ela representa um novo nível de aprendizado para um povo que até então não sabia lutar por si mesmo. O texto prossegue:

> *Wayyāḇō' 'Amālēq wayyillāḥēm 'im-yiśrā'ēl birəp̄îḏîm*
> "E veio Amaleque e pelejou contra Israel em Refidim."
> (Êx 17,8)

A sequência entre a sede e a guerra não é casual. O deserto revela vulnerabilidades. Israel, que há pouco questionava se YHWH estava presente, agora se vê diante de um inimigo que não dá tempo para introspecções teológicas. O deserto não é apenas um lugar de dependência, mas de enfrentamento. A liberdade traz consigo novos desafios. No Egito, Israel era um povo escravizado, sem voz nem armas. Agora, precisa aprender a lutar. Mas, assim como a provisão da água veio de Deus, a vitória sobre Amaleque também dependerá da ação divina. Moisés entende isso e dá uma ordem:

> *Wayyō'mer Mōšeh 'el-Yəhôšu'a bəḥar-lānû 'anāšîm wəṣē' hilāḥēm bə'Amālēq maḥār 'ānōḵî niṣṣāḇ 'al-rō'š haggîḇ'â ûmaṭṭēh hā'ĕlōhîm bəyāḏî*
> "E Moisés disse a Josué: 'Escolhe-nos homens e sai, peleja contra Amaleque. Amanhã eu estarei no topo do monte, e o cajado de Deus estará em minha mão.'" (Êx 17,9)

O papel de Josué é crucial aqui. Até este momento, Israel não precisou lutar. A travessia do mar não exigiu espadas; exigiu fé. Mas agora, pela primeira vez, a batalha é inevitável. Moisés confia a Josué a liderança do combate, mas a narrativa sugere que a luta não será decidida apenas pelo esforço humano. Moisés sobe ao topo do monte com o cajado de Deus – o mesmo cajado que foi usado para ferir o Nilo e a rocha. O cajado se torna um símbolo da presença de YHWH na batalha, assim como fora na libertação.

> *Wayya'aś Yəhôšu'a ka'ăšer 'āmar-lô Mōšeh ləhilāḥēm bə'Amālēq*
> "E Josué fez como Moisés lhe disse, pelejando contra Amaleque." (Êx 17,10)

O texto não detalha a estratégia militar, pois a batalha não será decidida por táticas de guerra, mas pela relação entre Moisés e YHWH.

O que se segue é um espetáculo teológico: a vitória não depende apenas das armas, mas da intercessão. Moisés, no alto do monte, levanta as mãos, e a narrativa descreve o impacto desse gesto na batalha:

> *Wəhāyâ ka'ăšer-yārîm Mōšeh yādô wəgāḇar yiśrā'ēl wəka'ăšer yanîaḥ yādô wəgāḇar ʿAmālēq*
> "E acontecia que, quando Moisés levantava sua mão, Israel prevalecia; mas, quando abaixava sua mão, Amaleque prevalecia." (Êx 17,11)

A batalha não é convencional. A vitória de Israel está ligada à posição das mãos de Moisés. Enquanto as mãos estão erguidas, o povo avança. Quando baixam, Amaleque ganha força. O que isso significa? O ato de levantar as mãos não é um gesto mágico, mas um símbolo da intercessão, da dependência de YHWH. O líder de Israel, que há pouco ferira a rocha para dar água ao povo, agora sustenta os braços como um sinal de que a batalha pertence a Deus. Mas Moisés, humano como qualquer outro, sente o peso. O gesto que garante a vitória exige resistência:

> *Wəyədê Mōšeh kəḇēḏîm wayyiqḥəḏû-'āḇen wayyāśîmû taḥtāyw wayyēšeḇ ʿālehā wə'Ahărôn ûḤûr tāməḵû bəyādāyw miḥô zeh wəmiḥô zeh wayəhî yādāyw 'ĕmûnâ ʿaḏ-bô haššāmeš*
> "E as mãos de Moisés ficaram pesadas, então tomaram uma pedra e a puseram debaixo dele, e ele se sentou sobre ela. E Arão e Hur sustentaram suas mãos, um de um lado e outro do outro, e suas mãos ficaram firmes até o pôr do sol." (Êx 17,12)

A cena é carregada de significado. Moisés não pode carregar o peso da intercessão sozinho. Ele precisa de Arão e Hur. A vitória de Israel é coletiva. A liderança de Moisés é essencial, mas também é frágil. Ele precisa ser sustentado. A batalha, que começou no campo de luta, agora se revela como um evento teológico no topo do monte. A persistência na oração, a resistência na fé, são o que determinam o resultado. E assim a batalha se resolve:

> *Wayyaḥlōš Yəhôšuʿa ʾeṯ-ʿAmālēq wəʾet-ʿammô ləpî-ḥereḇ*
> "E Josué derrotou Amaleque e seu povo ao fio da espada."
> (Êx 17,13)

A vitória é atribuída a Josué e suas forças, mas o texto já deixou claro que a batalha foi vencida não apenas no campo de guerra, mas no topo do monte. O deserto continua sendo um espaço onde Israel aprende o que significa confiar em YHWH – não apenas para o sustento, mas também para a proteção. A fé, antes testada pela fome e pela sede, agora é testada pelo conflito. A jornada no deserto ensina que a provisão divina se manifesta de várias formas. Às vezes, como pão do céu. Às vezes, como água da rocha. E, em momentos de enfrentamento, como força para resistir. O Deus que alimenta é o mesmo que luta por Seu povo. Mas a lição permanece: a vitória não está nas mãos dos guerreiros, mas na fidelidade de YHWH e na intercessão daqueles que sustentam a comunidade em oração.

Capítulo 18

A presença de Jetro na narrativa marca um ponto de inflexão na caminhada de Israel pelo deserto. Sua chegada não é apenas um reencontro familiar, mas um momento teológico e administrativo que reflete sobre a identidade e a organização do povo recém-libertado. O texto enfatiza que Jetro *ouviu* (*wayyišmaʿ*), um verbo carregado de implicações na teologia do Êxodo. A libertação de Israel não é um evento isolado, mas algo que ressoa além de suas fronteiras. A escuta de Jetro contrasta com a surdez de Faraó, que, apesar de testemunhar os sinais e maravilhas de YHWH, resistiu e teve seu coração endurecido:

> *wayyišmaʿ yitrô kōhēn midyān ḥōṯēn mōšeh ʾeṯ kol-ʾăšer-ʿāśâ ʾĕlōhîm ləmōšeh ûləyiśrāʾēl ʿammô kî-hôṣîʾ YHWH ʾeṯ-yiśrāʾēl mimmirṣāyim*
> "E Jetro, sacerdote de Midiã, sogro de Moisés, ouviu tudo o que Deus fizera por Moisés e por Israel, seu povo, como YHWH havia tirado Israel do Egito." (Êx 18,1)

O título *kōhēn midyān* sugere que Jetro ocupa uma posição de liderança religiosa entre os midianitas, tornando seu reconhecimento da obra de YHWH ainda mais significativo. Sua resposta ao êxodo difere da de outros povos que apenas temeram Israel ou tentaram resistir a ele. Jetro, ao contrário, aproxima-se e busca compreender o que Deus está fazendo. O encontro de Jetro com Moisés acontece dentro de um contexto familiar, mas a forma como o texto apresenta a reunião sugere que há algo mais em jogo do que um simples reencontro. Jetro traz consigo Zípora e os filhos de Moisés, que haviam sido enviados de volta a Midiã em algum momento anterior. O texto não explica as circunstâncias exatas desse envio, mas a menção à separação sugere que a jornada de Moisés foi tão intensa que a presença de sua família teve que ser temporariamente interrompida:

> *wayyiqqaḥ yitrô ḥōṯēn mōšeh ʾeṯ-ṣippōrâ ʾēšet mōšeh*
> *ʾaḥar šilluḥêhā wəʾēṯ šənê ḇānêhā ʾăšer šēm hāʾeḥāḏ*
> *gēršōm kî-ʾāmar gēr hāyîtî bəʾereṣ nēḵrî wəšēm hāḥāḏ*
> *ʾĕlîʿezer kî-ʾĕlōhê ʾāḇî bəʿezrî wayyaṣṣīlênî miḥereḇ parʿōh*
> "E Jetro, sogro de Moisés, tomou Zípora, mulher de Moisés, depois que ela foi enviada, e seus dois filhos, cujo nome de um era Gérson, pois ele dissera: 'Fui forasteiro em terra estrangeira', e o nome do outro era Eliézer, pois ele dissera: 'O Deus de meu pai foi meu auxílio e me livrou da espada de Faraó.'" (Êx 18,2-4)

Os nomes dos filhos de Moisés carregam significados que encapsulam aspectos essenciais da história de Israel. Gérson (*gēr hāyîtî bəʾereṣ nēḵrî* – "Fui forasteiro em terra estrangeira) reflete a condição de Moisés antes da libertação do povo, quando ele mesmo era um estrangeiro em Midiã. O nome exprime não apenas a jornada de Moisés, mas a experiência coletiva de Israel, um povo que viveu como estrangeiro no Egito e agora atravessa o deserto rumo a uma nova identidade. O nome Eliézer (*ʾĕlōhê ʾāḇî bəʿezrî* – "O Deus de meu pai foi meu auxílio) enfatiza a proteção divina na fuga de Moisés do Egito, especificamente de Faraó. Esse nome ressoa com a experiência de Israel, que também foi libertado da opressão egípcia por meio da intervenção direta de YHWH. Assim, os dois nomes estabelecem uma tensão teológica: Gérson aponta para o exílio, a alienação e a peregrinação; Eliézer aponta para o livramento, a salvação e o amparo divino. Juntos, esses nomes encapsulam a trajetória do povo de Israel, que está no limiar entre a memória da servidão e a realidade da redenção.

A presença de Jetro, Zípora e os filhos de Moisés na narrativa não é um simples detalhe biográfico. O retorno da família de Moisés ao convívio da comunidade israelita simboliza a reestruturação de sua vida pessoal em meio à grande transição coletiva. Esse episódio prepara o terreno para a contribuição de Jetro à organização social e judicial de Israel. O texto sugere que, antes da entrega da Torá no Sinai, Israel precisa consolidar sua estrutura interna, e Jetro será um agente-chave nesse processo. A escuta de Jetro, sua reação e sua posterior intervenção no modelo de liderança de Moisés apontam para a importância de vozes externas na formação de Israel como uma nação em aliança com YHWH.

A menção dos filhos de Moisés não é meramente genealógica, mas carrega implicações narrativas e teológicas. Os nomes Gérson e Eliézer encapsulam aspectos centrais da identidade de Moisés. Gérson, derivado de *gēr*, enfatiza a condição de estrangeiro, não apenas no sentido geográfico, mas também como um símbolo da própria alienação de Israel antes da libertação. Já Eliézer é um nome de memória histórica, marcando a intervenção divina em momentos de crise. A introdução desses nomes aqui reforça a tensão entre deslocamento e proteção divina, que perpassa toda a experiência do Êxodo. O encontro entre Moisés e Jetro é descrito com formalidade e respeito mútuo, sugerindo não apenas um laço familiar, mas também um reconhecimento de autoridade. A saudação é marcada por gestos reverenciais, e Moisés compartilha detalhadamente os feitos de YHWH, o que culmina em uma confissão de fé por parte de Jetro. O versículo central dessa proclamação estabelece sua resposta teológica:

> *wayyōmer yitrô barûḵ YHWH ʾăšer hiṣṣîl ʾetḵem miyyad miṣrayim ûmiyyad parʿōh ʾăšer hiṣṣîl ʾet-hāʿām miṭaḥaṯ yād miṣrayim ʿattâ yādaʿtî kî-gādôl YHWH mikkol-hāʾĕlōhîm*
>
> "E Jetro disse: 'Bendito seja YHWH, que vos livrou das mãos do Egito e das mãos de Faraó, que livrou o povo de sob o

> domínio do Egito. Agora sei que YHWH é maior que todos os deuses.'" (Êx 18,10-11)

Essa declaração marca um ponto de inflexão teológico. Embora Jetro seja um sacerdote midianita, ele reconhece a supremacia de YHWH. A construção *ʿattâ yādaʿtî* (Agora sei) indica uma mudança de percepção, ecoando a ideia de que os atos divinos no Êxodo não apenas libertam Israel, mas também revelam a identidade de YHWH às nações. A exaltação de YHWH na boca de um sacerdote estrangeiro contrasta com a dureza de coração de Faraó. O governante egípcio resistiu aos sinais de YHWH, rejeitando reconhecer Sua autoridade. Já Jetro, ao ouvir sobre a libertação de Israel, responde com louvor e adoração. Esse contraste reforça um tema central do Êxodo: o verdadeiro conhecimento de YHWH não é determinado pela nacionalidade ou posição social, mas pela capacidade de reconhecer e responder à Sua ação no mundo. O reconhecimento de Jetro antecipa a universalidade do culto a YHWH. Ele não apenas louva, mas também oferece um sacrifício:

> *wayyiqqaḥ yitrô ḥōṯēn mōšeh ʿōlâ ûzəḇāḥîm lə'ĕlōhîm wayyāḇō' 'ahărōn wəkol-ziqnê yiśrā'ēl lə'ĕkol leḥem 'im-ḥōṯēn mōšeh lipnê hā'ĕlōhîm*
> "Então Jetro, sogro de Moisés, tomou um holocausto e sacrifícios para Deus, e Arão e todos os anciãos de Israel vieram para comer pão com o sogro de Moisés diante de Deus." (Êx 18,12)

Esse ato reforça a legitimação da fé de Jetro. Ele não apenas confessa a grandeza de YHWH, mas participa ativamente do culto. O versículo descreve um banquete sagrado em que os líderes de Israel compartilham uma refeição diante de Deus. Esse detalhe é significativo, pois reflete a comunhão entre um estrangeiro e a comunidade israelita, indicando que a aliança com YHWH não é exclusivamente nacionalista, mas aberta àqueles que O reconhecem. O episódio de Jetro insere-se, portanto, dentro do grande esquema teológico do Êxodo: a redenção de Israel não acontece isoladamente, mas tem implicações para outros povos. A libertação não apenas resgata os oprimidos, mas redefine a compreensão sobre quem é Deus. Esse evento prepara o caminho para a revelação no Sinai, onde YHWH se manifestará de forma definitiva ao povo. Mas antes disso, por meio da experiência de Jetro, o texto já aponta para a expansão do conhecimento de Deus além dos limites de Israel.

A transição da narrativa, da confissão de Jetro para sua recomendação administrativa, reflete um movimento significativo no texto: da teologia à prática, da adoração à governança. O reconhecimento de YHWH por Jetro não se limita a um ato de fé; ele se desdobra em uma proposta concreta para a organização do povo. O problema que ele percebe é estrutural: Moisés está sobrecarregado, atuando como único juiz para todas as questões que surgem entre os israelitas. A cena é descrita de forma que destaca a exaustão do líder e a ineficiência do sistema:

> *wayyîḥarōṯ mōšeh lə'am mišpāṭ wayya'ămōḏ hā'ām 'al-Mōšeh min-habbōqer 'aḏ-hā'āreḇ*
> "E aconteceu, no dia seguinte, que Moisés sentou-se para julgar o povo; e o povo estava diante de Moisés desde a manhã até a tarde." (Êx 18,13)

A descrição não apenas enfatiza a carga excessiva sobre Moisés, mas também evidencia um modelo insustentável para a justiça comunitária. O tempo que o povo passa esperando indica que a justiça, além de concentrada em um único indivíduo, é demorada e potencialmente ineficaz. Isso leva Jetro a questionar o modelo vigente:

> *wayyar' ḥōṯēn Mōšeh 'eṯ-kol-'ăšer-hû' 'ōśeh lə'ām wayyō'mer mah-haddāḇār hazzeh 'ăšer-'attâ 'ōśeh lə'ām maddûa' 'attâ yōšēḇ ləḇaddeḵā wəkol-hā'ām niṣṣāḇ 'āleḵā min-habbōqer 'aḏ-hā'āreḇ*
> "Quando o sogro de Moisés viu tudo o que ele fazia pelo povo, disse: 'O que é isso que estás fazendo com o povo? Por que te sentas sozinho, enquanto todo o povo está em pé diante de ti desde a manhã até a tarde?'" (Êx 18,14)

A observação de Jetro é perspicaz: ele percebe que a liderança solitária de Moisés não é apenas desgastante para ele, mas também prejudica a comunidade. O problema não é apenas de eficiência administrativa, mas de distribuição de autoridade. O povo depende completamente de Moisés, o que torna o sistema frágil e ineficiente. Moisés responde, justificando sua função:

> *wayyōʾmer Mōšeh ləḥōṯēnô kî-yāḇōʾ ʾēlay hāʿām liḏrōš ʾĕlōhîm kî-yihyê lāhem dāḇār bāʾ ʾēlay wəšāpaṭtî bên ʾîš ûḇên rēʿēhû wəhôdaʿtî ʾet-ḥuqê hāʾĕlōhîm wəʾeṯ-tôrātô*
> "E Moisés respondeu a seu sogro: 'Porque o povo vem a mim para consultar a Deus. Quando eles têm alguma questão, vêm a mim, e eu julgo entre um homem e seu próximo, e faço com que conheçam os estatutos de Deus e a Sua Torá.'" (Êx 18,15-16)

Moisés se vê como o mediador exclusivo entre Deus e o povo. Sua função não se limita ao julgamento; ele também ensina os mandamentos e estatutos de YHWH. Esse modelo, no entanto, não é sustentável. O que Jetro propõe não é simplesmente um alívio para Moisés, mas uma nova estrutura que permitirá que o povo tenha acesso contínuo à justiça, sem depender exclusivamente de um único líder. Jetro responde com um conselho direto:

> *lōʾ-ṭôḇ haddāḇār ʾăšer-ʾattâ ʿōśeh nābōl tibbol gam-ʾattâ gam-hāʿām hazzeh ʾăšer-ʿimmāḵā kî-kāḇēḏ mimmeḵā haddāḇār lōʾ-ṯûkal ʿaśōhû ləḇaddeḵā*
> "E o sogro de Moisés lhe disse: 'Não é bom o que fazes. Certamente desfalecerás, tanto tu quanto este povo que está contigo, pois este fardo é pesado demais para ti; não poderás fazê-lo sozinho.'" (Êx 18,17-18)

A crítica de Jetro não é apenas prática, mas também psicológica e espiritual. Ele percebe que a carga excessiva pode levar Moisés à exaustão, comprometendo não apenas sua capacidade de liderança, mas também o bem-estar do povo. A ênfase na impossibilidade de "fazer isso sozinho" aponta para um princípio fundamental: a liderança não pode ser exercida isoladamente. A solução que Jetro propõe é estruturada e meticulosa:

> *wəʾattâ teḥzeh mikkol-hāʿām ʾanšê-ḥayil yirʾê-ʾĕlōhîm ʾanšê-ʾĕmet śōnəʾê-ḇaṣṣaʿ wəśamtā ʿălêhem śārê ʾălāpîm śārê mēʾōṯ śārê ḥamiššîm wəśārê ʿăśārōṯ*
> "Agora, pois, escolhe dentre o povo homens de valor, tementes a Deus, homens de verdade, que odeiem o lucro injusto, e põe-nos sobre o povo como chefes de mil, chefes de cem, chefes de cinquenta e chefes de dez." (Êx 18,21)

Essa estrutura administrativa propõe uma descentralização da autoridade, criando um sistema hierárquico de juízes que garantirá que Moisés não precise lidar com todas as questões individualmente. A seleção desses líderes não se baseia apenas em competência técnica, mas em qualidades morais e espirituais. Eles devem ser *ʾanšê-ḥayil* (homens de valor), *yirʾê-ʾĕlōhîm* (tementes a Deus), *ʾanšê-ʾĕmet* (homens de verdade) e *śōnəʾê-ḇaṣṣaʿ* (que odeiem o lucro injusto). Isso indica que a justiça em Israel não pode ser reduzida a mera burocracia; ela precisa ser exercida por homens íntegros e comprometidos com a verdade divina. A aplicação da sugestão de Jetro é imediata:

> *wayyiḇḥar Mōšeh ʾanšê-ḥayil mikkol-yiśrāʾēl wayyittēn ʾōṯām rōʾšîm ʿal-hāʿām śārê ʾălāpîm śārê mēʾōṯ śārê ḥamiššîm wəśārê ʿăśārōṯ*
> "E Moisés escolheu homens de valor dentre todo Israel, e os pôs por cabeças sobre o povo: chefes de mil, chefes de cem, chefes de cinquenta e chefes de dez." (Êx 18,25)

A descentralização acontece sem resistência. Moisés reconhece que a sabedoria pode vir de fora da comunidade de Israel, desde que esteja alinhada à justiça divina. O papel de Jetro aqui não é apenas o de um conselheiro pragmático, mas de alguém que contribui para a estruturação do povo de Deus antes da entrega da Torá. Por fim, Jetro retorna à sua terra, fechando o episódio:

> *wayyiššar Mōšeh ʾeṯ-ḥōṯənô wayyēleḵ lô ʾel-ʾarṣô*

> "Então Moisés se despediu de seu sogro, e ele partiu para sua terra." (Êx 18,27)

Esse encerramento destaca um aspecto singular da narrativa: Jetro não se torna parte da comunidade israelita, mas sua contribuição permanece. A sua partida sugere que a organização administrativa de Israel não é uma questão étnica, mas sim um reflexo da justiça divina aplicada na prática.

O episódio reafirma que a liderança em Israel não é um exercício de poder solitário, mas uma função compartilhada, em que a justiça é garantida por aqueles que caminham no temor de YHWH. Ele também ressalta que a organização social e a sabedoria podem ser dons de Deus, mesmo quando vêm de fora da comunidade do pacto.

Capítulo 19

Este capítulo marca uma transição decisiva na narrativa do êxodo, deslocando o foco da jornada pelo deserto para o momento culminante da revelação divina no Sinai. Até este ponto, a trajetória de Israel foi caracterizada por uma pedagogia da dependência: libertação da escravidão, provisão de alimento e água, e estruturação social. Agora, Israel não apenas caminha, mas se encontra diante do Deus que o libertou, sendo chamado a um novo tipo de aliança. O versículo inicial estabelece esse enquadramento:

> *bayyōm hazzêʾ bāʾû midbar sînay*
> "No mesmo dia, chegaram ao deserto do Sinai." (Êx 19,1),

A chegada ao Sinai não é apenas um deslocamento geográfico, mas uma mudança de paradigma. O local onde Moisés teve sua experiência teofânica inicial (Êx 3) agora se torna o centro do pacto nacional. O nome midbar sînay funciona como um marcador narrativo: o deserto já não é mais apenas um lugar de provação, mas o cenário de uma convocação divina. O movimento seguinte da narrativa enfatiza a organização do povo no acampamento diante do monte:

> *wayyisʿū mērəpîdîm wayyāḇōʾû midbar-sînay wayyaḥănû bammiḏbār wayyaḥăn šām yiśrāʾēl nēḵeḏ hāhār*
> "E partiram de Refidim, e vieram ao deserto do Sinai, e acamparam no deserto; e Israel acampou ali diante do monte." (Êx 19,2)

O deslocamento de Refidim para o Sinai indica mais do que uma simples mudança geográfica; trata-se de uma transição teológica. A jornada não tem como objetivo apenas a libertação física, mas a formação de uma identidade coletiva sob a soberania de YHWH. A repetição do verbo *wayyaḥăn* (acamparam) e a mudança para o singular em *wayyaḥăn šām yiśrāʾēl* (e Israel acampou ali) sugerem unidade e preparação para o encontro com YHWH. A subida de Moisés ao monte é o primeiro movimento da narrativa:

> *ûmōšeh ʿālā ʾel-hāʾĕlōhîm wayyiqrāʾ ʾēlāyw YHWH min-hāhār lēmōr kōh tōmar ləḇêt yaʿăqōḇ wətaggêḏ liḇnê yiśrāʾēl*
> "E Moisés subiu ao encontro de Deus, e YHWH o chamou do monte, dizendo: 'Assim falarás à casa de Jacó e anunciarás aos filhos de Israel.'" (Êx 19,3)

A subida de Moisés reforça a mediação profética entre YHWH e o povo, estabelecendo um padrão que será recorrente nos eventos subsequentes do Sinai. A referência à *bêt yaʿăqōḇ* (casa de Jacó) e *biḇnê yiśrāʾēl* (filhos de Israel) sugere uma convocação que abrange toda a identidade coletiva do povo, vinculando o presente à continuidade genealógica dos patriarcas. A mensagem central da aliança é expressa na forma de um discurso condicional:

> *wəʿattâ ʾim-šāmōaʿ tišməʿû bəqōlî ûšmarten ʾeṯ-bərîtî wihyîtem lî səgullâ mikkol-hāʿammîm kî-lî kol-hāʾāreṣ*
> "Agora, pois, se diligentemente ouvirdes a minha voz e guardardes a minha aliança, sereis minha propriedade peculiar dentre todos os povos, porque toda a terra é minha." (Êx 19,5)

A expressão *səgullâ* (propriedade peculiar) implica um status especial de Israel diante das demais nações, mas não como privilégio absoluto, e sim como responsabilidade pactuada. A condição *ʾim-šāmōaʿ tišməʿû* (se ouvirdes atentamente) reforça que a identidade de Israel não se baseia apenas no que Deus fez por ele, mas em sua resposta contínua à aliança. A designação que segue esclarece essa vocação:

> *wəʾattem tihyû-lî mamleḵeṯ kōhănîm wəgôy qādôš*
> "E vós sereis para mim um reino de sacerdotes e uma nação santa." (Êx 19,6)

O termo *mamleḵeṯ kōhănîm* (reino de sacerdotes) implica que Israel, como coletivo, desempenha um papel sacerdotal perante as nações, mediando o conhecimento de YHWH ao mundo. Já gôy qādôš (nação santa) denota separação e consagração, não em um sentido de exclusividade étnica, mas de distinção ética e teológica. O povo responde afirmativamente:

> *wayyaʿănû kol-hāʿām yaḥdāw wayyōʾmərû kol-ʾăšer-dibbēr YHWH naʿăśeh*
> "E todo o povo respondeu em uníssono e disse: 'Tudo o que YHWH falou, faremos.'" (Êx 19,8)

Esse assentimento inicial, embora expresse disposição, será posto à prova nos eventos subsequentes, culminando na transgressão do bezerro de ouro (Êx 32). A preparação ritual para a teofania ocupa a parte final do capítulo. O povo é instruído a santificar-se, lavar suas vestes e manter-se à distância do monte:

> *wəhiggăbalətā ʾeṯ-hāʿām sabîḇ lēmōr hiššāmərû lāḵem ʿalôt bāhār ûnəgôaʿ bəqāṣēhû kol-hannōgēaʿ bahār môṯ yûmāt*
> "E marcarás limites para o povo ao redor, dizendo: Guardai-vos de subir ao monte ou de tocar na sua extremidade; todo aquele que tocar no monte será morto." (Êx 19,12)

O monte Sinai, como espaço teofânico, não pode ser acessado de maneira irrestrita. A distinção entre o sagrado e o profano é rigorosamente mantida. O clímax do capítulo ocorre na teofania descrita com imagens cósmicas:

> *wayyəhî bayyôm hašlîšî bəhəyôṯ habbōqer wayyəhî qôlōṯ*
> *ûḇərāqîm wəʿānān* k^{1}*āḇēḏ ʿal-hāhār wəqôl šôp̄ār ḥāzāq*
> *məʾōd wayyḥĕrăḏ kol-hāʿām ʾăšer bammaḥănêh*
> "E aconteceu que, ao terceiro dia, pela manhã, houve trovões e relâmpagos, e uma espessa nuvem sobre o monte, e um som de shofar muito forte; e todo o povo que estava no arraial estremeceu." (Êx 19,16)

A manifestação divina é descrita em termos teofânicos e apocalípticos, reforçando a incomensurabilidade da presença de YHWH. A narrativa culmina com Moisés novamente subindo ao monte, onde YHWH o chama:

> *wayyēred YHWH ʿal-har sînay ʾel-rōʾš hāhār wayyiqrāʾ*
> *YHWH ləmōšeh ʾel-rōʾš hāhār wayyaʿal mōšeh (Êx 19,20)*
> "E YHWH desceu sobre o monte Sinai, no cume do monte, e chamou Moisés ao cume do monte, e Moisés subiu."

A dualidade entre a descida de Deus e a subida de Moisés reforça a função mediadora do profeta, preparando o terreno para a entrega do Decálogo no capítulo seguinte. A tensão entre a inacessibilidade do monte e a convocação divina ressalta a singularidade do momento, em que a comunicação entre o divino e o humano se dá em termos controlados por YHWH. Moisés, enquanto mediador, não apenas recebe a revelação, mas também orienta Israel em sua preparação para este encontro singular. O capítulo 19, portanto, não apenas narra a chegada ao Sinai, mas estabelece as condições fundamentais da aliança. A revelação de YHWH não ocorre como um evento isolado, mas como um chamado à obediência e à santidade coletiva. Israel, libertado da servidão egípcia, agora se encontra diante da necessidade de escolher a quem servirá: à ordem opressiva da qual foi resgatado ou ao Deus que o convoca para um novo tipo de existência.

A teofania do Sinai marca a transição definitiva da condição de um povo escravizado para uma comunidade pactuada, cujo vínculo com YHWH dependerá da escuta e da fidelidade ao compromisso estabelecido. Assim, a descida divina e a subida de Moisés não representam apenas um encontro momentâneo, mas o início de uma relação regulada pela aliança.

Capítulo 20

O capítulo 20 de Êxodo ocupa um lugar central não apenas na estrutura do livro, mas em toda a teologia do Antigo Testamento. Ele contém o Decálogo, o corpo de mandamentos que articula a relação entre YHWH e Israel, estabelecendo os fundamentos de uma nova ordem social e teológica. O Sinai, que até agora era um local de teofania e temor, torna-se o ponto de encontro entre a palavra divina e a identidade do povo. Diferente das leis dos impérios do antigo Oriente Próximo, este código não surge como um decreto régio, mas como um chamado à aliança, uma exigência relacional que liga Israel não apenas a YHWH, mas também a uma ética coletiva de vida. O versículo inicial estabelece esse enquadramento:

> *wayədabbēr ʾĕlōhîm ʾeṯ kol-haddeḇārîm hāʾēlleh lēmōr*
> "E Deus falou todas estas palavras, dizendo." (Êx 20,1)

Diferente das legislações antigas, que eram promulgadas por um rei humano, o Decálogo é apresentado como uma fala direta de Deus, sem mediação de Moisés. Isso confere ao texto um peso singular: não é apenas lei, mas revelação. O primeiro mandamento estabelece a base exclusiva da relação entre Israel e YHWH:

> *ʾānōḵî YHWH ʾĕlōhêḵā ʾăšer hôṣēʾtîḵā mēʾereṣ miṣrayim mibbêṯ ʿăḇādîm*
> "Eu sou YHWH, teu Deus, que te tirei da terra do Egito, da casa da servidão." (Êx 20,2)

Antes de exigir obediência, YHWH se apresenta como o libertador, aquele que resgatou Israel da opressão. O Decálogo não começa com um imperativo, mas com um indicativo, com uma afirmação sobre quem Deus é e o que Ele fez. Isso significa que a obediência não é um fardo imposto arbitrariamente, mas uma resposta ao ato de redenção. O segundo mandamento reforça essa singularidade:

> *lōʾ-yihyeh-ləḵā ʾĕlōhîm ʾăḥērîm ʿal-pānāy*
> "Não terás outros deuses diante de mim."
> (Êx 20,3)

A estrutura gramatical enfatiza a exclusividade do compromisso: não se trata apenas de um monoteísmo teórico, mas de um monoteísmo relacional e pactual. Israel não pode dividir sua lealdade. A expressão *ʿal-pānāy* pode ser traduzida como "diante de mim", mas também sugere um contexto de presença, indicando que qualquer adoração a outros deuses não é apenas um erro intelectual, mas uma afronta ao próprio rosto de YHWH. Essa exclusividade se desdobra no mandamento contra imagens:

> *lōʾ-taʿăśeh-ləḵā pɛsɛl wəkol-tmûnā ʾăšer baššāmayim mimmaʿal wəʾăšer bāʾāreṣ mittāḥaṯ wəʾăšer bammayim mittaḥaṯ lāʾāreṣ*
> "Não farás para ti imagem esculpida nem qualquer semelhança do que há nos céus acima, nem na terra abaixo, nem nas águas debaixo da terra." (Êx 20,4)

A proibição não visa apenas ídolos materiais, mas qualquer tentativa de fixar e domesticar a divindade. No mundo do Antigo Oriente Próximo, os deuses eram representados por estátuas que garantiam sua presença em templos. Mas YHWH não pode ser representado nem contido, pois sua presença não está vinculada a um espaço sagrado, mas à relação dinâmica da aliança. O mandamento continua, ampliando a proibição da idolatria e enfatizando as consequências geracionais da desobediência:

> *lōʾ-tištaḥăwê lāhem wəlōʾ taʿăḇdēm kî ʾānōḵî YHWH*

> *ʾĕlōhêḵā ʾēl qannāʾ pōqēd ʿăwōn ʾāḇōṯ ʿal-bānîm ʿal-šilēšîm wəʿal-ribbēʿîm ləśōnəʾāy*
> "Não te encurvarás a elas nem as servirás, pois eu, YHWH, teu Deus, sou um Deus zeloso, que visita a iniquidade dos pais sobre os filhos até a terceira e quarta geração daqueles que me odeiam." (Êx 20,5)

A menção de YHWH como *ʾēl qannāʾ* (Deus zeloso) expressa não apenas sua exclusividade, mas a intensidade de seu compromisso com a aliança. O "castigo até a terceira e quarta geração" não deve ser lido como punição arbitrária, mas como uma observação sobre a continuidade das consequências da idolatria em um sistema familiar e comunitário. Entretanto, a aliança também tem uma dimensão de graça, que se sobrepõe ao juízo:

> *wəʿōśê ḥesed ləʾălāp̄îm ləʾōhăḇay ûləšōmərê miṣwōṯāy*
> "E faço misericórdia a milhares dos que me amam e guardam os meus mandamentos." (Êx 20,6)

Se o juízo se estende por até quatro gerações, a *ḥesed* (misericórdia", "fidelidade amorosa) de YHWH alcança milhares, revelando que sua graça transcende sua punição. O terceiro mandamento, sobre não tomar o nome de Deus em vão, vai além de simples blasfêmia verbal:

> *lōʾ-tiśśāʾ ʾeṯ-šēm YHWH ʾĕlōhêḵā laššāwʾ kî lōʾ yənaqqeh YHWH ʾeṯ ʾăšer-yīśśāʾ ʾeṯ-šəmô laššāwʾ*
> "Não tomarás o nome de YHWH, teu Deus, em vão, pois YHWH não terá por inocente aquele que tomar seu nome em vão." (Êx 20,7)

O termo *šāwʾ* pode significar "falsidade" ou "vazio", sugerindo que o nome divino não deve ser instrumentalizado. No contexto da aliança, usar o nome de YHWH para justificar opressão, manipular a verdade ou consolidar poder é uma violação tão grave quanto a idolatria. O quarto mandamento trata do sábado, marcando o ritmo sagrado da vida em Israel:

zāḵōr ʾeṯ-yôm haššabbāṯ ləqaddešô
"Lembra-te do dia do sábado, para o santificar." (Êx 20,8)

A ordem de "lembrar" (*zāḵōr*) não é apenas um ato mental, mas uma prática coletiva. Diferente da cultura egípcia, que impunha trabalho incessante, o sábado estabelece um limite contra a exploração, garantindo que todos – incluindo servos e estrangeiros – tenham acesso ao descanso. O descanso sabático não é apenas um direito, mas um testemunho da soberania de YHWH sobre o tempo e a criação. A fundamentação do sábado é teológica, remetendo à criação:

šēšet yāmîm taʿăśeh məlaʾḵā wəʿāśîṯā kol-məlaʾḵeṯeḵā
"Seis dias trabalharás e farás toda a tua obra." (Êx 20,9)

A ordem de trabalhar seis dias e descansar no sétimo alinha o ritmo da vida humana com a obra criativa de YHWH. A referência à criação completa o princípio:

kî šēšet yāmîm ʿāśâ YHWH ʾeṯ-haššāmayim wəʾeṯ-hāʾāreṣ wəʾeṯ-hayyām wəʾeṯ-kol-ʾăšer-bām wayyānaḥ bayyôm haššəbîʿî ʿal-kēn bēraḵ YHWH ʾeṯ-yôm haššabbāṯ wayəqaddešēhû
"Porque em seis dias fez YHWH os céus e a terra, o mar e tudo o que há neles, e descansou no sétimo dia; por isso, YHWH abençoou o dia do sábado e o santificou." (Êx 20,11)

O descanso de YHWH modela o descanso humano. O sábado não é apenas uma pausa no trabalho, mas um ato de confiança de que a provisão não depende da atividade contínua, mas da fidelidade divina. O mandamento seguinte desloca a atenção para a estrutura social:

kabēḏ ʾeṯ-ʾāḇîḵā wəʾeṯ-ʾimmēḵā ləmaʿan yaʾărîḵûn yāmêḵā ʿal-hāʾădāmâ ʾăšer YHWH ʾĕlōhêḵā nōtēn lāk
"Honra teu pai e tua mãe, para que se prolonguem os teus dias sobre a terra que YHWH, teu Deus, te dá." (Êx 20,12)

Diferente das legislações mesopotâmicas, que enfatizavam a punição para filhos desobedientes, o Decálogo reforça o valor positivo do respeito intergeracional, garantindo a continuidade da comunidade. O mandamento vincula a longevidade na terra à prática da honra familiar, sugerindo que a estabilidade social começa na preservação dos laços entre gerações.

Os últimos cinco mandamentos tratam da vida comunitária. A proibição do assassinato estabelece a inviolabilidade da vida:

> *lōʾ tirṣāḥ*
> "Não matarás." (Êx 20,13)

O verbo *rāṣaḥ* refere-se especificamente ao homicídio intencional, diferenciando-se de mortes ocorridas em contextos legais ou militares. A vida pertence a YHWH e não pode ser instrumentalizada pelo poder humano. O adultério é igualmente proibido:

> *lōʾ tinʾāp̄*
> "Não cometerás adultério." (Êx 20,14)

O adultério não é apenas uma questão de moralidade privada, mas diz respeito à integridade do pacto social, pois a família é a base da ordem comunitária. No contexto antigo, a fidelidade conjugal garantia a estabilidade de alianças e descendências. O roubo é condenado em termos absolutos:

> *lōʾ tignōḇ*
> "Não furtarás." (Êx 20,15)

A proibição abrange desde o furto de bens até o sequestro de pessoas (cf. Êx 21,16), reforçando que a justiça depende da confiança na posse legítima e na proteção dos vulneráveis. A justiça também depende da veracidade no testemunho:

> *lōʾ-taʿănêh bərēʿăḵā ʿēḏ šāqer*
> "Não darás falso testemunho contra o teu próximo."
> (Êx 20,16)

O tribunal era um espaço fundamental para a manutenção da justiça em Israel, e o falso testemunho comprometia toda a estrutura da aliança. A verdade, aqui, não é apenas um valor abstrato, mas um pilar da ordem social. O mandamento final atinge o âmago das intenções humanas:

> *lōʾ-taḥmōḏ bêṯ rēʿăḵā lōʾ-taḥmōḏ ʾēšeṯ rēʿăḵā waʿăḇdô wəʾămātô wəšôrô wəḥămôrô wəkol-ʾăšer lərēʿăḵā*
> "Não cobiçarás a casa do teu próximo; não cobiçarás a mulher do teu próximo, nem o seu servo, nem a sua serva, nem o seu boi, nem o seu jumento, nem coisa alguma que pertença ao teu próximo." (Êx 20,17)

Diferente das leis antigas, que puniam atos concretos, o Decálogo reconhece que a destruição da comunidade começa no desejo desordenado, na insatisfação que rompe os limites do que é legítimo. A cobiça é o ponto de partida para transgressões posteriores, minando a relação de confiança e gratidão na comunidade da aliança. A teofania no Sinai é aterradora:

> *wəkol-hāʿām rōʾîm ʾeṯ-hāqôlōṯ wəʾeṯ-hallappiḏîm wəʾeṯ-qôl haššôp̄ār wəʾeṯ-hāhār ʿāšēn wayyar hāʿām wayyānûʿû wayyaʿămədû mērāḥôq*
> "E todo o povo via os trovões, os relâmpagos, o som do shofar e o monte fumegando. E vendo isso, o povo estremeceu e se pôs de longe." (Êx 20,18)

A revelação não ocorre em silêncio, mas no tumulto cósmico de uma ordem sendo estabelecida. O povo, incapaz de suportar a presença direta de YHWH, pede que Moisés seja o mediador:

> *wayyōʾmərû ʾel-Mōšeh dabbēr ʾattâ ʾimmānû wənišmāʿâ wəʾal-yədabbēr ʾimmanû ʾĕlōhîm pɛn-nāmût*
> "E disseram a Moisés: 'Fala tu conosco, e ouviremos; mas não fale Deus conosco, para que não morramos.'" (Êx 20,19)

A mediação de Moisés antecipa a necessidade de uma comunicação indireta entre YHWH e Israel, algo que se concretizará na tradição profética. O temor do povo não é infundado, pois a santidade divina representa um risco para a humanidade pecadora.

O capítulo 20, portanto, não apenas estabelece um código moral, mas redefine a existência de Israel sob um novo paradigma. A libertação do Egito não foi apenas uma saída da escravidão, mas uma transição para uma sociedade moldada pela justiça, pela santidade e pela resposta relacional ao Deus que os chamou. A narrativa conclui com a ênfase de que YHWH não pode ser representado por imagens:

> *lōʾ-taʿăśûn ʾittî ʾĕlōhê kesep̄ wəʾĕlōhê zāhāḇ*
> "Não fareis para vós deuses de prata nem de ouro."
> (Êx 20,23)

Essa repetição reforça que o Deus que falou no Sinai não pode ser reduzido a ídolos ou manipulado pelos poderes humanos. A exclusividade de YHWH não admite representações materiais, pois Ele não pode ser domesticado ou confinado a qualquer forma que Israel tente impor. A proibição reafirma que a presença divina é relacional e se manifesta por meio da aliança, não por meio de estátuas ou imagens esculpidas. O Decálogo não é apenas um conjunto de leis, mas a constituição ética da comunidade pactual. Diferente do sistema egípcio, fundado na coerção, Israel é chamado a viver pela resposta ao dom da libertação, em um pacto que une a lealdade a YHWH à justiça social. O conceito central não é apenas obediência, mas resposta à iniciativa divina que resgatou Israel da servidão.

Esse capítulo não apenas funda Israel como povo, mas como um testemunho vivo de que há uma alternativa à ordem imperial da opressão. O modelo de sociedade estabelecido pelo Decálogo rompe com as hierarquias absolutas e com o domínio humano sobre os mais fracos. A liberdade não é simplesmente ausência de jugo, mas um compromisso com uma nova forma de vida, em que a relação com YHWH molda todas as outras relações. O Sinai não é apenas o lugar da lei; é o lugar onde Israel aprende que sua existência depende da fidelidade ao Deus que o chamou.

Capítulo 21

O capítulo 21 de Êxodo apresenta a "Lei do Livro da Aliança" (Sefer ha-Berit, cf. Êx 24,7), um conjunto de preceitos que regulamentam a vida da comunidade após a recepção do Decálogo. Aqui, a revelação divina se desdobra em estatutos concretos, estabelecendo uma ordem social que se diferencia das estruturas opressivas do Egito e das legislações dos impérios vizinhos. O caráter dessas leis não se resume a meros códigos legais, mas reflete um compromisso teológico com a justiça e a preservação da dignidade humana. O versículo inicial estabelece esse enquadramento:

> *wəʾēlleh hammīšpāṭîm ʾăšer-tāśîm ləp̄nêhem*
> "E estes são os estatutos que colocarás diante deles." (Êx 21,1)

A conjunção *wəʾēlleh* (E estes) indica que essas leis não são independentes do Decálogo, mas uma aplicação concreta dos princípios pactuais. O termo *mišpāṭîm* (estatutos, juízos) sugere que essas prescrições não são apenas ordens absolutas, mas diretrizes baseadas na equidade e na mediação de disputas. Diferente do Código de Hamurabi, que enfatizava a supremacia do monarca, as leis do Livro da Aliança visam estruturar uma comunidade onde a justiça é um reflexo da aliança com YHWH. Os primeiros estatutos tratam da escravidão, um tema central na identidade de Israel, que acabara de ser libertado do Egito. O versículo fundamental dessa seção estabelece uma limitação ao sistema servil:

> *kî tiqneh ʿeḇeḏ ʿibrî šēš šānîm yaʿăḇōd ûbaššəḇîʿît yēṣēʾ laḥōp̄šî ḥinnām*
> "Quando comprares um servo hebreu, seis anos trabalhará,
> mas ao sétimo sairá livre, sem pagar nada." (Êx 21,2)

A regulamentação do serviço escravo em Israel não é um endosso à servidão, mas uma tentativa de regular uma realidade econômica inevitável dentro dos padrões da justiça divina. Diferente do Egito, onde a escravidão era permanente e cruel, a lei mosaica estabelece um limite temporal: o servo hebreu não pode ser mantido indefinidamente. A ênfase na saída "sem pagar nada" reforça que a liberdade não é uma concessão do senhor, mas um direito. Essa lógica da limitação também aparece na possibilidade de um servo que deseja permanecer:

> *wəʾim-ʾāmōr yōʾmar hāʿeḇeḏ āhaḇtî ʾeṯ-ʾăḏōnî ʾeṯ-ʾištî wəʾeṯ-bənāy lōʾ ēṣēʾ ḥōp̄šî*
> "Mas se o servo disser: 'Eu amo meu senhor, minha mulher e meus filhos; não sairei livre'." (Êx 21,5)

A decisão de permanecer não pode ser imposta, mas deve ser voluntária. No entanto, essa escolha carrega uma marca ritual:

> *wəhiggišô ʾăḏōnāyw ʾel-hāʾĕlōhîm wəhiggišô ʾel-haddeleṯ ʾō ʾel-hammezûzāh wərāṣaʿ ʾăḏōnāyw ʾeṯ-ʾoznô bammarṣēaʿ wəʿāḇaḏô ləʿōlām*
> "Então seu senhor o levará perante Deus e o encostará à porta ou à ombreira, e furará sua orelha com uma sovela, e ele o servirá para sempre." (Êx 21,6)

A sequência de Êxodo 21,12-36 apresenta um desenvolvimento detalhado da legislação sobre homicídio, agressões e responsabilidade civil, demonstrando que a justiça em Israel deveria refletir o caráter de YHWH. Ao contrário das legislações do Antigo Oriente Próximo, que frequentemente favoreciam as classes dominantes, essas leis estabelecem diretrizes para uma aplicação equitativa da justiça, priorizando a preservação da dignidade humana e a responsabilidade coletiva. Esse código amplia os princípios do Decálogo, regulamentando casos concretos que estruturam a convivência dentro da comunidade do pacto.

> *makkê-ʾîš wamēt mōt yûmāt*
> "Aquele que ferir um homem e este morrer, certamente será morto." (Êx 21,12)

A punição para o homicídio intencional é a pena capital. O fundamento desse princípio não está na mera retribuição, mas no reconhecimento da vida como um dom divino. Diferente das sociedades vizinhas, onde a punição poderia variar de acordo com a posição social da vítima, a legislação mosaica aplica o mesmo princípio a todos. No entanto, a lei faz distinção entre assassinato deliberado e morte acidental:

> *wəʾăšer lōʾ ṣādâ wəhāʾĕlōhîm ʾinnāh ləyādô wəśamtî ləkā maqôm ʾăšer yānûs šām*
> "Se, porém, não houve intenção, mas Deus o entregou à sua mão, então designarei para ti um lugar para onde ele possa fugir." (Êx 21,13)

A formulação deste versículo sugere que nenhuma morte ocorre fora do domínio soberano de YHWH. Entretanto, mesmo nesses casos, o responsável não pode permanecer impune, sendo necessária uma provisão legal para evitar que a justiça se tornasse uma questão de vingança pessoal. Essa legislação será posteriormente desenvolvida com a instituição das cidades de refúgio (Nm 35,9-34), um mecanismo que protege contra execuções sumárias enquanto a culpa do acusado é avaliada. Se houver premeditação, a punição é inflexível:

> *wəʾim-yāzîḏ ʾîš ʿal-rēʿēhû ləhorgô bəʿormāh mēʾim-mizbəḥî tiqqāḥennû lāmût*
> "Mas se alguém, de caso pensado, atacar seu próximo para matá-lo à traição, então o tirarás até mesmo do meu altar, para que morra." (Êx 21,14)

Esse detalhe ressalta que o sistema legal israelita não permite que o santuário seja usado como refúgio para criminosos. No mundo antigo, altares muitas vezes serviam como locais de asilo, onde um indivíduo podia buscar proteção contra represálias. A legislação mosaica, no entanto, impede que o culto seja manipulado para garantir impunidade. Nem mesmo o espaço sagrado pode abrigar o homicida deliberado, pois a justiça de YHWH não pode ser subvertida por expedientes religiosos. A legislação então passa a tratar da violência dentro da estrutura familiar, equiparando a agressão contra os pais ao assassinato:

makkê ʾāḇîw wəʾimmô mōt yûmāt
"Quem ferir seu pai ou sua mãe, certamente será morto."
(Êx 21,15)

A severidade desse mandamento reflete a importância da autoridade parental na preservação da estrutura comunitária. O ataque físico contra os pais não é visto apenas como um crime individual, mas como um atentado contra o próprio fundamento da sociedade israelita, onde a honra e o respeito intergeracional garantiam a continuidade da aliança. O mesmo rigor é aplicado ao sequestro:

wəgōnēḇ ʾîš ûməḵārô wənimṣā bəyādô mōt yûmāt
"Quem raptar um homem e o vender, ou se for encontrado em sua mão, certamente será morto." (Êx 21,16)

Esse estatuto criminaliza o tráfico humano e estabelece que a escravidão imposta por sequestro não pode ser tolerada. No mundo antigo, especialmente nas sociedades babilônicas e egípcias, o rapto para escravização era uma prática comum. A legislação mosaica, no entanto, rejeita essa lógica e protege a dignidade humana, alinhando-se com a memória da libertação do Egito. A maldição contra os pais também recebe a pena máxima:

wəməqallēl ʾāḇîw wəʾimmô mōt yûmāt
"Aquele que amaldiçoar seu pai ou sua mãe, certamente será morto." (Êx 21,17)

Essa infração não diz respeito a meras palavras ofensivas, mas a uma rejeição fundamental da estrutura de autoridade familiar. Assim como a agressão física contra os pais ameaça a estabilidade da sociedade, o desprezo verbal e a insubordinação ativa também são tratados como delitos que comprometem a ordem comunitária. A seguir, a legislação trata de ferimentos resultantes de conflitos interpessoais:

wəkî-yirîḇûn ʾănāšîm wayhikkā ʾîš ʾeṯ-rēʿēhû bəʾeḇen ʾō bəʾgōrāp̄ wəlōʾ yāmût wənāpal ləmiššḵāb

> "Se dois homens brigarem, e um ferir o outro com uma pedra ou com o punho, e ele não morrer, mas cair de cama." (Êx 21,18)

Nesses casos, a punição não envolve a pena de morte, mas a compensação econômica:

> *ʾim-yāqûm wəhiṯhallēḵ baḥûṣ ʿal-mišʿanṭô wəniqqâ hammakkê raq šibətô yiṯtēn wərapōʾ yərappe*
> "Se ele se levantar e andar apoiado em sua bengala, então o que o feriu será absolvido; apenas pagará pelo tempo perdido e cuidará de sua cura." (Êx 21,19)

Aqui, a legislação introduz um princípio essencial: a punição deve ser proporcional ao dano causado. O agressor não é tratado como homicida, mas é obrigado a compensar a vítima por seu tempo de recuperação e pelas despesas médicas. Esse princípio de restituição será ampliado em outras partes do Livro da Aliança (Êx 22,1-15), mostrando que a justiça em Israel não se baseia apenas em punição, mas também na restauração das vítimas. A legislação então volta-se para os servos, regulando a violência contra aqueles que ocupam uma posição de subordinação na sociedade:

> *wəkî-yakkê ʾîš ʾeṯ-ʿaḇdô ʾō-ʾeṯ-ʾămātô baššēḇeṭ ûmēt taḥaṯ yādô nāqōm yinnāqēm*
> "Se alguém ferir seu servo ou sua serva com um bastão e ele morrer sob sua mão, será punido." (Êx 21,20)

Diferente dos códigos babilônicos, que consideravam os servos meramente como propriedade de seus senhores, essa lei estabelece que o assassinato de um servo deve ser punido. No entanto, a legislação também reflete a realidade da escravidão na economia israelita:

> *ʾaḵ ʾim-yôm ʾô-yômāyim yaʿămōḏ lōʾ yîqqām kî kaspô hûʾ*
> "Mas se sobreviver um dia ou dois, não será punido, pois é seu dinheiro." (Êx 21,21)

Essa cláusula pode parecer problemática sob uma perspectiva moderna, mas ela revela uma tentativa de equilibrar a estrutura socioeconômica com a justiça. Embora a escravidão não fosse abolida, a legislação israelita impunha limites sobre o tratamento dos servos, garantindo que eles não fossem mortos sem consequências. A legislação seguinte trata da violência contra mulheres grávidas e do princípio da retribuição proporcional. A proteção da gestante e da vida intrauterina é abordada em um caso de agressão acidental durante uma briga:

> *wəkî-yināṣəḥû ʾănāšîm wənāgəpû ʾiššâ hārâh wəyāṣəʾû yəlādêhā wəlōʾ-yihyêh ʾāsôn ʿānôš yēʿānēš kaʾăšer-yāšîṯ ʿālāyw baʿal hāʾiššâ wənāṯan bipəlîlîm*
> "Se homens brigarem e ferirem uma mulher grávida, de modo que haja parto prematuro, mas sem dano grave, será multado conforme o marido da mulher exigir, e pagará o que os juízes determinarem." (Êx 21,22)

Se não houver dano permanente para a mulher ou para a criança, a punição é uma multa, cujo valor será determinado pelo marido da mulher e ratificado pelos juízes. No entanto, se o dano for grave, aplica-se o princípio da retribuição proporcional:

> *wəʾim-ʾāsôn yihyêh wənāṯattā nepeš taḥaṯ nepeš*
> "Mas se houver dano grave, darás vida por vida." (Êx 21,23)

Essa é a introdução do princípio da retribuição, conhecido como lex talionis. Esse conceito é ampliado nos versículos seguintes:

> *ʿayin taḥaṯ ʿayin šēn taḥaṯ šēn yād taḥaṯ yād rəḡel taḥaṯ rəḡel*
> "Olho por olho, dente por dente, mão por mão, pé por pé." (Êx 21,24)

> *qəʿiḇāh taḥaṯ qəʿiḇāh pəṣaʿ taḥaṯ pəṣaʿ ḥabbûrāh taḥaṯ ḥabbûrāh*

> “Queimadura por queimadura, ferida por ferida, golpe por golpe.” (Êx 21,25)

Embora possa parecer uma exigência de vingança rigorosa, essa lei, na realidade, estabelece um limite à retribuição, impedindo punições desproporcionais. Em contraste com as culturas vizinhas, em que punições eram frequentemente arbitrárias ou influenciadas pelo status social da vítima, a legislação israelita impõe um equilíbrio, garantindo que a pena seja equivalente ao dano sofrido. O princípio da proporcionalidade também se aplica a casos de violência contra servos:

> *wəkî-yakkê ʾîš ʾet̲-ʿêt̲-ʿên ʿab̲dô ʾō-ʿên ʾămātô wəšiḥătāh lâḥāp̄šî yešalḥennû taḥat̲ ʿênô*
> “Se alguém ferir o olho de seu servo ou serva e o danificar, deverá libertá-lo como compensação pelo olho.” (Êx 21,26)

> *wəʾim-šēn ʿab̲dô ʾō-šēn ʾămātô yap̄lîṭ lâḥāp̄šî yešalḥennû taḥat̲ šinnô*
> “Se quebrar o dente de seu servo ou de sua serva, deverá libertá-lo como compensação pelo dente.” (Êx 21,27)

Aqui, a legislação vai além da compensação financeira, garantindo que qualquer dano corporal causado ao servo resulte em sua libertação. Isso demonstra um limite ao poder dos senhores sobre os servos, reconhecendo sua dignidade dentro da sociedade israelita. A seção seguinte regula casos de dano causados por animais, especificamente bois que ferem ou matam pessoas:

> *wəkî-yiggāḥ šôr ʾîš ʾô-ʾiššâ wamēt sāqōl yissāqēl haššôr wəlōʾ yēʾākēl ʾet̲-bəśārô ûb̲aʿal haššôr nāqî*
> “Se um boi chifrar um homem ou mulher e este morrer, então o boi será apedrejado, e sua carne não será comida; mas o dono do boi será inocente.” (Êx 21,28)

Caso o boi não tivesse histórico de comportamento agressivo, apenas o animal seria executado. Entretanto, se o dono já soubesse que o boi era perigoso e não o mantivesse sob controle, a responsabilidade recairia sobre ele:

> *wəʾim-šôr nāgāḥ hûʾ mittemōl šilšôm wəhûʿăd bəḇāʿālâw*
> *wəlōʾ yišmərēnnû wəhēmît ʾîš ʾô-ʾiššâ haššôr yissāqēl*
> *wəgam-bəʿālāyw yûmāt*
> "Mas se o boi já era conhecido por chifrar e seu dono não o guardou, então o boi será apedrejado, e seu dono também será morto." (Êx 21,29)

Isso estabelece o princípio da responsabilidade negligente. Se um animal fosse perigoso e seu dono não tomasse medidas preventivas, a consequência poderia ser a pena de morte. No entanto, havia uma possibilidade de resgate:

> *ʾim-kōp̄er yûšat ʿālāyw wənātan pad̲yōn nap̄šô kəkōl*
> *ʾăšer-yûšat ʿālāyw*
> "Se um preço de resgate lhe for imposto, então ele pagará o resgate de sua vida, conforme exigirem." (Êx 21,30)

Esse pagamento funcionava como compensação à família da vítima, permitindo que o culpado evitasse a execução. Se a vítima fosse um servo:

> *wəʾim-ʿeḇed̲ yiggaḥ haššôr ʾô-ʾāmāh kaśep̄ šəlōšîm šeqel*
> *yitten lăʾăd̲ōnāyw wəhaššôr yissāqēl*
> "Se o boi chifrar um servo ou uma serva, o dono do animal pagará trinta siclos de prata ao senhor do servo, e o boi será apedrejado." (Êx 21,32)

O valor de trinta siclos era a quantia padrão para compensação por um servo, refletindo o custo de reposição da força de trabalho dentro da estrutura econômica da época. A legislação final da seção trata de danos a propriedades:

> *wəkî-yip̄taḥ ʾîš bōr ʾô-kî-yikraḥ ʾîš bōr wəlōʾ yək̲assénnû*
> *wənāpal šām šôr ʾô-ḥămôr*

"Se alguém abrir uma cova ou cavar uma cova e não a cobrir, e nela cair um boi ou um jumento," (Êx 21,33)

baʿal habbōr yəšallēm kesep̄ yāšîḇ ləḇaʿālāyw wəhamēṯ yihyê-lô
"o dono da cova pagará indenização ao dono do animal, mas o animal morto será dele." (Êx 21,34)

Isso estabelece o princípio de responsabilidade por danos resultantes de negligência. Se um indivíduo deixasse uma situação perigosa sem supervisão, deveria compensar a vítima.

As leis de Êxodo 21,12-36 demonstram um equilíbrio entre justiça punitiva e compensação. Elas refletem uma sociedade que, embora situada no contexto do mundo antigo, buscava limitar a violência e proteger os mais vulneráveis. A libertação de Israel não significava apenas a saída do Egito, mas a construção de uma ordem social em que a justiça refletisse o caráter de YHWH.

Capítulo 22

Êxodo continua o Livro da Aliança, expandindo a legislação apresentada no capítulo anterior e abordando diversas esferas da vida comunitária, como restituições por crimes de propriedade, responsabilidades civis e morais, e mandamentos que estabelecem uma relação ética entre Israel e os mais vulneráveis. A estrutura dessas leis reflete um princípio central: a justiça em Israel não se baseia apenas em punição, mas na reparação e restauração, contrastando com os códigos legais do Oriente Próximo, que frequentemente priorizavam a manutenção da hierarquia social e a imposição de penalidades desproporcionais. Em Êxodo 22, a ênfase recai sobre a responsabilidade mútua e a preservação da integridade do pacto. O capítulo se inicia com uma regulamentação sobre furtos e a necessidade de restituição:

ʾim-ba-machteret yimmaṣēʾ haggannāḇ wəhukkâ waymāt ʾên-lô dāmîm
"Se um ladrão for encontrado arrombando uma casa e for

> ferido e morrer, não haverá culpa de sangue sobre quem o feriu." (Êx 22,1)

O princípio por trás desse estatuto reconhece a legitimidade da autodefesa em um contexto de invasão domiciliar noturna. No entanto, há uma distinção no caso de homicídio cometido durante o dia:

> *ʾim-zāraḥ haššemeš ʿālāyw dāmîm lô*
> "Mas se já tiver nascido o sol sobre ele, haverá culpa de sangue sobre quem o feriu." (Êx 22,2)

Isso sugere que, enquanto no período noturno não se pode discernir a intenção do intruso, de dia presume-se que ele pode ser capturado sem o uso da força letal. O equilíbrio entre proteção da vida e defesa da propriedade é um elemento distintivo da lei israelita, em que a vida tem precedência sobre os bens materiais. O texto prossegue com um princípio central de justiça compensatória:

> *gannāḇ yišallēm tiḥaṯ ʾăšer gānāḇ*
> "O ladrão pagará em restituição pelo que roubou." (Êx 22,3)

Diferente das legislações vizinhas, que muitas vezes puniam o roubo com mutilação ou pena de morte, o sistema mosaico exige reparação proporcional, garantindo que o ofensor seja responsável pela reposição dos bens tomados. A severidade da restituição varia conforme o tipo de bem roubado, sendo duplicada para bens comuns e quintuplicada para bois:

> *ḥāmôr ʾō šē wəṣōʾn yəšallēm šənayîm*
> "Um jumento, uma ovelha ou qualquer outro bem, pagará em dobro." (Êx 22,3)

> *ḥamiššâ bāqār yəšallēm taḥaṯ haššôr wəʾarbaʿâ ṣōʾn taḥaṯ hassaʾeh*
> "Pagará cinco bois pelo boi roubado e quatro ovelhas pela ovelha roubada." (Êx 22,4)

O valor mais alto para o boi pode estar relacionado ao seu papel essencial na produção agrícola, sendo um recurso vital para a subsistência da família. A legislação israelita reconhece que a reposição deve refletir a importância do bem dentro da economia doméstica e comunal, garantindo que a compensação não seja apenas punitiva, mas que também repare a perda sofrida pela vítima do furto.

Êxodo continua o Livro da Aliança, expandindo a legislação apresentada no capítulo anterior e abordando diversas esferas da vida comunitária, como restituições por crimes de propriedade, responsabilidades civis e morais, e mandamentos que estabelecem uma relação ética entre Israel e os mais vulneráveis. A estrutura dessas leis reflete um princípio central: a justiça em Israel não se baseia apenas em punição, mas na reparação e restauração, contrastando com os códigos legais do Oriente Próximo, que frequentemente priorizavam a manutenção da hierarquia social e a imposição de penalidades desproporcionais. Em Êxodo 22, a ênfase recai sobre a responsabilidade mútua e a preservação da integridade do pacto. O capítulo se inicia com uma regulamentação sobre furtos e a necessidade de restituição:

> *ʾim-ba-machteret yimmaṣēʾ haggannāḇ wəhukkâ waymāt ʾên-lô dāmîm*
> “Se um ladrão for encontrado arrombando uma casa e for ferido e morrer, não haverá culpa de sangue sobre quem o feriu.” (Êx 22,1)

O princípio por trás desse estatuto reconhece a legitimidade da autodefesa em um contexto de invasão domiciliar noturna. No entanto, há uma distinção no caso de homicídio cometido durante o dia:

> *ʾim-zāraḥ haššemeš ʿālāyw dāmîm lô*
> “Mas se já tiver nascido o sol sobre ele, haverá culpa de sangue sobre quem o feriu.” (Êx 22,2)

Isso sugere que, enquanto no período noturno não se pode discernir a intenção do intruso, de dia presume-se que ele pode ser capturado sem o uso da força letal. O equilíbrio entre proteção da vida e defesa da propriedade é um elemento distintivo da lei israelita. Na lei, a vida tem precedência sobre os bens materiais. O texto prossegue com um princípio central de justiça compensatória:

> *gannāḇ yišallēm tiḥaṯ ʾăšer gānāḇ*
> "O ladrão pagará em restituição pelo que roubou." (Êx 22,3)

Diferente das legislações vizinhas, que muitas vezes puniam o roubo com mutilação ou pena de morte, o sistema mosaico exige reparação proporcional, garantindo que o ofensor seja responsável pela reposição dos bens tomados. A severidade da restituição varia conforme o tipo de bem roubado, sendo duplicada para bens comuns e quintuplicada para bois:

> *ḥāmôr ʾō šē wəṣōʾn yəšallēm šənayîm*
> "Um jumento, uma ovelha ou qualquer outro bem, pagará em dobro." (Êx 22,3)

> *ḥamiššâ bāqār yəšallēm taḥaṯ haššôr wəʾarbaʿâ ṣōʾn taḥaṯ hassaʾeh*
> "Pagará cinco bois pelo boi roubado e quatro ovelhas pela ovelha roubada." (Êx 22,4)

O valor mais alto para o boi pode estar relacionado ao seu papel essencial na produção agrícola, sendo um recurso vital para a subsistência da família. O capítulo também regula questões de responsabilidade civil, como dano à propriedade alheia. No caso de destruição de plantações pelo pastoreio de um rebanho:

> *kî yāḇʿēr ʾîš śāḏeh ʾō kerem wəšillaḥ ʾeṯ-bʿîrô ûbīʿēr biśśəḏeh ʾaḥēr miṭṭaḇ haśśāḏeh ûmiṭṭaḇ hakerem yəšallēm*
> "Se alguém soltar seus animais e eles pastarem no campo ou na vinha de outro homem, restituirá com o melhor do seu próprio campo e o melhor da sua vinha." (Êx 22,5)

A legislação não se contenta com uma compensação arbitrária, mas exige que a restituição seja feita com o que há de melhor, garantindo que a vítima não sofra perdas além do dano inicial. Outro caso significativo envolve incêndios acidentais:

> *kî-tēṣēʾ ʾēš ûmāṣʾā qôṣîm wəniʾkal gādîš ʾō haqqāmāh ʾō haśśādeh šalēm yəšallēm hammaʿbîr ʾet-habbʿîrâ*
> "Se irromper um fogo e pegar em espinheiros, e consumir montes de cereais ou a seara, ou o campo, aquele que acendeu o fogo pagará totalmente pelo dano causado." (Êx 22,6)

Essa lei destaca que, mesmo quando não há intenção criminosa, a negligência gera responsabilidade, princípio essencial para a manutenção da justiça dentro da comunidade. As regulamentações a seguir tratam da administração de bens alheios. Se alguém confiar a um vizinho prata ou bens para guarda e estes forem roubados, a legislação estabelece um critério de justiça:

> *ʾim-yimmaṣēʾ haggannāb yəšallēm šənayîm*
> "Se o ladrão for encontrado, pagará o dobro." (Êx 22,7)

Se o ladrão não for identificado, a justiça exige um juramento diante de YHWH, que atua como testemunha da verdade:

> *wəniggaš baʿal habbayit ʾel hāʾĕlōhîm ʾim-lōʾ-šālaḥ yādô bimlĕʾket rēʿēhû*
> "O dono da casa se apresentará diante de Deus para declarar que não lançou mão do bem de seu próximo." (Êx 22,8)

Caso ocorra uma disputa sobre posse de bens, como animais desaparecidos, a decisão caberá a um julgamento perante YHWH:

> *ʾal-kol-dəbar-pešaʿ ʿal-šôr ʿal-ḥămôr ʿal-śeh ʿal-śalmah ʿal-kol-ʾăbēdâ ʾăšer-yōʾmar kî-hûʾ zeh ʿad-hāʾĕlōhîm yābōʾ dəbar-šənêhem ʾăšer-yaršîʿūn ʾĕlōhîm yəšallēm šənayîm lərēʿēhû*
> "Para toda questão de delito, seja boi, jumento, ovelha, vestes ou qualquer bem perdido que alguém disser 'Isto é

> meu', ambas as partes levarão sua causa diante de Deus. Aquele que Deus condenar, restituirá o dobro ao próximo." (Êx 22,9)

Os versículos seguintes estabelecem responsabilidade para aqueles que tomam conta de animais emprestados. Se um animal sofrer dano ou morrer na ausência do proprietário, há compensação obrigatória:

> *'im-šā'ôl yīšā'ēnû mə'im-ba'ālâyw lō' yəšallēm*
> "Se alguém pedir emprestado um animal e este se ferir ou morrer na ausência do dono, deverá pagá-lo integralmente." (Êx 22,14)

Se o dono estiver presente, o responsável pelo empréstimo não precisa indenizar. Esse princípio reflete a ênfase da legislação mosaica na justiça proporcional e na equidade na aplicação da lei. A legislação segue abordando responsabilidades em casos de empréstimos e bens confiados, demonstrando que a justiça israelita não se limita à punição, mas busca manter a integridade dos relacionamentos sociais. A relação entre credor e devedor também é regulada para evitar abusos. Se um animal for emprestado e sofrer danos sem culpa do tomador, a restituição não será exigida:

> *'im-bə'ālâyw 'immô lō' yəšallēm*
> "Se o dono estiver com ele, não haverá restituição." (Êx 22,15)

Isso reflete um princípio de equidade: quando o proprietário está presente, presume-se que ele mesmo supervisiona a segurança de seu bem, isentando o tomador de culpa. A legislação então muda seu foco para questões morais e sociais. A sedução de uma mulher virgem sem dote implica em casamento ou pagamento de indenização ao pai:

> *kî yəpattē' 'îš bətûlāh 'ăšer lō' 'ōrāśâ wəšāḵaḇ 'immāh mōhar yimmahannāh lô lə'iššâ*
> "Se um homem seduzir uma virgem que não está prometida e se deitar com ela, pagará o dote para tomá-la por esposa." (Êx 22,16)

Essa lei busca proteger a mulher contra exploração sexual e garantir sua segurança social. Se o pai da jovem recusar o casamento, ainda assim o agressor deve pagar um valor equivalente ao dote, assegurando que a mulher não fique desamparada. O princípio subjacente é a responsabilidade do homem pelas consequências de seus atos, contrapondo-se à prática de tratar relações sexuais como eventos sem implicações jurídicas. A legislação então faz uma transição abrupta para a condenação de práticas religiosas estranhas à aliança com YHWH. A idolatria e os cultos mágicos são rejeitados com severidade:

> *məkaššēpâ lōʾ təḥayyeh*
> "Não permitirás que uma feiticeira viva." (Êx 22,18)

A condenação de práticas mágicas reflete a exclusividade da relação de Israel com YHWH. No mundo do Antigo Oriente Próximo, feitiçaria estava associada ao controle das forças espirituais e à manipulação do destino, conceitos que entram em conflito direto com a soberania divina. A legislação então aborda um dos temas mais sensíveis do código mosaico: a proteção dos vulneráveis. A ética social da aliança exige que viúvas, órfãos e estrangeiros sejam tratados com justiça:

> *kōl-ʾalmānâ wəyātôm lōʾ təʿannûn*
> "Nenhuma viúva ou órfão afligireis." (Êx 22,22)

A posição de YHWH em relação aos desprotegidos é expressa de maneira enfática. Se alguém explorar os necessitados, a resposta divina será feroz:

> *wəḥārâ ʾappî wəhāragtî ʾeṯḵem bəḥereḇ wəhāyû našêḵem ʾalmānôt ûbənêḵem yətômîm*
> "Então minha ira se acenderá, e eu vos matarei à espada, e vossas mulheres ficarão viúvas e vossos filhos órfãos." (Êx 22,24)

Essa sanção mostra que a justiça divina não é meramente abstrata, mas se manifesta concretamente contra aqueles que abusam dos indefesos.

A proteção se estende também ao estrangeiro, que em muitas sociedades era tratado como uma classe inferior. Em Israel, a lembrança da própria experiência de servidão no Egito deve motivar a empatia:

> *wəgēr lōʾ tōnêh wəlōʾ tilḥāṣṣennû kî-gērîm həyyîtem bəʾereṣ miṣrāyim*
> "E ao estrangeiro não oprimirás nem o afligirás, pois fostes estrangeiros na terra do Egito." (Êx 22,21)

Essa ética do acolhimento, fundamentada na memória histórica, estabelece uma relação entre justiça e compaixão. A regulamentação sobre empréstimos a necessitados reforça o compromisso com uma economia baseada na solidariedade:

> *ʾim-kāśep̄ talwêh ʾeṯ-ʿammî ʾeṯ-hāʿānî ʿimmāḵ lōʾ-tihyeh lô kənōšeh lōʾ-tāśîm ʿālāyw nešek*
> "Se emprestares dinheiro a alguém do meu povo, ao pobre que está contigo, não agirás como credor, nem imporás sobre ele juros." (Êx 22,25)

Os necessitados não podem ser explorados através de juros abusivos. A riqueza, em Israel, não deveria ser construída sobre o empobrecimento dos outros, mas baseada no princípio da equidade e do cuidado mútuo. Até mesmo um penhor tomado de um devedor deve ser tratado com humanidade:

> *ʾim-ḥāḇol taḥbōl śalmat rēʿekā ʿaḏ-bô haššemeš təšîḇennāh lô*
> "Se tomares como penhor a capa de teu próximo, até o pôr do sol a devolverás a ele." (Êx 22,26)

A capa, sendo uma peça essencial de vestuário e proteção contra o frio, não pode ser retida de maneira injusta. O próprio YHWH se posiciona como o defensor dos pobres:

> *wəhāyâ kî-yiṣʿaq ʾēlay wəšāmaʿtî kî-ḥannûn ʾānî*

> "E se ele clamar a mim, eu o ouvirei, pois sou misericordioso." (Êx 22,27)

O capítulo termina com a reafirmação da soberania de YHWH sobre a ordem social e religiosa. O povo não pode amaldiçoar a Deus, nem desonrar seus líderes:

> *ʾĕlōhîm lōʾ təqallêl wənāśîḵā bəʿamməḵā lōʾ tōʾr*
> "A Deus não amaldiçoarás, e ao príncipe do teu povo não falarás mal." (Êx 22,28)

A devoção a YHWH deve se manifestar não apenas no culto, mas na vida cotidiana. Até mesmo os primeiros frutos da colheita e os primogênitos do gado pertencem ao Senhor, refletindo o princípio de que tudo em Israel deve ser consagrado a Ele:

> *məlêʾaṯḵā wəḏimʿekā lōʾ təʾaḥêr bəḵôr bānêḵā təttēn-lî*
> "A plenitude de tua colheita e as primícias de teu lagar não retardarás; o primogênito de teus filhos darás a mim." (Êx 22,29)

A aliança com YHWH não se limita a rituais formais, mas penetra em todas as dimensões da existência. A justiça social, a proteção dos vulneráveis e a fidelidade a Deus não são elementos separados, mas partes inseparáveis da identidade do povo de Israel.

O capítulo 22 reforça que o pacto com YHWH não se reduz a um conjunto de rituais religiosos, mas molda toda a estrutura da vida comunitária. Justiça, reparação, proteção dos vulneráveis e fidelidade a Deus são os pilares que sustentam a ordem da nova sociedade que está sendo formada no deserto. O compromisso com a aliança não se expressa apenas no culto, mas permeia as relações interpessoais, regulando a vida econômica, a administração da justiça e o tratamento dos marginalizados. A obediência à lei não é um fim em si mesma, mas um reflexo da identidade de Israel como povo redimido, chamado a viver de maneira distinta das nações circundantes.

Capítulo 23

A continuidade do Livro da Aliança expande as exigências éticas da vida comunitária em Israel, estabelecendo princípios fundamentais para a justiça, a economia e a relação com os estrangeiros. O texto assume um caráter teológico e social ao estruturar uma sociedade baseada na equidade, na santidade do repouso e na fidelidade exclusiva a YHWH. Essas leis não apenas regulam o cotidiano, mas expressam a identidade do povo que foi liberto do Egito, convocando Israel a uma existência alternativa à lógica da exploração e da opressão. A seção inicial enfatiza o compromisso com a justiça no tribunal, proibindo falsos testemunhos e decisões parciais:

> *lōʾ-tiśśāʾ šēmaʿ šāwʾ ʾal-taššēt yāḏəḵā ʿim-rašāʿ lihyōt ʿēḏ ḥāmās*
> "Não espalharás um boato falso, nem darás a mão ao ímpio para seres uma testemunha injusta." (Êx 23,1)

A proibição de boatos e testemunhos falsos visa proteger a integridade dos julgamentos, impedindo que a manipulação da verdade comprometa a justiça. O versículo seguinte amplia essa exigência:

> *lōʾ-tihyeh ʾaḥarê rabbîm ləraʿōt wəlōʾ-taʿănêh ʿal-rîb lintōt ʾaḥarê rabbîm ləhaṭṭōṯ*
> "Não seguirás a maioria para fazer o mal, nem deporás numa causa inclinando-te para a maioria para torcer a justiça." (Êx 23,2)

Aqui, a legislação resiste à pressão da maioria, reforçando que a justiça não pode ser determinada pelo consenso, mas pela verdade. O princípio é profundamente contraintuitivo em um mundo onde a vontade coletiva costuma ser associada à legitimidade. No entanto, a aliança com YHWH demanda que a justiça esteja acima das pressões populares, exigindo que a verdade seja mantida mesmo quando contrária à opinião dominante. A proteção ao pobre no tribunal também é destacada:

> *wədal lō᾽-tehdaḏ bərîbô*
> “Nem favorecerás o pobre na sua causa.” (Êx 23,3)

Embora a legislação mosaica tenha forte preocupação com os vulneráveis, o texto não permite que a parcialidade em favor dos desfavorecidos comprometa a equidade do julgamento. O equilíbrio entre justiça e compaixão se manifesta na exigência de tratar todos com imparcialidade, sem cair em favoritismos. O pobre não deve ser oprimido, mas tampouco pode receber tratamento especial que distorça o julgamento. A legislação segue com um princípio ético surpreendente:

> *kî-tip̄gāʿ šôr-᾽ōyəḇəḵā ᾽ō-ḥămōrô tō᾽eh hāšēḇ təšîḇennû lô*
> “Se encontrares o boi do teu inimigo ou o seu jumento desgarrado, certamente o devolverás a ele.” (Êx 23,4)

A ética do pacto não se baseia no ódio tribal ou na lógica da vingança, mas na construção de uma sociedade onde a misericórdia transcende as hostilidades pessoais. Em um contexto em que os bens representavam a subsistência da família, restituir ao inimigo um animal perdido era um ato de reconciliação, enfraquecendo a lógica da retaliação e substituindo-a por um princípio de justiça restaurativa. Da mesma forma, o auxílio deve ser estendido até mesmo ao adversário:

> *kî-tir᾽eh ḥămōr śōnə᾽āḵā rōbēṣ taḥat maś᾽ō wəḥadalta mēʿăzōb lô ʿāzōb taʿazōb ʿimmô*
> “Se vires o jumento daquele que te odeia caído sob o peso da carga, não o deixarás ali; certamente o ajudarás a levantá-lo com ele.” (Êx 23,5)

Essa ordenança impõe um chamado à superação das inimizades por meio da solidariedade concreta, sugerindo que a justiça no pacto não se restringe às decisões formais, mas se manifesta nas ações cotidianas de reconciliação. O inimigo não pode ser tratado como um estranho irreconciliável, pois a aliança exige que a vida comunitária seja permeada pela restauração, e não pela perpetuação de rixas e conflitos. O texto retorna ao tema da justiça social, enfatizando a necessidade de honestidade nos tribunais. A garantia de um julgamento imparcial é uma exigência fundamental para que Israel se mantenha fiel à vocação de ser um povo distinto das nações opressoras. A legislação começa com uma proibição clara:

> *lōʾ-taṭṭeh mišpaṭ ʾeḇyônəḵā bərîbô*
> "Não perverterás o direito do necessitado no seu processo." (Êx 23,6)

A isenção de corrupção se reforça na proibição do suborno, pois este distorce a justiça e mina a credibilidade dos juízes.

> *wəšōḥaḏ lōʾ-tiqqaḥ kî-haššōḥaḏ yəʿaḇēr pəqîḥîm*
> *wəyiśallep̄ dəḇār ṣaddîqîm*
> "Não aceitarás suborno, pois o suborno cega até os que têm visão e perverte as palavras dos justos." (Êx 23,8)

O suborno não é apenas um crime econômico, mas um atentado contra a integridade da justiça, corrompendo aqueles que deveriam garantir a equidade. Ao "cegar até os que têm visão", o texto reconhece que até mesmo os mais sábios podem ser comprometidos quando a justiça se torna mercadoria. A legislação avança para um tema recorrente no código mosaico: o cuidado com o estrangeiro.

> *wəgēr lōʾ-tilḥāṣ wəʾattem yəḏaʿtem ʾeṯ-nepeš haggēr kî-gērîm hîyyîtem bəʾereṣ miṣrayim*
> "Não oprimirás o estrangeiro, pois vós conheceis a alma do estrangeiro, visto que fostes estrangeiros na terra do Egito." (Êx 23,9)

O conceito de nepeš haggēr (a alma do estrangeiro) sugere não apenas uma experiência objetiva de vulnerabilidade, mas uma memória emocional profunda que deve moldar a ética israelita. A lembrança do sofrimento no Egito se torna a base teológica para a hospitalidade e a justiça, impedindo que Israel reproduza as mesmas estruturas de opressão das quais foi liberto. Diferente das culturas circundantes, que frequentemente marginalizavam os estrangeiros, Israel é chamado a tratar os forasteiros com dignidade e inclusão. A partir do versículo 10, a legislação introduz um tema econômico fundamental: o descanso da terra.

> *wəšēš šānîm tizraʿ ʾeṯ-ʾarṣəḵā wəʾāsaptā ʾeṯ-təḇuʾātāh*
> “Seis anos semearás a tua terra e recolherás os seus frutos.” (Êx 23,10)

O sétimo ano, no entanto, é marcado por um descanso obrigatório, vinculado não apenas ao repouso da terra, mas à justiça social.

> *wəhaššəḇîʿît tišməṭennāh ûntāštāh wəʾākəlû ʾeḇyōnê ʿammeḵā wəyiṯrām tōʾḵal ḥayyaṯ haśśāḏeh*
> “Mas no sétimo ano a deixarás descansar e ficarás semeada, para que os pobres do teu povo comam; e o que restar, comerão os animais do campo.” (Êx 23,11)

Esse estatuto conecta justiça econômica, teologia da terra e cuidado com os vulneráveis. O descanso sabático não é apenas um rito religioso, mas um princípio de redistribuição, garantindo que os pobres tenham acesso à produção e que a terra recupere sua fertilidade. A lógica sabática rompe com a acumulação desenfreada e impede a exaustão dos recursos naturais, integrando ética, economia e ecologia. A lei do sábado também se aplica ao trabalho humano e animal:

> *šēš yāmîm taʿăśeh maʿăśêḵā ûbayyôm haššəḇîʿî tišbōt ləmaʿan yānûaḥ šōrəḵā waḥămōrəḵā wayyinnāpeš ben-ʾămāṯəḵā wəhaggēr*
> “Seis dias farás o teu trabalho, mas ao sétimo dia descansarás, para que descansem o teu boi e o teu jumento, e para que o filho da tua serva e o estrangeiro possam respirar.” (Êx 23,12)

A lógica do sábado não se restringe à elite religiosa, mas alcança os trabalhadores, os animais e os estrangeiros, promovendo um ciclo de descanso e dignidade. A inclusão dos animais reflete a concepção hebraica de um cosmos onde toda criação participa da ordem divina e deve ser tratada com respeito. O descanso não é um privilégio dos poderosos, mas um direito universal, assegurando que nem mesmo os escravos e forasteiros sejam submetidos a uma exploração incessante. As exortações sobre a fidelidade exclusiva a YHWH são apresentadas no fim do capítulo, rejeitando qualquer associação com divindades estrangeiras:

> *wəšēm ʾĕlōhîm ʾăḥērîm lōʾ tahḵîrû wəlōʾ yiššāmaʿ ʿal-pîḵā*
> "O nome de outros deuses não mencionarás, nem se ouvirá de tua boca." (Êx 23,13)

Esse mandamento reforça a identidade exclusiva do pacto, impedindo que Israel se misture à idolatria e perca sua singularidade como povo de YHWH. O afastamento dos nomes de outros deuses não se trata apenas de uma proibição verbal, mas de um princípio que impede que a linguagem normalize a influência de cultos estrangeiros dentro da comunidade. Nomear é reconhecer, e ao banir a menção de divindades alheias, Israel mantém sua lealdade exclusiva à aliança. As festas agrícolas são estabelecidas como parte da adoração e do ciclo econômico, integrando a espiritualidade de Israel à realidade material da terra. A primeira dessas celebrações é mencionada da seguinte forma:

> *ḥaḡ hammaṣṣôt tišmōr*
> "Guardarás a Festa dos Pães Ázimos." (Êx 23,15)

Essa festa, que se vincula diretamente à libertação do Egito (Êx 12,15-20), reforça a memória coletiva da opressão e do êxodo. O uso de pães ázimos, sem fermento, simboliza a pressa da fuga e a renúncia ao passado de servidão. Mas sua observância anual não se limita a um aspecto ritualístico; trata-se de um compromisso de Israel em viver constantemente na dinâmica da libertação, reconhecendo que sua identidade como povo não se baseia na autossuficiência, mas na fidelidade ao Deus que os redimiu.A segunda celebração mencionada é a Festa da Sega:

> *wəḥaḡ haqṣîr bikkûrê maʿăśêḵā*
> "E a Festa da Sega, das primícias da tua obra." (Êx 23,16)

Esse festival, posteriormente conhecido como Shavuot (Pentecostes), reflete a relação entre colheita e culto. As primícias da produção não pertencem ao indivíduo, mas devem ser oferecidas como um reconhecimento de que a terra e seus frutos são dons de YHWH. Ao entregar os primeiros produtos da colheita, Israel reafirma que sua economia não é fundamentada na acumulação, mas na gratidão e na partilha. Por fim, a Festa da Colheita encerra o ciclo agrícola e celebra a plenitude da provisão divina:

> *wəḥaḡ hā'āsîp̄ bəṣēṯ haššānāh*
> "E a Festa da Colheita, no fim do ano." (Êx 23,16)

Identificada mais tarde como Sucot (Festa dos Tabernáculos), essa celebração relembra tanto o período em que Israel habitou em tendas no deserto quanto a conclusão do ciclo agrícola. Ao viver temporariamente em cabanas, o povo é chamado a não esquecer que sua estabilidade na terra prometida não deve se transformar em uma falsa segurança, mas sim em um compromisso contínuo com a justiça e a confiança na fidelidade de YHWH. A seção final do capítulo 23 de Êxodo aprofunda a relação entre a adoração exclusiva a YHWH e a estruturação de Israel como um povo distinto, tanto na prática cultual quanto na vida social. Após a instituição das três festas anuais, o texto reforça a convocação para que todos os varões compareçam diante do Senhor:

> *šālōš pəʿāmîm baššānāh yērā'eh kol-zəkûrkā 'el-pənê hā'āḏōn YHWH*
> "Três vezes no ano, todos os teus homens comparecerão diante do Senhor YHWH." (Êx 23,17)

Essa exigência sublinha que a identidade do povo não se baseia apenas na posse da terra, mas na aliança com YHWH. A repetição do encontro anual diante do Senhor reforça a centralidade do templo e do culto como eixo unificador da nação. Além disso, o caráter agrário das festividades relaciona a fertilidade da terra à fidelidade ao pacto.

O texto então apresenta regras específicas sobre a pureza dos sacrifícios, começando com a proibição do uso de fermento junto às ofertas de sangue:

> *lō'-tašḥēṭ ʿal-ḥāmēṣ dam-zibḥî*
>
> "Não oferecerás o sangue do meu sacrifício com pão levedado." (Êx 23,18)

O fermento frequentemente simboliza corrupção e impureza ritual (cf. Êx 12,15; Lv 2,11), e sua proibição aqui reforça a necessidade de separação entre o sagrado e o comum. O sacrifício deve ser uma expressão de consagração total, livre de qualquer influência que represente deterioração ou decadência. Outra exigência ritual aparece na mesma sequência:

> *wəlō'-yālîn ḥēleb-ḥaggî ʿaḏ-bōqer*
>
> "E a gordura da minha festa não permanecerá até pela manhã." (Êx 23,18)

A gordura, considerada uma porção exclusiva para YHWH nos sacrifícios (cf. Lv 3,16), deveria ser completamente queimada, sem que restasse para consumo humano ou uso profano. Esse mandamento reforça a ideia de que o culto a Deus exige entrega completa e não pode ser misturado a interesses particulares. A lei seguinte trata da entrega das primícias da terra ao Senhor:

> *rē'šîṯ bikkûrê 'aḏmāṯəḵā tāḇî bêṯ YHWH 'ĕlōhêḵā*
>
> "As primícias da tua terra trarás à casa de YHWH, teu Deus." (Êx 23,19)

O princípio aqui reflete uma teologia econômica em que a prosperidade não pertence ao indivíduo, mas é um dom de YHWH que deve ser reconhecido e compartilhado. A oferta das primícias representa tanto gratidão quanto um compromisso de que os bens materiais não se tornarão ídolos no coração de Israel.

O versículo 19b apresenta uma proibição que, à primeira vista, parece desconectada do contexto imediato:

> *lō' təḇaššēl gədî baḥălēḇ 'immô*
>
> "Não cozerás o cabrito no leite da sua mãe." (Êx 23,19b)

Essa interdição aparece novamente em Êxodo 34,26 e Deuteronômio 14,21, sugerindo que se trata de uma prática proibida com forte carga simbólica. Alguns estudiosos interpretam esse mandamento como uma rejeição a ritos cananeus de fertilidade, nos quais o cozimento de um cabrito no leite materno poderia estar ligado a rituais agrícolas e à magia simpática, buscando garantir abundância nas colheitas. Outros apontam para uma ética subjacente que proíbe a mistura da vida e da morte de forma cruel e arbitrária. Seja qual for a explicação, o princípio fundamental parece ser a preservação da distinção entre o sagrado e o profano, impedindo que Israel adote costumes estrangeiros que contradigam a santidade da vida. A partir do versículo 20, a narrativa muda para uma promessa de proteção e condução divina no caminho até a terra prometida. YHWH anuncia a presença de um mensageiro que guiará Israel:

> *hinənî šōlēaḥ mal'āḵ ləpānêḵā lišmərəḵā baddāreḵ wəlahăḇî'ăḵā 'el-hammāqôm 'ăšer hăkînōṯî*
> "Eis que envio um anjo diante de ti, para te guardar no caminho e te levar ao lugar que preparei." (Êx 23,20)

A figura desse anjo (*mal'āḵ*) gerou interpretações diversas. Alguns associam essa presença a um ser celestial distinto, um guardião enviado por Deus. Outros sugerem que o termo pode apontar para a própria manifestação divina em forma mediada, como em Êxodo 14,19 e Números 20,16, em que a presença angelical se confunde com a atuação de YHWH. O importante aqui é que a jornada rumo à terra prometida não ocorre de forma autônoma, mas sob a vigilância e direção de Deus. A advertência seguinte enfatiza a necessidade de obediência absoluta a essa presença:

> *hiššāmer mipānāyw ûšmā'a bəqōlô 'al-tamma r-bô kî lō' yiśśā' ləpiš'əḵem kî šəmî bəqirbô*
> "Guarda-te diante dele e ouve a sua voz; não te rebeles contra ele, pois não perdoará a vossa transgressão, porque o meu nome está nele." (Êx 23,21)

A expressão *kî šəmî bəqirbô* (porque o meu nome está nele) sugere que esse anjo não é um mensageiro comum, mas carrega a autoridade de YHWH de maneira única. A relação entre Israel e essa presença será marcada por obediência ou juízo, dependendo da resposta do povo ao comando divino. Segue-se uma promessa condicional:

> *kî-šāmōaʿ tišmāʿ bəqōlô wəʿāśîṯā ʾet-kol-ʾăšer ʾădabbēr wəʾaybati ʾet-ʾōyəḇêḵā wəṣarṯî ʾet-ṣōrərêḵā*
> “Mas se, diligentemente, ouvires a sua voz e fizeres tudo o que eu disser, então serei inimigo dos teus inimigos e adversário dos teus adversários.” (Êx 23,22)

A aliança envolve tanto proteção quanto exigência. O cuidado divino não é incondicional, mas depende da fidelidade de Israel aos mandamentos e à obediência a essa presença celestial. A promessa de conquista se desdobra com a referência a diversos povos cananeus:

> *kî yēlêḵ malʾākî ləpānêḵā wəhēḇîʾăḵā ʾel-hāʾĕmōrî wəhāḥittî wəhappərizzî wəhakkənaʿănî wəhāḥiwwî wəhāyəbûsî wəhišmaḏtîw*
> “Porque o meu anjo irá diante de ti e te levará aos amorreus, aos hititas, aos ferezeus, aos cananeus, aos heveus e aos jebuseus; e eu os destruirei.” (Êx 23,23)

Essa enumeração dos habitantes da terra prometida aparece em várias passagens (cf. Gn 15,19-21; Dt 7,1), apontando para a resistência que Israel enfrentará. A conquista não será meramente militar, mas uma obra divina, em que YHWH é o verdadeiro agente da derrota dos inimigos. A obediência à aliança implica rejeição total da idolatria dos povos da terra:

> *lōʾ-tištaḥăwê ləʾĕlōhêhem wəlōʾ taʿăḇədēm wəlōʾ taʿăśeh kəmaʿăśêhem kī hāreś təhāreśēm ûšabbēr təšabbēr maṣṣēḇōṯêhem*
> “Não te prostrarás diante de seus deuses, nem os servirás, nem farás conforme as suas obras; mas, certamente, os destruirás e despedaçarás as suas colunas.” (Êx 23,24)

A destruição dos objetos de culto pagão reforça a exigência da exclusividade de YHWH e impede a contaminação de Israel com práticas religiosas estrangeiras. O texto então transita para uma série de bênçãos condicionais à fidelidade:

> *wəʿāḇaḏtem ʾeṯ-YHWH ʾĕlōhêḵem ûḇērak ʾeṯ-laḥməḵā wəʾeṯ-mêḵā wəhăsîrōtî maḥălâh miqqirbəḵā*
> "E servireis a YHWH, vosso Deus, e ele abençoará o teu pão e a tua água, e afastarei as enfermidades do meio de ti." (Êx 23,25)

A fidelidade ao pacto resulta em bênçãos concretas: provisão alimentar, saúde e proteção contra doenças. O culto a YHWH não é apenas um dever religioso, mas uma fonte de vida e bem-estar para a comunidade. A garantia divina se estende à natalidade e à longevidade:

> *lōʾ tihyê məšakkēlâ wəʿăqārâ bəʾarṣəḵā ʾeṯ-mispar yāmêḵā ʾamallēʾ*
> "Não haverá mulher que aborte nem estéril na tua terra; completarei o número dos teus dias." (Êx 23,26)

A promessa de descendência está ligada à posse da terra e à continuidade da nação. Israel, como povo da aliança, deve refletir a bênção divina em todos os aspectos da vida. A estratégia da conquista é descrita em termos de intervenção divina:

> *ʾet-ʾēymātî ʾašellaḥ ləpānêḵā wəhamôtî ʾet-kol-hāʿam ʾăšer tāḇōʾ ḇām wənāṯattî ʾet-kol-ʾōyəḇêḵā ʾēlêḵā ʿōreḏ*
> "Enviarei o meu terror diante de ti e confundirei todos os povos entre os quais entrares, e farei com que todos os teus inimigos te voltem as costas." (Êx 23,27)

A ocupação da terra não será instantânea, mas ocorrerá progressivamente:

> *məʿaṭ məʿaṭ ʾagaššənû mipānêḵā ʿaḏ-ʾăšer-tiprê wənaḥălaṯā ʾeṯ-hāʾāreṣ*

> "Pouco a pouco os expulsarei diante de ti, até que sejas fecundo e possuas a terra." (Êx 23,30)

A transição final do capítulo vincula diretamente a obediência ao pacto com a posse da terra. A demarcação dos limites do território prometido estabelece a relação entre fidelidade e herança:

> *wəśamtî ʾeṯ-gəḇuleḵā miyyam-sûp̄ wəʿaḏ-yam pəlištîm ûmimmidbar ʿaḏ-hannāhār kî ʾet-ʾanšê hāʾāreṣ ʾaggārēš mipānêḵā*
>
> "E porei os teus limites desde o Mar Vermelho até o mar dos filisteus, e desde o deserto até o rio; porque entregarei os habitantes da terra nas tuas mãos, e tu os expulsarás de diante de ti." (Êx 23,31)

A extensão territorial aqui mencionada, que se estende do Mar Vermelho ao Mediterrâneo e do deserto até o rio Eufrates, reflete a promessa feita a Abraão (Gn 15,18). No entanto, a realização dessa promessa não será automática: depende da separação radical de Israel em relação aos cultos estrangeiros.

> *lōʾ-tikroṯ lāhem wəlōʾ ləʾĕlōhêhem bərîṯ*
>
> "Não farás aliança com eles, nem com os seus deuses." (Êx 23,32)

A aliança exclusiva com YHWH implica a recusa de qualquer pacto político ou religioso que comprometa essa lealdade. A permanência de Israel na terra depende de sua santidade, ou seja, da sua separação em relação às práticas das nações vizinhas. O último versículo reitera essa exigência em termos contundentes:

> *lōʾ yēšəḇû bəʾarṣəḵā pen-yaxăṭîʾû ʾōṯeḵā ʾēlāy kî taʿăḇōḏ ʾeṯ-ʾĕlōhêhem kî-yihyê ləḵā ləmôqēš*
>
> "Eles não habitarão na tua terra, para que não te façam pecar contra mim, pois, se servires aos seus deuses, isso te será por armadilha." (Êx 23,33)

O termo *môqēš* (armadilha) sugere que a idolatria não é apenas uma infração religiosa, mas um perigo existencial para Israel. O comprometimento com os deuses estrangeiros levaria inevitavelmente à destruição do pacto, à corrupção da justiça e, por fim, à perda da terra. O capítulo 23 conclui reafirmando a centralidade da fidelidade à aliança em todos os aspectos da vida. O culto a YHWH não pode ser isolado das questões de justiça social, das estruturas econômicas e das relações interpessoais. A obediência ao pacto define Israel como povo distinto, cuja existência se fundamenta na justiça e na santidade. A terra prometida não é apenas um território a ser conquistado, mas um espaço a ser vivido sob os princípios de YHWH.

Capítulo 24

Êxodo 24 marca o ponto culminante do Livro da Aliança, estabelecendo formalmente o pacto entre YHWH e Israel. Este momento é teologicamente central, pois não apenas sela a relação entre Deus e o povo, mas também estabelece os fundamentos litúrgicos e legais da identidade israelita. A aliança não se limita a um compromisso ético e social; ela se expressa por meio de gestos rituais, sacrifícios, sangue e a manifestação da glória divina. A estrutura do capítulo articula uma progressão da relação entre Deus e Israel, indo do chamado de Moisés ao encontro direto dos representantes do povo com a presença de YHWH no monte Sinai. O capítulo se inicia com um convite divino:

> *wə'el-mōšeh 'āmar 'ălêh 'el-YHWH 'attâ wə'ahărōn nadāḇ wə'ăḇîhû wəšiḇ'îm mizziqnê yiśrā'ēl wəhištaḥăwîtem mērāḥôq*
>
> "Disse YHWH a Moisés: 'Sobe ao Senhor, tu e Arão, Nadabe e Abiú, e setenta dos anciãos de Israel, e adorareis de longe'." (Êx 24,1)

A separação hierárquica da aproximação ao sagrado reflete a estrutura do culto e a noção de santidade progressiva. Moisés, o mediador supremo, terá um acesso direto, enquanto os sacerdotes e os anciãos se aproximam com limites estabelecidos. Esse esquema revela a tensão entre proximidade e transcendência na relação com YHWH, um tema fundamental na teologia do Sinai. A adoração "de longe" (*mērāḥôq*) sugere que, embora Israel tenha sido chamado à aliança, há uma distinção entre aqueles que podem se aproximar diretamente e aqueles que devem manter certa distância, um padrão que se refletirá posteriormente na organização do culto no tabernáculo e no sacerdócio aarônico. O povo responde à proposta da aliança de forma unânime:

> *wayyaʿanū kol-hāʿām qôl ʾeḥāḏ wayyōʾmərû kāl-haddəḇārîm ʾăšer-dibber YHWH naʿăśêh*
> "E todo o povo respondeu a uma só voz: 'Tudo o que YHWH falou, faremos'." (Êx 24,3)

A aceitação do pacto ocorre antes da promulgação escrita da lei, enfatizando a obediência como um compromisso anterior ao detalhamento das obrigações. O povo não negocia os termos; ele se submete à vontade divina de forma irrestrita, o que reflete a lógica da aliança bíblica como um vínculo baseado na iniciativa divina e na resposta humana. A expressão *qôl ʾeḥāḏ* (a uma só voz) indica que esse consentimento não era apenas individual, mas um ato coletivo, reforçando a identidade de Israel como um corpo único diante de Deus. No entanto, essa prontidão em obedecer será mais tarde testada pela rebelião do bezerro de ouro (Êx 32), revelando a fragilidade da disposição humana diante da santidade divina. Moisés registra as palavras da aliança:

> *wayyiḵtōḇ mōšeh ʾeṯ kāl-dəḇārê YHWH*
> "Então Moisés escreveu todas as palavras de YHWH." (Êx 24,4)

O ato de escrever confere permanência ao pacto, garantindo que a lei não dependa apenas da tradição oral, mas se torne um testemunho visível e inalterável da aliança. Essa escrita da lei antecipa a centralidade da Torá na identidade israelita, transformando-a no elemento normativo que moldará todas as gerações futuras. A alusão a "todas as palavras de YHWH" (*kāl-dəḇārê* YHWH) sugere que a aliança não é um documento humano, mas uma revelação direta do divino, estabelecendo o princípio de que a lei não é um contrato bilateral passível de renegociação, mas uma dádiva imutável de Deus.

Ao escrever a lei, Moisés cumpre o papel de mediador e de escriba sagrado, um modelo que será reiterado na tradição de transmissão textual da Torá. Esse registro escrito servirá como um testemunho contra Israel nos momentos de desobediência (cf. Dt 31,26), garantindo que a aliança permaneça inalterada independentemente das gerações futuras. A partir desse ponto, a palavra escrita se torna um componente essencial da relação entre Deus e Israel, assegurando que a revelação não seja perdida no fluxo da oralidade, mas permaneça registrada como um fundamento perene da fé israelita. O altar representa a presença de Deus, enquanto as colunas simbolizam o povo. A relação entre ambos é estabelecida através do sacrifício oferecido, que expressa consagração e purificação:

> *wayyašəlăḥ ʾeṯ-naʿărê bənê-yiśrāʾēl wayyaʿălû ʿōlōṯ*
> *wayyiṯbəḥû zəḇāḥîm šəlāmîm ləYHWH pārîm*
> "E enviou jovens dos filhos de Israel, os quais ofereceram holocaustos e sacrificaram novilhos como sacrifícios pacíficos a YHWH." (Êx 24,5)

Os holocaustos (*ʿōlōṯ*) expressam dedicação total, enquanto os sacrifícios pacíficos (*šəlāmîm*) simbolizam comunhão e reconciliação. Esse momento sacrificial estabelece que a aliança não se baseia apenas em mandamentos, mas na relação cultual entre Deus e Israel. A aspersão do sangue sobre o povo intensifica a solenidade do pacto:

> *wayyiqqaḥ mōšeh ʾeṯ-haḏām wayyizrəq ʿal-hāʿām*
> *wayyōʾmər hinnēh dām habbərît ʾăšer-kārat YHWH*
> *ʿimmāḵem ʿal kāl-haddəḇārîm hāʾēlleh*
> "E Moisés tomou o sangue e o aspergiu sobre o povo, e disse: 'Eis aqui o sangue da aliança que YHWH fez convosco segundo todas estas palavras'." (Êx 24,8)

A referência ao "sangue da aliança" ecoará em diversos momentos da tradição bíblica, especialmente no Novo Testamento, onde Jesus reinterpretará esse símbolo na instituição da Ceia (Lc 22,20). O sangue sela a aliança de forma irrevogável, unindo Deus e o povo em um pacto de vida e obediência. A linguagem de *hinnēh dām habbərît* (eis aqui o sangue da aliança) sugere um ato solene de ratificação, onde o sangue, símbolo da vida, é distribuído entre Deus e o povo. Esse momento tem implicações profundas para a teologia bíblica, pois aponta para a conexão entre sacrifício e comunhão. No contexto da aliança mosaica, o sangue aspergido sobre o altar indica a aceitação de Deus, enquanto o sangue aspergido sobre o povo marca a consagração da nação ao serviço divino. Essa estrutura prefigura rituais subsequentes, incluindo os sacrifícios no tabernáculo e no templo, bem como a teologia do sacrifício vicário desenvolvida em textos proféticos e no Novo Testamento. O texto então apresenta uma das cenas mais extraordinárias da narrativa do Sinai:

> *wayya'al Mōšeh wə'ahărōn nadāḇ wə'ăḇîhû wəšiḇ'îm mizziqnê yiśrā'ēl*
> "E subiram Moisés, Arão, Nadabe e Abiú, e setenta dos anciãos de Israel." (Êx 24,9)

A subida de Moisés com os líderes israelitas representa um momento de aproximação ao divino que contrasta com o temor demonstrado pelo povo em Êxodo 19, quando a manifestação de YHWH no Sinai foi acompanhada por trovões, relâmpagos e um som ensurdecedor de trombeta. Aqui, os representantes da nação não apenas se aproximam, mas recebem uma visão direta de Deus. O encontro com Deus culmina na visão celestial:

> *wayyir'û 'eṯ-'ĕlōhê yiśrā'ēl wətaḥaṯ raglāyw kəma'ăśêh libnat hassappîr ûkə'eṣem haššāmayim laṭṭōhar*
> "E viram o Deus de Israel, e debaixo de seus pés havia como que um pavimento de safira, tão claro como o próprio céu." (Êx 24,10)

Essa descrição evoca a transcendência e a majestade divina, sugerindo que a presença de YHWH é ao mesmo tempo visível e inatingível. O pavimento de safira representa a pureza e a estabilidade do domínio divino, ecoando a teologia da soberania de Deus sobre toda a criação. A ideia de que os anciãos "viram" Deus deve ser entendida dentro do contexto da literatura bíblica, onde a manifestação divina muitas vezes assume formas simbólicas. A ênfase no pavimento de safira (libnat hassappîr) alude a uma realidade celestial, contrastando com a fragilidade humana. Apesar da visão direta de Deus, os anciãos não são consumidos:

> *wəʾel-ʾăṣîlê bənê-yiśrāʾēl lōʾ šālaḥ yādô wayyəḥezû ʾet-hāʾĕlōhîm wayyōʾḵlû wayyištû*
> "Porém, contra os nobres dos filhos de Israel não estendeu a mão; e eles viram Deus, e comeram e beberam." (Êx 24,11)

Essa experiência é um banquete sagrado, reafirmando que a aliança não é apenas um compromisso jurídico, mas um vínculo de comunhão e celebração. A partilha da refeição reflete a relação reconciliada entre Deus e Israel, antecipando as festividades que marcarão a tradição do culto no futuro. O fato de comerem e beberem na presença de Deus remete à prática dos pactos antigos, nos quais uma refeição sacrificial simbolizava a ratificação de um acordo. O capítulo se encerra com o chamado final de Moisés para entrar na presença direta de Deus e receber as tábuas da lei:

> *wayyōʾmer YHWH ʾel-Mōšeh ʿălêh ʾēlay hāhārāh wəhĕyêh šām wəʾeṯnāh ləkā ʾeṯ-luḥōt hāʾăbānîm wəhattôrâ wəhammiṣwâ ʾăšer kātabtî ləhôrōṯām*
> "Então disse YHWH a Moisés: 'Sobe ao monte e fica ali; e dar-te-ei as tábuas de pedra, a Torá e o mandamento que escrevi para instruí-los'." (Êx 24,12)

O uso do termo Torá indica que a lei não é apenas um código normativo, mas um instrumento de ensino e formação espiritual. O chamado de Moisés para subir ao monte sinaliza um novo estágio da revelação, onde a palavra divina será inscrita em tábuas de pedra. Esse detalhe sublinha a permanência e imutabilidade da aliança, diferenciando a lei mosaica de tratados humanos transitórios. O capítulo continua com a subida de Moisés ao monte, um momento crucial na narrativa do Sinai. Ele não sobe sozinho, mas acompanhado de seu auxiliar Josué:

> *wayyāqom mōšeh wəhōšēaʿ məšārətô wayyaʿal mōšeh ʾel-har hāʾĕlōhîm*
> "Então Moisés se levantou com Josué, seu servo, e subiu Moisés ao monte de Deus." (Êx 24,13)

A presença de Josué, que futuramente será o sucessor de Moisés, sugere um elemento de continuidade na liderança de Israel. Embora ele não participe diretamente da revelação, sua proximidade com Moisés indica sua preparação para assumir a condução do povo no futuro. Moisés, como mediador supremo, continua a desempenhar seu papel único de intercessor entre Deus e Israel. Antes de partir, Moisés instrui os anciãos a aguardarem seu retorno, estabelecendo Arão e Hur como responsáveis pela mediação de disputas:

> *wəʾel-hazzəqēnîm ʾāmar šəḇû-lānû bazzèh ʿaḏ ʾăšer nāšûḇ ʾălêḵem wəhinnēh ʾahărōn ûḥûr ʿimmāḵem mî-ḇaʿal dəḇārîm yiqqaš ʾălêhem*
> "E disse aos anciãos: 'Esperai-nos aqui, até que voltemos a vós; e eis que Arão e Hur estarão convosco. Quem tiver alguma questão, dirija-se a eles.'" (Êx 24,14)

A nomeação de Arão e Hur para resolver questões enquanto Moisés está ausente sugere uma preocupação com a continuidade da liderança e a estabilidade da comunidade. Esse detalhe antecipa os desafios que surgirão na ausência de Moisés, especialmente no episódio do bezerro de ouro (Êx 32), quando Arão se mostrará vulnerável à pressão popular. O texto então descreve a chegada de Moisés ao monte e a manifestação da glória divina:

> *wayyaʿal mōšeh ʾel-hāhār wayyəkass hāʿānān ʾeṯ-hāhār*
> "E Moisés subiu ao monte, e a nuvem cobriu o monte." (Êx 24,15)

A nuvem (*ʿānān*) é um símbolo recorrente da presença divina, indicando mistério e inacessibilidade. A teofania no Sinai reforça a ideia de que a revelação de YHWH não ocorre em um espaço comum, mas em um ambiente consagrado e separado do mundo ordinário. A glória de YHWH (*kəḇôḏ* YHWH) se estabelece sobre o monte Sinai, um evento de magnitude cósmica:

> *wayyiškōn kəḇôḏ YHWH ʿal-har sînay wəyəkassēhû hāʿānān šiššet yāmîm wayyiqrāʾ ʾel-mōšeh bayyôm haššəḇîʿî mittôḵ hāʿānān*
> "E a glória de YHWH habitou sobre o monte Sinai, e a nuvem o cobriu por seis dias. No sétimo dia, chamou Moisés do meio da nuvem." (Êx 24,16)

A espera de seis dias antes que Moisés seja chamado reforça a dimensão sagrada do encontro. O número sete, que frequentemente simboliza plenitude e santidade na tradição bíblica, sugere que a aproximação de Moisés ocorre em um tempo divinamente ordenado. Esse padrão remete à criação do mundo em sete dias (Gn 1), indicando que a revelação no Sinai é um evento fundador, assim como a criação. A visão do povo sobre a manifestação divina é descrita em termos de fogo consumidor:

> *ûmarʾêh kəḇôḏ YHWH kəʾēš ʾōḵēlâ bərōʾš hāhār ləʿênê bənê-yiśrāʾēl*
> "E a aparência da glória de YHWH era como fogo consumidor no cume do monte, aos olhos dos filhos de Israel." (Êx 24,17)

A teofania no Sinai não é uma experiência suave ou acessível; ela é aterradora e impenetrável. O fogo consumidor (*ʾēš ʾōḵēlâ*) reforça a santidade de Deus e a separação entre o divino e o humano. Para o povo, essa visão enfatiza o caráter inacessível de YHWH e a necessidade de um mediador como Moisés. O fogo como símbolo da presença divina reaparecerá em outros contextos bíblicos, como na sarça ardente (Êx 3,2) e na descida do fogo sobre o templo (2 Cr 7,1). O capítulo se encerra com a entrada de Moisés no meio da nuvem:

wayyāḇō' mōšeh bəṯôḵ hā'ānān wayya'al el-hāhār
wayyəhî mōšeh bāhār 'arba'îm yôm wə'arba'îm laylâ
"E Moisés entrou no meio da nuvem e subiu ao monte; e Moisés esteve no monte quarenta dias e quarenta noites." (Êx 24,18)

O período de quarenta dias e quarenta noites reforça o caráter excepcional da experiência. Esse número aparece repetidamente na tradição bíblica como um tempo de provação e transformação (cf. Gn 7,12; 1Rs 19,8; Mt 4,2). Durante esse tempo, Moisés receberá instruções detalhadas sobre o tabernáculo e o culto, consolidando o pacto entre YHWH e Israel em termos rituais e institucionais. Com essa conclusão, Êxodo 24 sela o pacto no Sinai, estabelecendo as bases teológicas, rituais e sociais da identidade israelita. A narrativa enfatiza que a aliança não é apenas um conjunto de leis, mas um evento cósmico e relacional, onde Deus e o povo são vinculados por meio da mediação de Moisés, do sacrifício e da presença divina. A partir desse momento, Israel é oficialmente o povo da aliança, e o Sinai torna-se o paradigma do relacionamento entre Deus e sua comunidade eleita.

Capítulo 25

Êxodo inaugura aqui a seção sobre o Tabernáculo (*miškān*), o santuário móvel que servirá como lugar da presença divina no meio de Israel. Esse momento representa um ponto decisivo na teologia do pacto: o Deus que arrancou Israel da escravidão egípcia não permanece isolado no Sinai, mas escolhe estar no coração da comunidade. O Tabernáculo encarna essa proximidade divina, ordenando a estrutura do culto e definindo a vida comum a partir da presença de YHWH. Este capítulo se concentra na coleta de materiais para a construção do santuário e na descrição detalhada de três elementos centrais: a Arca da Aliança, a Mesa dos Pães da Proposição e o Candelabro de Ouro. A ordem para a construção do santuário inicia-se com um apelo à oferta voluntária:

> *wayədabbēr YHWH ʾel-Mōšeh lēʾmōr dabber ʾel-bənê-yiśrāʾēl wəyiqḥû-lî tərûmâ*
> "Disse YHWH a Moisés: 'Fala aos filhos de Israel, para que tomem para mim uma oferta'." (Êx 25,1-2)

O termo *tərûmâ* carrega o sentido de uma doação sagrada, distinta de tributos obrigatórios ou exigências estatais. O santuário não será erguido pela imposição da força, mas pelo gesto espontâneo dos que desejam contribuir. Essa dinâmica revela um aspecto fundamental da teologia do Tabernáculo: a presença de Deus no meio do povo não se impõe como um decreto divino isolado, mas acontece mediante a resposta e a participação ativa da comunidade. A lista dos materiais necessários para a construção do santuário sugere tanto a riqueza do espaço quanto sua profundidade simbólica:

> *wəzāhāḇ wəḵeśep̄ ûnəḥōšeṯ wəṯəḵēleṯ wəʾargāmān wəṯôlaʿaṯ šānî wəšišší wəʿizzîm wəʿōrōṯ ʾēlîm məʾʾădāmîm wəʿōrōṯ təḥāšîm wəʿaṣê šiṭṭîm*
> "ouro, prata e bronze; estofo azul, púrpura e carmesim; linho fino e pelos de cabra; peles de carneiro tingidas de vermelho e peles de tahash, e madeira de acácia." (Êx 25,3-5)

O uso do ouro e do linho fino aponta para a realeza e a pureza, marcando o Tabernáculo como um espaço que reflete a santidade divina. Essa morada de YHWH, fincada no coração do deserto, não se confunde com uma estrutura comum; é um espaço consagrado, onde o Deus libertador faz morada e convida seu povo a um novo modo de existência. O propósito central do santuário é explicitado em termos inequívocos:

> *wəʿāśû lî miqədāš wəšāḵantî bəṯôḵām*
> "E me farão um santuário, e habitarei no meio deles." (Êx 25,8)

O verbo *šāḵan* (habitar) é a raiz do termo rabínico *šəkīnâ*, que expressa a presença manifesta de YHWH. Esta afirmação se torna um eixo da teologia bíblica: o Deus que libertou Israel da servidão não permanece um ser distante ou abstrato, mas faz questão de se estabelecer no centro da vida do povo. O santuário não é apenas um espaço sagrado, mas a materialização do compromisso divino de caminhar junto com Israel em sua jornada pelo deserto. A primeira peça descrita é a ***ʾarôn habbərît*** (Arca da Aliança), o elemento mais sagrado do Tabernáculo. Seu mandato de construção sublinha sua função teológica fundamental:

> *wəʿāśû ʾārôn ʿaṣê šiṭṭîm ʾammāṯayim wāḥēṣî ʾorkô*
> *wəʾammā wāḥēṣî roḥbô wəʾammā wāḥēṣî qōmātô*
> "Farão uma arca de madeira de acácia, de dois côvados e meio de comprimento, um côvado e meio de largura e um côvado e meio de altura." (Êx 25,10)

A madeira de acácia, conhecida por sua resistência, é inteiramente coberta de ouro puro, estabelecendo um duplo símbolo: a solidez da criação sustentada pela santidade transcendente de YHWH. A Arca não é um receptáculo qualquer, mas um sinal concreto da presença divina e da aliança estabelecida com Israel. Sua função essencial é abrigar o testemunho da aliança:

> *wənāṯattā ʾel-hāʾārôn ʾeṯ hāʿēḏûṯ ʾăšer ʾeṯtēn ʾēlēḵā*
> "E colocarás na arca o testemunho que te darei." (Êx 25,16)

Este "testemunho" são as Tábuas da Lei, expressão da aliança entre YHWH e seu povo. A Arca, portanto, não é apenas um objeto litúrgico, mas o centro da identidade teológica de Israel, pois carrega a revelação escrita da vontade divina. Acima da Arca, encontra-se o ***kappōreṯ***, a tampa de ouro puro, associada à expiação:

> *wəʿāśîṯā kappōreṯ zāhāḇ ṭāhôr ʾammāṯayim wāḥēṣî ʾorkô*
> *wəʾammā wāḥēṣî roḥbô*
> "Farás um propiciatório de ouro puro, de dois côvados e meio de comprimento e um côvado e meio de largura." (Êx 25,17)

Sobre essa tampa, dois querubins de ouro são esculpidos como parte da mesma peça, suas asas estendidas em proteção sobre a Arca:

wəhāyû hakkərûḇîm pōrəsê ʾăkənāp̄ayim ləmaʿlāh
"E estarão os querubins com as asas estendidas para cima." (Êx 25,20)

A segunda peça descrita para o Tabernáculo é a mesa dos pães da proposição, um objeto que reforça a dimensão da comunhão e da provisão divina para Israel:

wəʿāśîṯā šulḥān ʿaṣê šiṭṭîm ʾammāṯayim ʾorkô wəʾammā roḥbô wəʾammā wāḥēṣî qōmātô
"Farás também uma mesa de madeira de acácia, de dois côvados de comprimento, um côvado de largura e um côvado e meio de altura." (Êx 25,23)

Assim como a Arca, a mesa é feita de madeira de acácia e revestida de ouro puro, evidenciando a dignidade e a sacralidade do objeto:

wəṣîpîṯā ʾōṯô zāhāḇ ṭāhôr wəʿăśîṯā lô zēr zāhāḇ sāvîḇ
"E a cobrirás de ouro puro, e farás para ela uma moldura de ouro ao redor." (Êx 25,24)

A mesa recebe uma moldura e um misgeret (borda), que são trabalhadas com detalhes em ouro, mostrando que este não é um objeto utilitário comum, mas parte integrante do espaço da presença de YHWH:

wəʿāśîṯā lô misgeret ṭefaḥ sāvîḇ wəʿăśîṯā zēr-zāhāḇ ləmisgartô sāvîḇ
"Farás também para ela uma moldura ao redor de um palmo e farás uma guirlanda de ouro ao redor da moldura." (Êx 25,25)

A mesa é sustentada por quatro argolas de ouro, colocadas nos quatro cantos, permitindo que hastes de madeira de acácia cobertas de ouro sejam passadas através delas para facilitar seu transporte:

> *wəʿāśîṯā lô ʾarbaʿ ṭabbāʿōṯ zāhāḇ wənāṯattā ʾeṯ haṭṭabbāʿōṯ ʿal-ʾarbaʿ happəʾāmōṯ ʾăšer ləʾarbaʿ raglâw*
> "Farás para ela quatro argolas de ouro, e porás as argolas nos quatro cantos que estão nos seus quatro pés." (Êx 25,26)

Esse detalhe revela a mobilidade do santuário. O Tabernáculo não é um templo fixo; ele acompanha Israel na peregrinação pelo deserto, reforçando que a presença de YHWH não está restrita a um lugar, mas se move com Seu povo. Sobre essa mesa são colocados os pães da proposição (*leḥem happānîm*), que representam a aliança perpétua entre Deus e Israel. Esses pães são renovados semanalmente, sinalizando o sustento constante de YHWH para o povo:

> *wənāṯattā ʿal-haššulḥān leḥem pānîm ləpānay tamîd*
> "E porás sobre a mesa o pão da presença perante mim continuamente." (Êx 25,30)

O alimento que está diante de Deus simboliza a comunhão e a provisão, um lembrete de que a vida de Israel depende daquilo que YHWH concede.

A terceira peça descrita é a *mənōrâ*, o candelabro de ouro puro. Sua construção é apresentada com um detalhe notável, evidenciando seu papel como símbolo da luz de YHWH que ilumina Seu povo:

> *wəʿāśîṯā mənōrāh zāhāḇ ṭāhôr miqšâ têʿāśeh hammənōrâ yərēḵāh wəqānāh gəḇîʿêhā kappətôrêhâ ûpərāḥêhâ mimmennâ yihyû*
> "Farás também um candelabro de ouro puro; de uma só peça será feito, tanto a base como o seu tronco; seus cálices, seus botões e suas flores formarão com ele um só corpo." (Êx 25,31)

A menorá possui um design intrincado, com seis braços saindo do eixo central, formando um total de sete lâmpadas. O candelabro é decorado com elementos que remetem à flora:

> *wəšiššâ qənîm yôṣəʾîm miṣṣiddêhâ šəlōšâ qənê mənōrâ miṣṣiddâh hāʾeḥāḏ ûšəlōšâ qənê mənōrâ miṣṣiddâh haššēnî*
> "Seis braços sairão dos seus lados: três braços do candelabro de um lado e três braços do candelabro do outro lado." (Êx 25,32)

Cada braço contém um padrão de cálices em forma de amêndoa, botões e flores, sugerindo uma ligação com a árvore da vida e a fertilidade da criação:

> *šəlōšâ gəḇîʿîm məšuqādîm bəqānê ʾeḥāḏ kappətôr wəpəraḥ ûšəlōšâ gəḇîʿîm məšuqādîm bəqānê ʾeḥāḏ kappətôr wəpəraḥ*
> "Três cálices em forma de amêndoas em um braço, com um botão e uma flor; e três cálices em forma de amêndoas no outro braço, com um botão e uma flor." (Êx 25,33)

O eixo central do candelabro também possui quatro cálices com botões e flores (Êx 25,34), e cada um dos seis braços é trabalhado com os mesmos detalhes florais, criando um objeto que, além de sua funcionalidade ritual, remete à obra criadora de YHWH. No topo da menorá são colocadas sete lâmpadas, que devem ser posicionadas de maneira a iluminar o espaço ao redor:

> *wəʿāśîṯā nērōṯeyhā šibʿāh wəhēʿîrâh ʾeṯ-ʿibrâhâ wəqəlāḥêhâ ûmăqətōṯeyhâ zāhāḇ ṭāhôr*
> "Farás as suas lâmpadas em número de sete, e as lâmpadas serão acesas para iluminar a área à sua frente, e suas tesouras e seus apagadores serão de ouro puro." (Êx 25,37-38)

A menorá simboliza a iluminação contínua da presença divina. Assim como a luz do candelabro ilumina o espaço do Tabernáculo, a revelação de YHWH ilumina a caminhada de Israel.

O capítulo conclui com uma instrução direta sobre a importância de seguir rigorosamente o modelo estabelecido por Deus:

ûrəʾê wəʿāśîṯā bəṯavnîṯām ʾăšer-ʾattâ murʾeh bāhār
"Vê, pois, e faze segundo o modelo que te foi mostrado no monte." (Êx 25,40)

Esta ênfase final confirma que o Tabernáculo não é uma criação humana, mas uma estrutura revelada por YHWH. A fidelidade a este modelo não é apenas uma questão arquitetônica, mas um testemunho de que a adoração a Deus deve ocorrer nos termos que Ele mesmo estabelece.

Capítulo 26

Êxodo apresenta as instruções detalhadas para a construção do Tabernáculo (*miškān*), a estrutura que servirá como morada da presença divina no meio de Israel. O Tabernáculo não é apenas um espaço litúrgico, mas um símbolo da habitação de YHWH entre o povo, reafirmando a centralidade do culto e da aliança. A descrição da sua estrutura enfatiza tanto a santidade progressiva – do pátio exterior ao Santo dos Santos – quanto a precisão arquitetônica, refletindo o caráter ordenado da criação divina. A primeira seção trata das cobertas do Tabernáculo, que constituem uma camada protetora que envolve a estrutura interna do santuário. O texto ordena a confecção de dez cortinas de linho fino e fios coloridos:

wəʾeṯ-hammiškān taʿăśeh ʿeśer yərîʿōṯ šēš mōšzār wəṯəḵēleṯ wəʾargāmān wəṯôlaʿaṯ šānî kərûḇîm maʿăśê ḥōšēḇ taʿăśeh ʾōtām
"Farás o Tabernáculo com dez cortinas de linho fino retorcido, estofo azul, púrpura e carmesim; nelas farás querubins bordados por obra de artista." (Êx 26,1)

O linho fino (šēš) e os fios coloridos (*ṯəḵēleṯ*, *ʾargāmān* e *ṯôlaʿaṯ šānî*) indicam a nobreza do santuário, remetendo ao vestuário sacerdotal e aos tecidos reservados para a realeza. Os querubins bordados nessas cortinas não são meramente ornamentais, mas evocam a presença celestial que guarda o santuário, ecoando as imagens do trono de YHWH e do Éden:

> *wayyaškēn miqqeḏem ləgan-ʿēḏen ʾeṯ-hakkərūḇîm wəʾeṯ laṭ haḥereḇ hammiṯhappeḵeṯ ləšāmōr ʾeṯ-dereḵ ʿēṣ haḥayyîm*
> "E colocou a leste do jardim do Éden os querubins e a espada flamejante que se revolvia, para guardar o caminho da árvore da vida." (Gn 3,24)

As cortinas são feitas em painéis de medida específica:

> *ʾōreḵ hayyərîʿāh hāʾaḥaṯ ʿeśrîm baʾammâ wəroḥaḇ ʾarbaʿ baʾammâ yərîʿāh hāʾaḥaṯ*
> "O comprimento de cada cortina será de vinte côvados, e a largura de quatro côvados para cada cortina." (Êx 26,2)

A medida exata sugere ordem e simetria, refletindo um padrão divino que rege a construção do santuário. Estas cortinas são então unidas para formar um todo:

> *ḥameš hayyərîʿōṯ tiheyənā ḥuḇarōṯ ʾîššāh ʾel-ʾaḥōtāh wəḥameš yərîʿōṯ ḥuḇārōṯ ʾîššāh ʾel-ʾaḥōtāh*
> "Cinco cortinas estarão unidas uma à outra, e as outras cinco cortinas estarão unidas uma à outra." (Êx 26,3)

Essa estrutura garante que o Tabernáculo seja uma unidade coesa e interligada. A conexão entre as cortinas é feita por laços e colchetes de ouro:

> *wəʿāśîṯā lūləʾōṯ təḵēleṯ ʿal-śəpat hayyərîʿāh hāʾaḥaṯ*
> "Farás laçadas de estofo azul na borda da primeira cortina." (Êx 26,4)

O uso do azul (*təḵēleṯ*) evoca a cor do céu e reforça a associação do Tabernáculo com o domínio celestial. Os colchetes, mencionados no versículo seguinte, são de ouro puro:

> *wəʿāśîṯā ḥămiššîm qərāsîm zāhāḇ wəḥibbartā ʾeṯ-hayyərîʿōṯ ʾîššāh ʾel-ʾaḥōtāh baqərāsîm*

> "Farás cinquenta colchetes de ouro, e unirás as cortinas uma à outra com os colchetes." (Êx 26,6)

Os colchetes de ouro não apenas conectam as cortinas, mas também simbolizam a unidade e a pureza do santuário, onde tudo é interligado de forma harmoniosa. Além dessas cortinas internas, há uma cobertura adicional feita de pelos de cabra:

> *wəʿāśîṯā yərîʿōṯ ʿizîm lə'ōhel ʿal-hammiškān*
> "Farás cortinas de pelos de cabra como tenda sobre o Tabernáculo." (Êx 26,7)

Essa camada externa confere proteção contra as intempéries e pode simbolizar a transição entre o sagrado e o profano. O pelo de cabra, amplamente utilizado em tendas nômades, ressalta que, apesar de sua sacralidade, o Tabernáculo mantém um caráter itinerante, acompanhando Israel em sua jornada pelo deserto.

Após a descrição das coberturas do Tabernáculo, o texto passa a detalhar suas paredes e sua estrutura interna. O santuário não é apenas um espaço físico, mas um microcosmo da criação divina, refletindo a ordem e a santidade de YHWH no meio do povo. A estrutura do santuário é composta por tábuas de madeira de acácia revestidas de ouro:

> *wəʿāśîṯā 'eṯ-haqqərāšîm lammiškān ʿaṣê šiṭṭîm ʿōmədîm*
> "Farás as tábuas para o Tabernáculo de madeira de acácia, postas verticalmente." (Êx 26,15)

A acácia é um material resistente, capaz de sobreviver às condições áridas do deserto, e seu revestimento de ouro reforça a conexão entre o santuário terrestre e a glória divina. Assim como a madeira resiste ao tempo, a aliança entre YHWH e Israel deve ser duradoura e inabalável. Cada tábua possui encaixes para se unir às demais, formando um conjunto estável e coerente:

> *šətê yāḏôṯ ləqārāš hā'eḥāḏ məšullāḇōṯ 'îššāh 'el-'aḥōtāh*
> "Cada tábua terá dois encaixes presos um ao outro." (Êx 26,17)

A imagem de tábuas unidas como irmãos sugere que a habitação de Deus no meio de Israel não é um evento isolado, mas algo que se mantém pela unidade da comunidade. O Tabernáculo não é apenas um local de culto, mas um símbolo da coesão e da fidelidade que sustentam a relação entre Deus e Seu povo. A quantidade exata de tábuas e sua disposição seguem um padrão ordenado:

> *wəʿāśîṯā ʾeṯ-haqqərāšîm lammiškān ʿeśrîm qərāšîm lipaʾaṯ nēḡbaḥ tēmānāh*
> "Farás para o lado sul do Tabernáculo vinte tábuas."
> (Êx 26,18)

Cada uma dessas tábuas será encaixada em bases de prata, conferindo estabilidade à estrutura:

> *wəʾarbaʿîm ʾaḏnê-kesep̄ taʿăśeh taḥaṯ ʿeśrîm haqqərāšîm*
> "Farás quarenta bases de prata debaixo das vinte tábuas."
> (Êx 26,19)

A prata, metal precioso, reforça a santidade do santuário, estabelecendo um alicerce firme para a habitação de Deus. Essa ênfase na base de prata pode sugerir que a presença de YHWH no meio de Israel repousa sobre fundamentos sólidos e duradouros, não sobre instabilidade ou arbitrariedade. A mesma configuração se repete para o lado norte:

> *wəlip̄aʾaṯ haššēnîṯ lamiškān lip̄aʾaṯ ṣāpôn ʿeśrîm qərāšîm*
> "Para o segundo lado do Tabernáculo, ao lado norte, vinte tábuas." (Êx 26,20)

O lado ocidental, porém, tem uma configuração diferente, com apenas seis tábuas principais e duas adicionais para os cantos:

> *ûlîyarkəṯ hammiškān yāmāh taʿăśeh šēš qərāšîm*
> "E para o lado oeste do Tabernáculo farás seis tábuas."
> (Êx 26,22)

ûšənê qərāšîm taʿăśeh ləmiqṣəʿôt hayyərēḵāyim bammiškān
"Farás também duas tábuas para os cantos do Tabernáculo na parte posterior." (Êx 26,23)

Essas tábuas dos cantos dão maior resistência à estrutura, assegurando que o santuário tenha uma base firme e bem articulada. O equilíbrio entre simetria e robustez reflete o caráter ordenado da morada divina. Para manter as tábuas firmes, travessas de madeira de acácia são adicionadas ao longo das paredes:

wəʿāśîṯā bərîḥîm ʿăṣê šiṭṭîm ḥămîšâ ləqərāšê ṣîḏ ʾeḥāḏ hammiškān
"Farás também cinco travessas de madeira de acácia para as tábuas de um lado do Tabernáculo." (Êx 26,26)

A travessa central passa pelo meio das tábuas e as une, garantindo a estabilidade do santuário:

wəhabbarîaḥ hatîkkôn bətôḵ haqqərāšîm maʿbîr min-hāqāṣeh ʾel-hāqāṣeh
"E a travessa central passará pelo meio das tábuas, de uma extremidade à outra." (Êx 26,28)

Esse detalhe enfatiza a coesão e a interdependência da estrutura do Tabernáculo, simbolizando a unidade entre Deus e Seu povo. O coração do Tabernáculo é o Santo dos Santos (*qōḏeš haqqəḏāšîm*), onde a presença de YHWH se manifesta sobre a Arca da Aliança. Para separá-lo do Santo Lugar, deve ser confeccionado um véu:

wəʿāśîṯā pārōḵeṯ təḵēleṯ wəʾargāmān wəṯôlaʿaṯ šānî wəšēš mōšzār maʿăśê ḥōšēḇ yāʿăśeh ʾōṯô kərûḇîm
"Farás um véu de estofo azul, púrpura e carmesim, e de linho fino retorcido; nele farás querubins bordados por obra de artista." (Êx 26,31)

Assim como as cortinas internas, o véu traz imagens de querubins, sugerindo que o Santo dos Santos é uma representação do espaço celestial, o trono divino invisível no meio do povo. O véu será suspenso por ganchos de ouro e colocado sobre quatro colunas de acácia revestidas de ouro:

> *wənāṯattā šām mimmāʿul lakappōreṯ ʾeṯ ʾărôn hāʿēḏûṯ wəhibbēḏîl happārōḵeṯ lāḵem bên haqqōḏeš ûḇên qōḏeš haqqəḏāšîm*
> "Colocarás ali a Arca do Testemunho, e o véu vos separará entre o Santo Lugar e o Santo dos Santos." (Êx 26,33)

A separação imposta pelo véu reforça a transcendência de YHWH. Apenas o sumo sacerdote pode ultrapassar essa barreira em ocasiões específicas, assinalando a distância entre o humano e o divino. A organização do espaço sagrado é estabelecida de maneira precisa:

> *wənātattā ʾeṯ-haššulḥān miḥûṣ lapārōḵeṯ wəʾeṯ-hammənōrāh nōḵaḥ haššulḥān ʿal-ṣēlaʿ hammiškān tēmānāh wəhaššulḥān tiśśîm ṣāpôn*
> "Colocarás a mesa fora do véu, no lado norte do Tabernáculo, e o candelabro no lado sul." (Êx 26,35)

A disposição dos objetos reflete a ordem divina e assegura que a morada de YHWH seja um local de santidade e comunhão. O Santo Lugar é onde Israel experimenta a provisão (*šulḥān*) e a iluminação (*mənōrâ*), antes da presença suprema no Santo dos Santos. A entrada do Tabernáculo é marcada por uma cortina especial que delimita o espaço sagrado e regula o acesso ao santuário:

> *wəʿāśîṯā māsāḵ ləpetaḥ hāʾōhel ṯəḵēleṯ wəʾargāmān wəṯôlaʿaṯ šānî wəšēš mōšzār maʿăśê rôqēm*
> "Farás para a entrada da tenda uma cortina de estofo azul, púrpura e carmesim, e de linho fino retorcido, obra de bordador." (Êx 26,36)

Assim como o véu interno que separa o Santo Lugar do Santo dos Santos, essa cortina exterior reflete a transição entre diferentes níveis de santidade. Feita dos mesmos materiais nobres – linho fino e tecidos de cores simbólicas –, essa entrada não é meramente funcional, mas carrega um significado teológico profundo: a aproximação de YHWH exige mediação e santidade. Os quatro materiais da cortina têm significados simbólicos:

- *ṯəḵēleṯ* (azul) evoca o céu e a transcendência divina.
- *ʾargāmān* (púrpura) era uma cor associada à realeza e à majestade divina.
- *ṯôlaʿaṯ šānî* (carmesim) remete ao sangue da aliança e à purificação.
- *šēš mōšzār* (linho fino retorcido) representa pureza e santidade.

Essa cortina é sustentada por cinco colunas de acácia revestidas de ouro, com bases de bronze:

> *wəʿāśîṯā laʿammûḏāyṯā ḥămîšāh wəṣîpîṯā ʾōṯām zāhāḇ wəwāvêhəm zāhāḇ wəyāṣaqtā lahem ḥămîšāh ʾaḏnê neḥōšeṯ*
>
> "Farás para ela cinco colunas de acácia, e as cobrirás de ouro; seus ganchos serão de ouro, e fundirás para elas cinco bases de bronze." (Êx 26,37)

A madeira de acácia, assim como nas paredes do Tabernáculo, reflete a resistência e a incorruptibilidade, enquanto o ouro realça a santidade do espaço sagrado. O bronze das bases estabelece um contraste, marcando a transição entre o mundo comum e o espaço consagrado ao culto.

O Tabernáculo é estruturado segundo um padrão de santidade progressiva. Seus múltiplos véus, cortinas e camadas refletem um princípio essencial: a presença de YHWH entre Israel não é difusa ou arbitrária, mas ordenada, mediada e protegida por barreiras simbólicas que preservam sua santidade. A relação entre os diferentes espaços do santuário reflete a relação entre céu e terra. O Santo dos Santos representa o trono divino invisível; o Santo Lugar simboliza a esfera da comunhão e do serviço; o pátio exterior indica o espaço de transição entre o divino e o humano. Cada detalhe da construção reforça a ideia de que a adoração a YHWH requer aproximação gradual e reverente, conforme estabelecido por Ele.

Essa seção antecipa a centralidade do santuário na identidade do povo de Israel. O Tabernáculo não é apenas um local de culto, mas a concretização da aliança. Ele mostra que a comunhão com Deus não é um conceito abstrato, mas um espaço concreto, uma habitação ordenada segundo a santidade do Criador. No meio da história humana, a presença divina se manifesta de maneira estruturada, criando um lugar onde o céu e a terra se encontram.

Capítulo 27

Êxodo continua sua cuidadosa apresentação do Tabernáculo, avançando agora para a estrutura do Altar do Holocausto, a delimitação do pátio externo e a manutenção da lâmpada do candelabro. O texto delineia com precisão a progressão da santidade no espaço sagrado, desde a entrada até o Santo dos Santos. A primeira visão ao atravessar os limites do Tabernáculo é o altar – um lembrete inescapável de que o caminho até YHWH passa pelo sacrifício. Este altar, com sua presença dominante, estabelece um princípio fundamental: a relação entre Israel e seu Deus se constrói sobre o ato de entrega, expiação e mediação. A narrativa começa com instruções detalhadas para a construção do altar:

> *wəʿāśîṯā ʾeṯ-hammizbēaḥ ʿăṣê šiṭṭîm ḥāmēš ʾammōṯ ʾōrɛḵ wəḥāmēš ʾammōṯ roḥbô rāḇûaʿ wəšālōš ʾammōṯ qōmātô*
> "Farás o altar de madeira de acácia, de cinco côvados de comprimento e cinco de largura; será quadrado, e a sua altura será de três côvados." (Êx 27,1)

A madeira de acácia (*ʿăṣê šiṭṭîm*) não é uma escolha arbitrária. Trata-se de um material nativo do deserto, resistente ao tempo e às intempéries, um símbolo da perenidade da relação entre Israel e YHWH. Suas dimensões – cerca de 2,25 metros de largura e 1,35 metros de altura – sugerem um altar imponente, um marco visual e teológico na experiência do culto. O altar é o primeiro espaço de encontro, onde Israel se apresenta diante de Deus para buscar reconciliação e renovação da aliança. O altar é revestido de metal, um elemento essencial para suportar a queima contínua dos sacrifícios:

> *wəṣîpîtā ʾōtô nəḥōšeṯ wəʿāśîṯā qarnōṯāyw ʿal-ʾarbaʿ paʿnōṯāyw mimmennû tihyeynā qarnōṯāyw wəṣîpîtā ʾōtô nəḥōšeṯ*
> "E cobri-lo-ás de bronze; e os seus chifres estarão sobre os quatro cantos; os seus chifres serão parte do próprio altar, e o cobrirás de bronze." (Êx 27,2)

Diferente da Arca e da Mesa dos Pães da Proposição, que são revestidas de ouro e posicionadas no interior do santuário, o altar recebe um revestimento de bronze (*nəḥōšeṯ*), um metal associado à resistência e ao juízo. O bronze é o material da prova e da purificação, reforçando a função do altar como o local onde a impureza é consumida pelo fogo divino. Os chifres do altar (*qarnôt hammizbēaḥ*), esculpidos como parte integrante da estrutura, carregam uma rica simbologia dentro da teologia bíblica. Eles representam poder e força, mas também funcionam como um local de asilo para aqueles que buscam proteção divina. Esse papel do altar como refúgio é atestado em narrativas posteriores, como na fuga de Adonias diante de Salomão:

> *wayyišmaʿ ʾaḏōniyyāhû wayyirāʾ mip̄nê šəlōmōh wayyāqom wayyēleḵ wayyoḥăz bəqarənôt hammizbēaḥ*
> "E Adonias temeu a Salomão, levantou-se, foi e agarrou-se aos chifres do altar." (1 Rs 1,50)

O altar não é apenas um lugar de sacrifício, mas também de súplica e intercessão. Ele representa a linha tênue entre juízo e misericórdia, entre a necessidade de expiação e a promessa de redenção. A continuidade do serviço sacrificial exige a presença de instrumentos adequados para lidar com as ofertas queimadas. O texto especifica os utensílios que devem ser feitos para o altar:

> *wəʿāśîṯā sîrōṯāyw ləḏāšənōw wəyaʿyāw wəmizrāqōṯāyw ûmazləgōṯāyw ûmaḥtōṯāyw ləḵāl-kēlāyw taʿăśeh nəḥōšeṯ*
> "Farás também os recipientes para recolher a cinza, as pás, as bacias, os garfos e os braseiros; todos os seus utensílios farás de bronze." (Êx 27,3)

Cada utensílio tem uma função específica na administração do altar:

- *sîrōṯ* – recipientes para recolher as cinzas do sacrifício;
- *yaʿyîm* – pás para manusear as brasas;
- *mizrāqôt* – bacias para aspergir o sangue;
- *mazləgōṯ* – garfos para manusear a carne;
- *maḥtōṯ* – braseiros para manter o fogo aceso.

O culto a YHWH não se sustenta apenas no ato de oferecer sacrifícios, mas também na manutenção diligente do altar. O fogo deve permanecer constante, e a atenção aos detalhes assegura que a adoração não se torne caótica, mas siga um padrão ordenado, refletindo a própria ordem divina. O altar, estrutura central do culto sacrificial, não pode ser apenas um bloco sólido de madeira e metal; ele precisa ser funcional, permitindo a queima dos sacrifícios e a remoção das cinzas. Por isso, a instrução segue com a fabricação de uma grelha de bronze:

> *wəʿāśîṯā lōw mikhbār maʿăśê rəšɛṯ nəḥōšeṯ wəʿāśîṯā ʿal-harɛšɛṯ ʾarbāʿ ṯabbāʿōṯ nəḥōšeṯ ʿal-ʾarbāʿ paʿnōṯāyw*
> "Farás para ele uma grelha de bronze em forma de rede; e sobre a grelha farás quatro argolas de bronze, nos seus quatro cantos." (Êx 27,4)

A grelha de bronze (*mikhbār maʿăśê rəšɛṯ nəḥōšeṯ*) cumpre um papel crucial: sustenta os sacrifícios enquanto permite que as cinzas caiam para baixo, garantindo a continuidade do fogo. O altar não é um monumento inerte; é um lugar de queima constante, onde o fogo e o sangue marcam a reconciliação entre Deus e Israel. A presença das argolas reforça que este altar, como tudo no Tabernáculo, deve ser móvel. O próprio altar incorpora a ideia de transitoriedade, lembrando que a relação entre Deus e Israel não é estática, mas dinâmica, movendo-se junto com o povo no deserto. Essa mobilidade faz eco à jornada de Israel e antecipa a promessa de um Deus que caminha com Seu povo.

> *wənātattā ʾōtāh mi-taḥat lə-kar kərāš hāmizbēaḥ mi-ləmattāh wətihyē hā-rēšεṯ ʿaḏ ḥēṣi hāmizbēaḥ*
> "E a colocarás sob a beirada do altar, por baixo, para que a grelha chegue até a metade do altar." (Êx 27,5)

A localização da grelha na metade do altar garante uma distribuição equilibrada do calor e facilita a retirada das cinzas, assegurando que o culto ocorra de forma ordenada. A purificação não é apenas um evento momentâneo, mas um processo contínuo. Os varais, instrumentos essenciais para o transporte do altar, são especificados a seguir:

> *wəʿāśîṯā baddê ʾarṣiṭîm nəḥōšeṯ wənāṯattā ʾeṯ-habbaddîm battabbāʿōṯ wəhāyû habbaddîm ʿal-šətê ṣəlōʿōṯ hammizbēaḥ bəhiššāʾʾōṯ ʾōtō*
> "E farás varais de madeira de acácia e os cobrirás de bronze; e porás os varais nas argolas, e estarão os varais de ambos os lados do altar quando for carregado." (Êx 27,6-7)

A presença dos varais assegura que o altar possa ser levado adiante na jornada. Este não é um altar fixo, mas um altar que se move com o povo, lembrando que o relacionamento com Deus não se dá em um único lugar ou em um tempo específico – é um compromisso perpétuo, que exige sacrifício e renovação constante. O altar, sendo a primeira estrutura encontrada ao entrar no pátio, estabelece um princípio inescapável: não há aproximação sem sacrifício. Antes que alguém possa seguir em direção ao Santo Lugar, deve passar pelo fogo e pelo sangue. Essa sequência não é arbitrária, mas uma metáfora teológica fundamental: o encontro com YHWH exige purificação e consagração. O altar não está isolado; ele faz parte de um espaço maior, o pátio do Tabernáculo, uma área demarcada por cortinas sagradas. A partir do versículo 9, a narrativa descreve essa delimitação:

wəʿāśîṯā ʾeṯ-ḥaṣar hammiškān ləpāʾaṯ neğeḇ tēymānāh qilāʿay hammiškān šēš mōšzār mēʾāh bʾammāh ʾōrɛḵ ləpāʾaṯ hāʾeḥāṯ
"Farás também o átrio do Tabernáculo. Para o lado sul, cortinas de linho fino retorcido, de cem côvados de comprimento para um lado." (Êx 27,9)

As cortinas de linho não são apenas um elemento decorativo; elas estabelecem os limites entre o comum e o sagrado. O pátio do Tabernáculo não é um espaço indefinido – é um território cuidadosamente delimitado, onde Israel entra para se encontrar com seu Deus.

wəʿāśîṯā ʿesrîm ʿamûdîm wəʾarbaʿîm ʾaḏnê-ḵesep̄
"Farás vinte colunas e quarenta bases de prata." (Êx 27,10)

As colunas sustentam as cortinas, e as bases de prata reforçam a santidade desse espaço. A prata, metal associado à redenção, destaca que o pátio é um lugar de mediação entre Deus e o povo. A entrada do pátio é coberta por uma cortina especial:

ûləšaʿar haḥaṣar māśāḵ ʿesrîm ʾammāh təḵēleṯ wəʾargāmān wəṯôlaʿaṯ šānî wəšēš mōšzār maʿăśê rôqēm
"E para a porta do átrio haverá uma cortina de vinte côvados, de estofo azul, púrpura e carmesim, e de linho fino retorcido, obra de bordador." (Êx 27,16)

Essa estrutura em camadas – do átrio ao Santo Lugar, e do Santo Lugar ao Santo dos Santos – sugere um movimento progressivo de aproximação. O Tabernáculo não é um único espaço, mas um caminho. O encontro com Deus é um processo, e cada etapa exige maior pureza e comprometimento. A seção final do capítulo se desloca do espaço físico do Tabernáculo para a dinâmica do culto diário, introduzindo a instrução sobre a manutenção do candelabro de ouro (*mənōrâ*):

wəʾattâ təṣaweh ʾeṯ-bənê yiśrāʾēl wəyiqqəḥû ʾēleḵā šemen zayit zāḵ kāṯîṯ lamāʾôr ləhāʿălōṯ nēr tāmîḏ

"Ordenarás aos filhos de Israel que te tragam azeite puro de oliva batido, para a lâmpada, para que arda continuamente." (Êx 27,20)

A luz contínua do candelabro não é meramente um detalhe prático; ela carrega um significado profundo. Ela simboliza a presença constante de YHWH no meio de Israel.

bəʾōhɛl môʿēḏ mîḥûṣ lapārōḵeṯ ʾăšer ʿal-hāʿēḏût yaʿărōḵ ʾōtô ʾahărōn ûḇānāyw mēʿereḇ ʿaḏ-bōqer ləp̄nê YHWH ḥuqqat ʿôlām

"Na Tenda do Encontro, fora do véu que está sobre o Testemunho, Arão e seus filhos a manterão em ordem, desde a tarde até a manhã, perante YHWH. Estatuto perpétuo." (Êx 27,21)

A organização do Tabernáculo não é acidental. Cada elemento reflete uma progressão espiritual. O encontro com Deus requer sacrifício, exige separação do comum e precisa ser mantido diariamente.

Capítulo 28

O livro de Êxodo avança na descrição do Tabernáculo e seus elementos, passando agora para a instituição do sacerdócio e das vestes sagradas. O sacerdócio não é uma função administrativa comum; ele é um chamado divino que media a relação entre YHWH e Israel. As vestes sacerdotais não são meros ornamentos, mas símbolos da santidade e da responsabilidade do sumo sacerdote e de seus auxiliares. Cada peça do vestuário carrega um significado teológico profundo, destacando a santidade, a intercessão e a autoridade do sacerdócio.

A introdução do capítulo enfatiza a escolha divina do sacerdócio:

wəʾattâ haqreb ʾēlêḵā ʾeṯ-ʾahărōn ʾāḥîḵā wəʾeṯ-bānāyw ʾittô mittôḵ bənê-yiśrāʾēl ləkahnô-lî ʾahărōn nāḏāḇ wəʾăḇîhû ʾelʿāzār wəʾîtāmār bənê-ʾahărōn

"Agora faze chegar a ti Arão, teu irmão, e seus filhos com ele, do meio dos filhos de Israel, para que me sirvam como

> sacerdotes: Arão, Nadabe e Abiú, Eleazar e Itamar, filhos de Arão." (Êx 28,1)

A escolha não se baseia em mérito, mas na eleição divina. O sacerdócio não é uma vocação voluntária, mas um chamado específico que separa Arão e seus descendentes do restante da comunidade. A mediação entre YHWH e Israel não pode ser exercida por qualquer um, pois exige consagração, obediência e um papel de intercessão contínua. Essa separação é simbolizada pelo vestuário sagrado, que distingue os sacerdotes dos demais israelitas:

> *wəʿāśîṯā bīgədê-qōdeš ləʾahărōn ʾāḥîḵā ləkāḇôḏ ûlətifʾāret*
> "E farás vestes sagradas para Arão, teu irmão, para glória e para esplendor." (Êx 28,2)

As roupas sacerdotais possuem um valor ritual e representacional. Elas não apenas conferem dignidade ao sumo sacerdote, mas expressam a presença da santidade de Deus refletida em seu mediador. A vestimenta não é um mero adorno, mas um sinal visível do papel intercessor do sacerdote, que deve carregar sobre si o peso da santidade e da responsabilidade diante de Deus e do povo. A primeira peça descrita é o *ʾēpôḏ* (éfode), um manto usado sobre a túnica sacerdotal:

> *wəʾēlleh habbəgāḏîm ʾăšer yaʿăśû ḥōšen wəʾēpōḏ ûməʿîl ûkəṯōneṯ tašbēṣ məṣnēpeṯ wəʾaḇnēṭ wəʿāśû bīgədê-qōdeš ləʾahărōn ʾāḥîḵā ûləbānāyw ləkahnô-lî*
> "E estas são as vestes que farão: o peitoral, o éfode, o manto, a túnica bordada, o turbante e o cinto; farão vestes sagradas para Arão, teu irmão, e para seus filhos, para que me sirvam como sacerdotes." (Êx 28,4)

O éfode é feito de ouro, púrpura, carmesim e linho fino, simbolizando a realeza e a santidade da função sacerdotal. Sua confecção reflete a mesma riqueza simbólica dos materiais do Tabernáculo, indicando que o sacerdote deve ser um reflexo vivo da presença divina entre o povo. Cada um desses materiais tem um significado teológico profundo. O ouro representa a pureza e a glória divina. O púrpura (*'argāmān*) está associado à realeza e à dignidade. O carmesim (*ṯôlaʿaṯ šānî*) remete ao sangue e ao sacrifício, enfatizando o papel do sacerdote na expiação dos pecados. O linho fino (šēš mōšzār) sugere a pureza e a santidade exigidas daqueles que ministram diante de YHWH. A estrutura do éfode inclui duas alças que sustentam as pedras de ônix, as quais carregam os nomes das doze tribos de Israel:

> *wəlāqaḥtā 'eṯ-šətê 'ăbənê-haššōham ûp̄ittaḥtā ʿălêhen šəmōṯ bənê-yiśrā'ēl*
> "E tomarás duas pedras de ônix e gravarás nelas os nomes dos filhos de Israel." (Êx 28,9)

A gravação dos nomes não é um detalhe estético, mas uma afirmação do papel do sumo sacerdote como mediador entre Deus e Israel. Ele não entra na presença divina sozinho; carrega sobre si o povo inteiro, representado nessas pedras. A função sacerdotal não é isolada ou individualista; ela existe em função da comunidade, para trazer continuamente à memória de YHWH as tribos de Israel. O texto segue detalhando a posição dessas pedras e sua moldura:

> *wəśamtā 'eṯ-šətê hā'ăbānîm ʿal-kiṯpōṯ hā'ēp̄ōḏ 'abnê zikkārôn ləbənê-yiśrā'ēl wənāśā 'ahărōn 'eṯ-šəmōṯām lip̄nê YHWH ʿal-šətê kəṯēp̄āyw ləzikkārôn*
> "E colocarás as duas pedras sobre as alças do éfode, como pedras memoriais para os filhos de Israel; e Arão levará os seus nomes diante de YHWH sobre seus ombros, para memória." (Êx 28,12)

O termo *zikkārôn* (memória) sugere que o papel do sumo sacerdote não é apenas expiatório, mas também intercessório. Ele carrega os nomes de Israel diante de Deus como um lembrete constante da aliança e da necessidade contínua de misericórdia e redenção. A sustentação das pedras sobre os ombros do sacerdote reforça a ideia de que o sumo sacerdote leva o peso espiritual do povo. O sacerdócio não é um privilégio, mas uma responsabilidade; Arão e seus sucessores são carregadores da identidade e do destino de Israel perante Deus. O texto então descreve os encaixes e molduras que sustentam essas pedras:

> *ûmāsîḵōṯ zāhāḇ ta'ăśeh ûšətê ṭabbā'ōṯ zāhāḇ ta'ăśeh wəśamtā 'eṯ-šətê hāṭabbā'ōṯ 'al-šətê kiṯpōṯ hā'ēpōḏ mittaḥtāh mimmûl pənêw lə'ummat meḥbārṯô mimmā'lə-mattāh ləḥešeb hā'ēpōḏ*
> "Farás molduras de ouro e também duas argolas de ouro, e porás essas argolas nas alças do éfode, na parte de baixo, na frente, junto à sua junção, acima do cinto do éfode." (Êx 28,13-14)

O uso do ouro reforça a santidade e o valor inestimável do sacerdócio. Ele não é um ofício mundano, mas um chamado divino, representado por materiais de pureza e glória. Além do éfode, o sumo sacerdote usa o *ḥōšen hammîšpāṭ* (peitoral do juízo), que contém doze pedras preciosas, cada uma representando uma tribo de Israel:

> *wəmilla'tā bô millu'at 'eben 'arba'ah ṭūrîm 'āḇen ṭûr 'ōḏem pîṭḏā wəbāreqeṯ hattūr hā'eḥāḏ*
> "E encherás com engaste de pedras, quatro fileiras de pedras: na primeira fileira, um sárdio, um topázio e uma esmeralda." (Êx 28,17)

As pedras reafirmam que o sacerdócio não é apenas um serviço individual, mas uma responsabilidade coletiva. O sumo sacerdote entra na presença divina carregando Israel sobre seu coração, assim como o faz sobre seus ombros com as pedras de ônix. O texto segue listando as pedras e sua ordem:

> *wəhattūr haššēnî nopeḵ sāpîr wəyāhalōm*
> "E na segunda fileira, uma granada, uma safira e um diamante." (Êx 28,18)

> *wəhattūr haššəlîšî lēšem šəḇô wə'aḥlāmāh*
> "E na terceira fileira, um jacinto, uma ágata e uma ametista." (Êx 28,19)

> *wəhattūr hārəḇî'î taršîš šōham wəyāšpê*
> "E na quarta fileira, um berilo, um ônix e um jaspe." (Êx 28,20)

Cada uma dessas pedras é incrustada em engastes de ouro e alinhada com precisão, refletindo a ordem e a harmonia do sacerdócio e do próprio Israel diante de Deus. O peitoral é fixado ao éfode por correntes de ouro:

> *wə'āśîṯā 'al-hāḥōšen šaršərōṯ gabbalōṯ ma'ăśê 'ăḇōṯ zāhāḇ ṭāhôr*
> "E farás sobre o peitoral correntes trançadas, obra de cordão, de ouro puro." (Êx 28,22)

A presença do ouro puro conecta o peitoral à glória divina, sugerindo que o sacerdote não age em nome próprio, mas como representante de Deus diante do povo e do povo diante de Deus. Dentro do peitoral são guardados os Urim e Tumim, instrumentos usados para discernir a vontade divina:

> *wənāṯattā 'el-ḥōšen hammîšpāṭ 'eṯ hā'ūrîm wə'eṯ hattummîm wəhāyû 'al-lêḇ 'ahărōn bəḇō'ô lip̄nê YHWH*
> "E porás no peitoral do juízo os Urim e os Tumim, para que estejam sobre o coração de Arão quando entrar diante de YHWH." (Êx 28,30)

O coração do sumo sacerdote se torna o espaço da decisão divina, mostrando que sua função não é apenas ritual, mas também de discernimento e governo espiritual. O sacerdócio, portanto, não é apenas um serviço litúrgico; é um chamado para carregar sobre si o povo de Israel, interceder por ele, lembrar continuamente sua identidade diante de Deus e buscar a direção divina para a nação. O sumo sacerdote é um mediador, um intercessor e um reflexo da presença de YHWH entre Seu povo. O sumo sacerdote, além do éfode, veste um manto de cor azul (*mə'îl*), uma peça distinta que cobre a túnica sacerdotal e complementa o conjunto das vestes sagradas. O azul (*ṯəḵēleṯ*) é uma cor simbólica, associada ao céu e à transcendência divina, indicando que o sumo sacerdote, ao adentrar o santuário, representa a conexão entre o mundo celestial e o terrestre. A orla desse manto é adornada com romãs feitas de fios coloridos e sinos dourados:

> *wəʿāśîṯā ʿal-šûlâw rimōnê ṯəḵēleṯ wəʾargāmān wəṯôlaʿaṯ šānî səḇîḇ ʿal-šûlâw ûp̄aʿămōnê zāhāḇ bəṯôḵām səḇîḇ*
> "E farás na orla do manto romãs de estofo azul, púrpura e carmesim, ao redor, e entre elas sinos de ouro." (Êx 28,33)

As romãs e os sinos não são apenas elementos decorativos; eles carregam significados teológicos profundos. A romã, com sua estrutura interna repleta de sementes, pode simbolizar a abundância e a vida, refletindo a fertilidade espiritual e a bênção de YHWH sobre Israel. Os sinos de ouro, intercalados entre as romãs, têm um propósito funcional e simbólico:

> *wəhāyâ ʿal-ʾahărōn ləšārēt wənišmaʿ qôlô bəḇōʾô ʾel-haqqōḏeš lip̄nê YHWH ûḇəṣēʾtô wəlōʾ yāmût*
> "E estará sobre Arão quando ministrar, para que se ouça o seu som quando entrar no santuário diante de YHWH e quando sair, para que não morra." (Êx 28,35)

O som dos sinos assegura que a entrada do sacerdote no Santo dos Santos não ocorra de maneira inadvertida. O próprio espaço sagrado impõe restrições; sem a devida preparação e a obediência às instruções divinas, a aproximação a Deus pode resultar em morte. Os sinos funcionam como um lembrete da santidade absoluta de YHWH e do risco envolvido no serviço sacerdotal. O sacerdote não pode se aproximar de Deus de qualquer maneira; ele precisa estar revestido da santidade que suas vestes representam.

Na testa do sumo sacerdote é colocada uma placa de ouro com a inscrição "SANTIDADE A YHWH" (*qōḏeš la* YHWH), um elemento crucial na sua vestimenta:

> *wəʿāśîṯā ṣîṣ zāhāḇ ṭāhôr ûp̄ittaḥtā ʿālayw pittuḥê ḥōṯām qōḏeš laYHWH*

"E farás uma lâmina de ouro puro, e nela gravarás, como se grava um selo: 'SANTIDADE A YHWH'." (Êx 28,36)

Essa coroa dourada (*ṣîṣ*) reforça o caráter único do sumo sacerdote como aquele que se apresenta diante de Deus em nome do povo. Ele é um mediador que deve carregar sobre si a santidade de Deus. Seu papel não é apenas ritualístico; ele é um símbolo vivo da separação entre o sagrado e o profano. A função desse ornamento é explicada logo depois:

wəhāyâ ʿal-mēṣaḥ ʾahărōn wənāśā ʾAhărōn ʾeṯ-ʿăwōn haqqəḏāšîm ʾăšer yaqḏîšû bənê-yiśrāʾēl ləḵāl-mattənōṯ qōḏšêhem wəhāyâ ʿal-mēṣaḥô tāmîḏ lərāṣôn lāhem lip̄nê YHWH
"E estará sobre a testa de Arão, para que Arão leve a iniquidade das ofertas sagradas que os filhos de Israel consagrarem em todas as suas dádivas santas; e estará continuamente sobre a sua testa, para que sejam aceitos perante YHWH." (Êx 28,38)

A placa de ouro não é apenas um adorno; ela carrega um significado expiatório. O sumo sacerdote leva sobre si a iniquidade do povo, assegurando que os sacrifícios oferecidos a Deus sejam aceitos. Isso reforça que a santidade não é apenas um atributo divino, mas algo que deve ser refletido em cada aspecto do culto e naqueles que o oficiam. Os filhos de Arão também possuem vestes sacerdotais, embora distintas das do sumo sacerdote. Eles vestem túnicas de linho, turbantes e cintos:

wəlābasta ʾōtām ʾeṯ-ʾahărōn ʾāḥîḵā wəʾeṯ-bānāyw ʾittô
"E vestirás a Arão, teu irmão, e a seus filhos com ele." (Êx 28,41)

Essas vestes são mais simples, mas igualmente consagradas, indicando que todos os sacerdotes compartilham da santidade exigida para o serviço diante de Deus. O linho representa a pureza, e os turbantes reforçam a ideia de que os sacerdotes são coroados para o serviço sagrado. A consagração dos sacerdotes não ocorre apenas pela vestimenta, mas por meio de um ritual de unção:

> *ûmāšaḥtā ʾōtām ûmilleʾtā ʾeṯ-yāḏām wəqiḏaštā ʾōtām wəḵāhanû-lî*
> "E os ungirás, e encherás as suas mãos, e os consagrarás, para que me sirvam como sacerdotes." (Êx 28,41)

Esse ritual indica que o sacerdócio não é uma função comum, mas um serviço santo, separado para Deus. A unção representa a capacitação divina para a tarefa, assegurando que os sacerdotes não operem por mérito próprio, mas por meio da graça e do chamado de YHWH.

As vestes sacerdotais não são meros trajes litúrgicos; elas incorporam a teologia do culto e da mediação. Cada peça do vestuário expressa verdades espirituais profundas sobre a relação entre Deus e Israel. O sumo sacerdote, adornado com esses símbolos, torna-se o elo essencial entre a aliança e a vida do povo. Ele carrega o nome das tribos diante de Deus, assegura a aceitação das ofertas e lembra a todo Israel que o caminho para Deus exige santidade.

Capítulo 29

O rito de consagração de Arão e seus filhos descrito em Êxodo 29 não é meramente uma cerimônia de investidura sacerdotal, mas um complexo sistema ritualístico que marca a transição ontológica dos sacerdotes de sua condição comum para um status de santidade e serviço exclusivo a YHWH. A estrutura do capítulo segue uma lógica litúrgica rigorosa, estabelecendo um paradigma para as futuras ordenações sacerdotais em Israel. Como evidenciado pelo uso reiterado do verbo qaddesh, "santificar", esse processo implica uma separação definitiva da esfera do comum (*chol*) e uma consagração à dimensão do sagrado (*qodesh*), refletindo a concepção fundamental do pensamento hebraico em que a santidade não é inerente, mas conferida por meio da eleição e do rito. A passagem se inicia com uma instrução detalhada sobre os elementos necessários para o rito:

wezeh haddavar asher-ta'aseh lahem leqaddesham lekhaheni-li
"E isto é o que lhes farás para os santificar, para que me sirvam como sacerdotes." (Êx 29,1)

O verbo qaddesh aqui assume uma função técnico-litúrgica, designando o ato pelo qual um indivíduo é separado para o serviço divino. Esse conceito não se limita ao sacerdócio, mas permeia toda a teologia do culto israelita, onde objetos, espaços e tempos são santificados para indicar sua dedicação exclusiva a YHWH (cf. Lev 8,10; 2 Cr 29,5). No contexto sacerdotal, a santificação envolve um deslocamento simbólico da esfera profana para a sacralidade do serviço no Tabernáculo. A consagração exige a apresentação de três tipos de ofertas, as quais estruturam o processo expiatório e devocional da ordenação:

par echad ben-baqar u'aylim shenayim temimim welechem massot wechallot massot belulot bashemen wereqiqei massot meshuchim bashemen missoleth chittim ta'aseh otam
"Um novilho, dois carneiros sem defeito, pães ázimos, bolos ázimos amassados com azeite e obreias ázimas untadas com azeite; de flor de farinha de trigo as farás." (Êx 29,1-2)

A tripla menção aos elementos ázimos (*massot*) sugere uma conexão direta com a pureza ritual, uma vez que o fermento era associado a corrupção e decadência (chamets), reforçando a necessidade de imaculabilidade tanto na oferta quanto naqueles que participam do ritual (cf. Lev 2,11; 6,17). O uso exclusivo de animais *temimim* (sem defeito) destaca a perfeição como um requisito fundamental para qualquer oferta apresentada no santuário, alinhando-se com a exigência levítica de que as vítimas sacrificiais sejam isentas de mácula (cf. Lev 22,17-25). O primeiro passo no processo de santificação envolve um banho ritual, indicando a necessidade de purificação antes da investidura sacerdotal:

weraqasta otam bammayim
"E lavarás a eles com água." (Êx 29,4)

A imersão em água (raqats) não se restringe a uma mera higiene, mas constitui um rito de passagem em que o corpo do sacerdote é simbolicamente purificado para assumir seu novo status. No contexto do antigo Oriente Próximo, os rituais de purificação por água eram amplamente utilizados em contextos sacerdotais e régios, indicando renovação e preparação para o contato com o divino. Esse banho ritual antecipa as abluções diárias prescritas para os sacerdotes no Tabernáculo (Êx 30,18-21), bem como os posteriores desenvolvimentos na prática levítica de purificação antes do serviço sagrado (cf. Lev 16,4.24). Uma vez purificado, Arão recebe suas vestes sacerdotais:

> *welabashta et-aharon et-hakkutonet we'et-me'il ha'efod we'et-ha'efod we'et-hachoshen we'asarta lo becheshev ha'efod*
> "E vestirás a Arão com a túnica, o manto do éfode, o éfode e o peitoral, e cingirás a ele com o cinto do éfode." (Êx 29,5)

A sequência na qual as vestes são mencionadas segue uma lógica hierárquica e funcional. A *kutonet* (túnica) era a veste básica, usada por todos os sacerdotes (cf. Lev 6,10). O *me'il* (manto) era uma peça superior específica do sumo sacerdote, distinguindo-o dos demais ministros. O *efod*, peça fundamental da vestimenta, era um símbolo da mediação sacerdotal, enquanto o *choshen* (peitoral) portava os nomes das doze tribos de Israel, enfatizando o papel do sumo sacerdote como representante do povo diante de Deus. Após a vestimenta, segue-se a unção com óleo sagrado, um ato que sela a investidura e confere autoridade divina ao sacerdote:

> *welaqahta et-shemen hammishchah weyatsaqta al-rosho wemasachta oto*
> "Tomarás o óleo da unção e o derramarás sobre sua cabeça, e o ungirás." (Êx 29,7)

O uso do *shemen hammishchah* (óleo da unção) marca o momento da investidura definitiva. O verbo mashach, "ungir", é a raiz da palavra *mashiach* (ungido), que posteriormente será associada à realeza davídica e à expectativa messiânica (cf. 1Sm 10,1; Is 61,1). O ato de derramar o óleo sobre a cabeça do sacerdote evoca imagens da consagração régia, refletindo a estreita conexão entre sacerdócio e realeza no pensamento israelita. Após a unção de Arão, os seus filhos também são apresentados para receberem sua investidura:

> *wehiggashta et-benaw wehilbashta otam kutonot*
> "E farás chegar seus filhos e os vestirás com túnicas." (Êx 29,8)

Embora os filhos de Arão compartilhem da santidade do ofício, sua vestimenta é mais simples, refletindo sua posição subordinada ao sumo sacerdote. Eles não recebem o éfode nem o peitoral, enfatizando a distinção funcional dentro da hierarquia sacerdotal. O processo de ordenação culmina com o cingimento e a imposição dos turbantes:

> *wechagarta otam abnet aharon uvanaw weqavata lahem migba'ot wehayeta lahem kehunnah lechuqqat olam*
> "E os cingirás com cintos, a Arão e seus filhos, e porás sobre eles mitras; e será para eles o sacerdócio por estatuto perpétuo." (Êx 29,9)

O sacerdócio, assim estabelecido, é um estatuto perpétuo, consolidando a casa de Arão como a única linhagem legitimada para ministrar diante de YHWH. Esse processo de consagração não é apenas um evento cerimonial, mas um ato de reintegração cósmica, no qual o sacerdócio assume um papel central na manutenção da ordem teológica de Israel. O sumo sacerdote se torna uma figura intermediária essencial, sustentando a relação entre o divino e o humano, assegurando que a santidade permeie a comunidade e garantindo a perpetuidade do culto dentro da aliança mosaica.

A segunda parte do ritual de consagração sacerdotal é marcada por três sacrifícios distintos, cada um com uma função específica na purificação, dedicação e consagração de Arão e seus filhos ao serviço sagrado. O uso sequencial desses sacrifícios reflete uma progressão litúrgica altamente estruturada, reforçando a transição ontológica dos sacerdotes de sua condição profana para um status de santidade e serviço exclusivo a YHWH. Essa seção do rito destaca, portanto, a complexidade da teologia sacrificial israelita e sua interconexão com o conceito de mediação sacerdotal. O primeiro sacrifício prescrito é a oferta pelo pecado (*chatta't*), representada por um novilho. O texto ordena:

> *wehiqravta et-happaraʿ lefanê ohel mo'ed wesamach aharon uvanaw et-yedehem ʿal-rosh happaraʿ*
> "Farás chegar o novilho diante da Tenda do Encontro, e Arão e seus filhos colocarão as mãos sobre a cabeça do novilho." (Êx 29,10)

A imposição de mãos (*semikhah*) sobre a cabeça do animal simboliza a transferência da culpa e da impureza dos sacerdotes para o novilho. Esse gesto, frequente nos sacrifícios expiatórios (cf. Lev 4,15; 16,21), não implica apenas uma identificação representativa entre o ofertante e a vítima, mas sugere também um deslocamento ritual de responsabilidade. O animal torna-se, assim, um substituto simbólico, portador da impureza que deve ser eliminada para que o sacerdócio possa ser legitimamente investido. O sangue do sacrifício é aplicado sobre o altar:

> *welaqaḥta middam happaraʿ wenatatta ʿal-qarnot hammizbeach*
> "E tomarás do sangue do novilho e o porás sobre os chifres do altar." (Êx 29,12)

O sangue, na tradição israelita, não é apenas um elemento biológico, mas um veículo de expiação e consagração. Sua aplicação sobre os chifres do altar tem um duplo propósito: expiação e purificação. Em Levítico 8,15, essa prática é explicitamente associada à santificação do altar, tornando-o apto para o culto. O sangue do sacrifício expiatório não apenas remove a impureza sacerdotal, mas inaugura a função do altar como espaço mediador entre Deus e Israel.

O segundo sacrifício instituído no rito é o holocausto (*ʿolah*), um carneiro totalmente queimado sobre o altar:

> *welaqaḥta et-ha'ayil ha'echad wesamach aharon uvanaw et-yedehem ʿal-rosh ha'ayil*

> "Tomarás um dos carneiros, e Arão e seus filhos colocarão as mãos sobre sua cabeça." (Êx 29,15)

Diferentemente do sacrifício pelo pecado, o holocausto não está associado à expiação direta, mas à total consagração dos sacerdotes. O termo *'olah*, derivado do verbo *'alah* (subir), sugere um sacrifício que é integralmente queimado, ascendendo como oferta a YHWH. Essa prática distingue-se de outros tipos de sacrifício em que apenas parte do animal era consumida no altar, enquanto outra parte era comida pelo ofertante ou pelos sacerdotes (cf. Lev 7,15-16). No contexto da consagração sacerdotal, o holocausto representa a entrega total dos sacerdotes a Deus, consolidando seu novo status como ministros da aliança. O terceiro e último sacrifício é o chamado "sacrifício de ordenação" (*zevaḥ millu'im*), envolvendo um segundo carneiro cujo sangue é aplicado diretamente sobre os sacerdotes:

> *welaqaḥta middamo wenatatta 'al-tenukh-ozen aharon we'al-tenukh-ozen banaw hayemanit we'al-bohen yadam hayemanit we'al-bohen raglam hayemanit*
> "E tomarás do seu sangue e o porás sobre a extremidade da orelha direita de Arão e de seus filhos, sobre o polegar direito e sobre o dedo grande do pé direito." (Êx 29,20)

A tripla aplicação do sangue – na orelha, no polegar e no dedo grande do pé – é um dos elementos mais enigmáticos e profundamente simbólicos desse rito. Diferentemente dos sacrifícios anteriores, em que o sangue é aplicado no altar, aqui ele é diretamente incorporado ao corpo dos sacerdotes, indicando sua plena consagração ao serviço divino. A escolha dos locais de aplicação do sangue reflete a abrangência da função sacerdotal. A orelha direita simboliza a necessidade de escutar atentamente a voz de Deus e seguir Suas instruções (cf. Dt 6,4). O polegar direito representa as ações do sacerdote, que devem ser conduzidas de acordo com a santidade requerida no culto (cf. Lev 10,1-2). O dedo grande do pé direito remete ao caminho que o sacerdote deve trilhar, assegurando que ele permaneça em conformidade com a vontade divina (cf. Sl 119,105). Essa prática encontra paralelos em outros rituais de purificação descritos no Pentateuco, especialmente no contexto da reintegração dos leprosos (cf. Lev 14,14), sugerindo que a ordenação sacerdotal não é apenas um ato de separação para o serviço divino, mas também uma espécie de purificação da condição humana em preparação para o sagrado.

O rito de consagração dos sacerdotes, portanto, não é apenas um evento de investidura formal, mas um processo altamente elaborado de transição para uma nova identidade. A sucessão dos sacrifícios – expiação, consagração e dedicação – reflete a necessidade de purificação antes do serviço, a entrega total ao culto e a internalização da santidade no corpo do sacerdote. Esse processo ressalta a seriedade do sacerdócio e sua função essencial na mediação entre Deus e Israel.

A estrutura do ritual também reflete uma ordem teológica precisa. O sacerdócio não é meramente um status hereditário ou um cargo administrativo dentro da comunidade; ele é uma vocação divinamente instituída, que exige transformação ritual, santidade e compromisso absoluto com a aliança. O papel dos sacerdotes, portanto, não pode ser reduzido a funções meramente cultuais, mas deve ser compreendido dentro de uma matriz teológica mais ampla, na qual eles se tornam representantes da presença divina e intercessores em favor do povo. Ao final dessa segunda etapa do ritual, a separação dos sacerdotes para o serviço de YHWH está completamente estabelecida. O sangue, o fogo e o sacrifício formam a tríade essencial para a legitimação de sua nova função. A ordenação sacerdotal, nesse sentido, não é apenas um meio de organização litúrgica, mas um mecanismo de preservação da santidade na comunidade, garantindo que a mediação entre Deus e Israel seja conduzida conforme os padrões exigidos pela santidade divina.

O rito de consagração sacerdotal descrito em Êxodo 29 não apenas estabelece o sacerdócio como instituição, mas articula uma teologia complexa de mediação, expiação e santidade. A ordenação sacerdotal não é um mero procedimento administrativo, mas um evento litúrgico de profunda significação simbólica, no qual os sacerdotes são incorporados ao serviço divino por meio de ritos específicos que envolvem sacrifícios, unção, imposição de mãos e ingestão de oferendas sagradas. A estrutura desse ritual reflete a preocupação com a purificação, a consagração e a continuidade do culto, assegurando que a mediação entre Deus e Israel ocorra dentro das normas prescritas.

Além dos sacrifícios de animais, a consagração sacerdotal inclui a oferta de pães sem fermento, o que enfatiza a dimensão da provisão divina no sustento daqueles que servem no santuário:

> *welaqaḥta minniḥat halleḥem we'uggat maṣṣot*
> "E tomarás um pão, um bolo de azeite e uma obreia." (Êx 29,23)

A menção a três tipos distintos de pães – um pão comum, um bolo amassado com azeite e uma obreia untada com azeite – demonstra a complexidade do simbolismo alimentar no culto israelita. O uso de pães ázimos (*maṣṣot*) sugere a ausência de fermentação, um elemento frequentemente associado à corrupção e à impureza ritual (cf. Lev 2,11). O azeite, por sua vez, reforça a ideia de santificação e consagração, pois é um ingrediente fundamental na unção sacerdotal e real. Esses pães são movidos ritualmente diante de YHWH em um gesto de apresentação (*tenufah*), indicando que os sacerdotes dependem inteiramente de Deus para seu sustento:

> *we'aklu aharon uvanaw et-besar ha'ayil we'et-halleḥem*
> "E Arão e seus filhos comerão a carne do carneiro e o pão." (Êx 29,32)

O consumo da oferta pelos sacerdotes marca sua total incorporação ao serviço sagrado, pois os alimentos sacrificiais pertencem exclusivamente a YHWH e apenas aqueles consagrados podem participar de sua mesa. Esse princípio teológico aparece reiteradamente na legislação sacerdotal (cf. Lev 6,16-18; 7,6), reforçando a ideia de que a vida do sacerdote é sustentada diretamente pelo altar. A sacralidade desse alimento é enfatizada pela proibição de que qualquer outra pessoa o coma e pela ordem de queimar as sobras no fogo:

> *we'im-yivtar mibbesar hammillu'im umin-halleḥem 'ad-habboqer wesarafta et-hannotar ba'esh lo ye'akhel ki-qodesh hu*
> "E se sobrar da carne da ordenação e do pão até de manhã, queimarás o que sobrar no fogo; não se comerá, pois é coisa sagrada." (Êx 29,34)

Esse detalhe reforça a exclusividade do sacerdócio na participação dos sacrifícios e também a natureza transitória das oferendas, que não devem ser armazenadas ou consumidas fora do contexto litúrgico apropriado. A duração do ritual de consagração é estabelecida em sete dias, um número que, no pensamento bíblico, simboliza plenitude e ordem cósmica:

> *shiv'at yamim tekhapper 'al-hammizbeach weqiddashta oto*
> "Por sete dias farás expiação pelo altar e o santificarás." (Êx 29,37)

Esse período reflete um paralelismo intencional com o relato da criação em Gênesis 1, onde a formação do mundo ocorre em sete dias. A relação entre a criação e a consagração sacerdotal sugere que o sacerdócio inaugura uma nova ordem dentro da aliança, onde o serviço do Tabernáculo espelha a estrutura do cosmos ordenado por Deus. Assim como o sétimo dia da criação é santificado como dia de repouso (shabbat), o sétimo dia da consagração marca a plenitude do sacerdócio, tornando-o apto para exercer suas funções mediadoras. Após a consagração, o texto introduz a regulamentação dos sacrifícios diários, que serão uma exigência permanente para o culto no santuário:

> *wezeh asher-ta'aseh 'al-hammizbeach kevasim shenayim bayom tamid*
> "E isto oferecerás sobre o altar: dois cordeiros de um ano, cada dia continuamente." (Êx 29,38)

O termo *tamid* (continuamente), destaca a regularidade do sacrifício diário (*'olat tamid*), que deve ser realizado de manhã e à tarde:

> *et-hakkeves ha'echad ta'aseh vabboqer we'et-hakkeves hasheni ta'aseh ben ha'arbayim*
> "Um cordeiro oferecerás pela manhã, e o outro cordeiro oferecerás entre as tardes." (Êx 29,39)

Essa prática se tornará uma característica fundamental do culto israelita, garantindo que a aliança seja renovada diariamente por meio da oferta constante de sacrifícios. A oferta dos cordeiros é acompanhada por uma oblação de farinha e azeite e por uma libação de vinho:

> *we'issaron solet balul bashemen katit revi'it-hahin*
> *wenesek revi'it-hahin yayin*
> "E um décimo de um efa de flor de farinha misturada com um quarto de um him de azeite batido, e uma libação de um quarto de um him de vinho." (Êx 29,40)

Essas ofertas adicionais, que acompanham o holocausto diário, enfatizam a ideia de que o culto não é apenas um ato de expiação, mas também um ato de comunhão e gratidão a YHWH. A razão teológica para essa prática contínua é apresentada nos versos seguintes, onde Deus promete habitar no meio de Israel e santificar o santuário com Sua presença:

> *we'no'adti sham livne yisra'el weqiddashati bikhevodi*
> "E ali me encontrarei com os filhos de Israel, e o santuário será santificado pela minha glória." (Êx 29,43)

Esse encontro divino não é meramente simbólico, mas uma manifestação real da kavod, ou glória de Deus, no Tabernáculo. A santidade do espaço cultual não provém apenas dos rituais realizados pelos sacerdotes, mas da própria presença de YHWH, que consagra o lugar onde habita. O capítulo conclui reafirmando a finalidade do êxodo e da aliança:

> *we'shakhanti betokh bene yisra'el wehiyiti lahem le'lohim*
> "E habitarei no meio dos filhos de Israel, e serei o seu Deus." (Êx 29,45)

A presença divina entre Israel não é apenas um privilégio, mas a razão central da existência do povo como nação eleita. O sacerdócio e o sistema sacrificial servem para manter essa relação, garantindo que Israel permaneça em comunhão com seu Deus.

A última declaração do capítulo reforça a identidade teológica do êxodo:

> *weyadaʿu ki-ani YHWH eloheihem asher hotzeti otam meʾeretz mitzrayim leshakhni betokham ani YHWH eloheihem*
> "E saberão que eu sou YHWH, seu Deus, que os tirei da terra do Egito para habitar no meio deles. Eu sou YHWH, seu Deus." (Êx 29,46)

Aqui, a libertação do Egito não é apresentada apenas como um evento histórico, mas como um ato divino cujo propósito final é estabelecer a habitação de Deus no meio do povo. O sacerdócio e o Tabernáculo são, portanto, a consumação do êxodo, garantindo que a presença de YHWH não seja transitória, mas permanente na vida de Israel.

Assim, Êxodo 29 estabelece o sacerdócio como um serviço de mediação, expiação e santidade. O rito enfatiza a separação dos sacerdotes para Deus, a necessidade do sacrifício para purificação e a importância da obediência à vontade divina. O sumo sacerdote não é apenas um oficiante do culto, mas um símbolo vivo da aliança entre YHWH e Israel. Sua consagração não apenas o qualifica para o serviço, mas marca a presença contínua de Deus no meio do povo.

Capítulo 30

Este capítulo introduz quatro elementos fundamentais para a liturgia do Tabernáculo: o altar do incenso, a coleta do meio siclo como resgate dos israelitas, a bacia de bronze para purificação sacerdotal e o óleo da unção juntamente com o incenso sagrado. Cada um desses componentes reforça a estrutura ritual do santuário, garantindo que a adoração a YHWH seja ordenada, santa e mediada pelo sacerdócio. A combinação desses elementos reflete a complexidade do culto israelita, no qual o sacrifício, a intercessão, a purificação e a consagração são dimensões interligadas do relacionamento entre Deus e seu povo.

O altar do incenso (*mizbaḥ haqṭōret*) é o primeiro elemento abordado e ocupa uma posição central na liturgia diária. Sua descrição enfatiza sua sacralidade e sua colocação no Santo Lugar, imediatamente diante do véu que separa o Santo dos Santos:

> *weʿasîta mizbaḥ miqṭar-qeṭōret ʿaṣê-šiṭṭîm taʿăśennû*
> "Farás um altar para queima de incenso; de madeira de acácia o farás." (Êx 30,1)

Apesar de suas dimensões modestas – um côvado de comprimento e largura (aproximadamente 45 cm) e dois de altura (90 cm) –, sua localização indica sua importância teológica. Colocado diretamente diante do véu que protege a Arca da Aliança, o altar do incenso assume um papel de mediação espiritual, servindo como um ponto de interseção entre Israel e YHWH. A madeira de acácia, conhecida por sua durabilidade e resistência às condições do deserto, é revestida com ouro puro:

> *weṣîpîta ʾōtô zāhāḇ ṭāhôr weʿasîta lô zēr-zāhāḇ səbîḇ*
> "E cobri-lo-ás de ouro puro, e far-lhe-ás uma moldura de ouro ao redor." (Êx 30,3)

Esse revestimento estabelece um claro contraste com o altar do holocausto, cuja cobertura é de bronze (Êx 27,2). O ouro, símbolo de pureza e glória divina, indica que o altar do incenso pertence à esfera mais elevada do culto, voltado não para a expiação por meio de sacrifícios sangrentos, mas para a comunhão contínua entre YHWH e Israel. Assim, sua função é essencialmente intercessória, com o incenso representando as orações dos sacerdotes e, por extensão, de todo o povo. O altar do incenso é provido de argolas para transporte, um detalhe comum aos móveis sagrados do Tabernáculo:

> *weʿasîta lô šetê ṭabbāʿōt zāhāḇ miṭaḥtāw lîšṭê ṣeḏōtāyw ʿal-šətê ṣeḏāyw weʿasîta ʿalêhen ləbattîm ləḇaḏdîm ləśaʾēṯ ʾōṯô bāhēn*
> "E lhe farás duas argolas de ouro debaixo da sua moldura, nos dois lados, e farás lugares para os varais, para que seja carregado com eles." (Êx 30,4)

Essa característica confirma que, assim como a Arca da Aliança e a mesa dos pães da proposição, o altar do incenso deve permanecer móvel, acompanhando Israel em sua jornada pelo deserto. O culto não está vinculado a um local fixo, mas segue o povo onde quer que a presença divina se manifeste. O altar é posicionado especificamente diante do véu que separa o Santo Lugar do Santo dos Santos, marcando sua proximidade com a manifestação mais íntima da presença de Deus:

> *wenatatta ʾōṯô lipnê happarōḵeṯ ʾăšer ʿal-ʾārôn hāʿēdūt lipnê hakkappōreṯ ʾăšer ʿal-hāʿēdūt ʾăšer ʾîwāʿēd ləkā šām*
> “E o colocarás diante do véu que está sobre a Arca do Testemunho, diante do propiciatório que está sobre o Testemunho, onde me encontrarei contigo.” (Êx 30,6)

A referência ao ***kappōret***, a tampa da Arca onde a presença de YHWH se manifesta, ressalta que o altar do incenso está diretamente relacionado à revelação divina. Ele não é apenas um objeto litúrgico, mas um veículo pelo qual as orações de Israel se elevam à esfera celestial. A queima do incenso ocorre duas vezes ao dia, pela manhã e ao entardecer, sincronizada com a manutenção das lâmpadas do candelabro:

> *wehiqṭîr ʿālāyw ʾahărōn qeṭōret səmîm babbōqer babbōqer bəheṭîḇô ʾet-hannērôt yaqṭîrennâ*
> “E Arão queimará sobre ele incenso aromático; toda manhã, ao preparar as lâmpadas, queimá-lo-á.” (Êx 30,7)

Essa prática enfatiza a relação entre luz e intercessão no culto israelita. A renovação da luz do candelabro simboliza a presença contínua de Deus no santuário, enquanto o incenso representa a resposta humana a essa presença por meio da oração e do louvor. A continuidade desse ritual reflete a necessidade de um culto constante, reiterando a noção de que a adoração a YHWH não se restringe a momentos esporádicos, mas deve ser uma prática diária e ininterrupta. A lei proíbe expressamente o uso de incenso estranho ou qualquer outro tipo de sacrifício sobre esse altar:

> *lō-taʿălû ʿālāyw qeṭōret zārâ wəʿōlâ ûminḥâ wənēsɛḵ lō-tišpəḵû ʿālāyw (Êx 30,9)*
> "Não oferecereis sobre ele incenso estranho, nem holocausto, nem oferta de manjares, nem derramareis sobre ele libação."

O termo *qeṭōret zārâ*, "incenso estranho", remete ao episódio de Nadabe e Abiú (Lv 10,1-2), no qual os filhos de Arão perecem por oferecer fogo não autorizado diante de YHWH. A exclusividade do fogo e da substância usada no altar do incenso reforça a santidade do culto, indicando que qualquer inovação ou desvio das instruções divinas é considerado uma profanação.

A função expiatória do altar do incenso é confirmada na exigência de uma cerimônia de purificação anual, realizada no Dia da Expiação:

> *wəkipper ʿalaw ʾahărōn ʾaḥat baššānâ middam ḥaṭṭāʾṯ hakkippurîm ʾaḥat baššānâ yəkapper ʿālāyw lədōrōṯêkem qōdeš qadāšîm hûʾ layhwh*
> "E uma vez no ano Arão fará expiação sobre os seus chifres, com o sangue da oferta pelo pecado para expiação. Uma vez no ano fará expiação sobre ele, de geração em geração. Santíssimo é ao Senhor." (Êx 30,10)

A menção ao *dam ḥaṭṭāʾṯ*, o sangue da oferta pelo pecado, sublinha que, embora o altar do incenso esteja associado à intercessão e à comunhão, ele também requer purificação. A expiação anual assegura que o santuário continue sendo um espaço adequado para a presença divina.

Esse conjunto de instruções revela que o culto a YHWH não se baseia apenas em sacrifícios de animais, mas inclui a intercessão contínua, a santidade do espaço e a fidelidade às prescrições divinas. O altar do incenso representa a dimensão espiritual da adoração, onde as orações de Israel são simbolicamente oferecidas a Deus, garantindo que a comunicação entre o humano e o divino seja mantida de maneira contínua e ordenada.

O meio siclo como resgate surge como uma prática singular dentro do culto israelita, destacando a relação entre expiação, pertencimento e igualdade diante de YHWH. Esse tributo não é apenas uma taxa administrativa, mas um reconhecimento litúrgico de que a vida de cada israelita pertence a Deus e, portanto, precisa ser resgatada simbolicamente.

> *kî tiśśāʾ ʾet-rōʾš bənê-yiśrāʾēl lip̄qūdêhem wənāṯənû ʾîš kōp̄er nap̄šô laYHWH*
> "Quando fizeres o censo dos filhos de Israel, cada um dará a YHWH um resgate por sua vida." (Êx 30,12)

A expressão *kōp̄er nap̄šô*, "resgate por sua alma", sugere um conceito jurídico-sacrificial, no qual a vida de cada israelita deve ser figurativamente resgatada para evitar a consequência de um censo direto. Em outras passagens bíblicas, a contagem do povo sem esse tipo de resgate resulta em calamidade, como ocorre no episódio de 2 Samuel 24, onde Davi realiza um censo sem cumprir as exigências rituais, trazendo uma praga sobre Israel. O valor estipulado para esse resgate é de meio siclo de prata (*maḥăṣîṯ haššeqel*), e sua universalidade é destacada:

> *hāʿāšîr lōʾ-yarbeh wəhaddāl lōʾ-yammaʿiṭ mimmaḥăṣîṯ haššeqel*
> "O rico não dará mais, nem o pobre dará menos do que meio siclo." (Êx 30,15)

Essa uniformidade no valor da oferta sublinha um princípio fundamental da teologia bíblica: diante de Deus, todos os israelitas possuem o mesmo valor e têm a mesma necessidade de expiação. O status social não confere privilégio nem impõe desvantagem quando se trata da reconciliação com YHWH. Esse meio siclo era destinado à manutenção do Tabernáculo, garantindo que a estrutura litúrgica fosse sustentada pela participação de toda a comunidade.

A bacia de bronze (*kîyyôr nəḥōšeṯ*), mencionada na terceira seção do capítulo, introduz um elemento essencial para a pureza ritual dos sacerdotes. Sua função vai além de um mero recurso higiênico, sendo um ato simbólico de purificação e preparação para o serviço no santuário:

wəʿāśîṯā kîyyôr nəḥōšeṯ wəkānô nəḥōšeṯ lərāḥṣâ
"Farás também uma bacia de bronze, com sua base de bronze, para lavar." (Êx 30,18)

Essa bacia é posicionada entre o altar e a entrada da Tenda do Encontro, garantindo que os sacerdotes se purifiquem antes de adentrar o espaço sagrado. O uso da bacia é uma exigência contínua e vital para o sacerdócio:

wəraḥaṣû yəḏêhem wəraglêhem wəlōʾ yāmûtû
"E lavarão suas mãos e seus pés, para que não morram." (Êx 30,21)

A seriedade dessa instrução é enfatizada pela ameaça de morte, indicando que qualquer negligência nesse rito tornaria o sacerdote impuro perante YHWH e o tornaria passível de punição divina. A purificação ritual simboliza a necessidade de santidade ao se aproximar de Deus e ecoa outros princípios bíblicos, como o mandamento de Isaías 1,16: "Lavai-vos, purificai-vos; tirai a maldade de vossos atos de diante dos meus olhos." O óleo sagrado da unção (*šemen hammǝšḥâ*), detalhado na quarta seção, desempenha um papel essencial na consagração do Tabernáculo, dos utensílios e dos sacerdotes. Sua composição não é arbitrária, mas meticulosamente prescrita:

wəʾattâ qaḥ-ləḵā bəśāmîm rōʾš mār-dərôr ḥameš mēʾōṯ
"E tu toma para ti das principais especiarias: de mirra pura, quinhentos siclos." (Êx 30,23)

A fórmula desse óleo inclui mirra, canela, cálamo e cássia, misturados com azeite de oliva. A mirra (*mār-dərôr*), substância resinosa de aroma intenso, era frequentemente associada a ritos funerários e a práticas de purificação (cf. Sl 45,8; Jo 19,39). A presença da canela e do cálamo adiciona notas balsâmicas e medicinais, conferindo ao óleo uma fragrância única. Esse óleo não apenas consagra os objetos do Tabernáculo, mas sela a identidade sacerdotal de Arão e seus descendentes:

> *wəmāšaḥtā bô ʾet-ʾōhel môʿēḏ wəʾet-ʾarôn wəʾet-bānāyw wəqiḏdaštā ʾōtām ləkahănî-lî*
> "E ungirás com ele a Tenda do Encontro, e Arão e seus filhos, e os santificarás para que me sirvam como sacerdotes." (Êx 30,26-30)

A unção estabelece o sacerdócio como um ofício divinamente ordenado, e não como uma função meramente organizacional. Sem essa unção, os sacerdotes não poderiam exercer sua intercessão em favor do povo. O caráter sagrado desse óleo é reforçado por uma proibição absoluta:

> *ʾîš ʾăšer-yaʿăśeh kamôhû ûmāšak mimmenû ʿal-zār wənîḵrat mēʿammāyw*
> "Qualquer que fizer outro semelhante a este ou dele puser sobre um estranho será eliminado do seu povo." (Êx 30,33)

Essa prescrição reflete a distinção entre o sagrado (qodesh) e o profano (chol), um dos princípios fundamentais da teologia do culto israelita (cf. Lev 10,10). O uso exclusivo do óleo sagrado evita sua banalização e garante que a unção permaneça um ato divinamente autorizado.

Assim, Êxodo 30, até o versículo 33, apresenta uma estrutura de culto altamente regulada, onde cada elemento – seja o resgate do meio siclo, a bacia de purificação ou o óleo da unção – reforça a santidade e a exclusividade do serviço sacerdotal. O culto não é uma prática espontânea ou casual, mas um sistema ordenado no qual Deus estabelece os meios adequados para sua adoração. A exigência de que cada israelita participe no sustento do Tabernáculo por meio do meio siclo enfatiza a responsabilidade coletiva no culto. A purificação dos sacerdotes demonstra a necessidade contínua de pureza diante de Deus. O óleo da unção, por sua vez, assegura que o Tabernáculo e seus ministros sejam totalmente consagrados, garantindo que o culto ocorra de acordo com a vontade divina. Esses elementos, tomados em conjunto, reforçam a centralidade da santidade e da mediação no relacionamento entre YHWH e Israel. O incenso sagrado, descrito na última seção de Êxodo 30, desempenha um papel crucial no culto israelita, não apenas como um elemento litúrgico, mas como um símbolo profundo da intercessão e da santidade exigida na adoração a YHWH. A fórmula prescrita para sua composição demonstra a precisão e o cuidado com os elementos destinados ao serviço sagrado.

> *weʿasîta ʾōtāh qeṭōret rōqeḥ maʿăśê rōqēaḥ məmlāḥ ṯāhôr qōdeš*
>
> "E farás dele incenso, um perfume segundo a arte do perfumista, temperado com sal, puro e santo." (Êx 30,35)

Os ingredientes listados incluem estoraque, ônica, gálbano e incenso puro. Embora algumas dessas substâncias tenham sua identificação exata incerta, todas são resinas aromáticas extraídas de plantas ou árvores, indicativas da importância do aroma no culto israelita. A menção ao sal (*məmlāḥ*) é particularmente significativa, pois remete à ideia de incorruptibilidade e permanência. O sal, usado em ofertas (cf. Lev 2,13; Nm 18,19), tem um papel tanto preservador quanto consagrador, garantindo que o incenso permaneça puro e eficaz na sua função simbólica. Assim como o óleo da unção, o incenso sagrado não pode ser reproduzido ou utilizado para fins pessoais:

> *ʾîš ʾăšer-yaʿăśeh kamôhâ ləharîaḥ bāh wənîḵrat mēʿammāyw*
>
> "Quem fizer semelhante a este para cheirá-lo será eliminado do seu povo." (Êx 30,38)

A exclusividade do incenso reforça a distinção entre o sagrado (*qōdeš*) e o comum (*ḥôl*). Ele não é uma fragrância ordinária, mas um meio pelo qual a adoração e a intercessão são elevadas a YHWH. Seu uso contínuo no altar do incenso assegura que as orações do povo estejam sempre diante de Deus – cf. Sl 141,2: "Suba minha oração diante de ti como incenso". A conexão do incenso com a intercessão sacerdotal destaca o papel dos sacerdotes como mediadores entre Deus e Israel. Enquanto os sacrifícios de animais lidam com a expiação pelo pecado, a oferta do incenso enfatiza a dimensão relacional do culto, expressando a comunhão constante entre Deus e seu povo por meio da oração e da devoção.

Com isso, Êxodo 30 estabelece a pureza, a mediação e a consagração como elementos centrais no serviço do Tabernáculo. O altar do incenso destaca a necessidade da intercessão contínua, enquanto o imposto do meio siclo reforça a igualdade de todos perante Deus e a participação coletiva no sustento do santuário. A bacia de bronze enfatiza a santidade necessária para aqueles que servem no culto, e o óleo e o incenso sagrados reafirmam que a adoração a YHWH deve ser distinta e separada de qualquer uso comum. Cada um desses elementos assegura que o serviço no Tabernáculo seja realizado com a reverência e a santidade exigidas pela presença divina.

Capítulo 31

Êxodo 31 apresenta o encerramento das instruções divinas sobre o Tabernáculo, consolidando dois princípios fundamentais para o culto israelita: a capacitação divina dos artesãos responsáveis pela construção do santuário e a reafirmação do sábado como um sinal perpétuo da aliança entre YHWH e Israel. A narrativa enfatiza que a construção do Tabernáculo não é um empreendimento meramente humano, mas um ato conduzido pelo próprio Espírito de Deus, garantindo que a obra reflita a santidade e a ordem da criação. Além disso, a inclusão do sábado nesse contexto assegura que a construção do santuário não se torne uma mera tarefa de produção incessante, mas um reflexo da ordem cósmica estabelecida por YHWH desde a criação do mundo. A nomeação de Bezalel como o principal responsável pela obra do Tabernáculo é introduzida com uma formulação enfática, destacando o caráter divino do chamado:

> *re'e qara'ti bešem beṣal'el ben-ʾuri ben-ḥur lemmatte yehuda*
> "Eis que chamei pelo nome Bezalel, filho de Uri, filho de Hur, da tribo de Judá." (Êx 31,2)

A menção ao nome de Bezalel (*beṣal'el* – à sombra de Deus) sugere não apenas uma identidade pessoal, mas uma vocação teológica específica. O chamado divino não se dá com base em mérito pessoal ou linhagem sacerdotal, mas mediante a escolha soberana de YHWH, que o capacita para a tarefa por meio da concessão do Espírito:

> *weʾammalleʾ oto ruaḥ ʾelohim beḥokma ubitəvuna uvedaʿat ubekal-məlaka*
> "E o enchi do Espírito de Deus, de sabedoria, de entendimento, de conhecimento e de toda habilidade artesanal." (Êx 31,3)

O Espírito de Deus (*ruaḥ ʾelohim*), associado à capacitação para o trabalho criativo, ecoa o papel do Espírito na própria criação do mundo (Gn 1,2). A tríade *ḥokma, təvuna e daʿat* – sabedoria, entendimento e conhecimento – indica que a construção do Tabernáculo exige mais do que habilidade técnica; ela requer discernimento espiritual e um profundo alinhamento com a ordem divina. Esses termos são frequentes na literatura sapiencial (Pv 2,6; 3,19-20), sugerindo que o trabalho artístico no santuário não é apenas funcional, mas reflete uma participação na sabedoria criadora de Deus. Além de Bezalel, o texto menciona outro nome, Aoliabe, que será seu auxiliar direto:

> *waʾani hinnenatatti ʾitto ʾet-ʾoholiab ben-ʾaḥisamak lemmatte-dan*
> "E eu, eis que lhe dei com ele Aoliabe, filho de Aquisamague, da tribo de Dã." (Êx 31,6)

A inclusão de Aoliabe (*ʾoholiab*, "meu tenda é Deus"), oriundo da tribo de Dã, ao lado de Bezalel, da tribo de Judá, sugere uma colaboração intertribal na construção do santuário, refletindo a unidade de Israel na obra divina. A tribo de Judá, frequentemente associada à liderança e ao governo, e a tribo de Dã, muitas vezes ligada à perícia artesanal (cf. 2 Cr 2,14), demonstram que o santuário requer múltiplas habilidades e que a participação de diversas tribos fortalece a identidade coletiva do povo na aliança. O texto enfatiza a diversidade de materiais e técnicas envolvidas na construção:

> *lemaʿăśe maḥăšābet laʿăśōt bezaḥāb ubakeset ubanəḥōšet ubaḥărōšet ʾeben lemallēʾ ubaḥărōšet ʿēṣ laʿăśōt bekāl-məlaka*

> "Para elaborar projetos, para trabalhar em ouro, em prata e em bronze, para lapidar pedras de engaste, para entalhar madeira, para fazer toda obra de artífice." (Êx 31,4-5)

O uso do termo *maḥăšāḇeṯ* (projeto ou *design*) indica que a construção do Tabernáculo não é apenas uma execução mecânica, mas envolve criatividade, planejamento e um compromisso estético com a santidade. O trabalho artístico no santuário reflete a harmonia e a beleza da criação, ecoando a função sacerdotal do próprio universo como um templo cósmico de Deus. Após designar os encarregados da obra, YHWH introduz um lembrete crucial sobre a santidade do sábado, conectando a construção do Tabernáculo à estrutura temporal da criação:

> *weʾatta dabbēr ʾel-bənê-yisraʾel lemōr ʾaḵ ʾet-šabbətōṯay tišmōrû kî-ʾôt hîʾ bênî ûḇênḵem ləḏōrōṯêḵem lədaʿat kî ʾănî YHWH məqaḏdîšḵem*
> "Tu, pois, falarás aos filhos de Israel, dizendo: Certamente guardareis meus sábados, pois é um sinal entre mim e vós pelas vossas gerações, para que saibais que eu sou YHWH, que vos santifico." (Êx 31,13)

O uso do termo *ʾaḵ* (certamente) introduz um tom enfático, ressaltando que, mesmo diante da importância da construção do Tabernáculo, o descanso sabático não pode ser negligenciado. A menção ao sábado como *ʾôt* (sinal) estabelece uma relação com Gênesis 2,2-3, onde Deus descansa após completar a criação. Assim, a santidade do sábado serve como um lembrete de que o Tabernáculo não é apenas um espaço litúrgico, mas um microcosmo da ordem cósmica estabelecida por Deus. O vínculo entre o sábado e o Tabernáculo sugere que o santuário não é um mero espaço físico, mas um reflexo do propósito divino para a criação. O sábado, ao interromper o trabalho humano, impede que a construção do Tabernáculo seja percebida como uma atividade meramente produtiva e garante que seu propósito seja compreendido dentro da santidade e da adoração a Deus. Assim, os primeiros treze versículos de Êxodo 31 estabelecem que a obra do Tabernáculo é conduzida por indivíduos capacitados pelo Espírito de Deus, cujo talento reflete a ordem criativa da própria criação. No entanto, mesmo esse trabalho sagrado deve ser realizado dentro dos limites estabelecidos pela aliança, com o sábado servindo como um lembrete de que o culto a YHWH não pode ser reduzido a esforço humano ou produção ininterrupta. O Tabernáculo, ao ser construído por meio da capacitação divina e dentro do ritmo sagrado estabelecido pelo sábado, reforça a centralidade da santidade e da ordem divina na identidade de Israel.

A santidade do sábado é tão absoluta que sua violação acarreta a pena de morte, uma sanção que demonstra a seriedade desse mandamento dentro da teologia do pacto. A instrução começa reafirmando a estrutura básica do ciclo de trabalho e repouso:

> *šēšet yāmîm yaʿăśê-məlākâ ûbayyôm hašəḇîʿî šabbāt šabbātōn qōdeš laYHWH*
> "Seis dias se fará trabalho, mas no sétimo dia haverá sábado de descanso, santo para YHWH." (Êx 31,15)

A formulação de ***šabbāt šabbātōn*** (sábado de descanso absoluto) reforça o caráter inviolável desse dia. Essa expressão é usada em outras passagens para indicar um repouso completo, como ocorre no Dia da Expiação (Lv 16,31; 23,32), destacando que o sábado não é apenas um intervalo no trabalho, mas uma realidade sagrada, um tempo consagrado a YHWH. A penalidade para a transgressão é declarada sem ambiguidade:

> *kāl-haʿōśê bô məlākâ yûmāt*
> "Todo aquele que fizer trabalho nele morrerá." (Êx 31,15)

A severidade dessa punição indica que a observância do sábado é um princípio fundamental na identidade do povo de Israel. Em Números 15,32-36, um homem que colhe lenha no sábado é condenado à morte, ilustrando a aplicação desse mandamento. A violação do sábado não é apenas um ato de desobediência individual, mas um atentado contra a própria estrutura da aliança, pois compromete a marca distintiva que separa Israel das demais nações. O sábado é mais do que um mandamento entre outros; ele é um *ʾôt* (sinal) da aliança entre YHWH e Israel:

> *ḇênî ûḇên bənê yiśrāʾēl ʾôt hî ləʿōlām*
> “Entre mim e os filhos de Israel é um sinal perpétuo.” (Êx 31,17)

A ideia do sábado como sinal estabelece um paralelo com a circuncisão (Gn 17,11), outro marco identitário de Israel. Esse conceito implica que a guarda do sábado é um testemunho visível da consagração do povo a YHWH, um lembrete constante da relação especial que eles mantêm com o Criador. Além disso, o sábado está diretamente conectado ao próprio modelo da criação:

> *kî šēšet yāmîm ʿāśâ YHWH ʾeṯ-haššāmayim wəʾeṯ-hāʾāreṣ ûbayyôm hašəḇîʿî šāḇaṯ wayyinnāpaš*
> “Porque em seis dias YHWH fez os céus e a terra, e no sétimo dia descansou e tomou alento.” (Êx 31,17)

A presença do verbo *wayyinnāpaš* (tomou alento) é notável, pois enfatiza não apenas o cessar da atividade criativa, mas um estado de satisfação e plenitude. O descanso divino não sugere fadiga, mas a conclusão harmoniosa da obra criadora, um padrão que deve ser seguido por Israel. A construção do Tabernáculo, por mais sagrada que seja, não pode substituir essa ordem estabelecida. O capítulo se encerra com a entrega das tábuas da aliança a Moisés, um evento que simboliza a conclusão do encontro entre Deus e seu mediador no Sinai:

> *wayyitten ʾel-mōšeh kəḵallōtô ləḏabbēr ʾittô bəhar sînay šənê lûḥōṯ hāʿēḏûṯ lûḥōṯ ʾeben kəṯûḇîm bəʾeṣbaʿ ʾĕlōhîm*
> “E deu a Moisés, quando terminou de falar com ele no monte Sinai, as duas tábuas do Testemunho, tábuas de pedra escritas pelo dedo de Deus.” (Êx 31,18)

A expressão *bəʾeṣbaʿ ʾĕlōhîm* (pelo dedo de Deus) enfatiza a origem direta da Lei, distinguindo essas tábuas de qualquer outro documento legislativo da antiguidade. Diferentemente das tradições legais mesopotâmicas, onde as leis são promulgadas por reis humanos, aqui as tábuas são escritas pela própria divindade, conferindo-lhes autoridade suprema.

O termo *lûḥōṯ hāʿēḏûṯ* (tábuas do Testemunho) sugere que esses documentos não são meros regulamentos morais, mas a materialização do pacto entre Deus e Israel. A designação como "testemunho" (*ʿēḏûṯ*) remete à função das tábuas dentro do Tabernáculo, onde serão colocadas dentro da Arca da Aliança (Êx 25,16), servindo como testemunho perpétuo da fidelidade de Deus e da obrigação de Israel de seguir a aliança. Com isso, Êxodo 31 apresenta uma estrutura teológica que conecta a capacitação para o serviço, a obediência ao sábado e a centralidade da aliança. A nomeação dos artesãos demonstra que a construção do espaço sagrado requer habilidade concedida por Deus, mas também deixa claro que o trabalho humano, por mais sagrado que seja, não pode substituir a obediência ao ritmo estabelecido pelo Criador. O sábado aparece como um contraponto à tentação de transformar a religião em um sistema de produção ininterrupta, lembrando Israel de que sua identidade não está fundamentada no trabalho, mas na relação com YHWH.

A entrega das tábuas, ao final do capítulo, enfatiza que toda a construção do Tabernáculo deve ser vista à luz da aliança e da revelação divina. A obediência às leis inscritas nessas tábuas assegura que o relacionamento entre YHWH e Israel não seja mediado apenas por um espaço sagrado, mas por um compromisso contínuo de fidelidade e santidade. O sábado, portanto, torna-se o elo entre a criação, a aliança e o culto, garantindo que a adoração não seja reduzida a um mero ritual ou a uma obra humana, mas permaneça sempre orientada pela vontade do próprio Deus.

Capítulo 32

O capítulo 32 de Êxodo apresenta um dos momentos mais críticos na narrativa do Pentateuco: a apostasia do bezerro de ouro. A cena ocorre enquanto Moisés ainda está no monte Sinai recebendo as tábuas da aliança. A impaciência do povo diante da demora de Moisés conduz a um ato de idolatria que ameaça romper completamente a relação entre Israel e YHWH. O episódio expõe a fragilidade da fé de Israel e a tensão entre a justiça e a misericórdia divinas. Além disso, contrasta a intercessão fiel de Moisés com a fraqueza de Arão, enfatizando a necessidade de um líder comprometido com a aliança para preservar a fidelidade do povo. A narrativa inicia com a impaciência do povo diante da ausência prolongada de Moisés:

> *wayyar' ha'ām kî-bōšēš Mōšeh lārēḏeṯ min-hāhār*
> *wayyiqqāhēl hā'ām 'al-'Ahărōn wayyō'mərû 'ēlāyw*
> *qûm 'ăśēh-lānû 'ĕlōhîm 'ăšer yēləḵû ləpānênû kî-zeh*
> *Mōšeh hā'îš 'ăšer he'əlânû mērɛṣ Miṣrāyim lō' yāda'nû*
> *meh-hāyāh lô*
>
> "Quando o povo viu que Moisés tardava em descer do monte, reuniram-se em torno de Arão e lhe disseram: 'Levanta-te, faze-nos deuses que vão adiante de nós, porque quanto a esse Moisés, o homem que nos tirou da terra do Egito, não sabemos o que lhe aconteceu'." (Êx 32,1)

O verbo *bōšēš* (tardava) indica não apenas um atraso cronológico, mas uma frustração profunda da expectativa do povo. A ausência prolongada do mediador gera uma crise de liderança, na qual Israel, ainda dependente de símbolos visíveis de autoridade, busca substituir Moisés por algo tangível. A expressão *'ĕlōhîm*, que pode ser traduzida como "deus" ou "deuses", sugere que o bezerro de ouro não necessariamente substitui YHWH, mas busca representá-lo de forma visual, o que constitui uma violação direta ao mandamento contra imagens esculpidas (Êx 20,4-5). A resposta de Arão revela sua fragilidade diante da pressão popular. Ao invés de confrontar o povo, ele cede à demanda e ordena que tragam ouro para a confecção do ídolo:

> *wayyō'mər 'ălêhem 'Ahărōn pərəqû nizmê hazzāhāḇ 'ăšer*
> *bə'oznê nəšêḵem bənêḵem ûḇənōṯêḵem wahăḇî'û 'ēlay*
>
> "E Arão lhes disse: 'Tirai os brincos de ouro que estão nas orelhas de vossas mulheres, vossos filhos e vossas filhas, e trazei-mos'." (Êx 32,2)

O uso do ouro é significativo. Esse material remete à riqueza adquirida pelos israelitas ao saírem do Egito (Êx 12,35-36), uma dádiva divina que agora é desviada para a idolatria. O que deveria ser um símbolo da bênção de Deus se transforma em um objeto de corrupção espiritual. Arão molda o ouro em um bezerro e o apresenta ao povo com uma declaração alarmante:

> *wayyaʿăśûhû ʿēḇɛs maśēḵâ wayyōʾmərû ʾĕlōhêḵā yiśrāʾēl*
> *ʾăšer hēʿəlûkā mērɛṣ Miṣrāyim*
> "E fizeram dele um bezerro fundido, e disseram: 'Este é o teu Deus, ó Israel, que te tirou da terra do Egito'."
> (Êx 32,4)

A imagem do bezerro pode ter influências das divindades egípcias, como Ápis, o touro sagrado, ou do simbolismo cananeu de YHWH como um deus entronizado sobre um bovino. Esse sincretismo não necessariamente exclui YHWH da devoção de Israel, mas o reinterpreta de maneira pagã. Essa tentativa de adaptar a adoração de YHWH a formas culturais estrangeiras é uma das tensões centrais do relacionamento de Israel com Deus ao longo do Antigo Testamento. A reação de YHWH à apostasia do povo é imediata e carregada de ira:

> *wayyədabbēr YHWH ʾel-Mōšeh lēḵ rēḏ kî-šiḥēt ʿamməḵā*
> *ʾăšer hēʿĕlōṯā mērɛṣ Miṣrāyim*
> "Então disse YHWH a Moisés: 'Vai, desce, porque se corrompeu o teu povo, que fizeste subir da terra do Egito'."
> (Êx 32,7)

A mudança na linguagem é notável: YHWH não chama Israel de "meu povo", mas de "teu povo", dirigindo-se a Moisés. O verbo *šiḥēt* (corromper) é o mesmo usado em Gênesis 6,12 para descrever a depravação da humanidade antes do dilúvio, sugerindo que Israel se colocou em uma situação de destruição iminente. A ira divina se intensifica na ameaça de destruição completa:

> *ʿattâ hanîḥâ-lî wayyiḥar-ʾappî bāhem waʾăkalēm*
> *wəʾeʿĕśeh ʾōṯāḵa ləgôy gādôl*

> "Agora, pois, deixa-me, para que se acenda contra eles a minha ira, e os consuma; e de ti farei uma grande nação." (Êx 32,10)

Essa proposta remete à aliança feita com Abraão (Gn 12,2), sugerindo que YHWH poderia recomeçar a história da eleição com Moisés como novo patriarca. No entanto, a destruição total de Israel significaria o rompimento das promessas feitas aos patriarcas, algo que Moisés imediatamente reconhece e usa como base para sua intercessão. A oração de Moisés é um dos momentos mais notáveis de intercessão no Antigo Testamento. Ele apela não apenas à misericórdia divina, mas também à reputação de YHWH entre as nações:

> *lāmâ YHWH yiḥəreh ʾappəḵā bəʿamməḵā ʾăšer hôṣēʾṯā mērɛṣ Miṣrāyim bəkōaḥ gādôl ûḇəyād ḥăzāqâ*
> "Por que, YHWH, se acenderia a tua ira contra o teu povo, que tiraste da terra do Egito com grande poder e mão forte?" (Êx 32,11)

Moisés argumenta que a destruição de Israel desonraria YHWH aos olhos dos egípcios, fazendo-os questionar se o Êxodo foi um verdadeiro ato de salvação ou apenas um pretexto para a aniquilação do povo no deserto. Além disso, ele apela à fidelidade de YHWH às promessas feitas a Abraão, Isaque e Jacó:

> *zəḵōr ləʾaḇrāhām ləyiṣḥāq ûləyiśrāʾēl ʿăḇāḏêḵā ʾăšer nišbaʿtā lāhem bəḵā*
> "Lembra-te de Abraão, de Isaque e de Israel, teus servos, aos quais por ti mesmo juraste." (Êx 32,13)

Esse apelo à aliança patriarcal mostra que Moisés entende a profundidade da relação de Deus com Israel. Ele não apenas pede misericórdia, mas exige que YHWH aja conforme Sua própria palavra e caráter. Assim, o papel de Moisés como mediador se torna essencial para a preservação do pacto. O episódio do bezerro de ouro revela a fragilidade espiritual de Israel, a necessidade de uma liderança fiel e a complexa interação entre a ira e a misericórdia divinas. Enquanto o povo quebra a aliança em sua base mais fundamental, Moisés se ergue como o intercessor que sustenta a continuidade do relacionamento entre YHWH e Israel. A intercessão de Moisés resulta em uma mudança significativa no curso da história de Israel. O texto descreve uma reviravolta na decisão divina:

> *wayyinnāḥem YHWH ʿal-hārāʿâ ʾăšer-dibbēr laʿăśôṯ ləʿammô*
> "Então YHWH se arrependeu do mal que dissera que faria ao seu povo." (Êx 32,14)

A palavra *wayyinnāḥem* (arrependeu-se) não indica uma mudança no caráter de Deus, mas uma resposta relacional ao apelo do mediador. Esse termo é frequentemente utilizado na Escritura para expressar a disposição divina de reconsiderar um juízo diante da intercessão e do arrependimento humano (cf. Jn 3,10; 1 Sm 15,11). Aqui, o papel de Moisés como mediador se torna evidente: ele não apenas intercede, mas influencia a relação entre Deus e Israel, preservando o povo da destruição. No entanto, a mudança na decisão divina não anula a necessidade de juízo. Quando Moisés desce do monte Sinai, ele se depara com uma cena de apostasia completa. O texto enfatiza o impacto visual do bezerro de ouro e da celebração descontrolada:

> *wayyihî kaʾăšer-qārab ʾel-hammaḥăneh wayyarʾ ʾeṯ-hāʿēḇɛs ûməḥōlōṯ wayyīḥar-ʾappô wayyašleḵ miyyādô ʾeṯ-halûḥōṯ wayyəšabbēr ʾōṯām taḥat hāhār*
> "E aconteceu que, ao chegar ao acampamento, viu o bezerro e as danças; então acendeu-se a ira de Moisés, e lançou das mãos as tábuas e as quebrou ao pé do monte." (Êx 32,19)

O verbo *wayyīḥar-ʾappô* (acendeu-se sua ira) ecoa a linguagem da ira divina utilizada anteriormente (Êx 32,10). Moisés, como representante de Deus, reage de maneira semelhante à de YHWH, demonstrando que o pecado do povo compromete profundamente a aliança. A quebra das tábuas não é um ato de descontrole emocional, mas um gesto profético que simboliza a dissolução do pacto: Israel violou a aliança antes mesmo de recebê-la formalmente. A destruição do bezerro de ouro é imediata e completa:

> *wayyiqqaḥ ʾeṯ-hāʿēḇɛs ʾăšer-ʿāśû wayiśrōp̄ bāʾēš*
> *wayyitḥan ʿaḏ-ʾăšer-ḏāqaq wayyizraq ʿal-pənê*
> *hammayim wayyašq ʾeṯ-bənê yiśrāʾēl*
> "E tomou o bezerro que tinham feito, queimou-o no fogo,
> moeu-o até que se tornou em pó, e o espalhou sobre a água,
> e fez os filhos de Israel beberem." (Êx 32,20)

A queima e trituração do bezerro evocam a purificação de objetos contaminados pela idolatria (cf. Dt 9,21). O ato de fazer os israelitas beberem a água misturada com as cinzas do ídolo pode ter um duplo significado: primeiro, como uma forma de humilhação, demonstrando que o deus que haviam fabricado era impotente; segundo, como um eco dos rituais de prova e julgamento, como em Números 5,24, onde uma mulher suspeita de adultério bebia águas amargas para revelar sua culpa ou inocência. Israel, nesse contexto, é retratado como um povo infiel, espiritualmente adúltero diante de YHWH. Após essa purificação inicial, Moisés confronta Arão, cujo papel na confecção do bezerro é marcado por evasivas e tentativas de minimizar sua responsabilidade:

> *wayyōʾmɛr Mōšeh ʾel-ʾAhărōn māh-ʿāśâ ləḵā hāʿām kî-hēḇēʾṯā ʿālāyw ḥăṭāʾâ gəḏōlāh*
> "E disse Moisés a Arão: 'O que te fez este povo, que trouxeste sobre ele tão grande pecado?'" (Êx 32,21)

> *wayyōʾmɛr ʾAhărōn ʾal-yiḥar-ʾappăḏōnî ʾattâ yaḏaʿtâ ʾeṯ-hāʿām kî-ḇəraʿ hûʾ*
> "E respondeu Arão: 'Não se acenda a ira do meu senhor; tu sabes que este povo é inclinado ao mal.'" (Êx 32,22)

A resposta de Arão transfere a culpa para o povo, recusando-se a admitir sua própria fraqueza. Seu relato dos eventos distorce a realidade, sugerindo que o bezerro simplesmente emergiu do fogo sem intervenção humana (Êx 32,24), o que contrasta com a descrição detalhada da fabricação do ídolo nos versículos anteriores. Essa tentativa de minimizar sua responsabilidade destaca sua falha como líder espiritual. Diante da corrupção generalizada, Moisés conclama aqueles que ainda permanecem fiéis a YHWH a se posicionarem:

> *wayyaʿămōd Mōšeh bəšaʿar hammăḥăneh wayyōʾmɛr mî ləYHWH ʾēlay wayyēʾāsp̄û ʾēlāyw kol-bənê lēwî*
> "E pôs-se Moisés à porta do acampamento, e disse: 'Quem é por YHWH, venha a mim!' Então se ajuntaram a ele todos os filhos de Levi." (Êx 32,26)

O chamado de Moisés separa aqueles que ainda são leais a YHWH dos que persistem na rebelião. A tribo de Levi responde ao chamado, assumindo a responsabilidade de restaurar a santidade do acampamento, mesmo que isso implique derramamento de sangue. O julgamento é severo:

> *wayyōʾmɛr lāhem kōh-ʾāmar YHWH ʾĕlōhê yiśrāʾēl śîmû ʾîš-ḥarbô ʿal-yərēḵô wəʿibərû-ûšûḇû mišaʿar lašaʿar bammaḥăneh wəhārəgû ʾîš ʾeḥāw wəʾîš rēʿēhû wəʾîš qərōḇô*
> "E ele lhes disse: 'Assim diz YHWH, o Deus de Israel: Ponha cada um a sua espada sobre sua coxa, e passai e tornai pelo acampamento, de porta em porta, e mate cada um a seu irmão, e cada um a seu amigo, e cada um a seu próximo.'" (Êx 32,27)

> *wayyippōl min-hāʿām bayyôm hāhûʾ kəšālōšet ʾălpê ʾîš*
> "E caíram do povo naquele dia uns três mil homens." (Êx 32,28)

A execução de três mil homens, embora violenta, reflete a gravidade do pecado cometido. A idolatria não é apenas um erro teológico; é uma traição à aliança com YHWH, que exige fidelidade exclusiva. O episódio marca os levitas como a tribo dedicada ao serviço de Deus, uma posição que será formalizada em Números 3,5-13. O capítulo se encerra com Moisés intercedendo novamente por Israel e oferecendo-se para ser riscado do livro de Deus caso isso possa assegurar o perdão do povo (Êx 32,32). YHWH, no entanto, reafirma que cada um será responsável por seu próprio pecado (Êx 32,33), e a narrativa conclui com a praga enviada sobre Israel como consequência do episódio (Êx 32,35). Esse episódio evidencia a tensão central da aliança mosaica: a fidelidade de Deus diante da infidelidade de Israel. A mediação de Moisés impede a destruição total do povo, mas não elimina as consequências do pecado. O bezerro de ouro não é apenas um erro isolado, mas um sintoma do desafio contínuo de Israel em permanecer fiel a YHWH em meio às tentações do sincretismo e da rebeldia.

Capítulo 33

Êxodo 33 dá continuidade à crise provocada pela idolatria do bezerro de ouro, agora enfocando as consequências do rompimento da aliança e a questão central que surge: YHWH continuará a caminhar com Israel? O capítulo explora a tensão entre a justiça e a misericórdia divinas, a necessidade da mediação de Moisés e a presença divina como o verdadeiro distintivo de Israel entre as nações. Embora YHWH reafirme a promessa da terra feita aos patriarcas, sua relação com o povo entra em um estado crítico. A narrativa se inicia com uma instrução direta a Moisés:

> *lɛḵ ʿaleh mizzɛh ʾattah wəhāʿām ʾăšer hēʿelîṯā mērɛṣ miṣrayim ʾel-hāʾāreṣ ʾăšer-nišbaʿtî ləʾaḇrāhām ləyiṣḥāq ûləyaʿăqōḇ lēmōr ləzarʿăḵā ʾeṯnennâ*
> "Vai, sobe daqui, tu e o povo que fizeste subir da terra do Egito, à terra que jurei a Abraão, a Isaque e a Jacó, dizendo: À tua descendência a darei." (Êx 33,1)

O uso da expressão *ʾattah wəhāʿām* (tu e o povo) marca um distanciamento. YHWH não os chama mais de "meu povo", como antes, mas atribui sua liderança a Moisés. A promessa da terra não é revogada, mas o tom da declaração sugere que o relacionamento entre Deus e Israel foi gravemente comprometido. Além disso, YHWH declara que enviará um anjo para guiar Israel, mas Ele mesmo não irá no meio deles:

> *wəšālaḥtî ləpānêḵā mal'āḵ wəgēraštî 'eṯ-hakəna'ănî wə'et-hā'ĕmōrî wə'et-hāḥittî wə'et-happərizzî wə'et-hiwwî wə'et-hayəbûsî*
> "E enviarei diante de ti um anjo, e expulsarei os cananeus, os amorreus, os hititas, os ferezeus, os heveus e os jebuseus." (Êx 33,2)

Embora a assistência divina continue garantida, a forma dessa presença muda. Antes, YHWH prometeu caminhar diretamente com Israel (Êx 29,45-46); agora, Sua relação com o povo é mediada por um mensageiro. Isso implica uma redução no nível de intimidade e proteção. A razão dessa decisão é explicitada no versículo seguinte:

> *kî lō' 'e'ĕleh bəqirbəḵā kî 'am-qəšê-'ōrɛp̄ 'attâ pen-'ăḵalḵā baddārek*
> "Porque não subirei no meio de ti, pois és um povo de dura cerviz, para que eu não te consuma no caminho." (Êx 33,3)

A expressão *'am-qəšê-'ōrɛp̄* (povo de dura cerviz) já havia sido usada anteriormente (Êx 32,9) e descreve a obstinação de Israel em resistir à vontade divina. A justificativa para a retirada da presença de YHWH não é apenas um castigo, mas um meio de proteção: caso Ele continue no meio deles, Sua santidade os consumirá por causa do pecado. Isso reflete a tensão central do relacionamento entre Deus e Israel – a proximidade divina, sem uma mudança radical no caráter do povo, pode levar à sua destruição. A reação de Israel é de profundo pesar:

> *wayyišma' hā'ām 'ɛṯ-haddāḇār hāzzɛh wayyiṯ'abbəlû wəlō'-šātû 'îš 'aḏyōw 'ālāyw*
> "Quando o povo ouviu esta palavra dura, prantearam, e nenhum homem pôs sobre si seus adornos." (Êx 33,4)

A tristeza do povo indica que eles reconhecem a gravidade da perda. Não basta receber a terra; a presença de YHWH é essencial para a identidade de Israel. A retirada dos adornos (*ʿădî*, "enfeites, joias) pode simbolizar um sinal de luto e arrependimento, uma renúncia aos elementos de luxo que antes haviam sido empregados para fabricar o bezerro de ouro (Êx 32,2-4). YHWH reforça a necessidade desse ato:

> *ʾĕmōr ʾel-bənê-yiśrāʾēl ʾattɛm ʿam-qəšê-ʿōrɛp̄ rēgaʿ ʾeḥălêh bəqirbəḵā wəkillîtîḵā wəʿattā hôrēḏ ʿăḏyəḵā mēʿālēḵā wəʾēḏʿāh mah-ʾeʿĕśeh-lāk*
> "Dize aos filhos de Israel: Sois povo de dura cerviz; se por um momento eu subir no meio de ti, te consumiria. Agora, pois, tira de ti os teus adornos, para que eu saiba o que te hei de fazer." (Êx 33,5)

A remoção dos adornos é uma resposta direta ao juízo divino. O fato de YHWH dizer *mah-ʾeʿĕśeh-lāk* (para que eu saiba o que te hei de fazer) sugere que a decisão sobre o destino de Israel ainda não está completamente definida, deixando aberta a possibilidade de restauração. O texto então introduz uma mudança na relação entre Deus e Moisés. Como reflexo da tensão entre YHWH e Israel, a "Tenda do Encontro" (*ʾōhel môʿēḏ*) é erguida fora do acampamento:

> *ûmōšeh yiqqaḥ ʾeṯ-hāʾōhel wənāṭāh lô mîḥûṣ la-maḥăneh harḥēq min-ha-maḥăneh wəqārāʾ lô ʾōhel môʿēḏ wəhāyāh kōl-məḇaqēš YHWH yēṣēʾ ʾel-ʾōhel môʿēḏ ʾašer mîḥûṣ la-maḥăneh*
> "Moisés tomou a tenda e a armou para si fora do acampamento, distante do acampamento; e chamou-a Tenda do Encontro. E todo aquele que buscava a YHWH saía à Tenda do Encontro, que estava fora do acampamento." (Êx 33,7)

A tenda não é o Tabernáculo propriamente dito (que ainda não foi construído), mas um espaço provisório para a comunicação entre Moisés e YHWH. A distância entre essa tenda e o acampamento reflete o afastamento da presença divina, mas também indica que o acesso a

YHWH ainda é possível – embora agora seja mediado exclusivamente por Moisés. A relação entre Moisés e YHWH é enfatizada no versículo 11:

> *wədibbēr YHWH ʾel-mōšeh pānîm ʾel-pānîm kaʾăšer yədabbēr ʾîš ʾel-rēʿēhû*
> "E falava YHWH com Moisés face a face, como um homem fala com o seu amigo." (Êx 33,11)

Essa descrição não sugere que Moisés literalmente via Deus (cf. Êx 33,20), mas destaca o nível de intimidade e clareza com que ele recebia as palavras divinas. Essa relação única contrasta com o distanciamento entre YHWH e Israel e reforça a centralidade de Moisés como mediador da aliança.

Êxodo 33, na sequência da crise do bezerro de ouro, expõe a profunda tensão entre o juízo e a misericórdia divina, enquanto Moisés intercede de maneira ousada para restaurar a plena comunhão entre YHWH e Israel. O capítulo revela que a presença divina não é apenas um benefício adicional à aliança, mas o elemento central que distingue Israel das demais nações. A intercessão de Moisés começa com um apelo à continuidade da relação entre Deus e Seu povo:

> *wəʿattâ ʾim-nāʾ māṣāʾtî ḥēn bəʿênêḵā hôdîʿēnî-nāʾ ʾɛṯ-dərāḵeḵ wəʾɛdāʿăḵā ləmaʿan ʾemṣāʾ-ḥēn bəʿênêḵā ûrəʾɛh kî ʿamməḵā haggôy hazzɛh*
> "Agora, pois, se achei graça aos teus olhos, faze-me saber os teus caminhos, para que eu te conheça, a fim de achar graça aos teus olhos. E considera que esta nação é teu povo." (Êx 33,13)

Moisés não se contenta com a garantia da terra prometida nem com a proteção de um anjo. Ele quer mais do que direção e segurança – deseja um relacionamento contínuo com YHWH e insiste que Israel seja reconhecido novamente como Seu povo. Seu pedido reflete o desejo de uma revelação mais profunda dos "caminhos" de Deus, isto é, Sua natureza, Sua vontade e Seus propósitos. YHWH responde com uma concessão inicial:

> *pānāy yēlēḵû wəhanîḥōtî lāk*
> "Minha presença irá contigo, e eu te darei descanso." (Êx 33,14)

A palavra *pānāy* (minha presença) pode ser entendida aqui como a manifestação pessoal de YHWH, mas o pronome singular *lāk* (contigo) levanta uma questão interpretativa: a promessa se refere apenas a Moisés ou a todo o povo? O que parece ser uma resposta afirmativa, ainda não responde completamente a pergunta. Moisés, portanto, insiste e reformula seu apelo com ainda mais clareza:

> *ʾim-ʾên pānêḵā hōləḵîm ʾal-taʿalênû mizzɛh*
> "Se tua presença não for conosco, não nos faças subir daqui." (Êx 33,15)

Aqui, ele não aceita uma separação entre a promessa da terra e a presença de Deus. A posse da terra sem a presença de YHWH seria vazia e sem sentido. Moisés não negocia apenas bênçãos, mas a própria comunhão com Deus. Ele então fundamenta sua intercessão em uma questão teológica central:

> *ûbammāh yîwāḏaʿ ʾɛp̄ʿōr kî-māṣānû ḥēn bəʿênêḵā ʾănî*
> *wəʿamməḵā hălōʾ bəlēḵəṯkā ʿimmanû wəniplînû ʾănî*
> *wəʿamməḵā mikol-hāʿammîm ʾăšer ʿal-pənê hāʾădāmâ*
> "Pois como se saberá que achamos graça aos teus olhos, eu e teu povo? Não é por andares conosco, de modo que sejamos distintos, eu e teu povo, de todos os povos da terra?" (Êx 33,16)

Esse é o cerne da intercessão: Moisés entende que a presença de Deus é o que faz Israel ser Israel. A eleição de Israel não se baseia apenas em sua herança ou em sua posse da terra, mas em sua relação com YHWH. Se Ele não for com eles, Israel será apenas mais uma nação entre as muitas da terra. A resposta divina finalmente se torna afirmativa de forma definitiva:

> *gammɛṯ haddāḇār hazzɛh ʾăšer-dibbarta ʾɛʿɛśeh kî-māṣāʾtā ḥēn bəʿênāy waʾɛdāʿăḵā bəšēm*

> “Farei também isso que disseste, porque achaste graça aos meus olhos, e te conheço pelo nome.” (Êx 33,17)

YHWH não apenas concede a presença divina para o povo, mas reafirma Seu relacionamento especial com Moisés, descrevendo-o como alguém que encontrou graça e que é “conhecido pelo nome” – uma expressão que implica intimidade e eleição. No clímax dessa interação, Moisés faz um pedido audacioso:

> *hārʾēnî-nāʾ ʾɛṯ-kəḇôḏeḵā*
> “Mostra-me, peço-te, a tua glória.” (Êx 33,18)

Até então, Moisés já havia experimentado revelações poderosas de YHWH – a sarça ardente, as pragas do Egito, a travessia do mar e a manifestação no Sinai. No entanto, ele quer mais: deseja uma visão ainda mais plena e direta da essência de Deus. Esse pedido reflete a busca humana por uma experiência mais profunda da realidade divina. YHWH responde com um equilíbrio entre revelação e ocultação:

> *ʾăʿăbîr kəl-ṭûbî ʿal-pānêḵā wəqārātî bəšēm YHWH ləpānêḵā wəḥannōṯî ʾɛṯ-ʾăšer-ʾāḥōn wəriḥamtî ʾɛṯ-ʾăšer-ʾarāḥēm*
> “Farei passar toda a minha bondade diante de ti e proclamarei o nome de YHWH diante de ti. E terei misericórdia de quem eu tiver misericórdia e terei compaixão de quem eu tiver compaixão.” (Êx 33,19)

O termo *ṭûbî* (minha bondade) sugere que o que Moisés verá não será uma revelação direta da essência divina, mas a manifestação de Sua bondade, Sua soberania e Seu caráter gracioso. Além disso, YHWH enfatiza Sua liberdade em conceder graça e misericórdia – uma afirmação teológica fundamental que será retomada por Paulo em Romanos 9,15. Contudo, há um limite intransponível:

> *lōʾ-tûkal lirʾōṯ ʾɛṯ-pānāy kî lōʾ-yirʾānî hāʾādām wāḥay*
> “Não poderás ver a minha face, porque homem nenhum pode ver-me e viver.” (Êx 33,20)

Aqui, a teologia da transcendência divina é claramente estabelecida. Embora YHWH se revele a Moisés de maneira única, há um limite imposto à visão humana da glória divina. A plenitude da essência de Deus permanece inacessível aos mortais. No entanto, YHWH permite a Moisés um vislumbre dessa glória, protegendo-o na fenda de uma rocha:

> *wəhāyâ bəʿăḇōr kəḇôdî wəśamtîḵā bəniqrāṯ haṣṣûr*
> *wəśaḵōṯî ḵappî ʿālêḵā ʿaḏ-ʾăšer-ʿāḇartî*
> "E será que, ao passar a minha glória, te porei numa fenda da rocha, e cobrirei com a minha mão até que eu tenha passado." (Êx 33,22)

Moisés não verá a face de YHWH, mas apenas Suas "costas" (*ʾaḥōray*), isto é, um reflexo, um rastro de Sua presença. Isso enfatiza que, embora Deus possa se revelar, há um mistério inatingível que permanece oculto.

O capítulo 33 revela que a intercessão de Moisés é eficaz em restaurar a presença de YHWH para Israel, mas também estabelece os limites da revelação divina. A presença de Deus é indispensável para a identidade de Israel, mas a experiência de Sua glória continua sendo velada, sugerindo que a plenitude dessa revelação ainda pertence ao futuro da história da redenção.

Capítulo 34

Êxodo 34 representa o momento da renovação da aliança entre YHWH e Israel após a idolatria do bezerro de ouro. O episódio destaca a misericórdia e a justiça divinas, a centralidade de Moisés como mediador e a reafirmação do compromisso entre Deus e o povo. A restauração da aliança não apenas reestabelece o pacto quebrado, mas também aprofunda a revelação do caráter divino e o papel de Israel como nação santa. O capítulo se inicia com a ordem divina para que Moisés prepare um novo conjunto de tábuas:

> *pəsal-ləḵā šənê lûḥōṯ ʾăḇānîm ka-rîšōnîm wəkāṯabtî*

> *ʿal ha-lûḥōṯ ʾet ha-dəḇārîm ʾăšer hāyû ʿal ha-lûḥōṯ ha-rîšōnîm ʾăšer šiḇartā*
> "Lavra para ti duas tábuas de pedra como as primeiras, e nelas escreverei as palavras que estavam nas primeiras tábuas, que quebraste." (Êx 34,1)

A menção à quebra das tábuas anteriores ressalta a seriedade do pecado de Israel e a necessidade de reconstrução da aliança. No entanto, a responsabilidade de esculpir as novas tábuas recai sobre Moisés, enquanto a escrita continuará sendo feita por YHWH. Isso marca uma mudança sutil: a primeira versão das tábuas foi completamente obra de Deus (Êx 31,18), mas agora há uma colaboração humana no processo. Moisés, como mediador, assume um papel mais ativo na renovação do pacto. A subida ao Sinai segue padrões rígidos para preservar a santidade do evento:

> *wəʾîš lōʾ yaʿăleh ʿimmāḵ wəgam ʾîš ʾal-yēraʾ bəḵāl-hāhār wəgam haṣ-ṣōʾn wəhaḇāqār ʾal-yirʿû ʾel-mûl hahār hazzɛh*
> "Ninguém subirá contigo, nem se verá pessoa alguma em todo o monte; nem mesmo ovelhas ou gado pastarão diante do monte." (Êx 34,3)

A exigência de isolamento absoluto reforça a singularidade do evento e distingue essa renovação da aliança do episódio original em Êxodo 19, onde o povo teve alguma participação na teofania. A interdição do contato humano ou animal com o monte reforça a transcendência de Deus e o perigo da aproximação irreverente à santidade divina. Moisés obedece e sobe ao Sinai com as novas tábuas:

> *wayyaḥtōḇ ʿal ha-lûḥōṯ ʾet dəḇarê habərît ʿăśerɛṯ haddeḇārîm*
> "E escreveu sobre as tábuas as palavras da aliança, os Dez Mandamentos." (Êx 34,4)

A reescrita dos Dez Mandamentos indica a continuidade da aliança e sua centralidade como base do relacionamento entre YHWH e Israel. A fidelidade de Deus se mantém apesar da infidelidade do povo.

A teofania que se segue é um dos momentos mais fundamentais da teologia bíblica. YHWH desce em uma nuvem e proclama Seu próprio nome:

> *wayyiqra' bəšēm YHWH*
> "E proclamou o nome de YHWH." (Êx 34,5)

O nome divino não é uma mera designação, mas uma revelação do caráter e da essência de Deus. Essa autoproclamação é seguida por um dos textos mais citados no Antigo Testamento, que descreve os atributos divinos:

> *YHWH YHWH 'ēl raḥûm wəḥannûn 'erek̲ 'appayim*
> *wərab̲-ḥesed wə'ĕmet̲ nōṣēr ḥesed la-'ălāp̄îm nōśē' 'āwōn*
> *wāp̄ešaʿ wəḥaṭṭā'â wənaqqēh lō' yanaqqeh*
> "YHWH, YHWH, Deus compassivo e clemente, longânimo e abundante em misericórdia e fidelidade, que guarda a misericórdia para milhares, que perdoa a iniquidade, a transgressão e o pecado, mas que de maneira nenhuma inocenta o culpado." (Êx 34,6-7)

Essa autodescrição de YHWH se tornará um credo fundamental da teologia israelita, citado em vários momentos da Escritura (Nm 14,18; Sl 86,15; Jl 2,13; Jn 4,2). A ênfase na misericórdia e na fidelidade divina contrabalança a advertência sobre o juízo. A justiça de Deus não é arbitrária, mas coexiste com Sua graça e disposição de perdoar. Diante dessa revelação, Moisés responde imediatamente com adoração e intercessão:

> *wayyĕmāher Mōšeh wayyiqqōd 'arṣā wayyištaḥû*
> "Moisés apressou-se, inclinou-se à terra e adorou."
> (Êx 34,8)

O ato de Moisés demonstra reconhecimento da grandeza de Deus e a urgência de sua súplica. Sua intercessão reitera a necessidade da presença de YHWH com Israel:

> *ʾim-nāʾ māṣāʾtî ḥēn bəʿênêḵā ʾădōnāy yēlēḵ-nāʾ ʾădōnāy bəqirbênû kî ʿam qəšê-ʿōrεp̄ hûʾ wəsālaḥtā la-ʿăwōnênû uləḥaṭṭāʾtênû ûnəḥaltānû*
> "Se agora achei graça aos teus olhos, ó Senhor, que o Senhor vá no meio de nós, pois este é um povo de dura cerviz; perdoa, pois, a nossa iniquidade e o nosso pecado, e toma-nos por tua herança." (Êx 34,9)

Moisés reconhece a obstinação de Israel, mas apela à graça de Deus. O argumento central de sua intercessão é que, apesar da dureza do coração do povo, apenas a presença contínua de YHWH pode garantir sua identidade e futuro. A resposta divina vem na forma da renovação da aliança:

> *hinnēnî kōrēt bərît neged kol-ʿamməḵā ʾeʿĕśeh niplāʾôt ʾăšer lōʾ-nibrəʾû bəḵāl-hāʾărεṣ ûrāʾā kol-hāʿām ʾăšer-ʾattâ bəqirbô ʾet-maʿăśê YHWH kî-nôrāʾ hûʾ ʾăšer ʾănî ʿōśeh ʿimmāk*
> "Eis que faço uma aliança. Diante de todo o teu povo farei maravilhas tais como nunca foram feitas em toda a terra, nem entre nação alguma; e todo o povo no meio do qual estás verá a obra de YHWH, porque coisa temível é a que faço contigo." (Êx 34,10)

A promessa de maravilhas futuras reafirma que Deus continua comprometido com Israel. A renovação da aliança não apenas restaura o pacto anterior, mas também inclui um compromisso de novas ações poderosas. A seção se encerra com a reafirmação de que a obediência é essencial para que a presença de Deus continue com o povo. Moisés, como mediador, tem sucesso em sua intercessão, mas a renovação da aliança vem com a condição da fidelidade contínua de Israel.

Êxodo 34,1-11 estabelece que a relação entre YHWH e Israel não foi destruída, mas reconstruída sobre os pilares da graça divina, da mediação de Moisés e da resposta de obediência do povo. Esse episódio prepara o caminho para a permanência da presença de Deus entre Seu povo e reforça a identidade de Israel como nação eleita e portadora da revelação divina.

A renovação da aliança em Êxodo 34 não apenas reafirma os termos do pacto original, mas também destaca a exclusividade do relacionamento entre YHWH e Israel. A restauração do pacto exige lealdade absoluta ao Deus que redimiu o povo do Egito e estabelece diretrizes para evitar a contaminação com a idolatria dos povos vizinhos. A ordem divina para evitar alianças com os habitantes da terra é explícita:

> *hiššāmer-ləḵā pen-tikrot bərît ləyōšēḇ hāʾāreṣ ʾăšer-ʾattāh bāʾ ʿēlāyw pen-yihyeh ləmôqeš bəqirbɛḵā*
> "Guarda-te de fazer aliança com os habitantes da terra para onde vais, para que não sejam um laço no meio de ti." (Êx 34,12)

O termo *môqeš* (laço) sugere que qualquer relação pactuada com os cananeus levaria inevitavelmente Israel à infidelidade religiosa. A idolatria é tratada como um perigo constante, e não como uma mera possibilidade distante. A proibição reforça a exclusividade do culto a YHWH:

> *lōʾ-tištaḥăwɛh ləʾēl ʾaḥēr*
> "Não te prostrarás diante de outro deus." (Êx 34,14)

Aqui, a aliança é reforçada com um alerta contra a adoração de divindades estrangeiras. O monoteísmo israelita não se define apenas pela afirmação da existência de um único Deus, mas pela rejeição ativa de qualquer outro culto. A ênfase no perigo da idolatria se manifesta na ordem de destruição de símbolos religiosos dos povos cananeus:

> *kî ʾet-mizbəḥōṯām tittōṣûn wəʾet-maṣṣēḇōṯām təšabbērûn wəʾet-ʾăšērêhem təḵarētûn*
> "Derribareis os seus altares, quebrareis as suas colunas e cortareis os seus postes sagrados." (Êx 34,13)

Os termos *mizbəḥōṯ* (altares), *maṣṣēḇōṯ* (colunas) e *ʾăšērîm* (postes sagrados) são referências diretas às práticas cultuais dos cananeus. O texto exige não apenas a rejeição desses símbolos, mas sua total erradicação, enfatizando que a santidade de Israel depende da separação completa de cultos pagãos. A fidelidade a YHWH também se expressa na observância das festas religiosas, que marcam a vida litúrgica de Israel. Três festividades são relembradas:

> *ʾeṯ-ḥaḡ hammaṣṣôt tišmōr šibʿaṯ yāmîm tōʾḵal maṣṣōt ʾăšer-ṣiwîtîḵā ləmôʿēd ḥōdeš hāʾāḇîḇ*
>
> "Guardarás a Festa dos Pães Asmos; sete dias comerás pães asmos, como te ordenei, no tempo determinado do mês de abibe." (Êx 34,18)

A Festa dos Pães Asmos relembra a saída do Egito e enfatiza a necessidade de um compromisso contínuo com a libertação divina.

> *ḥaḡ haššāḇuʿōṯ taʿăśeh ləḵā bikkûrê qəṣîr ḥiṭṭîm wəḥaḡ hāʾāsîp̄ təqûp̄aṯ haššānâ*
>
> "Celebrarás a Festa das Semanas, a festa das primícias da colheita do trigo, e a Festa da Colheita no final do ano." (Êx 34,22)

A Festa das Semanas (*Shavuot*) e a Festa da Colheita (*Sukkot*) conectam o ciclo agrícola à fidelidade a YHWH. A celebração das colheitas não é apenas um evento econômico, mas um ato de culto que reconhece Deus como o provedor de todas as bênçãos. A dedicação dos primogênitos continua sendo um dos princípios fundamentais da relação entre YHWH e Israel, vinculando a memória da libertação do Egito com a consagração da vida a Deus.

> *kōl peṭer-reḥem lî wəkōl məqənɛḵā taḥûr zāḵār bəḇəḵōr šōr waśśɛh*
>
> "Todo o que abre a madre é meu; todo macho primogênito do teu gado, seja boi ou ovelha." (Êx 34,19)

O princípio subjacente a essa exigência remete à décima praga do Egito (Êx 12,29-30), quando os primogênitos egípcios foram mortos enquanto os de Israel foram poupados. A consagração dos primogênitos serve como um lembrete permanente desse evento e reforça a compreensão de que a vida de Israel pertence inteiramente a YHWH.

A exigência da redenção dos primogênitos humanos e de animais impuros reflete a santidade da vida e a necessidade de substituição sacrificial:

> *ûp̄eṭer-ḥămōr tip̄dê bəśɛh wə'im-lō' tip̄dê wə'ărap̄tōw kōl-bəḵōr bānêḵā tip̄dê wəlō' yērā'û pānây rêqām*
> "Mas o primogênito do jumento resgatarás com um cordeiro; se, porém, não o resgatares, quebrar-lhe-ás a nuca. Todo primogênito de teus filhos resgatarás, e não aparecerás diante de mim de mãos vazias." (Êx 34,20)

A exigência do resgate enfatiza a necessidade de substituição: enquanto os primogênitos dos animais puros podem ser sacrificados, aqueles considerados impuros, como o jumento, devem ser resgatados por meio de outro animal. Da mesma forma, os primogênitos humanos não são oferecidos em sacrifício, mas requerem uma oferta de redenção. Essa prática garante que a consagração a YHWH não se traduza em rituais de sacrifício humano, como era comum em cultos pagãos. A sequência de mandamentos reafirma a centralidade do sábado na aliança:

> *šēšet yāmîm ta'ăśeh ma'ăśeḵā ûbayyōm hašəbî'î tišbōt bəḥārîš ûbaqāṣîr tišbōt*
> "Seis dias trabalharás, mas ao sétimo dia descansarás; na aradura e na colheita descansarás." (Êx 34,21)

A menção específica da aradura e da colheita enfatiza que o descanso sabático não é opcional nem mesmo durante os períodos críticos do ciclo agrícola. Isso reforça a teologia do sábado como um ato de confiança em Deus, reconhecendo que é Ele, e não o trabalho humano, que sustenta Israel. A reafirmação das festas sagradas dá continuidade à estruturação do calendário litúrgico de Israel:

> *ḥaḡ haššāḇu'ōṯ ta'ăśeh ləḵā bikkûrê qəṣîr ḥiṭṭîm wəḥaḡ hā'āsîp̄ təqûp̄aṯ haššānâ*
> "Celebrarás a Festa das Semanas, a festa das primícias da colheita do trigo, e a Festa da Colheita no final do ano." (Êx 34,22)

Essas festas vinculam a adoração de YHWH ao ciclo agrícola, garantindo que o reconhecimento da provisão divina esteja integrado ao cotidiano de Israel. A Festa das Semanas (*Shavuot*) e a Festa da Colheita (*Sukkot*) não são apenas celebrações festivas, mas ritos de memória e gratidão pela fidelidade de YHWH. A menção à obrigatoriedade da peregrinação a Jerusalém reforça a unidade da adoração:

> *šālōš pəʿāmîm baššānâ yērāʾê kol-zəḵûrḵā ʾeṯ-pənê ʾădōn YHWH ʾĕlōhê yiśrāʾēl*
> "Três vezes no ano todo homem comparecerá diante do Senhor YHWH, Deus de Israel." (Êx 34,23)

Esse mandamento estabelece que a adoração coletiva não deve ser fragmentada ou dispersa, mas centralizada no santuário estabelecido por Deus. A presença obrigatória dos homens nas festividades também sugere a responsabilidade espiritual dos chefes de família na preservação da fé de Israel. A reafirmação da soberania de YHWH sobre Israel aparece na promessa de proteção durante essas peregrinações:

> *kî ʾôrîš gôyîm mip̄ānêḵā wəhirḥabtî ʾeṯ-gəḇulêḵā wəlōʾ-yaḥmōḏ ʾîš ʾeṯ-ʾarṣəḵā bəʿălōṯəḵā lərāʾôṯ ʾeṯ-pənê YHWH ʾĕlōhêḵā šālōš pəʿāmîm baššānâ*
> "Pois lançarei fora as nações de diante de ti e alargarei os teus limites, e ninguém cobiçará a tua terra quando subires para comparecer perante YHWH, teu Deus, três vezes no ano." (Êx 34,24)

A obediência à aliança não enfraquece Israel, mas garante sua segurança. A preocupação natural com a vulnerabilidade territorial durante as peregrinações é resolvida pela promessa de proteção divina. Isso reflete a lógica da aliança: a fidelidade a YHWH resulta em bênção e segurança. A menção ao sacrifício da Páscoa reforça que a aliança renovada continua enraizada na libertação do Egito:

> *lōʾ-tišḥaṭ ʿal-ḥāmēṣ dam-zibḥî wəlōʾ-yālin laḇōqer zebhaḥ ḥaḡ hap̄eśaḥ*
> "Não sacrificarás o sangue do meu sacrifício com pão

levedado, nem ficará até pela manhã o sacrifício da festa da Páscoa." (Êx 34,25)

A proibição de levedura reforça o simbolismo da pressa na saída do Egito (Êx 12,34) e garante que a celebração da redenção continue marcada por pureza e separação.

Moisés permanece no monte Sinai por quarenta dias e quarenta noites, sem comer nem beber:

wayyihî šām ʿim-YHWH ʾarbaʿîm yôm wəʾarbaʿîm laylâ leḥem lōʾ ʾākal ûmayim lōʾ šātâ wayyiktōḇ ʿal ha-lûḥōṯ ʾet-dəḇarê habbərît ʿăśɛret ha-dəḇārîm
"E esteve ali com YHWH quarenta dias e quarenta noites; não comeu pão nem bebeu água. E escreveu nas tábuas as palavras da aliança, os Dez Mandamentos." (Êx 34,28)

O jejum absoluto de Moisés remete à sua primeira permanência no Sinai (Êx 24,18) e enfatiza a total dependência da presença divina. O fato de Moisés ser sustentado sem comida ou água sugere uma realidade transcendental, onde a comunhão com Deus substitui as necessidades físicas. A reescrita das tábuas da aliança indica a continuidade do pacto, agora renovado, mas mantendo sua essência inalterada. A repetição dos Dez Mandamentos enfatiza que a infidelidade de Israel não alterou a vontade divina, mas exigiu um processo de restauração.

O capítulo 34, até o versículo 28, estrutura uma renovação da aliança que reforça as dimensões de consagração, fidelidade, adoração e dependência de YHWH. O jejum de Moisés e a nova redação das tábuas demonstram que a relação entre Deus e Israel não pode ser reduzida a um contrato meramente legal, mas envolve compromisso, santidade e renovação constante. O período de quarenta dias remete à primeira estada de Moisés no monte (Êx 24,18) e simboliza uma experiência de renovação espiritual. A ausência de alimento ou água indica uma dependência total da presença divina.

Ao descer do monte Sinai, Moisés não carrega apenas as novas tábuas da aliança, mas também uma transformação visível e marcante que testemunha sua intimidade com YHWH:

> *wəhinnē qāran ʿōr pānâw bədabbərô ʾittô*
> “E eis que a pele do seu rosto resplandecia por haver falado com Ele.” (Êx 34,29)

O verbo *qāran* pode significar “resplandecer” ou “emitir raios”, descrevendo um fenômeno único que ocorre como consequência da proximidade com a glória divina. Essa radiação da face de Moisés não é um mero efeito visual, mas um sinal concreto da transformação espiritual operada por sua comunhão direta com Deus. A reação dos israelitas revela o impacto desse brilho sobrenatural:

> *wayyarʾ ʾahărōn wəkāl-bənê-yiśrāʾēl ʾeṯ-Mōšeh wəhinnē qāran ʿōr pānâw wayyîrāʾû miqqərōḇ ʾēlāyw*
> “E Arão e todos os filhos de Israel viram Moisés, e eis que a pele do seu rosto resplandecia; e temeram aproximar-se dele.” (Êx 34,30)

Esse temor diante da luz refletida no rosto de Moisés ecoa as reações humanas em outras teofanias, como a dos israelitas no Sinai, quando pediram que Deus não falasse diretamente com eles (Êx 20,18-19). A santidade divina, mesmo refletida em um ser humano, causa espanto e distanciamento. Moisés, porém, os chama e comunica as palavras que YHWH lhe ordenara:

> *wayyiqrāʾ ʾălêhem wəyāšûḇû ʾēlāyw ʾahărōn wəkāl-hannəśîʾîm bāʿēdâ wayədabbēr Mōšeh ʾălêhem*
> “Então Moisés os chamou, e Arão e todos os príncipes da congregação voltaram a ele; e Moisés lhes falou.” (Êx 34,31)

Essa sequência de eventos ressalta a função mediadora de Moisés: ele não apenas recebe a revelação divina, mas a transmite ao povo, apesar do temor que sua nova aparência desperta. O texto então descreve um costume que Moisés passa a adotar:

> *wəkallōṯō middabbēr ʾittō wayyāśēm ʿal-pānâw massēkâ*
> “E, acabando de falar com eles, pôs um véu sobre o rosto.” (Êx 34,33)

A introdução do véu estabelece uma distinção entre os momentos em que Moisés se encontra na presença de Deus e aqueles em que interage com o povo. Esse ato pode ser interpretado de várias maneiras. Uma possibilidade é que Moisés cobre o rosto para não assustar os israelitas com o brilho intenso; outra, sugerida por Paulo em 2 Coríntios 3,7-13, é que o véu oculta o desvanecimento do brilho, simbolizando a transitoriedade da antiga aliança. A alternância entre véu e descoberta continua:

> *ûbəḇōʾ Mōšeh ləpənê YHWH lədabbēr ʾittô yāsîr ʾet-hammassēkâ ʿaḏ-yeṣēʾ wəyāṣāʾ wədibbēr ʾel-bənê-yiśrāʾēl ʾēt ʾăšer yəṣūwâ*
> "Mas quando Moisés entrava perante YHWH para falar com Ele, tirava o véu até sair. Então saía e falava aos filhos de Israel o que lhe era ordenado." (Êx 34,34)

Esse ciclo sugere que a comunhão com Deus afeta fisicamente Moisés a cada encontro. Sua face não apenas brilhou em um momento específico, mas continua a resplandecer após cada interação com YHWH. Isso reforça a exclusividade de Moisés como mediador da aliança renovada. A conclusão do capítulo sintetiza essa dinâmica:

> *wayyarʾû bənê-yiśrāʾēl ʾet-pənê Mōšeh kî qāran ʿōr pənê Mōšeh wəhēšîḇ Mōšeh ʾet-hammassēkâ ʿal-pānâw ʿaḏ-bōʾô lədabbēr ʾittô*
> "E viam os filhos de Israel o rosto de Moisés, que a pele do seu rosto resplandecia; e Moisés tornava a pôr o véu sobre o rosto, até entrar para falar com Ele." (Êx 34,35)

Essa repetição reforça o impacto duradouro do encontro de Moisés com Deus. O brilho de sua face não era apenas um fenômeno isolado, mas um testemunho contínuo da renovação da aliança.

A conclusão de Êxodo 34 não apenas confirma a restauração da relação entre YHWH e Israel, mas também estabelece Moisés como a figura mediadora central. O resplendor de sua face simboliza a presença divina e serve como evidência visível da legitimidade da aliança renovada. Além disso, a necessidade do véu ressalta a distância entre a santidade de Deus e a condição do povo, demonstrando que, apesar da renovação, Israel ainda não está preparado para suportar plenamente a glória de YHWH.

Capítulo 35

O capítulo 35 marca uma transição fundamental no livro do Êxodo, passando das instruções detalhadas sobre o Tabernáculo para sua efetiva construção. Moisés reúne a congregação e transmite a ordem divina, destacando três princípios fundamentais: a observância do sábado, a voluntariedade das ofertas e a capacitação dos artesãos por YHWH. A construção do santuário não é meramente um projeto arquitetônico, mas um ato de adoração coletiva que reflete a resposta do povo à presença divina. A reafirmação do sábado abre a seção, enfatizando que a santidade do tempo precede a santidade do espaço:

> *šēšet yāmîm təʿāśêh məlākâ ûbayyôm hašəbîʿî yihəyeh lākem qōḏeš šabbāt šabbātōn laYHWH*
> "Seis dias se fará trabalho, mas o sétimo dia vos será santo, um sábado de descanso para YHWH." (Êx 35,2)

A colocação desse mandamento logo antes da construção do Tabernáculo é teologicamente significativa. O santuário, por mais sagrado que seja, não pode subverter o ritmo ordenado por Deus na criação. A obra de edificação, ainda que seja para YHWH, deve ser interrompida no sábado. Isso reforça um princípio central da teologia bíblica: a aliança não se fundamenta no trabalho humano, mas na resposta fiel à ordem divina. O versículo seguinte acentua a seriedade dessa observância:

> *kāl-haʿōśêh bô məlākâ yûmāt*
> "Todo aquele que nele fizer trabalho morrerá." (Êx 35,2)

A pena de morte associada à violação do sábado pode parecer severa, mas no contexto do Pentateuco, isso sublinha a distinção entre o que pertence ao humano e o que pertence ao divino. O sábado é um sinal da aliança (Êx 31,13), e desrespeitá-lo significa desafiar a soberania de YHWH sobre Israel. Além disso, um detalhe adicional é incluído:

> *lōʾ-ṯəḇaʿărû ʾēš bəḵāl-mōšəḇōṯêḵem bəyôm haššabbāt*
> "Não acendereis fogo em nenhuma de vossas moradas no dia de sábado." (Êx 35,3)

Essa proibição específica, não mencionada anteriormente, sugere que o sábado exige não apenas a cessação do trabalho físico, mas também a suspensão de qualquer atividade produtiva. Acender fogo, essencial para o trabalho artesanal e doméstico, é incluído na proibição para garantir que o dia de descanso seja absoluto. Após estabelecer o sábado como princípio fundamental, Moisés instrui o povo sobre as ofertas para o Tabernáculo:

> *zɛh haddāḇār ʾăšer-ṣîwwâ YHWH lēʾmōr qəḥû məʾittəḵem tərûmâ laYHWH*
> "Esta é a palavra que YHWH ordenou, dizendo: Tomai, de entre vós, uma oferta para YHWH." (Êx 35,4-5)

Diferente dos tributos compulsórios exigidos por reis e governantes no mundo antigo, a oferta para o santuário deve ser voluntária:

> *kōl-nəḏîḇ libbô*
> "Todo aquele cujo coração o mover." (Êx 35,5)

Esse detalhe enfatiza que a construção do Tabernáculo não pode ser realizada por coerção ou imposição. A generosidade deve brotar do coração, pois o santuário não é um símbolo de poder humano, mas o reflexo da presença de YHWH no meio de Israel. O inventário de materiais necessários é detalhado nos versículos seguintes: ouro, prata, bronze, linho fino, peles, madeira de acácia e pedras preciosas (35,5-9). Esse catálogo reflete o esplendor de um palácio real, mas com uma diferença crucial: em vez de ser um monumento à grandeza humana, sua riqueza é dedicada exclusivamente à glória divina. O uso do ouro e do linho fino, por exemplo, evoca imagens de realeza, sugerindo que YHWH habita entre Israel como seu verdadeiro rei. A resposta do povo é imediata e entusiástica:

> *wayyāḇōʾû kāl-ʾîš ʾăšer-nəśāʾô libbô wəkāl-ʾăšer-nāḏəḇāh rûḥô ʾōṯô hēḇîʾû ʾet-tərûmat YHWH*
> "E veio todo homem cujo coração o moveu, e todo aquele cujo espírito o impeliu trouxe a oferta de YHWH." (Êx 35,21)

A repetição das expressões "coração movido" e "espírito impelido" reforça a natureza voluntária do gesto. Israel, que havia falhado ao adorar o bezerro de ouro, agora responde a YHWH com devoção genuína. Esse contraste com Êxodo 32 é significativo: enquanto o ouro foi usado anteriormente para a idolatria, agora ele é ofertado para a construção do verdadeiro lugar da presença divina. A resposta do povo é entusiástica. Homens e mulheres trazem suas ofertas em abundância:

> *wayyāḇōʾû hāʾănāšîm ʿal-hannāšîm kol-nəḏîḇ-lēḇ hēḇîʾû ḥāḥ*
> "Vieram, tanto homens como mulheres, todos os dispostos de coração, e trouxeram broches, brincos, anéis, colares e toda sorte de objetos de ouro". (Êx 35,22)

Essa generosidade contrasta fortemente com o uso do ouro para a feitura do bezerro de ouro em Êxodo 32. A matéria-prima que antes foi desviada para a idolatria agora é consagrada para a habitação de YHWH. A generosidade não se limita aos materiais; as mulheres, por exemplo, contribuem com seu trabalho artesanal:

> *wəkāl-ʾiššâ ḥăḵmaṯ-lēḇ bəyāḏêhā ṭāwû*
> "E toda mulher hábil de coração fiava com suas mãos." (Êx 35,25)

Esse detalhe sublinha que a participação na edificação do Tabernáculo não se restringe a uma elite específica, mas envolve toda a comunidade, incluindo homens e mulheres, ricos e pobres. A contribuição não é apenas material, mas também de habilidade e trabalho.

Além disso, algumas mulheres se dedicam a uma tarefa ainda mais específica e diferenciada:

> *wəhannašîm ʾăšer-nāśāʾ libbānā ʾet-hāḥoḵmâ ṭāwû ʾet-hazzim*
> "E todas as mulheres cujo coração as moveu em sabedoria fiavam os pelos de cabra." (Êx 35,26)

O texto distingue essas mulheres por uma capacitação especial (*nāśāʾ libbānā ʾet-hāḥoḵmâ*, "cujo coração as moveu em sabedoria), indicando que seu trabalho era altamente especializado. O material que elas trabalham, os pelos de cabra, era crucial para a confecção das cortinas externas do Tabernáculo, garantindo resistência e proteção contra as intempéries do deserto. Após relatar a generosidade do povo na doação de materiais e a participação ativa das mulheres na manufatura dos tecidos, o texto foca na capacitação dos principais artífices encarregados de transformar essas matérias-primas no santuário de YHWH. Moisés anuncia que YHWH escolheu pessoalmente Bezalel para liderar a construção:

> *rəʾû qārāʾ YHWH bəšēm bəṣallʾēl ben-ʾûrî ben-ḥûr ləmaṭṭē yəhûḏâ*
> "Eis que YHWH chamou pelo nome Bezalel, filho de Uri, filho de Hur, da tribo de Judá." (Êx 35,30)

A escolha de Bezalel enfatiza a soberania de Deus na obra do Tabernáculo. Seu nome (*Bəṣallʾēl*, que significa "à sombra de Deus) sugere proximidade com a presença divina, refletindo seu papel como artífice do espaço sagrado. O texto destaca que a habilidade de Bezalel não é meramente natural, mas resultado de um dom divino:

> *wəʾammallē ʾōtô rûaḥ ʾĕlōhîm bəḥoḵmâ ûbiṯəbûnâ ûbəḏaʿaṯ ûbəḵāl-məlāḵâ*
> "E o enchi do Espírito de Deus, de sabedoria, de entendimento, de conhecimento e de toda habilidade artesanal." (Êx 35,31)

Aqui, quatro termos são usados para descrever sua capacitação:

- *ḥoḵmâ* (sabedoria) – a capacidade de compreender e aplicar princípios divinos;
- *ṯəbûnâ* (entendimento) – percepção intuitiva e discernimento profundo;
- *daʿaṯ* (conhecimento) – domínio técnico e prático;
- *məlāḵâ* (habilidade artesanal) – aptidão para realizar trabalhos manuais refinados.

Essa combinação sugere que a obra do Tabernáculo não era apenas uma questão de talento humano, mas uma expressão do Espírito de Deus capacitando indivíduos para executar um propósito sagrado. Além de Bezalel, outro personagem é mencionado:

> *wələhorōṯ nāṯan bəlībô hûʾ wəʾŏholîʾāḇ ben-ʾaḥîsāmāḵ ləmaṭṭē-dān*
> "E a ele deu a capacidade de ensinar, tanto a ele quanto a Aoliabe, filho de Aquisamague, da tribo de Dã." (Êx 35,34)

Aoliabe (*ʾŏholîʾāḇ*, "a tenda do pai) é descrito não apenas como um artífice habilidoso, mas também como alguém dotado de *ləhorōṯ* (a capacidade de ensinar). Isso sugere que a construção do Tabernáculo não era uma tarefa solitária, mas um esforço coletivo que exigia transmissão de conhecimento e habilidades. O fato de Aoliabe ser da tribo de Dã – uma das tribos menores de Israel – também reforça que a participação no santuário não se limita a uma elite, mas envolve membros de diferentes origens e habilidades. A capacitação de Bezalel e Aoliabe se estende a outros trabalhadores:

> *məlɛʾ ʾōṯām ḥoḵmaṯ-lēḇ laʿăśôṯ kōl-məlɛʾḵɛṯ ḥārāš*
> "Ele os encheu de habilidade para fazer toda obra de artífice." (Êx 35,35)

Essa capacitação coletiva reforça que a construção do Tabernáculo não depende de um indivíduo, mas do trabalho conjunto da comunidade. O dom da sabedoria e da habilidade não é reservado apenas a Moisés, mas é compartilhado entre os artífices e trabalhadores, permitindo que a presença de YHWH se torne visível e acessível a toda a nação. A construção do Tabernáculo, conforme descrita nesta seção, não é apenas um projeto arquitetônico, mas uma expressão da espiritualidade e da identidade de Israel. A participação ativa das mulheres, a capacitação especial dos artesãos e a transmissão de habilidades revelam que o santuário não pertence a uma classe sacerdotal exclusiva, mas é o resultado da consagração de toda a comunidade. A descrição minuciosa da escolha e capacitação de Bezalel e Aoliabe enfatiza que a santidade não se manifesta apenas nos ritos religiosos, mas também no trabalho, na criatividade e na excelência artesanal. A capacitação pelo Espírito de Deus transforma materiais ordinários em um espaço sagrado, onde a glória divina se torna presente. Além disso, o ensino de Aoliabe sublinha que a santidade não é apenas um dom recebido, mas algo que deve ser transmitido. O conhecimento e a habilidade não pertencem a uma elite, mas são compartilhados para que toda a comunidade possa participar da construção da morada de YHWH.

Por fim, Êxodo 35 mostra que a presença divina não é estática nem reservada a um lugar fixo. O santuário é erguido por mãos humanas, mas guiado pelo Espírito divino, revelando que a verdadeira habitação de Deus não se limita ao espaço, mas se manifesta no povo que responde com obediência, generosidade e dedicação.

Capítulo 36

A narrativa começa reafirmando a capacitação divina dos artesãos responsáveis pela construção do Tabernáculo:

> *waʿăśâ bəṣall'ēl wə'ŏholî'āḇ wəkāl-'îš ḥăḵam-lēḇ 'ăšer nātan YHWH ḥoḵmâ ûṯəḇûnâ bəhēmmâ lādaʿaṯ laʿăśōṯ 'et-kāl-məlɛḵeṯ ʿăḇōḏaṯ haqqōḏeš*
>
> "Assim trabalharam Bezalel, Aoliabe e todo homem hábil, a quem YHWH dera sabedoria e entendimento, para saberem fazer toda a obra do serviço do santuário." (Êx 36,1)

Essa introdução ressalta que a habilidade dos artesãos não se restringe à técnica, mas é resultado da sabedoria concedida por Deus. A construção do santuário não é um mero empreendimento humano, mas um projeto divinamente orientado, onde a perícia artística é um dom espiritual. A generosidade do povo se revela em ofertas abundantes, excedendo a necessidade da obra:

> *wayyāḇōʾû kāl-hachăkāmîm haʿōśîm ʾet-kāl-məlākɛṯ haqqōḏɛš ʾîš-ʾîš mimməlaḵtō ʾăšer hēmâ ʿōśîm*
> "Então vieram todos os sábios que faziam toda a obra do santuário, cada um do seu trabalho que fazia." (Êx 36,4)

Os artesãos percebem que os recursos acumulados são mais do que suficientes:

> *wayyōʾmərû ʾel-Mōšeh lēmōr marbîm hāʿām ləhāḇîʾ midḏê hāʿăḇōḏâ*
> "E disseram a Moisés: 'O povo traz muito mais do que o necessário para a obra'." (Êx 36,5)

Esse evento contrasta com Êxodo 32, onde o ouro do povo foi desviado para a idolatria do bezerro de ouro. Aqui, o mesmo material é ofertado para a construção da morada de YHWH, demonstrando um arrependimento coletivo e uma transformação espiritual. Diante da abundância, Moisés ordena que cessem as doações:

> *wayyiddaḇār Mōšeh wayyāʿăḇîrû qôl bam-maḥănɛh lēmōr ʾîš wəʾiššâ ʾal-yaʿaśû ʿôḏ məlākâ ləṯrûmaṯ haqqōḏɛš*
> "Então Moisés ordenou que se proclamasse pelo acampamento: 'Nenhum homem ou mulher faça mais obra alguma como oferta para o santuário'." (Êx 36,6)

A ordem de Moisés reflete a obediência do povo à orientação divina e destaca a abundância como sinal da bênção de Deus. A generosidade voluntária e irrestrita cria um contraste com outros momentos da história de Israel, onde a queixa e a resistência marcam a relação do povo com YHWH. Com os materiais em mãos, os artesãos iniciam a confecção das cortinas do santuário:

> *wayyaʿăśû ha-yiṯrîʿōṯ ʿeśer yərîʿōṯ šēš mɔšzār wəṯəḵēlɛṯ wəʾargāmān wəṯōlāʿaṯ šānî kərûḇîm maʿăśê ḥōšēḇ ʿāśâ ʾōṯām*
> "E fizeram as cortinas do Tabernáculo: dez cortinas de linho fino retorcido, de estofo azul, púrpura e carmesim; com querubins, obra de artífice, as fizeram." (Êx 36,8)

A escolha das cores e dos materiais sublinha a sacralidade do espaço. O azul (*təḵēlɛṯ*), a púrpura (*ʾargāmān*) e o carmesim (*ṯōlāʿaṯ šānî*) remetem à realeza e ao divino. Os querubins bordados reforçam a associação do Tabernáculo com o espaço celestial. As cortinas são unidas com laçadas azuis e colchetes de ouro:

> *wayyaʿăśû ḥămiššîm lūləʾōṯ ʿal-śəp̄at hayyərîʿāh hāʾaḥaṯ miqqāṣeh baməḥabbērɛṯ wayyaʿăśû ḥămiššîm lūləʾōṯ ʿal-śəp̄at hayyərîʿāh ʾăšer bəmiqqāṣeh baššēnît hamməḥabbērɛṯ*
> "E fizeram cinquenta laçadas na borda da cortina na extremidade da primeira peça, e cinquenta laçadas na borda da cortina na extremidade da segunda peça." (Êx 36,11)

Essa união das cortinas com colchetes de ouro (*qlāsəʿê zāhāḇ*) simboliza a unidade e a integridade do santuário:

> *wayyaʿăśû qlāsəʿê zāhāḇ ḥămiššîm wayyaḥabbēr ʾet-hayyərîʿōṯ ʾaḥaṯ ʾel-ʾaḥaṯ bəqlāsəʿôṯ wayəhî hammmiškān ʾeḥāḏ*
> "E fizeram cinquenta colchetes de ouro, e prenderam as cortinas umas às outras com os colchetes, e o Tabernáculo tornou-se um só." (Êx 36,13)

A tenda recebe uma segunda camada de proteção feita de pelo de cabra:

> *wayya'ăśû yərî'ōṯ 'izîm lə'ōhel 'al-hammiškān 'aśtê yərî'ōṯ 'āśâ 'ōṯām*
> "E fizeram cortinas de pelos de cabra para servir de tenda sobre o Tabernáculo; fizeram onze cortinas." (Êx 36,14)

Essa camada de pelo de cabra sugere durabilidade e resistência, servindo como barreira contra as intempéries do deserto. Assim como no Yom Kippur, onde um bode é designado para expiação (Lv 16), a escolha desse material pode aludir à separação entre o sagrado e o profano. A estrutura é complementada com colchetes de bronze (*qlāsə'îm nəḥōšeṯ*), que unem as cortinas externas:

> *wayya'ăśû qlāsə'îm nəḥōšeṯ ḥămiššîm ləḥabbēr 'et-hā'ōhel ləhəyōṯ 'eḥāḏ*
> "E fizeram cinquenta colchetes de bronze para unir a tenda, para que se tornasse uma só." (Êx 36,18)

Duas camadas adicionais cobrem o Tabernáculo:

> *wayya'ăśû mikṣê lō'hel 'ōrōṯ 'êlîm mə'ăḏāmîm wəmikṣê 'ōrōṯ taḥašîm mimmā'lâ*
> "E fizeram uma cobertura para a tenda de peles de carneiro tingidas de vermelho, e uma cobertura de peles de *taḥaš* por cima." (Êx 36,19)

O vermelho das peles de carneiro remete ao sangue do sacrifício, enquanto as peles de *taḥaš* – um material misterioso e valioso – reforçam a singularidade da habitação divina. A montagem do Tabernáculo segue um planejamento meticuloso, onde cada elemento se encaixa com precisão, refletindo a ordem e a santidade estabelecidas por YHWH. A estrutura física do santuário não é apenas funcional, mas simboliza a harmonia da criação divina e a estabilidade da aliança entre Deus e Israel. O primeiro componente estrutural mencionado é a armação feita de tábuas de acácia, que formarão as paredes do santuário:

> *wayya'ăśû qərāšîm la-miškān 'ăṣê šittîm 'ōməḏîm*

> "E fizeram para o Tabernáculo tábuas de madeira de acácia, postas de pé." (Êx 36,20)

A escolha da acácia (šittîm) não é arbitrária. Essa madeira é uma das mais resistentes disponíveis no deserto do Sinai, sendo durável e resistente ao apodrecimento. Além disso, a acácia cresce em condições adversas, tornando-se um símbolo apropriado para Israel – um povo chamado a florescer espiritualmente no meio da aridez do deserto. Cada tábua é padronizada em tamanho, garantindo uniformidade na construção:

> *ʿɛśɛr ʾammôt ʾōrɛḵ haqqərɛš wəʾammâ wəḥēṣî haʾammâ rōḥaḇ haqqərɛš haʾeḥāḏ*
> "Cada tábua tinha dez côvados de altura e um côvado e meio de largura." (Êx 36,21)

Dez côvados equivalem a aproximadamente 4,5 metros de altura, enquanto a largura de um côvado e meio equivale a cerca de 67,5 centímetros. O tamanho elevado das tábuas reforça o caráter imponente do Tabernáculo, destacando-o como um espaço distinto dentro do acampamento israelita. Cada tábua possui encaixes duplos para garantir estabilidade:

> *šətê yāḏôṯ ləqərāš haʾeḥāḏ məšullāḇôṯ ʾîššāh ʾel-ʾaḥōtāh kēn ʿāśâ ləkāl-qərāšê hamməškān*
> "Cada tábua tinha dois encaixes unidos um ao outro. Assim fizeram com todas as tábuas do Tabernáculo." (Êx 36,22)

O uso do termo *məšullāḇôṯ*, traduzido como "unidos", sugere que essas tábuas não são apenas peças estruturais, mas também simbolizam a unidade de Israel. Assim como as tábuas são interligadas para formar uma única estrutura, as tribos de Israel devem permanecer unidas para sustentarem a presença de YHWH entre elas. As tábuas são organizadas de maneira específica para formar três lados do santuário. O lado sul recebe um total de vinte tábuas, estabelecendo a primeira parede do Tabernáculo:

> *wayyaʿăśû ʾet-hammaškān ʿeśrîm qərāšîm ləpāʾaṯ nɛḡɛḇ tɛymānāh*
> "E fizeram vinte tábuas para o lado sul do Tabernáculo." (Êx 36,23)

O lado norte, paralelo ao sul, recebe a mesma estrutura de vinte tábuas:

> *wələṣɛlaʿ hammiškān haššēnît ləpāʾaṯ ṣāpôn ʿeśrîm qərāšîm*
> "E para o lado norte do Tabernáculo, vinte tábuas." (Êx 36,25)

A parte ocidental, que fecha a estrutura do santuário, requer menos tábuas, uma vez que possui menor extensão:

> *wələyarəḵî hammiškān yāmāh ʿāśâ šēš qərāšîm*
> "E para a parte posterior do Tabernáculo, ao oeste, fizeram seis tábuas." (Êx 36,27)

Para reforçar essa extremidade do Tabernáculo, são acrescentadas duas tábuas extras, posicionadas nos cantos:

> *wəšəttê qərāšîm ʿāśû ləməqūṣʿōṯ hammiškān bəyarəḵaym*
> "E fizeram duas tábuas para os cantos do Tabernáculo, na parte posterior." (Êx 36,28)

Essas tábuas dos cantos proporcionam maior estabilidade à estrutura, impedindo que ela se desmonte facilmente durante a viagem pelo deserto. A estabilidade do Tabernáculo é reforçada por travessas que unem as tábuas e garantem sua fixação. Essas travessas percorrem as laterais do santuário, mantendo a estrutura firme durante os deslocamentos no deserto. Cinco travessas são usadas para cada lado da estrutura:

> *wəʿāśû barəḥê ʿăṣê šittîm ḥamiššâ ləqərāšê ṣɛlaʿ ʾeḥāḏ hammiškān haḥāḏ*

"E fizeram travessas de madeira de acácia, cinco para as tábuas de um lado do Tabernáculo." (Êx 36,31)

O mesmo número de travessas é usado para o outro lado e para a parte ocidental do santuário:

wəḥamiššâ bəqərāšê ṣɛlaʿ hammiškān haššēnît
wəḥamiššâ bəqərāšê ṣɛlaʿ hammiškān hayārēḵāyim
miyāmâh ûmiṣāpôn
"E cinco travessas para as tábuas do outro lado do Tabernáculo, e cinco travessas para as tábuas da parte posterior, ao oeste." (Êx 36,32)

No entanto, uma travessa central tem um papel especial. Ela atravessa toda a estrutura, passando pelo meio das tábuas e conferindo maior resistência ao santuário:

wəyaʿăśû habbārîaḥ hatîkkōn ləbarêaḥ bəṯôḵ haqqərāšîm
min-haqqāṣɛh ʾel-haqqāṣɛh
"E fizeram a travessa central para passar pelo meio das tábuas, de uma extremidade à outra." (Êx 36,33)

Essa travessa oculta, que sustenta internamente toda a estrutura, simboliza a presença invisível de YHWH sustentando o santuário. Ainda que não seja vista externamente, ela garante a coesão da morada divina entre os israelitas. Todas as tábuas e travessas são revestidas de ouro, conferindo ao Tabernáculo um brilho especial:

wəʾet-haqqərāšîm ṣippâ zāhāḇ
"E revestiram as tábuas com ouro." (Êx 36,34)

Além disso, os encaixes e os anéis que seguram as travessas também são dourados:

wəʾet-ṭabbʿōtêhem ʿāśâ zāhāḇ məḇāṭṭîm labbārîḥîm
wəṣippâ ʾet-habbārîḥîm zāhāḇ

> “E fizeram os anéis de ouro como suportes para as travessas, e cobriram as travessas com ouro.” (Êx 36,34)

O ouro, metal raro e precioso, remete à santidade e à realeza, distinguindo o Tabernáculo como um espaço de encontro com o Deus Supremo. O brilho do ouro reflete a glória de YHWH, que habita no meio do povo, enquanto os anéis e travessas reforçam a solidez da estrutura.

As cortinas interiores: a separação entre o profano e o sagrado

Após a montagem da estrutura de madeira e ouro, os artesãos confeccionam as cortinas que cobrirão o Tabernáculo, criando diferentes níveis de santidade dentro do espaço. A cortina interna, que separa o Santo Lugar do Santo dos Santos, é chamada de *parokhet* (*pārōḵeṯ*) e é tecida com cores simbólicas:

> *wəya'ăśû pārōḵeṯ ṯəkēlɛṯ wə'argāmān wəṯōlā'aṯ šānî wəšēš mɔšzār ma'ăśê ḥōšēḇ 'āśâ 'ōṯāh kərûḇîm*
> “E fizeram o véu de estofo azul, púrpura e carmesim, e de linho fino retorcido; com querubins obra de artífice o fizeram.” (Êx 36,35)

As cores possuem significados profundos:

- Azul (*təkēlɛṯ*) → Remete ao céu e à transcendência divina.
- Púrpura (*'argāmān*) → Associada à realeza e à dignidade do sacerdócio.
- Carmesim (*ṯōlā'aṯ šānî*) → Evoca o sangue dos sacrifícios e a expiação.
- Linho fino (*šēš mɔšzār*) → Representa pureza e santidade.

O véu é bordado com querubins, figuras angelicais que simbolizam a presença de Deus e a proteção do espaço sagrado. Esse detalhe faz referência à visão do trono divino em Ezequiel 1 e à presença dos querubins sobre a Arca da Aliança. A função da *parokhet* é separar o Santo dos Santos do resto do santuário. Apenas o sumo sacerdote pode atravessar essa cortina uma vez ao ano, no Dia da Expiação (Yom Kipur), para interceder pelo povo diante de YHWH. A cortina é suspensa em colunas de madeira de acácia revestidas de ouro:

> *wəyaʿăśû lāh ʾarbaʿʾāh ʿammūdê šittîm wəṣippû ʾōṯām zāhāḇ*
> "E fizeram para ela quatro colunas de acácia e as cobriram de ouro." (Êx 36,36)

Essas colunas sustentam a santidade do espaço mais sagrado do Tabernáculo, indicando que o acesso à presença divina é sustentado por uma estrutura ordenada e específica.

A cortina da entrada do Tabernáculo

Além da *parokhet*, há uma outra cortina, chamada masak (*māsāḵ*), que cobre a entrada do Santo Lugar:

> *wəyaʿăśû māsāḵ ləpetaḥ hāʾōhel ṯəkēlɛṯ wəʾargāmān wəṯōlāʿaṯ šānî wəšēš mɔšzār maʿăśê rōqēaḥ*
> "E fizeram uma cortina para a entrada da tenda, de estofo azul, púrpura e carmesim, e de linho fino retorcido, obra de bordador." (Êx 36,37)

Essa cortina funciona como a primeira barreira entre o espaço profano e o espaço sagrado. Diferente da *parokhet*, que impede a visão do Santo dos Santos, a *masak* marca o limiar entre o acampamento e o espaço dedicado à adoração. A cortina da entrada é sustentada por cinco colunas de madeira de acácia:

> *wəʾet-ʿammūdêhā ḥămiššâ wəṭabbʿōtêhem wəṣippâ rōʾšêhɛm ûqərāsêhem zāhāḇ wəḥamiššâ ʾadnê nəḥōšeṯ*
> "E fizeram suas cinco colunas e seus ganchos, e cobriram seus capitéis e suas molduras de ouro; e suas cinco bases eram de bronze." (Êx 36,38)

As colunas douradas representam a dignidade e a santidade do espaço interior, enquanto as bases de bronze simbolizam o contato com a terra e a purificação necessária para que alguém possa entrar no santuário.

Capítulo 37

O capítulo 37 de Êxodo descreve a execução detalhada dos principais elementos do mobiliário do Tabernáculo, seguindo as instruções divinas previamente dadas a Moisés. O foco recai sobre a arca da aliança, a mesa dos pães da proposição, o candelabro de ouro e o altar do incenso. A narrativa reforça a precisão com que Bezalel e os artífices realizam a obra, demonstrando que a santidade do santuário não se manifesta apenas no propósito, mas também na meticulosidade de sua construção. O capítulo reafirma que o Tabernáculo não é apenas uma estrutura física, mas um microcosmo da presença divina, um espaço onde a glória de YHWH habita no meio de Israel. A construção da arca da aliança inicia-se com a escolha da madeira de acácia, um material resistente e durável:

> *wayyaʿăś Bəṣall'ēl 'et-hā'ārôn 'ăṣê-šittîm 'ammātayim wāḥēṣî 'ōrεḵô wə'ammâ wāḥēṣî rōḥbô wə'ammâ wāḥēṣî qōmātô*
> “E fez Bezalel a arca de madeira de acácia; seu comprimento era de dois côvados e meio, sua largura de um côvado e meio, e sua altura de um côvado e meio.” (Êx 37,1)

A escolha desse tipo de madeira reflete uma preocupação com a durabilidade e a resistência do objeto mais sagrado do Tabernáculo. O revestimento interno e externo em ouro puro enfatiza a natureza sagrada do objeto, marcando-o como o ponto central do santuário:

> *wayyəṣappēh 'ōtô zāhāḇ ṭāhôr mibbāyit ûmiḥûṣ wayyaʿăś lô zēr-zāhāḇ sāḇîḇ*
> “E cobriu-a de ouro puro por dentro e por fora, e fez para ela uma moldura de ouro ao redor.” (Êx 37,2)

A moldura de ouro, que circunda a arca, reforça a ideia de separação e santidade, delimitando visualmente a presença divina. Além disso, Bezalel fabrica os varais utilizados para o transporte da arca, seguindo a prescrição divina que proíbe que ela seja carregada diretamente:

> *wayyiṣṣōq lô ʾarbaʿ ṭabbāʿōṯ zāhāḇ ʿal-ʾarbaʿ paʿnōṯāyw ûšəttayim ʾal-ṣəlʿōṯô haʾaḥaṯ wəšəttayim ʾal-ṣəlʿōṯô haššēnît*
> "E fundiu para ela quatro argolas de ouro, nos seus quatro cantos, duas argolas em um lado e duas argolas no outro lado." (Êx 37,3)

Essas argolas permitiam que os varais de madeira de acácia revestidos de ouro fossem inseridos e permanecessem fixos na arca:

> *wayyaʿăś baddê-ʿăṣê-šittîm wayyəṣappēh ʾōtām zāhāḇ*
> "E fez varais de madeira de acácia e os cobriu de ouro." (Êx 37,4)

O transporte da arca era feito exclusivamente pelos levitas, sem que ninguém tocasse diretamente nela, em conformidade com a santidade do objeto. A estrutura da arca revela um equilíbrio entre acessibilidade e separação: ela deve estar no centro da vida religiosa de Israel, mas não pode ser manuseada de maneira profana. O propiciatório (***kappōret***), coberto por querubins esculpidos, é descrito como o local da manifestação divina:

> *wayyaʿăś kappōret zāhāḇ ṭāhôr ʾammātayim wāḥēṣî ʾōrɛḵô wəʾammâ wāḥēṣî rōḥbô*
> "E fez o propiciatório de ouro puro; seu comprimento era de dois côvados e meio, e sua largura de um côvado e meio." (Êx 37,6)

O termo kappōret sugere a ideia de expiação, indicando que esse não é apenas um objeto ornamental, mas um ponto de encontro entre YHWH e Israel. Esse local se tornaria, posteriormente, o centro do

Dia da Expiação (Yom Kipur), onde o sumo sacerdote aspergiria o sangue da oferta pelo pecado, intercedendo por toda a nação. Sobre o propiciatório, Bezalel confecciona os querubins, esculpindo-os de uma só peça com a tampa da arca:

> *wayyaʿăś šənê kərûḇîm zāhāḇ miqšâ ʿāśâ ʾōṯām miššənê qəṣôṯ hakkappōret*
> "E fez dois querubins de ouro, de obra batida os fez, das duas extremidades do propiciatório." (Êx 37,7)

A imagem dos querubins como guardiães do propiciatório remete à função dos querubins em Gênesis 3,24, onde são colocados no caminho da árvore da vida, segurando uma espada flamejante. Essa conexão sugere que a arca representa, de certa forma, a restauração do Éden e do acesso à presença divina. Os querubins são moldados com suas asas estendidas e voltadas para o propiciatório, enfatizando seu papel de proteção e adoração:

> *wəhāyû hakərûḇîm pōrəśê ʿənāp̄ayim ləmaʿlâḥ sōḵəḵîm bəʿanpēhem ʿal-hakkappōret wəpənêhem ʾîš ʾel-ʾāḥîw ʾel-hakkappōret yihyû pənê hakərûḇîm*
> "E os querubins tinham as asas estendidas para cima, cobrindo com suas asas o propiciatório, e suas faces estavam voltadas uma para a outra, olhando para o propiciatório." (Êx 37,9)

O direcionamento dos rostos dos querubins indica que toda adoração e reverência se voltam para a manifestação da presença de YHWH sobre a arca. A disposição das asas formando uma cobertura reflete a santidade e o caráter inacessível do divino, demonstrando que, mesmo dentro do Santo dos Santos, a presença de Deus permanece velada e protegida. A mesa dos pães da proposição segue um padrão semelhante, destacando-se pela escolha do material e pelas dimensões precisas:

> *wayyaʿăś ʾet-haššulḥān ʾăṣê-šittîm ʾammātayim ʾōrɛḵô wəʾammâ rōḥbô wəʾammâ wāḥēṣî qōmātô*

> "E fez a mesa de madeira de acácia; seu comprimento era de dois côvados, sua largura de um côvado e sua altura de um côvado e meio." (Êx 37,10)

A madeira de acácia, utilizada também na construção da arca da aliança, confere resistência e durabilidade à peça. No entanto, sua consagração se dá por meio do revestimento em ouro puro:

> *wayyəṣappēhā ḏāhāḇ ṭāhôr wayyaʿăś-lāh zēr-zāhāḇ sāḇîḇ*
> "E a cobriu de ouro puro, e fez-lhe uma moldura de ouro ao redor." (Êx 37,11)

A moldura de ouro, além de reforçar o valor sagrado da mesa, pode servir para evitar que os pães caiam, indicando a necessidade de preservação contínua da oferta diante de YHWH. Além disso, a mesa possui um elemento adicional:

> *wayyaʿăś-lāh mišəgērɛṯ ṯōpaḥ sāḇîḇ wayyaʿăś-lāh zēr-zāhāḇ lammisəgērɛṯ sāḇîḇ*
> "E fez-lhe uma moldura de quatro dedos ao redor, e fez-lhe uma moldura de ouro ao redor da moldura." (Êx 37,12)

Essa segunda moldura destaca o caráter especial da mesa e a separação simbólica do que é consagrado. Para transporte, a mesa recebe argolas e varais semelhantes aos da arca da aliança:

> *wayyaṣṣōq-lāh ʾarbaʿ ṯabbāʿōṯ zāhāḇ wayyiten ʾet-hattabbāʿōṯ ʿal-ʾarbaʿ happəʾāhōṯ ʾăšer ləʾarbaʿ raglêhā*
> "E fundiu para ela quatro argolas de ouro, e colocou as argolas nos quatro cantos que estavam nos seus quatro pés." (Êx 37,13)

Os varais, também revestidos de ouro, asseguram que a mesa seja carregada sem contato direto, reforçando sua santidade:

> *wəʿāśâ habbadîm ʾăṣê-šittîm wayyəṣappēhām ḏāhāḇ wayyissaʾû ʾet-haššulḥān bāhɛm*

> "E fez os varais de madeira de acácia e os cobriu de ouro, para que a mesa fosse carregada com eles." (Êx 37,15)

Além da mesa em si, os utensílios necessários para o culto são confeccionados em ouro puro:

> *wəʿāśâ ʾet-hakkəʿārōṯ wəʾet-hammizrāqōṯ wəʾet-haqqəsāwōṯ wəʾet-hamənaqqiyyōṯ ʾăšer yūsak bāhɛm zāhāḇ ṭāhôr*
> "E fez os pratos, os incensários, as taças e as bacias, com os quais se derramavam as libações, de ouro puro." (Êx 37,16)

Os pães da proposição (*leḥem happānîm*), dispostos sobre essa mesa, representam a provisão divina e a comunhão entre YHWH e Israel. Esse pão, renovado a cada sábado (Lv 24,5-9), simboliza a aliança contínua entre Deus e Seu povo. A seguir, Bezalel fabrica o candelabro, ou menorá, com um detalhamento artístico significativo:

> *wayyaʿăś ʾet-hamənôrâ zāhāḇ ṭāhôr mîqšâ ʿāśâ ʾet-hamənôrâ yarɛḵâ wəqanêhâ gəḇîʿêhâ kappṭōrêhâ ûpərāḥêhâ mimmennâ hāyû*
> "E fez o candelabro de ouro puro; de ouro batido o fez, tanto sua base como seu eixo; seus cálices, seus botões e suas flores saíam dele mesmo." (Êx 37,17)

A menorá, com suas sete lâmpadas, remete à luz da criação e à presença de YHWH guiando Israel. Seu design, com detalhes florais, evoca a árvore da vida, ligando o Tabernáculo ao Éden e sugerindo um retorno ao estado original de comunhão com Deus. Diferentemente da mesa dos pães e da arca, que possuem estrutura de madeira revestida, a menorá é feita inteiramente de ouro batido, destacando sua exclusividade como fonte de luz no santuário. O simbolismo da menorá se expande ao seu formato, com seis hastes laterais e uma haste central:

> *wəšiššâ qənîm yōṣəʾîm miṣṣidêhâ šəlōšâ qənê mənôrâ mîṣṣidêhā haʾeḥāḏ ûšəlōšâ qənê mənôrâ mîṣṣidêhā haššēnî*

"E seis hastes saíam de seus lados: três hastes do candelabro de um lado, e três hastes do outro lado." (Êx 37,18)

A organização dessas hastes reforça o equilíbrio e a simetria da menorá, refletindo um padrão de ordem e harmonia. Cada haste recebe detalhes ornamentais que imitam amêndoas, flores e botões, reforçando a ligação com a vegetação e a fertilidade:

šəlōšâ gəḇîʿîm məšûqqādîm bəqānēh ha'eḥāḏ kappṭōr wəpərāḥ ûšəlōšâ gəḇîʿîm məšûqqādîm bəqānēh ha'eḥāḏ kappṭōr wəpərāḥ kên ləšēšet haqqənîm hayyōṣə'îm min-hamənôrâ
"Três cálices em forma de amêndoa em uma haste, com um botão e uma flor, e três cálices em forma de amêndoa na outra haste, com um botão e uma flor; assim foi feito para as seis hastes que saíam do candelabro." (Êx 37,19)

A amendoeira era a primeira árvore a florescer na primavera, tornando-se um símbolo de vigilância e renovação espiritual. O próprio verbo hebraico ***šāqad*** (vigiar) está relacionado à palavra para "amêndoa", sugerindo que a menorá representa a luz vigilante da presença divina sobre Israel. A estrutura central do candelabro segue o mesmo padrão decorativo:

ûbamənôrâ 'arbaʿâ gəḇîʿîm məšûqqādîm kappṭōrêhâ ûpərāḥêhâ
"E no candelabro havia quatro cálices em forma de amêndoa, com seus botões e suas flores." (Êx 37,20)

O posicionamento das lâmpadas enfatiza a distribuição da luz no interior do Tabernáculo:

wəʿāśâ 'et-nērōtêhā šibʿâ ûməlăqqēḥêhā ûmăḥtōtêhā zāhāḇ ṭāhôr
"E fez suas lâmpadas, sete, e seus espevitadores e seus apagadores, de ouro puro." (Êx 37,23)

A luz do candelabro não apenas ilumina o santuário, mas simboliza a iluminação espiritual de Israel e a revelação contínua de Deus ao Seu povo. O altar do incenso é construído com as mesmas proporções cuidadosamente especificadas:

> *wayyaʿăś ʾet-mizbaḥ haqqəṭōreṯ ʾăṣê-šittîm ʾammâ ʾōrɛḵô wəʾammâ rōḥbô rōḇuʿaʿ wəʾammāṯayim qōmātô*
> "E fez o altar do incenso de madeira de acácia; seu comprimento era de um côvado, sua largura de um côvado, quadrado, e sua altura de dois côvados." (Êx 37,25)

O altar do incenso, menor do que o altar dos holocaustos, é posicionado no Santo Lugar, próximo ao véu que separa o espaço do Santo dos Santos. Sua construção reforça seu papel de mediação entre Deus e Israel. O incenso queimado sobre ele simboliza as orações do povo subindo a Deus, criando uma conexão entre o serviço sacerdotal e a espiritualidade da nação. Antes de chegar ao altar do incenso, a narrativa se dedica a descrever os detalhes finais do candelabro (menorá), ressaltando a precisão de sua ornamentação. Cada uma das seis hastes laterais recebe o mesmo padrão decorativo:

> *ûšəlōšâ gəḇiʿîm məšûqqādîm bəqānēh haʾeḥāḏ kappṭōr wəpərāḥ ûšəlōšâ gəḇiʿîm məšûqqādîm bəqānēh haʾeḥāḏ kappṭōr wəpərāḥ kên ləšēšet haqqənîm hayyōṣəʾîm min-hamənôrâ*
> "Três cálices em forma de amêndoa em uma haste, com um botão e uma flor, e três cálices em forma de amêndoa na outra haste, com um botão e uma flor; assim foi feito para as seis hastes que saíam do candelabro." (Êx 37,19)

Cada uma das seis hastes laterais exibe um padrão ornamental simétrico, refletindo o design intencional do Tabernáculo como um espaço de ordem e harmonia. A amendoeira (*šāqēḏ*), cuja floração precoce simboliza vigilância e prontidão, reforça a função do candelabro como fonte de iluminação contínua diante de YHWH. A haste central do candelabro, que sustenta as demais, também segue o mesmo motivo decorativo:

> *ûbamənôrâ ʾarbaʿâ gəḇîʿîm məšûqqādîm kappṭōrêhâ ûpərāḥêhâ*
> "E no candelabro havia quatro cálices em forma de amêndoa, com seus botões e suas flores." (Êx 37,20)

A decoração floral faz com que a menorá não seja apenas uma fonte de luz, mas também uma representação simbólica da árvore da vida, remetendo ao Éden e à comunhão original entre Deus e a humanidade. Os encaixes entre as hastes são descritos minuciosamente:

> *wəkappṭōr tăḥaṯ-šənê haqqənîm mimmennâ wəkappṭōr tăḥaṯ-šənê haqqənîm mimmennâ ûkappṭōr tăḥaṯ-šənê haqqənîm mimmennâ laššēšet haqqənîm hayyōṣəʾîm min-hamənôrâ*
> "E havia um botão debaixo de duas hastes saindo dela, e um botão debaixo de outras duas hastes saindo dela, e um botão debaixo de outras duas hastes saindo dela, para as seis hastes que saíam do candelabro." (Êx 37,21)

O encaixe entre as hastes e a haste central demonstra que a estrutura do candelabro não era meramente funcional, mas carregava um profundo simbolismo. A unidade de suas hastes representa a integridade da revelação divina e a inseparabilidade da luz de YHWH de Sua presença entre o povo. O próprio candelabro e seus utensílios são moldados a partir de uma única peça de ouro batido:

> *kappṭōrêhâ ûqənêhâ mimmennâ hāyû kullâh miqšâ aḥaṯ zāhāḇ ṭāhôr*
> "Seus botões e seus ramos formavam uma só peça com ele; tudo era de ouro puro batido." (Êx 37,22)

Esse detalhe sublinha a singularidade e a pureza do candelabro, enfatizando sua função sagrada e a necessidade de unidade e coerência na adoração a YHWH. A confecção das lâmpadas e utensílios segue a mesma exigência de excelência:

wəʿāśâ ʾet-nērōtêhā šibʿâ ûmalăqqēḥêhā ûmăḥtōtêhā zāhāḇ ṭāhôr
"E fez suas lâmpadas, sete, e seus espevitadores e seus apagadores, de ouro puro." (Êx 37,23)

O número sete, frequentemente associado à perfeição e à totalidade na Bíblia, reforça que a luz da menorá não é apenas um elemento funcional dentro do Tabernáculo, mas uma manifestação simbólica da plenitude da presença de Deus. O peso do candelabro e seus utensílios confirma a grandiosidade da peça:

kiqqar zāhāḇ ṭāhôr ʿāśāh ʾōtāh wəʾet-kāl-kēlāyhā
"De um talento de ouro puro o fez, com todos os seus utensílios." (Êx 37,24)

Um talento de ouro equivale a aproximadamente 34 kg, indicando a opulência do candelabro e a dedicação necessária para sua confecção. Com a menorá concluída, Bezalel então se volta para a construção do altar do incenso.

wayyaʿăś ʾet-mizbaḥ haqqəṭōreṯ ʿăṣê-šittîm ʾammâ ʾōrɛḵô wəʾammâ rōḥbô rōḇuʿaʿ wəʾammāṯayim qōmātô
"E fez o altar do incenso de madeira de acácia; seu comprimento era de um côvado, sua largura de um côvado, quadrado, e sua altura de dois côvados." (Êx 37,25)

O altar do incenso, também conhecido como "altar de ouro", era distinto do altar dos holocaustos, pois não recebia ofertas de sangue, mas sim incenso aromático, cujo aroma simbolizava as orações do povo subindo a Deus. O altar recebe um revestimento especial para destacar sua santidade:

wəṣîpâ ʾōtô zāhāḇ ṭāhôr ʾet-gaggô wəʾet-qîrōṯāyw sāḇîḇ wəʾet-qarnōṯāyw wayyaʿăś-lô zēr-zāhāḇ sāḇîḇ
"E o revestiu de ouro puro, tanto a parte superior como os seus lados ao redor, e também os seus chifres; e fez-lhe uma moldura de ouro ao redor." (Êx 37,26)

Os chifres, assim como os do altar dos holocaustos, indicam poder e intercessão, mas aqui sua função está associada à mediação espiritual e à adoração. O altar também recebe argolas de ouro para transporte, semelhante à arca e à mesa dos pães:

> *wayyaʿăś-lô šətê ṯabbāʿōṯ zāhāḇ mi-taḥat lə-zērōw ʿal šəttê ṣiḏōṯāyw ʿal šəttê ṣiḏāyw ləḇattîm laḇbadîm ləśāʾēṯ ʾōṯô bāhɛm*
> "E fez para ele duas argolas de ouro, debaixo da sua moldura, nos dois lados, em ambos os lados, para nelas serem colocados os varais, para que fosse carregado com eles." (Êx 37,27)

Esse detalhe assegura que o altar do incenso seja transportado com a mesma reverência destinada aos demais objetos sagrados. Os versículos 28 e 29 descrevem os últimos elementos essenciais do espaço sagrado dentro do Tabernáculo, completando a obra com os utensílios necessários para o culto diário. A cortina que separa o Santo dos Santos do restante do Tabernáculo é mencionada:

> *wayyaʿăś ʾet-mizbaḥ hāʿōlâ nəḥōšeṯ ḥāmēš ʾammōṯ ʾōrɛḵô wəḥāmēš ʾammōṯ rōḥbô rōḇuʿaʿ wəšālōš ʾammōṯ qōmātô*
> "E fez o altar dos holocaustos de bronze; seu comprimento era de cinco côvados, sua largura de cinco côvados, quadrado, e sua altura de três côvados." (Êx 37,28)

O altar dos holocaustos (*mizbaḥ hāʿōlâ*), feito de bronze, difere do altar do incenso, que era revestido de ouro. Esse altar se localiza no pátio externo, onde os sacrifícios diários são oferecidos. Seu tamanho maior e seu material resistente refletem sua função de receber as ofertas queimadas continuamente. Além do altar, foram preparados todos os utensílios necessários para os sacrifícios:

> *wayyaʿăś ʾet-kāl-kēlāyw ʾet-hasîrōṯ wəʾet-haməzraqōṯ wəʾet-hammazlegōṯ wəʾet-hammaḥtōṯ ʾet-kāl-kēlāyw ʿāśâ nəḥōšeṯ*

> "E fez todos os seus utensílios: os recipientes para recolher a cinza, as pás, as bacias, os garfos e os braseiros; todos os seus utensílios fez de bronze." (Êx 37,29)

Os utensílios do altar são fabricados com o mesmo material resistente, permitindo que suportem o uso contínuo nos rituais de sacrifício. Cada peça tem um propósito específico no serviço sacerdotal, assegurando a manutenção do fogo e a remoção das cinzas, elementos fundamentais para a continuidade da adoração. A construção do Tabernáculo não é apenas um ato de obediência, mas um reflexo da santidade e ordem divina. Cada detalhe do santuário é moldado para expressar a proximidade de YHWH com Seu povo e a necessidade de um espaço consagrado para a comunhão. O Tabernáculo emerge como um microcosmo do cosmos restaurado, um lugar onde a transcendência e a imanência divina se encontram, oferecendo a Israel uma experiência tangível da presença de Deus em sua jornada pelo deserto. Os elementos descritos nos versículos 28 e 29 reforçam a interconexão entre sacrifício e intercessão. O altar dos holocaustos, situado no pátio externo, estabelece a necessidade do sacrifício para a aproximação com YHWH. Seus utensílios asseguram que o culto ocorra de maneira ordenada e contínua. Esses detalhes revelam que o Tabernáculo não é um espaço arbitrário, mas uma realidade estruturada segundo o padrão divino, onde cada elemento tem um papel na manifestação da presença sagrada.

Capítulo 38

A narrativa de Êxodo 38 continua a descrição da construção dos elementos essenciais do Tabernáculo, destacando o altar do holocausto, a bacia de bronze, o átrio e um resumo das contribuições do povo para a obra. A precisão dos detalhes e a repetição das medidas ressaltam a importância da obediência minuciosa às ordens divinas. A construção do santuário não é apenas um ato de culto, mas uma manifestação visível da aliança entre YHWH e Israel. A descrição começa com a fabricação do altar do holocausto:

wayyaʿăś ʾet-hammiḏbēaḥ ʾăṣê-šittîm ḥāmēš ʾammôt ʾōrɛḵô wəḥāmēš ʾammôt rōḥbô rōḇuʿaʿ wəšālōš ʾammôt qōmātô
"E fez o altar do holocausto de madeira de acácia; seu comprimento era de cinco côvados, sua largura de cinco côvados, quadrado, e sua altura de três côvados." (Êx 38,1)

Esse altar, posicionado no átrio do Tabernáculo, era o local dos sacrifícios diários, símbolo central da relação de Israel com YHWH. O formato quadrado sugere estabilidade e equilíbrio, enquanto a altura de três côvados (aproximadamente 1,35 metros) permite que o sacerdote oficiante realize os rituais com acessibilidade. O altar é revestido de bronze, um material resistente ao calor intenso dos sacrifícios queimados:

wayyaṣṣāp ʾōtô nəḥōšeṯ
"E o cobriu de bronze." (Êx 38,2)

Esse detalhe o diferencia do altar do incenso, revestido de ouro (Êx 37,25-26), mostrando que os elementos do culto possuem funções distintas e são fabricados de acordo com sua utilidade. Enquanto o ouro remete à santidade e à presença divina, o bronze está associado ao julgamento e à purificação pelo fogo. Os utensílios do altar também foram feitos de bronze:

wayyaʿăś ʾet-kāl-kilê hammiḏbēaḥ ʾet-hasîrōṯ wəʾet-hammazlegōṯ wəʾet-hammizrāqōṯ wəʾet-hammizlāgōṯ wəʾet-hammaxtōṯ
"E fez todos os utensílios do altar: os recipientes para remover a cinza, as pás, as bacias, os garfos e os braseiros." (Êx 38,3)

Cada utensílio tem um papel fundamental no culto:

- Os recipientes para cinza (*hasîrōṯ*) asseguram a remoção dos restos dos sacrifícios.
- As pás (*hammazlegōṯ*) servem para manusear as brasas.

- As bacias (*hammizrāqōṯ*) são usadas para aspergir o sangue do sacrifício.
- Os garfos (*hammizlāgōṯ*) manipulam a carne dos sacrifícios.
- Os braseiros (*hammaxtōṯ*) mantêm o fogo aceso continuamente.

O altar possuía uma grelha de bronze para permitir o escoamento da gordura e a queima eficiente das ofertas:

> *wayyaʿăś lō mikhbār mǎʿăśê rəšɛṯ nəḥōšeṯ taḥat kǎrkəbōv mittaḥat ʿad-ḥeṣyōv*
> "E fez para ele uma grelha de bronze em forma de rede, debaixo de sua borda, até a metade de sua altura." (Êx 38,4)

A grelha permite a queima completa das ofertas e o escoamento das cinzas, facilitando a remoção dos restos sacrificiais. Esse detalhe técnico mostra que o culto exige ordem e cuidado, refletindo a necessidade de um serviço sacerdotal bem organizado. Os varais usados para transportar o altar também são descritos:

> *wayyaʿăś baddê ʾarṣiṭîm wəṣîppâ ʾōtām nəḥōšeṯ*
> "E fez os varais de madeira de acácia e os revestiu de bronze." (Êx 38,6)

Esses varais eram inseridos nas argolas do altar:

> *wayyaḇôʾ ʾet-habbaddîm bǎṭṭabbāʿōṯ ʿal ṣəlʿōt hammiḏbēaḥ ləśāʾʾōt ʾōtô bāhem*
> "E colocou os varais nas argolas, aos lados do altar, para carregá-lo com eles." (Êx 38,7)

O altar, assim como outros elementos do Tabernáculo, é construído para ser portátil, reforçando a natureza peregrina de Israel. A presença de Deus não está confinada a um lugar fixo, mas acompanha Seu povo em sua jornada. A narrativa prossegue com a construção da bacia de bronze (*kiyyōr nəḥōšeṯ*), essencial para a purificação dos sacerdotes:

wayyaʿăś ʾet-hakkiyyōr nəḥōšeṯ wəʾet-kānô nəḥōšeṯ
bəmarʾōṯ haṣ-ṣōḇʾōṯ ʾăšer ṣāḇʾû pɛtaḥ ʾōhel môʿēḏ
"E fez a bacia de bronze e seu suporte de bronze, com os espelhos das mulheres que se reuniam à porta da Tenda do Encontro." (Êx 38,8)

A bacia é destinada à lavagem ritual dos sacerdotes antes do serviço no santuário (Êx 30,18-21). Sua fabricação a partir dos espelhos das mulheres que serviam na entrada do Tabernáculo sugere um ato de consagração. Objetos anteriormente usados para a vaidade pessoal agora são transformados em instrumentos de santificação. O átrio do Tabernáculo é construído conforme as medidas exatas ordenadas, delimitando claramente o espaço sagrado e estabelecendo uma distinção entre o domínio comum e o território consagrado à habitação divina. O átrio serve como um espaço liminar, uma zona de transição entre o mundo exterior e o Tabernáculo propriamente dito, onde a presença de YHWH se manifesta.

wayyaʿăś ʾet-ḥaṣar mikkɛḏɛm mizrāḥâ ʾammôt mēʾâ
"E fez o átrio, no lado oriental, de cem côvados." (Êx 38,9)

A escolha da madeira de acácia para a estrutura do átrio reforça o caráter durável e sagrado da construção, pois a acácia, resistente e de crescimento lento, simboliza a perenidade da aliança entre YHWH e Israel. As cortinas que compõem a cerca do átrio são feitas de linho fino retorcido (*šēš mōšzār*), um material de alta qualidade que reflete a pureza e a santidade requeridas no serviço divino. O linho branco era tradicionalmente associado à pureza sacerdotal e à glória celestial, estabelecendo um contraste visual imediato com o ambiente ao redor do acampamento. A descrição continua com as dimensões do átrio:

ʿammôt ḥămiššîm rōḥbô ʿal-ṣɛḏ pəʿōnâ hayyāmānît
"Cinquenta côvados era a largura, no lado sul." (Êx 38,11)

Tanto o lado sul quanto o lado norte possuem cinquenta côvados de comprimento, com cortinas sustentadas por colunas de bronze, cujas bases também são de bronze. O bronze, um metal durável e associado ao julgamento e à resistência ao fogo, confere solidez à estrutura e reforça a ideia de que o santuário deve ser inabalável. Já os capitéis das colunas são de prata, um metal frequentemente ligado à redenção e à expiação, criando um simbolismo visual em que o contato entre o terreno e o sagrado se dá por meio de um elemento expiatório. A prata aparece em diversas partes do Tabernáculo como um lembrete constante da necessidade de redenção e purificação diante de Deus. A entrada do átrio recebe uma atenção especial, destacando seu caráter de limiar entre o mundo comum e o espaço santificado:

> *wəlāšaʿar hāḥāṣar māśāḵ ʿesrîm ʾammâ təḵēlɛṯ wəʾargāmān wəṯōlāʿaṯ šānî*
> "E para a porta do átrio, uma cortina de vinte côvados, de estofo azul, púrpura e carmesim." (Êx 38,18)

Essa cortina de entrada reflete o design do próprio Tabernáculo, onde as mesmas cores são empregadas no véu que separa o Santo dos Santos. O azul (*təḵēlɛṯ*) simboliza a realeza e a conexão com os céus, evocando a transcendência divina e o domínio de YHWH sobre todas as coisas. O púrpura (*ʾargāmān*) está associado à majestade e ao sacerdócio, sugerindo a mediação entre Deus e o povo. O carmesim (*ṯōlāʿaṯ šānî*) evoca o sacrifício e a redenção, indicando que o acesso ao santuário está sempre ligado ao sangue expiatório que garante a comunhão com Deus.

A função do átrio é dupla: ao mesmo tempo em que separa, ele também convida. O acesso ao Tabernáculo não é irrestrito, mas está condicionado à santidade e à mediação sacerdotal. Essa estrutura comunica uma mensagem teológica central da aliança: YHWH habita no meio de Seu povo, mas a aproximação a Ele exige pureza e reverência. Essa tensão entre a proximidade e a separação é fundamental para a compreensão do culto israelita e das exigências divinas para aqueles que desejam estar em Sua presença. Além disso, a construção do átrio e sua disposição espacial refletem o conceito cósmico do santuário. O Tabernáculo, como um microcosmo da criação, estrutura-se em camadas que representam graus de santidade, com o átrio funcionando como a transição entre o mundo profano e o Santo Lugar. Essa progressão espacial reforça a ideia de que a comunhão com Deus requer um processo de purificação e mediação. Assim, o átrio não é meramente um espaço funcional, mas uma expressão tangível da teologia da presença divina no meio de Israel. O relato do átrio não apenas descreve suas medidas e materiais, mas articula um padrão ritual e espiritual que moldará a identidade de Israel. A separação entre o comum e o sagrado, a exigência de pureza, a necessidade de mediação sacerdotal e a centralidade da expiação são temas fundamentais que permeiam a construção do Tabernáculo e continuam a reverberar na espiritualidade israelita ao longo das Escrituras. O ouro usado para o santuário totalizou uma quantidade impressionante, demonstrando a generosidade e o compromisso do povo de Israel com a construção da habitação de YHWH:

> *wək̲əsɛp̄ pəqûdê hāʿēd̲â mēʾa ṭikkār*
> "E a prata do censo da congregação foi de cem talentos."
> (Êx 38,25)

Essa prata foi obtida por meio do imposto estabelecido para cada israelita adulto, um meio siclo por pessoa, conforme estabelecido anteriormente em Êxodo 30,11-16. Esse valor foi padronizado segundo a medida oficial do santuário:

> *bēqaʿ ləguləgōlet̲ maḥăṣît̲ haššeqel bəšeqel haqqōd̲ɛš*
> "Um *beqaʿ* por cabeça, meio siclo segundo o siclo do santuário." (Êx 38,26)

O termo *bēqaʿ*, que significa "meia unidade" ou "divisão", reforça a ideia de que cada indivíduo contribui igualmente, sem distinção de riqueza ou status social. O imposto estabelecido não era proporcional à posse de bens, mas sim um valor fixo para cada pessoa, ressaltando a igualdade de todos diante de YHWH. Esse princípio reflete um aspecto central da espiritualidade israelita: a presença de Deus exige que todos participem ativamente do culto, sem privilégios baseados em riqueza ou poder. A prata arrecadada teve um papel estrutural crucial, pois foi empregada nas bases das colunas que sustentavam o Tabernáculo. Esse uso é teologicamente significativo: assim como a prata sustentava fisicamente a morada divina, a fidelidade do povo e sua participação coletiva sustentavam espiritualmente o relacionamento entre Israel e YHWH. O Tabernáculo, portanto, não era apenas um local de culto, mas um testemunho visível da aliança. Além do ouro e da prata, a oferta de bronze também desempenhou um papel essencial na construção do santuário. O bronze era um material associado à resistência e purificação, frequentemente usado nos elementos do átrio, onde os sacrifícios eram realizados e o pecado era expiado. A quantidade arrecadada foi igualmente substancial:

> *wənəḥōšeṯ hattərûmâ šiḇʿîm ṭikkār*
> "E a oferta de bronze foi de setenta talentos." (Êx 38,29)

O bronze foi utilizado principalmente nos utensílios do altar, nos ganchos das cortinas e nas bases das colunas do átrio. Sua resistência ao fogo o tornava o material ideal para os instrumentos sacrificiais, simbolizando a purificação pelo fogo e o julgamento divino. Além disso, a bacia de bronze, feita a partir dos espelhos das mulheres que serviam à entrada da Tenda do Encontro (Êx 38,8), reforça a ideia de transformação: objetos originalmente associados à vaidade foram santificados para fins de purificação sacerdotal. Essa contabilidade detalhada das contribuições materiais não é meramente administrativa; ela sublinha a participação coletiva de Israel na construção do Tabernáculo. Ao listar cuidadosamente cada recurso arrecadado, o texto reforça que a obra do santuário não foi um empreendimento exclusivo dos sacerdotes ou de uma elite religiosa, mas o resultado do envolvimento de toda a comunidade. Cada homem e mulher contribuiu conforme sua capacidade, transformando o Tabernáculo em um símbolo tangível do compromisso nacional com YHWH. A construção do santuário não foi apenas um ato de obediência, mas um reflexo da identidade espiritual de Israel. O Tabernáculo não pertence a um grupo seleto, mas à totalidade da nação. Sua edificação representa a concretização da aliança entre Deus e Seu povo, um espaço onde a glória divina se manifesta e onde os israelitas podem renovar continuamente sua devoção. Assim, Êxodo 38 reafirma que a adoração a Deus é coletiva e exige comprometimento. Cada elemento construído aponta para a necessidade de santidade e ordem no culto, refletindo a presença divina no meio do povo. O Tabernáculo não é apenas um espaço físico; é um símbolo da aliança entre YHWH e Israel, consolidando a identidade da nação como um povo separado para o serviço divino. A riqueza dos materiais e a minúcia da execução mostram que o culto a Deus exige excelência e dedicação, pois a glória do Senhor merece o melhor que Seu povo pode oferecer.

Capítulo 39

Êxodo representa no capítulo 39 a culminação da obra do Tabernáculo, focando na confecção das vestes sacerdotais. O texto apresenta um relato meticuloso da fabricação das peças que compõem o traje do sumo sacerdote e dos sacerdotes auxiliares, seguindo à risca as ordens divinas dadas anteriormente a Moisés. A importância desse capítulo reside na relação direta entre a santidade do culto e a precisão da execução. As vestes sacerdotais não são meramente utilitárias, mas carregam um profundo simbolismo teológico, refletindo o papel do sacerdócio como mediador entre YHWH e Israel. O cuidado com os detalhes não é casual, mas aponta para a necessidade de que tudo no culto esteja alinhado com a revelação divina. A narrativa começa com um resumo da execução das vestes conforme o mandamento divino:

> *ûmin-haṯəḵēlɛṯ wəha'argāmān wəhaṯōlā'aṯ šānî 'āśû biḡdê-śrāḏ ləšārēṯ baqqōḏɛš wayya'ăśû 'et-biḡdê haqqōḏɛš 'ăšer lə'ahărōn ka'ăšer-ṣiwâ YHWH 'et-Mōšeh*
> "E do estofo azul, da púrpura e do carmesim fizeram vestes bordadas para ministrar no santuário; e fizeram as vestes sagradas para Arão, como YHWH ordenara a Moisés."
> (Êx. 39,1)

A conexão entre os tecidos e a função sacerdotal ressalta que a distinção dos sacerdotes não está baseada apenas em sua linhagem, mas em sua separação para o serviço divino. O uso de materiais nobres e a obediência rigorosa às instruções evidenciam que o sacerdócio deve ser caracterizado pela santidade. A descrição começa com o éfode, peça fundamental da vestimenta do sumo sacerdote. O texto enfatiza o uso dos materiais mais nobres:

> *wayyaʿăśû ʾet-hāʾēpōḏ zāhāḇ ṯəḵēlɛṯ wəʾargāmān wəṯōlāʿaṯ šānî wəšēš mɔšzār*
> "E fizeram o éfode de ouro, de estofo azul, púrpura e carmesim, e de linho fino retorcido." (Êx 39,2)

O ouro entretecido com os fios reforça a santidade e o valor da função sacerdotal. Diferentemente das vestimentas de outros povos do Antigo Oriente Próximo, cujos sacerdotes muitas vezes usavam túnicas que refletiam poder político ou mágico, as vestes do sacerdócio israelita estão vinculadas exclusivamente à adoração a YHWH. O ouro, um material que não se corrompe, simboliza a pureza necessária para aquele que entra na presença divina. A peça seguinte é o cinturão do éfode, tecido da mesma forma que o próprio éfode:

> *wəḥɛšɛḇ afūdātô ʾăšer-ʿāśâ mimmennû kəmaʿăśēhû miḇwār zāhāḇ ṯəḵēlɛṯ wəʾargāmān wəṯōlāʿaṯ šānî wəšēš mɔšzār kaʾăšer-ṣiwâ YHWH ʾet-Mōšeh*
> "E o cinto para prendê-lo, que foi feito com ele, era da mesma confecção, da mesma obra: de ouro, estofo azul, púrpura e carmesim, e de linho fino retorcido, como YHWH ordenara a Moisés." (Êx 39,5)

O cinturão, feito dos mesmos materiais do éfode, reforça a unidade da vestimenta e sua função de consagração. Ele não serve apenas para ajuste, mas representa a submissão do sumo sacerdote à sua vocação. Assim como o cinto é atado firmemente ao éfode, o sacerdote deve estar completamente vinculado ao serviço divino. Em seguida, a narrativa descreve as pedras de ônix que são colocadas sobre os ombros do éfode:

> *wayyaʿăśû ʾet-ʾabnê haššōham mūsabbōṯ miškəlōṯ pittuḥê ḥōṯām ʿal-šəmōṯ bənê-yiśrāʾēl*

> "E engastaram as pedras de ônix cercadas de montagens de ouro, gravadas como selos, com os nomes dos filhos de Israel." (Êx 39,6)

As pedras de ônix sobre os ombros do sumo sacerdote carregam os nomes das tribos de Israel, simbolizando que ele entra na presença de YHWH como representante de toda a nação. Essa imagem reforça a ideia de que o sacerdote não ministra por si mesmo, mas carrega as necessidades espirituais do povo diante de Deus.

> *wayyāśem ʾōṯām ʿal-kəṯēp̄ōṯ hāʾēp̄ōḏ ʾabnê zikkārōn libnê-yiśrāʾēl kaʾăšer-ṣiwâ YHWH ʾet-Mōšeh*
> "E colocou-as sobre as ombreiras do éfode como pedras memoriais para os filhos de Israel, como YHWH ordenara a Moisés." (Êx 39,7)

A função memorial dessas pedras ressalta que a intercessão do sacerdote não é meramente ritual, mas uma constante lembrança da aliança entre YHWH e Israel. O sumo sacerdote, ao ministrar, carrega simbolicamente a identidade e a história do povo diante de Deus. A peça seguinte é o peitoral do juízo, que reforça a conexão entre a mediação sacerdotal e a totalidade do povo de Israel:

> *wayyaʿăśû ʾet-ḥōšen maʿăśê ḥōšēḇ kəmaʿăśê hāʾēp̄ōḏ zāhāḇ ṯəḵēlɛṯ wəʾargāmān wəṯōlāʿaṯ šānî wəšēš mɔšzār*
> "E fizeram o peitoral com obra de artífice, como a obra do éfode, de ouro, de estofo azul, púrpura e carmesim, e de linho fino retorcido." (Êx 39,8)

Esse peitoral continha doze pedras, cada uma representando uma das tribos de Israel, e era usado sobre o coração do sumo sacerdote. Isso sugere que o sacerdote não entra diante de YHWH como um indivíduo, mas como representante da totalidade do povo. O culto não é um ato isolado, mas um evento coletivo, onde Israel é constantemente lembrado de sua identidade.

> *rōḥbô zɛrɛṯ ʾōrɛḵô zɛrɛṯ kəšānîm yəqəp̄al*

> “Seu comprimento era um palmo e sua largura um palmo, dobrado em dois.” (Êx 39,9)

A forma do peitoral – um quadrado dobrado – não é meramente estética, mas reflete sua função como repositório dos Urim e Tumim, instrumentos usados para discernir a vontade divina. Esse detalhe reforça a ligação entre o sacerdócio e a revelação, indicando que a liderança espiritual de Israel não se baseia na autoridade humana, mas na comunicação direta com YHWH. A descrição das vestes sacerdotais prossegue com a confecção do peitoral, peça essencial do traje do sumo sacerdote. Ele é adornado com doze pedras preciosas, dispostas em quatro fileiras, cada uma representando uma das tribos de Israel.

> *wayyammal’û bô ’arba‘â ṯurê ’āḇen ṯûr ’ōḏem pîṭḏâ ûbāreqeṯ hattūr hā’eḥāḏ*
> “E engastaram nele quatro fileiras de pedras; na primeira fileira, um sárdio, um topázio e uma esmeralda.” (Êx 39,10)

Cada pedra era engastada em ouro e, juntas, simbolizavam a unidade do povo de Deus, representado pelo sumo sacerdote diante de YHWH. A segunda fileira continha uma safira, um diamante e um ônix:

> *wəhaṯṯûr haššēnî nōp̄ɛḵ sāp̄îr wəyāhălom*
> “E a segunda fileira: uma granada, uma safira e um diamante.” (Êx 39,11)

A terceira fileira trazia um jacinto, uma ágata e uma ametista:

> *wəhaṯṯûr haššəlîšî lešēm šəḇō wə’aḥlāmâ*
> “E a terceira fileira: um jacinto, uma ágata e uma ametista.” (Êx 39,12)

E, finalmente, a quarta fileira continha um berilo, um ônix e um jaspe:

> *wəhaṯṯûr hārəbî‘î taršîš šōham wəyašp̄ê*
> “E a quarta fileira: um berilo, um ônix e um jaspe.” (Êx 39,13)

As doze pedras serviam como um constante memorial diante de Deus, assegurando que as tribos de Israel estivessem espiritualmente representadas no serviço sacerdotal. A conexão entre as pedras e as tribos também reforça a ideia de que o culto não é um privilégio de um grupo seleto, mas uma realidade que envolve toda a nação. As argolas e correntes de ouro garantiam que o peitoral ficasse bem preso ao éfode:

> *wayyaʿăśû ʿaḇōṯ zāhāḇ ṭāhôr*
> "E fizeram correntes de ouro puro em forma de cordões." (Êx 39,15)

O uso do ouro puro na estrutura do peitoral e nos engastes das pedras não apenas reforça sua importância, mas também o liga visualmente ao próprio Tabernáculo, onde o ouro é o material predominante no Santo dos Santos. Isso sugere que o sacerdote, ao vestir essas vestes, se torna uma extensão do santuário vivo, carregando consigo a presença de YHWH. Após a confecção do peitoral, a atenção se volta para o manto do éfode:

> *wayyaʿăśû ʾet-məʿîl hāʾēp̄ōḏ maʿăśê ʾōrēḡ kəllô ṯəḵēlɛṯ*
> "E fizeram o manto do éfode, obra de tecelão, todo de estofo azul." (Êx 39,22)

A cor azul (*ṯəḵēlɛṯ*) está associada ao céu e, consequentemente, à presença divina. Esse manto diferenciava o sumo sacerdote dos demais sacerdotes e representava a conexão entre o céu e a terra. A borda do manto recebeu romãs e sinos de ouro:

> *wayyaʿăśû ʿal-šûlê hāməʿîl rimōnê ṯəḵēlɛṯ wəʾargāmān wəṯōlāʿaṯ šānî*
> "E fizeram sobre a borda do manto romãs de estofo azul, púrpura e carmesim." (Êx 39,24)

As romãs são frequentemente associadas à fertilidade e à plenitude da bênção divina, sugerindo que o sacerdócio não é um peso, mas um chamado a transmitir a vida de YHWH ao povo. Entre as romãs, foram fixados sinos de ouro puro:

> *wayyaʿăśû paʿămōnê zāhāḇ ṭāhôr wayyittənû ʾet-happaʿămōnîm bəṯōḵ hārimōnîm ʿal-šûlê hāməʿîl sabîḇ bətôḵ hārimōnîm*
> "E fizeram sinos de ouro puro, e colocaram os sinos entre as romãs, sobre a borda do manto ao redor, entre as romãs." (Êx 39,25)

Os sinos asseguravam que o sacerdote seria ouvido ao entrar no Lugar Santo, um detalhe que remete à necessidade de uma separação clara entre o sagrado e o profano. Além disso, a presença sonora do sumo sacerdote no santuário simbolizava a constante mediação entre YHWH e Israel. A mitra, a faixa e a lâmina de ouro colocada sobre a testa do sumo sacerdote reforçam esse princípio:

> *wayyaʿăśû ʾet-hamṣnēp̄eṯ mišēš wəʾet-pǎrē-hammiḡbāʿôt mišēš*
> "E fizeram a mitra de linho fino e os turbantes de linho fino." (Êx 39,28)

A mitra e os turbantes, feitos de linho fino, indicam a pureza necessária para o serviço sacerdotal. Esse elemento visual reforça que o sacerdote deve manter uma mente consagrada ao propósito divino, destacando-se de qualquer outro líder secular. Por fim, a peça mais distintiva do sumo sacerdote era a lâmina de ouro puro, fixada sobre sua testa:

> *wayyaʿăśû ʾeṯ-ṣîṣ nɛzer haqqōḏɛš zāhāḇ ṭāhôr wayyiktəbû ʿālaṯw pittuḥê ḥōṯam qōḏɛš laYHWH*
> "E fizeram a lâmina de ouro puro, a coroa sagrada, e nela gravaram com gravura de selo: 'Santidade a YHWH'." (Êx 39,30)

Essa inscrição sugere que a função do sacerdote é inseparável da santidade; ele não é apenas um mediador técnico, mas alguém consagrado integralmente ao serviço divino. A frase "Santidade a

YHWH" destaca que o sacerdócio não pertence ao homem, mas é um chamado de Deus. Essa peça visualmente marcante simboliza que o sumo sacerdote é um intercessor autorizado, cujo papel principal é garantir que Israel permaneça em um relacionamento santo com o seu Criador. A conclusão da obra do Tabernáculo marca o ápice da fidelidade de Israel à revelação recebida no Sinai. Com todas as peças prontas, os israelitas trazem o Tabernáculo a Moisés para inspeção. Esse momento não é meramente administrativo, mas carrega um significado teológico profundo: a obra deve ser avaliada conforme as diretrizes divinas, pois qualquer desvio comprometeria sua função sagrada.

> *wayyāḇî'û 'eṯ-hammiškān 'el-Mōšeh 'et-hā'ōhel wə'et-kāl-kēlāyw qərāsāyw qərāšāyw bərîḥāyw wəʿammudāyw wə'adānāyw*
> "E trouxeram o Tabernáculo a Moisés, a tenda e todos os seus utensílios, seus ganchos, suas tábuas, suas travessas, suas colunas e suas bases." (Êx 39,33)

O detalhamento dos itens apresentados indica que nada foi negligenciado. Cada elemento do Tabernáculo possui uma função específica e contribui para a totalidade da estrutura sagrada. A menção individual dos componentes reforça a importância da obediência meticulosa às instruções divinas. Entre os itens entregues estão os tecidos sagrados, incluindo a coberta de peles:

> *wəmikhsê ʿōrōṯ hā'êlîm hāmā''ādāmîm wəmikhsê ʿōrōṯ taḥašîm wəpārōḵeṯ hamāsāḵ*
> "A coberta de peles de carneiro tingidas de vermelho, a coberta de peles de animais marinhos e o véu da separação." (Êx 39,34)

A presença do *pārōḵeṯ* (véu da separação) é particularmente significativa, pois esse elemento é o que distingue o Santo dos Santos do resto do Tabernáculo. Ele simboliza a transcendência de YHWH e a impossibilidade do acesso direto à Sua glória, salvo pelo sumo sacerdote em ocasiões específicas.

Os móveis do Tabernáculo também são apresentados a Moisés:

> *ʾet-ʾărôn hāʿēḏûṯ wəbaddāyw wəʾet-hakkappōreṯ*
> "A arca do testemunho, seus varais e o propiciatório."
> (Êx 39,35)

A *ʾărôn hāʿēḏûṯ* (arca do testemunho) é o objeto mais sagrado do Tabernáculo, pois contém as tábuas da aliança. Sua presença entre os itens inspecionados indica que a base do culto israelita é a revelação divina. O kappōret (propiciatório), situado sobre a arca, reforça a ideia de que a misericórdia de YHWH é acessível por meio da mediação sacerdotal. A mesa dos pães da proposição, o candelabro e o altar do incenso são trazidos em seguida:

> *ʾet-haššulḥān wəʾet-kāl-kēlāyw wəʾet-leḥem happānîm*
> "A mesa e todos os seus utensílios, e os pães da proposição."
> (Êx 39,36)

A menção explícita dos *leḥem happānîm* (pães da proposição) indica que o Tabernáculo não é apenas um local de sacrifícios, mas também um espaço de comunhão contínua entre Deus e Israel. A presença desses pães simboliza a provisão divina e o reconhecimento da aliança. O *mənôrâ* (candelabro) e seus acessórios são descritos logo após:

> *ʾet-hamənôrâ hattəhōrâ wəʾet-nērōtêhā nērē hamaʿōr wəʾet-kāl-kēlāyhā wəʾet-šemen hamāʾōr*
> "O candelabro puro, suas lâmpadas, as lâmpadas para serem acesas, todos os seus utensílios e o azeite para a iluminação." (Êx 39,37)

O candelabro representa a luz da presença divina e a iluminação espiritual que YHWH concede ao Seu povo. O azeite para o candelabro reforça a necessidade de uma provisão contínua para que essa luz nunca se apague, remetendo à responsabilidade sacerdotal de manter o culto vivo. A inspeção prossegue com os itens relacionados aos sacrifícios:

> *wəʾet-mizbaḥ hazzāhāḇ wəʾet-šeḇem hammāšîaḥ wəʾet-qəṭōret hassāmîm*
> "O altar de ouro, o óleo da unção e o incenso aromático." (Êx 39,38)

O altar de ouro (*mizbaḥ hazzāhāḇ*) é o altar do incenso, utilizado exclusivamente para a queima de incenso diante de YHWH. Sua presença enfatiza a necessidade da intercessão e da consagração do espaço sagrado. O óleo da unção e o incenso são elementos essenciais para o culto e a santificação dos sacerdotes. O altar do holocausto e a bacia de bronze são entregues a Moisés:

> *wəʾet-mizbaḥ hāʿōlâ wənəḥōšeṯ wəʾeṯ-kāl-kēlāyw wəʾet-hakkiyyōr wəʾet-kānô*
> "O altar do holocausto, de bronze, com todos os seus utensílios, e a bacia de bronze com seu suporte." (Êx 39,39)

O altar do holocausto é o centro dos sacrifícios expiatórios, demonstrando a necessidade contínua de purificação e reconciliação com YHWH. A bacia de bronze, usada para a lavagem ritual dos sacerdotes, reforça a ideia de que aqueles que ministram diante de Deus devem manter a pureza. Os últimos elementos apresentados a Moisés são as cortinas e estacas do átrio:

> *ʾet-qəlāʿê haḥāṣar wəʾet-ʿammudāyw wəʾet-ʾadānāyw wəʾet-hammāsāḵ ləšaʿar hāḥāṣar*
> "As cortinas do átrio, suas colunas e suas bases, e a cortina da entrada do átrio." (Êx 39,40)

O encerramento do inventário com as cortinas e colunas reforça a noção de separação entre o espaço sagrado e o profano. O átrio, embora acessível ao povo, ainda representa uma distinção entre o mundo comum e o lugar onde a presença de Deus se manifesta. Após a apresentação completa, Moisés inspeciona cuidadosamente toda a obra. Seu olhar não é apenas técnico, mas espiritual: ele deve garantir que tudo foi feito exatamente como YHWH ordenou. O resultado da inspeção é positivo:

> *wayyar' Mōšeh 'et-kāl-hamәlākâ wәhinnē' 'āśû 'ōṯāh kă'ăšer-ṣîwwâ YHWH kēn 'āśû wayәḇārēḵ 'ōṯām Mōšeh*
> "E viu Moisés toda a obra, e eis que a tinham feito como YHWH ordenara; assim a fizeram. E Moisés os abençoou." (Êx 39,43)

A conclusão da obra do Tabernáculo ecoa a criação do mundo em Gênesis 1, onde Deus vê que Sua criação é "muito boa" (*ṭôḇ mә'ōḏ*). Aqui, Moisés reconhece que Israel obedeceu fielmente às instruções divinas, e sua resposta é uma bênção. Essa bênção não é um simples gesto formal, mas uma confirmação da aprovação divina e um reconhecimento da participação coletiva na obra sagrada. Com isso, Êxodo 39 conclui a etapa de preparação do Tabernáculo. O próximo capítulo descreverá sua montagem e a descida da glória de YHWH, sinalizando que a presença divina finalmente habita no meio de Israel. O Tabernáculo está pronto, e tudo foi feito *kă'ăšer-ṣîwwâ* YHWH, "como YHWH ordenara". Resta agora a pergunta: Deus aceitará essa obra? Ele virá habitar no meio do Seu povo?

Capítulo 40

Êxodo representa o ápice da narrativa sobre o Tabernáculo, marcando sua montagem final e a descida da glória de YHWH para habitar no meio de Israel. O texto articula três momentos essenciais: a montagem e consagração do santuário, a unção dos sacerdotes e, finalmente, a manifestação divina. A descida da *kāḇôḏ* YHWH, a glória do Senhor, confirma que a aliança foi restaurada e que Israel agora é verdadeiramente o povo de Deus. O Tabernáculo não é apenas uma estrutura física, mas um espaço teologicamente carregado, onde se encontra a interseção entre o divino e o humano. O capítulo inicia-se com a ordem de YHWH a Moisés:

> *bayyôm haḥōḏeš hāri'šôn bә'eḥāḏ laḥōḏeš tāqîm 'eṯ-miškān 'ōhel mô'ēḏ*
> "No primeiro dia do primeiro mês levantarás o Tabernáculo, a Tenda do Encontro." (Êx 40,2)

A escolha dessa data não é arbitrária. O primeiro mês remete à libertação do Egito (Êx 12,2), e a ereção do Tabernáculo nesse momento simboliza que a redenção não se completa apenas na saída do Egito, mas na presença contínua de Deus entre Seu povo. O Êxodo não é apenas um movimento geográfico; é um processo de transformação teológica. A restauração da presença divina é a consumação da redenção. A montagem segue uma estrutura ordenada, enfatizando que o culto a YHWH exige precisão e fidelidade. Moisés recebe instruções detalhadas: primeiro, a colocação da Arca da Aliança no Lugar Santíssimo:

> *wəśamtā šām ʾēṯ ʾărôn hāʿēḏûṯ wəsāḵōṯa ʿal hāʾārôn ʾēṯ-happārōḵeṯ*
> "E porás ali a Arca do Testemunho, e cobrirás a arca com o véu." (Êx 40,3)

A palavra *ʿēḏûṯ* (testemunho) refere-se às tábuas da aliança, indicando que a presença divina está inseparavelmente ligada à Sua palavra. Diferente dos templos pagãos, onde a imagem da divindade era colocada no centro, no Tabernáculo de YHWH o que ocupa o lugar central é a Torah, a revelação divina. Isso ressalta que o governo de Deus sobre Israel não se dá por meio de uma estátua ou ídolo, mas através de Sua vontade revelada. Os outros móveis são posicionados em sequência:

> *wəhaḇēʾṯā šām ʾeṯ-haššulḥān wəʿāraḵtā ʾeṯ-ʿărēḵōw wəhaḇēʾṯā ʾeṯ-hammənōrâ wəhēʿălîtā ʾeṯ-nērōṯeihā*
> "E porás ali a mesa e porás em ordem os pães sobre ela; e trarás o candelabro e acenderás suas lâmpadas." (Êx 40,4)

Cada um desses elementos possui um significado teológico profundo:

- A mesa dos pães da proposição representa a comunhão contínua com YHWH, que sustenta Israel.
- A menorá simboliza a iluminação divina, a presença constante de Deus como luz para Seu povo.
- O altar do incenso, posicionado diante do véu, remete à oração e intercessão que sobem como aroma agradável ao Senhor (Êx 40,5).

- O altar do holocausto, localizado no átrio, enfatiza o sacrifício como meio de aproximação com Deus (Êx 40,6).
- A bacia de bronze, colocada entre o altar e a entrada da Tenda do Encontro (Êx 40,7), sublinha a necessidade de purificação antes do serviço no santuário.

A santificação do Tabernáculo e dos utensílios ocorre por meio da unção com o óleo sagrado:

> *wəlaqǎḥtā ʾeṯ šemen hammišḥāh ûmāšaḥtā ʾeṯ-hammiškān wəʾeṯ-kāl-ʾǎšer-bô wəqīdaštā ʾōṯô wəʾet-kāl-kēlāyw wəhāyâ qōḏɛš*
> “Tomarás o óleo da unção e ungirás o Tabernáculo e tudo o que há nele, e o santificarás, e será santo.” (Êx 40,9)

A unção separa o espaço para uso exclusivo do culto, estabelecendo a *qōḏɛš*, santidade, como princípio fundamental da presença divina. O Tabernáculo é um lugar apartado do uso comum, e sua consagração reforça o conceito de que o acesso a Deus requer um ambiente distinto, marcado pela pureza e pelo serviço exclusivo. A santificação se estende também aos utensílios e ao altar do holocausto:

> *wəmāšaḥtā ʾeṯ-mizbaḥ haʿōlâ wəʾet-kāl-kēlāyw wəqīdaštā ʾet-hammiḏbēaḥ wəhāyâ hammiḏbēaḥ qōḏɛš qədāšîm*
> “E ungirás o altar do holocausto e todos os seus utensílios, e o santificarás; e o altar será santíssimo.” (Êx 40,10)

A unção do altar do holocausto estabelece sua centralidade na liturgia israelita. Ele se torna o ponto de interseção entre Deus e o povo, onde os sacrifícios são oferecidos para expiação e consagração. A ênfase na sua santidade absoluta (*qōḏɛš qədāšîm*) destaca que o altar não é um objeto comum, mas um espaço onde ocorre a mediação entre o humano e o divino. O altar, portanto, não é um mero local de oferendas, mas um ponto onde ocorre uma transformação teológica e espiritual. A purificação se amplia para a bacia de bronze:

> *wəmāšaḥtā ʾet-hakkiyyōr wəʾet-kānô wəqīdaštā ʾōṯô*

> "E ungirás a bacia e seu suporte, e a santificarás." (Êx 40,11)

A bacia de bronze, usada para a lavagem ritual dos sacerdotes antes do serviço no santuário, é essencial para a manutenção da pureza ritual. Sua santificação confirma que o acesso à presença de Deus exige pureza, tanto física quanto espiritual. O sacerdote não pode ministrar sem antes se purificar, um princípio que se desdobrará na tradição judaica e influenciará até mesmo a teologia do Novo Testamento sobre a necessidade de purificação espiritual. Por fim, a unção dos sacerdotes segue imediatamente após a consagração do Tabernáculo e de seus utensílios, indicando que os ministros do culto também devem ser separados para o serviço sagrado:

> *wəhaqrabta ʾeṯ-ʾAharōn wəʾet-bānāyw ʾel-pɛtaḥ ʾōhel môʿēḏ wəraḥaṣtā ʾōṯām bamāyim*
> "E farás chegar Arão e seus filhos à entrada da Tenda do Encontro, e os lavarás com água." (Êx 40,12)

O ato de lavar Arão e seus filhos antes da unção é um símbolo da purificação necessária para aqueles que ministram diante de Deus. A água representa a separação do impuro e a consagração ao serviço sagrado. Esse rito antecipa a ideia da pureza sacerdotal como requisito indispensável para a mediação entre YHWH e Israel. A ordenação de Arão e seus filhos é igualmente solene e segue a mesma precisão ritualística aplicada à consagração do próprio Tabernáculo. O texto enfatiza que o sacerdócio não é uma função assumida por iniciativa pessoal, mas uma vocação conferida diretamente por Deus através de um processo litúrgico estritamente definido:

> *wayyilbaš ʾet-ʾahărōn ʾet-bigədê haqqōḏɛš wayyimšaḥ ʾōṯô wayqaddēš ʾōṯô ləḵāhēn lō*
> "E vestiu a Arão com as vestes sagradas, e o ungiu, e o santificou para que fosse sacerdote." (Êx 40,13)

A menção específica às ***bigdê haqqōḏɛš*** (vestes sagradas) remete ao capítulo 39, onde a confecção desses trajes é detalhada minuciosamente. A vestimenta sacerdotal não é apenas um símbolo de autoridade, mas um meio pelo qual o sacerdote se apresenta diante de YHWH devidamente separado do comum. A unção (*wayyimšaḥ*) com o óleo sagrado marca a transição definitiva de Arão para sua nova função: ele passa a ser o mediador entre Deus e Israel. A raiz *m-š-ḥ* (ungir) sugere separação e consagração, um conceito que se desenvolverá ainda mais na tradição bíblica, culminando na figura do *mashiaḥ* (Messias), o Ungido de Deus. A cerimônia se estende aos filhos de Arão, confirmando a continuidade hereditária do sacerdócio:

> *wayyaqrab̲ ʾet-bənê ʾahărōn wayyalbiš ʾōt̲ām qutōnōt̲*
> *wayyimšaḥ ʾōt̲ām kaʾăšer-māšaḥ ʾet-ʾahărōn ʾăb̲îhem*
> "E fez chegar os filhos de Arão, e os vestiu com túnicas, e os ungiu como ungiu a seu pai, para que fossem sacerdotes."
> (Êx 40,15)

A unção dos filhos de Arão destaca um princípio central do sistema levítico: o sacerdócio não é uma função aberta a qualquer israelita, mas um encargo específico da casa de Arão. Essa estrutura reforça a estabilidade do culto e assegura que aqueles que ministram diante de YHWH sejam treinados desde a infância para essa função sagrada.

Moisés, atuando como executor das ordens divinas, cumpre meticulosamente todas as instruções para a montagem do Tabernáculo. A repetição da fórmula *kaʾăšer ṣīwwā* YHWH *ʾet̲-Mōšeh* (como YHWH ordenou a Moisés) ao longo do capítulo (40,16.19.21.23.25.27.29.32) ressalta a importância da obediência absoluta. O culto não é uma invenção humana, mas uma prática revelada por Deus, que deve ser seguida com precisão.

A montagem do Tabernáculo segue uma sequência rigorosa:

1. Arca da Aliança colocada no Santo dos Santos e coberta pelo véu (40,20-21).
2. Mesa dos pães da proposição posicionada e arrumada (40,22-23).
3. Menorá colocada e suas lâmpadas acesas (40,24-25).
4. Altar do incenso posicionado diante do véu (40,26-27).
5. Porta do Tabernáculo fechada (40,28).
6. Altar do holocausto colocado à entrada do Tabernáculo (40,29).

7. Bacia de bronze posicionada entre o altar e o Tabernáculo (40,30-31).
8. Montagem do átrio ao redor do santuário (40,33).

Cada um desses elementos tem um papel teológico específico: a Arca representa a presença de Deus, a mesa dos pães simboliza a comunhão, a Menorá reflete a iluminação divina, o altar do incenso remete à intercessão, o altar do holocausto enfatiza a expiação e a bacia de bronze destaca a necessidade de pureza ritual.

> *wayəšleḵ Mōšeh ʾet-maśaḵ hapetaḥ la-miškān*
> "E colocou Moisés a cortina da entrada do Tabernáculo." (Êx 40,28)

O ato final de montagem do Tabernáculo simboliza a transição do espaço comum para o espaço sagrado. O véu que cobre a entrada marca a separação entre o mundo exterior e o lugar onde YHWH se manifestará. O clímax do capítulo – e de todo o livro de Êxodo – ocorre quando a glória de YHWH preenche o Tabernáculo:

> *wayəḵass hāʿānān ʾeṯ-ʾōhel môʿēḏ ûḵəḇôḏ YHWH mālēʾ ʾeṯ-hammiškān*
> "Então a nuvem cobriu a Tenda do Encontro, e a glória de YHWH encheu o Tabernáculo." (Êx 40,34)

O verbo *mālēʾ* (encher) expressa a plenitude da presença divina, que agora habita no meio de Israel. O Tabernáculo torna-se o centro da vida religiosa e social do povo, marcando o cumprimento da promessa de Êxodo 25,8: "E habitarei no meio deles." O evento da habitação de YHWH no Tabernáculo remete diretamente à teofania do Sinai (Êx 19,16-18), mas com uma mudança radical no paradigma da presença divina. No Sinai, a presença de YHWH manifestava-se de forma distante, no alto do monte, cercada por trovões, relâmpagos e escuridão, inacessível ao povo. Agora, essa mesma presença desce e passa a habitar no centro do acampamento de Israel. Essa mudança simboliza que a aliança foi plenamente restaurada após a ruptura causada pelo pecado do bezerro de ouro (Êx 32). O Tabernáculo se torna a prova visível de que Deus perdoou Israel e renovou Sua aliança. A intensidade dessa manifestação divina é tão grande que nem mesmo Moisés, o mediador por excelência, consegue entrar no Tabernáculo:

> *wəlōʾ-yāḵōl Mōšeh lāḇōʾ ʾel-ʾōhel môʿēḏ kî-šāḵan ʿālaṯw hāʿānān ûḵəḇôḏ YHWH mālēʾ ʾet-hammiškān*
> "E Moisés não podia entrar na Tenda do Encontro, porque a nuvem permanecia sobre ela, e a glória de YHWH enchia o Tabernáculo." (Êx 40,35)

Esse detalhe enfatiza a absoluta santidade da presença divina. Mesmo Moisés, que havia subido ao Sinai e falado com Deus face a face (Êx 33,11), não consegue entrar no Tabernáculo enquanto a glória de YHWH o preenche. Isso destaca a transcendência divina e a necessidade da mediação sacerdotal, que será formalizada no livro de Levítico. O acesso à presença de Deus não é imediato ou irrestrito; ele deve seguir as diretrizes estabelecidas por YHWH para o culto e a purificação. A partir desse momento, a presença de YHWH não é apenas estática, mas dinâmica:

> *wəʾimmāʾlê hāʿānān mēʿal-hammiškān wənāsəʿû bənê-yiśrāʾēl bəkāl-maṣʿêhem*
> "Quando a nuvem se levantava de sobre o Tabernáculo, os filhos de Israel partiam em todas as suas jornadas." (Êx 40,36)

Isso inaugura um novo modelo de relacionamento entre Deus e Seu povo: Israel não apenas possui um santuário fixo, mas também um guia visível para suas jornadas. O movimento da nuvem determina quando o povo deve acampar e quando deve partir. A orientação de YHWH agora é concreta, indicando que Ele não apenas habita entre Israel, mas também conduz seu caminho.

O livro de Êxodo termina com um encerramento teológico poderoso. Israel não foi libertado do Egito apenas para conquistar uma terra, mas para tornar-se um povo onde Deus habita. A presença de YHWH no Tabernáculo é a consumação do Êxodo, a verdadeira redenção de Israel. O santuário não é apenas um local de culto, mas um microcosmo da realidade divina, um espaço onde Deus e o homem podem se encontrar. No entanto, a grande questão que permanece é: Israel conseguirá manter-se fiel a essa presença? A história posterior mostrará que a relação entre Deus e Seu povo será constantemente testada. O Tabernáculo foi erguido, mas a fidelidade de Israel ainda será colocada à prova ao longo de sua jornada no deserto e, mais tarde, na terra prometida. Esse tema ecoará por toda a narrativa bíblica, culminando no exílio, quando a presença de YHWH se retirará do Templo (Ez 10). O final de Êxodo, portanto, não apenas conclui a construção do Tabernáculo, mas estabelece o eixo teológico sobre o qual girará toda a história de Israel: a presença de Deus entre Seu povo depende da obediência e santidade desse povo.

Bibliografia

ALFARO, J. I.

A Terra Prometida: Sacramento da Libertação do Êxodo. *Estudos Bíblicos*, n. 13, p. 9-20, 1987.

ANDERSON, A. F.; GORGULHO, G.

A mulher na memória do êxodo. *Estudos Bíblicos*, n. 16, p. 38-51, 1988.

ANDRADE, W. C.

"Shema Israel": O sinal da água. *Estudos Bíblicos*, n. 72, p. 49-57, 2001.

ANDRADE, William César de. Águas de vida e morte: a passagem do mar (Ex 14,15-31). *Estudos Bíblicos*, n. 80, p. 29-39, 2003.

ANTONIAZZI, A..

Dez mandamentos antigos e um mandamento novo. *Estudos Bíblicos*, n. 9, 2. ed., p. 68-76, 1987.

BAROLÍN, D.

Libertação e aliança – O lugar narrativo da aliança do Sinai (Êxodo 19-24). *Revista de Interpretação Bíblica Latino-Americana*, n. 61, p. 37-51, 2008.

BARROS, M.

As revelações do Mistério Uno e Múltiplo – Releitura macroecumênica do nome divino em Êxodo 3. *Estudos Bíblicos*, n. 100, p. 42-50, 2008.

BEULKE, G.

O Quarto Mandamento e seu desafio para filhos e filhas. *Estudos Bíblicos*, n. 82, p. 15-27, 2004.

BRANCHER, M.

A violência contra as mulheres feiticeiras. *Revista de Interpretação Bíblica Latino-Americana*, n. 50, p. 86-90, 2005.

BURIN, A.

O Sábado, descanso do trabalho. *Estudos Bíblicos*, n. 11, p. 76-82, 1986.

CARVALHO, A. R.

O Senhor se manifesta na sarça ardente. *Estudos Bíblicos*, n. 101, p. 36-42, 2009.

COMBLIN, J.

O êxodo na teologia paulina. *Estudos Bíblicos*, n. 16, p. 76-80, 1988.

CROATTO, J. S.

Uma releitura do nome de Javé (Reflexões hermenêuticas sobre Ex 3,1-15 e 6,2-13). *Revista de Interpretação Bíblica Latino-Americana*, n. 4, p. 7-14, 1989.

DREHER, C. A.

As tradições do êxodo e do Sinai. *Estudos Bíblicos*, n. 16, p. 52-68, 1988.

GALLAZZI, A. M. R.

O Deus que envia. *Estudos Bíblicos*, n. 45, p. 13-19, 1995.

GALLAZZI, S.

A mão do Senhor contra o Egito (Uma reflexão sobre as pragas). *Estudos Bíblicos*, n. 6, 2. ed., p. 11-20, 1987.

Êxodo 3 e o profetismo camponês. *Estudos Bíblicos*, n. 16, p. 69-75, 1988.

O projeto sadocita do segundo templo – Êxodo 25-40. *Revista de Interpretação Bíblica Latino-Americana*, n. 23, p. 123-132, 1996.

GARCÍA BACHMANN, M.

Êxodo 1: O uso e o abuso do/a diferente. *Revista de Interpretação Bíblica Latino-Americana*, n. 51, p. 17-25, 2005.

GARMUS, L.

O descanso da terra. Uma releitura de Ex 23,10-11 e Lv 25,1-7. *Estudos Bíblicos*, n. 58, p. 98-115, 1998.

Papel de Moisés na libertação do povo. Vocação, graça e missão. *Estudos Bíblicos*, n. 94, p. 9-20, 2007.

GERSTENBERGER, E.

Os dez e os outros mandamentos de Deus. *Estudos Bíblicos*, n. 51, p. 8-22, 1996.

GORGULHO, M. L.

Vida: Deus e a terra na primeira experiência de Israel. *Estudos Bíblicos*, n. 50, p. 23-36, 1996.

Gruen, W.

O Decálogo segundo Ex 20,1-17. Texto e observações. *Estudos Bíblicos*, n. 9, 2. ed., p. 7-10, 1987.

Ex 20,1-17. Análise semântico-estrutural. *Estudos Bíblicos*, n. 9, 2. ed., p. 24-37, 1987.

Ló, R. C.

Aliança no Êxodo. *Estudos Bíblicos*, n. 90, p. 27-34, 2006.

Mena López, M.

Religião, doença e cura – Uma aproximação às pragas do Egito (Êxodo 7–11). *Revista de Interpretação Bíblica Latino-Americana*, n. 49, p. 7-17, 2004.

Mesters, C.

Os Dez Mandamentos. Ferramenta da Comunidade. *Estudos Bíblicos*, n. 9, 2. ed., p. 57-67, 1987.

O Livro da Aliança na vida do povo de Deus – Êxodo 19-24. *Revista de Interpretação Bíblica Latino-Americana*, n. 23, p. 104-122, 1996.

Neuenfeldt, E. G.

Errâncias e itinerários da sexualidade, dos direitos reprodutivos e do aborto – Abordagens bíblico-teológicas. *Revista de Interpretação Bíblica Latino-Americana*, n. 57, p. 59-68, 2007.

Oliva, J. R.

Os três Êxodos. "Ouvi o clamor do meu povo" (Ex 3,7). *Estudos Bíblicos*, n. 104, p. 35-43, 2009.

Oliveira, B. C.

O Decálogo. Palavras de uma aliança. *Estudos Bíblicos*, n. 9, 2. ed., p. 11-23, 1987.

Orofino, F.

Honra teu pai e tua mãe. A bipolarização familiar na casa israelita. *Estudos Bíblicos*, n. 85, p. 44-48, 2005.

Peregrino, A.

O corpo revalorizado na religião. *Estudos Bíblicos*, n. 87, p. 102-112, 2005.

Pereira, N. C.

Tamborins, espelhos e sonhos. *Estudos Bíblicos*, n. 73, p. 67-75, 2002.

Perondi, I.

"Farei passar diante de ti toda a minha beleza" (Ex 33,19a). *Estudos Bíblicos*, n. 101, p. 26-35, 2009.

REIMER, H.

Um tempo de graça para recomeçar – O ano sabático em Êxodo 21,2-11 e Deuteronômio 15,1-18. *Revista de Interpretação Bíblica Latino-Americana*, n. 33, p. 33-50, 1999.

Leis e relações de Gênero – Apontamentos sobre Êxodo 21,2-11 e Deuteronômio 15,12-18. *Revista de Interpretação Bíblica Latino-Americana*, n. 37, p. 126-138, 2000.

Leis de mercado e direito dos pobres na Bíblia Hebraica. *Estudos Bíblicos*, n. 69, p. 9-18, 2001.

REIMER, H.; REIMER, I. R.

Inefável e sem forma. Sobre o segundo mandamento bíblico (Ex 20,4-6; Dt 5,8-10). *Estudos Bíblicos*, n. 97, p. 36-48, 2008.

RUQUOY, Pedro. Haiti diante do mar (Ex 14,1-31). *Revista de Interpretação Bíblica Latino-Americana*, n. 19, p. 73-80, 1994.

SAMPAIO, T. M.

Um êxodo entre muitos outros êxodos – A beleza do transitório obscurecida pelo discurso do permanente: Uma leitura de Êxodo 1-15. *Revista de Interpretação Bíblica Latino-Americana*, n. 23, p. 79-91, 1996.

SCHWANTES, M.

O êxodo como evento exemplar. *Estudos Bíblicos*, n. 16, p. 9-18, 1988.

A origem social dos textos. *Estudos Bíblicos*, n. 16, p. 31-37, 1988.

Cantorias de um povo saído do cativeiro – A festa que vem depois (Êxodo 15). *Estudos Bíblicos*, n. 43, p. 12-19, 1994.

SILVA, J. A.

Leis de vida e leis de morte. Os dez mandamentos e seu contexto social. *Estudos Bíblicos*, n. 9, 2. ed., p. 38-51, 1987.

SILVA, E.

Nasceu uma criança! *Estudos Bíblicos*, n. 54, p. 29-33, 1997.

SIQUEIRA, T. M.

A História da Páscoa, memorial da libertação. *Estudos Bíblicos*, n. 8, 2. ed., p. 6-11, 1987.

SOUZA, A. B.

Experiências da caminhada – Êxodo 15-18. *Revista de Interpretação Bíblica Latino-Americana*, n. 23, p. 92-103, 1996.

TERNAY, H.; WEILER, L.

Um exercício de releitura global da Bíblia a partir do eixo do êxodo. *Estudos Bíblicos*, n. 24, p. 60-74, 1989.

Uma reescuta prática da voz do Êxodo – Contribuições da Teologia narrativa para a Teologia da Libertação. *Revista Eclesiástica Brasileira*, v. 48, fasc. 193, p. 60-80, 1989.

Torres, P. S.

Leitura popular do Decálogo. *Estudos Bíblicos*, n. 9, 2. ed., p. 52-56, 1987.

Trein, H. A.

A situação histórica dos hebreus no Egito e no Antigo Testamento. *Estudos Bíblicos*, n. 16, p. 19-30, 1988.

Valério, P. F.

Um mundo em dores de parto. Reflexão sobre o fim do mundo a partir de Gn 6-9; 18-19. *Estudos Bíblicos*, n. 59, p. 13-23, 1998.

Vários.

As parteiras: "As mulheres hebréias são cheias de vida!" (Ex 1,15-22). *Estudos Bíblicos*, n. 29, p. 33-39, 1991.

Wandermurem, M.

A lei do ano sabático. Para que pobres achem o que comer – Um estudo de Êxodo 23,10-11. *Revista de Interpretação Bíblica Latino-Americana*, n. 33, p. 51-63, 1999.

Este livro foi composto em FreightText Pro
e Museo, e impresso em papel Pólen Natural
80 g/m², pela Meta Gráfica.